高等院校市场营销专业规划教材

消费者行为学

主　编　邵继红　李桂陵　吴佑坚
副主编　邓　隽　赵芬芬　刘铁军

武汉理工大学出版社
·武　汉·

内 容 提 要

本书以消费者心理及行为特征为研究的出发点，重点分析了影响消费者行为的因素体系，消费者的购买过程，消费者的需要、动机、个性、态度、学习等对购买行为的意义，也充分研究了在文化大环境下一些重要的社会因素和营销活动中的各种要素，并对低碳消费行为、网络消费行为等新型的消费者行为展开了研究，同时将最新的营销模式纳入其中，探讨消费者的购买行为特点。本书具有系统性、新颖性和前瞻性等特点。

本书可作为市场营销及相关专业本科生的教材，也可供市场营销专业研究生和相关领域的实际工作者学习参考。

图书在版编目(CIP)数据

消费者行为学/邵继红，李桂陵，吴佑坚主编. —武汉：武汉理工大学出版社，2017.6
ISBN 978-7-5629-5452-1

Ⅰ.①消… Ⅱ.①邵… ②李… ③吴… Ⅲ.①消费者行为论-教材 Ⅳ.①F713.55

中国版本图书馆 CIP 数据核字(2016)第 307113 号

项目负责人：崔庆喜(027-87523138)　　**责任编辑**：雷　蕾
责任校对：刘　凯　　**封面设计**：芳华时代
出版发行：武汉理工大学出版社
社　　址：武汉市洪山区珞狮路 122 号
邮　　编：430070
网　　址：http：//www.wutp.com.cn
经　　销：各地新华书店
印　　刷：荆州市鸿盛印务有限公司
开　　本：787×1092　1/16
印　　张：24.25
字　　数：621 千字
版　　次：2017 年 6 月第 1 版
印　　次：2017 年 6 月第 1 次印刷
印　　数：1500 册
定　　价：45.00 元

凡使用本教材的教师，可通过 E-mail 索取教学参考资料。
E-mail：wutpcqx@163.com
本社购书热线电话：027-87384729　87664138　87165708(传真)
凡购本书，如有缺页、倒页、脱页等印装质量问题，请向出版社发行部调换。

前　　言

随着社会各界对消费者问题的日益关注，消费者行为研究备受重视，消费者行为学的发展与传播速度大大加快。尤其在现今互联网经济条件下，中国消费市场瞬息万变，中国消费者的消费观念、消费方式、消费内容均发生了巨大的变化。因此，在激烈的市场竞争中，了解消费者的心理和行为才是企业制定营销战略的基础。

消费者行为学是以市场营销学、心理学、社会学等相关学科理论为基础，以消费者的心理和行为为研究对象的科学。本书结合当今消费者行为的研究热点，涵盖消费者心理与行为各个层面，具体内容包括消费者行为研究概述，影响消费者行为的因素体系，消费者的购买过程，消费者的需要和动机，个性与消费者行为，态度与消费者行为，学习、记忆与消费者行为，文化与消费者行为，社会阶层与消费者购买行为，家庭与消费者行为，社会群体与消费者行为，新产品与消费者行为，价格与消费者行为，整合传播与消费者行为，购物环境与消费者行为，销售服务与消费者行为，低碳与消费者行为，居民网络消费行为，组织消费者行为，消费者满意与消费者忠诚，微信平台的广泛使用与微信营销，未来消费与营销热点等共22章。相对其他教材，本书将最新的营销模式纳入其中，探讨消费者的购买行为特点，具有系统性、新颖性、前瞻性等特点。本书可作为市场营销及相关专业本科生的教材，也可供市场营销专业研究生和相关领域的实际工作者学习参考。

本书第一章至第三章由湖北工业大学邵继红编写，第四章至第五章由湖北工业大学赵芬芬编写，第六章至第八章由湖北工业大学邓隽编写，第九章至第十三章由湖北工业大学李桂陵编写，第十四章至第十六章由华北水利水电大学刘铁军编写，第十七章至第二十二章由武汉科技大学城市学院吴佑坚编写。全书由邵继红教授总纂定稿。

在编写本书的过程中，编者参阅了国内外众多的消费者行为学著作和相关教材，在此谨向所涉及的各位专家、学者表示诚挚的感谢！

由于时间仓促，加之水平有限，书中疏漏和不当之处在所难免，恳请广大师生和读者批评指正，以便以后修改完善。

编　者

2017年3月

目　录

第一章

消费者行为研究概述

学习目的与要求

◉ 了解消费者与消费者行为；
◉ 掌握消费者行为研究的意义及内容；
◉ 了解和掌握消费者行为学的演进与发展；
◉ 了解和掌握消费者行为学的研究原则与方法。

导入案例

非处方药市场消费者行为分析

非处方药(Over-the-Counter,OTC)是指由国务院药品监督管理部门公布的,不需要凭执业医师和执业助理医师处方,消费者可以自行判断、购买和使用的药品。

随着新的医疗保险办法的实施、药品分类管理办法的出台、非处方药品目录的公布、病人自主治疗意愿的增加,出现了大量的零售药店,消费者从公开渠道及充足的货源里购买非处方药物的机会大大增加,药品零售额快速增长,非处方药市场充满机遇。

越来越多的制药企业进入零售市场,希望通过广告和促销建立自己的非处方药品牌,获得经济效益。在这一领域获得成功的关键是公司直接向消费者进行营销的能力,即制定有效的非处方药市场营销策略并付诸实施的能力。而市场营销策略的制定,必须建立在研究消费者市场和消费者行为的基础之上。消费者市场需要研究:谁是购买者、购买对象、购买目的、购买行为、购买时间和购买地点。消费者行为需要研究:消费者行为受哪些因素影响,消费者是怎样做出决策的,典型的购买过程。

一、OTC 消费者市场

OTC 消费者市场要研究的内容包括:

(一)OTC 的购买者是谁

OTC 药品的概念和特点决定了 OTC 药品的购买者是:成年人;有一定的疾病判断能力,能较为准确地判断疾病的类别和病情严重程度,有一定的药品使用经验;在经济上有一定的来源,可以自主支配药品费用;文化程度高的人和医疗保健意识强的人;工作节奏快的人。

（二）购买什么样的OTC药品

消费者购买OTC药品因为治疗的疾病类别、制造商、品牌、价位、剂型、包装等的不同而存在区别;还因为是否进入医疗保险报销目录而不同。

消费者对一个产品的把握一般有三个方面的知识:有关产品属性和特征的知识,使用产品的积极结果或收益,有助于消费者满意或达到目的的产品价值。

消费者对OTC产品的认识也一样,这三个方面知识的结合形成了他们对OTC产品的认识。OTC产品属性:如包装外观、说明书、药品外观及开启的方便性、服用方便性、口感等。OTC产品收益:如疗效、副反应、起效速度及安全性等。OTC产品价值满足:品牌地位。

进入医疗保险目录对于OTC药品的推广很重要。调查显示:当消费者经常使用的某种疗效不错的公费药变为自费药时,享受公费医疗的消费者中有近一半人会从公费药中寻找替代药,而不会自费购买这种药,只有近13%的消费者会自费购买这种药。目前的OTC药品尚未受到公费报销的限制,公费报销品种目录中有不少是OTC。研究表明,有2/3的OTC是通过医生处方开出的,从而获得了医疗保险公司的补偿。

（三）为何购买（购买目的）

消费者购买OTC药品的原因有以下几点:治疗小病痛,方便,省时,节约费用。

99%的消费者表示:他们去药店最主要的原因是得了小毛病,自己能够察觉症状并且判断缓解的程度。所以,服用OTC药品是消费者治疗日常小病最常用的方法。

患者使用OTC药品对自身一些常见的、轻微的小病症进行自我药疗,大大节省了他们去医院排队看病、等待治疗的时间。同时,OTC的市场销售价格比处方药便宜,因此消费者可以节约费用。

（四）何时购买

OTC药品购买方便,无需医生处方就可以很方便地在药店购买。OTC药品一般质量稳定,保质期长,基本在两年以上,用于治疗常见病、多发病,购买量大的话,也不必担心过期变质。所以,OTC药品消费者一般在有疾病发生时去购买,或者方便时购买、顺便购买。

（五）何地购买

购买OTC药品可以去医院、药店,医疗保险定点的医院和药店或者未定点的医院和药店,连锁药店或非连锁药店,有品牌的、服务好的药店或普通的药店,平价药店,社区附近或者医院的药店。对于享受医疗报销的消费者来说,他们必然选择医疗保险定点的医院或药店购买医疗保险目录中的OTC药品。关注价格的消费者或者长期用药的消费者宁愿去平价药店。医院附近的药店能得到更多的外配处方。注重药品质量的消费者更愿意去大型的连锁药店买药,药品质量有保证。

二、OTC消费者行为影响因素

影响OTC消费者行为的因素主要有:

（一）文化因素

随着消费者文化水平的提高,保健意识的增强,他们对于预防疾病和身体保健逐渐重视起来，特别是高收入阶层和中老年人对补充维生素、增强免疫功能、防病强身、改善生活质量的OTC药品的消费支出增加了。现在的中青年女性更舍得购买减肥和养颜的OTC产品。

（二）社会因素

消费者OTC购买行为受到一系列社会因素的影响，如消费者的相关群体、家庭和社会角色与地位。一些消费者会因为角色和地位因素，在选择OTC时考虑品牌和药品档次。

儿童和青少年的OTC药品消费主要受父母的影响，因为父母更有经验，在OTC产品的购买和消费方面父母起着决定性作用，一般来说，父母是决策者。子女从父母身上可以学习到一些常见病的诊断和治疗方法。这将影响他们在成人后的OTC消费观念。

白领阶层在选购OTC药品时，更倾向于知名品牌和声誉好的公司的产品，如合资药品，也更倾向于价位高的药品。

（三）个人因素

消费者OTC购买决策也受其个人特征的影响，比如消费者对自己的病情变化的感知、对品牌特征的感知、对其他备选品牌的态度，特别是受其所处的生命周期阶段、职业、经济环境、生活方式、个性和自我概念的影响。

成年人、对病情判断力强的人，购买OTC药品的可能性更大些；自我保健和自我药疗意识强的人、工作节奏快的人、不享受医疗费用报销的人，去药店购药的次数更多。

许多慢性病患者如高血压、慢性胃炎、糖尿病病人等需要长期服药，这些患者在经过几次医生诊治和处方后，知道了自己的病情，知道该用什么药，可能会直接去社会零售药店买药。

（四）心理因素

受传统中医药文化的影响，我国消费者普遍认为中药的毒副作用小，许多中药在预防和保健方面作用显著，比西药更安全；中药在一些慢性病的治疗方面可能比西药更有效；中药的作用也全面，可以从根本上治疗疾病。一般的家庭都会备有三七伤药片、红花油、健胃消食片等一些中成药。而在起效速度方面，消费者则普遍认为西药比中药见效快。

三、OTC消费者决策

OTC消费者是怎样做出决策的？营销人员必须识别谁做出购买决定及做出购买决定的因素，购买者的介入程度等，确定消费者属于哪一种购买类型。

（一）购买的角色

发起者，是患者，包括儿童、老人、男性、女性患者在内。

影响者，家人、朋友、医生、药店店员、广告代言人等。

决策者，指在是否买、为何买、如何买、在哪里买等方面做出完全的或部分的最后决策的人。

购买者，实际采购人。

使用者，实际消费产品的人。

儿童药品的消费者是儿童，决策者和购买者一般是父母。家庭中，妻子可能帮助丈夫购买保健的OTC药品。

（二）购买的行为——与普通消费品购买决策类似

OTC药品的购买行为也是寻求多样化的购买行为。和处方药相比，OTC药品具有安全性高、疗效确定、质量稳定、使用方便等特点，所以购买决策过程相对简单，消费者低度介入，显示出与其他日常消费品类似的购买特征。但因为同一治疗类别的OTC品牌众多，差异较大，表现在功效、价格、包装、公司声誉上的不同，所以消费者寻求多样化的购买行为。

四、OTC购买过程

OTC购买过程由以下步骤组成：问题认识，信息收集，对OTC药品的评价，购买决策和购后行为。

（一）问题认识

引起消费者购买OTC产品的环境：可能是疾病发作，产生不适的症状；可能是疾病多发季节即将到来，提前考虑购买OTC药品，比如夏季来临，购买治疗蚊虫叮咬的OTC药；可能是受购药环境影响，比如设在超市药店的产品展示、药店的促销活动等会引起非计划购买行为发生。

（二）信息收集

OTC药品消费者的信息来源有四种：个人来源，如家庭、朋友、邻居和熟人；商业来源，如广告、推销员、经销商、包装、陈列；公共来源，如大众传播媒体、消费者评审组织；经验来源，如使用产品。这些信息来源有营销人员可以控制的和不能控制的，有来自个人的和非个人的(见表1-1)。

表1-1 OTC消费信息来源

	个人的	非个人的
营销人员可以控制的	销售人员	媒体广告、店堂布置、店堂广告、促销、包装
营销人员不能控制的	医生、店员、消费者、有经验的朋友、家人	出版物和行为媒介

OTC药品营销人员应该通过媒体广告、店堂布置、店堂广告、促销和包装，以及人员推销等方式将信息提供给消费者。另外，医生、店员、消费者、家人、朋友都可以传递OTC药品信息，所以在营销策划中要重视他们的作用。

（三）对OTC药品的评价

1. 评价因素

对OTC药品品牌的评价包括以下因素：功效、安全性、服用方便性、价格、包装、公司声誉等。综合评价高的品牌应该作为消费者(患者)购买的首选。

2. OTC消费决策关注品牌

北京新华信商业风险管理有限责任公司1999年度消费者购药行为调查结果显示，80%的购买者在购买前有明确品牌倾向。OTC药品多为治疗一般疾病的常备药品，如感冒药、止痛药、肠胃药、皮肤药等，这些药品一般在生产技术上都比较成熟，不具有专利技术方面的竞争优势；而正因为技术工艺的简单，又使得此类药品的生产厂家众多，市场上同一种OTC药品往往具有多个品牌，市场竞争异常激烈。因为消费者不具备辨别药品内在品质的能力，所以代表产品品质和信念的品牌成为消费者购买OTC产品的导向。在购买决策制定期间，消费者倾向于搜寻产品信息，所以用一种品牌促销来中断他们的问题解决过程相对容易。成功的OTC产品销售必须用消费品的营销手段建立产品品牌和促进产品销售。

鉴于品牌对于OTC药品评价的重要性，因此除了医生意见和自身经验之外，广告实际上成为人们了解药品的重要来源和影响人们购买决策的重要因素。

（四）购买决策

消费者在评价阶段可能形成某种购买意图而偏向购买他喜爱的品牌，然而，在购买意图与购买决策之间，可能受到他人的态度影响和未预期到的情况因素影响。

专业人士具有左右OTC药品购买决策的能力。尽管OTC药品无需医生处方，消费者可在药店购买，OTC药品越来越接近于一般消费品，但是药品毕竟是用来治病救人的，并且药品知识的专业性较强，还不是一种普及性知识，所以消费者在购买和使用OTC药品时十分关注专业人士如医生、药剂师等人的意见。据美国Scott-Levin医疗保健咨询公司的一份调查，约有50%的病人根据医生的建议使用OTC药品。医生给病人的OTC样品也起着重要作用，有35%的病人在过去一年接受过样品，并且约50%的病人称他们自己将会购买同样的药品。

店员与消费者进行交流是一个重要的市场营销战略。有调查结果表明，除了电视广告，药店店员对消费者购药的影响大于其他各种广告媒体，一旦店员向消费者推荐某种药品，有74%的消费者会接受店员的意见，这表明在药品消费中店员能起到很大的作用。特别需要指出的是，在明确具体品牌的消费者中，当店员向他推荐其他品牌药品时，66%的消费者改变了主意，接受了店员的意见。

（五）购后行为

OTC药品都有很详细的使用说明书，消费者按照说明书文字就可以很方便地使用，而使用效果是否满意，是否有不良反应发生，首先取决于该药品的选择是否对症。如果购买的OTC药品不对症，治疗效果必然大打折扣，还可能产生不良反应；如果药品选择对症，就要看产品本身的功效和不良反应。

如果消费者使用OTC药品后感到满意，必然会强化他的产品信念，刺激他下次的购买。他们往往会记下上次医生处方的药品名称，或者直接拿着药品包装盒，指名购买同样的产品。

国家规定OTC药品使用说明书上要注明制药商的联系电话，目的在于及时得到不良反应的信息，这也是制药商提高售后服务质量的主要途径。

总之，OTC市场营销者只有在了解消费者行为的基础上，制定出使目标顾客的需要和欲望得到满足和满意的营销策略，才有成功开发市场的可能。

（资料来源：摘自中国营销传播网，2003年12月9日）

消费者行为学以消费者个体和群体心理与行为为对象，重点研究消费者在消费活动中的心理与行为特点、方式及其规律。作为一门新兴的应用性很强的边缘学科，消费者行为学在企业营销活动决策、消费者行为方式选择和国家宏观政策制定等过程中发挥着越来越重要的作用。为深入研究消费者心理与行为的特点及其规律，有必要首先了解消费者行为学的基本内容，把握有关理论研究产生的背景和历史演进过程，明确学科的研究性质及发展方向。

第一节　消费者与消费者行为

一、消费与消费者

(一)消费

广义的消费包括生产消费和个人消费。生产消费指生产过程中工具、原材料、燃料、人力等生产资料和生活劳动的消耗。它包含在生产之中,是维持生产过程连续进行的基本条件。个人消费指人们为满足自身需要而对各种物质生活资料、劳务和精神产品的消耗。它是人们维持生存和发展、进行劳动力再生产的必要条件,也是人类社会最大量、最普遍的经济现象和行为活动,如吃、穿、住、行、通信、体育休闲、娱乐等消费。在社会再生产过程中,生产消费与个人消费处于完全不同的地位。如果将前者作为这一过程的起点的话,后者则构成这一过程的终点,即个人消费是一种最终消费。

(二)消费者

人是消费的主体,消费不能脱离对消费活动中的人,即消费者的研究。消费者有广义和狭义之分,有个体消费者和组织消费者之分。

狭义的消费者,是指购买、使用各种消费品或服务的个人与住户(Household)。

广义的消费者是指购买、使用各种产品与服务的个人或组织。本书主要从狭义的消费者角度讨论消费者行为。但是消费者行为学的研究范围又不仅仅限于狭义的"消费者",即产品的购买者或使用者,而是比它更宽泛一些。它包含了参与消费者购买过程和使用过程的所有人。

人从出生之日起,就开始消费某些社会产品,成为一名消费者。人在一生中要消费许许多多的物质产品和非物质产品。对这些产品的消费,有的是基于生理的需要,即为了维持个体生存、繁衍后代所必需,有的则是基于享受、发展等社会性需要。基于生理需要的消费是一种本能性消费,它是人类全部消费活动的基础;基于享受、发展需要的消费,则是一种社会性消费,它源于但又高于本能性消费。随着社会经济的发展,无论是本能性消费还是社会性消费,其消费对象越来越丰富多彩,由此使消费者在消费过程中得以更充分地体现自己的个性。

在现实生活中,同一消费品或服务的购买决策者、购买者、使用者可能是同一个人,也可能是不同的人。比如,大多数成人个人用品,很可能是由使用者自己决策和购买的,而大多数儿童用品的决策者、购买者、使用者则很有可能是分离的。如果把产品的购买决策、实际购买和使用视为一个统一的过程,那么,这一过程中任一阶段的人都可称为消费者。在本书中,我们将研究扮演各种购买行为角色的消费者,重点则集中在实际购买的个体身上。因为实际购买者即使被授权购买某一产品,在很多情况下他或她仍然有权决定在何时、何地购买,并在包装、大小甚至款式和颜色等方面做出最终决定。

按照不同类型的消费主体,消费者可分为个体消费者和组织消费者。个体消费者是指购买和使用产品或服务的个人或住户。组织消费者是指那些为了维持其组织的运行而购买和使用产品或服务的企业、政府、公共机构等。

二、消费者行为

(一)消费者行为的含义

恩格尔(1986)把消费者行为定义为“为获取、使用、处置消费物品所采取的各种行动,以及先于且决定这些行动的决策过程”。这一定义强调消费者行为是一个整体,是一个过程,获取或者购买只是这一过程的一个阶段。因此研究消费者行为,既要了解消费者在获取产品和服务之前的需要、评价与选择活动,又要重视在获取产品后对产品的使用和处置活动。因为消费者消费产品或服务的体验,处置产品的方式和感受,均会影响消费者的满意度和是否重复购买。

美国市场营销学会把消费者行为定义为:“是感知、认知、行为以及环境因素之间的动态互动过程,是人类履行生活中交换职能的行为基础。”这一定义至少包含了三层重要的含义:①消费者行为是动态的。②它涉及感知、认知、行为与环境因素的互动作用。③它涉及了交易。

因此,可以说消费者行为是指消费者为获取、使用、处置消费物品或服务所采取的各种行动,包括先于且决定这些行动的决策过程。

消费者行为是与产品或服务的交换密切联系在一起的。在现代市场经济条件下,企业研究消费者行为是着眼于与消费者建立和发展长期的交换关系。为此,企业不仅需要了解消费者是如何获取产品与服务的,而且也需要了解消费者是如何消费产品,以及产品在用完之后是如何被处置的。消费者的消费体验、消费者处置旧产品的方式和感受均会影响消费者的下一轮购买,也就是说,会对企业和消费者之间的长期交换关系产生直接的作用。传统上,人们对消费者行为的研究重点一直放在产品、服务的获取上,关于产品的消费与处置方式的研究则相对地被忽视。随着对消费者行为研究的深化,人们越来越深刻地意识到,消费者行为是一个整体,是一个过程,获取或者购买只是这一过程的一个阶段。

因此,研究消费者行为,既应调查、了解消费者在获取产品、服务之前的评价与选择活动,也应重视在产品获取后对产品的使用、处置等活动。只有这样,对消费者行为的理解才会趋于完整。

(二)消费者行为的本质特征

消费者行为有很多特点,如多样性、复杂性、行为共性、可引导性,但主要具有以下本质特征:

(1)消费者行为是消费者在寻找、获得、使用、评定和处理希望能满足其需要的产品和服务的一种经济活动。西方经济学家把个人的自利心作为研究经济活动的出发点。而近年来西方学者趋于个人利益、局部利益和当前利益要服从和服务于人类的全局利益和长远利益的研究。

(2)消费者的经济行为反映了一定的心理现象。心理现象(包括心理过程和心理特征)制约着消费者的经济行为,而人类社会经济发展则体现着消费者行为与心理的变化状况。因此,探析消费者行为必须把他们的经济活动同人的心理过程和个人的心理特征紧密结合起来。

(3)探索消费者在群体消费中的行为及消费者受所处的社会文化环境的影响。近年来西方学者大力倾向于运用社会学、文化学的知识和理论去探索消费者在群体消费中的行为,运用社会心理学、传播学的知识和理论去探索人与人之间如何相互影响和个人如何受群体影响，运用人类文化学的知识和理论去探索消费者所处的社会文化环境的影响。

(4)消费者可以细分为不同的角色，担负着不同的任务。这些角色包括发起者、影响者、决策者、购买者和使用者。西方消费者行为理论认为：一个消费者可能扮演其中的一个或者一个以上的角色，如购买者可能是使用者，也可能不是使用者；他可能是发起者、影响者，也可能不是；他可能受发起者或其他人的影响，也可能不受影响。

(5)消费者行为始终处于一定生态环境之中，并受到生态环境的约束与影响。这一关键问题虽然在20世纪初的文献中就偶见学者提及，但真正的系统探索则是1985年4月9日《保护消费者准则》颁布之后才引起各国学者的浓厚兴趣。国际学术界将“消费者行为”与“人类可持续发展”对接起来研究。

第二节　消费者行为研究的意义及内容

一、消费者行为研究的意义

(一)研究消费者行为是营销决策和制定营销策略的基础

消费者行为研究是市场营销的根本。许多公司承认关心消费者是自己得以生存和成功的原因，只有从消费者的角度来理解产品或品牌的价值，准确地预测消费者的需求并及时应对消费者的反应，才能使产品为消费者接受。了解消费者的需求，以及他们愿意花多少钱来满足这一需求，然后据此设计、生产产品，并以消费者愿意接受的价格销售，才能更好地将产品推向市场。对消费者行为的研究与把握，成为企业市场营销的根本。

消费者行为研究是制定营销策略的重要依据。尽管消费者行为十分复杂，各种内部、外部因素互相制约和牵连，但是通过精心设计与实施的调查研究，仍然可以掌握消费者行为的一般趋势和规律，从而尽可能减少企业决策的失误。从营销组织的观点来看，营销策略是试图制订影响交换以达到组织目的的计划。很典型的情况是，营销策略试图增加消费者某种行为的可能性或频率，如经常去特定的商店购买特定的商品。营销策略通过市场细分，针对选定的目标市场实施营销组合，以达到企业的营销目标。作为生活在复杂社会关系中的人，消费者的动机和行为都能够被外在的因素所影响，进而发生改变。企业可根据这一特点采取适当的策略，运用恰当的手段和方式努力影响消费者。而对消费者的影响与改变，建立在对消费者行为的了解与掌握的基础之上。企业必须掌握消费者的动机，企业的产品、价格、渠道、促销策略必须为消费者所理解，符合其口味，满足其需要。唯有如此，企业的营销策略才能最终影响和改变消费者，使他们的行为向着有利于企业的方向发展。显然，在制定营销策略时，了解消费者是至关重要的，极少有不经过消费者行为研究就制定营销策略的。总之，对消费者了解得越多，分析消费者的方法越多，制定成功的营销策略的可能性就越大。

从以下方面，具体可以看出消费者行为研究决定了营销策略的制定：

1. 市场机会分析

从营销角度看，市场机会就是未被满足的消费者需要。要了解消费者的哪些需要没有被满足或没有被完全满足，通常涉及对市场条件和市场趋势的分析。比如，通过分析消费者的生活方式或消费者收入水平的变化，可以揭示消费者有哪些新的需求和欲望未被满足。

在此基础上，企业可以有针对性地开发出新产品。

2. 市场细分

市场细分是制定大多数营销策略的基础，其实质是将整体市场分为若干子市场，每一子市场的消费者具有相同或相似的需求或行为特点，不同子市场的消费者在需求和行为上存在较大的差异。企业细分市场的目的，是为了找到适合自己进入的目标市场，并根据目标市场的需求特点制订有针对性的营销方案，使目标市场的消费者的独特需要得到更充分的满足。市场可以按照人口、个性、生活方式进行细分；也可以按照行为特点，比如是小量使用者、中度使用者，还是大量使用者进行细分；另外，也可以根据使用场合进行市场细分，比如将手表按照是在正式场合戴、运动时戴，还是平时一般场合戴细分成不同的市场。

3. 产品与店铺定位

营销人员只有了解产品在目标消费者心目中的位置，了解其品牌或商店是如何被消费者所认知的，才能发展有效的营销策略。凯玛特(K. Mart)是美国一家影响力很大的连锁商店，它由20世纪60年代的廉价品商店发展到20世纪七八十年代的折扣商店。进入20世纪90年代后，随着经营环境的变化，凯玛特的决策层感到有必要对商店重新定位，使之成为一个品位更高的商店，同时，又不致使原有顾客产生被离弃的感觉。为达到这一目标，凯玛特首先需要了解它的市场位置，并与竞争者的位置作比较。为此，通过消费者调查，它获得了被目标消费者视为非常重要的一系列店铺特征。经由消费者在这些特性上对凯玛特和它的竞争对手的比较，公司获得了对以下问题的了解：哪些店铺特征被顾客视为是最关键的；在关键特性上，凯玛特与竞争对手相比较处于何种位置；不同细分市场的消费者对凯玛特和竞争商店的市场位置，以及对各种商店特性的重要程度是否持有同样的看法。在掌握这些信息，并对它们进行分析的基础上，凯玛特制定了非常具有针对性且切实可行的定位策略，最终原有形象得到改变，定位获得了成功。

4. 市场营销组合

(1)新产品开发

通过了解消费者的需求与欲望、消费者对各种产品属性的评价，企业可以据此开发新产品。可以说，消费者调查既是新产品构思的重要来源，也是检验新产品能否被接受和应在哪些方面进一步完善的重要途径。通用电气公司设计出节省空间的微波炉和其他厨房用品，在市场上获得了巨大成功，其产品构思就直接源于消费者对原有产品占有空间太多的抱怨。

(2)产品定价

产品定价如果与消费者的承受能力或消费者对产品价值的感知脱节，再好的产品也难以打开市场。一次性尿布在试销过程中定价为10美分/块，预计销售8亿块。但试销的结果只有预计销量的一半，很不理想。后经过进一步分析发现，在整个试销过程中，相关人员并没有把价格这一环节与消费者连接起来。虽然消费者很欢迎这种产品，但10美分/块太贵了，很多家庭只有带孩子旅游或参加宴会的时候才舍得使用。公司通过成本分析，找到了节约单位产品成本的途径，后将售价由10美分/块降到6美分/块，产品被再度投放市场时，需求量剧增。由此可见，产品定价也离不开对消费者的分析和了解。

(3)分销渠道的选择

消费者喜欢到哪些地方购物以及如何购买到本企业的产品，也可以通过对消费者的研究了解到。

(4)广告和促销策略的制定

对消费者行为的透彻了解,也是制定广告和促销策略的基础。在变幻莫测的市场环境中,了解消费者行为的变化对制定正确的广告策略具有非常重要的意义。广告活动要实现信息传递的有效性,就必须了解其目标对象,如目标对象的个体特征是什么,对某产品或品牌的认知到何种程度,有怎样的媒介习惯等一系列问题。对消费者行为的深入研究可以使广告活动有的放矢,是有效开展广告活动的保障。美国糖业联合会试图将食糖定位于安全、味美、提供人体所需能量的必需食品的位置上,并强调适合每一个人尤其是爱好运动的人食用。然而调查表明,很多消费者对食糖形成了一种负面印象。很显然,糖业联合会要获得理想的产品形象,必须做大量的宣传工作。这些宣传活动成功与否,很大程度上取决于联合会对消费者如何获取和处理信息的理解,对消费者学习原理的理解。一句话,只有在了解消费者行为的基础上,糖业联合会在广告、促销方面的努力才有可能获得成功。

(二)研究消费者行为可以帮助和引导消费者,保护消费者权益

随着经济的发展和各种损害消费者权益的商业行为不断增多,消费者权益保护正成为全社会关注的话题。消费者作为社会的一员,拥有自由选择产品与服务,获得安全的产品、获得正确的信息等一系列权利。消费者的这些权利,也是构成市场经济的基础。政府有责任和义务来禁止欺诈、垄断、不守信用等损害消费者权益的行为发生,有责任通过宣传、教育等手段来提高消费者自我保护的意识和能力。

(三)研究消费者行为有利于国家消费政策的制定

政府应当制定什么样的法律,采取何种手段保护消费者权益,政府法律和保护措施在实施过程中能否达到预期的目的,很大程度上可以借助于消费者行为研究所提供的信息。例如,在消费者保护过程中,很多国家规定食品供应商应在产品标签上披露各种成分和营养方面的数据,以便消费者做出更明智的选择。这类规定是否真正达到了目的,首先取决于消费者在选择时是否依赖这类信息。如果消费者选择食品时主要根据自己对品牌的印象,而根本不阅读标签上的文字,那么这类额外信息的披露可能只是徒然增加标签制作的成本。所以,通过研究消费者行为,可以更全面地评价现行消费者权益保护的法律、政策,并在此基础上制定出更加切实可行的消费者权益保护措施。政府制定有关消费政策,也必须建立在了解消费者行为的基础上,否则,政策效果可能会大打折扣。比如,近年来大城市房价一路飙升,控制房价成为中央政府的一项重要任务。中央政府虽然采取了很多措施,但效果并不明显。原因固然很多,但与政策制定者对这些政策在"需求"抑制上到底产生什么作用缺乏研究和了解有很大关系。因此,只有对消费者行为进行更加深入、细致的研究和了解,制定的政策才会更加有效。

(四)研究消费者行为有助于消费者获取信息,做出科学的购买决策

了解一般的消费者行为知识,对消费者颇有益处。首先,对自己和其他消费者的行为有更多的了解,可以更好地与市场发生互动。其次,了解企业如何运用消费者行为知识来制定营销策略,使我们能更好地洞悉企业行为背后的动机,更加全面、深入地理解企业营销活动对消费者和社会的影响,从而在购买决策过程中更加理智和自信。再次,消费者行为研究所产生的数据和信息可以用来进行消费者教育,从而改善消费者的决策能力与水平。如今在西方一些国家,很多大学甚至高中的课程里就包含消费者教育的项目或内容。最后,理解影响消费者行为的因素与机制对很多人而言本身就具有其内在价值。知道产品谣言的扩散机

制，了解为什么阈限下的广告信息不大可能影响购买决定、为什么某些名人证词较另外一些的更有效果，既能满足消费者的求知欲望，又有助于使消费者知识更丰富并更具教养，便于做出更明智的购买决策。

二、消费者行为学的研究对象与内容

消费者行为学的研究对象是消费者个人和群体的行为，它的研究内容和体系结构是由影响消费者行为的因素所决定的。影响消费者行为的因素主要有三大类：消费者自身因素、环境因素和市场营销因素。消费者行为学就是研究个体、群体和组织为满足其需要而如何选择、获取、使用、处置产品、服务、体验和想法，以及由此对消费者和社会产生影响的科学。

消费者行为学通过研究消费者心理活动及其行为的规律，以便适应、引导、改善和优化消费者行为，为政府部门制定宏观经济政策、为工商企业制定营销战略提供依据和有益的经验。

其具体内容包括以下几个部分：

(1)通过系统研究分析消费者心理现象的各种基本形态，如需求、动机、态度、人格等，揭示人的心理活动对购买行为的影响，探寻相互间的关系。

(2)将消费者置于社会文化的大环境中，探索各种社会现象，如生活方式、流行、群体、家庭等对消费者心理的影响，以及由此带来的购买行为的特点。

(3)从企业营销的角度出发，研究各种营销方式对消费者购买行为的心理效应，如品牌、服务与消费心理的关系，超级市场、货仓销售、邮购，以及网络购物等新型营销方式受顾客欢迎的心理因素等。

第三节　消费者行为学的演进与发展

消费者行为学作为系统研究消费者心理现象的一门独立的应用科学是在资本主义工业革命后，随着商品经济充分发展，市场问题日益尖锐，竞争日益加剧而形成和发展起来的。它大体上可以分为以下三个时期：

一、萌芽时期

从19世纪末到20世纪30年代，有关研究消费者心理与行为的理论开始出现并得到了初步的发展。19世纪末、20世纪初，各主要资本主义国家，特别是美国，工业革命后的劳动生产率大为提高，其生产能力的增长速度开始超过市场需求的增长速度，市场上商品急剧增多，企业之间竞争加剧。在这种情况下，为了争夺销售市场，一些企业的生产经营者开始注重商品的推销和需求刺激，推销术与广告术也开始应用于企业的经营中。与此同时，一些专家、学者根据企业销售实践活动的需要，着手从理论上研究商品的需求与销售问题，研究消费者心理与行为同企业产品销售的关系。最早从事这方面研究的是美国社会学家韦伯伦。他在1899年出版的《有闲阶级论》一书中提出了广义的消费概念及社会含义。他认为过度的消费是人们在一种向别人炫耀自己的心理支配下而激发的。例如，一些中产以上阶层的人为了向别人显示自己的富有，在避暑胜地购买或建造自己的度假别墅，虽然其每年居住的时间很短，却雇用了大量的服务和勤杂人员。当时，这一观点也体现在他在一些大学讲授的

销售学课程中。以韦伯伦为代表的消费心理研究引起了心理学家和社会学家的兴趣，也受到了企业的广泛关注。1901年，美国著名社会心理学家斯科特首次提出，在广告宣传上要运用心理学理论。同期，美国心理学家盖尔的《广告心理学》一书问世，系统地论述了在商品广告中如何应用心理学原理增加广告的宣传效应，以引起消费者更大的注意与兴趣。1908年，美国社会学家罗斯发表了《社会心理学》，着重分析了个人和群体在社会生活中的心理与行为。1912年，德国心理学家闵斯特伯格又发表了《工业心理学》一书，阐述了在商品销售中，广告和橱窗陈列对消费心理的影响。同时，还有一些学者在市场学、管理学等著作中也研究了有关消费心理与行为的问题，比较有影响的是"行为主义"心理学之父约翰·华生的刺激-反应理论，即S-R理论。这一理论揭示了消费者接受广告刺激物与行为反应的关系，被广泛地运用于消费者行为的研究中。但在这一时期，消费心理与行为的研究才刚刚开始，研究的重点是如何促进企业的产品销售，而不是如何满足消费者的需求。另外，由于这种研究基本局限于理论阐述，并没有广泛应用到市场营销活动中来，因此尚未引起社会的普遍重视。

二、应用时期

20世纪30年代到60年代，消费者行为研究被广泛地应用于市场营销活动并得到迅速发展。1929—1933年，资本主义经济大危机使得生产严重过剩，商品大量积压，销售十分困难。这时的市场供过于求。各个企业要想在竞争中战胜对手，求得生存，必须首先解决产品销路问题。特别是第二次世界大战后的美国，迅速由军事工业的生产转向民用消费品的生产，市场商品急剧增多，产品更新换代加快，花色品种不断翻新，消费者的需求和欲望也在不断变化，其购买行为更加捉摸不定，企业之间的竞争更加激烈。这一切使得企业的生产经营观点发生了重大转变。企业在提出"创造需求"口号的同时，开始重视和加强市场调研，预测消费趋势，刺激消费需求。市场学、管理学、广告学、推销学在市场营销活动中得到了广泛的运用，并取得了明显的效果。这为丰富和完善消费者行为理论创造了极为有利的条件，并使其从其他学科中分离出来，成为一门独立的学科，为企业的产品销售服务。

从20世纪50年代开始，人们对消费者的心理现象及其活动规律越来越感兴趣，心理学科在各个领域的应用都取得了重大成果，引起了理论研究工作者和实际工作者的强烈反响和广泛关注。更多的心理学家、经济学家、社会学家都转入这一领域的研究，并相继提出了许多理论。例如，美国著名心理学家马斯洛在系统地研究人的需求基础上提出了"需求层次理论"。美国另一位心理学家海尔通过对两组不同的消费者在购买速溶咖啡问题上的回答，找出了家庭主妇不喜欢购买速溶咖啡的真正原因，从而提出了消费者潜在的或隐藏的购买动机的理论。关于消费者购买动机的研究，早在20世纪20年代就开始了。美国早期的经济学家科普兰在1925年出版的《销售学》一书中曾对消费者的购买动机进行了详细的研究。他提出的购买动机可以被划分为感情动机和理智动机，这一理论至今还有一定的现实意义。

20世纪60年代是消费者行为研究的高峰期。以美国密歇根大学调查研究中心的G.卡特纳为首的研究小组提出了期望与消费者态度的理论，并系统地研究了上述心理现象与消费者行为的关系。稍后，哥伦比亚大学的P.F.拉扎斯菲尔德和E.卡兹提出了《人格的影响》的有关理论。同一时期，另一个比较知名的是哈佛大学的R.A.鲍尔所作的关于消费者在不确定条件下的反应，即知觉风险的研究。

此外，还有中间范围理论、低参与过程与高参与过程理论，以及参考群体问题的研究等，都进一步丰富和发展了消费者行为学。

三、变革时期

从20世纪70年代到现在，是消费者行为学的变革时期。据J.F.恩格尔的统计，1968—1972年间发表的研究成果，比1968年以前所发表的全部研究成果都要多。

在这一时期，有关消费者心理与行为研究的论文、调查报告、专著不仅在数量上急剧增加，而且在质量上也越来越高，研究方法也越来越科学。许多新兴的现代科学，如计算机、经济数学、行为学、社会学等也被广泛运用于消费者行为研究中。比较有代表性的是信息处理方法，其核心是把消费者作为一个积极的决策人，可以根据所获得的信息进行分析选择，从而做出正确的购买决策，并根据购买使用经验改变或保持对某种商品的态度。信息处理方法的运用，以及消费者购买行为模型的建立标志着消费者行为理论的研究发生了根本性的变化，从而使消费者心理学成为现代经济科学中最重要的学科之一。

在这几十年间，有关消费者研究的内容有了重大突破。著名消费者行为研究专家J.Jacoby将其发展趋势总结为：第一，理论性更强、更科学化了，如H.A.拉维吉的广告效果研究、F.M.尼科西亚的"消费者决策程序"研究、J.A.霍华德和J.N.谢思的消费者行为模型等都是十分杰出的代表。第二，研究的重点由以消费者与其他要素的平衡关系转变为以消费者研究为中心，并更注重宏观方面的探讨。第三，由单纯地确认、记述量变和关系向解释性的研究和对因果关系的探讨的方向发展。第四，行为科学的概念和方法的运用越来越精确，学科之间的相互渗透和交叉更加鲜明等。

由上述分析可见，进入21世纪，随着社会生产、科学技术的迅猛发展，各种综合学科、交叉学科、边缘学科和分支学科的大量出现，有关消费者心理与行为的研究也在不断地发展、深化，门类也越来越多，如商业心理学、销售心理学、消费者心理学、广告心理学等。消费者行为学也面临着新的挑战，还需要不断探索、发展和完善。

第四节　消费者行为学的研究原则与方法

研究方法是人们探索、解决问题，达到预期目的的途径和手段。方法正确就能收到事半功倍的效果；反之则会事倍功半。因而，我们在研究时，一是要有端正、严谨的治学态度；二是要采用先进的科学方法；三是要在思维方法上摆脱陈旧、狭隘的眼光的束缚，代之以适应现代信息社会要求的，以面向现实、面向未来为特征的新思维。我国的消费行为研究还稍嫌薄弱，而且对已往的消费现象描述过多，对潜在的消费倾向预测较少。本节将较为全面地就消费者行为学研究的基本原则和基本方法加以阐述。

一、消费者行为学的研究原则

研究的目的是系统地、正确地认识客观事物并揭示其运行的规律，寻求正确的工作对策和方法。为达到此目的，在研究的过程中必须坚持科学的原则。

（一）客观性原则

客观性原则是进行科学研究的基本准则，它是指在搜集资料、分析资料以及得出结论的过程中都不掺杂研究者的主观因素。虽然消费者行为学的研究也注重“内省”和“体验”的方法，但是，在商品和劳务的经营活动中，消费者的心理和行为通常是由多种不同的因素引起的。所以，对任何心理和行为，必须严格按其本来面貌加以考察，不能脱离实际主观臆断。消费者的心理活动似乎是抽象的、内在的，但其外在行为则是具体的、生动的、可以观察的。所以，对消费行为的研究，只能在消费者的生活和他们活动的外部条件中进行。如某种商品的价格出现明显的变动后，消费者首先会出现心理的变化，继而出现各种行为表现（公平、失衡和态度的转变等）。解决的办法只能是实事求是地宣传、引导，使消费者适应价格变化，达到心理平衡，而不能脱离实际地坐而论道。遵循客观性原则，要求在消费者的实际行为过程中去研究，只有根据消费者所想所说、所作所为，才能正确判断其心理和行为特点。同时，还要求必须充分收集客观材料，对所得到的全部事实，包括相互矛盾的现象做出具体而全面的分析。

（二）科学性原则

科学性原则是指研究必须依据科学方法建立具有学科特色的体系。这主要体现在在不同的范围内如何科学选择和抽取样本；如何正确运用定量资料和定性资料进行总结和分析等问题。遵循科学性原则，一是要求研究成果要用数据、资料说话，观点不能凭空臆造。二是要求研究的材料必须与观点一致。三是要求研究结论与研究材料之间要有严密的逻辑性。科学性原则说明客观事实只有一个。

（三）发展性原则

发展性原则就是在事物产生、延续和变动的连续过程中研究心理和行为的原则。我国的生产和消费环境处在不断的发展和变化中，各类消费者的社会生活，包括观念、动机、结构和趋向也在不断变化中。所以，其消费行为也不可能完全处于静止状态或处于某种模式之中。影响消费行为的因素很多，当其中的某些因素发生了变化，消费心理和行为的研究也必须随之而变化。遵循发展性原则，要求研究者不仅要阐明消费者已出现的行为，而且要阐明那些潜在的、刚刚产生的、新的心理和行为特点；不仅要看到消费者现实的心理状态和行为特征，还要预测其发展趋向。

（四）分析综合原则

分析综合原则就是在研究中要按照由部分到整体，由个别到一般的规律去分析问题。近年来，各类消费者的需求出现了明显的层次性和个性化倾向，个性在消费者行为的研究中占有越来越突出的地位。如，老年消费者注重询问经验；中年消费者固守自己的意图；青年消费者带有浓厚的感性色彩，等等。遵循分析综合的原则，首先要求研究者要认识个别消费者在不同生活、活动条件下的心理和行为成分，并通过综合分析弄清全部个别心理和行为表现的相互联系，找出表明某个消费者整体特点的稳定心理和行为特征；其次，要通过对某类消费者的个别心理和行为现象的分析，概括出此类消费者的共同消费心理和行为特征。

（五）联系性原则

对消费者行为学的研究还要遵循联系性原则。这首先是由于影响和制约消费者心理和行为的内部与外部因素之间是互相联系的。如商店营业环境的优劣会影响消费者的情绪，而消费者的心境（愉快、烦躁等）又制约着他们对营业环境的感受。其次，是由于消费者的心理过程和心理状态也是相互联系的。如顾客对商品的认识过程（美与丑等）就与他们当时的心理状态（如情绪）紧密相连。最后，是由于消费者行为学属于一门边缘学科，处于许多学科的交叉点上。这种交叉学科互相联系的特点，要求在研究中要善于联系其他学科的有关成果进行认真分析。

二、消费者行为学的研究方法

根据心理科学和经济科学的特点，消费者行为学的研究方法主要有：

(一)观察法

这是指在日常生活中，通过对消费者的行为表现，了解其心理活动的方法。如在购物现场观察顾客的购买行为，比较不同文化背景下的消费行为差异等。观察法的特点是简便易行，真实可信，且成本低廉。

(二)实验法

这是心理学研究中应用最广而且成效最大的一种方法，包括自然实验法和实验室实验法。自然实验法是指在企业的经营活动中，适当地控制和创造某些条件，给消费者的心理活动以一定的刺激和诱导，或是针对某个心理问题，选择一定的实验对象进行活动，从而观察和记录其心理活动的各种表现。由于这种方法具有主动性、目的性和系统性的特点，因此，应用的范围比较广泛。实验室实验法是指在专门的实验室内，借助各种仪器和设备进行心理测定和分析的方法。其最大的特点是通过一系列的观察测试，了解受试者内部的生理反应和心理变化。这种方法较科学，也比较准确。其缺点是无法测定比较复杂的个性心理现象。

(三)调查法

这是指采用多种方法获得有关信息，从而间接地推测、了解被调查对象的心理活动的方法。它有问卷法和交谈法两种形式。

问卷法也称填表法，即调查者在调查之前先将所要调查问题的内容，以及要求被调查者回答问题的形式列成表格，然后请被调查者填写。这种方法可以同时调查许多人，简便易行，收效显著。交谈法是指调查的双方通过谈话的形式完成调查内容的方法。其特点是一个调查者可与一个或多个被调查对象交谈，方式灵活，简便易行，立竿见影。

零售企业可以广泛利用这种方法与一些顾客建立并保持固定的联系，及时了解各种信息，同时也加强了顾客对企业的忠诚感。

(四)模型法

这是对各种变量及相互关系进行定型化的数量分析。消费者行为研究之所以在近代的新兴学科林立的经济科学领域占得一席之地，一个重要原因就是消费者行为研究是建立在一系列有影响的模型分析的基础上，而不是主观的猜测和臆想。在消费者行为研究中运用模型分析最多的主要是消费者态度、消费者决策，以及学习等方面。

此外，还有一些方法也值得借鉴和利用，如心理测验法、角色扮演法等。上述几种研究方法是互相联系、互相补充的。随着社会经济的不断发展和科学技术的不断进步，消费者行为的研究方法也在不断地完善和创新。

复习思考题

1. 什么是消费者？什么是消费者行为？

2.消费者行为的本质特征是什么?

3.研究消费者行为的意义是什么?

4.消费者行为学的研究原则与方法是什么?

【案例分析】

强生婴儿洗发精在台湾市场的成败得失

市场背景:20世纪80年代初期,外国品牌尚未大举进入台湾之前,市场呈现出众多竞争品牌纷纷进入的典型产品成长期特征。台湾本土品牌,如耐斯、脱普等;外国品牌,如花王、绿野香波等,在市场上已有相当的影响力。当时的强生婴儿洗发精是真正的"婴儿"专用洗发精,因此理所当然的,它只是一个目标对象为婴儿的妈妈,诉求她们购买并给婴儿使用的产品。

机会与威胁:一方面,婴儿洗发精的市场规模在不断扩大;另一方面,这种市场细分在竞争上固然有保护作用,但也不是绝对的,因为总会有一些竞争者想从此细分市场切入,再伺机进入整体市场。这样一来,强生公司不但不能仅固守在婴儿市场,还要思考如何在不改变产品的状况下去扩大市场、增加销售量。

面临的营销选择:不改变产品状况,显然就是说要维持长久以来的产品消费利益["含不流泪配方(No More Tears),质地细致,不伤眼睛"]。产品不会是大问题,大问题是新的目标对象是谁;购买者和使用者是不是同一个人。

第一次选择:强生公司当时设定的目标对象就是妈妈。理由简单明了:妈妈不但较其他对象更能认知此产品,并且可能已有购买、使用(在婴儿时期)的行为事实。这种延伸看来比较容易,只要将创意陈述改成"强生婴儿洗发精,含不流泪配方,质地温和,不伤发质,可以让你的头发像婴儿般柔细"就成了。所以,强生公司也就拍摄了以知名人士宋冈绫作为妈妈代言人的广告并播出。

结果:成效并不理想。可能原因是什么?问题仍未解决:一招不成,只好从头再来。

除了婴儿与妈妈外,还有谁是可行的目标对象呢?

第二次选择:18～24岁的女孩子,尤其是学生。

为什么做此选择?因为她们的生活方式合适。女孩子在这个为"悦己者容"的年龄,对于头发的柔软度比其他年龄段的女性更关注;而且她们有闲暇时间经常洗头,特别是在约会前或运动后。

具体如何做?

新的创意诉求:"强生婴儿洗发精,含不流泪配方,质地温和,让经常洗头发的你,不但不伤发质,而且让你的头发能像婴儿般柔细。"而为了不丢掉婴儿市场,广告片的最后片段还保留了婴儿的影像作为提醒(此做法贯穿所有的婴儿系列产品)。

形象代言人:广告公司选择了当时的女学生、后成知名主持人的崔丽心作为形象代言人。

配套策略:发售大容量包装,以顺应使用对象上的转换。更重要的是,传播上将产品概念做了一个深层转换。品牌"Baby Shampoo"中的"Baby"(婴儿)被转换成了中文的动词"宝贝"(也可以看作是音译)。这样一来,广告词也就变成了"强生婴儿洗发精,宝贝你的头发。"

成效：正确的目标对象设定、适当的广告信息传播，加上崔丽心的美丽诠释，让强生婴儿洗发精瞬时苏醒起来，销售量也大幅增长。

成功之后的得陇望蜀之举：俗话说"得陇望蜀"，强生公司还想继续拓展市场。在年轻女性诉求持续一阵子之后，强生公司希望能将市场扩大到年轻男性，于是拍摄了男孩子要约会时，不要忘了用"强生婴儿洗发精，宝贝你的头发"的广告。与此同时，强生公司进行发售洗发精周边产品，如润丝精等的营销扩张。之后，强生公司又拍摄了一部主题曲为《在雨中歌唱》(*Singing in the Rain*)，主要诉求年轻女孩子，兼顾男孩子、小孩，甚至与老年人一起出现在雨中的广告。这种做法让洗发精的策略看起来有点含糊，但其用意无外乎是提醒与增强。

(资料来源：http://www.doc88.com/p-9909383559761.html)

思考题

1. 第一次选择与第二次选择及其不同的结果说明了什么？
2. 你对强生公司的"得陇望蜀"之举有何评价？
3. 总体上，你对强生公司做何评价？

第二章

影响消费者行为的因素体系

学习目的与要求

- 了解和掌握消费者行为模式；
- 了解和掌握影响消费者行为的个人内在因素；
- 了解和掌握影响消费者行为的外部环境因素。

导入案例

麦片消费市场的影响因素

按照美国的标准，巴西在早餐谷物类食品和其他早餐食品方面蕴藏着巨大的商机。巴西有约1.65亿人口，其年龄分布似乎也有利于早餐麦片的消费，因为20岁以下的人口占总人口的48%。另外，巴西的人均收入也足够使人们在早餐时享用食用起来十分方便的谷物食品。在评估这个市场时，凯洛格公司还注意到一个引人注目的有利因素——几乎没有任何直接的竞争。因此，从影响消费者行为的这些因素来看，巴西是麦片消费潜力巨大的市场。于是凯洛格决定在巴西十分流行的一个电视连续剧节目里播放广告。广告画面是一个小男孩津津有味地吃着从包装袋里倒出来的麦片。在显示产品味道极佳的同时，该广告将产品定位于一种小吃而不是早餐的一部分。由于市场反应冷淡，这一广告很快被撤了下来。对巴西的文化分析显示，巴西人家庭观念极强，而且大男子主义观念根深蒂固。所以，随后设计的广告节目，画面集中显示父亲将麦片倒入碗中并加上牛奶的家庭早餐场面。较之第一个广告，这一广告节目更为成功，麦片销售量增加了，凯洛格占有了99.5%的市场份额。

（资料来源：htpp://www.bjczy.edu.cn/xfzxw/article/2008/0520/article_126.html，北京财贸职业学院市场营销精品课程网站）

在现实生活中，消费者的行为受到各种因素的影响。借鉴美国社会心理学家卢因的研究成果，可以将影响消费者行为的诸多因素分为两大类，即个人内在因素和外部环境因素。这两类因素之间相互联系、相互作用，共同构成了影响消费者行为的因素体系。在一定意义上，消费者的所有行为都是消费者个人内在因素和外部环境因素交互作用的结果。了解消费者行为的影响因素，有助于从总体上把握消费者行为形成和变化的基本规律。

第一节 消费者行为模式

一、消费者行为

消费者行为是指消费者为获取、使用、处置消费物品或服务所采取的各种行动，包括先于且决定这些行动的决策过程。消费者行为是一个复杂的概念，它既包括商品购买中的选择、决策和实际购买活动，也包括购买前的搜寻、整理信息，购买后的使用、保养、维修、评价等活动。消费者行为处于永续发展的状态中，随着居民消费水平的不断提高和消费内容的日益丰富，消费者的活动领域迅速向非实体性消费领域扩展，如旅游、体育、文化和教育等知识性或娱乐性的消费活动。在这些非实体性的消费领域中，消费者的行为表现得更加丰富多彩，复杂多样。因此，消费者行为既是一个具体的活动整体，也是一个动态的发展过程。研究消费者行为，既要从整体上分析，也要从过程中把握。只有这样，我们对消费者行为的理解才会趋于完整。现代消费已经形成了一个极其复杂、庞大的行为系列。现代消费者无论是在消费方式，还是在消费内容、消费意识等方面都有了质的飞跃，与过去的消费行为不可同日而语。一千个消费者，就会有一千种消费行为。但透过形形色色的行为现象，我们会发现千差万别的消费者行为其实是受到某些共同因素的影响。而这些具体的因素是什么，它们又如何影响着消费者的一举一动，正是本章所关心的内容和研究的重点。

二、一般行为模式

20 世纪以来，许多心理学家、社会心理学家和生物学家对探索人类行为奥秘产生了浓厚的兴趣，纷纷致力于人类行为研究，试图揭示隐藏在复杂行为现象背后的一般规律。在众多研究成果中，尤以美国社会心理学家库尔特·卢因（Kurt Lewin）的研究成果最为引人瞩目。在大量分析试验的基础上，卢因提出了他的著名的行为模型——卢因的行为模型（Lewin Model of Behavior）。下面我们来简单介绍一下他的核心思想。

卢因的行为模型如下所示：

$$B=f(P\cdot E)$$

式中 P——$P_1,P_2,\cdots,P_n$；

E——$E_1,E_2,\cdots,E_n$；

B(Behavior)——个人的行为；

P(Personal)——个人的内在条件和内在特征；

$P_1,P_2,\cdots,P_n$——构成内在条件的各种生理和心理因素，如生理需要、生理特征、能力、气质、性格、态度等；

E(Environment)——个人所处的外部环境；

$E_1,E_2,\cdots,E_n$——构成环境的各种因素，如自然环境、社会环境等。

该模型表明，人类的行为是个人与环境相互作用的产物。同时，该模型还进一步表明，人类的行为方式、指向和强度主要受两大类因素的影响和制约，即个人的内在因素和外部环境因素。其中，个人内在因素包括生理和心理两类基本因素，而外部环境因素又包括自然环境和社会环境两类因素。

卢因的行为模型在一定程度上揭示了人类行为的一般规律，并对影响行为的多种因素做出了最基本的归纳和划分，其结论具有高度概括性和广泛适用性，因而受到其他学者的推崇，得到了普遍重视和认可。

三、影响消费者行为的因素体系

消费者行为是人类行为的重要组成部分。因此，卢因关于人类行为模型及其基本影响因素的研究，同样也适用于对消费者行为及其影响因素的分析。这里，我们可以将影响消费者行为的因素同样分为两大类，即个人内在因素和外部环境因素。其中个人内在因素具体包括消费者的生理因素与心理因素，而外部环境因素又可进一步区分为自然环境因素和社会环境因素。这两大类因素相互联系、相互作用，共同构成影响消费者行为的复杂的因素体系。

总之，消费者行为是消费者个人与环境交互作用的结果，其行为方式、指向及强度主要受消费者个人内在因素与外部环境因素的影响和制约。

第二节　影响消费者行为的个人内在因素

在现实生活中，消费者的行为表现千差万别、形态各异。但挖掘其本质，我们会发现它们无不以某些共同的生理和心理活动为基础。消费者的生理及心理活动与特征是决定其行为的内在因素。探讨这一因素系统，可以揭示出消费者生理及心理活动的共性，以及外部行为的共同生理与心理基础。

一、生理因素

生理因素是指消费者的生理需要、生理特征、健康状况以及生理机能的健全程度等。生理学与解剖学的研究表明，人类的生理构造与机能是行为产生的物质基础。任何行为活动都是以生理器官为载体，并且在一定的生理机制作用下形成的，消费行为亦是如此。因此可以说，消费者的每一个行为都是以生理活动为基础，并且通过生理机能的整体协调运动来产生和完成的。

(一)生理需要

在影响消费者行为的各个生理因素变量中，生理需要是对消费者行为影响最为直接的自变量。心理学上所说的“需要”，是指客观刺激物通过人体感官作用于人的大脑而引起的某种缺乏状态或未受满足的主观感受状况。这种主观感受状况会引起人的不适或紧张，并促使人们千方百计地去缓解或克服这种不适或紧张。例如在炎热的夏季，当人们大汗淋漓、口渴难耐时，首先会想到通过喝水的方法来解决这种不适的感觉。

人的需要是多方面、多层次的，而其中生理需要是这些需要中最根本、最朴素的。所谓生理需要，是指人们在衣、食、住、行、休息、健康、性等方面的要求。生理需要是人类为维持自身生存和繁衍后代所必须满足的基本需要。可以说，满足自身生理需要，是人类一切行为活动的最初原动力，也是消费者行为的首要目标。在人们进行的形形色色的消费活动中，消费者只有首先从事对衣、食、住、行等基本生存资料的消费，使生理需要得到满足，然后才有可能进行旅游观光、娱乐休闲、文化教育、智力开发等享受和发展资料的消费。此外，人类的生理特点决定了生理需要本身具有延续性的特征，它是循环往复、重复发生的。因此，消费者为满足生理需要而进行的消费活动也是没有止境、永远不会终结的。从这个意义上来说，生理需要对消费者行为起着主要的支配作用，同时也构成消费活动的基本内容。生理需要的具体内容和形式并非一成不变。随着经济的发展和社会制度的变迁，它也会呈现出不同的特点。例如，同样是"民以食为天"，原始人满足于五谷杂粮、茹毛饮血的饮食，而现代人需要的是低脂肪、高蛋白、富含维生素的有营养的食品，所消费的食品要具有9个特征，又称9"F"，即：健康（Fitness）、高纤维（Fiber）、快速反应（Fast）、新鲜（Fresh）、功能分装（Function）、趣味（Fancy）、外国风味（Foreign）、可玩的（Fun）、著名商标（Famous）。可见，同样是满足吃的需要，不同时代就有很大差异。

（二）生理特征

生理特征具体包括人体身高、体形、相貌、年龄、性别等方面的外在特点，以及耐久力、爆发力、抵抗力、灵敏性、适应性等方面的内在特性。这些生理特征是先天遗传的结果，同时也受到后天环境的影响。生理特征的差异可以引起不同的消费需求，从而会导致不同的消费者行为活动。需要指出的是这些特征并非孤立地影响消费者的行为，更常见的是以组合因素的形式对消费者行为产生影响。

1.外在特点

（1）身高、体形。就人的身高、体形等身材特点而言，其差异对消费者的影响是显而易见的。以服装选购行为为例，有的人身材魁梧、体形肥胖；有的人身材矮小、体形瘦弱，他们所表现出来的购买倾向就有很大差别。首先，在服装尺寸的选择上，毫无疑问，前一类人选择的服装尺寸较大，后一类人选择的服装尺寸相对较小。其次，在颜色的选择上，前者多会选择深色服装，如黑色、蓝色、绿色、灰色等冷色调，以使肥胖的体形显得瘦一些；而后者多会选择浅色或色彩强烈的服装，如白色、淡黄色、橙色、红色等暖色调的衣服，以便显得体形高大、强壮一些。另外，身材高大、体形肥胖的消费者对食物等消费品的摄入量和花费比身材矮小、体形瘦弱的消费者通常要大得多。由于人种的差别，不同国家、不同地区之间消费者体形的差异也引发了不同的消费需求。例如，日本的汽车生产厂商曾按照本国人的身材尺寸生产了一批小汽车销往美国，结果由于汽车的脚踏板太小、座椅靠背太矮，不符合美国人的身材等原因而导致滞销。

（2）相貌。相貌包括五官、皮肤、毛发等组成要素。消费者受自身相貌特征的影响，往往会进行一些带有个性化倾向的消费活动。所谓"爱美之心，人皆有之"，眉清目秀、五官端正的消费者一般不会从事诸如矫形、整容、戴假发等特殊的消费活动；而相貌有缺陷的消费者则会主动搜寻有关信息，接受整容等医疗消费或者进行相关商品的购买活动。五官的大小、位置高低的差异也会驱使消费者做出不同的消费行为选择。例如，西欧人喜欢使用斜口瓷杯。这是由于西欧人大多是高鼻梁，每当用平瓷杯喝水时，杯子里的水还未喝完，鼻子就开始与杯口"碰架"，而斜口瓷杯则能恰好避免这一尴尬。

皮肤的类型、颜色对于消费者选择个人清洁用品和化妆品、护肤用品具有决定性的影响。人的皮肤根据皮肤皮脂分泌的多少，可分为干性、油性、中性、混合型及过敏性皮肤等几种类型。消费者会根据自己皮肤类型的特点，选择使用不同的清洁用品和化妆品、护肤用品，来进行美容或皮肤的保健。另外，皮肤的颜色也决定了消费者对化妆品的选择。黄皮肤的东方人喜欢具有皮肤增白效果的化妆品，而西方白种人更倾向于使用可以使皮肤显得健康、黝黑的化妆品。

毛发由体毛和头发组成。体毛浓密、生长过多的消费者出于维护自身形象的考虑，可能会购买消除体毛的药品。而头发的长短、颜色与发质状况也会影响消费者对护发用品的选择。

(3)年龄。不同年龄的消费者因其生理机能与社会经历的差异，具有不同的消费心理，并形成不同的消费行为。按照年龄大小，通常可以将消费者分为四个不同年龄阶段的消费集群：少年儿童消费群，指14岁以下的消费群；青年消费群，指15～35岁之间的消费群；中年消费群，指35～60岁的消费群；老年消费群，指大于60岁的消费群。

年龄差异对消费者行为的影响体现在各消费集群之间在消费特点与消费内容上存在着明显的不同。例如少年儿童是儿童玩具、文具、书籍、乐器、运动器材及儿童食品、营养品、少儿服装等商品的主要消费者，他们的消费特点是具有好奇性及随意性；而中、青年人是手机、台式电脑、笔记本电脑、平板电脑、数码相机、数码摄像机等数字化产品的主要消费者，他们喜欢时尚的商品，领导着时代的消费潮流；老年人则是对保健食品、医疗、服务、娱乐等有特殊需求的消费者，他们大多消费谨慎，注重实效。年龄差异引发了不同的消费需求，因而企业常常将年龄作为细分市场的主要依据，把市场划分为少儿市场、中年市场、青年市场及老年市场，并分别命名为“向阳市场”“活力市场”“银色市场”等。

(4)性别。性别的差异对消费者行为的影响是与生俱来的，具有内在稳定性。由于遗传的原因，男性和女性呈现出不同的消费心理特征。心理学研究表明，男性与女性的消费行为差异主要体现在消费需求、购买动机、购买决策、购买过程、购买时机等方面。男性大多粗犷、豪爽，需求单一，对商品的选择不太挑剔，购买商品较多地关注商品的功能与效用，需求多样，购买决策自主，速度快，需要时才购买；女性则天生细腻，对商品的选择认真、挑剔，易受商品的外观形象以及主观情感的影响，购买决策被动，速度慢，时间长，经常即兴购买。另外，男性与女性的消费领域也有很大不同，一些领域甚至出现“一边倒”的情形。例如烟酒消费就以男性为主，女性所占比例较小。

2.内在特性

内在特性包括耐久力、爆发力、抵抗力、灵敏性、适应性等要素。人体的耐久力是指人体持续进行一项活动所能承受的最长时间限度的能力；人体的爆发力是指在最短时间内使器械(或人体本身)移动到尽量远的距离的能力；人体的抵抗力是指人体能够抵御外界致病因素对人体侵害的能力；人体的灵敏性是指人体在外界条件的突然变换下，能够迅速、准确地协调改变身体运动的能力；人体的适应性是指人体在面对环境压力时，通过行为反应、生理反应和基因频率改变等形式对付这种压力，以协调与外界环境的关系，继续生存的能力。消费者的这些素质都受到心血管、呼吸、神经系统发育程度的制约。无疑，消费者的上述内在特性对消费行为的影响是深层次的。中国人向来很注重身体的调养与滋补，一旦消费者认为自身的某一素质失调，则往往会购买相关的食品或保健品、药物进行补充治疗。例如人体内的钙代谢正常是全身组织、器官各系统发挥正常功能的基础条件之一，钙代谢水平能够直接或间接地影响人体的抵抗力。身体抵抗力弱的消费者会在保健品市场上购买补钙保健品进行服用，以增强身体的抵抗力。最近几年，在我国消费者中掀起了一股“滋补热”的浪潮，这其中既有消费者的主动选择，也有被动接受，其原因亦复杂多样。

(三)健康状况

健康状况表明消费者的身体素质水平,通常分为良好、一般、较差等几种情况。每个消费者都向往健康的生活,希望充分享受健康带来的幸福与快乐。健康消费已成为现代消费者新的消费选择。而健康消费的内容和方式直接取决于消费者的健康状况。体质衰弱或患有严重疾病的消费者,不仅消费内容有诸多限制,例如糖尿病患者忌食高糖类的食品,晚期食道癌、胃癌患者几乎难以咽下任何食物,而且在购买活动范围和方式上也会受到各种阻碍,例如健康状态极差、长期卧病在床的消费者是不会去进行旅游、健身、逛街购物等消费活动的。

(四)生理机能的健全程度

消费者生理机能的健全程度会直接影响消费活动。生理性残疾的消费者在购买对象选择上,既需要商品本身适合残疾人使用,又需要一些具有特殊辅助功能的商品来克服残疾带来的麻烦与不便。例如,腿部残疾的消费者需要轮椅、拐杖、假肢等帮助行走的工具;手部残疾的消费者需要可以方便穿戴的服装等;眼睛残疾的消费者或者需要可以增强视觉效果的商品,如弱视的消费者需要佩带弱视镜,或者需要一些有助于行走、认清周围环境的工具,如双目失明的消费者购买导盲犬引路;听力残疾的消费者需要能够帮助他们增强听觉的商品,如助听器;言语残疾的消费者需要方便他们与他人沟通交流的商品,如基于电脑的手语与口语之间转化的智能翻译系统。另外生理机能状态不稳定的消费者,如精神病患者,其行为会受不同程度的限制,因而有时不能实现正常购买与消费。

二、心理因素

除生理因素外,消费者的行为还受到自身心理因素的影响。心理因素主要指消费者的心理活动。心理活动是人类特有的高级活动,也是世界上最复杂的活动之一,而消费者在消费过程中进行的心理活动,正是人类这一复杂活动的典型反映。由于心理活动是在人体生理活动基础上发展起来的大脑器官的特殊机能,因此与生理因素相比,心理因素对消费者行为的影响更深刻、更复杂。心理因素在影响消费者行为活动的诸因素中处于支配性的主导地位。在消费过程中,消费者首先受到某种信号的刺激,内心产生消费欲望与需求;需求达到一定强度后,会引发指向特定目标的购买动机;在动机的驱使下,消费者搜寻相关的商品信息;然后根据个人偏好,从商品质量、价格、品牌等方面对商品进行分析比较;最后做出购买决策,采取购买行动;购买后消费者还要根据自己的感受进行评价,以形成购买经验。在上述过程中,需要、动机、偏好等心理要素支配着分析、选择、决策、购买、评价等一系列消费行为活动。此外,消费者对某种商标、品牌喜爱或厌恶,对广告宣传拒绝或接受,消费态度是从众还是保持个性,购买动机是追求时尚还是注重传统等具体活动,无一不是心理因素的体现和作用结果。影响消费者行为的心理因素主要包括心理过程和个性心理两个方面,其中又包含若干具体构成要素。

(一)心理过程

心理过程指消费者心理活动的动态过程,包括认识、情感、意志等三个相互联系的具体过程。认识过程是人脑对客观事物的属性及其规律的反映,具体表现为感觉、知觉、注意、记忆、想象、思维等多种心理现象。现实生活中,消费者的消费活动首先是从对商品或服务等消费对象的认识过程开始的。情感过程是指人在认识客观事物时所持的情绪和情感体验。

消费者在认识消费对象时并不是淡漠无情的，而是有着鲜明的感情色彩，如喜欢、欣赏、愉悦、厌恶、烦恼等。这些感情色彩体现着消费者的情绪或情感。意志过程指人们自觉确立行为的动机与目的，努力克服困难以实现目标的心理过程。在消费行为中，意志过程表现为消费者根据对消费对象的认识，自觉确定购买目标，并据此调节行为，克服困难，努力实现目标的过程。认识、情感、意志是统一心理过程的三个方面，它们之间相互联系、相互作用，共同支配着消费者的消费行为。人类的心理过程具有普遍性，是所有消费者在消费行为活动中必然经历的共同过程。

（二）个性心理

由于先天遗传因素及后天所处社会环境不同，人与人之间在心理活动过程的特点和风格上存在着明显差异。每个人所独有的心理特点和风格就构成了他们的个性心理。对于消费者而言，他们的个性心理主要表现在个性倾向与个性心理两个方面。个性倾向包括兴趣、爱好、需要、动机、信念、价值观等；个性心理则是指人的能力、气质与性格等。正是由于个性心理的千差万别，面对同一消费对象或环境刺激，不同的消费者才会产生完全不同的心理反应，并作出不同的行为表现。

第三节　影响消费者行为的外部环境因素

一般而言，心理活动通过个人来实现，并带有鲜明的个人特点，因而是一种主观活动。但是心理活动的主观性并非是绝对的。心理活动所反映的是客观的事物，或者说，客观事物通过人脑的反映构成心理活动的对象和内容。就这一意义而言，客观事物通过心理活动间接参与并影响人类的行为。因此，消费者行为除受自身生理与心理因素的支配外，还受到客观事物或外部环境的影响和制约。影响消费者行为的外部环境因素极其复杂多样，而且几乎涉及人类生活的各个层面和领域。按其性质，我们可以将诸多外部环境因素分为自然环境因素和社会环境因素两大类。

一、自然环境因素

自然环境因素包括地理区域、气候条件、理化环境和资源状况等因素。自然环境直接构成了消费者的生存空间，在很大程度上促进或抑制某些消费活动的开展与进行，因而对消费者的消费行为有着明显的影响。

（一）地理区域

受所处地域的地理经度、纬度以及地形、地貌的影响，南方与北方、城市与农村、内陆与沿海、高原山地与平原水乡的消费者，在消费需求和生活习惯上存在多种差异。例如，中国人在饮食习惯方面，南方人偏爱甜味，北方人则偏爱咸味；南方人和北方人的饮食差异往往在饮酒方面体现得最为突出，北方人喜欢辛辣凛冽的白酒，而南方人则偏好甜而醇厚的黄酒。地域差异形成的不同消费偏好，使得长期以来国内酒类市场一直保持着“南黄北白”的消费格局。城市居民与农村居民对商品需求的种类、数量和购买方式也有着明显区别（见实例1：城市居民与农村居民对家庭耐用消费品的消费差异）。这其中除了农村消费者收入增长缓慢的原因外，配套的消费环境也是一大制约“瓶颈”。相对于非耐用品而言，农村消费者对耐用品的消费与购买，受消费环境特别是与消费有关的服务环境制约较大。比如，供水、供电条件的不足，使得农村消费者对洗衣机、电冰箱的购买行为受到限制；而因无电视信号接收站，节目信号少或弱，农村消费者购买彩电的热情也会大打折扣；电压不稳、电力供应不足、电价过高、电网建设滞后等现象在农村普遍存在，于是出现了“冰箱变成碗柜，洗衣机变成米缸”的笑话。农村居民同样的消费支出却得不到和城市居民相同的消费效用，这在一定程度上抑制了农村消费者的购买欲望。可见要想实现农村消费市场的扩张，就必须改善农村落后的基础设施，打破这一消费“瓶颈”。

[实例 1] 城市居民与农村居民对家庭耐用消费品的消费差异

我国居民家庭耐用消费品大约每十年出现一次数量级的飞跃。以家电为代表的“老三件”“新三件”，形成了一部活生生的中国家庭“消费革命史”。城市居民对家庭耐用消费品的消费在 20 世纪 70 年代是手表、自行车、缝纫机、半导体收音机；80 年代是录音机、电风扇、洗衣机、电视机、电冰箱；而 90 年代是录像机、组合音响、空调器、摩托车；进入 21 世纪则是手机、电脑、多功能影碟机、家庭影院、住房、轿车等。这些标志性耐用品的升级换代，意味着一次次“消费革命”。目前，我国城市居民家庭部分耐用消费品的拥有量已经达到或超过世界平均水平。

农村居民对家庭耐用消费品的消费节拍比城市大约要慢 10 年。农村居民在 20 世纪 80 年代中期，对以手表、自行车、缝纫机为代表的百元级耐用消费品的需求迅速增长；80 年代后期对收录机、电风扇，特别是黑白电视机等档次稍高的百元级耐用消费品的需求大量增长。20 世纪 90 年代中期，农村居民对于百元级耐用消费品的需求趋于饱和，这时对于以彩电、电冰箱、洗衣机为代表的千元级耐用消费品的需求才开始增长。

近几年来，城市居民的需求已由“普及型”向“娱乐型”“享受型”转变，新潮高档、功能齐全的耐用消费品颇受青睐。如智能手机、掌上电脑、汽车、住房等高档商品消费深受消费者青睐。而农村居民对于彩电、电冰箱、洗衣机等家电的消费仍处于普及阶段。

(二)气候条件

不论是地域性的气候条件，还是全球化的气候环境，都很大程度地制约着消费者的消费行为。可以说，自古“天”与“人”休戚相关。从地域的角度来看，不同气候地区的消费者呈现出不同的消费活动。例如，炎热多雨的热带地区与寒冷干燥的寒带地区相比，消费者在衣食方面的差异非常明显。同样是冬季，热带地区的消费者需要的是毛衣、夹克等轻微御寒的服装，而寒带地区的消费者则需要厚重的大衣、皮衣等服装；热带地区的消费者喜欢清爽解热型饮料，寒带地区的消费者则偏爱酒精度高、能御寒的白酒。从全球角度看，近年来，人类赖以生存的家园——地球的表面温度不断升高，温室效应加剧。温室效应已被列为 21 世纪人类面临的最大威胁之一，它除了使地球表面温度变得越来越高外，还给全球的湿地沼泽、沿海低地、珊瑚礁、温带寒带的大量物种带来毁灭性打击。温室效应带来的影响几乎是每一个消费者都曾亲身体验过的。近年来的夏季，全国各地的消费者对电风扇、电冰箱、空调、竹凉席、清凉饮料的消费需求骤增，其中一个最主要的原因就是地球变暖，各地出现罕见高温。

自然资源是人类社会赖以生存的物质基础，也是社会生产资料的主要来源。自然资源的开发、利用程度和储量与消费者的消费活动关系极为密切。例如，石油、太阳能乃至核能的广泛应用，为消费者提供了众多的新型消费品，带来消费方式的变化和更新。从消费者熟悉的家庭日常生活“柴、米、油、盐”中，我们就很容易理解这一点：当初人们用柴火灶做饭，后来用铁炉烧煤，再往后用煤气灶，用电炊具、液化气灶，未来将是全面利用太阳能的能源灶。可以说每一次“灶的消费”的飞跃，都与相应能源的开发与利用进度并行。再如车用燃料，我国轿车大多使用汽油，但自1999年以来，全球石油价格的飙升推动了使用石油液化气的汽车出现，它是由用油汽车直接改装而成的。目前还出现了用小麦、玉米等原料生产的变性乙醇和汽油按一定比例混合而成的一种新型车用燃料——车用乙醇汽油。可见，工业能源转化为民用的结果是使得消费者对同一领域产品的选择余地加大了。

自然资源的储量对消费者的影响更加直接。一些重要的资源出现紧缺，将抑制消费者的消费需求，或者引发其他消费需求。以水资源为例，我国人均拥有水量只有世界平均水平的1/4，全国670个城市中有400多个不同程度缺水。由于工农业生产和城市生活污水处理率低，江河湖泊水质恶化的趋势尚未得到遏制。政府利用价格杠杆调节水市场需求，最直接的效应是使消费者懂得了“慎用水、节约水”。这样不但有利于提高广大居民的饮水质量，而且有利于水资源的合理配置。另外，随着水价上调，节水器、节水马桶、节水洗衣机等节水产品也深受居民欢迎。由此可见，资源状况对消费者的行为有着多方面的影响。

(三)理化环境

理化环境主要是指由人为因素造成的消费者生存空间的优劣状况，如空气、水的洁净程度，噪声的强弱程度等。理化环境的优劣直接关系到消费者的身心健康，因而对消费者的行为有着重要影响。例如，我国大城市由于人口的急剧膨胀，严重缺水，市政依靠抽取地下水供市民饮用。但一般而言，地下水存在离子含量偏高、水质偏硬、细菌超标等问题，并由于受洪、枯季的影响，水质不很稳定。于是净水以及与净水有关的设备需求在大城市中相当火爆。消费者大量购买桶装净水或瓶装净水。

随着空气污染的不断加剧，职业性“氧吧”场所渐渐兴起于国内各大城市。氧吧消费是一种有偿呼吸，消费者每次消费时间为15～20分钟。而在职业性氧吧问世不久，适于家庭使用的各类氧吧仪器也开始热闹地上市了。这些仪器的工作原理是能够电离空气释放负离子。空气中的负离子能活化氧气，从而在小范围内改善空气质量。与此相对应的是一些有针对性的特殊氧吧的出现，比如汽车氧吧、电脑氧吧等。大城市中的居民消费者竞相购买这些产品。

二、社会环境因素

与上述自然环境因素相比，社会环境因素对消费者的影响更为直接，内容也更加广泛。社会环境具体包括人口环境、社会群体环境、经济环境、政治法律环境、科技环境、文化环境等。

(一)人口环境因素

构成人口环境的因素有人口总数，人口密度与分布，人口的年龄、性别、职业与民族构成，人口素质状况等。

1.人口总数

一个国家的总人口数与该国人均国民收入水平密切相关，因而对消费者的购买力水平、购买选择指向和消费方式有直接影响。例如，国家统计局发布的《中华人民共和国2015年国民经济和社会发展统计公报》中显示，2015年我国国内生产总值为676708亿元，按当时汇率计算，国内生产总值突破105108亿美元，位居世界第二。另据国家统计局最新数字显示，截止到2015年底，中国人均国内生产总值为8280美元，在世界各国的排名中居73位，仍然居后。这主要就是因为中国总人口数庞大，占世界总人口的1/5，经济总量的增长被人口基数所摊薄。我国人均国内生产总值相对较少，意味着人均可支配收入也相对较少，居民家庭的消费内容与消费数量必然受到限制。

2. 人口密度与分布

人口密度与分布状况关系到消费者的消费活动空间是否适宜。一些大城市人口集中，密度过大，出现住房拥挤、交通紧张、环境污染等一系列“大城市病”，已经严重妨碍了消费者的日常生活和消费活动。例如，像北京等这样人满为患、生存空间狭小的特大型城市，当地的总体房价几乎是其他二、三级城市的4～5倍。过高的房价必然制约购买需求，许多工薪阶层只好“望房兴叹”。合理的人口布局已经成为摆在未来中国发展面前的一个首要问题。

3. 人口的年龄、性别、职业与民族构成

年龄、性别、职业与民族构成等人口统计变量直接影响消费者的需求结构和购买方式。例如，人口老龄化趋势的加快使得保健型消费品的购买量迅速上升，形成了独特的“银色市场”。而职业的差别使人们在衣、食、住、行等方面有着显著不同，通常不同职业的消费者在衣着的款式、档次上会做出不同的选择，以符合自己的职业特点和社会身份。受教育程度是人口素质高低的重要标志。随着受教育程度的提高，消费者文明消费、自主消费的意识，以及筛选信息、选择决策等能力也必然相应增强。

我国是世界上人口最多的国家，人口环境因素对消费者行为的影响尤为突出。关注人口环境的变化，对研究我国消费者行为具有极强的现实意义。

[实例2] 第六次人口普查

以2010年11月1日零时为标准时点的第六次全国人口普查，在党中央、国务院的正确领导下，在中央各部门和地方各级人民政府的大力支持下，在全国新闻媒体的积极配合下，经过近千万普查人员的奋力拼搏和13亿各族人民的积极参与，顺利完成现场登记、复查和事后质量抽查等工作，现将快速汇总的主要数据予以公布。

(1)人口总量

这次人口普查登记的全国总人口为1339724852人，与2000年第五次全国人口普查相比，十年增加7390万人，增长5.84%，年平均增长0.57%，比1990年到2000年的年平均增长率1.07%下降0.5个百分点。数据表明，十年来我国人口增长处于低生育水平阶段。

(2)家庭户规模

这次人口普查，31个省、自治区、直辖市共有家庭户40152万户，家庭户人口124461万人，平均每个家庭户的人口为3.10人，比2000年人口普查的3.44人减少0.34人。家庭户规模继续缩小，主要是受我国生育水平不断下降、迁移流动人口增加、年轻人婚后独立居住等因素的影响。

(3)性别构成

这次人口普查，男性人口占51.27%，女性人口占48.73%，总人口性别比由2000年人口普查的106.74下降为105.20(以女性人口为100.00)。

(4)年龄构成

这次人口普查，0～14 岁人口占 16.60%，比 2000 年人口普查下降 6.29 个百分点；60 岁及以上人口占 13.26%，比 2000 年人口普查上升 2.93 个百分点，其中 65 岁及以上人口占 8.87%，比 2000 年人口普查上升 1.91 个百分点。我国人口年龄结构的变化，说明随着我国经济社会的快速发展，人民生活水平和医疗卫生保健事业的巨大改善，生育率持续保持较低水平，老龄化进程逐步加快。

(5)民族构成

这次人口普查，汉族人口占 91.51%，比 2000 年人口普查的 91.59%下降 0.08 个百分点；少数民族人口占 8.49%，比 2000 年人口普查的 8.41%上升 0.08 个百分点。少数民族人口十年年均增长 0.67%，高于汉族 0.11 个百分点。

(6)各种受教育程度人口

这次人口普查，与 2000 年人口普查相比，每十万人中具有大学文化程度的由 3611 人上升为 8930 人；具有高中文化程度的由 11146 人上升为 14032 人；具有初中文化程度的由 33961 人上升为 38788 人；具有小学文化程度的由 35701 人下降为 26779 人。

文盲率(15 岁及以上不识字的人口占总人口的比重)为 4.08%，比 2000 年人口普查的 6.72%下降 2.64 个百分点。

各种受教育程度人口和文盲率的变化，反映了十年来我国普及九年制义务教育、大力发展高等教育以及扫除青壮年文盲等措施取得了积极成效。

(7)城乡构成

这次人口普查，居住在城镇的人口为 66557 万人，占总人口的 49.68%；居住在乡村的人口为 67415 万人，占总人口的 50.32%。同 2000 年人口普查相比，城镇人口比重上升 13.46个百分点。这表明 2000 年以来我国经济社会的快速发展极大地促进了城镇化水平的提高。

(8)地区分布

这次人口普查，东部地区人口占 31 个省(自治区、直辖市)常住人口的 37.98%，中部地区占26.76%，西部地区占27.04%，东北地区占 8.22%。

与 2000 年人口普查相比，东部地区的人口比重上升 2.41 个百分点，中部、西部、东北地区的比重都在下降，其中西部地区下降幅度最大，下降 1.11 个百分点；其次是中部地区，下降 1.08 个百分点；东北地区下降 0.22 个百分点。

按常住人口分，排在前五位的是广东省、山东省、河南省、四川省和江苏省。2000 年人口普查排在前五位的是河南省、山东省、广东省、四川省、江苏省。

(9)人口的流动

这次人口普查，居住地与户口登记地所在的乡镇街道不一致且离开户口登记地半年以上的人口为 26139 万人，其中市辖区内人户分离的人口为 3996 万人，不包括市辖区内人户分离的人口为 22143 万人。同 2000 年人口普查相比，居住地与户口登记地所在的乡镇街道不一致且离开户口登记地半年以上的人口增加 11700 万人，增长 81.03%；其中不包括市辖区内人户分离的人口增加 10036 万人，增长 82.89%。这主要是多年来我国农村劳动力加速转移和经济快速发展促进了流动人口大量增加。

(资料来源：中华人民共和国国家统计局)

(二)社会群体环境因素

社会群体环境包括消费者所处的家庭、社会阶层、社会组织、参照群体等。

1.家庭

家庭是与消费者关系最为密切的初级群体。因家庭的规模、类型及所处生命周期不同,消费者的购买内容、购买意向也会有明显不同。在我国,家庭是消费的重要单位,家庭规模大小对消费产生直接影响。据历届人口普查资料表明,我国家庭户均人口20世纪50年代到60年代为4～5人,1982年人口普查时为4.43人,1990年第四次人口普查时下降为3.96人,2000年第五次人口普查时为3.44人,2010年第六次人口普查时为3.10人,比第五次全国人口普查减少0.34人。可见我国家庭规模在缩小,子女同父母分户独居现象迅速增加。家庭规模的缩小导致了家庭数量的扩大,对住房和耐用消费品的需求也随之增加。

我国家庭消费方式正从封闭、半封闭方式转向开放化、社会化方式,即将家庭的部分劳务改由社会上专业服务部门来完成,以使家庭成员腾出充足的时间用于学习、娱乐和消遣。例如在食品消费上,可以直接购买熟食、半成品或干脆在外就餐;在衣着上更多地购买成衣;在日常家务方面,可以请家庭服务员或社会服务机构代为处理。此外,家庭形式的多样性使得消费者的消费行为也呈现出对应的多样性特点。

[实例3] **我国城市居民家庭地区消费结构类型**

从消费结构的角度进行聚类分析,以研究各地区城市居民家庭在消费结构上的区域和数量特征,并予以类型命名。依据全国31个地区(不包括港、澳、台地区)的城市居民家庭消费支出构成的聚类样本数据,经聚类分析后认为,全国各地区的城市居民消费结构类型划分为9个较为适宜。

(1)饮食主导型消费结构(类型1)。这些地区包括福建和海南2个省。其城市居民家庭消费结构的特点:食品消费比重高达44.03%,比全国平均以及恩格尔系数最低的区域分别高出6.35%和10.93%。同时,另一个与之形成鲜明对照的是,衣着和医疗保健两项消费所占的比重较低,分别为6.42%和5.2%,大大低于全国平均比重。依据它的特别高的恩格尔系数,称之为"饮食主导型消费结构"。

(2)生存型消费结构(类型2)。这里仅指安徽省城市居民家庭消费结构的类型。其消费结构的突出特征:在人均可支配收入处于全国最低水平(仅略高于贵州省,处于全国倒数第二)的条件下,食品和衣着两项的消费比重均高于全国平均比重,分别为43.18%和11.78%,这两项比重之和就高达55%,成为主要的消费项目;其他与居民家庭发展和享受有关的消费项目所占份额因此都低于全国平均份额。这种消费结构属于较低的温饱层次,因而称之为"生存型消费结构"。

(3)吃穿通信主导型消费结构(类型3)。这里仅指西藏地区,其城市居民家庭消费结构特点:食品和衣着两项消费的比重都较高,分别为40.81%和16.25%,特别是奇高的衣着比重显得格外突出。除此之外,交通通信消费份额也高居全国各地区之首,高达15%,这比该项消费的全国平均以及次高的北京市城市居民消费份额分别高出4.61%和2.63%,而其中的通信消费比重(11.57%)远远高于全国平均消费比重(5.95%)和次高的广东省消费比重(6.93%),居于全国最高的消费比重地位。这从一个角度说明西藏的城市居民家庭在收入水平和消费水平均较高的条件下,主要集中于吃穿和交通通信的消费上,由此形成一种独特的消费结构。究其原因，一方面归结为本地的生产结构和经济发展状况，另一方面也与其所处地域因素和消费习惯有关。因此，将该类消费结构称为"吃穿通信主导型消费结构"。

(4)衣食比重悬殊型消费结构(类型4)。属于该类消费结构的地区包括上海、广东和广西，共计1个省、1个直辖市、1个自治区。与全国平均消费结构状况相比较，该地区8大类消费比重相差最大的两项是食品和衣着，其中，食品消费比重偏高1.83%，而衣着消费比重却明显偏低3.51%，处于各消费结构类型中的最低(比重仅为6.29%)，其他6项的消费份额与全国平均相差都较小。同时，由于该区域城市居民家庭的收入和消费属于高水平范围，而衣食两项消费比重又相差如此之大(相差33.22%)，故此类消费结构称为"衣食悬殊型消费结构"。

(5)标准型消费结构(类型5)。该类型的地区包括江苏、浙江、江西、湖北、湖南、重庆、四川、贵州和云南，共8个省、1个直辖市。它又可以细分为3个亚类：江苏、江西、四川和贵州构成的亚类；浙江和云南构成的亚类；湖北、湖南和重庆构成的亚类。之所以称为"标准型"，是因为其消费结构特征与全国平均的消费结构相类似，只是恩格尔系数偏高些，为39.11%。该区域既含有经济较发达的江苏和浙江，也有西部的重庆、四川、贵州和云南。可见，城市居民家庭消费结构特点与消费水平高低并不完全一致。

(6)经济实用型消费结构(类型6)。该类型包括的地区有河北、辽宁、吉林、黑龙江、河南、甘肃、青海、宁夏，共计7个省、1个自治区。它又可细分为3个亚类：河北和河南组成的亚类；东北3省组成的亚类；西部3省组成的亚类。这3个亚类的地区相邻性说明了，处于同一地域的地区，由于经济发展水平、气候环境条件和生活习俗相近，因而容易导致城市居民家庭的收入、消费以及消费结构具有相似之处。而且，该类消费结构在整体上的平均消费结构状况与各个地区的消费结构状况最为接近，因此，此类消费结构具有很强的代表性。其城市居民家庭消费结构的突出特点：在收入和消费水平低于全国平均水平的条件下，食品消费比重偏低(为35.83%)，而衣着和医疗保健两项消费支出的比重较大，分别为12.04%和8.91%，均高于全国平均状况。这明显地表明了地域因素和经济发展水平对消费结构的双重影响：由于所处地区的气候寒冷，冬季衣物的消费支出是一项弹性极小的必需开支，同时，东北地区作为我国重工业生产基地，伴随着经济结构调整产生的大量城市职工下岗和失业使得低收入家庭所占比例较高，医疗保健费用开支比重较高也就是一种自然的结果。面临现实的经济状况，居民家庭所表现出的消费结构是一种理性的选择，称之为"经济实用型消费结构"。

(7)偏重教育和居住型消费结构(类型7)。该消费结构类型包含的地区有天津和陕西，共计1个省、1个直辖市。其城市居民家庭消费结构与全国平均消费结构状况相比较，分项消费比重偏差较大的是文化教育娱乐服务和居住两项，两者消费比重分别为16.19%和12.27%，均高于全国平均，并且其中的居住消费比重为所有地区最高。从更细的剖析来看，该区域城市居民家庭仅教育这一小项消费占总消费支出的比重就高达9.64%，不仅比全国平均要高，而且比文教娱乐服务消费比重(高达17.59%)最高的北京市的教育消费比重还要高；从居住消费中的住房小项消费比重来看，该区域的消费比重平均为5.89%，也超出了所有其他区域。基于这两个显著特征，将该区域的城市居民家庭消费结构称为"偏重教育和居住型消费结构"。

(8)发展与享受型消费结构(类型8)。该类消费结构包含的地区仅有北京市。虽然其居民家庭收入和消费水平均位于全国前茅，但恩格尔系数和衣着消费比重却低于全国平均，分别为 33.76%和 8.4%。与此同时，医疗保健、交通通信和文化教育娱乐服务三项的消费份额都超出了全国平均的相应值近 40%。其中，文教娱乐服务消费比重为所有类型中最高，为 17.59%，分别超出全国平均和所有类型中的最低值(即类型 3 中的西藏)2.63%和 11.19%。上述这些消费结构特点充分表明了，北京市城市居民家庭的消费结构已经从生存型转向了发展型和享受型。

(9)轻吃重穿型消费结构(类型 9)。它包括山西、内蒙古、山东和新疆，共 2 个省、2 个自治区。它又可细分为 2 个亚类：山西和内蒙古组成的亚类与山东和新疆组成的亚类。该区域的城市居民家庭消费水平处于全国中下游的条件下，食品消费比重最低，而衣着比重却较高。食品消费比重低于全国平均值 4.58%，而衣着比重又高出全国平均值 3.98%，尤其是山西和内蒙古亚类，其恩格尔系数仅为 32.02%，相比之下，四个地区的城市居民家庭衣着消费比重均在 13%以上。更具体地说，该区域的城市居民家庭在肉禽及其制品、奶及奶制品和在外用餐的消费比重均比全国各地区低；在衣着的微观消费结构上，服装和鞋类消费占据了衣着消费的大部分份额。

[资料来源：郝梅瑞.中国城市居民家庭消费地区特征及消费结构类型研究[J].消费经济，2004(06)]

2.社会阶层

社会阶层是由具有相同或类似社会地位的社会成员组成的相对恒定的群体。处于不同社会阶层的消费者，由于其收入水平、职业特点不同，他们在消费观念、审美标准、消费内容和方式上也存在明显差异。

社会生活中，每个消费者均处于一定的社会阶层。同一阶层的消费者在价值观念、态度和行为方式等方面具有同质性，不同阶层的消费者则在这些方面存在较大差异。因此，研究社会阶层对于深入了解消费者行为具有特别重要的意义。消费者行为学中讨论社会阶层，一方面是为了研究不同阶层的消费者在购买、使用、沟通、个人偏好等方面具有哪些独特性；另一方面是了解哪些行为被限定在某一特定阶层的行为领域之内，哪些行为是各社会阶层成员所共同具有的。例如，不同社会阶层的消费者所选择和使用的产品是存在差异的。在服装、住宅、家具和汽车等能显示地位与身份的产品的购买上，不同阶层消费者的消费差别十分明显。在我国，上层消费者多有别墅，住宅区环境优雅，室内装修豪华，购买的家具和服装都是名牌，档次和品位也很高，拥有高档豪华轿车或者跑车；中层消费者住宅条件也较为不错，但他们中的一部分人对内部装修不是特别讲究，服装、家具不少但高档的不多，有的拥有家庭轿车；下层消费者则住宅周围环境较差，在服装与家具上投资较少，买不起家庭轿车。不同社会阶层的消费者由于在职业、收入、教育等方面存在明显差异，因此即使购买同一产品，其趣味、偏好和动机也会有所不同。例如，同是买牛仔裤，下层消费者可能看中的是它的耐用性和经济性，而上层消费者可能注重的是它的入时性和自我表现力。事实上，对于市场上的现有产品和品牌，消费者会自觉或不自觉地将它们按社会阶层区分并消费。

3.社会组织

社会组织如机关、学校、军队、企业、医院、协会等，是消费者参与社会实践活动的主要场所，其工作性质、组织结构及活动内容同样会给人们的消费生活带来某些限制和影响。现今网络虚拟社区兴起，网络虚拟社区就是凭借网络的优势，将具有共同兴趣爱好的网民组织起来，形成一个网上社区。由于社区成员具有趋同的消费趋向，加之成员之间的全方位互动和相互影响，使他们的消费行为更具商业价值。研究社会组织对消费者行为的影响，有助于企业锁定目标顾客，低成本地开展营销活动。

4.参照群体

参照群体分为个人期望归属的向往群体和个人拒绝接受的疏远群体。消费者行为学中所谈的参照群体主要是指向往群体。各种参照群体通常会对消费者产生示范或诱导作用，参照群体还会通过群体压力使个人行为与群体趋向一致。消费者往往会有意识或不自觉地模仿、追随参照群体的消费方式，指导自己的购买选择。如近年来台湾地区的一些年轻人盲目崇尚、追逐、模仿日本时尚流行文化，自成一族（“哈日族”），在服饰穿戴打扮上向日本演艺界名人靠拢。无独有偶，大陆青年由于受韩国流行音乐的冲击，也出现了一些与韩国演艺界名人激情相拥的“韩流族”，街头上染着头发、穿着肥脚裤、走路一晃一晃的中学生就是“韩流族”的形象。毋庸置疑，这些年轻人的消费行为已经深深地受到他们崇拜的日韩演艺界名人的影响，并试图与他们保持一致。

（三）经济环境因素

经济环境包括宏观经济环境与微观经济环境，从国家经济政策、政府宏观调控、国民经济发展状况、市场供求总量及其构成等各种宏观经济因素，到企业的产品设计、加工制作、广告宣传、销售服务，以及商品质量、款式、价格、商标、包装装潢等微观经济因素，都会对消费者的行为产生直接影响。这是由于一切经济活动都是围绕最终消费进行的，并通过消费者的实际商品购买及使用活动来最终体现其成果。从宏观角度看，对消费者行为影响最直接的是国家的消费体制以及相关的消费政策。消费体制是整个经济体制的重要组成部分。计划经济体制下，我国实行的是低工资下的福利型消费体制，城镇居民的住房、医疗、教育、能源等都由政府补贴和直接分配，不进入个人消费。国家的消费政策也一直奉行“高积累、低消费”的方针。由于是卖方市场，消费者长期限于被动式、无选择的消费方式，消费观念一直停留在初级层次，例如奉行个人消费靠国家的观念；明天的钱今天不能花的观念；重生产轻消费，把生产与消费对立起来的观念；重商品所有权，轻商品使用权的观念；重实物消费，轻服务（精神）消费的观念；把鼓励合理消费与发扬艰苦奋斗精神对立起来的观念；等等。改革开放以来，我国逐步确立了社会主义市场经济体制。随着国民经济的持续高速增长，物质产品趋于丰富，市场由卖方市场向买方市场转变。特别是从1997年10月以来，由于受到亚洲金融危机等国内外不利因素的影响，我国第一次出现了内需不足、通货紧缩的局面。政府制定出台了一系列刺激消费、扩大内需的政策和措施，积极引导消费者转变观念，培养科学、合理的消费方式，逐步完善以个人消费为主体的消费体系。消费政策的调整，有效地促进了消费需求的缓慢扩张，消费者信心和购买欲望逐渐增强。

从微观角度看，消费者在进行消费活动时，之所以购买这种商品而不购买那种商品，选择某种品牌而不选择其他品牌，在这家商店购买而不在那家商店购买，很大程度上取决于商品的效用、质量、价格、款式、外观、广告宣传、商家信誉、售前售后服务等各种微观经济因素。这些由企业营销行为导致的因素变动，会直接影响消费者的消费选择。

以商品价格为例，价格变动会直接影响消费者对商品的需求。首先，原材料、燃料等生产资料价格的上涨会造成生产成本的增加，引起产品价格上升，需求下降。

(四)政治法律环境因素

法律环境涉及一个国家的政体、社会制度、政府更迭、社会稳定性以及相关法律的制定颁布等要素。这些因素都直接或间接地影响消费者的消费心理,进而影响其消费行为。政治环境不稳定,如政党纷争剧烈,政府政策朝令夕改,社会动荡不安,人民群众就会产生各种疑虑和担心,对未来失去信心。体现在消费活动上,则消费信心下降,未来预期悲观,抑制消费,谨慎消费,成为主导性消费行为。这方面最典型的例子莫过于个人的投资理财行为。受到政治上利坏消息的影响,消费者会从金融市场上纷纷撤资,轻则导致股市、债市重跌,重则引发股市、债市的崩盘。相反,受到政治上利好消息的鼓舞,居民对未来会产生良好的心理预期,体现在个人投资理财活动上,则表现为投资踊跃,引发股市、债市大幅上扬。消费者只能在法律规定的范围内行使消费权利,从事消费活动。所有国家的法律都明令限制或禁止某些特殊消费品的买卖,如可卡因、海洛因、大麻等毒品,从而使一些消费者的消费需求受到限制。

(五)科技环境因素

科学技术的迅猛发展,对消费者的消费内容、消费数量及消费方式产生的影响是不言而喻的。一方面,科技发展使人们的消费方式日益多样化,人们的消费活动不再受时间和空间的限制。例如,消费者可以到商场去购物,也可以通过邮寄购物、电视购物、网上购物等途径购买到商品。另一方面,科技发展极大地丰富了人们的消费内容。任何一类产品都可找到不同档次、不同性能、不同价格、不同品牌的商品。然而,科学技术的飞速发展也为消费者的购买决策增加了难度。面对层出不穷的新产品,消费者会因知识滞后、能力不足而无所适从,难以选择,从而增加了决策失误的可能性。科学技术对消费行为的影响,我国居民感受最深的莫过于家电产品了。“旧三件”“新三件”等标志性家电消费品的升级换代,反映了我国消费者消费水平的提升,也是我国特有的同质化、排浪式大众消费行为特点的体现。以家电产品为龙头的各种耐用消费品层出不穷,并以前所未有的速度进入千家万户,不仅极大地丰富了消费者的消费内容,改善了人们的生活质量,而且深刻地影响和改变着人们的生活方式和消费习惯。随着信息技术、生命科学、新材料、新工艺、新能源等当代最新科学技术的发展和应用,消费者必将迎来新一轮的“消费革命”。

(六)文化环境因素

文化环境对消费者行为的影响是潜移默化且根深蒂固的。正因为如此,文化环境对消费者的影响作用已经越来越为人们所重视。大量实例表明,不同国家、地区、民族的消费者,由于文化背景、宗教信仰、道德观念、风俗习惯以及社会价值标准不同,在消费观念及消费行为方式上会表现出明显差异。例如,中国人民银行曾经推出住房、汽车、旅游、家电、助学教育等领域的消费信贷,旨在促进消费、鼓励消费。然而消费信贷却是“叫好不叫座”,实际推行中进展缓慢,阻力重重。其重要原因之一就在于中国传统观念的影响和束缚。中国人历来视勤俭持家、精打细算、未雨绸缪、量入为出为美德,而对超过自身支付能力的消费视为奢侈浪费,借债消费更是为人所不齿的行为。体现在消费观念上则为人们普遍崇尚“勤俭节约、量入为出”,忌讳“寅吃卯粮,举债度日”,因而即期收入成为当前消费的最大极限。人们宁愿省吃俭用,也不愿意“负债消费”或“超前消费”,与此相对应的是,人们认为“无债一身轻”,欠债是不光彩和无能的表现,对“寅吃卯粮”持鄙视的态度。由此可见,受中国传统文化的影响,我国消费者对花明天的钱圆今天的梦的消费信贷方式还难以全面接受,要改变千百年来形成的传统消费观念并非易事。

通过以上的分析可以看出，各种影响因素是从不同方面、不同层次和不同角度对消费者的行为发生作用的。这些因素相互交织、共同作用，构成了影响消费者行为的因素体系。

复习思考题

1. 结合生活中的例子，谈谈你对消费者行为的认识。
2. 影响消费者行为的个人内在因素有哪些？
3. 影响消费者行为的外部环境因素有哪些？

【案例分析】

美勒啤酒的市场细分策略

中国的吸烟消费者大多知道"万宝路"香烟，但很少知道生产、经营万宝路香烟的公司叫菲力普摩里斯公司，就是这家公司在1970年买下了位于密尔瓦基的美勒啤酒公司，并运用市场营销的技巧，使美勒公司在五年后上升为啤酒行业市场占有率的第2名。

原来的美勒公司是一个生产导向型企业，在全美啤酒行业中排名第七，市场占有率为4%，业绩平平。到1983年，菲力普摩里斯经营下的美勒公司在全美啤酒市场的占有率已达21%，仅次于第一位的布什公司(市场占有率为34%)，但已将第三、四位公司远远抛在后头，人们认为美勒公司创造了一个奇迹。

美勒公司之所以能创造奇迹，在于菲力普摩里斯公司在美勒公司引入了曾使万宝路香烟取得成功的营销技巧，那就是市场细分策略。它由研究消费者的需要和欲望开始，将市场进行细分后，找到机会最好的细分市场，针对这一细分市场作大量广告进行促销。美勒公司的实践，也使啤酒同行业者纠正了一个概念上的错误，即过去一直认为啤酒市场是同质市场，只要推出一种产品及一种包装，消费者就得到了满足。

美勒公司并入菲力普摩里斯公司的第一步行动，是将原有的唯一产品"高生"牌重新定位，美其名曰"啤酒中的香槟"，吸引了许多不常饮用啤酒的妇女及高收入者。美勒公司在调查中还发现，占30%的狂饮者大约消耗啤酒销量的80%，于是，它在广告中展示了石油钻井成功后两个人狂饮的镜头，还有年轻人在沙滩上冲刺后开怀畅饮的镜头，塑造了一个"精力充沛的形象"，广告中强调"有空就喝美勒"，从而成功地占据了啤酒豪饮者的市场达10年之久。美勒公司还寻找到新的细分市场：怕身体发胖的妇女和年纪大的人觉得12盎司罐装啤酒的分量太多，一次喝不完，从而公司开发了一种7盎司的号称"小马力"的罐装啤酒，结果极为成功。

1975年后，美勒公司又成功地推出一种名为"Line"的低热量啤酒。虽然1900年以来，不少厂商试图生产低热量啤酒，但他们把销售对象设定为节食者，而他们中的大多数人原本不喝啤酒，结果导致低热量啤酒被误认为是一种带娘娘腔的东西。美勒公司把它售给那些真正的喝啤酒者并强调这种啤酒喝多了不会发胖，广告上聘请著名运动员现身说法——少于1/3热量的Line啤酒，喝多了不觉得发胖，包装上使用男性雄伟的线条，使它看起来不是娘娘腔的东西，而更像真正的啤酒，低热量啤酒从此销路大开。

美勒公司还推出高质的超级王牌啤酒，与啤酒头号公司——布什公司展开对攻战，定价很高，结果又获得很大成功，使人们认为在特殊场合一定要用这一美勒超级王牌啤酒——“鲁文伯罗”招待好朋友。美勒公司的市场细分策略，使它跃到了啤酒业的主导地位，但是，20 世纪 80 年代中期，啤酒市场的总需求量没有扩大，竞争对手们纷纷采取行动迎头赶上，虽然美勒低热量啤酒依然畅销，但主要产品“高生”牌啤酒开始衰退。美勒公司首先采用市场细分策略，但经过多年的竞争，它并未成功地进入平价啤酒、特级啤酒及进口啤酒这三个细分市场。它现在目的很明确，无非想保住啤酒业界的第二名地位。美勒公司改变了啤酒业界的老眼光，自己也得到了不少教训，美勒公司的锐气稍挫，但前途看来依然光明。

（资料来源：http://blog.ceconlinebbs.com/BLOG－ARTICLE－4273.HTM）

思考题

1. 美勒啤酒是如何进行市场细分的？
2. 影响美勒啤酒消费者购买行为的内、外部因素有哪些？

第三章

消费者的购买过程

学习目的与要求

- 了解和掌握消费者心理活动过程；
- 掌握消费者购买决策与行为模型；
- 了解和掌握消费者购买决策过程。

导入案例

阿丽是上海购车潮中的一位普通的上班族，35 岁，月收入万元。以下真实地记录了在 2014 年 4 月至 7 月间，她在购车决策过程中如何受到各种信息的影响。

阿丽周边的朋友与同事纷纷加入了购车者的队伍，看他们在私家车里享受如水的音乐而不必用力抗拒公车的拥挤与嘈杂，阿丽不觉开始动心。另外，她工作地点离家较远，加上交通拥挤，来回花在路上的时间要近 3 个小时，她的购车动机越来越强烈。只是这时候的阿丽对车一无所知，除了坐车的体验，除了直觉上喜欢漂亮的白色、流畅的车型和几盏大而亮的灯。

初识爱车

阿丽是在上司的鼓动下上驾校学车的。在驾校学车时，未来将购什么样的车不知不觉成为几位学车者的共同话题。

"我拿到驾照，就去买一部 1.4 自排的波罗。"一位 MBA 同学对波罗情有独钟。虽然阿丽也蛮喜欢这一款小车的外形，但她怎么也接受不了自己会同样购一款波罗，因为阿丽有坐波罗 1.4 的体验，那一次是 4 个女生(在读 MBA 同学)上完课，一起坐一辆小波罗出去吃午饭，回校时车从徐家汇汇金广场的地下车库开出，上坡时不得不关闭了空调才爬上高高的坡，想起爬个坡便要关上空调，实实在在地阻碍了阿丽对波罗的热情，虽然有不少人认为波罗是女性的首选车型。

问问驾校的师傅吧。师傅总归是驾车方面的专家，"宝来，是不错的车"，问周边人的用车体会，包括朋友的朋友，都反馈过来这样的信息：在差不多的价位上，开一段时间，还是德国车不错，宝来好。阿丽的上司恰恰是宝来车主，阿丽尚无体验驾驶宝来的乐趣，但后排的拥挤却已先入为主了。想到自己的先生人高马大，宝来的后座不觉成了胸口的痛。如果有别的合适的车，宝来仅会成为候选吧。

不久，一位与阿丽差不多年龄的女邻居在小区门口新开的一家海南马自达专卖店里买了一辆福美来，便自然地向阿丽做了“详细介绍”。阿丽很快去了家门口的专卖店，她被展厅里的车所吸引，销售员热情有加，特别是有这么一句话深深地打动了她：“福美来各个方面都很周全，反正在这个价位里别的车有的配置福美来都会有，只会更多。”此时的阿丽还不会在意动力、排量、油箱容量等抽象的数据，直觉上清清爽爽的配置，配合销售人员正对阿丽心怀的介绍，令阿丽在这一刻已锁定海南马自达了。阿丽乐颠颠地拿着一堆资料回去，福美来成了心中的首选。银色而端正的车体在阿丽的心中晃啊晃。

亲密接触

阿丽回家征求先生的意见。先生说，为什么放着那么多上海大众和通用公司的品牌不买，偏偏要买“海南货”？它在上海的维修和服务网点是否完善？两个问题马上动摇了阿丽当初的方案。

阿丽不死心，便想问问周边驾车的同事对福美来的看法。“福美来还可以，但是日本车的车壳太薄”，宝来车主因其自身多年的驾车经验，他的一番话还是对阿丽有说服力的。阿丽有无所适从的感觉。好在一介书生的直觉让阿丽关心起了精致的汽车杂志，随着阅读的试车报告越来越多，阿丽开始明确自己的目标了，8 万～15 万元的价位，众多品牌的车都开始进入阿丽的视野。此时的阿丽已开始对各个车的生产厂家，每个生产厂家生产哪几种品牌，同一品牌的发动机的排量与车的配置，基本的价格都已如数家珍。上海通用的别克凯越与别克赛欧、上海大众的超越者、一汽大众的宝来、北京现代的伊兰特、广州本田的飞度 1.5、神龙汽车的爱丽舍、东风日产的尼桑阳光、海南马自达的福美来、天津丰田的威驰，各款车携着各自的风情在马路上或飞驰或被拥堵的时时刻刻，向阿丽亮着自己的神采，阿丽常用的文件夹开始附上了各款车的排量、最大功率、最大扭矩、极速、市场参考价等一行行数据，甚至于 4S 店的配件价格。经过反复比较，阿丽开始锁定别克凯越和本田飞度。

特别是别克凯越，简直是一款无懈可击的靓车啊！同事 A 也正准备买车，别克凯越也是首选。阿丽开始频频地进入别克凯越的车友论坛，并与在上海通用汽车集团工作的同学 B 联系。从同学的口里，阿丽增强了对别克凯越的信心，也知道了近期已另有两位同学拿到了牌照。但不幸的是，随着对别克凯越论坛的熟悉，阿丽很快发现，费油是别克凯越的最大缺陷，想着几乎是飞度两倍的油耗，在将来拥有车的时时刻刻要为这油耗花钱，阿丽的心思便又活了。还有飞度呢，精巧，独特，省油，新推出 1.5VTEC 发动机的强劲动力，活灵活现的试车报告，令人忍不住想说就是她了。何况在论坛里发现飞度除了因是日本车系而受到抨击外没有明显的缺陷。正巧这一阶段广州本田推出了广本飞度的广告，阿丽精心地收集着有关广本飞度的每一个文字，甚至于致电广本飞度的上海 4S 店，追问其配件价格。维修成员极耐心的回答令飞度在阿丽心中的印象分又一次得到了增加。

到此时，阿丽对电视里各种煽情的汽车广告却没有多少印象。由于工作、读书和家务的关系，她实在没有多少时间坐在电视机前。而地铁里的各式广告，按道理是天天看得到，但受上下班拥挤的人群的影响，阿丽实在是没有心情去欣赏。

只是纸上得来终觉浅，周边各款车的直接用车体验对阿丽有着一言九鼎的说服力，阿丽开始致电各款车的车主了。

朋友 C 已购了别克凯越，问及行车感受，说很好，凯越是款好车，值得购买。

同学D已购了别克赛欧，是阿丽曾经心仪的SRV，质朴而舒适的感觉，阿丽常常觉得宛如一件居家舒适的棉质恤衫，同学说空调很好的呀，但空调开后感觉动力不足。

朋友E已购了飞度(1.3)，她说飞度轻巧，省油，但好像车身太薄，不小心用钥匙一划便是一道印痕，有一次装了些东西后感觉像"小人搬大东西"。

周边桑塔纳的车主、波罗的车主等都成为阿丽的"采访"对象。

花落谁家?

阿丽的梦中有一辆车，漂亮的白色，流畅的车型，大而亮的灯，安静地立在阿丽的面前，等着阿丽坐进去。但究竟花落谁家呢？阿丽知道，她已有了一个缩小了的备选品牌范围。但究竟要买哪一辆车，这个"谜底"不再遥远……

(资料来源：http://wenku.baidu.com/view/8028deae551810acf524862e.html)

第一节　消费者的心理活动过程

一、消费者心理活动的认识过程

认识过程是消费者心理活动的初始阶段。它是指通过消费者自己的感觉、知觉、记忆、想象、思维等活动对商品的品质属性，以及各方面的联系的综合反映过程。消费者对商品的认识过程可以分成两个阶段，即认识形成阶段和认识发展阶段。

(一)认识形成阶段

消费者对商品认识的形成阶段是指消费者通过自己的各种感觉器官，获得有关商品的各种信息及其属性的资料的过程，主要包括感觉和知觉两种心理活动。

1.感觉

感觉是消费者借助于感觉器官(如眼睛、耳朵、鼻子、嘴和手指)对外界刺激的直接反应。适应人们社会活动的需要，人的感觉是多种多样的，主要有视觉、听觉、嗅觉、味觉、触觉等。心理学家的研究结果是：人们凭感觉接收到的外界信息中，83%来自眼睛，11%来自听觉，3.5%来自嗅觉，1.5%来自触觉，1%来自口感和味觉。这些不同的感觉，使人们在认识事物时能够从各个方面了解事物的属性、特点。例如，消费者选购商品时，用眼睛观看商品的外表，用手触摸商品的质地，用鼻子嗅闻商品的气味，用嘴品尝商品的味道等。通过这些活动，消费者初步获得了对商品的感性认识，了解了商品形状、颜色、气味等个别属性，从而产生了美观、漂亮、新奇、香甜等种种感觉，以期引起积极的心理活动。

消费者在感知外界事物时，眼睛是最重要的感觉器官，正如中国一句俗语所说："百闻不如一见。"所以，现代企业的营销方式、手段都十分注重这一点。诸如商品的开架售货，漂亮、透明的包装，越来越讲究的销售现场装饰等，都是尽可能地吸引消费者的视线，引起消费者的注意。

由于并不是所有的外界刺激都会引起消费者的感觉，因此，关于感觉范围的研究引起了人们的重视。刺激强度太强、太弱都不能引起人的感觉。因为人的感官只有在一定刺激强度范围内才能产生各种反应。心理学上把这种现象称为感觉阈限。例如，人的耳朵可听到声音频率的范围为20～20000赫兹，超过这一范围，就听不到了。狗哨就不能被人耳听到，因为它的音量太高，超出了人类听觉的绝对阈限。

感觉阈限是企业有意识地刺激消费者所要考虑的基本因素。正如消费者行为研究专家麦克尔·R.所罗门指出的：一幅广告牌也许是有史以来最富娱乐性的版面，但如果印刷字体太小以至于高速公路上路过的摩托车手根本无法看到时，这幅天才的广告就浪费了。

能识别两种刺激之间最小差别的量称为差别阈限。这是在19世纪由德国科学家韦伯(E. Weber)发现的。这种差别阈限不是一个绝对数值，而是一个与第一种刺激相对应的相对数值。最初刺激越强，要感觉第二种刺激就越不容易。比如空调的价格提高10元可能并不引人注意，只有在提高100元以上时，才会使人感到价格的差别。但如果是牙膏，哪怕价格提高1元，也会引起消费者的注意。一个最典型的现象就是企业对与消费者关系密切的日常生活用品的产品定价都选择带零头的尾数，如5.96元、97.98元等。这种定价法就是利用差别阈限的原理刺激消费者，让消费者产生一种定价精确、价格低廉的心理感觉。事实上这样做效果很好。美国的商品零售价大多采用奇数定价法，因为定价为99美元的商品销售量远高于定价为100美元的商品销售量。但在日本和中国，价格尾数为8的定价更受消费者欢迎。

差别阈限原理也被大量用于广告、包装、商标设计中。著名的美国宝洁公司生产的"象牙"肥皂，几十年来，其包装经历了数十次微小的变革，以期与时代同步。现代的"象牙"肥皂包装已与最初的有很大差别，而这一变化是多次微小变化累积的结果。但购买和使用这种产品的新、老客户却并没有察觉到，这正是公司的用意所在。

一般来说，在感觉的范围内，客观刺激越强，感觉越明显。例如，当消费者走近专卖化妆品的柜台时，往往首先闻到的是香水的气味；到服装店里，最先引起注意的是色泽鲜艳、款式新颖、摆放在显眼地方的服装。但对刺激反应的强弱也会因人而异。如具有一定演奏技巧的乐器购买者会有较好的音准辨别力，能够准确地鉴别不同的音色；而有些消费者则可能乐感极差，甚至3与4之间的半音也分辨不出。

此外，人的感觉具有一定的适应能力。例如，当我们从明亮的地方走进灯光较暗的商店时，会一时看不清里面的商品，过一段时间才会适应。在选购化妆品时，如过多地嗅其气味，反而很难分辨其香型。正如古语所说："入芝兰之室，久而不闻其香。"这些都是人们正常生理机能的反映。

2. 知觉

知觉是消费者对感觉到的刺激进行选择、组织和解释，使之成为一个有意义的和连贯的现实映像的过程。人的知觉过程就如同计算机处理信息一样，所不同的是，人是主动的，而计算机是被动的。一般来讲，知觉的研究主要体现在为感觉赋予意义时给感觉附加或从中抽掉的东西。消费者在选购商品时，通过知觉活动，对商品的认识又加深了一步，由对个别属性的认识上升到了对整体的认识。例如，苹果就是由一定颜色、气味和形状等个别属性组成的。消费者在感觉阶段形成了对苹果的初步认识，了解了苹果的大小、形状、色泽等个别属性，但这时消费者还不能确定它是什么。当消费者的大脑神经经过综合分析，把商品的颜色、形状等联系起来，形成了完整的印象时，他才能确定这是苹果。当然，消费者知觉的形成并不是各种感觉的简单相加，它往往还受过去经验的影响，如感觉苹果的滋味时，会把其他类似的水果的滋味联系起来，进而加深对商品的了解。知觉的过程如图3-1所示。

知觉在人们认识事物中起着重要的作用，也是企业实施营销手段应考虑的重要方面。美国著名的绿色巨人公司曾用白色包装冷冻蔬菜，结果被一家黄色包装的冷冻蔬菜公司占

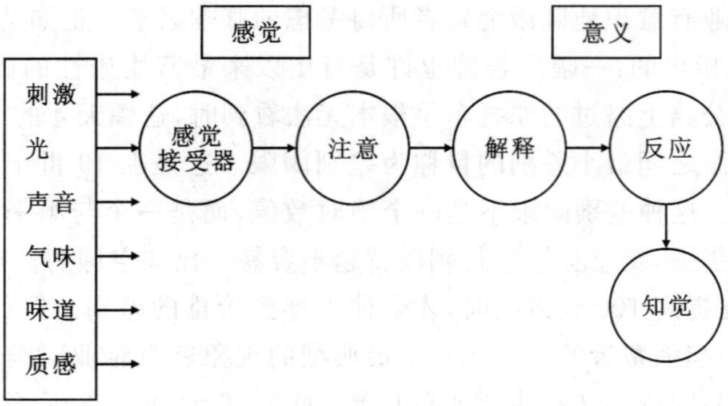

图 3-1　知觉过程图

了优势。经分析发现，白色包装使产品产生非蔬菜的感觉，并会造成价廉低档的印象，因此改用蔬菜习惯色——绿色，销量剧增。研究表明，消费者凭表象喜欢某一事物主要是知觉的作用。所以，善于经营的企业会很好地利用这一点。如精美的包装、漂亮的广告图片、优美的商品造型等都会引发消费者的好感，增加购买欲望。此外，人的知觉选择性的特点可能使企业的广告宣传大打折扣。早在 20 世纪 60 年代，美国广告公司协会与哈佛大学联合进行的全国性的调查表明，人们每天可能遇到的广告为 150 则左右，但多数人只注意到了 11～20 则，其余则视而不见。

以 M. 维台默为代表的完形心理学，也称格式塔心理学，比较系统地研究了人们对外界刺激的知觉反应，有较高的实用价值。这一学派认为，人们是从一系列刺激的整体而非个别刺激中得出结论。这里的“完形”即整体、模式的含义。有三种理论解释人们的三种知觉倾向。

(1)闭合原理。该理论指消费者个体倾向于将外界不完整的事物想象成完整的。也可以解释为人们习惯于根据经验填补空白。如多数人看到残缺不全的霓虹灯广告都会不费力地辨别其中的内容。这些我们看起来习以为常的现象是由于人们能够主动地将残缺的部分补全。一些企业利用这一原理进行促销宣传。如许多广告中见到的“下一个得到的将是什么呢？请你们猜猜看”。这就是在营销策略中运用了闭合原理，以鼓励消费者参与，增加人们处理信息的机会。

(2)相似原理。这是指消费者具有将相似的自然属性的事物组合在一起的倾向，从而将相似物集合为一个整体，得出结论。图 3-2 中的四个小方块是完全一致的四个部分，但消费者在认知时习惯上将这四部分作为一个整体来看待。人们的这一心理特征在企业营销中十分有用。如在超市中陈列的同类商品，消费者都是将它们作为整体感知的。再如企业产品的系列商标、系列包装，就是利用这一原理将知名的品牌扩大到类似的产品中去。近几年在我国发展起来的连锁店也是利用人们对企业原有经营模式的认可，延伸到新店铺中。

(3)图形-场地原理。这是利用主位图形与背景差别的原理，让消费者在辨别刺激物的图形后，对于轮廓部分是背景还是图形做出自己的判断。企业利用这一原理做营销信息传播时，可以将刺激根据自己的需要设计成信息的中心或是陪衬的背景信息，如图 3-2 所示。

(二)认识发展阶段

在认识的发展阶段，消费者会利用记忆、想象、思维等心理活动来完成其认识过程。

1. 记忆

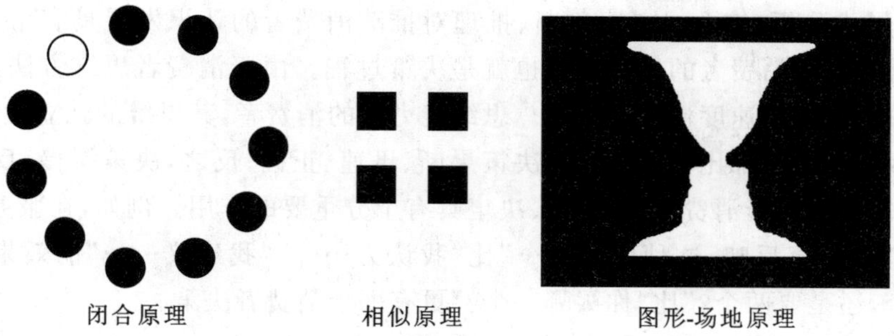

图 3-2　完形心理学的刺激组织原理

记忆是指人们对过去经历过的事物在头脑中的保存，并在一定的条件影响下再现出来。它是人脑的重要机能。记忆包括四个部分，即识记、保持、回忆和认知。

识记，是指消费者为获得对外界事物较深的印象而反复进行感知的过程。它是记忆的前提。在购买活动中常常表现为消费者反复察看商品，多方了解商品的信息，以加强对商品的印象。

保持，是指在识记基础上，把感知到的事物进一步巩固的过程，如通过识记把商品的式样、颜色、规格、质地，以及相互间的联系储存在大脑中。

回忆，是指过去感知过的事物在一定条件的诱发下重新反映出来的过程。如消费者选购商品时，常常利用回忆把过去购买、使用类似的商品的体会、经验回想起来，通过比较，验证自己对商品的认识正确与否。

认知，指过去感知的事物重现面前时的确认过程。如消费者在逛商店选购商品时，能准确辨认出同一商品在不同商店的陈列、销售情景。

记忆对消费者的认识发展具有十分重要的作用。当消费者初步感知商品后，往往运用记忆把过去曾使用过的商品，体验过的情感、动作回想起来，进一步加深对商品的认识。因此，商品的命名、商标、包装、广告都是消费者记忆的主要方面。特别是商品的商标，是消费者识别、购买商品的最主要标志。在国外有关的消费者行为理论研究中，专门有关于“商标忠诚者”购买行为的研究，消费者凭借对某一商品的忠诚、信赖和熟悉的标识，重复购买某一品牌的商品，这也说明品牌有助于顾客识记商品。例如，知名品牌“可口可乐”“麦当劳”名扬全世界，与它们醒目易记的标识也有直接的关系。

2. 想象

想象是指消费者改造记忆的表象而创造新形象的心理过程。它对于发展和深化消费者的认识有重要作用，是创造的源泉。消费者在购买过程中常常伴有想象。就消费行为来讲，女性比男性富于想象；青年人比老年人富于想象；冲动型消费者比理智型消费者富于想象。在某些情况下，想象会导致消费者进行冲动性购买。这是由于想象带有强烈的感情色彩。精明的商家也常常利用这一点，如采用石膏模特展示时装、在销售现场模拟实用场景等，都是在诱发想象，以促进销售。

3. 思维

思维是指人对事物的一般属性和事物的内在联系的间接的、概括的反映。思维的基本形式是分析、综合、比较、判断、推理等，是认识发展的高级阶段。在这一阶段，人们可以把握事物的本质属性及其规律，可以间接地理解和掌握那些没有感知过或不能直接感知的事物。

思维的基本形式分析、综合、比较、判断、推理对推动消费者的认识发展具有十分重要的作用。在购买活动中，消费者的思维过程也就是决策过程。由于消费者思维方法和能力的差异，购买决策的方式和速度也各不相同。思维能力强的消费者，其思维的独立性、灵活性、逻辑性，以及深度和广度都比较好，因此，决策果断、迅速、正确；反之，决策缓慢，反复不定，失误较多。销售服务对于消费者做出购买决定具有十分重要的作用。例如，在服务语言上，销售人员使用“据顾客反映，这种商品……”比“我认为……”“我建议……”的效果要好得多，“你是要一个，还是要两个？”比“你买哪一个？”更有助于消费者决策。

二、消费者心理活动的情感过程

情感过程是消费者在购买活动中对商品或服务是否符合个人需要而形成的态度体验，如喜、怒、哀、乐、好、恶、爱、恨等。人的任何活动都带有感情色彩，从而对人的行动产生积极或消极的影响。例如，顾客因买到称心如意的商品而感到喜悦和愉快，但由于服务不到位，会使顾客产生失望，甚至是愤怒的情绪。

（一）消费者情感的外部表现

情感过程不同于认识过程，认识过程是人对客观事物本身的反映，而情感过程则是人对客观事物与人的需要之间关系的反映。认识过程是通过对事物的具体形象或抽象概念来反映的，而情感过程则是人对事物的一种好恶的倾向。它主要是通过人的神态、表情、语言和行动变化表现出来的。

1. 面部表情和姿态的变化

面部表情和姿态是表现情感的主要手段。人们的喜、怒、哀、乐、爱、憎等各种情感都能通过不同的面部表情与姿态表现出来。如人在高兴时喜笑颜开、手舞足蹈，在失望时愁眉苦脸、垂头丧气。在购买活动中，服务人员不仅要满足顾客的要求，还要观察顾客的各种表情、姿态，揣摸其心理，沟通买卖双方的情感；同时，也要善于运用自己的微笑、热情感染顾客，促使消费者的情感向积极的方向发展。

2. 语调、声音的变化

消费者表达情感的另一明显特征就是说话时语调的变化。一般来讲，快速、激昂的语调体现了人的热烈、急躁或恼怒的情感，而低沉、缓慢的语调则表现了人的畏惧、悲哀的情感。常常是同一语句，但由于说话人在音强、音速、音调上的差别，而表达出不同的情感。例如，当顾客要求服务人员展示商品时说“对不起，请把商品拿给我看看”，如果是语调平缓、语气轻松，则表明顾客是对麻烦服务人员表示诚心的歉意；但如果服务人员行动迟缓或服务不周，顾客提高声调重复上述语句，则说明他已不耐烦，表达了他的不愉快情感。

3. 身体各部位的反应

表现明显的反应有呼吸器官、排泄系统和循环系统的变化。例如：顾客与服务人员发生矛盾冲突时，双方处于急躁、愤怒的状态，则呼吸、心跳加快，或面部红胀、苍白，当情绪变化达到顶点时，还会出现哭泣、叫喊等现象，借以发泄自己的情感。同样，当消费者处于兴奋、紧张、羞怯状态时，也会发生相应变化。

总之，消费者在购买活动中，情感的外显是多方面的，也是比较复杂的。有时，一种外显的情感表达了多种心理活动。如消费者在选购商品时，有时表情紧张，可能是担心商品质量或性能有问题，唯恐吃亏上当；也可能是担心买回去后家里的其他人不喜欢。

(二)情感变化的两极性

人的情感是极其复杂的，喜、怒、哀、乐、爱、恶、惧是人的七种主要情感。其实在社会实践活动中，人的情感绝非仅限于上述“七情”，而是丰富多彩、变化多端的。它反映了人的内心活动的多样性、复杂性。但不论何种情感都可以划分为两大类，即肯定性情感和否定性情感。例如，悲—欢、哀—乐、喜—恶、爱—恨等就是情感的两极性或对比性。情感的两极性是指处于两种极端的位置上的、性质相反的情感，而在这两极之间，还存在着各种类似的强度不同的情感。如在喜—恶之间，从大喜到微喜，从微喜到不喜，从不喜到讨厌，会出现一系列程度不同的情感变化，制约和支配着人们的行为活动。

情感决定了人对客观事物的态度，反映着客观事物与人的需要之间的关系。所以，肯定的情感导致肯定的态度，否定的情感导致否定的态度，从而产生愉快和不愉快的心理体验。在某些情况下，肯定的情感和否定的情感是彼此结合在一起的。由于同一事物刺激的作用，消费者既体验到了肯定的情感，也体验到了否定的情感。情感的两极性对研究消费者的购买行为具有十分重要的意义。肯定、积极的情感有助于消费者的认识活动向好的方面发展，有力地促发其购买动机。现代企业营销已发展到从全方位的角度诱发消费者的积极情感。一方面，生产厂商加强了商品包装的改进工作，竭力美化商品，以唤起消费者积极的情感；另一方面，销售商千方百计地改善卖场环境，如安装空调、播放轻音乐、变换商品陈列手法等，以增加顾客对商场舒适、温馨的感觉，诱发购买欲望，扩大销售。

(三)消费者购买活动中的情感发展阶段

尽管消费者在购买活动中会产生各种不同的情感体验，但还是有一定规律可循的。一般来讲，消费者的情感体验可分以下四个阶段：

第一，喜欢阶段。当消费者对商品进行初步认识后，有了大致的印象，随之形成了对商品的态度倾向，如喜欢、不喜欢、满意、不满意等。喜欢阶段虽然是情绪过程的初始阶段，但具有重要意义，否则就谈不上以后的情绪发展。

第二，激情阶段。在这一阶段，消费者由对商品的喜欢而引起购买热情，常表现出对商品的强烈关注，如仔细察看、反复询问，表情也比较轻松愉快。在此时，对于冲动型的顾客，可能马上导致购买行动。但大部分消费者的情绪体验过程还没有最后结束。

第三，评价阶段。在这一阶段，消费者对商品的态度趋于稳定，购买意愿逐渐明朗，对商品的评价也进入结论性阶段。如验证商品的使用性能、征求他人意见等，以证实自己的分析判断。

第四，选定阶段。经过对商品或服务的全面综合评价，消费者的理智和感情逐渐趋于统一，最终做出了购买决定，实现了购买行为。一般来讲，诱发消费者对商品的积极情感，对于促发购买行为有十分重要的作用。

(四)影响消费者情感变化的外界因素

由于消费者活动的复杂性，影响情感变化的因素也是多方面的，这里我们主要分析直接的影响因素。

(1)商品的作用。由于消费者的情感是在购买活动中对商品或服务形成的情绪体验，因此，被感知的对象——商品，会直接影响情感的形成与变化。一般来讲，商品的质量性能、款式造型、色彩、价格、品牌乃至包装等都会对顾客的情感形成有重要影响。

(2)消费者个人情感的作用。首先，消费者个人情感的变化与其个性心理特征有关。如有的消费者性格开朗活泼，总是保持愉快、振奋、蓬勃向上的情绪状态；有的消费者则生性多疑、孤僻、郁郁寡欢，这自然也会影响他的购买情绪。其次，个人情感的形成、变化也与其生活背景密切相关。如社会地位、道德观念、家庭状况、社会关系及职业等方面的差异，会直接影响人的情绪状态及变化。如有人在事业上遭受挫折，或生活中遇到不幸，都会导致精神萎靡不振，情绪低落，在购买过程中也会表现出某种消极情绪。如有的顾客同其他人发生矛盾，到商场购物时，借机发泄愤怒与怨气。

(3)购物现场的作用。心理学的研究表明，情感不是自发的，它是由环境中的多种刺激引起的。外界条件的变化也是不可忽视的因素。就购物现场来讲，直接刺激消费者的感官，引起情绪变化的主要有现场的设施、温度、气味、色彩、噪声等因素。研究表明，温度适宜，使人心情平静、温和，喜欢久留；但如过高，则会使人情绪烦躁，富有挑衅性。所以，现代的商业设施都十分注重消费场所的空间规模和温度变化，这不仅是为提高建筑档次，更是为迎合消费者的心理。除温度外，购物场所噪声的影响也不能忽视。嘈杂的声音会使人情绪烦躁，心情压抑，注意力分散，甚至引起头晕、耳鸣、听力下降。强音响的噪声(80 分贝以上)不仅会引起顾客的反感，还会降低服务人员的工作效率；反之，绝大多数顾客在微音量(小于 50 分贝)的轻音乐中购物，会增加愉快感，增加购物享受的心理效应。从现实来看，绝大多数的商场都摈弃了那种原始的大喊大叫的售卖方式，想方设法消除商场内的噪声，为顾客创造适宜的购买环境。

三、消费者心理活动的意志过程

(一)意志活动的基本特征

消费者的心理活动是认识过程、情感过程和意志过程的统一。消费者在认识商品、制定购买决策、采取购买行动时，需要其心理机能的保证。它能使消费者为自觉地实现原定的购买目的排除各种干扰，采取一系列的活动。所以说，消费者自觉地确定目的，为实现预定的目的有意识地支配和调节自己行动的心理活动就是意志过程。

意志活动的基本特征主要体现在以下两个方面：

一是目的性。所谓目的，就是预想的行动结果。它能使消费者在行动之前对行动的正确性和重要性有充分的认识，并能够明确地意识到行动结果的社会意义。这使得消费者能够按既定的目的去组织和调整自己的行动，寻找实现购买目的的途径。

二是坚持性。这是指消费者在实现目的的过程中，能够自觉地排除内部不利因素的干扰，克服外部各种困难，坚持不懈地努力。影响购买行为的因素是多方面的，既有消费者主观上的，如身体状况、情绪的变化；也有客观外界的，如经济收入、消费习惯、居住状况等，这些因素随时都会成为消费者购买的阻力和障碍。消费者在购买时还要克服这样与那样的困难，这就需要意志作保证。坚持性大小反映了消费者意志的强弱，取决于人的性格，也与需求强度有关。此外，购买的便利与否也是影响因素。

现代经营者已充分认识到顾客的购买行为会因为各种偶然因素而中断，自然想方设法消除顾客购买的阻力与障碍。诸如 20 世纪 90 年代，我国大部分商场改变了传统的、封闭售货的形式，采取开架售货、顾客自选的方式。对企业来讲，开架售货加大了管理难度，增加了投资成本，提高了对工作人员的素质要求。但企业却拥有改革的积极性，主要是开架售货吸引了众多的进门客，极大消除了顾客购买的心理障碍，减少了顾客察看商品的不适感。所以，也就不难理解为什么以顾客自选为主的超市兴旺发达了。

(二)消费者的意志行动

意志行动分为两个阶段,即采取购买决策阶段和执行购买决策阶段。

(1)采取购买决策阶段包括购买动机的冲突及取舍,购买目的的确定,购买方式的选择,以及有关计划的制订。这些选择有时取决于消费者对具体情况的认识和自身的经验,有时取决于不同购买动机之间的矛盾斗争。例如,某个消费者对某种商品,如大屏幕彩电,经过分析评价后,态度十分明确,决定购买这种商品。但他还要根据商品的特点和自己的经济条件做出具体、详细的购买计划,是分期付款还是一次付款;是在家电商场购买,还是到网上购买等。这些都是消费者在意志过程的第一阶段所考虑的内容。

(2)执行购买决策阶段是意志行动的第二阶段,它更为重要。因为执行购买决策的行动不仅要求支付相当的智力和体力,甚至还要忍受种种不愉快的体验,遭受挫折,处理意外情况,并不断坚持行动的坚定性等。消费者在采取购买行动时可能会出现两种情况:一是做出决定后,不失时机立即执行购买决定;二是决定的指向是比较长期的购买目标,并不立即导致购买行动,而是引起心理定向,这是完成未来购买行动的心理准备。出现这种情况的原因较多,如经济条件的制约、其他人的反对等。

(三)消费者的意志品质

意志品质是消费者意志的具体体现。在购买活动中,我们常常可以观察到消费者不同购买行为的显著特征。如有人行为果敢、坚定,独立性强;有人则犹豫、冲动、盲从。一方面是由于性格特征不同;另一方面则反映了他们意志品质的差别。

消费者的意志品质主要表现在三个方面:

(1)自觉性。这是指消费者能充分认识自己行动的正确性,以及行动的社会效果。富于自觉性的消费者在购买活动中决不盲从和鲁莽。由于他们的购买目的、行动计划是在深思熟虑的基础上制定的,对实现购买目的的重要性、正确性清晰明了,因此,购买行动也有条不紊;相反,自觉性差的消费者,其购买行为缺乏计划性和条理性,易盲目地接受别人的暗示影响,或不加分析地拒绝别人的意见。

(2)果断性。这是指消费者能迅速地掌握突发情况,做出正确决定,并毫不迟疑地执行决策。随着商品种类的不断增加,满足人们同一需要的商品越来越多,差异也越来越小。这确实对人的果断性提出了挑战。许多消费者面对琳琅满目的各种商品难下决断。所以,企业推出产品要在特色上下些功夫,有实力的企业要创名牌。大多数消费者对名牌商品的认定是无条件的。最典型的是世界著名的品牌"可口可乐"饮料,它既没有健身功能,也没有治病效力,但人们就是无条件地喜欢,理由是习惯了。这就是品牌的魅力。

(3)坚韧性。这是指消费者善于克服困难,完成各种艰巨复杂任务的品质,即通常所说的毅力。一般认为,活动的目的越明确,社会意义越大,则活动的热情越高,坚韧性越好。但不能否定,坚韧性强弱也与消费者的个性有关。与坚韧性相对的是见异思迁、虎头蛇尾、半途而废,所以,坚韧性差的人,购买活动的效率及成功率均低。

综上所述,消费者购买行为的心理活动是认识过程、情感过程和意志过程的三统一。认识过程是基础,没有它就谈不上情感、意志,但情感、意志过程又促进了人们认识过程的发展深化。情感过程是消费者认识商品不可缺少的阶段,如果消费者对商品持积极肯定的态度,则对购买行为的实现有决定性的意义。同时,消费者对商品的情感过程又决定了意志过程中执行购买决定的坚决程度。最后,消费者的意志过程又是认识过程、情感过程的保证。

第二节　消费者购买决策与行为模型

一、消费者购买行为模式

模式是指某种事物的标准形式。消费者购买行为模式是指用于表述消费者购买行为过程中的全部或局部变量之间因果关系的图示的理论描述。研究消费者购买行为模式，对于满足消费者需要、搞好市场营销工作具有十分重要的现实意义。

(一)消费者购买行为的一般模式

消费者购买行为是指消费者为满足自身需要而发生的购买和使用商品或劳务的行为活动。社会生活中，任何人都必须不断消费各种物质生活资料以满足其生理及心理需要。因此，消费者购买行为是人类社会中最普遍的一种行为活动。它广泛存在于社会生活的各个空间、时间，成为人类行为系统中不可分割的重要组成部分。

在现代社会生活中，由于购买动机、消费观念、消费方式与购买习惯的不同，各个消费者的购买行为千差万别。尽管如此，在形形色色的消费者购买行为中，仍然存在着某种共同的、带有规律的特征。心理学家在深入研究的基础上，指出了消费者购买行为中的共性或规律性，即消费者购买行为的一般模式：刺激—反应模式，如图 3-3 所示。

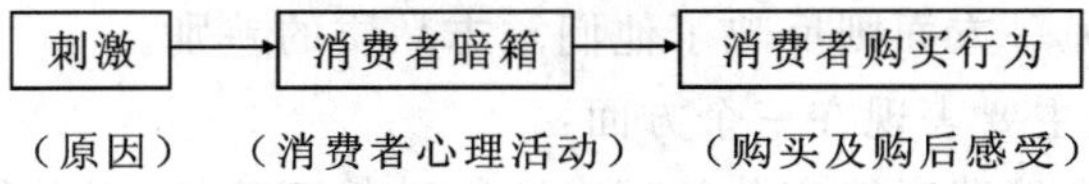

图 3-3　消费者购买行为的一般模式

上述刺激—反应模式表明，所有消费者的购买行为都是由刺激引起的，这种刺激既来自外界环境，如社会的经济情况、政治情况、科技水平、文化因素、企业市场营销的刺激(产品、价格、渠道、促销)等，也来自消费者内部的生理和心理因素，如需要、动机、个性、态度、观念、习惯等。消费者在各种刺激因素的作用下，经过复杂的心理活动过程，产生购买动机，在动机的驱使下做出购买决策，采取购买行动，并进行购后评估，由此完成了一次购买行为。由于这一过程是在消费者内部(消费者心理活动过程)自我完成的，因此，心理学家称之为“暗箱”或“黑箱”。

消费者购买行为的一般模式是企业营销部门制订营销计划、扩大商品销售的依据。这一模式表明，市场营销刺激与其他刺激进入购买者的意识后，购买者的特征和决策过程导致了购买决策(图 3-4)。市场营销人员的任务就是了解在出现外部刺激后到做出购买决策前的购买者意识中所发生的情况，认识消费者的购买行为规律，并根据本企业的特点，向消费者进行适当的市场营销的“刺激”，以使外在的刺激因素与消费者的内在心理活动发生互动作用，以便形成购买决策，采取购买行动，达到满足消费者需要、获取企业利润的目的。

(二)国外购买行为模式介绍

在西方，一些学者对消费者购买行为模式进行过深入的研究，并提出了多种不同的模式：

1. 恩格尔-科拉特-布莱克威尔模式(EKB 模式)

EKB 模式是由美国俄亥俄州立大学三位教授 J. F. Engel、D. T. KQllat、R. D. Blackwell

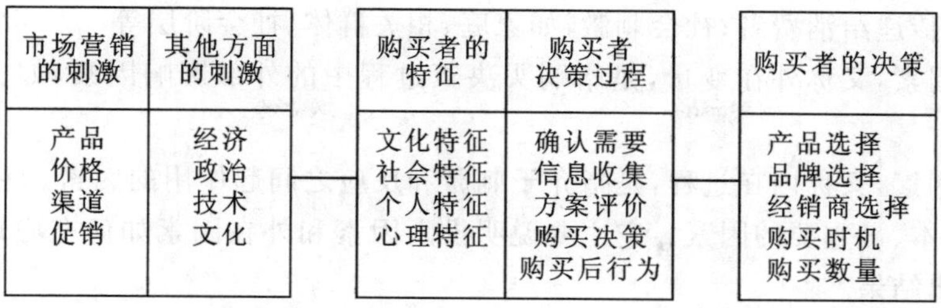

图 3-4　购买者行为模式

于 20 世纪 70 年代在《消费者行为》一书中提出来的。EKB 模式特别强调消费者的购买决策过程。在 EKB 模式中，消费者心理（大脑）成为“中央控制器”，外部刺激信息（包括产品的物理特征和社会压力等方面的无形因素）输入消费者大脑后，通过处理，即外界信息在态度、经验和个性的作用下，便可产生“中央控制器”的输出结果，即购买决定，由此完成了一次消费者购买决策活动，如图 3-5 所示。

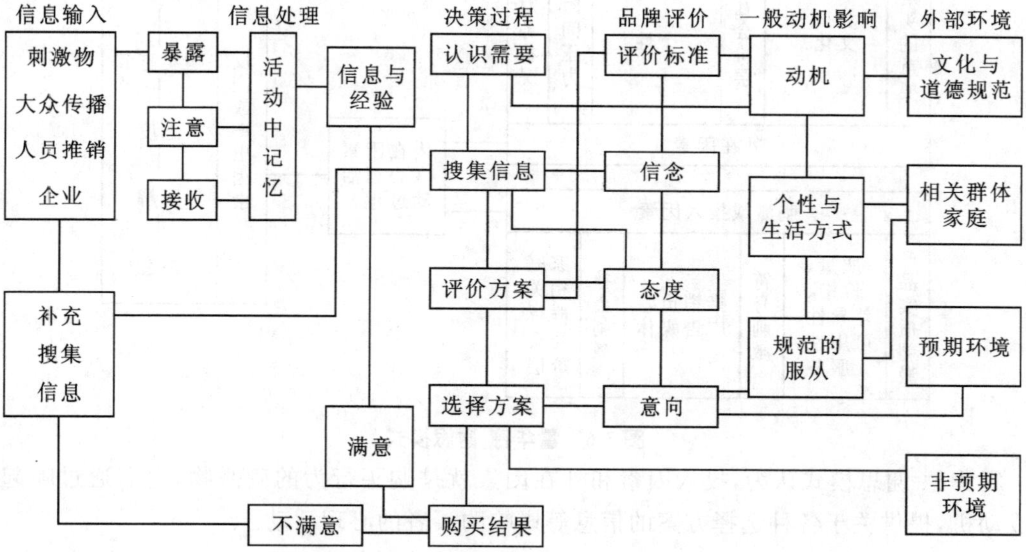

图 3-5　EKB 模式

具体地讲，EKB 模式可以说是一个购买决策模式，它详细地描述了消费者购买决策过程：①在外界刺激物、社会压力等有形及无形因素的作用下，使某种商品暴露，引起消费者心理上的知觉、注意、记忆，形成信息与经验贮存起来，形成了消费者认识问题的最初阶段。②在动机、个性及生活方式的作用下，消费者对问题的认识明朗化，并开始寻找符合自己意愿的购买对象，这种寻找在评价标准、信念、态度及购买意向的支持下向购买结果迈进。③经过产品品牌评价进入备选方案评价阶段，消费者进行选择而实施购买，得出输出结果而完成购买。④对购买结果进行体验，得出满意与否的结论，并开始下一次购买决策过程。

2. 霍华德-谢思模式

这一模式于 20 世纪 60 年代初先由霍华德提出，后经修改与谢思合作出版了《购买行为理论》，提出了霍华德-谢思模式。该模式通过四大因素来描述消费者的购买行为。

（1）刺激或投入因素，又称输入变量，是指由销售部门控制的因素。它包括产品实质刺激，如某产品的质量、价格、特征、可用性及服务等；产品符号刺激，如通过推销员、广告媒体等把产品特征传递给消费者;社会刺激,如家庭、相关群体、社会阶层等。

(2)外在因素,又称外在变量,是指购买决策过程中的外部影响因素,如文化、个性、财力等。

(3)内在因素,又称内在过程,是指介于刺激和反应之间起作用的因素。它是霍华德-谢思模式的最基本、最重要的因素。它主要说明投入因素和外在因素如何在心理活动中发生作用,从而引出结果。

(4)反应或产出因素,又称结果变量,是指购买决策过程所导致的购买行为。它包括认识反应、情感反应和行为反应三个阶段。认识反应是指注意和了解;情感反应是指态度,即购买者对满足其动机的相对能力的估计;行为反应包括购买者是否购买或购买何种品牌的认识程度预测和公开购买行动。

霍华德-谢思的购买模式详见图 3-6。

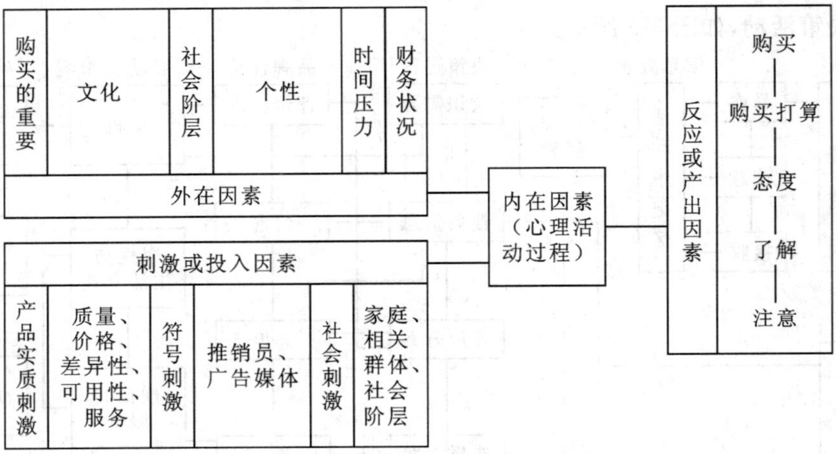

图 3-6 霍华德-谢思模式

霍华德-谢思模式认为,投入因素和外在因素就是购买行为的刺激物,它们通过唤起和形成动机,提供关于各种选择方案的信息等影响购买者的心理活动。

购买者受到刺激物和以前购买经验的影响,开始接受信息,产生自己的一系列动机,做出对可选择产品的一系列反应,形成一系列购买决策的中介因素,或者制定出一系列使其动机与满足动机的备选方案相配合的规则。这些动机、选择方案和中介因素的相互作用,便产生了某种倾向或态度。这种倾向或态度与其他因素,如购买行为的限制因素结合后,便产生了购买结果,即购买意向和实际购买行为。

由上可见,霍华德-谢思模式利用心理学、社会学和管理学的知识,从多方面解释了消费者的购买行为。此模式结构严密、内容完整,并且只要将模式内的变量或相对重要性改变后,就可适用于各种不同产品和各种不同消费者的购买模式,其参考价值较大,一直被人们所重视。

3. 尼科西亚模式

该模式是 20 世纪 60 年代尼科西亚在其《消费者决策过程》一书中提出来的。该模式由四大领域构成:领域(1)称为"从信息源到消费者态度"。它又分为两个小领域,即①和②。①包括企业属性与特点;②包括消费者属性与特点。领域(1)表示企业通过推销活动把信息发射给消费者,消费者受其信息的影响,并经过自己处理而形成对商品和服务态度的输出。

领域(2)表示消费者形成对某商品和服务的态度后，就开始对该商品和服务进行调查和评价，并形成购买动机的输出。领域(3)表示在购买动机的驱使下形成购买决策并采取购买行动。领域(4)表示消费者购买后，将购买经验(或者教训)反馈给大脑储存起来，以指导今后的购买行为，或者把购买后的感受反馈给企业。

综上所述，尼科西亚模式的四大领域是：(1)从信息源到消费者态度；(2)对信息的调查和评价；(3)购买行动；(4)反馈，如图 3-7 所示。

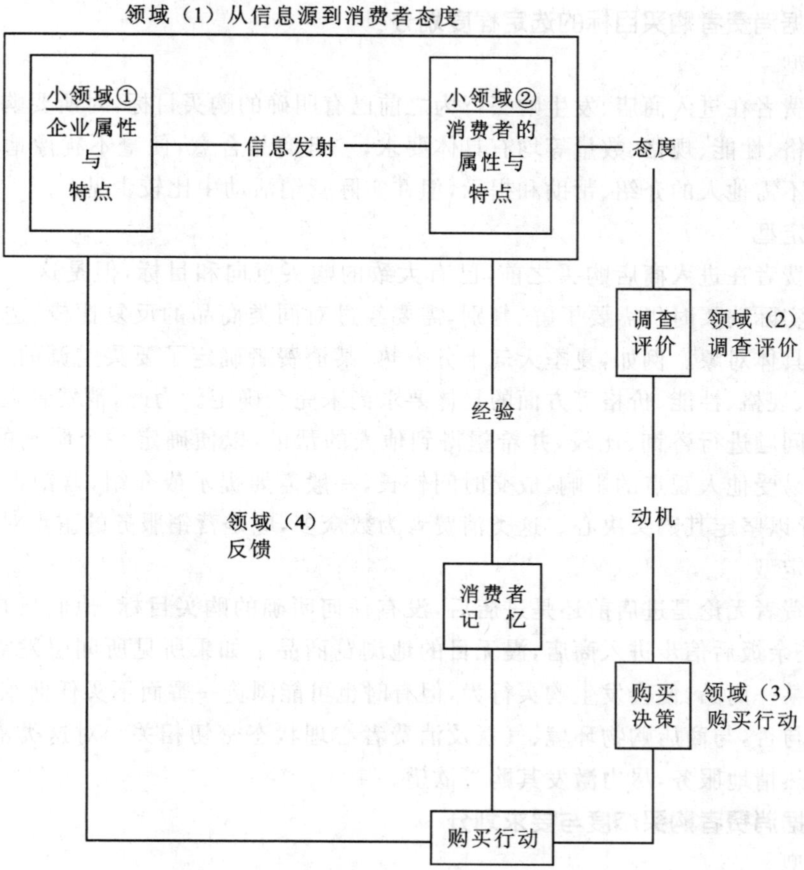

图 3-7　尼科西亚模式

尼科西亚购买行为模式对市场营销理论做出了贡献。该模式推理比较严谨，并简单明了，但在模式中没有外界环境作用的说明，四大领域中的内容也不易把握。

以上四个购买行为模式各有各的特点。比较而言，消费者购买行为的一般模式概括抽象地描述了消费者的购买行为及其规律，简单易记，但由于简单，这种模式不能准确表述影响消费者购买行为的各种因素及它们之间的关系。EKB 模式、霍华德-谢思模式和尼科西亚模式虽然比较复杂，模式中变量较多，但为市场营销人员了解消费者行为的产生，了解在出现外部刺激后到做出购买决策前的购买者意识中所发生的情况，提供了思路清晰的参考依据，以便于在错综复杂的消费者购买行为中准确把握其规律，做出正确的判断和最佳营销决策。

二、消费者购买行为类型

在购买活动中，每个消费者的购买行为都各不相同。区分不同类型的消费者购买行为，找出不同类型购买行为之间的差异，对企业开展营销活动有重要的参考价值。在研究过程中，对消费者购买行为分类的标准很多，每一种分类方法都可以从不同侧面反映消费者购买行为的特点。

(一)根据消费者购买目标的选定程度划分

1. 确定型

这类消费者在进入商店、发生购买行为之前已有明确的购买目标，对所要购买商品的种类、品牌、价格、性能、规格、数量等均有具体要求，一旦商品合意，便毫不犹豫地购买。这类消费者一般不需他人的介绍、帮助和提示，但在实际营销活动中比较少见。

2. 半确定型

这类消费者在进入商店购买之前，已有大致的购买意向和目标，但是这一目标不很具体、明确，在实际购买时仍需要了解、判别，需要经过对同类商品的反复比较、选择之后才能确定购买的具体对象。例如，夏季天气十分炎热，某消费者确定了要买空调的大致目标，但对空调品种、规格、性能、价格等方面的具体要求尚未完全确定。为此，消费者在购买过程中需要对上述问题进行咨询、比较，并希望得到他人的帮助，以便确定一个明确的购买目标。这类消费者易受他人观点的影响，成交时间较长，一般需要提示或介绍，营销人员可见机行事，巧妙诱导以坚定其购买决心。这类消费者为数众多，应是营销服务的重点对象。

3. 不确定型

这类消费者无论是进店前还是进店后，没有任何明确的购买目标，他们只是由于顺路、散步，或是茶余饭后信步进入商店，漫无目的地浏览商品。如果所见所闻引发需要，或是浏览中看中了某一商品，便会发生购买行为，但有时也可能浏览一番而不买任何东西。究竟发生购买行为与否，与商店购物环境、气氛及消费者心理状态密切相关。对这类消费者，营销人员应主动热情地服务，尽力激发其购买欲望。

(二)根据消费者购买态度与要求划分

1. 习惯型

这类消费者一般根据以往的购买经验和消费习惯采取购买行为，他们或长期惠顾某商店，或长期使用某品牌的商品，以至形成某种定式。这种购买习惯不会因年龄的变化、环境的变化而改变，不受时尚风气的影响，购买行为表现出很强的目的性。他们在购买商品时当机立断，成交迅速。例如，有的消费者购买牙膏，从青年、壮年直到老年，无论是出差还是居家过日子，都买上海产的"中华牌"牙膏。

2. 理智型

这类消费者在购买商品时善于观察、分析、比较，有较强的选择商品的能力。他们在购买前已经广泛收集所需商品的信息，了解市场行情，深思熟虑后才做出购买决定；购买时十分理智慎重，对商品反复比较，权衡利弊，不受他人及广告宣传的影响；挑选商品仔细、认真，很有耐心，在整个购买过程中表现出很强的自主性，始终由理智来支配行动。

3. 经济型

这类消费者对商品的价格非常敏感，选价心理较重，往往以价格的高低作为选购的标准。这类消费者又可以细分为两种类型：一种是以价格高低评价商品优劣的消费者，他们认为价格高的商品质量一定好，价格越高越要买；另一种是对廉价商品感兴趣的消费者，他们对同类商品价格的差异十分敏感，喜欢购买优惠价、削价、处理价、降价大甩卖的商品。因此经济型又称选价型。

4. 冲动型

这类消费者选购商品的能力较弱，对外界刺激敏感，心理反应活跃，情感变化快，很容易在最后一刻改变主意。因此，这类消费者在购买商品时很容易受商品的外观、广告、推销员、营业员、他人的影响而不去进行分析、比较，草率购买，买后常常会后悔不已，而下一次购买时依然如故。新产品、时尚商品对这类消费者有很强的吸引力。

5. 感情型

这类消费者感情丰富，想象力强，常常因商品的款式、颜色、包装等外形引起联想，在购买时容易受感情支配，也易受外界环境(购物环境和营销人员态度)的感染诱导，往往因此而心血来潮，发生购买行为。

6. 疑虑型

这类消费者性格内向、优柔寡断、多虑多疑。他们在购买前三思而后行；购买中细致，挑来挑去，拿不定主意；购买后还会疑心上当受骗。

7. 随意型

这类消费者缺乏主见，在选购商品时一般都希望获得销售人员的提示和帮助，对所购商品缺乏认真的分析、比较，常常受众多人同一购买趋向的影响，从众购买自己并不急需的商品。有的消费者在生活上不挑剔、不苛求，表现在购买行为上也比较随便，此类消费者也属于随意型。

(三)根据消费者在购买现场的情感反应区分

1. 温顺型

这类消费者神经比较脆弱，生理上尽量避免任何过大或过小的神经刺激，表面上很少受外界环境的影响，但内心体验却很深刻。表现在购买行为方面，他们从选购商品到最后实现购买，都愿意听从销售人员的介绍和意见，信任销售人员，所以能很快做出购买决定。这类消费者对所购商品本身的情况考虑得不是很全面，而对销售人员的服务态度却很敏感。

2. 反抗型

反抗型又称反感型。这类消费者的个性心理具有较高的敏感性，多愁善感，性情孤僻，外界环境细微的变化都能引起他们的警觉。在购买商品时，他们的主观意志较强，不喜欢听取别人的意见，以怀疑的观点审视周围的一切，对销售人员及其他顾客均不信任。

3. 沉着型

这类消费者神经过程比较平静，反应缓慢沉着，购买决定一经做出，就不容易改变，也很少受外界环境因素的影响。在购买行为中，他们除了购买商品所必需的语言，始终保持沉默，感情内隐，抑制性强，交际适度，但不很随和。

4. 激动型

激动型又称傲慢型。这类消费者很容易激动，言行举止时有狂热、暴躁的表现，自控力差，购买行为方面也表现出不善于考虑，傲气十足，对商品和营销人员的要求有时苛刻得不近情理。对此，营销人员在各个方面应给予较多的关注。

5.活泼型

活泼型又称健谈型。这类消费者心理过程平衡而灵活性高，善于适应各种环境，有广泛的兴趣爱好，但容易变化。表现在购买行为上，他们显得活泼、健谈，在购买和挑选商品的过程中愿意与人接近、交谈，主动与顾客或营销人员交换意见。

总之，在购买活动中，受购买对象、时间、地点、环境、个性心理等诸多因素的影响，不同的消费者会表现出多种不同的购买行为类型。因此，必须用动态的、差异化的观点对消费者购买行为进行观察、判断、分析，为做好营销工作打下坚实的基础。

第三节 消费者购买决策过程

一、消费者购买决策的内涵

(一)购买决策的概念及特点

1.购买决策的概念

购买决策是消费者的一种心理判断和行为选择。它是消费者在购物前拿主意，下决心做出心理判断与行为选择，寻求并实现某一最佳预期目标的过程。决策是消费者心理判断后的行为选择，而行为则是对决策心理的执行，正确决策是合理消费的保障。

2.购买决策的特点

首先，决策是有目的的活动，决策是和行为的目的紧密联系在一起的。消费者在决策的过程中，都是围绕着消费目标进行筹划、搜集、选择、安排自己的活动，没有目标的决策是不存在的。同时目标不明确会造成无效决策。其次，决策还需要意志的努力。它是消费者拿主意、下决心的过程。最后，决策还是一个判断选择过程。可能在消费者面前存在几种可供选择的方案或商品，这就需要消费者凭借自己的知识、经验、能力和掌握的信息等，在几个方案中选择一个最佳方案（当然选择离不开判断），决策是通过选择，追求和实现最佳预期目标的过程。

(二)购买决策的内容

虽然消费者购买决策的内容因人、因条件及所处的环境不相同而存在着巨大的差异，但也存在着共同性，所有消费者的购买决策都不外乎以下几个方面的内容：

(1)为什么买，又叫原因决策，即消费者的购买动机和购买目的。消费者的购买动机是多种多样的。同样是购买黄金饰品，有的人可能是为了装饰自己，有的人则可能是为了收藏、保值，不尽相同。

(2)买什么，又叫目标决策，即消费者购买的目标和对象，这是购买决策的核心问题。消费者购买的目标和对象不只是停留在一般类别上，还要对具体的购买内容做出决策，包括商品的品牌、性能、质量、款式、规格、颜色、价格、商标等。消费者决策的购买对象和目标应能最大限度地满足其某一方面的需要。

(3)买多少，又叫数量决策，即确定购买的数量。消费者一般是根据自己的实际需要、货币支付能力和市场供应情况而做出购买数量决策的。例如，市场商品物价稳定，市场供应充足，消费者一般不急于购买或小数量购买，用多少买多少；相反，如果市场供应紧张、价格波动，即使支付能力不足或不急需也会负债购买。

(4)到哪儿去买,又叫地点决策,即购买的地点。消费者购买地点是由多种因素决定的,既包括主观方面的因素,如消费者的习惯心理、惠顾心理等;又包括客观因素,如商家的信誉、购物场所的环境品位、售货方式、可挑选的品种数量、价格水平、服务质量、交通的便利程度等。消费者常常把以上因素综合起来加以考虑,然后“货比三家”,再做出购买决策。

(5)何时购买,又叫时间决策,即确定购物时间。时间决策既与消费者需求、动机的迫切性有关,又与其他因素有关。在消费者多种购买动机中,往往由需求强度最高的、主导性的动机来决定购物时间的先后缓急。同时,消费者的购物时间还要受其个人的经济条件、个性特点,商品的时令性、季节性、价格等的影响。例如,经济条件好、讲时尚、追时髦、有个性的消费者,往往是新商品的“最先试用者”,是新产品消费的带头人,最先购买某一商品;那些经济条件不太好的,或理智型的消费者往往购买季节差价商品。

(6)如何买,又叫方式决策,即采取什么方式购买。如是函购、邮购还是预购;是让人代购还是自己购买;是用现金还是用支票;是全额付款还是分期付款;是去商店购物还是电话、电视、网上购物等。消费者的购物方式也趋于多样化。

二、消费者购买决策的一般过程

(一)消费者购买决策过程

消费者购买决策过程是消费者在特定心理驱动下,按照一定程序发生的心理和行为过程,具体讲就是指消费者在购买商品时所经历的步骤。消费者在进行购买决策时,一般要经由图 3-8 所示的几个既相互联系又循序渐进的步骤。消费者的购买决策运行规律蕴含于这一过程之中。

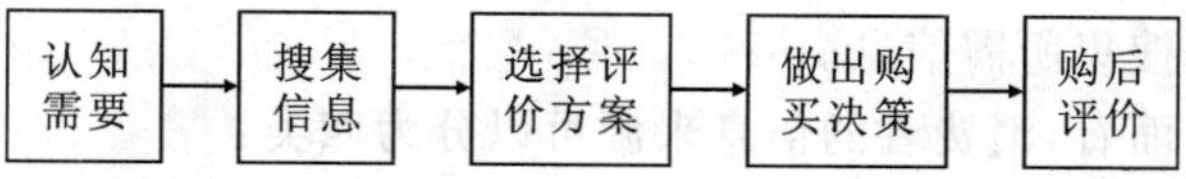

图 3-8　消费者购买决策过程图

1. 认知需要(图 3-9)

消费者对某一商品的购买需要来源于其自身的生理的和心理的需要。当人的某种需求没有得到满足,理想状态和现实状态之间存在差异时,便产生需要。因此,需要是指当人们缺乏某种东西时产生的心理状态,它是人的自然的(生理的)、社会的(心理的)客观需求在头脑中的反映,它是人一切行为的原动力。

心理学的研究表明,当人们缺乏某种东西时,便会产生一种紧张和不安心理,紧张和不安心理对人是一种压力,于是便产生排除紧张和不安心理的愿望,这便形成一定的需求。由“缺乏感”转为“需求感”,构成了消费者原始的购买动机。消费者的这种购买动机,如需要,可以是由内部刺激引起来的,例如,当人胃肠里的血糖水平降低后就会产生饥饿感,于是就想进食了。饿了想吃,渴了想喝,这是由内部刺激引起的需要。有时人的需要也可以是由外部刺激引起来的,例如,有时人们想吃某种食品不一定是由饥饿引起的,而是由于闻到了食品的诱人香味或看到别人吃而引起的食欲。此外,消费者受到广告宣传的影响也会产生对某一商品的需要等。这些都是消费者对需要的认知。消费者对自身需要的正确认知,可以为决策限定范围、明确指向,因而是有效决策的前提。

2. 搜集信息

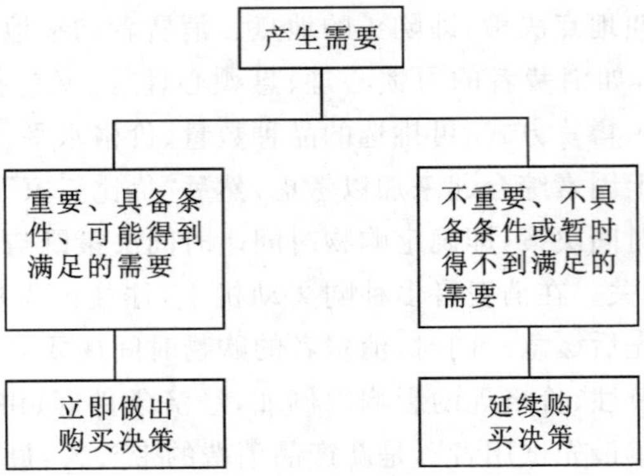

图 3-9 认知需要

消费者认知需要之后，便会根据和围绕需要广泛地搜集信息，因此，消费者决策的第二步是搜集信息阶段。

(1)搜集信息的方法

消费者如何搜集信息，可以从两个层面看：

①从获得信息的时间层面看，消费者搜集信息的方法分两类：

a. 从记忆中提取信息。这是消费者对记忆中原有信息的回忆过程。这种提取信息的方法很大程度是来自以前购买商品的经验，例如消费者在购买饮料时，便会从他喝过的饮料的记忆中回忆起哪种好喝、口感好，哪种不好喝，并依此做出购买决策。因此，对许多习惯性、重复性的购买决策，使用储藏在记忆中的、过去获得的经验和信息就足够用了。

b. 外部即时信息的利用。如果内部信息不足以支持消费者做出购买决策，消费者便会从外部各种渠道广泛搜集所需信息。

②从信息来源层面看，消费者的信息来源可以分为四类：

a. 际来源。人际来源主要包括家人、朋友、同学、同事、同龄人、邻居、熟人等，这方面来源的信息对消费者的购买决策影响很大。

b. 商业来源。商业来源主要包括广告、推销员、经销商、展示会等。这方面来源的信息量最大。

c. 公共来源。公共来源包括大众传播媒体，如广播、电视、报纸、杂志、消费者组织、专家学者等。这方面来源的信息极具客观性和权威性。

d. 经验来源。经验来源主要指消费者个人购买和使用商品的经验及对产品的认知等。这方面来源的信息对决策初期和最后是否做出购买决策具有决定性。

(2)消费者选择信息的过程

一般情况下，消费者对信息的选择要经由以下三个步骤：

①有选择性的注意。人们在日常生活中会接触到大量的刺激，但并不是对每一个刺激都能感知到。

影响消费者知觉注意选择性的因素有三个方面：a. 消费者会比较注意与其当前需要有关的刺激。例如，张先生要买商品房，他会更多地注意商品房方面的广告，而对轿车降价的广告信息就不会太注意。b. 消费者可能会比较注意他们所期盼的刺激。例如，张先生要买汽车，就可能特别关注各种报刊上的汽车广告，更关注他所要买的价位的汽车广告。c. 消费者可能比较注意超出正常刺激规模的刺激。如消费者要买手机，他就会关注降价幅度最大的那款手机和商店。

②有选择性的理解。即使消费者注意到刺激，也不一定都会产生预期的效果，因为每个消费者都是按照自己的思维模式来接受信息的。所谓有选择性的理解是指人们趋于将所获得的信息与自己的意愿结合起来。比如，张先生决定购买某一小区的商品房，他就可能不去考虑它的缺点，而是更多地强调它的优点：房屋的结构合理，质量好，周边环境幽美，即使价格高点也值得。在多数情况下，人们都是“先入为主”或是“为我所用”来解释信息。

③有选择性的记忆。消费者在日常生活中会接触到大量的信息，但不一定都能记住这些信息，而往往是倾向于记住那些与自己的需要、兴趣、态度符合的信息，这就是记忆的选择性特点。

3. 选择评价方案

消费者从不同途径、渠道获得大量信息后，便根据信息选择方案，即进入购物决策的选择评价方案阶段。在这一阶段，消费者将记忆中储存的信息和从外界信息来源获得的大量信息进行“去粗取精，去伪存真”的加工、整理和筛选，并形成一套标准，用这套标准帮助消费者比较、选择、评价方案。但是，选择评价标准会因消费者的价值观等不同而有很大差异。例如，有的消费者会以价格低廉为基本尺度，有的则以时尚为选择标准，有的追求外观新颖，有的希望结实耐用；有的追求个性化、时代感，有的人则宁可从众，与多数人趋同。因此，同一决策，不同的消费者会做出完全不同的评价。虽然对同一方案，消费者的评价不同，取舍结果迥然相异，但是，无论标准的具体内容如何不同，实质上都可以归结为同一尺度，即将所费与所得进行比较，所得效用要大于所费。那么，怎样使所得效用大于所费？消费者在选择评价决策方案时可以采取以下几种方法：

(1)以理想品牌为参照系

每个消费者的心目中都有对某一商品的理想品牌的印象。消费者可以用心目中的理想品牌同实际品牌进行比较，实际品牌越接近理想品牌，就越容易被消费者所接受。例如，消费者可先给自己心目中的理想品牌打分，然后再给实际品牌打分，最后看一看两者误差的大小，误差越小，消费者对实际品牌的满意程度越高，选择该种决策方案的可能性就越大；相反，误差越大，表明实际品牌与理想品牌之间的差距就越大，消费者也就不可能选择该种品牌商品。

(2)制定一个下限

消费者对商品的多种属性进行关联考虑，然后为商品的各种属性规定一个最低可接受的水平，只有所有的属性都达到了规定的水平时，才可以考虑该商品，而对于没有达到这一可接受水平的其他品牌的商品则不予考虑。运用这一方法，就排除了某些不必要信息的干扰，减少了处理信息的数量和规模。但是这种决策方法可能会导致所剩品牌方案不只是一个，因此消费者还需要借助其他方法做进一步的筛选。

(3)采用单一评估标准

这种方法是与上一种对商品的多种属性进行关联考虑正好相反的方法。该种方法是指消费者只用一个单一的评估标准来选择商品，也就是说，消费者看准商品的一种主要的属性去评价他所考虑的几个品牌的商品，并根据这一标准从中选出一个最符合他的需要的那个商品或方案。

(4)排除法

排除法的核心是逐步排除，减少备选方案。使用这种方法时，首先要排除那些不具备所规定的评估标准的最低可接受水平的商品或方案；然后消费者再制订出不同的衡量标准，用这些标准再不断地排除下去，直到最后剩下一个商品或方案为止。最后这个方案或商品是消费者满意或比较满意的。

(5)排序法

这种方法类似于编辑词典时所采用的词条排序法，因此又叫“词典编辑法”。使用这种方法时，首先将产品的一些属性按照自己认为的重要性程度从高到低排出顺序，然后再按顺序选择最优的商品或方案。具体方法是，消费者根据排序中的第一重要属性对各种备选品牌进行比较，如果在比较的过程中出现了两个以上的品牌，消费者还必须根据第二重要属性，甚至第三重要属性、第四重要属性比较下去，直到最后剩下一个品牌为止。

选择评价方案是消费者购物前的活动，是影响消费者实现购买行为的重要因素，是进行购买决策的基础。因此，营销者要善于运用广告宣传、商品展览、柜台服务等多种促销手段，为消费者提供更多信息和方便，积极诱导并帮助消费者进行选择、评价，以便做出购买决策。

4.做出购买决策

消费者对各种方案进行选择评价之后，便会确定一个最满意的方案，做出购买决策，实现购买行为，这是消费者决策行为的中心环节。但是需要说明的是，购买决策和真心的购买行为并不是一回事。在一般情况下，消费者一旦选择了某一品牌的商品，他就会执行这个决策，并真心发生购买行为。但有时在消费者即将采取购买行为时也会发生意外的变化，比如消费者的态度发生了变化；消费者遇到了意外的因素或发生了未预料的情况时，就会改变他原来的购买意图。这时就需要消费者重新做出决策。因此，有时消费者的购买决策和购买行为之间常常存在着时滞性。此外，消费者改变、推迟或取消购买决策，在很大程度上还是受到他们对风险知觉的影响。消费者在决定购买某一商品时都会面临一些矛盾和问题，即他们购买的某一商品给他们带来满足和愉悦的同时，也会给他们带来一些其不愿意、不希望接受的损失或潜在的危害，甚至带来一些现实的危险。消费者在购买商品之前，对商品可能给消费者带来的损失、危害甚至是危险的清楚意识就是消费者的风险知觉。当消费者意识到消费某种商品会给他带来损失、危害，甚至是危险的风险时，就会尽量减少或避免这些不愿接受的后果，这种愿望就是减少风险。当消费者对风险程度的认识达到一定高度时，就可能改变原来的购买意图，重新做出购买决策。

消费者购物时可能遇到的风险知觉主要有以下几种类型：

(1)功能风险。消费者购买的商品是否具有商家所宣传的功能？例如某医用理疗仪是否具备商家宣传的能治疗很多种疾病的功能？如果消费者对此产生怀疑，就是功能风险意识。

(2)资金风险。消费者花费了较多的金钱，是否能购买到高质量的产品和享受到优质的服务？如果消费者怀疑他所购买的商品、享受的服务是否值得花那么多钱，就是资金风险意识。

(3)社会风险。这是消费者对购买和使用某一商品，可能会给他的社会关系带来损害、造成环境污染的意识。例如，高保真音响设备为许多青年消费者喜爱，价格也十分合理，购买能力也具备。但是由于居住条件所限，买回这套高级音响以后，经常发挥不了它应有的效果，音量小了音质差；音量达到适当的幅度，音响效果才出来，而这会给周围的邻居带来震动和噪声污染，势必影响与周围邻居的友好关系，造成邻里不和，带来社会关系的负面影响和损害。

(4)对本人形象损害的风险。这是指消费者享用了某种商品之后，会给消费者本人自身形象带来损害和危险。这类风险知觉情况比较复杂。比如，在食品消费方面，一些营养成分高、味道可口的食品大家都喜欢吃，但是一些女性消费者害怕吃了这些食品后会发胖，影响自己的形体健美，如奶油蛋糕、冰淇淋就是这类食品。因此，消费者对这类商品既想购买，又产生回避心理。

(5)安全风险。这类风险是指消费者对购买或使用某类商品之后，商品本身给消费者带来的麻烦和潜在危险的意识。例如，家用燃气热水器可以为消费者带来洗浴的便利，但是由于使用不当或产品质量低劣，就会造成煤气中毒乃至死亡的危险。染发商品可以美发，可以美化人的形象，使人变得年轻，但是长期染发对人身体具有潜在的危险。燃放爆竹可以烘托气氛，抒发人的喜悦之情，但另一方面，燃放爆竹不仅会造成环境污染，甚至会对个人造成伤害等。

(6)影响其他消费风险。这是指消费者购买了某种商品之后，会影响对其他商品的消费。例如，有的消费者购买了商品房，几乎支出了全家多年来的全部积蓄，甚至需要贷款，必然影响到今后生活的其他消费，使得他今后的日常生活开支必须节俭；要减少平常的人际交往活动；不赶时髦，甚至饮食方面的支出也要减少。

消费者在购物前知觉到这些风险后，必然要尽量减少或避免这些风险，因此会改变原来的购买意图，重新做出购买决定。那么，消费者应该怎样减少购物中的风险呢？研究消费行为的专家认为，至少以下几种方法可以减少购物风险：

(1)全面搜集商品的有关信息，学习商品知识，增加对商品的了解程度。消费者要善于学习商品知识，通过多种渠道和手段，如通过报纸、电台、电视等宣传媒体的广告来了解商品的特点；通过营销人员的介绍了解商品；通过向有消费经验的人了解该种商品的使用效果等。消费者对商品的了解程度越深，对商品可能带来的风险与危害的认识也就越清楚。如果消费者认识到这种风险远远小于这种商品给他带来的益处，或可以采取一定办法减少风险程度和化解风险，消费者会坚持原来的购买心理，执行原来的购买决策，完成购买行为。相反，消费者如果对这种风险认识程度越高，发现消费这种商品可能为其带来的风险很大，又无法克服和化解这种风险，便会放弃原来的购买心理，改变原来的购买决策。

(2)尽量认购那些知名度高、产品形象和企业形象都很好的企业的产品。消费者应购买名牌商品或著名商标的商品，这些商品的信誉高，消费者的满意度高，值得信赖。而消费者应尽量不去购买那些知名度低，商品的功能和特性都不太熟悉的商品。

(3)在购买前尽量请人提出参考意见或邀请有过同类商品消费经验的人一起购买。消费者在购买大件耐用消费品或有重大消费行为时，更应该如此。例如，消费者要买一台电脑，就应该听听懂电脑人的意见，并邀请他一起去挑选购买。消费者要买一辆小汽车，就应该听听有熟练驾驶经验人的意见，听听他们对汽车型号、性能、耗油量、乘坐的舒适度等的看法，邀请他们一起前往购买，甚至请他们找出汽车的毛病和缺点，这样更有利于其做出购买决定。

总之，在这一阶段，营销者应该设法尽量减少消费者购物中的风险。

5. 购后评价

消费者从购物场所购买商品之后，便回家使用和消费商品，而在使用和消费商品的过程中，会产生购物后的心理体验和对商品做出评价。如果说前面的一切活动都是手段，那么最后的消费才是目的，从产品和服务中得到了利益的满足，消费者才达到了真正的目的。而消费者是否达到了真正的目的，是从他们购物后的心理体验和评价中反映出来的。

(1)购物后的心理体验

消费者在使用和消费商品过程中，对商品的质量、功能、味道、使用效果等都有深刻的体验，消费者的体验不同，就会产生不同的满意程度。

西方有些学者认为，消费者的满意程度，一方面取决于他们对产品的预期性能与产品在实际消费中的性能之间的对比。就是说，如果消费者购物后的实际消费符合其预期效果，则会感到满意；超过预期效果，则很满意；而未能达到预期效果，就会感到不满意，或很不满意。实际和预期效果差距越大，不满意的程度也就越大。另一方面，消费者的满意程度还取决于商品满足消费者的实际需要程度。商品的特性与消费者需要之间的距离越近，或高于消费者的需要，越会产生满意的体验。消费者对商品的满意体验可表现为对商品质量的肯定、性能的肯定、价格的认同，对商品形象的肯定以及对产品生产和经销企业的信赖等，形成对商品和服务的深刻印象和美好回忆，产生惠顾心理，即下一次购物还会买那个品牌的商品或到那个场所去购物。相反，如果商品的特性不能满足消费者的实际需要，消费者购物后就会产生不满意的体验。这种不满意的体验表现为对商品形象的否定，对商品的生产和经销单位表现出不信任与怀疑，在商品的价格和质量方面产生不平衡心理，觉得吃亏上当，甚至产生受骗的感觉。这不仅会使消费者自己以后尽量避免这种吃亏上当的购买，有些消费者还会把自己的体验告诉给别人，希望别人不至于重复自己吃亏上当的消费行为。这种后果会使其他消费者对某一商品和购物场所产生怀疑和戒备心理，最终损害的是生产和经营企业的形象。为了使消费者在购物后产生良好的心理体验，企业在宣传自己的商品时，要做到实事求是，商品的宣传与商品的客观特性必须一致，不要夸大其词进行虚假宣传，虚假的宣传会提高消费者对商品的预期值(期望值)，也会激发消费者的强烈需要，而你的商品又达不到消费者所预期的高度，只能引起消费者的不满和更大的厌恶。而一些精明的企业在宣传自己的商品时，对自己产品性能的宣传故意留有余地，以增强消费者购买后的满意感。

(2)购物后的评价

消费者在对使用和消费商品产生不同心理体验的同时，还会对商品做出以下评价：

①对商品的质量和性能做出评价。这是指消费者根据自己的知识、经验、对商品的印象和主观判断标准来评价商品的质量，包括将商品的包装、性能、使用效果、价格等综合起来评价商品的质量。这种综合评价方式类似于平衡效应，商品的价格高，消费者要求商品的质量就高，否则就会做出质次价高的评价。

②对商品形象做出评价。商品形象是指包括商品的包装、性能、效用等在内的质量、价格和服务等综合印象。消费者使用和消费某一商品后，便会把商品和名称记忆在消费者的大脑中，形成记忆和印象，消费者的这种记忆和印象即构成该商品名称和知名度的一部分。这种知名度是消费者下次选购商品的心理基础。

③对生产和经营单位做出评价，包括对经销单位、营业人员做出评价。消费者在购物场所能买到称心如意的商品、受到营业人员热情周到的现场服务和售后服务，在购物场所能进行愉快的购物，消费者一般会做出满意的评价。此外，消费者所购商品与商品的宣传差别越

小，或实际购买的商品远远优于宣传效果，消费者就会对生产和经销单位做出良好的评价。

由此可见，消费者使用和消费某一商品后，常常会用自己的标准对商品做出相应的评价，而对商品的评价如何，不仅影响该消费者的下次购买行为，而且这位消费者还有可能把他的评价传播给其他消费者，影响其他人的消费行为。正因为如此，许多生产和经营企业都非常重视消费者对商品的评价，采取问卷调查、随机抽样和随商品售出征集消费者意见等多种方法来收集消费者对商品和企业形象的评价。研究消费者购物后对商品的评价和对经营单位的评价，已成为商家反馈消费者信息的一个重要组成部分。

应该承认，由于消费者的个性特征、知识经验、个人修养、性别、年龄等不同，其对商品的心理感受和评价也就各不相同，因此，商业企业在研究消费者购买商品后对商品的评价和反映时，可以从不同的消费群体角度出发，积累、比较不同消费群体的研究结果，尽量排除个人因素的影响。

以上是消费者行为的一般决策过程，即认知需要、搜集信息、选择评价方案、做出购买决策、购后评价等几个既互相联系又循序渐进的步骤。但是，由于消费者的购买行为是非常复杂、千差万别的，因此，并非消费者所有的购买决策都要经过以上几个阶段，也会有不同的情况。

消费者行为专家对消费者的购买决策过程进行分析，有的学者把消费者购买便宜的商品和经常发生的重复购买行为称作浅涉购买，例如，对日常生活用品（米、面、油、盐、肉、蛋、奶等）的购买就不需要按什么决策过程进行；而对价格昂贵、大件耐用消费品的购买行为则称作深涉购买，例如，商品房、小汽车、家用电器、金银首饰等的购买就必须按照决策过程进行，花费的时间也比较长。

美国心理学家恩格尔将决策过程分为三类，即长期决策过程、限定决策过程和习惯决策过程。消费者的购物决策过程包括认识需求、外部探索（搜集信息）、评价解决方案、购买和购买后的评价五个阶段。消费者对价格昂贵、大件消费品的购买属长期决策过程，需要经过购物决策全过程的一至五个阶段。限定决策过程是指消费者购买自己较为熟悉的、常用商品的决策过程。在这一决策过程中，消费者常常省略第二阶段，即"外部探索（搜集信息）"阶段。因为消费者购买自己熟悉的商品时，可以根据自己掌握的商品知识、经验进行"内部探索"后发生购买行为，而不需要"外部探索"。习惯决策过程是指消费者购买自己习惯使用的牌子的商品时所采取的决策过程。在这一决策过程中，消费者可以省略第二和第三阶段，即省略"外部探索"和"评价解决方案"阶段。这是因为消费者购买的商品是经常购买的习惯商品，所以既不需要探索，也不需要评价，当消费者有了对这些商品的需要时，就会按照习惯到固定的商店去购买。如消费者没有香烟了，就会到商店购买他习惯抽的那个牌子的香烟。消费者购买日常生活必需品（酱油、醋、牙膏、香皂、洗衣粉等）时，也是经常购买他们习惯用的品牌。

（二）消费者的购买决策原则

消费者要想做出正确的购买决策，总是依据一定的标准、尺度，对各种可能方案进行比较、选择，从中确定最优方案，而选择方案的标准和尺度的拟定，又是从一定原则出发的。决策原则贯穿于决策过程的始终。消费者进行决策一般遵循以下基本原则：

1.信息准、全、及时原则

消费者购物前根据什么做出决策？依据自己掌握的信息。消费者在决策前是否能掌握商品的准、全、及时信息，是影响其能否做出科学正确决策的关键。首先，消费者掌握的信息应是准确的，不能是捕风捉影、道听途说来的信息。其次，要求消费者全面掌握商品信息，包括商品质量、商品价格、商品的售后服务、生产和经销商品企业信誉等方面的信息。最后，要求信息及时，消费者所得信息不是滞后过时的信息。消费者依据准确、全面、及时的信息，才有可能做出科学购买决策。

2.可行性原则

这是消费者在决策时应遵循的又一重要原则。所谓可行性，是指保证消费者的决策在现有的主、客观条件下能够得到顺利贯彻实施。消费者做出的决策是否可行，也是衡量其决策正确与否的标准。消费者对一些重大消费决策必须进行可行性分析和论证。例如消费者做出贷款买房、买汽车的决策，就要对自己安排其他消费时的还款能力进行分析，只有经过可行性分析的决策才是正确的决策。

3.系统分析原则

这是把系统科学引入消费决策的过程。系统科学强调从整体而不是从局部思考问题的方法，这也是系统科学最基本的观点。所谓系统分析原则，就是要求消费者在做出每一项具体的购物决策时，都要把它放在整个消费过程这一大系统来考虑，要做好统筹安排，分析购物的主次、先后顺序，只有这样才能做到科学决策，合理消费。

4.对比择优原则

决策是进行心理判断和行为选择的过程。消费者对多个方案或商品进行分析评估、充分比较后，从中选择一个最满意的，或相对满意的，或是最小缺憾的、预期-满意的方案。这一原则又可以延伸出最大满意原则、相对满意原则、遗憾最小原则及预期-满意原则。

(1)最大满意原则

就一般意义而言，消费者总是力求通过对决策方案进行分析评估、充分比较后，从中选择自己认为是最好的方案，争取最大效用，从而最大限度地满足自己某一方面的需要。消费者按这一指导思想进行决策，即为最大满意原则。遵照这一原则，消费者将不惜代价追求决策方案和效果的尽善尽美，直至达到目的。但是，消费者在实际消费中贯彻最大满意原则带有许多苛刻的附加条件，如需要详尽完整地占有信息，要对各种备选方案进行准确无误的评价比较，要能够精确地预测各种方案的实现后果等。然而，消费者由于受到各种主观条件和客观环境的限制，几乎不可能具备以上的全部条件。此外，是否能达到最大满意完全依赖于消费者个人的主观感受和评价。况且，受心理因素和环境因素的变化和影响，消费者的主观感受与评价也不是一成不变的。购买前被视为最佳的方案，购买后可能降低评价，甚至产生相反的感受。因此，最大满意原则只是一种理想化原则。在现实中，人们往往以其他原则补充或代替之。

(2)相对满意原则

该原则认为现代社会纷繁复杂，消费者面临的商品广告浩如烟海，市场信息瞬息万变，令人应接不暇。因此，消费者不可能花费大量的时间、金钱和精力去搜集制定最佳决策所需的全部信息。即便可能，与所付代价相比，也绝无必要。况且人的欲望是无止境的，需求是不断发展的，永远达不到绝对和完全的满足。因此，消费者在制定购买决策方案时，必须做出相对合理的选择，达到相对满意即可。例如，消费者要购买一件服装，无需也不可能花费大量的时间跑遍所有的商店进行挑选，只需经过有限次数的比较和选择，买到一件款式、质量、价格都比较满意的即可。贯彻相对满意原则的关键是根据所得与所费的比较，合理选择标准，使之保持在适度和可行的范围内，以便以较小的代价取得较大的效用。

(3)遗憾最小原则

如果说以最大或相对满意作为正向决策原则，那么遗憾最小原则属于逆向决策。这就是我们常说的"矬子里面拔将军"。由于任何决策方案的后果都不可能达到完全满意，而存在着不同程度的遗憾，因此，有人以产生的遗憾最小作为决策的基本原则。在运用遗憾最小原则进行购买决策时，消费者通常要考虑和估计到各种方案可能产生的不良后果，比较其严重程度，从中选择情形最轻微的作为最终方案，从某种意义上讲，这也是一种最佳选择。例如，消费者在选择一种商品，由于价格高低不一而举棋不定时，有人宁可选择价格最低的一种，以便使遗憾减到最小。遗憾最小原则的作用在于减少风险损失，缓解消费者因不满而造成的心理失衡。

(4)预期-满意原则

有些消费者在进行购买决策之前，已经预先形成对商品的品牌、质量、款式、性能、价格等方面的预期心理。为此，在对各种备选方案进行比较抉择时，既不挑选最佳方案，也不选择可能产生遗憾最小的方案，而是与个人的心理预期进行比较，从中选择与预期标准吻合度最高的作为最终的决策方案。这一方案相对于预先期望，能达到消费者的满意程度最大。运用预期-满意原则，可以大大缩小消费者的抉择范围，迅速、准确地发现拟选方案，加快决策进程，同时可避免因方案多而举棋不定。

5.时效性原则

这是对消费者的决策做出时间上的规定。某一决策在一定时间内做出可能是有效的，而超出一定的时间做出则可能是无效的。因此，要求消费者要抓住一定时机，果断地做出有效决策。在某些特殊场合，对某些特殊商品的购买决策有很强的时效性要求。例如，对某些供不应求的短缺商品、珍贵商品的决策，拍卖行拍卖的有收藏价值的珍品的购买决策，股票交易的决策等，都有很强的时间上的规定性，即要求很高的时效性。

三、消费者购买决策规则

关于消费者购买决策规则，在美国俄勒冈大学教授德尔·I.霍金斯、罗格·J.贝斯特和亚利桑那州立大学教授肯尼斯·A.科尼合著的《消费者行为学》中的研究很值得我们借鉴。霍金斯等学者提出了五种决策规则，这五种决策规则是连接式决策规则、析取式决策规则、排除式决策规则、编纂式决策规则和补偿式决策规则，现分别介绍如下。

(一)连接式决策规则

连接式决策规则是指消费者对每一商品或品牌的评价都设置一个最低可接受的标准和水平，然后选择所有超出了这些最低标准的商品或品牌。简单地说，就是消费者将考虑或将首先购买那些商品的重要属性符合他最低标准的品牌。假设表 3-1 列出的是康柏等 6 个牌子的笔记本电脑的几个指标的最低标准。

如果消费者把按照表 3-1 所列各项指数的最低标准的品牌都排除在进一步考虑范围之外，则有 4 个品牌即 IBM、Gate Way、戴尔和东芝被排除在外，因为它们的各项指标(或各种属性)没有都能符合或达到最低标准。在这种情况下，只剩下惠普和康柏两个品牌具有相对的满意度，因为它们的各项指标都符合和达到了最低标准。然后消费者也许会再用其他决策规则从中选择一个品牌。

表 3-1　6 种笔记本电脑的几个指标的最低标准

价格	3
重量	4
处理器	3
电池寿命	1
售后服务	2
显示器质量	3

表 3-2 是消费者对 6 种笔记本电脑的评价和排序情况。

表 3-2　6 种笔记本电脑的评价和排序

评价标准	消费者对品牌的认识					
	Gate Way	惠普	康柏	戴尔	IBM	东芝
价格	5	3	3	4	2	1
重量	3	4	5	4	3	4
处理器	3	5	5	2	5	5
电池寿命	1	3	1	3	1	5
售后服务	3	3	4	3	5	3
显示器质量	3	3	3	5	3	3

注：1＝很差；5＝很好。

因为消费者处理信息的能力是有限的，所以，连接式规则将信息处理任务缩小到一个可操作的水平是很有意义的。它首先排除了那些不符合标准的对象。这种方法可以用于消费者购买房屋、汽车、电脑等重要的商品。按照连接式规则，消费者在购房时，首先排除价格不合适、位置不好，或不能提供其他期望的重要属性。对符合最低标准的品牌，则可以再用其他规则做出选择。

连接式规则也常用于低介入度(Low-involvement)购买中。在这类购买中，消费者会每次评价一个品牌，然后选择第一个符合所有最低标准的品牌。如果把连接式决策规则运用于某个目标市场，则企业最重要的事是使提供的产品在每个标准上都要超出消费者的最低要求。由于消费者通常会购买经过他们的评价、符合其最低标准的品牌，因此，这种品牌的广泛分销和充裕的货源是非常重要的。而且了解一项满意产品没有被选择时消费者如何继续选择是非常必要的。

(二)析取式决策规则

析取式决策规则是指消费者对商品或品牌的每一个重要属性建立一个最低可接受的标准和水平(它通常比较高)，任何一个品牌只要有一个属性超出了最低标准都可放在接受之列。可以用一句话来概括析取式决策规则，即"我将考虑所有(或首先购买)在任何一个我认为重要的属性上表现确实好的品牌"。假设你在应用析取式决策规则作决策时首先的切除点(Cutoff Points)如表 3-3 所示。

表 3-3　6 种笔记本电脑的首先切除点

价格	5
重量	5
处理器	不关键
电池寿命	不关键
售后服务	不关键
显示器质量	5

你会发现，Gate Way 的价格、康柏的重量和戴尔的显示器质量值得你进一步考虑（见表 3-2）。在应用析取式决策规则时，消费者可能购买第一个他发现可以接受的品牌，也可能借助其他决策规则，或者加入附加标准。

当析取式决策规则被用在目标市场上时，重要的是企业生产的产品至少要有一项重要属性超过消费者要求的关键标准的最低要求（它通常比较高）。这一点应在商品的广告信息宣传中和产品的包装上做出强调。由于消费者经常购买他们所遇到的第一种超过某一项他们所要求标准的产品，因此我们认为，广泛的分销和充裕的货源是非常重要的。同样，了解在第一项满意产品没有被选择时消费者如何继续选择也是非常必要的。

（三）排除式决策规则

排除式决策规则要求消费者对评价标准的重要程度先进行排序，对每一标准都设立切除点，然后从最重要的属性开始对所有品牌进行考察。对于那些没有超出切除点的，考察过程将根据第二个重要标准重复进行，并且持续进行到仅剩下一个品牌为止。根据排除式决策规则，消费者的逻辑是"我将购买那个具有其他品牌所不具有的重要属性的品牌"。

根据表 3-4 所示的对笔记本电脑的排序和切除点，按照排除式决策规则，消费者将选择哪一品牌？

表 3-4　6 种笔记本电脑的排序和切除点

	排序	切除点
价格	1	3
重量	2	4
显示器质量	3	4
处理器	4	3
售后服务	5	3
电池寿命	6	3

首先按价格标准考察，将把 IBM 和东芝排除（参见表 3-2）。在剩余者中，康柏、惠普和戴尔满足了消费者的重量要求，Gate Way 被排除。需要说明的是，东芝也符合重量要求但没有考虑，是因为它在最关键的价格属性中已被淘汰了。最后看看显示器质量，其切除标准是 4，只有戴尔是 5，其余都在 4 以下，因此被排除掉，最后只剩下戴尔符合第三位的显示器质量要求。

按照排除式决策规则进行决策，最后，消费者得到一个其他所有品牌都没有的需求特性和其他品牌都没有的特性的品牌，本案例中就是戴尔。

将排除式决策规则用于目标市场时，企业重点应该考虑本企业的产品超出消费者要求的重要标准(按排序)能比竞争对手多出一项。这个与竞争对手相比的优势，应该在带有广告信息的产品包装上加以强调。另外，企业也不应试图改变消费者对评价标准所赋予的相对重要性。

(四)编纂式决策规则

采用编纂式决策规则，要求消费者先将评价标准按重要程度排序，然后再选择最重要属性中表现最好的品牌。如果有两个或两个以上的品牌等序，则要求他们再按次重要属性进行评价，直到只剩下一个品牌为止。可以将消费者的决策思想表述为"我将选择对我而言最重要的属性上表现最好的品牌，如果有两个等序，我将根据次重要属性选择表现最好的一个"。

编纂式决策规则与析取式决策规则很相似，其差别只是编纂式决策规则是在每一步都寻求最佳表现的品牌，而析取式决策规则只是寻求表现满意的品牌。所以，消费者如果应用编纂式决策规则和析取式决策规则时所用的数据相似，结果会选择 Gate Way 电脑，因为它在最重要的属性中表现最佳。如果 Gate Way 在价格上列第四，它将和戴尔等序，然后戴尔将按其他最佳的重要排序而被选中。

将这一决策规则应用于目标市场中，企业必须保证产品在最重要的属性上的表现等同于或超过其他任何竞争品牌，这是最关键的。企业应该将这个优于竞争者的优势在广告宣传信息上做出强调。企业的产品在最重要的指标上至少要与其他竞争者相当(势均力敌)。如果竞争对手在最重要的标准上超过了你，那么，你再杰出的操作也无济于事。如竞争者的优势不在最重要的特征上，注意力就应转移到第二重要特征上(假设在最重要的特征上不分上下)。如果不能在关键的属性上赶上或者超过竞争对手，公司就应该试着把另外一个属性变得更重要。

(五)补偿式决策规则

前四种规则是非补偿性的，因为某一属性的优秀表现并不能补偿其他属性的拙劣表现。有时消费者在做出对某一产品总体品牌偏好的时候，希望能够在一些表现极好的属性与不吸引人的属性之间做某种程度的平衡。因此，补偿式决策规则是：消费者将选中在有关评价标准的判断上总体表现最好的品牌。

用公式可以表述为：

$$R_{\mathrm{b}} = \sum_{i=1}^{n} W_i B_{i\mathrm{b}}$$

式中 R_{b}——品牌 b 的总体排名得分；

W_i——赋予评价标准 i 的重要性或权重；

$B_{i\mathrm{b}}$——品牌 b 在评价标准 i 上的得分；

n——相关的评价标准的数目。

例如，用表 3-5 中所示的相对重要性得分，按补偿式决策规则，消费者将会选择哪个品牌？

表 3-5　几种标准的相对重要性得分

	重要性得分
价　　格	30
重　　量	25
处 理 器	10
电池寿命	5
售后服务	10
显示器质量	20
总　　分	100

应用补偿式决策规则，戴尔取得最高偏好度（参见表 3-2），它的计算结果是：

$$R_{\text{戴尔}} = 30\times4+25\times4+10\times2+5\times3+10\times3+20\times5$$
$$=120+100+20+15+30+100$$
$$=385$$

那些使用补偿性决策规则的消费者，可以用一些相对较高的属性值去弥补相对较低的属性值。但是，消费者对品牌的更重要特征的要求应该与竞争者的相等或者相接近，因为这些更重要特征在其决策中比其他的特征占据了更大的分量。总之，补偿性决策规则要求相关属性的集合必须超出其他竞争者。

（六）决策规则在市场营销中的应用

以上几种决策规则有各自的特点和适用范围，消费者运用不同的决策规则进行决策会产生某种程度上的物异选择，如表 3-6 所示。

表 3-6　在各种决策规则下的品牌选择

决策规则	品牌选择
连接式决策规则	惠普、康柏
析取式决策规则	戴尔、康柏、Gate Way
排除式决策规则	戴尔
编纂式决策规则	Gate Way
补偿式决策规则	戴尔

我们并不能肯定地回答消费者在何种场合下会应用何种决策规则，但学者们的研究表明，人们的确运用了这些规则。一般来说，低介入度的购买涉及的是相对简单的决策规则（如连接式、析取式、排除式、编纂式），因为消费者会试图减少做出这类决策所付出的“代价”。而高介入度的决策和购买行为，由于消费者具有相当高的知觉风险，他会更仔细地思考，不仅会将复杂的决策规则（如补偿式）应用到实际购物中，而且会将不同的决策规则运用到不同阶段。企业的经营者和管理者必须搞清楚在特定的目标市场消费者最不能应用的决策规则或规则组合是什么，并制定出相应的营销策略。

复习思考题

1. 消费者购买决策有哪些类型？每种类型有何特点？
2. 试分析消费者购买决策过程。
3. 外部信息搜集主要有哪些信息来源？
4. 试述影响外部信息搜集量的因素。
5. 主要有哪几种品牌选择规则？各自有何特点？
6. 试述重视消费者购后行为的重要性。
7. 简述影响消费者行为的主要因素。

【案例分析】

男青年加里要结交女青年佳琳，想用香水增加自己的浪漫色彩和吸引力。他搜寻了一部分自己认为对佳琳有吸引力的香水样品。在选择过程中，他综合考虑一些因素，如他所感受到的香水的形象、瓶子的设计，他闻到的气味等，并将这些信息与自己的期望协调起来，这些期望受到他的文化背景和个性的影响。比如，他想表现自己是一个血气方刚的男子汉，对于女性化的品牌有反感。

加里的知觉过程可分解为以下几个阶段：

(1)初步分类。在这个阶段中，刺激物的基本特征被分离：加里认为古龙香水是一种新型香水，能够改善自己的形象，因此选择了古龙香水。

(2)样品标准。在此阶段，分析刺激特征以备选择归类。加里对不同的香水有自己独特的分类办法，如踏踏实实、具备男子汉魅力或离奇夸张的欧式香水。加里根据瓶子的颜色、形状、香水的气味等标准决定每种香水归于哪一类。

(3)确认标准。在这一阶段选择类别。加里认为 Drakkar Noir 香水中可能最适合他的是“神秘”系列。

(4)确认完成。在这个最后阶段，要对刺激做出决策。加里认为他的决策是正确的，瓶子的颜色及其有趣的名字更强化了他的这一判断。

(资料来源：http://3y.uu456.com/bp-828mn955598xswm2y1d2-15.html)

思考题

1. 消费者的知觉过程是怎样的？
2. 加里最终为何购买 Drakkar Noir 香水？试用消费者购买决策理论进行分析。

第四章

消费者的需要和动机

学习目的与要求

- 了解和掌握消费者需要的含义及特性；
- 掌握消费者购买动机的含义和类型；
- 了解和掌握消费者需要、动机和行为之间的关系。

导入案例

30 岁的张先生最近圆了多年的汽车梦——花几万元买了一辆“南菱”吉普车。张先生买到新车后，第一时间将其改头换面，卸下原来的车标，换上“三菱”标志。由于此车型与“三菱”帕杰罗相似，“克隆”得也像模像样，驶在路上颇能鱼目混珠。张先生说，买车时就做好了换车标的打算，换了车标后，还真找到了一种驾驶高档车的感觉。

（资料来源：陈思．营销心理学[M]．广州：暨南大学出版社，2005）

在影响消费者行为的诸多心理因素中，需要和动机占有特殊的重要地位。就一次行为过程而言，直接引起、驱动和支配行为的心理要素是需要和动机。其中动机又是在需要基础上产生的。因此，需要是消费者行为的最初原动力，动机则是消费者行为的直接驱动力。研究消费者需要和动机，就是探究特定购买行为的原因，即寻求对购买行为的解释，以使企业营销人员更深刻地把握消费者行为，在此基础上做出有效的营销决策。

第一节　消费者需要的含义及特性

一、消费者需要的含义及特点

(一)消费者需要的含义

消费者需要是指消费者生理和心理上的匮乏状态，即感到缺少些什么，从而想获得它们的状态。个体在其生存和发展过程中会有各种各样的需要，如饿的时候有进食的需要，渴的时候有喝水的需要，在与他人交往中有获得友爱、被人尊重的需要等。

需要是和人的活动紧密联系在一起的。人们购买产品、接受服务，都是为了满足一定的需要。一种需要满足后，又会产生新的需要。因此，人的需要绝不会有被完全满足和终结的时候。正是需要的无限发展性，决定了人类活动的长久性和永恒性。

需要虽然是人类活动的原动力，但它并不总是处于唤醒状态。只有当消费者的缺乏感达到了某种迫切程度，需要才会被激发，并促使消费者有所行动。比如，我国绝大多数消费者可能都有住上更宽敞住宅的需要，但由于受经济条件和其他客观因素的制约，这种需要大都只是潜伏在消费者心底，没有被唤醒，或没有被充分意识到。此时，这种潜在的需要或非主导的需要对消费者行为的影响力自然就比较微弱。

需要一经唤醒，可以促使消费者为消除匮乏感和不平衡状态采取行动，但它并不具有对具体行为的定向作用。在需要和行为之间还存在着动机、驱动力、诱因等中间变量。比如，当饥饿的时候，消费者会为寻找食物而活动，但面对面包、馒头、饼干、面条等众多选择物，到底以何种食品充饥，则并不完全由需要本身所决定。换句话说，需要只是对应于大类备选产品，它并不为人们为什么购买某种特定产品、服务或某种特定品牌的产品、服务提供充分解答。

(二)消费者需要的特点

1.多样性

这是消费者需要的最基本特征。它首先表现为不同消费者的需要各不相同，千差万别。各个消费者由于收入水平、文化程度、职业、性格、年龄、民族和生活习惯不同，自然会有多种多样的爱好和兴趣，对于商品和服务的需求是千差万别和丰富多彩的。人们不同的需求差异，就表现为消费需要的多样性。不仅如此，就同一消费者而言，需要也是多方面的。消费者不仅需要吃、穿、用、住，还需要娱乐消遣，欣赏音乐、美术、体育比赛等，这些都体现了消费者需要的多样性。

此外，消费者需要的多样性还表现在同一消费者对某一特定消费对象常常同时兼有多方面的要求。例如，既要求商品质量好，又要求其外观新颖、美观、具有时代感等。消费者需要的多样性决定了市场的差异性，这是企业进行市场细分和选择目标市场的基础。

2.发展性

消费者需要不是一成不变的，随着社会经济的发展和人民生活水平的不断提高，人们对商品和服务的需要不论是从数量上还是从质量上或品种方面都在不断地发展。一种需要被满足了，又会产生新的需要。总的趋势是由低级向高级发展，由简单向复杂发展，由追求数量上的满足向追求质量上的充实发展；某些现在受消费者欢迎的热门货，有可能在一定时期以后变成过时商品而被淘汰；许多潜在的消费需要不断地变成现实的购买行为等，这就是消费者需要的发展性。

3.层次性

人们的消费需要是有层次的，一般地说，总是由低层次向高层次逐渐延伸和发展的。当低层次的、最基本的生活需要，即满足生存的需要被满足以后，就会产生高层次的社会需要和精神需要，这就是消费者需要的层次性。

4.伸缩性

人们的消费需要受外因和内因的影响，具有一定的伸缩性。内因影响包括消费者本身需要欲望的特征、程度和货币支付能力等；外因影响主要是商品的供应、价格、广告宣传、销售服务和他人的实践经验等。两个方面因素都可能对消费者需要产生促进或抑制作用。例如,从货币支付能力的角度看,现实生活中,每个消费者都几乎同时具有多种消费需要。但是在一定时期内,多数消费者的支付能力是有限的,这就使消费者的需要只能有限地得到满足,并表现出一定的伸缩性,即消费者需要并非只能增加,不能减少,或者只有当低层次的需要百分之百地获得满足后,才能进入高一级层次的需要。现实中,消费者需要具有很大的伸缩性,可多可少,可强可弱。当客观条件限制需要的满足时,需要可以抑制、转化、降级;可以停留在某一水平上;也可以以某种可能的方式同时满足几种不同的需要;在特定情况下,人们还可能满足某一种需要而放弃其他需要。一般地说,基本的日常生活必需品消费需求的弹性比较小,而许多非生活必需品或中、高档消费品的消费需求的伸缩性较大。

5.周期性

人的消费是一个无止境的活动过程,人的一生是一个不间断的消费过程。一些需要在获得满足后,于一定时间内不再产生,但随着时间的推移还会重新出现,并具有周期性。消费者需要的周期性主要由人的生理机制运行引起,并受到自然环境变化周期、商品生命周期和社会时代变化周期的影响。

6.互补性和互替性

消费者需要对某些商品具有互补性的特点,例如,购买钢笔时可能会附带购买墨水,购买自行车时可能会附带购买打气筒、修理工具、车锁、坐垫套及上光蜡等。因此,经营互有联系或互补的商品,不仅会给消费者带来方便,还能扩大商品的销售额。此外,许多商品具有可以互相替代的特点。在市场上,经营者常遇到这种情况:某种商品的销售量减少而另一种在消费上可以替代的商品的销售量增加。例如,丝绸和呢绒的销售量增加,棉布的销售量可能相对减少。这就要求工商企业及时地把握消费者需要的变化趋势,有目的、有计划地根据消费者需要的变化规律供应商品,更好地满足消费者的需要。

7.可诱导性

消费者的需要是可以加以诱导、引导和调节的,即可以通过环境的改变或外部诱因的刺激,引导、诱发消费者需要发生变化和转移。消费者需要的可诱导性,为企业提供了巨大的市场潜力和市场机会。企业可以通过卓有成效的市场营销活动,使无需要转变为有需要,潜在需要转变为现实需要,未来需要转变为近期的购买行动,从而使企业由被动地适应、迎合消费者的需要,转化为积极地引导、激发和创造需要。

二、消费者需要的分类

作为个体的消费者,其需要是十分丰富多彩的。这些需要可以从多个角度予以分类。

(一)根据需要在人类发展史上的起源分类

(1)生理性需要。生理性需要是指个体为维持生命和延续后代而产生的需要,如进食、饮水、睡眠、运动、排泄、性生活等。生理性需要是人类最原始、最基本的需要,它是人和动物所共有的,而且往往带有明显的周期性。比如,受生物钟的控制,人需要有规律地、周而复始地睡眠,需要日复一日地进食、排泄;否则,人就不能正常地生活,甚至不能生存。应当指出的是,人的生理性需要和动物的生理性需要有本质区别。人的生理性需要,从需要对象到满足需要所运用的手段,都无不烙有人类文明的印记。正如马克思所说,“饥饿总是饥饿,但是使用刀叉吃熟肉来解除的饥饿不同于人类用手、指甲和牙齿啃生肉来解除的饥饿。”在满足其生理性需要的时候，人类并不像动物那样完全受本能驱使，而是要受到社会条件和社会规范的制约。不仅如此，人类还能够运用生产工具和手段创造出面包、黄油、稻谷等需要对象，而动物则只能被动地依靠大自然的恩赐获取其需要物。

(2)社会性需要。这是指人类在社会生活中形成的，为维护社会的存在和发展而产生的需要，如求知、求美、友谊、荣誉、社交等需要。社会性需要是人类特有的，它往往打上时代、阶级、文化的印记。人是社会性的动物，只有被群体和社会所接纳，才会产生安全感和归属感。社会性需要得不到满足，虽不直接危及人的生存，但会使人产生不舒服、不愉快的体验和情绪，从而影响人的身心健康。一些物质上很富有的人，因得不到友谊、爱，得不到别人的认同而产生孤独感、压抑感，恰恰从一个侧面反映出社会性需要的满足在人的发展过程中的重要性。

(二)根据需要的对象分类

(1)物质需要。这是指对与衣、食、住、行有关的物品的需要。在生产力水平较低的社会条件下，人们购买物质产品在很大程度上是为了满足其生理性需要。但随着社会的发展和进步，人们越来越多地运用物质产品体现自己的个性、成就和地位，因此，物质需要不能简单地对应于前面所介绍的生理性需要，它实际上已日益渗透着社会性需要的内容。

(2)精神需要。主要是指认知、审美、交往、道德、创造等方面的需要。这类需要主要不是由生理上的匮乏感，而是由心理上的匮乏感所引起的。

(三)马斯洛对需要的分类

美国人本主义心理学家马斯洛将人类需要按由低级到高级的顺序分成五个层次或五种基本类型。

(1)生理需要，即维持个体生存和人类繁衍而产生的需要，如对食物、氧气、水、睡眠等的需要。

(2)安全需要，即在生理及心理方面免受伤害，获得保护、照顾和安全感的需要，如要求身体健康，安全、有序的环境，稳定的职业和有保障的生活等。

(3)归属和爱的需要，即希望给予或接受他人的友谊、关怀和爱护，得到某些群体的承认、接纳和重视的需要，如乐于结识朋友，交流情感，表达和接受爱情，融入某些社会团体，并参加他们的活动等。

(4)自尊的需要，即希望获得荣誉，受到尊重和尊敬，博得好评，得到一定的社会地位的需要。自尊的需要是与个人的荣辱感紧密联系在一起的，它涉及独立、自信、自由、地位、名誉、被人尊重等多方面内容。

(5)自我实现的需要，即希望充分发挥自己的潜能，实现自己的理想和抱负的需要。自我实现是人类最高级的需要，它涉及求知、审美、创造、成就等内容。

第二节　动机的含义和类型

一、消费者动机

(一)动机的含义

动机(Motivation)这一概念是由伍德沃斯(R. Woodworth)于1918年率先引入心理学的。他把动机视为决定行为的内在动力。一般认为，动机是“引起个体活动，维持已引起的活动，并促使活动朝向某一目标进行的内在作用”。

人们从事任何活动都是由一定的动机所引起的。引起动机有内、外两类条件，内在条件是需要，外在条件是诱因。需要经唤醒会产生驱动力，驱动有机体去追求需要的满足。例如，血液中水分的缺乏会使人（或动物）产生对水的需要，从而使驱动力处于唤醒状态，促使有机体从事喝水这一行为。由此可见，需要可以直接引起动机，从而导致人朝特定目标行动。

既然如此，为什么不用需要直接解释人的行为后的动因，而是在需要概念之外引入动机这一概念呢？首先，需要只有处于唤醒状态，才会驱使个体采取行动，而需要的唤醒既可能源于内部刺激，亦可能源于外部刺激。换句话说，仅仅有需要还不一定能导致个体的行动。其次，需要只为行为指明大致的或总的方向，而不规定具体的行动线路。满足同一需要的方式或途径很多，消费者为什么选择这一方式而不选择另外的方式？对此，需要并不能提供充分的解释。引进动机概念，正是试图从能量与具体方向两个方面对行为提供更充足的解释。再次，在有些情况下，需要只引起人体自动调节机制发挥作用，而不一定引起某种行为动机。典型的例子是人的体温，虽然人类的体温只能在很有限的范围内变动，但它却能自动调节，以适应高于体温（如洗热水澡）与低于体温（如冬泳）的环境。当然，人体均衡机制的调节幅度也是有限的，当均衡状态被大大地打破且超出了正常的调节幅度时，人体内会自动产生需要恢复均衡的力量，动机也就由此而生。最后，即使缺乏内在的需要，单凭外在的刺激，有时也能引起动机和产生行为。饥而求食固属一般现象，然而无饥饿之感时若遇美味佳肴，也可能会使人顿生一饱口福的动机。

总之，动机既可能源于内在的需要，也可能源于外在的刺激，或源于需要与外在刺激的共同作用。简单地将“需要”与“动机”视为同义，并不科学，对深入分析、理解消费者行为也无助益。

(二)动机的特征

1.动机的不可观察性或内隐性

动机是联结刺激与反应的中介变量，它只能通过对某些外显行为指标的研究做出推断，动机本身是无法直接观察到的。一些人购买名牌产品可能是出于显示其身份、地位这一动机，企业如果据此设计高品质产品，并通过其他营销手段维持其产品的名牌形象，很可能迎合这部分消费者的需要，从而获得成功。如果真是如此，企业采用的以身份、地位为追求目标的策略极其成功，恰恰印证了消费者具有追求身份、地位的强烈动机。

由于动机无法直接观察，只能靠对行为的推断来予以确定，因此，它并不具有对行为的预示作用。同时，对行为后动机的推断，难免带有主观色彩。正因为如此，一些学者对动机研究提出了诘难。但是动机研究的价值并不能被抹杀，它对解释购买行为差异是极为有用的。以消费者学习有关产品知识为例，在消费者原有知识、经验、能力、情境与刺激因素及其强度没有明显变化的条件下，知识掌握程度上或学习成绩与效果上的差异很可能源于动机强度的不同。

动机的无法直接观察也提醒我们，在对行为后的动机做出推断时必须小心谨慎。以消费者购买名牌产品为例，他或她可能是出于显示身份、地位的需要，也可能是出于避免或减少购买风险的考虑。对同一行为后动机的不同解释，意味着完全不同的营销意义。所以，在制订和实施营销计划前，对购买动机的仔细研究和小心求证是非常重要的。

2.动机的多重性

消费者对产品或品牌的选择，很可能是由某种动机所支配和主宰的，然而，这并不意味着某一购买行为是由单一的动机所驱使的。事实上，很多购买行为都隐含着多种动机。消费者购买某种名牌产品，既可能是出于显示地位和身份的动机，同时也可能含有获得某一群体的认同、减少购买风险等多种动机。所以，企业在设计产品和制定营销策略时，既应体现和考虑消费者购买该产品的主导动机，又应兼顾非主导动机。

3. 动机的实践性与学习性

动机包含着行为的能量与行为的方向两个方面内容。行为能量在很大程度上是由需要的强度所决定的，而行为方向则受个体经验以及个体对环境、对刺激物的学习的影响。现代很多动机理论不仅仅涉及建立在生理需要基础上的各种动机，而且越来越多地强调和重视动机的习得性。动机的习得性实际上意味着动机并不是一成不变的，而是伴随个体的学习和社会化而不断改变的。

4. 动机的复杂性

动机的复杂性至少可以从四个方面体现出来：一是任何一种行为背后都蕴含着多种不同动机，而且类似的行为未必出自于类似的动机，类似的动机也不一定导致类似的行为。二是同一行为后的各种动机有着强度上的差别，哪种动机处于优势地位，哪种动机处于弱势地位，并不容易分清。三是动机并不总是处于显意识水平或显意识状态，也就是说，对为什么采取某一行动，消费者自身也不一定能给出清楚的解释。由此提出的一个问题是：在研究消费者动机时，如何区分消费者不愿披露某种动机与消费者无力揭示其行为动机两种情况？四是没有一种动机是孤立的，即使是人类最基本的饥饿动机，虽然在性质上属于生理性的，但也很难完全以纯生理的因素予以解释。“饿了就要吃，吃是由于饿”似乎很圆满地解释了人要吃食物的行为。然而，为什么有些人会超过生理上的需求猛吃不停导致肥胖症？为什么有些人置生理需求于不顾，视吃饭为畏途？这些问题看似简单，实则不然。人类的行为十分复杂，也许行为背后的动机比行为更为复杂。

二、购买动机模式与类型

(一)购买动机模式

模式，是指某种事物的标准形式。现阶段，模式被广泛应用于经济研究的各个领域，目的在于将复杂的经济事物简单化，便于人们认识、把握其内在规律。

在现实生活中，每个消费者的购买行为都是由其购买动机引发的，而动机又是由人的需要而产生的。所谓购买动机，是指为了满足一定需要而引起人们购买行为的愿望或意念。消费者的购买动机，是推动消费者进行购买活动的内部动力。由此可见，人们的购买动机是与人的需要密切相关的。需要是消费者产生购买行为的原动力，离开需要的动机是不存在的。但是，不是所有的需要都能表现为购买动机，而是要具备一定的条件。这些条件主要表现在以下两个方面：

(1)只有当需要的强度达到一定程度后才能引起动机，进而引起、推动或阻止人的某种活动。人的需要是多方面的，甚至是无止境的，但由于客观条件的限制，人的各种需要不可能同时全部获得满足。对于消费活动来讲，只有那些强烈的、占主导地位的消费需要才能引发购买动机，促成现实的购买活动。

(2)需要产生以后，还必须有能满足需要的对象和条件才能产生购买动机。例如，一些消费者想购买一些国外名牌产品，但是如果国家不进口，即在国内市场上根本买不到或者数量极少的情况下，这种愿望就缺乏实现的基础和条件，对于消费者来说，也就不可能产生购买进口商品的动机。

在现实的消费活动中，消费需要与购买动机及购买行为是紧密联系在一起的，如图4-1所示。

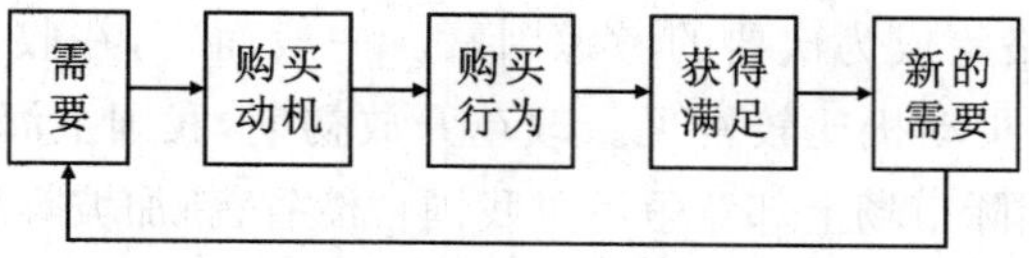

图4-1　消费过程

几乎所有的消费者在其毕生的消费活动中都要经历这样一个需要、动机、行为之间循环往复、无穷无尽的过程。因此，研究消费者行为，不能只停留在表面的购买行为上，而应该透过外在行为，洞察和揭示其内在动机和根源。这是因为动机具有内隐性。很多消费行为从表面上看不可思议，但对于消费者来讲，也许正好满足其某方面特殊的需要。如果不了解消费者购买行为的动机，那么对现实生活中的许多消费行为就无法做出正确的解释和说明。

(二)购买动机类型

消费者购买动机与消费者需要一样，也是复杂多样的，可以从不同的角度，用不同的方式对其进行分类。

用概括的方法对消费者的购买动机进行分类，一般分为两大类：

1.生理性购买动机

这主要由先天的、生理的因素所引起，是消费者作为生物意义上的人，为满足、维持、保护、延续、发展自身生命等需要而产生的各种购买动机。在这类动机驱使下的消费者行为个体之间差异较小，具有明显、简单、重复的特点，比较容易实现。市场上常见的支付能力低的消费群，其购买一般都倾向于基本生活资料，优先满足生理上的需要。

2.心理性购买动机

这主要由后天的社会性或精神需要所引起，是消费者除本能外，为满足、维持社会生活，进行社会生产和社会交际，在社会实践中实现自身价值等需要而产生的各种购买动机。这类动机个体之间在实现的途径、达到满足程度上有较大差异，具有深刻、隐匿、多样化的特点。市场上常见消费者通过选购商品，追求知识、美感、友谊、爱情、尊重等，就是心理性购买动机的体现。

随着人类社会的发展，现代社会的消费者出于单纯生理性购买动机的行为已很少见，通常是两类动机交织在一起，其中一类起主导作用。对在质量、效能、外观等方面基本相似的商品，消费者总要从中选择能获得心理上最大满足的一种。因此，工商企业在进行商品设计、包装、创立名牌形象、广告宣传时，往往从消费者的心理性购买动机方面寻找“突破口”；而有关商品的质量、性能、安全和服务等则是以消费者的生理性购买动机为“诉求点”。

3.消费者具体的购买动机

(1)求实购买动机

它是指消费者以追求商品或服务的使用价值为主导倾向的购买动机。在这种动机的支配下，消费者在选购商品时特别重视商品的质量、功效，要求一分钱一分货，相对而言，对商品的象征意义、所显示的“个性”、商品的造型与款式等不是特别强调。比如，在选择布料的过程中，当几种布料的价格接近时，消费者宁愿选择布幅较宽、质地厚实的布料，而对色彩、是否流行等给予的关注相对较少。

(2)求新购买动机

它是指消费者以追求商品、服务的时尚、新颖、奇特为主导倾向的购买动机。在这种动机的支配下，消费者选择产品时特别注重商品的款式、色泽、流行性、独特性与新颖性，相对而言，产品的耐用性、价格等成为次要的考虑因素。一般而言，在收入水平比较高的人群以及青年群体中，求新的购买动机比较常见。改革开放初期，我国上海等地生产的雨伞虽然做工考究、经久耐用，但在国际市场上却竞争不过我国台湾省、新加坡等地生产的雨伞，原因是后者生产的雨伞虽然内在质量很普通，但款式新颖、造型别致、色彩纷呈，能迎合欧美消费者在雨伞选择上以求新为主的购买动机。

(3)求美购买动机

它是指消费者以追求商品欣赏价值和艺术价值为主要倾向的购买动机。在这种动机的支配下，消费者选购商品时特别重视商品的颜色、造型、外观、包装等因素，讲究商品的造型美、装潢美和艺术美。求美购买动机的核心是讲求赏心悦目，注重商品的美化作用和美化效果，它在受教育程度较高的群体以及从事文化、教育等工作的人群中是比较常见的。据一项对近 400 名各类消费者的调查发现，在购买活动中首先考虑商品美观、漂亮和具有艺术性的人占被调查总人数的 41.2%，居第一位。而在这中间，大学生和从事教育工作、机关工作及文化艺术工作的人占 80%以上。

(4)求名购买动机

它是指消费者以追求名牌、高档商品，借以显示或提高自己的身份、地位而形成的购买动机。当前，在一些高收入层，大、中学生中，求名购买动机比较明显。求名购买动机形成的原因实际上是相当复杂的。购买名牌产品，除了有显示身份、地位、富有和表现自我等作用以外，还隐含着减少购买风险、简化决策程序和节省购买时间等多方面考虑因素。

(5)求廉购买动机

它是指消费者以追求商品、服务的价格低廉为主导倾向的购买动机。在求廉购买动机的驱使下，消费者选择商品以价格为第一考虑因素。他们宁肯多花体力和精力，多方面了解、比较产品的价格差异，选择价格便宜的产品。相对而言，持求廉购买动机的消费者对商品质量、花色、款式、包装、品牌等不是十分挑剔，而对降价、折让等促销活动怀有较大兴趣。

(6)求便购买动机

它是指消费者以追求商品购买和使用过程中的省时、便利为主导倾向的购买动机。在求便动机的支配下，消费者对时间、效率特别重视，对商品本身则不甚挑剔。他们特别关心能否快速、方便地买到商品，讨厌过长的候购时间和过低的销售效率，对购买的商品要求携带方便，便于使用和维修。一般而言，成就感比较高、时间机会成本比较大、时间观念比较强的人更倾向于求便的购买动机。

(7)模仿或从众购买动机

它是指消费者在购买商品时自觉或不自觉地模仿他人的购买行为而形成的购买动机。模仿是一种很普遍的社会现象，其形成的原因多种多样。有出于仰慕、钦羡和获得认同而产生的模仿，有由于惧怕风险、保守而产生的模仿，有出于缺乏主见、随大流或随波逐流而产生的模仿。不管缘于何种缘由，持模仿购买动机的消费者，其购买行为受他人的影响比较大。

一般而言,普通消费者的模仿对象多是社会名流或其所崇拜、仰慕的偶像。电视广告中经常出现某些歌星、影星、体育明星使用某种产品的画面或镜头,目的之一就是要刺激受众的模仿动机,促进产品销售。

(8)好癖购买动机

它是指消费者以满足个人特殊兴趣、爱好为主导倾向的购买动机。其核心是为了满足某种嗜好、情趣。具有这种购买动机的消费者,大多出于生活习惯或个人癖好而购买某些类型的商品。比如,有些人喜爱养花、养鸟、摄影、集邮,有些人爱好收集古玩、古董、古书、古画,还有人好喝酒、饮茶。在好癖购买动机的支配下,消费者选择商品往往比较理智,比较挑剔,不轻易盲从。

以上我们对消费者在购买过程中呈现的一些主要购买动机做了分析。需要指出的是,上述购买动机绝不是彼此孤立的,而是相互交错、相互制约的。在有些情况下,一种动机居支配地位,其他动机起辅助作用;在另外一些情况下,可能是另外的动机起主导作用,或者是几种动机共同起作用。因此,在调查、了解和研究过程中,对消费者购买动机切忌做静态和简单的分析。

第三节 消费者需要、动机和行为之间的关系

一、由消费者需要所决定的购买行为的特点

消费者的购买行为是消费者个人为满足生存的需要而购买商品和服务的行为。它是人们行为活动的重要组成部分。尽管消费者购买行为的形成过程十分复杂,但毫无疑问,购买行为的产生和实现是建立在需要的基础上的。

消费者需要—购买动机—购买行为—需要满足—新的需要……

消费者由于受内在和外在因素的影响而产生某种需要时,就会形成一种紧张状态,成为其内在的驱动力,这就是购买动机。它导致人们的购买行为。当购买行为完成,需要得到满足时,动机自然消失,但新的需要又会随之产生,再衍化为购买动机,导致新的购买行为。

消费者需要引发购买行为,正是基于这一点,使企业由满足需要发展为千方百计地创造需要。有资料显示,近年来进入市场的产品,有50%是十年前所没有的。而这在21世纪初则需要数十年。产品更新换代速度之快,淘汰率之高,与其说是企业适应市场的结果,不如说是企业迎合消费者心理、创造新的需要的结果。

二、消费者需要的强度决定购买行为的实现程度

需要与购买行为的关系还表现为需要强度不同决定了购买行为实现的程度不同。一般情况下,需要越迫切、越强烈,则购买行为实现的可能性就越大;反之,需要不迫切、不强烈,消费者的购买行为就可能推迟,甚至不发生。例如,对一个没有鞋穿的人来说,第一双鞋对他的使用价值最大,也就是说,他对第一双鞋的需求性最强,也许走进一家商店,只要看到他能穿的鞋就买下来,而对鞋的式样、颜色、价格、质量等要求并不高,当他买了鞋以后,他对鞋的需要就不那么迫切了,这是因为鞋的使用价值对他来说不那么重要了。也许他还会产生对鞋的需要,但需要的迫切性会大大降低,这时候,他要考虑质量、价格、式样等各方面的因

素，购买行为实现的阻力就大。

随着社会生产的不断发展，市场的商品越来越多，人们的生活水平也由温饱型转向小康型，需要满足的层次也在不断提高。这一切使消费者对商品变得更加挑剔了，或者说，增加了消费者对商品选择的难度。企业营销的任务，就是想方设法为消费者创造有利条件，减少其选择的困难。现在，许多企业都意识到了这一点，自产品的设计起，就力争突出其特色，生产方式也由规格单一的大批量转向款式、规格多样化的小批量；在营销方式、广告宣传等方面都以突出特色为主，以使自己产品与竞争品相区别。实践证明，只有在产品与竞争产品有效区别的情况下，企业的营销战略才会有效。

三、需要水平不同与购买行为差异

根据马斯洛的需求层次论，处于不同需求层次的消费者的消费心理和购买行为有很大的差别。这里我们换一个角度来探讨，即消费水平不同，购买行为有什么特点。我们知道，现实中不同国家、地区、民族的消费水平存在很大差别，这直接影响消费者的需要水平，从而影响其购买行为。德国著名经济学家 E. 恩格尔研究发现，随着家庭收入的增加，人们在食品方面的支出在收入中所占的比例会越来越小，而用于文化、娱乐、卫生、劳务等方面的支出所占的比例会越来越大。这就是恩格尔定律。根据这一定律，食品费用占家庭收入支出的比例在 20%以下为富裕型；30%左右为小康型；50%以上只能是温饱型。事实也证明，在经济发达国家，消费水平相对较高，消费者在食品方面的费用支出占整个家庭支出中的比例较小，消费支出大量增加则体现在旅游、学费、个人爱好的消费上。而经济发展水平低的国家，情况正相反，人们有限的收入主要用于购买食品，以维持生存。一个非洲农民可能一生都无法赚到一个美国中产阶级购买一条游艇的钱，自然也就无从产生在他看来是极其奢侈性的需求了。

需要指出的是，处于不同消费水平的消费者，在购买同类产品上也会出现较大的差异。例如，同是购买衬衣，消费水平较高的人可能花较多的钱购买一件高档衬衣，而消费水平较低的人可能会花同样的钱买两件或三件低档的衬衣。一些商品在消费水平较高的家庭中属于普通消费品，经常购买，而在消费水平较低的家庭中，可能是奢侈消费品，很少购买。

复习思考题

1. 消费者需要的含义是什么？有何特性？
2. 消费者需要的分类是怎样的？
3. 何为动机？消费者具体的购买动机有哪些？
4. 消费者需要、动机与行为之间的关系是怎样的？

【案例分析】

把梳子卖给和尚

某公司创业之初，为了选拔真正有效能的人才，要求每位应聘者必须经过一道测试：以比赛的方式推销 100 把奇妙聪明梳，并且把它们卖给一个特别指定的人群——和尚。几乎所有的人都表示怀疑:把梳子卖给和尚,这怎么可能呢?搞错没有?许多人都打了退堂鼓,但还是有甲、乙、丙三个人勇敢地接受了挑战……一个星期的期限到了,三人回公司汇报各自的销售实践成果:甲先生仅仅卖出1把,乙先生卖出10把,丙先生居然卖出了1000把。同样的条件,为什么结果会有这么大的差异呢?公司请他们谈谈各自的销售经过。甲先生说,他跑了三座寺院,受到了无数次和尚的臭骂和追打,但仍然不屈不挠,终于感动了一个小和尚,买了一把梳子。乙先生去了一座名山古寺,由于山高风大,把前来进香的善男信女的头发都吹乱了。乙先生找到住持,说:"蓬头垢面对佛是不敬的,应在每座香案前放把木梳,供善男信女梳头。"住持认为有理。那庙共有10座香案,于是买下10把梳子。丙先生来到一座颇负盛名、香火极旺的深山宝刹,对方丈说:"凡来进香者,多有一颗虔诚之心,宝刹应有回赠,保佑平安吉祥,鼓励多行善事。我有一批梳子,您的书法超群,可刻上'积善梳'三个字,然后作为赠品。"方丈听罢大喜,立刻买下1000把梳子。公司认为,三个应考者代表着营销工作中三种类型的人员,各有特点。甲先生是一位执着型推销人员,有吃苦耐劳、锲而不舍、真诚感人的优点;乙先生具有善于观察事物和推理判断的能力,能够大胆设想、因势利导地实现销售;丙先生呢,他通过对目标人群的分析研究,大胆创意,有效策划,开发了一种新的市场需求。由于丙先生过人的智慧,公司决定聘请他为市场部主管。更令人振奋的是,丙先生的"积善梳"一出,一传十,十传百,朝拜者更多,香火更旺,于是方丈再次向丙先生订货。这样,丙先生不但一次卖出1000把梳子,而且获得长期订货。

(资料来源:http://wenda.so.com/q/1370966126064563)

思考题

1. 甲、乙、丙三个人用什么方法赚钱?
2. 分析丙的成功之道。

第五章

个性与消费者行为

学习目的与要求

- ◉ 了解和掌握个性的内部结构及其对消费者行为的影响；
- ◉ 掌握消费者的兴趣与行为；
- ◉ 了解和掌握消费者的能力与行为；
- ◉ 掌握消费者的气质与行为差异；
- ◉ 了解消费者的性格特征与行为表现；
- ◉ 掌握自我形象与消费者行为。

导入案例

珠宝的个性消费

珠宝消费历来有三种形态：打扮、保值和表现个人品位。一贯看中生活享受的台湾人钟情于珠宝，不仅因其美丽动人，更主要的是出于保值考虑。一般市民购买珠宝离不开理财心态，上层人士则热衷于以珠宝炫财。上流社会的俊男淑女在重要场合绝不佩戴曾使用过的珠宝。他们走进珠宝店，往往习惯于这样询问："有没有最新、最大、最贵的？"这种以珠宝炫耀财富、地位与身份的风气，使台湾人在珠宝拥有量上可傲视全球。而与台湾人大异其趣的是欧美人士，他们戴珠宝是为了表现个性，甚至把珠宝当成艺术品。这种心理促使欧美珠宝设计向生活化、个性化、多元化方向发展。以法国名牌珠宝科曼夫为例，就有古典系列、休闲系列、青春系列、豪华系列等，设计上或质朴、典雅，或活泼、俏丽，或新潮、时尚，或简单、大方，迎合了不同消费者的需求。

（案例来源：李东进. 消费者行为学[M]. 北京：机械工业出版社，2007）

虽然在购买活动中消费者都会经历认识、情感与意志这样一个共性的心理活动过程，但是，不同的消费者却因为所处环境、实践活动以及个性心理的差异而使其消费行为具有明显的个体差异。消费者行为的差异，说明消费者个体对外部因素的作用具有选择性，这种选择性来自个体心理的差异。

第一节　个性的内部结构及其对消费者行为的影响

在日常生活中，消费者的行为形形色色、千差万别，每个消费者的行为都带有自己的风格和特点。这种差别不仅是生理上的差别，更主要地体现在个性心理的差别。

一、个性及其基本特征

（一）个性的含义

“个性”(Personality)一词来源于拉丁语 Persona，意为演员所戴的面具，而后引申为一个人在生活中扮演的角色以及个人品质的总和。在心理学中个性也称为人格，是指个体带有倾向性的、比较稳定的、本质的心理特征的总和，包括兴趣、爱好、能力、气质和性格等诸多方面。

世界上没有两个人具有完全相同的个性。正是个性的差异决定了消费者心理特征和行为方式的千差万别，同时显现出各个消费者独有的个人风格和特点。

（二）个性的基本特征

个性作为消费者通过体验而形成的相对稳定的心理定式，具有稳定性、整体性、独特性、可塑性和倾向性等基本特征。

1. 稳定性

个性的稳定性是指消费者经常表现出来的，表明其个人精神面貌的心理倾向和心理特点。偶尔或暂时出现的心理现象并不能成为主体的个性特点，比如，一向稳重老成、谨慎小心的人偶尔出现一次盲目、冲动的购买行为，我们不能因此就判断他是一个轻率鲁莽的人。个性的稳定性表现在消费者的购买行为上，也就是消费者购买风格的一致性和稳定性。正因为如此，营销人员不要试图改变消费者的个性，而应适应消费者的个性特质，并从个性的角度揭示和预见消费者可能出现的行为。

2. 整体性

整体性是指消费者的各种个性倾向、个性心理特征以及心理过程，彼此都是有机地联系在一起的。它们之间紧密结合、相互依赖，共同组成个性的整体。例如，消费者的气质是多血质，其性格则往往表现出开朗活泼、精力充沛以及应变能力、交际能力、活动能力比较强等特点。

3. 独特性

独特性是指不同消费者主体所体现出来的个性心理特征都具有独特的个性倾向，“人心之不同，各如其面”正是个性独特性的写照。独特性是个性最突出的特征之一，它与自身的生理活动、神经系统特点有关，同时也与消费者个体所接受的外界刺激的差异性有关。不同的社会生活经历与实践活动，就会形成不同的个性，表现在消费者的购买活动中，就是不同消费者具有不同的购买兴趣和购买能力。这就要求营销人员针对不同个性的消费者采取具有针对性的策略。

4. 可塑性

可塑性是指个性心理特征随着主体经历的变化而发生不同程度的变化，从而在不同年龄阶段呈现出不同的特征。承认个性心理特征的稳定性，并不意味着个性是一成不变的，稳定性和可变性是对立统一的。年龄的增长、客观环境的变化、主观努力的不同等，都会不同程度地影响个性的形成与改变。一次重大的变故或重大挫折，可能使一个人的个性在短期内发生巨大的变化。

5.倾向性

个体倾向性是指消费者在社会实践活动中，对于客观事物所持有的一定的看法、态度和感情倾向，它既可以体现出个人的需要、动机、信念、理想和价值观等，又能体现出个体对特定事物有着自己的选择以及特定的行为模式。个性的倾向性对于个性的完善和改变有着重要的影响。

二、个性的成因

心理学认为，人的个性是在先天生理素质的基础上，在后天社会环境的影响下，在自身的实践活动中逐步形成和发展起来的，因此，个性的形成主要受先天的生理素质和后天的社会环境等因素的影响。

(一)生理素质

个性首先是建立在生理素质基础之上的。这里的生理素质是个性心理的生物属性，是人生来就有的解剖生理特点，主要包括感觉器官、运动器官和神经系统的特点和类型。生理素质通过遗传获得，是个性心理形成的物质基础。许多研究发现遗传与个性有着相当密切的关系，如人的智力，敏感性，语言、数学、音乐才能都与遗传有关。

(二)社会环境

个性的形成固然要受到先天的生理素质的影响，但后天的社会环境对个性的形成有着更重要的影响。首先，社会文化对个性的形成有着巨大的影响。每个民族都有自身的文化传统和机制评判体系，因而不同民族有着不同的民族性格特点，如中国人温厚含蓄、美国人开朗活泼、德国人沉稳严谨等。不同民族的性格特征都是由民族文化传统所造成的。其次，家庭对个性的形成也有很大的影响。父母对待子女的方式、消费观念和购买行为，都会对子女个性的形成产生一定的影响。另外，学校教育、职业经历以及游戏伙伴等因素，都会对个性的形成和发展产生影响。

总之，先天的生理素质是个性心理的生物属性，后天实践是个性心理的社会属性。正是先天遗传因素与后天社会环境的不同，决定了消费者不同的个性心理。

三、个性的内部结构

从内部结构看，消费者的个性心理主要可以分为个性倾向性和个性心理特征两部分。所谓个性倾向性，是指个人在与客观现实交互作用的过程中，对现实事物的看法、态度和倾向，其中包括消费者的需要、动机、兴趣、爱好、态度和价值观等一系列心理特征。个性倾向性体现了个体对社会环境和行为的积极特征，对于个性的完善与改变有重要影响。个性倾向性对消费者心理的影响主要表现在心理活动的选择性、对消费对象的不同态度体验以及消费行为的模式上。

个性心理特征是能力、气质、性格等心理机能的独特结合。其中，能力体现个体完成某种活动的潜在可能性特征；气质则显示出个体心理活动的动力特征；性格则反映的是个体对现实环境和完成活动的态度上的特征。能力、气质和性格的独特结合，构成了个性心理特征的主要方面。研究消费者的个性心理与行为的关系，主要就是研究不同消费者在兴趣、能力、气质和性格方面的差异及其对消费行为的影响。

四、个性对消费者行为的影响

(一)个性与品牌选择

消费者在选购商品时，通常会选择那些能够反映和体现自我形象的品牌。品牌的个性是新潮还是老气，是沉闷还是富有活力，是激进还是保守等，使消费者得出这一品牌适合或不适合自我形象的印象。个性对消费者商标品牌的影响是广泛的，比较有代表性的商品是化妆品、时装、酒、香烟、保险等。

(二)个性与新产品选择

消费者采用新产品有先有后，有些人是新产品的创新采用者，而有的消费者是落后采用者。消费者对新产品采取的态度与行为主要取决于消费者的个性。创新采用者对新事物持开放和乐于接受的态度，而落后采用者对新事物采取排斥和怀疑的态度。

那么，消费者对新产品的创新采用或落后采用的态度是怎样形成的呢？这其中涉及消费者的教条主义倾向和社会性格等个性特质。教条主义倾向反映了这样一种个人特质，即个体对不熟悉的事物或与其现有观念相抵触的信息在很大程度上持僵化立场。非常僵化的人对陌生事物非常不安并怀有戒心；相反，较少有教条主义倾向的人对不熟悉或互相独立的信念持开放的立场。与此相对应，较少有教条主义倾向的人更有可能选择创新性产品，即成为创新采用者；而教条主义倾向严重的人则更可能选择既有产品或已经成名的产品，从而成为落后采用者。在消费者心理学领域，社会性格是用来描述个体从内倾(Inner-directedness)到外倾(Other-directedness)的个性特质。有证据显示，外倾型消费者倾向于运用自己内心的价值观或标准来评价新产品，他们更可能成为创新采用者；相反，内倾型消费者倾向于依赖别人的指引作出是非判断，因此成为创新采用者的可能性相对较小。

(三)个性与购买决策

目前，关于个性与购买决策方面的研究主要集中于个性与信息处理变量的关系上，涉及的概念主要是认知需要和风险共担。认知需要是指个体进行思考的努力程度，或通俗地说，它是指个体喜爱思考活动的程度。广告在如何影响消费者对产品态度的形成方面，与认知需要有着密切的关系。研究发现，高认知需要者更多地被广告的内容与陈述质量所影响，而低认知需要者更多地被边缘刺激如陈述者的吸引所影响。风险共担是指是否愿意承担风险，将直接影响消费者对诸如新产品推广和目录营业等营销活动的反应。在个性研究中，风险不仅仅表现为决策后果的不确定性，它也意味着对将要发生的损失的个人预期。一些消费者被描绘成“T 型顾客”(Thrill Seekers)，这类顾客较一般人具有高的寻求刺激的需要，很容易变得腻烦；他们具有追求冒险的内在倾向，更可能将成功和能力视为生活的目标。与此相反，风险规避者更愿意将平稳、幸福和快乐视为生活的目标。

第二节 消费者的兴趣与行为

一、兴趣的概念

兴趣是个体积极探索某种事物或从事某种活动的认识倾向。兴趣是产生动机的最活跃的因素之一，它反映了个体的认识倾向性，也从一个侧面反映了人的个性。当一个人经常主动地关注某种事物或愿意从事某项活动时，就说明他对这一事物或活动产生了兴趣。

人的兴趣不是天生的，是在后天的社会实践中产生并发展起来的。兴趣的产生是以需要为前提和基础的。由于人的需要具有多样性和多变性的特征，因此人的兴趣也具有多样性。由一般生理需要所产生的兴趣是暂时的，当生理需要得到满足时，由此引发的兴趣就会消失或转化。而由高层次需要所引发的兴趣则较为持久和长远，这种兴趣大多会随着认识的不断加深而趋于强烈。在消费活动中，消费者对某种商品或劳务产生需要时，便会对该项事物或劳务感兴趣，从而成为消费者购买行为的主要动力因素之一。

二、兴趣的特点

虽然人的兴趣千差万别，但透过这些现象仍可以归纳出兴趣所具有的一些共同特点。

(一)倾向性

兴趣的倾向性是指兴趣所指向的对象。人的任何兴趣都是由特定事物或活动引发的，每个人的兴趣指向因人而异。例如，对女性消费者来说，逛街购物是一种享受，而大部分男性消费者则视之为一种负担，所以，男女之间的兴趣倾向有着明显的差异。

(二)广泛性

兴趣的广泛性是指感兴趣的对象的范围的大小。现实生活中，有的人兴趣广泛，而有的人兴趣范围较为狭窄。一般来说，在购买活动中，兴趣广泛的消费者知识面较为丰富，想象力和接受力都比较强，常常能高质量地完成购买行为。而兴趣狭窄的消费者知识面、想象力都较为贫乏，行为活动也较为僵化。

(三)持久性

兴趣的持久性也称兴趣的稳定性，是指兴趣的稳定程度。兴趣稳定的消费者有可能形成对某一商品的爱好，甚至会在爱好的基础上养成消费习惯。而缺乏稳定兴趣的消费者在选购商品时容易见异思迁，原来的兴趣会被另一兴趣所代替。需要指出的是，尽管消费者产生兴趣的程度不同，但是每一种兴趣都会持续较长的时间。

(四)效能性

兴趣的效能性是指兴趣对个体实际活动所产生的效果的大小。兴趣产生后，有的人能把兴趣迅速转化为行动，并产生一定的效果，也就是通常所说的积极的兴趣；有的人只停留在好奇和期望的状态，不会产生实际的效果，也就是通常所说的消极的兴趣。

三、兴趣对消费行为的影响

兴趣对人的行为有着重要的影响，它可以促使个体积极主动地了解外界的客观事物，更有效地参与社会的实践活动。在消费实践中，消费者的兴趣对购买行为有着重要的影响，具体表现在以下几个方面：

(一)兴趣有助于消费者积极了解商品，产生购买欲望

心理学认为，兴趣具有很强的动机成分。许多情况下，人们从事活动的原因是兴趣所致，因而满足某种兴趣就成为活动的动力。在购买活动中，消费者也会经常凭借兴趣来选购商品。如果消费者对某种商品产生了兴趣，那么在兴趣的推动下就会在日常的生活中注意收集该商品的有关信息，进而导致最终的购买行为。一般来说，兴趣越浓厚，对行为的推动

和促进效果就越好。

(二)兴趣能够帮助消费者较快地做出购买决策并尽快地付诸实施

兴趣是人们积极探究某种事物的认识倾向。一般来说，兴趣越浓厚，则行动的积极性就越高。因此，在消费者购买自己感兴趣的商品的过程中，由于心情处于愉快的状态，精神集中，再加之购买前已收集了充分的商品信息，在兴趣倾向性的支配下，可以很快做出购买决策并完成购买行为。

(三)兴趣可以刺激消费者对某种商品重复购买或长期地使用

消费者由于对某种商品或劳务产生持久的兴趣，则可以导致消费者的消费习惯和偏好。国外消费行为研究的专家指出，当消费者对某一种商品极端偏爱时，他会持续购买某一品牌的商品，即使遇到一些困难也会努力选择自己所钟爱的品牌，而不会改用其他品牌。可以说，兴趣是影响消费者持续购买某一商品的主要因素。

消费心理学家认为，这种极端的偏爱是一种消费习惯，也是兴趣持久性的极端表现。同样的，没有偏爱的购买行为是兴趣广泛性的极端表现。随着消费水平的提高，消费者的个性化需求逐渐增强，兴趣的作用也越来越明显。商家要适应这种个性化的消费者市场，以更多的个性化产品来满足消费者广泛多样的兴趣要求。

兴趣与消费者的购买行为有很密切的关系。研究消费者的兴趣，有助于商家更好地了解消费者的消费心理，从而掌握消费者购买活动的规律，利用各种促销手段诱发消费者对本企业产品的注意和兴趣，促进企业产品的销售。

第三节　消费者的能力与行为

一、能力的心理学含义

心理学研究指出，人的知觉、思维等心理机能是在从事各种实际活动的过程中实现的。人们必须具备完成各项活动的能力，才能顺利地达到预期的目标。

所谓能力，是指人们完成某项活动所必须具备且直接影响活动效率的个性心理特征。能力总是和某项活动联系并且在活动中展现出来，能力的高低直接影响个体从事某项活动的难易、快慢和巩固的程度。能力是人们顺利完成某种活动必须具备的重要心理前提。人们从事任何一项社会活动，都需要一定的能力保证。要成功地完成一项活动，仅靠一种能力是不够的，还需要多种能力的组合。

二、能力的类型

人的能力是由多种能力构成的有机整体。根据作用方式的不同，可以将能力分为基本能力和特殊能力。

基本能力又称一般能力，是个体顺利完成各种活动必须具备的能力，如注意力、观察力、记忆力、想象力、思维能力等。也有人把这五种基本能力综合为智力。这五种能力相互制约、相互影响。如思维能力差，则注意力、观察力、记忆力、想象力都要受到影响，整个智力水平也就偏低。

特殊能力是顺利完成某项特殊活动所必须具备的能力，如创造力、鉴赏力、组织领导能力等。这些能力是从事音乐、绘画、创作、管理等特殊活动所必不可少的。

三、能力的差异

人与人之间存在着能力的差异，正是由于这些差异，使得人们的行为活动具有不同的效率和结果。能力的差异表现在量、质和发展水平三个方面。量的差异是指某种能力高低的差异；质的差异是指能力类型的差异；发展水平的差异是指能力的整体差异。能力的差异主要体现在以下几个方面：

(一)能力水平的差异

能力水平的差异主要表现在同种能力的水平高低上。能力水平的高低集中体现在人的智商水平的差异上。根据智商分数的测试，超过130分的属于特有智能，即所谓的“天才”；低于70分的属于弱智。研究表明，人类的智力状况基本呈正态分布，其中特有智能和弱智的大约各占2.5%，而95%左右的人的智能在正常范围内，其智能分数介于70～130分之间。

(二)能力类型的差异

能力类型的差异主要表现在认识过程中心理品质的差异。在知觉方面，有的人属于知觉综合型，对事物的整体性感知好，概括性强，但往往忽视很多细节因素；有的人属于知觉分析型，对事物的细节感知清晰，分析能力强，但对整体性感知较差；有的人则属于分析综合型，兼具两者的优点。在记忆方面，有的人属于视觉记忆型，他们的视觉记忆力好，表象清晰，甚至是“过目不忘”；有的人属于听觉记忆型，他们的听觉记忆效果好；有的人则属于运动记忆型，对动作的感受深刻。在思维方面，有的人抽象思维能力强；有的人形象思维能力强。另外，人们在思维的速度、灵活性和独立性方面也存在着差异。

(三)能力表现时间的差异

人的能力不仅在水平和类型上存在差距，而且在表现时间上也有很大的差异。有的人天生聪慧，有的人则大器晚成。造成个体能力表现早晚差异的原因是多方面的，除了自身条件和教育条件以外，还要看外部客观环境是否给个人提供了展示某种能力的机会。有些人在童年时期就表现出某些方面较高的能力水平。例如，诗人白居易1岁开始识字，五六岁就会作诗，9岁时已通声韵；王勃6岁善文辞，10岁能赋诗，13岁写出了著名的《滕王阁序》；美国人维纳3岁会阅读，9岁入高中，14岁哈佛大学毕业，19岁获博士学位，成为控制论的创始人。

(四)购买活动中的消费者能力分析

分析消费者的购买活动是一种范围广泛、内容复杂的社会实践活动，它需要消费者多方面的能力。

1.注意力

这是指消费者对商品及相关事物的心理指向。消费者个体意识可分为显现意识和潜在意识，将意识集中在特定的事物上就是注意。注意可以从主动注意和被动注意来分析。当消费者主动寻找、发现某一事物时，就是主动注意；当某一个人被某件事物吸引而关注这件事物时就是被动注意。一般来讲，能使注意力的焦点完全一致的物体，才能在人的意识中产生效果，其余的对象则是模糊不清。国外的研究资料表明，一个人每天通过电视、报纸、广播、路牌等各种媒介要接触到1600个广告信息，但能意识到的大约只占5%。研究还表明，人们在注意某个对象时，平均能保持5秒钟左右的注意力，而对一些广告则只保持2秒钟。

外界事物能引起消费者的注意，主要有以下形式：

(1)强烈的声响。这是利用声音效果的对比差引起人们的关注。如我们经常可以听到商场中销售商品的大声吆喝、播放的音乐；庆典中的烟花礼炮；警车、急救车的警笛等。

(2)色彩的对比。消费者在对外界的观察中，视觉的感知占主要部分。色彩鲜艳的事物容易引起人们的注意。一个"注意力效果"的调查报告说明，对于黑白广告，首先注意到商品相片的消费者约为46%，而彩色的则为84.1%；首先注意标题的，黑白广告为零，彩色广告为7%。在商品销售中，主要是通过色差的对比引起消费者的注意。

(3)反复不断出现的事物。不断重复的事物易给人留下印象，这在广告中尤为明显。据调查，广播广告至少要将同一内容播报3～6个月，否则便没有效果。在集中播出时，每日重复10～25次为最佳限度。

(4)运动着的事物。运动比静止的事物更容易引起人的注意。电视广告之所以比其他广告的收看率高，主要的原因是它的运动着的画面。刺激物的层次变化与运动状态都会增加人的大脑皮质的兴奋状态，引起人们的注意。例如，现在市场上流行一种现场制作、现场销售的方式就十分吸引消费者，就是利用动态原理引发人们的注意。比较典型的还有户外的霓虹灯广告，通过不断地闪烁变换引起消费者的注意。

(5)大小及方位的不同。显然大的物体引人注目。在广告刊登中大广告的版面效果要好，但也不是越大越好。研究表明，广告版面增大10倍，注意力却只增加7倍。另外，位置也影响注意的效果。广告研究中的一项调查表明，在版面细分的情况下，从右方看起的比率高；而两个并排安排的广告，则是从左边看起的比率高。在商店中陈设的商品，总是处在消费者视线最佳位置的商品最容易被发现。当然，空间的利用也很重要。许多企业把卖场布置得满满当当，十分杂乱，殊不知留些空间有更好的展示效果。在许多情况下，广告版面的安排也是这样。空间的利用是将周围的文字和图画孤立起来，从而形成更好的感知环境，产生更大的诉求力量。

2.识别力

这是指消费者对商品的识记、辨认能力。从消费者的角度讲，由于生理的限制，人的识别能力有很大的局限性。例如，有数十种的黑色，但一般人的眼睛最多能区分出四五种，而从事这一职业的染色工人能分辨出四十多种。这也说明能力与经验有关。另外，消费者识别能力的差别还体现在识别方法上。一些重传统经验的消费者，识别方法比较简单，习惯于手摸、嘴尝、耳听。而受教育程度高、接受新事物较快的消费者的识别方法既灵活又比较科学。他们不仅依靠自己的感官感知商品，而且能利用各种形式，如商品说明书、产品质量鉴定书等收集有关商品的信息，鉴别商品性能。从企业营销的角度讲，应采取各种手段提高消费者的识别能力。例如，对于布料，消费者在购买时心理阻力就比较大，因为消费者首先要辨明这一布料适于做什么，而有些产品在这一方面体现得较为模糊，使消费者不能很快地判定商品的用途。企业就可以在销售中采取一些适宜的方式予以补充，如将布料剪裁或抽象成模特身上的时装、装饰成家庭用品等，为消费者提供模仿的榜样，这会有效地提高消费者的识别能力。

3.评价力

这是指消费者依据一定的标准分析判断商品性能、质量，从而确定商品价值大小的能力。评价力也是建立在消费者对商品知觉的基础上。但许多试验证明，消费者对商品的知觉是模糊的、不确定的。20世纪70年代的一项试验证明，大多数消费者在蒙眼的味觉试验中不能辨别可口可乐与百事可乐的区别，许多声称爱喝可口可乐的人在蒙眼试验中却选择了百事可乐。另一项试验是：在同一卷地毯中割下四块相同的地毯样本，要求被试对四个样本的质量从低到高划分等级。每块地毯的样本前分别标有：①高级商店高价格；②高级商店低价格；③低级商店高价格；④低级商店低价格。结果发现，人们认为高价格地毯的样本质量比低价格样本的要好得多，同样从高级商店中买的地毯样本比低级商店的要好。所以，消费者对商品的评价在很大程度上建立在有关厂商提供的商品信息上。企业要注意为消费者提供更多的商品信息，增加消费者对商品的判别力。

4.鉴赏力

这主要是指消费者对商品的艺术欣赏能力。随着社会生产的不断发展，精神生活的日益丰富，产品的欣赏价值同产品的实用价值同样重要，人们对商品的审美要求也越来越高。消费者对商品的鉴赏力除了消费者本人要不断学习，提高自身修养外，在购买活动中也要时时感受，不断熏陶自己。许多国外的大型零售企业经常向顾客赠送制作精美的商品广告画册，为消费者提供各种时尚消费模式，既有助于引发消费者的购买动机，又有利于提高消费者的审美情趣。现代的消费是充分体现个性的时尚消费，这一方面促进了企业营销方式的转变，由大批量、单一品种的生产，转向小批量、多品种的生产；另一方面也促进了消费者购买能力的提高。但应该指出，消费者欣赏能力的高低不能与审美观点不同相提并论。审美观不同是由于不同的消费者从不同的角度，根据不同的标准对美的理解。例如，牛仔服装是现代青年人喜爱的流行服装，穿上它给人一种潇洒、朴素、自然的美，而那些追求古典华丽美的人却从不问津。

5.购买决策力

决策过程是消费者购买行为中最重要的组成部分。当消费者运用注意、识别、挑选、鉴赏能力对商品进行综合分析后，便进入购买决策阶段。消费者决策能力的高低直接受其自信心、抱负水平等因素的影响。

此外，在能力研究中，消费者的应变能力，即对于突发情况或尚未预料到情况的适应能力的研究也很重要。

第四节　消费者的气质与行为差异

气质是人的心理特征之一，是与生俱来的心理特点，是个性中最为稳定的因素。气质的差异，使得人们的心理活动和行为呈现出不同的特点。消费者的气质影响着其购买行为的速度、指向性和购买方式。

一、气质的概念

气质的原意是比例、关系的意思。心理学中所说的气质和平常人们所说的气质的含义并不完全一样。平常人们所说的气质，是指一个人的风格、气度和某种职业上所具有的非凡特点。从消费心理学的角度看，气质是指个体心理活动的典型的、稳定的特征，是与生俱来的心理特点，决定着心理活动的速度、强度和指向性。

气质作为个体稳定的心理动力特征，一经形成，便会长期保持下去，并对人的心理和行为产生持久的影响。俗话说："江山易改，本性难移"，指的就是气质的稳定性。但是，随着生活环境的变化、职业的熏陶、所属群体的影响以及年龄的增长，人的气质也会发生微小的改变。

气质作为个体典型的心理动力特征，是在先天生理基础上，经过后天社会环境的影响而形成的。由于遗传因素和生活环境的差异，不同个体之间形成各具特色的气质类型，并直接影响到每个人的心理活动，使得不同个体呈现出独特的行为特点。例如，多血质的消费者热情活泼，动作敏捷，善于交际；而黏液质的消费者少言寡语，行动迟缓，不善交际。

二、气质学说及分类

(一)主要气质学说

气质是一个古老的概念，长期以来，心理学家对气质这一心理特征进行了多方面的研究，由此形成了各种不同的学说，其中主要有以下几种：

1. 体液说

早在公元前5世纪，古希腊著名医师希波克拉特就提出了气质的体液说。希波克拉特认为人体的状态是由体液的类型和数量决定的。他通过临床实践提出人体内的体液有四种：血液、黏液、黄胆汁和黑胆汁。其中血液占优势的属于多血质，黏液占优势的属于黏液质，黄胆汁占优势的属于胆汁质，黑胆汁占优势的属于抑郁质。希波克拉特还详细地描述了四种典型气质的行为表现。体液说虽然没有经过生理学和现代医学的验证，但是由于这种学说较易理解，因此这一分类方法至今仍为人们所沿用。

2. 体形说

德国的精神病学家克瑞奇米尔(E. Kretschmer)根据临床观察和研究认为气质与体形有关，瘦长体形的人具有分裂气质，他们不善交际、孤僻、神经质；而肥胖体形的人具有狂躁气质，表现为善于交际、热情活泼；强壮体形的人具有黏液气质，他们做事一丝不苟，情绪具有爆发性。

美国心理学家谢尔顿(W. Seldon)对个体体形形成的基本成分及胚层(指动物早期胚胎的细胞层)进行研究，并按照占优势的胚层将人的体形分为三种类型：内胚层型、中胚层型和外胚层型。他认为体形和气质密切相关，内胚层型的人消化器官发达，表现出动作迟缓、爱好交际、情绪舒畅以及随和、耐心等行为倾向，属于内脏占优势的气质类型；中胚层型的人肌肉发达有力，其行为倾向表现为精力充沛、喜爱运动以及自信大胆等，属于身体占优势的气质类型；外胚层型的人神经系统敏感，往往表现为神经过敏、不善交际、情绪抑制以及行为拘谨等，属于大脑占优势的气质类型。

体形说强调气质和身体特征有关，对于气质的研究具有一定的启发作用，但这一学说对气质的作用尚未得到科学的证明。

3. 血型说

日本学者古川竹二等人认为人的气质与血型有一定关系。四种血型即O型、A型、B型、AB型分别构成气质的四种类型。O型血的人意志坚强、指向稳定、积极进取、独立性强、有支配欲；A型血的人气质温和、老实顺从、孤独害羞、情绪波动、依赖他人；B型血的人感觉灵敏、大胆好动、多言擅语、爱管闲事；至于AB型血的人，则兼有A型血人和B型血人的特点。这种理论在日本较为流行,但由于这种理论缺乏有力的科学依据,因此并没有被人们广泛接受。

4.高级神经活动类型说

前苏联心理学家巴甫洛夫认为大脑皮层的细胞活动有两个基本过程:兴奋过程和抑制过程。这两种神经过程有三个基本特征:强度、平衡性和灵活性。神经活动过程的强度是指大脑皮层细胞经受强烈刺激或者持久工作的能力;平衡性是指兴奋过程和抑制过程保持一致性的程度;灵活性则指对刺激的反应速度以及兴奋过程和抑制过程相互转化的快慢和难易。

巴甫洛夫根据这三种特性的相互结合提出了四种类型的高级神经活动概念,并据此提出高级神经活动的四种类型:兴奋型、活泼型、安静型和抑制型。兴奋型神经活动过程强度高而且不平衡,这种类型的个体由于兴奋强度超过抑制强度并且不稳定,因而易冲动,常常难以控制自己的行为,类似于体液学说中的胆汁质。活泼型神经活动过程强度高、平衡性好而且灵活性高,这类个体能够根据外部刺激的变化调整自己的活动,因而对环境的适应性强,类同于体液学说中的多血质。安静型神经活动过程强度高、平衡性好,但灵活性差。安静型的个体行动迟缓并带有惰性,不太容易适应变化速度快的外部环境,相当于体液学说中的黏液质。抑制型的神经活动过程强度很弱,稍强一点的外部刺激就会引发保护性的抑制反应,因而,抑制型的个体胆子较小且容易伤感,相近于体液学说中的抑郁质。

由于巴甫洛夫的结论得到了后人的研究证实,因而具有较强的科学依据,而且巴甫洛夫所提出的各种神经活动类型的表现形式和传统的体液说有着对应关系,所以通常把两者结合起来对气质的类型进行划分。

5.激素说

激素说和高级神经活动类型说是在揭示气质的生理机制方面影响最大的两个学派。激素说是由伯曼(L. Berman)提出的,他认为个体的气质特点是由其内分泌活动所决定的。他认为个体的气质分为四种类型:甲状腺型、垂体腺型、肾上腺型和性腺型,不同类型的个体往往表现出不同的气质特征。例如,甲状腺型机能发达、感觉灵敏,意志坚强;肾上腺型分泌增多,呈现出情绪激动、好斗等特征。激素能够激活或抑制身体的不同机能,内分泌腺所分泌的激素过多或过少会影响个体的情绪和行为,从而形成不同的气质类型。但是,内分泌腺的活动主要受到神经系统的控制,神经调节和体液调节这两种调节机制在中枢神经系统的传导下影响着个体的气质活动及特征,因此,激素说未免过分夸大了内分泌腺对气质形成的作用。

(二)气质的基本类型

在借鉴前人成果的基础上,可以把气质分为胆汁质、多血质、黏液质和抑郁质四种基本类型。

1.胆汁质

这种气质的人高级活动类型属于兴奋型。其情绪兴奋性高,抑制性差,反应速度快,直率热情,精力旺盛,但不够灵活,脾气暴躁,易冲动,在日常生活中都是热情而性急的人。如《三国演义》中的张飞、《隋唐演义》中的程咬金、《水浒传》中的李逵等人的气质都属于典型的胆汁质。

2.多血质

这种气质的人高级活动类型属于活泼型，一般表现为情绪兴奋性高，外部表露明显，反应速度快而灵活，活泼好动，动作敏捷，喜欢交往，乐观开朗，兴趣广泛而不持久，情感丰富而不够深刻。如《水浒传》中的浪子燕青、《红楼梦》中八面玲珑的王熙凤等人的气质都属于典型的多血质。

3. 黏液质

这种气质的人高级活动类型属于安静型。其情绪兴奋性低，外部表露少，反应速度慢，一般表现为沉静安详，少言寡语，动作迟缓，善于克制忍耐，做事踏实细致，但不够灵活，易固执己见。如《水浒传》中的林冲的气质就属于黏液质。

4. 抑郁质

这种气质的人高级活动类型属于抑制型。其情绪兴奋性低，反应速度慢而不灵活，敏感细腻，脆弱多疑，孤僻刻板，对事物反应较强，情感体验深刻，但很少外露。如《红楼梦》中的林黛玉的气质就属于抑郁质。

以上介绍的是四种典型的气质类型。我们在生活中也可以观察到这四种气质类型的典型代表。但在现实生活中，大多数人多具有四种典型气质的多种特点，属于混合型气质。

三、气质与消费者行为差异

消费者不同的气质类型会直接影响和反映到他们的消费行为中，使之显现出不同的，甚至是截然相反的方式、风格和特点。消费者的气质特点主要反映在与营业人员接触方式、购买商品前的决策速度、购买时的行为特点和情绪体验强度以及购买后消费过程中的体验等方面。

(一)与营业人员的接触方式方面

一般来讲，多血质与胆汁质的人喜欢主动接触营业人员，乐于从营业人员那里获取商品的种种信息。其中多血质的人反应灵活、行动敏捷、兴趣广泛，能适应各种环境与气氛；胆汁质的人脾气急躁，容易因小事与营业人员发生冲突。黏液质和抑郁质的消费者一般不喜欢与营业人员过多交谈，他们更愿意自己多观察、多思考。其中抑郁质的消费者更易受外界因素的影响，并引起情绪上的波动，从而加强或中断购买行为；而黏液质的人则不轻易相信他人的意见，也较少受到营业环境和氛围的支配和影响。

(二)消费者情绪表现方面

胆汁质与多血质的消费者在购买过程中情绪容易显露出来，其中胆汁质的人情绪反应热烈，表情丰富，语言坦率，不掩饰自己的观点；而多血质的人则热情活泼，亲切乐观。黏液质与抑郁质的消费者在购买过程中则不易把内心的情感体验表露出来。其中黏液质的消费者情绪体验慢而且弱，不动声色，表情冷漠，不愿把对商品或服务的评价表露出来，与营业人员保持一定的距离；而抑郁质的消费者显得敏感多疑，易受营业人员和环境的影响而发生情绪上的波动，这种情绪的波动虽然不表现出来，但会对他们的心理和行为产生实实在在的支配和影响。

(三)对商品的注意方面

黏液质和抑郁质的消费者在购买商品的过程中往往有较稳定、专注的注意方向和范围。黏液质的消费者喜欢通过自己的观察来了解、选择商品，一旦有了中意的目标，就会反复地观察、比较和思考，产生明显的购买意向，一般不再发生注意的转移。抑郁质的人观察得非常认真，往往能发现商品的细微之处，体验深刻。多血质和胆汁质的消费者对商品的兴趣和注意力容易发生转移。尤其是多血质的消费者看起来热情主动，对商品信息多方询问，并常常对商品表露出满意的态度，但兴趣和注意很容易发生变化。

(四)决定购买商品的速度方面

胆汁质消费者的知觉、思维快捷，能对商品做出迅速的认知，不喜欢婆婆妈妈，有时候被商品的某一特点所吸引便会迅速购买，事后容易后悔。多血质的消费者对商品的认识也很迅速，但他们的思维和情感活动灵活多变，往往会有多个购买方案和选择，购买比较慎重，少有冲动的购买。黏液质和抑郁质消费者的知觉和思维过程较为缓慢，对商品的认知需要较长的时间。黏液质的消费者沉稳持重，喜欢按部就班，只有对商品有了清晰的了解后才会做出购买决策。而抑郁质的消费者考虑得过于细微，一些细小的因素也可能成为他们购买的大障碍，因此，抑郁质消费者的购买决策速度最为缓慢，他们往往患得患失，既对自己缺乏信心，又怀疑营业人员的介绍和解说，只有在彻底消除疑虑后才会做出决策。

气质反映了消费者行为的方式，能力则反映消费行为的效率，而性格决定消费行为的具体内容和方向。一个人的能力、气质和兴趣等个性心理由性格影响和决定。

四、针对不同气质消费者的应对策略

在营销工作中，营业人员应注意观察消费者的言行举止、表情变化，以此分析和判断消费者的气质类型并采取不同的应对策略。

对待胆汁质的消费者，营业人员应头脑冷静，充满自信，动作干脆利索，语言简洁明了，态度亲切灵活。如果发生争执，千万不要针锋相对，应设法化解。因为胆汁质的消费者急躁冲动的脾气会使营业人员哭笑不得。这类消费者对商品的认知和购买决策较为迅速，可以因势利导，使之水到渠成，而不要急于求成，以免适得其反。

对待多血质的消费者，营业人员应热情周到，主动为顾客提供各种信息，并提供参考意见，争取在短时间内赢得他们的好感和信任。由于这类消费者灵活机敏，对他们的言行举止要格外注意才能跟上他们心理活动的速度。因为其注意力容易转移，在感情沟通的基础上，可较多地进行销售诱导。

对待黏液质的消费者，营业人员应热情而注意“火候”。黏液质的消费者喜欢较多地通过自己的观察来了解商品，营业人员应给他们充分的时间去观察、了解和选择，但当他们征求意见和询问信息的时候，要热情而诚恳地为他们提供服务。

对待抑郁质的消费者要耐心细致。营业人员应熟知商品的性能和特点，回答他们提出的各种问题，消除他们的疑虑。对他们购买中表现出来的特点不要不耐烦，不冷静，更不要冷言冷语地讥笑他们，这样做可能导致其购买行为的中断。尊重这类消费者的人格，给予诚恳的、适当的指导，能保证其购买行为的顺利进行。

当然，在营销实践中面对的情况更加复杂多样。消费者的气质多数是以一种类型为主，兼有多种气质类型的特点，再加上外界因素的影响，使气质特征显露的机会各不相同，营业人员难以清晰地区分和有针对性地对待消费者。这就要求营业人员有相当的经验和阅历，才能够做好服务工作。

第五节　消费者的性格特征与行为表现

性格是个性心理特征中最重要的因素。气质反映消费者的行为方式，能力反映消费者行为的效率，而性格决定消费行为的内容和方向。一个人的气质、能力和兴趣等个性心理因素如何表现都要受到性格的影响。

一、性格的含义与特征

性格一词源于希腊语，原意为"印记""特色""记号""标志"等，主要用来表示事物的特性。在现代心理学中，性格指个人对现实的稳定态度以及与此相适应的习惯化的行为方式。性格是个性心理特征中最重要的方面，它通过人对事物倾向性态度、意志、活动、言语等方面表现出来。人们在现实生活中显现出来的某些一贯性的态度倾向和行为方式，如公而忘私、勤劳、勇敢与自私、懒惰、懦弱等，可以反映自身的性格特点。

人的性格是在生理素质的基础上，在社会实践活动中逐渐形成和发展起来的。由于先天生理素质有所不同，后天的社会环境及教育条件千差万别，因而人们的性格存在着明显的差异。由于性格的形成主要受后天社会环境的影响，而社会环境是不断变化的，因此，性格虽然也是比较稳定的心理特征，但与气质相比更易随着环境的变化而发生改变。性格是十分复杂的心理构成物，包含着多方面的特征。一个人的性格正是通过不同的性格特征表现出来，形成独具特色的性格统一体。性格的基本特征包括以下四个方面：

（一）性格的态度特征

性格的态度特征表现为个人对现实的态度倾向性特点。例如，在对待消费的态度上，有的人节俭，有的人奢侈；有的人要求苛刻，有的人则持随意的态度。在对待工作和学习的态度上，有的人勤奋、认真、一丝不苟，有的人则懒惰、马虎、敷衍了事等。

（二）性格的理智特征

性格的理智特征是指心理活动过程方面的个体差异的特点。例如，在感知方面，是主动观察型还是被动感知型；在思维方面，是具体罗列型还是抽象概括型；在想象力方面，是丰富型还是贫乏型等。

（三）性格的情绪特征

性格的情绪特征表现为个人受情绪影响或控制情绪程度的特点。如个人受情绪感染和支配的程度，情绪受意志控制的程度，情绪反应的强度、快慢，情绪起伏波动的程度，主导心境的程度等。

（四）性格的意志特征

性格的意志特征表现为个人自觉控制自己行为及行为努力程度方面的特征，如是否具有明确的行为目标，能否自觉调试和控制自身行为，在意志行动中表现出的是独立性还是依赖性，是主动性还是被动性，是否坚定、顽强、忍耐、持久等。

二、性格和气质的区别与联系

性格是一个人本质属性的独特的、稳定的结合，比气质更能反映出一个人的心理面貌。性格和气质存在着相互渗透、相互作用的联系，两者都以高级神经活动类型为生理基础。性格可以在一定基础上掩盖或改造气质，使气质的积极因素得到发挥，消极因素得到抑制；而气质可以影响性格特征的形成和发展速度以及性格的表现方式，从而使性格带有独特的色彩。两者的区别主要表现为：①气质和性格形成的客观条件不同。气质是先天形成的，与神经系统密切相关，很大程度上受人的生理素质的制约；而性格主要受社会环境的制约，是生活经历的反映。②气质无好坏之分，而性格则带有明显的倾向性，是勤奋还是懒惰，是真诚还是虚伪，是果断还是怯懦，都包含着某种道德评价。③稳定程度不同。气质是个性心理特征中最稳定的因素，而性格也有相对的稳定性，但会随着生活经历的改变而发生较大程度的改变，甚至一些突发性事件、重大的挫折会使人的性格发生根本性的改变。

三、消费者性格的基本类型

鉴于性格在个性心理中的重要地位，长期以来，许多心理学家高度重视对性格理论的研究，并尝试从不同角度对人的性格进行划分。这些理论和分类对研究消费者的性格类型具有重要的指导意义和借鉴作用。有关性格分类的学说主要有以下几种：

（一）机能类型说

这种学说主张根据理智、情绪和意志等三种心理机能在性格结构中所占优势的心理机能来确定性格类型。据此可以将性格分为理智型、情绪型和意志型三种类型。

（1）理智型。在性格结构中理智占优势的性格称为理智型。这种性格的消费者善于进行理智的思考、推理，行为举止多受理智的支配和影响。理智型消费者在购买过程中往往受理智支配，是否购买商品和劳务，购买哪种类型，如何购买，什么时间购买，往往要经过周密思考并权衡各种利弊因素之后才做出决定。

（2）情绪型。在性格结构中情绪占优势的性格称为情绪型。这种性格的消费者的购买行为往往受到情绪的支配，处理问题喜欢感情用事。情绪型消费者十分注重情感的满足，他们的购买行为往往带有浓重的感情色彩，往往是在喜欢、偏爱、赞赏等情感的支配下完成购买行为。感情形成的时间可能较长，也可能较短，也可能是受当时现场的气氛的影响，也可能是受过去购买体验的影响。总之，是感情因素在支配消费者的购买行为。

（3）意志型。在性格结构中意志占优势的性格称为意志型。这种性格的消费者活动中都具有明确的目标，对商品的认知积极主动，意志坚定，购买决策迅速果断，并且能克服各种干扰和困难，最终完成购买活动。

（二）向性说

美国心理学家艾克森提出按照个体心理活动的倾向来划分性格类型，并据此把性格分为内向和外向两种类型。

（1）内向型。内向型的消费者沉默寡言，待人接物小心谨慎，性情孤僻，不善交际。内向型消费者的心理活动倾向于自己的内心世界，不喜欢与外界进行太多的交流和沟通，喜欢通过自己的观察和体验来分析判断，往往有自己独立的见解和主张。

（2）外向型。外向型的消费者心理外倾，对外部事物比较关心，活泼开朗，情感容易流露，待人接物比较随和，不拘小节，但比较轻率。外向型的消费者喜欢向外界征求信息，不掩饰自己的喜怒哀乐。这类消费者容易受环境氛围的影响，其购买决策比较迅速果断。

（三）独立—顺从说

这种学说按照个体的独立性把性格分为独立型和顺从型。

(1)独立型。独立型表现为善于独立发现和解决问题,不易受外界影响,较少依赖他人。这类消费者在购买过程中有自己的见解,能独立做出判断和选择,往往是家庭购买决策的关键人物。

(2)顺从型。顺从型则独立性差,行动易为他人所左右。这类消费者缺乏个人主见,在选择商品时犹豫不决,难以独立做出决策。

(四)性格九分法

近年来,性格九分法作为一种新的分类方法在国际上引起重视并逐渐流行开来。这种分类法把性格分为九种类型。

(1)完美主义者型。这种性格的人的主要特征表现为谨慎、理智、苛求、刻板。

(2)施予者型。这种性格的人的主要特征表现为有同情心,感情外露,但可能具有侵略性,爱发号施令。

(3)演员型。这种性格的人的主要特征为竞争性强,有能力,有进取心,性情急躁,经常为自己的形象所困扰。

(4)浪漫型。这种性格的人有创造性,气质忧郁,热衷于不现实的事情。

(5)观察者型。这种性格的人情绪冷淡,超然于众人之外,不动声色,行动秘密,聪明。

(6)质疑者型。这种性格的人怀疑成性,忠诚,胆怯,总是注意危险的信号。

(7)享乐主义者型。这种性格的人热爱享受,乐天,孩子气,不愿承担义务。

(8)老板型。这种性格的人独裁,好斗,有保护欲,爱负责任,喜欢战胜别人。

(9)调停者型。这种性格的人有耐心,沉稳,会安慰人,但可能耽于享受而对现实不闻不问。

从上述理论的介绍中可以看出,由于有关学者在划分性格类型时的研究角度和所持的依据有所不同,因而得出的结论也各不相同。

四、性格与消费者购买行为

性格是个性最鲜明的表现,是个性心理特征中的核心特征,因此,消费者的性格也是购买行为中起核心作用的个性心理特征。消费者之间不同的性格特点同样会表现在各自的消费活动中,从而形成千差万别的消费行为。具体来说,性格对消费者行为的影响主要体现在消费态度和购买行为方式两个方面。

(一)性格与消费者态度

因为性格不同,消费者对待消费有着截然不同的态度。而消费者态度直接影响到个体的消费观念和商品选择的目标与标准。

根据消费者态度,可以将消费者分为节俭型、保守型、随意型等。节俭型的消费者崇尚节俭,讲究实用,选用商品时注重商品的质量、性能及实用性;而比较保守的消费者,消费态度比较严谨,习惯于传统的消费方式,喜欢购买那些传统的有过多次购买经验的商品而不愿冒险尝试新产品;有的消费者则比较随意,往往根据实际需要做出选择,容易受环境及广告宣传的影响。

(二)性格与购买行为方式

性格决定消费者的行为方式。因为性格的不同,消费者在购买过程中表现出不同的行为方式。

根据购买行为方式的不同，可将消费者分为习惯型、慎重型、挑剔型和波动型。习惯型的消费者一旦对某种品牌的商品熟悉并产生偏爱，便会重复购买，不会轻易改变自己的观念和行为；而慎重型的消费者都沉稳持重，做事冷静，选购商品时通常会根据自己的需要并参照以往购买经验，经过仔细的比较权衡后才会做出购买决定；挑剔型的消费者意志坚定，独立性强，不依赖他人，在选购商品时自信果断，很少征求他人的意见，对营业人员抱有怀疑和戒备心理，观察细致，十分挑剔；而波动型的消费者缺乏商品知识和购买经验，在选购过程中往往犹豫不决，缺乏自信和主见，对商品的品牌、款式等没有固定的偏好，希望得到别人的意见和建议。

第六节 自我形象与消费者行为

一、自我形象的含义与构成

(一)自我形象的含义

自我形象是指个人对自己的能力、气质和性格等个性特征的感知、态度及自我评价，换句话说，就是自己如何看待自己。自我形象以潜在的、稳定的形式参与到行为过程中，对人们的行为产生极为深刻的影响。正是在这个意义上，研究消费者的自我形象对企业营销活动有着重要的作用。

(二)自我形象的形成

自我形象是个体自身体验和外部环境综合作用的结果，是个人在社会化过程中，通过与他人交往与环境发生联系的过程中，对自己的行为进行反观自照而形成的。具体来说，自我形象的形成要受到以下几个方面的影响：

(1)通过自我评价来判断自己的行为是否符合社会所接受的标准，并以此形成自我形象。个体会自动地把有的行为归入社会可接受的范围，有的行为则归入社会不可接受的范畴。人们通过对自身行为不断的观察、归类和验证，形成有关的自我形象。

(2)通过他人对自己的评价来进行自我反映评价，从而形成自我形象。自我评价受他人评价影响的程度取决于评价者自身的特点和评价的内容。一般来说，评价者的权威性越大，与被评价者的自我评价一致性越高，对评价者自我形象形成的影响程度就越大。

(3)通过与他人的比较观察而形成和改变自我形象。个体对自身的自我评价还受到与他人比较的影响，个体对自身的评价与和他人的评价相比，超过或逊于他人，都会在一定程度上改变个体的自我评价，并驱动人们采取措施来修正自我形象。

(4)通过从外界环境获取有利信息来促进和发展自我形象。受趋利避害的心理趋势影响，个体一般希望能够从外部环境中寻找符合自己意愿的信息，而对于与自己意愿相反的信息则选择主观忽视，以此来证明自我评价是合理的、正确的，这一现象证明人们经常从自己喜欢的方面来看待、评价自己。

(三)自我形象的构成

通过对形成自我形象的影响因素的分析可以看出，个体的自我形象实际上是在综合自身、他人或社会评价的基础上形成和发展起来的。自我形象包含着五个基本的组成要素：①实际的自我形象，是指个体实际上如何看待自己；②理想的自我形象，是指个体希望他人如何看待自己；③实际的社会自我形象，是指个体感到别人如何看待自己；④理想的社会自我形象，是指个体希望别人如何看待自己；⑤期待的自我形象，是指个体期待在将来如何看待自己，它是介于实际的自我与理想的自我之间的一种形式。

这五种要素之间存在着明显的内在联系。通常情况下，人们都具有从实际的自我形象向理想的自我形象转化的意愿和内在的冲动，这种冲动成为人们不断修正自身行为，以求自我完美的基本动力。不仅如此，人们还希望自己的形象符合他人或社会的理想要求，并为此而努力按照社会的理想标准从事行为活动。而期待的自我形象折射出个体改变"自我"的现实机会，对营销来说，也许较理想的自我形象和现实的自我形象更有价值。

二、自我形象与消费者行为

自我形象作为影响个人行为的深层个性因素，同样对消费者行为有着深刻的影响作用。这是由于消费者在长期的消费实践中，通过与他人与社会的交往逐步形成个人形象；自我形象涉及个人的理想和社会存在价值，因而每个消费者都力求通过消费来促进自我形象的完善和发展。

商品和劳务作为人类物质文明的产物，除具有使用价值外，还具有一定的社会象征意义。换句话说，不同档次、质地、品牌的商品往往蕴涵着特定的社会意义，代表着不同的文化、品位和风格。通过对这些商品或劳务的消费，可以显示出不同的个性特征，加强和突出个人的自我形象，从而帮助消费者有效地表达自我形象，并促进实际的自我向理想的自我转化。

运用自我形象的理论，可以清楚地解释消费者购买的动机和购买行为中的某些微妙现象，并揭示出这些现象背后的深层原因。例如，一个自认为气质不凡、情趣高雅、具有较高欣赏品位的消费者在购买服装时会倾心于那些款式新颖、色调柔和、质地精良、做工考究、设计独特的服装，而不喜欢选择大众化、一般化的服装。又如，在一项小汽车购买行为的研究中，随机选取了若干个购买小汽车的消费者，让他们对自我形象、自己的汽车以及另外 8 辆汽车做出评价。结果表明，这些消费者的自我认识与他们对自己的汽车的认识比较一致，而对其他 8 辆车的认识相比则差异很大。由此可以得出结论，消费者购买某种品牌的商品与他们的自我形象是比较一致的。这一现象，在品牌、特性、档次差异较大的商品（如化妆品、家用电器、服装、礼品消费）上尤其明显。

大量实践表明，消费者在选购商品时不仅以质量优劣、价格高低、实用性能强弱为依据，而且把商品品牌特性是否符合自我形象作为重要的选择标准，即判断商品是否有助于表达和提升自我形象。

对消费者的自我形象做深层研究，可以进一步得出结论。消费者购买某种商品，不仅是为了满足特定的物质或精神需要，同时还出于维护和增强自我形象的需要。在这一意义上，购买商品成为加强自我形象的手段，自我形象则成为控制购买行为的中心因素。

就生产厂家和销售商而言，关于消费者自我形象的研究，对于产品设计和销售有重要的指导作用。新产品设计的主要依据应当是符合消费者某种特定的自我形象。也就是说，当现有产品不能与消费者的自我形象相匹配时，才有必要设计和生产新产品。而新产品不仅要在质量、外观、性能上有别于老产品，更要具有能够体现出消费者自我形象的独特的个性和社会象征意义。在商品销售中，了解消费者的自我形象，告诉他们哪些商品与其自我形象一致，哪些不一致，向消费者推荐最能反映其形象特征的商品，可以有效地影响和引导消费者的购买行为，因而是商品销售的重要方式和成功要诀。

复习思考题

1. 什么是个性？个性有什么特征？
2. 什么是兴趣？兴趣对消费者的购买行为有什么影响？
3. 试述消费者能力差异及其对消费者行为的影响。
4. 举例说明气质是如何影响消费行为表现的。
5. 性格在消费者行为中都有哪些表现？
6. 按性格的购买行为方式看，你认为自己偏向于哪种类型的消费者？
7. 什么是自我形象？举例说明消费者的自我形象在营销活动中有何种应用。

【案例分析】

1. 某大型零售商为了改善服务态度，提高服务质量，向消费者发出一件征询函，调查内容是“如果您去商店退换商品，售货员不予退换怎么办?”(1)耐心诉说；(2)自认倒霉；(3)灵活变通；(4)据理力争。

思考题

1. 这个调查内容能否反映出消费者个性心理特征的本质？
2. 四种答案各反映出消费者的哪些气质特征？

2. 埃娜是一个脾气温和的家庭主妇，有很多邻居、亲戚和朋友，经常聚会、聊天。上周，埃娜到商店花 35 美元买了一条便裤，回去一穿，发现左腿比右腿长 2 英寸。由于她在商店没有试穿，是自己的过错，便没有去找营业员纠缠，自认倒霉。埃娜以前总是这样，从不抱怨商店的服务态度，从不退换商品，不愿意闹得双方都心情不愉快。一次她到商店买一台干燥机，售货员与别人谈笑，不理她，她就耐心等。干燥机买回去使用后第一个星期，机器的线圈就烧坏了，她不想过多地打扰商店，只是找到商店的售货员，希望打听到电器修理店的地址，但是不等埃娜解释清楚，售货员就指责说：“干燥机是你故意弄坏的！”埃娜只好礼貌地说对不起，然后离开了商店。

埃娜决不和商店争执，是一个好心人。但是，她又是决不返回那家商店的人，这就是埃娜的报复。埃娜逢人便讲：“尽管我接受那家商店的免费广告单，但我永远不会再到那家商店买东西，老实说，这就是我对商店发泄不满的方法。”以后，埃娜的邻居、亲戚、朋友以及他们的同事和朋友中也有很多不愿到那家商店买东西了。

(资料来源：李品媛. 消费者行为学[M]. 大连：东北财经大学出版社，2000)

思考题

1. 试分析埃娜的气质类型。埃娜的报复会给商店带来什么影响？
2. 商家采取什么措施才能令顾客满意？

第六章

态度与消费者行为

学习目的与要求

- ◉ 了解和掌握态度的概念、特性及功能；
- ◉ 了解消费者购买态度类型；
- ◉ 掌握消费者态度的相关理论；
- ◉ 掌握改变消费者态度的途径；
- ◉ 掌握测量态度的方法。

导入案例

如何改变消费者对三星的态度

三星公司于 2016 年 9 月 2 日宣布因电池缺陷问题而停售 Galaxy Note 7 手机，且允许已经购买到此款手机的消费者于两周后置换新手机，召回美国、韩国、澳大利亚等 10 个国家和地区共 250 万部 Note 7 手机。需要特别说明的是，三星公司最早一批召回名单中不包含中国大陆，他们的说辞是，大陆地区的 Note 7 手机采用的电池来自不同的供应商，问题不大。此前三星公司预测，Note 7 当季出货量能达到 400 万～500 万部，第四季度的出货量有可能达到 800 万～900 万部，但经此一事，这些销售预测瞬间作古，三星公司的营业收入将会减少 50 亿美元，年利润率则降低 5%，而这只是有形的损失，更恐怖的后果则来自于消费者此后可能对三星天然产生一种厌恶感。

三星手机电池的爆炸，也在一定程度上引发了消费者的重度忧虑，毕竟手机现在已经是除了空气、水、食物之外，人类最离不开的东西。三星手机电池爆炸了，也就意味着自己的手机不会绝对安全，电池发热，任何的破损、弯曲都可能引起爆炸，但人类已经离不开手机，搞得人人自危。事实上，Note 7 召回事件出现之后，航空公司已经明确要求禁止乘客在飞机上给 Note 7 充电，同时，拒绝受理 Note 7 作为行李的托运；接下来，火车站安检时也将把 Note 7 和烟花爆竹等物品共同列为易燃易爆物品。公共场所如网吧、书店、超市等，除了禁止吸烟之外，也将禁止使用 Note 7，这款手机有望成为第一款仅限在自家卧室或者空旷地点才能使用的电子产品，总之，要珍爱生命，远离 Note 7。

在未来的日子里，三星手机要小心翼翼地过日子，需要告诉消费者手机与 SDI 电池已经绝交，要不断证明他们的手机电池不会爆炸，同时要付出额外的成本，让出巨大的利润给消费者，才有可能让消费者冒着风险再买上一部便宜的 Galaxy Note $N+1$。

（资料来源：http://www.ceconline.com）

在影响消费者行为的因素中，态度具有极为重要的作用。消费者在购买活动中之所以做出这样或那样的决策，采取迥然不同的行为方式，无不与所持态度密切相关。它是消费者确定购买决策，执行购买行为的感情倾向的具体体现。态度的形成与改变直接影响消费者的购买行动。因此，有必要对消费者的态度进行专门的研究。

第一节　消费者态度的特性与功能

一、消费者态度的定义

态度通常是指个人对某一对象所持有的评价和心理倾向，基于这种倾向，个人对一事物（或观念）或一群事物做出特定的意见和情绪反应。反应倾向可以是良好的，如满意、赞成、支持、欣赏；也可以是不良的，如不满、厌恶、反对、拒绝等。

消费者态度是指消费者在购买和使用过程中对商品或服务等表现出的心理反应倾向；具体地说，就是消费者在购买和使用商品中对商品、劳务及有关事物所形成的积极肯定或消极否定的反应倾向。

态度由三部分组成，即认知因素、情感因素和行为倾向。

认知因素是指对态度对象的评价，即我们通常所说的印象。消费者对某种商品的认识、理解、看法等，是通过感觉、知觉、思维等认识活动来实现的。如消费者认为：格力空调质量好，产品信誉很高，企业经济效益好等，这其中每一种信念反映的都是消费者对该产品及企业的看法。当然，它并不一定非常准确，却反映了公众对该产品及企业所持有的信念的整个组合。

情感因素是在认知因素的基础上对客观事物的感情体验，是态度的核心。如消费者认为“我很喜欢格力空调”，或“格力空调没有什么特别之处”，都是对该产品在感情上评价的结果。而且这是较为全面的评价，是建立在对该产品各方面的评估基础上的感情体验。再如，“不喜欢这种空调的外观”或“格力空调很省电”，则是对该产品具体属性的感情评价。这些感情体验伴随着消费者的购买活动的整个过程。

行为倾向是指对态度对象做出某种反应的意向。意向不是行动本身，而是采取行动之前的准备状态。我们研究态度中的行为倾向成分常常根据态度中的感情成分推测。一个人非常喜欢某一商品，会促使他积极行动实现购买行为，反之，我们也可以从完成的行动来推测他的行为倾向性。

态度的上述三种成分一般是相互协调一致的。例如，消费者在选购商品时对商品有了一定的认识，如果比较满意，就会产生喜欢或愉快的情感，从而积极地进行心理活动，做购买准备。态度三种成分的一致性，对于我们研究消费者态度及其与行为的关系是至关重要的。通常我们只要改变了态度中的某一成分，其他成分就会随之改变，进而通过影响消费者对产品的信念或感觉来影响其行为方式。

人们对某一事物的态度通常以语言形式的意见或非语言形式的动作、行为表现出来。因此，通过对意见、行为的了解、观察，可以推断人们对某一事物的态度。同样，通过消费者对某类商品和服务的意见、评价，以及积极、消极乃至拒绝的行为方式，也可以了解其对该类商品、服务的态度。例如，当观察到消费者对某品牌冰箱踊跃购买时，就可以推断出消费者对该品牌持肯定、赞赏的态度。

态度也是学习的结果，就是说，态度不是生来就有的，伴随着人的成长过程，人们在认知外界事物、学习各种知识技能、积累经验的同时也形成了态度。

二、消费者态度的特性

态度作为消费者的一种复杂的、复合型的心理活动，具有以下特性：

(一)社会性

消费者对某类商品或服务的态度并非与生俱来，而是在长期的社会实践中不断学习、不断总结，由直接或间接经验逐步积累而成的。例如，消费者对某一商品的态度，或是根据他自己观察实践的结果得来的；或是根据商品的广告宣传，其他消费者的看法、意见等形成的。这说明态度是适应社会环境的产物，离开了社会实践活动，也就无所谓人的态度。

(二)效用性

在消费活动中，消费者对某类商品或服务持有这样或那样的态度，主要取决于该商品价值或效用的大小。消费者对事物的态度主要反映了该事物对自己的意义与价值，这种价值包括很多方面，如实用价值、理论价值、道德价值及社会价值等。事物对个人价值的大小，一方面取决于事物本身；另一方面也受人的需要、兴趣、爱好、信念、理想等因素的制约。凡效用(价值)大的，消费者就会持积极的态度；效用小或无效用，则持消极的态度倾向。

(三)相对稳定性

消费者的态度一旦形成，在一定的时间内就会保持相对的稳定。比如，消费者购买并使用了某种产品，如果感觉很好就会对这个品牌的商品形成肯定的态度，当他以后需要类似商品时可能还会重复购买。此外，态度持续时间的长短也和态度形成时的外界作用的强度有关。外界刺激越强烈，态度越鲜明，持续时间也越长，否则就越短。

(四)差异性

消费者态度的形成受多种主、客观因素的影响和制约，并且各种因素在内容、作用强度及组合方式上千差万别，因此，消费者的态度也存在众多差异。不仅不同消费者对待同种商品可能持有完全不同的态度，而且同一消费者在不同的年龄阶段和生活环境中，对同一商品也可能产生截然不同的态度和感受。态度的差异性对消费者市场细分具有重要意义。

(五)调整性

态度的一个重要特点就是它的调整功能。这种功能有助于消费者在心理上适应新的或困难的处境。在购买活动中最常见的是人们根据他人或社会的奖惩来调整或改变其态度。例如，一个消费者已看好了一件自认为很漂亮的衣服，带着她的朋友准备去购买，结果当她的朋友表示出不同看法时，她很可能由喜欢转为讨厌，发生态度的转变。实践证明，来自外界的评价对于消费者态度的调整十分有效。

三、态度形成过程

人的态度不是先天就有的，而是在一定的社会环境中形成的。刚出生的婴儿，无所谓态度，在其发育成长过程中不断接触周围事物，从而在大脑中形成了各种印象、看法，获得了相应的情绪体验，就逐渐形成了对事物的态度。

心理学家H.C.凯尔曼研究表明，态度的形成过程是从服从到同化，再到内化的过程。当个体隶属于某一群体时，态度的形成尤其符合这一过程。

服从是指在一定的条件下使个人的行为与外部的要求相适应。服从并不一定是自己真心愿意的行为，而且它往往是暂时的、不稳定的行为。在多数情况下，人们为了获得物资、金钱，他人的承认、赞许，或是为了避免处罚而采取服从行为。例如，许多学生服从家长的要求，不穿高跟鞋、时髦的服装，但内心羡慕他人流行的穿着打扮，一旦条件具备，很可能会改变自己的装束。

同化是指人们愿意接受他人的观点与信念，使自己的态度与外界的要求相一致。例如，从事教育工作的青年人意识到自己的职责和为人师表的重要性，努力使自己的穿着打扮庄重大方，避免过分追求流行时髦的式样。同化能否顺利实现，他人或集体的影响力十分重要。个人对团体越有依附感，在团体中所处的地位越重要，同化越彻底。

内化是指人们从内心深处真正相信并接受他人的观点而彻底转变自己的态度，并自觉地指导自己的思想和行动。例如，青年人约束自己的穿着打扮与教师的身份吻合，不过于时髦，开始可能是受团体内其他成员的影响或压力，被动地采取行动，逐渐地他会从内心真正接受这种影响，行为也变得主动自觉。所以，态度只有到了内化阶段，才是稳固的、持久的。

态度的形成，从服从到内化是一个复杂的过程。当然，并不是所有的人对所有事物的态度都要完成这个过程。人们对一些事物的态度的形成可能完成了整个过程，但对另一些事物可能只停留在服从或同化阶段。之所以如此，是因为态度的形成受多种因素的影响。

四、消费者态度的功能

态度功能的概念最早是由丹尼尔·凯茨(Daniel Katz)提出来的。他认为，个体之间之所以持有一定的态度，是因为态度可以满足个体的某些心理需要，它可简化人类的社会生活。换言之，态度之所以存在是因为它对人们具有某些功能。凯茨区分了四种态度功能，即效用功能、价值表现功能、自我防御功能和知识功能。

(一)效用功能

效用功能亦称工具性功能、适应功能或功利功能，是指态度能使人更好地适应环境和趋利避害。人是社会性动物，他人和社会群体对个体的生存、发展具有重要的影响。只有形成适当的态度，才能从某些重要的人物或群体那里获得赞同、奖赏或与其打成一片。比如，售货员如对消费者的购买行为表示赞美，进而使消费者形成正面的态度和好感，销售则会比较容易，而且消费者在下次遇到这些产品或服务时也会做出一致的反应，从而节省了在购买决策上的时间。消费者对一些经常购买的日用品品牌的偏好或忠诚，就是建立在这一态度功能之上的。不少企业费尽心机地增加产品的功能和效用，或提供附加利益或增值服务，都是为了培养和强化消费者的良好态度，使之有利于品牌忠诚的建立。

(二)价值表现功能

价值表现功能是指通过态度表现出消费者的性格、志趣、文化修养、价值观念及生活背景等。生活在社会中的人们，一个根本性的需要是界定自我，并向他人显示他们赞同什么或反对什么，看重什么或轻视什么，也就是说，他们需要表明自己是怎样的一个人。由于这种需要的存在，许多产品，特别是那些社会可见性强的产品，如服装、汽车、家具、首饰等，在消费的过程中便被赋予这种价值表现的功能。这时，产品便具有某种象征意义的符号，人们对产品的态度并不取决于产品的功能性利益，而取决于产品所代表的是哪一类的消费者，或者说取决于产品所表现的价值与消费者个人的价值是否一致。价值表现功能与生活方式有密切关系，消费者参加一系列的活动，培养某些兴趣、爱好和观念，常常为的就是表现自己的地位和身份。

(三)自我防御功能

消费者形成一定的态度有时也是为了自我保护的需要，使自己免受人格和自我形象的伤害。在外来威胁和一定的内在感觉状态下能起到保护作用的态度，就具有自我保护功能。在消费过程中，人们经常可以看到一些收入水平并不高的消费者也不时会购买一些高级美容品、抗衰老品，或者对这种行为持积极的态度，实际上也是出于自我防御的目的，有意识或无意识地防御由于身体衰老或自感容貌衰老所滋生的不安情感。

(四)知识功能

人们形成某种态度，更有利于对事物的认知和理解。事实上，态度可以为人们理解新事物或新刺激提供一个参照标准。如果消费者对某个品牌具有明确的态度，也有利于简化购买决策。例如，消费者对某种类型的销售人员形成了一种印象或态度，这种态度可能是正面的，也可能是负面的，那么，在下次再遇到该种类型的销售人员时，消费者根本就不用细听销售人员说些什么，而是根据以前的经历形成的态度决定是趋近还是回避该类销售人员。这种方式可以使外部环境简单化，从而使消费者集中精力关注那些更为重要的事件。在大多数情况下，营销传播的信息到达消费者的时间并不是消费者正在考虑购买的时间，消费者对于这些信息通过认知的过程将以态度的形式储存在记忆之中。因此，广告在许多时候可能并不能直接导致消费者的购买，但它却可以改变和强化消费者的态度，当他们的需要被唤醒或实际进行购买决策时，便可能依照这种态度采取行动。

一种态度可能具有多种功能，但其中往往只有一种功能起着支配的作用。营销人员只要能识别出产品对于目标消费者的关键意义所在，就可以在广告中对此加以强调。这类广告能帮助消费者建立更清晰的产品认知，消费者也更容易接受此类广告及其宣传的产品和品牌。

第二节　消费者购买态度类型与相关理论

一、购买态度类型

我们通过态度形成、特点，以及功能的分析，明确了态度是消费者对所要购买商品的感情倾向，它对消费者的行为活动有直接的影响。但是在实际购买活动中，消费者的态度表现往往十分复杂，并不是说消费者喜欢某种商品就立刻形成肯定态度，挑剔商品的某些方面就形成完全否定的态度，这要具体情况具体分析。根据消费者在购买商品时所反映态度的不同程度，我们把它分为以下三种类型：

(一)完全相信型

完全相信型是指消费者对所要购买的商品的各个方面持完全肯定的态度。消费者在购买商品时，往往对商品的主要方面，如价格、质量、性能、样式、规格、包装装潢、颜色等方面进行比较、评价，之后，确认商品的这些方面完全符合他的要求，从而对商品形成了非常满意的态度。消费者对商品持完全相信的态度并不一定都是来自他亲身的实践经验，有可能是消费者以前曾使用过这种商品，对商品的性能、质量完全相信；也有可能是在购买活动中接受来自各方的信息，当他们感知商品后，确认商品符合他已知的信息，满足他的要求，也会对商品完全相信。

(二)部分相信型

部分相信型是指某种商品引起消费者的兴趣和一定好感，但对所要购买的商品并不十分满意或不完全相信。原因是多方面的，或是对商品的实用性不完全了解，或是对商品的质量不能充分肯定，也有可能是对商品的价格、式样不中意。在这种情况下，消费者的态度往往犹豫不定，拿不准主意。如果消费者迫切需要，则会容许商品的某些不足，采取购买行为；如果不急用，不买的决策很可能占主导地位。但需要指出的是，消费者对商品经过这样一番心理活动后，往往对商品有了一定的印象和认识。如果服务人员能采取一些适当的办法，消除消费者的疑虑与不满，增加对商品的了解，则很可能导致购买行为。比如，顾客对商品的性能、特点不清楚，服务人员可以将实物样品展示开来，为顾客做示范表演，必要时详细讲解操作规程，或客观说明商品给顾客实际使用时带来的种种方便与利益，增强消费者对商品的信任感，导致消费者的购买行为。实践证明，鼓励顾客试用、试穿、试尝商品十分有利于促销。那种"非买勿动""贵重商品，不要触摸"等销售手法是商家经营的大忌。

(三)不相信型

不相信型是指消费者对商品持完全否定的态度。在购买活动中，这种态度的形成比较复杂，或许是一种新产品投放市场后不符合消费者的心理需求，从而对产品产生厌倦心理；或是消费者在购买和使用商品过程中发现一些隐蔽的缺陷和其他不足，甚至给消费者带来一定的损害，由对商品的部分不信任，发展到完全不信任。此外，服务人员在介绍某些商品时过分夸大商品的优点，或商品广告宣传的内容与实际情况不符，都会增加消费者的怀疑，从而形成对商品的不信任态度。消费者对商品持不信任态度，一般很难导致购买行为，只有通过各种方式消除消费者的怀疑、不信任，重新树立商品的形象，改变消费者的态度，才会引起消费者的购买欲望，导致购买行为。

二、态度形成的相关理论

西方学者对态度的形成提出过三种不同的理论解释，即学习论、诱因论和认知相符论。这三种理论对态度形成所做的解释虽然各有其侧重点，但它们并不相互矛盾和冲突，而是相互补充的。

(一)学习论

学习论又称条件作用论。主张这一理论的最突出的代表是耶鲁大学的霍夫兰(C. Hovland)。霍夫兰认为人的态度同人的其他习惯一样是后天习得的。人们在获得信息和事实的同时，也认识到与这些事实相联系的情感与价值。儿童认识了狗这一动物，通过观察，他发现狗能和家里的人友好相处，并且具有很多好的品性，于是他学会了对狗形成好感，即通过学习获得对狗的肯定情绪与态度。因此，态度是学习的结果。

首先，强化与重复直接导致态度的形成。心理学的研究成果表明：态度或鉴赏能用单独接触或重复加以发展。如古典音乐爱好者重复或大量接触流行音乐，最后他们对流行音乐增加了积极的评价。另一项实验也表明，如果让人们重复地接触不熟悉的符号，他们选择重复最多的符号作为表达积极事物的概率就大。在这些研究中，呈现的事物没有任何其他价值，它们只是简单地被重复着。由此证明，重复或加强能导致人的积极态度。在市场营销活动中，这种强化与重复被广泛地应用于广告宣传，以促使消费者对企业和产品形成积极态度。

其次，早期学习的影响。在态度的形成与发展中，早期学习的影响是基本的、根深蒂固的。人们的早期体验能够形成非常根本的态度与价值观。这种态度与价值观会一直带入成年期。如在孩提时代就喜欢吃糖的人到了成年甚至是老年后可能会一直对甜食十分偏爱。

再次，认知学习的作用。消费者学习得来的信念与知识是形成态度的基础。如果有人相信食用低卡路里、低糖分的食品是防止人长胖的主要因素，那么他很可能会对高脂肪、高糖分的食品产生厌恶感，而偏爱低糖分的食品。

最后，不能忽略的一点是条件反射的学习。消费者即使对商品没什么好印象，但如果重复地跟随着或联系某种奖励与惩罚，也能够形成赞成或否定的态度（经典条件反射）。当然，如果消费者不得不购买市场上某种产品，由经常使用而对产品产生满意感，他也会形成对商品的积极评价（操作性条件反射）。

（二）诱因论

诱因论是从趋近因素和回避因素的冲突看态度问题，即将态度的形成看作是在权衡利弊之后做出抉择的过程。消费者对于一种产品或服务既有一些趋近的理由，也有一些回避的理由。比如这种产品与众不同，能够体现自己的个性，使用时可能会招来同事、朋友的羡慕，产生令人兴奋的感觉，与此同时，这种产品的品质不一定有保证，价格比较贵，而且自己的父母或家里的其他成员并不喜欢这种产品。前者会使消费者对购买这种产品产生积极的态度，后者则会使之产生消极的态度。按照诱因论，消费者的最终态度是由趋近和回避两种因素的相对强度来决定的。如果前者在强度上超过后者，则会形成总体上的积极态度；反之，则会形成消极态度。

诱因论和前面介绍的学习论的共同点是，两者都认为态度是由肯定因素和否定因素的相对关系来决定的；不同的是，诱因论强调人不是被动接受条件作用的环境反应论者，而是主动、积极对诱因冲突进行周密计算然后做出选择的决策者。因为依据学习理论，无论是概念之间联想的形成、社会对态度的强化，还是个体对他人态度的模仿，均将人置于一种被动适应的情境。在这一点上，学习论与诱因论确实有本质性区别。

美国学者爱德华（W. Edwards）在1954年发表的一篇论决策的文章中提出期望价值（Expectancy Value）概念，并以此为基础对诱因论作出解释。爱德华认为，由于诱因冲突的复杂性，人们在做抉择时总是试图对每种可能出现的情况及其预期的价值做出评价，并尽可能趋利避害，使主观效用达到最大。为了精确说明他的思想，爱德华提出了用以测量主观效用（U）的公式，即 $U=V\times P$。其中，V 表示预期后果的价值，P 表示预期后果出现的概率。就消费者对产品、服务的购买而言，若购买行动带来高的或大的主观效用，消费者就会对此持积极肯定的态度；否则，会持消极否定的态度。在涉及两种产品的比较时，能带来较大主观效用者，将使消费者对其产生更为肯定的态度。

诱因论把人的态度的形成看成是有理性的、主动决策的过程，这较学习论对态度的解释是一种进步，但把人的态度视为追求个人得失而进行周密思考和计算的表现，似乎并不完全符合事实。不少研究表明，态度一旦形成，即使当时诱发态度形成时的诱因已被遗忘，人们的原有态度仍倾向于保持不变。对人、对事的情感成分比认知成分往往更为持久和更加有力。同样品质、同样价格的产品，仅仅由于原产地的不同，人们的评价会有令人惊异的差别；为了购买到出自家乡的产品或很久以前所喜爱的产品，人们愿意付出更多的时间和金钱。这些事实说明人的态度形成是一个复杂的过程，不一定或并不总是依理性原则行事。

(三)认知相符论

认知相符论或认知一致论(Cognitive Consistency Theory)是当代西方学者解释态度形成与变化的一项重要理论。该理论的基本观点是：人的信念或态度如果与其他观点、自身行为发生矛盾，就会存在一种内在力量推动其进行自我调整，以达到或恢复认知上的相符和一致。认知相符论有三种主要的变式，即平衡理论、认知-情感相符理论和认知失调论。

1. 平衡理论(Balance Theory)

平衡理论由海德(F. Heider)于1958年提出。这种理论认为，认知的平衡状态是一种理想的或令人满意的状态。如果认知上出现了不平衡，就会产生心理上的紧张、焦虑和不舒适、不愉快。为了从不平衡状态恢复到平衡状态，需要改变现有的某个认知或添加一种新的认知。

海德的平衡理论可以用图6-1加以说明。图中P代表某个消费者；O代表与该消费者相关的某个人，如该消费者所崇拜或讨厌的某个明星，或该消费者的某个朋友或家庭成员；X代表态度对象，如某种产品、某个事物，P或O会对它采取某种态度。在图A、B和C的情形下，三者处于一种平衡状态。以图A所示情形来说，P和O对X均持肯定态度，而且P、O彼此之间存在正面积极的态度，因此P以及整个系统处于一种平衡状态。同样，在图B、C情形下，系统也是平衡的。与此不同，在图D、E、F情形下，平衡状态被打破。以情形E来说，P对O有一种负面态度，而O又对X持正面态度。此时，P如果不能改变对O的态度，就只有由原来喜欢X转变为不喜欢X，否则就会有不舒服、不平衡的感觉。

在认知不平衡的情况下，消费者P有多种方式恢复平衡状态：①改变对相关影响人员的态度。如O是P的家人，前者对后者所交的朋友持反对立场，此时，P可能转而离家出走或中断与家人的关系，从而达到心理上的平衡状态。②对相关影响人员进行劝说，使之转变立场。如对家人进行说服，说明自己所交的朋友在兴趣、志向等各方面意气相投，能取长补短，肝胆相照。③将三角系统中的某两个因素转变为无关联。如认为自己的兄弟姊妹现在都已成家立业，有着各自所关心的事情，他们对自己交友之事不过是简单发表一些看法和意见而已，并不真的很在意。④对三角系统中某两个因素之间的关系作出新的归因或解释。如设想家人之所以反对自己与朋友之间的交往，主要是朋友的父母与自己家人有些芥蒂，而对朋友的父母，自己也没有太多的好感。

平衡理论以较为简单的概念说明了认知相符论的基本想法，并为如何恢复认知的平衡状态提供了多种解决途径和思考线索，对理解态度的形成与变化过程提供了启迪。然而，这一理论也存在局限。在图6-1所示的几种关系中，只有正负体验的方向指标，而无强度指

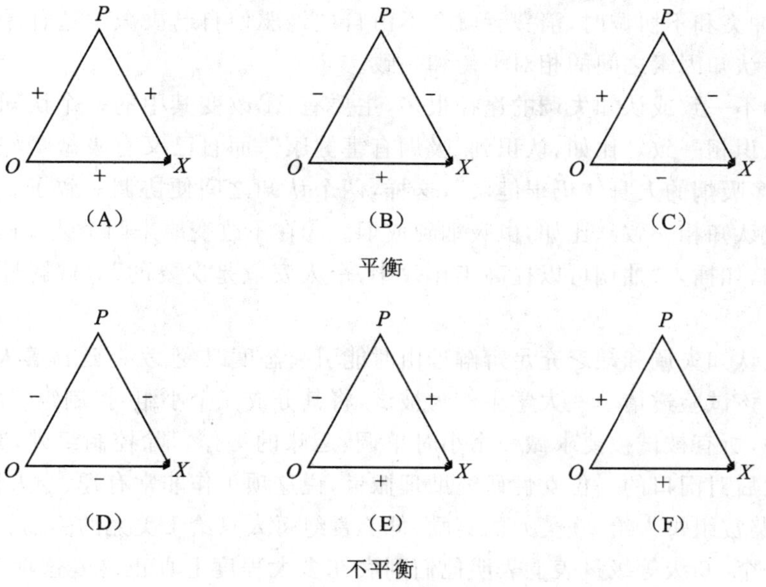

图 6-1　认知平衡与不平衡状态示意图

标，因而不能说明 P 在不平衡状态时何以会对其中的一方而不是另一方改变态度以恢复认知的平衡。另外，两个人对一件事有不同意见，可能会产生心里不快或影响双方关系，但不至于一定产生引起态度发生变化的不平衡和由此影响双方之间的友谊。小的分歧和意见、看法的不一致在人与人之间是司空见惯的，也是很容易被遗忘的。

2. 认知-情感相符理论

这种理论认为人们总是试图使其认知与其感情相符。换句话说，人们的信念或认识在相当程度上受其感情所支配。父母有时会因对子女的偏爱而不能很好地识别后者的缺点，甚至对后者的弥天大谎也信以为真，实际上就是情感支配认知与信念的典型事例。罗森伯格(M. J. Rosenberg)曾进行过一项实验，证明在一个人对另一个人的态度中，感情的改变能引起随后的认知改变。他先对一些白人进行全面调查，了解他们对待黑人、种族平等以及白人与黑人关系等问题的态度，然后使这些白人进入催眠状态，并告诉他们对黑人进入其社区已有和先前情况相反的态度。比如，如果某人先前对不同种族同居一个社区持反对态度，现在则告知他对合居有好感；相反，对先前持支持态度的人，则告诉他现在对黑、白人种合居很反感。也就是说，在催眠中，原来关于黑、白人种合居的感情被改变，这种感情的改变完全是靠催眠诱导做出的，而不是由于增加任何新的认识或改变旧的认识。最后，这些白人被从催眠状态中唤醒，并要求他们表达对黑人和种族合居问题的态度。结果发现，催眠状态下诱发的感情改变，在关于种族合居的认识方面带来许多显著的反向变化。例如，原来反对合居的人开始相信合居对于消除种族不平等和维持种族之间关系的和谐是必需的。其原因是感情的变化使得原有认知与新的感情不相符合，减少认知与情感不吻合的压力导致了认知上的变化。

3. 认知失调论(Cognitive Dissonance Theory)

这一理论最先由费斯廷格(L. Festinger)于 1957 年提出。费斯廷格认为任何人都有许多认知因素，如关于自我、自己的行为以及环境方面的信念、看法等。这些认知因素之间存在三种情况：相互一致和协调；相互冲突和不协调；相互无关。当两个认知因素处于第二种情况，即相互冲突和不协调时，消费者就会不由自主地驱使自己去减少这种矛盾和冲突，力求恢复和保持认知因素之间的相对平衡和一致。

消除认知不一致或认知失调的途径很多，主要有：①改变其中的一个认知，使之与自己持有的其他认识相一致。比如，认识到"吸烟有害健康"，而自己又有吸烟嗜好，此时可把前者改为"有许多吸烟的人身体仍很健康"，这样，两个认知之间便协调一致了。②改变行为，使行为与其他认知相一致。比如，由吸烟到戒烟。③在不改变原来两个认知因素的条件下，增加新的认知，如插入"抽烟可以提高工作效率，个人安危是次要的"等辩解性理由，减轻不协调压力。

为了证明认知失调和缺乏充足辩解理由时能引起态度改变，费斯廷格等人于1959年做过一个试验。该试验邀请一些大学生作为被试，将其分成三个小组：控制组、高奖赏组、低奖赏组。试验中，所有被试被要求做一个小时单调、乏味的工作。除控制组外，其他被试被要求在完成试验后对门口的一位女性研究助理撒谎，说这项工作非常有趣、令人愉快。作为撒谎的报答，高奖赏组每人给20美元的奖励，低奖赏组每人只给1美元的奖励。最后，所有被试被要求在一个10级等级量表上表明他们到底在多大程度上真正喜爱这项工作。结果发现，高奖赏组和控制组的被试大多认为这项工作枯燥无味，不大喜欢，这两组的平均得分值都比较低，且无明显差异。而低奖赏组则认为此项工作是有趣的、愉快的，其平均得分值比较高。

研究者认为，控制组没有被要求撒谎，内心无认知冲突，能表达其真实认知与态度。两个奖赏组中的被试都出现了认知失调。高奖赏组被试由于高奖赏这一外力的影响，就会在两个认知之间插入一个辩解性理由，如"得到一笔可观的奖赏，撒个小谎是值得的"，于是，不仅维持对工作十分单调的认知和不喜爱的态度，而且对自己的撒谎行为心安理得。而低奖赏组的被试，由于找不到充足的外在理由为其撒谎行为辩解，只能从内部寻找理由对自己的行为予以支持，因而朝着"说的不是谎言"和觉得"工作是有趣"的方向变化，即改变了对工作的认知与态度。

第三节　消费者态度的改变和测量

消费者态度的改变指的是已经形成的态度在接受某一信息或意见的影响后而引起的变化。消费者的态度是在购买与使用商品过程中受多种因素的影响而形成的，逐渐成为消费者人格的一部分。由于促成消费者态度形成的因素多具有动态性质，且处于不断变化之中，因此，某种态度在形成之后并非一成不变，而是可予以调整和改变的。

一、消费者态度改变的方式

根据改变方式的不同，消费者态度的改变可以分为性质的改变和程度的改变。性质的改变表现为态度发生方向性的变化，即由原来的倾向性转变为相反的倾向性。例如，消费者对某名牌冰箱一直抱有好感，但购买后频频发生质量问题，从此对该名牌冰箱失去信任，即由积极肯定的态度改变为消极否定的态度。在程度的改变中，态度不发生方向性变化，而是沿着原有倾向呈现增强或减弱的量的变化。例如，通过实际使用，消费者对微波炉从一般感兴趣发展为大加赞赏，并极力向他人推荐，即态度沿着积极方向得到程度上的加强。

实际生活中，以上两种方式的区分并非是绝对的。在性质的改变中也含着程度或量的改变；而量的改变积累到一定的程度，又会引起质的变化。通过各种途径将消极态度转化为积极态度，使一般的好感增强为强烈的赞许、支持，同时阻止积极态度向消极态度退化，力求厌恶意或反感得到弱化，正是改变消费者态度的目的所在。

二、影响消费者态度改变的因素

在市场营销活动中，企业营销策略都是针对改变原有态度强度一步步进行的。其方法是使消费者对产品的漠不关心转变为对产品的接受；或由对产品的接受转变为对产品的偏爱乃至忠诚。

影响态度的转变因素可以归纳为两大方面，即态度形成特征的影响和外界因素的影响。

(一)态度形成特征的影响

1. 形成态度的强度直接影响态度的转变

消费者对不同程度的刺激会产生不同的心理反应，因此，形成态度的强度也会有很大的区别。这直接关系到态度的转变。一般来说，消费者所受的刺激越强烈、越深刻，形成的态度越不易改变。比如，消费者购买了一台价值较高的电脑，商品的质量如果没有期望值高，售后服务又不到位，就会导致消费者对商品乃至企业形成强烈的不满。这种态度一经形成则很难改变。

2. 形成态度的因素越复杂，则态度的改变越困难

如果一个人的态度形成只依赖于某一个事实，那么只要证明这一事实是假的或错误的，则态度就会改变。但如果态度形成是建立在许多事实的基础上的，则态度改变就十分困难。例如，许多女性消费者把美容与化妆等同起来，所以，许多人把金钱都花在购买化妆品上，而忽视了对身体的内在调理。而由后者带来的美容比化妆更具有长久性。要说服人们接受“内在调理的美容观”并非易事，因为化妆的效果是直接的、显现的，甚至可能是成本低廉的，而调理机体的美容则很难在短时期内见到效果，即使是长期以后见到了效果，也可能被其他的因素冲淡了。

3. 消费者的态度一经形成后，持续的时间越长，则越难以改变

就像许多年纪大的人，每当回忆起家乡的风味产品总是赞不绝口，不胜感慨，喜爱备至。国外企业都非常注重消费者态度的调查，了解企业产品在消费者心目中的形象，一旦发现问题，立刻着手解决，以防不利印象固定化。

4. 态度的中心性直接影响态度的转变

态度的中心性是指形成态度基础的价值观与该态度相联系的程度。生活在社会中的每一个人都有他的价值观，并通过自己对事物的各种态度反映出来。而绝大多数商品或服务都象征性地代表一种特别的形象，当它与消费者所持的价值观相吻合时，就会形成对该产品的良好印象，并难以改变。

(二)外界因素的影响

1. 信息的作用

信息是主体同外部客体之间有关情况的消息。客观世界到处都存在着信息。消费者对信息传达者或传送渠道越信任，所产生的态度变化就越大。在药品广告中，采用一位医生作介绍同采用一位喜剧演员作介绍，前者会有更大的说服力。信息传达者不仅要内行，具有权

威性，传达的形式还要恰当、中肯，获得信息接受者的认可；否则，消费者怀疑信息的可靠性或不喜欢信息传达者，宣传效果会大打折扣。

2.个体之间态度的相互影响

态度具有相互影响的特点。在个人态度受外界影响的因素中，他人的意见是很重要的因素。许多心理测试证明，当一个人首先表示他对某事物的意见后，在场的其他人很容易附和。当另一种意见更有说服力时，人们很可能转变认识。这说明人们对事物的看法、见解很容易相互影响。这种相互影响性的原因比较复杂，比较可信的解释就是从众心理的作用，随大流会使人感到很安全。另外，人们不愿表现出无知，附和他人意见也是一种比较好的掩饰。

3.自我知觉理论

改变消费者的行为也可改变其态度。因为人们以某种方式去行动时，实际上已经做出了承诺，这种承诺会产生态度的改变，这就是自我知觉理论。其核心是在消费者行为中存在着一些行为模式，这些模式作用的结果能使态度有不同程度的改变，而行为能导致态度改变的关键是他们所包含的承诺程度。例如，消费者用减价优惠券购买某种产品，说明有了一定承诺；而没有任何理由就购买某个产品，这说明有了更高程度的承诺；重复地购买、使用某产品，承诺的程度是最高的，说明消费者对产品已产生了积极态度。

4.团体的压力

消费者的态度通常是与消费者个人所属团体的期望和要求相一致的。团体的规范和习惯力量会无形之中形成一种压力，影响着团体内成员的态度。团体中的个体也愿意使自己的态度和行为与团体中的大多数成员相一致，以求得到团体的认可。团体对个体态度的影响表现在：第一，消费者个体对团体越重视，就越易接受团体的规范；第二，个体对团体的依附程度越高，其态度就越易受团体的基本倾向的影响；第三，个体对团体的信任度越高，其态度便越倾向于该团体的价值取向。但当消费者改变了个体所处的团体时，其态度又会同新的团体规范相适应。

三、消费者态度改变的途径

消费者态度是在诸多影响因素的共同作用下形成的。当影响因素发生变化时，消费者的态度也将随之改变。为此，凡是促成影响因素变化的措施都可以成为改变态度的途径。但是消费者权利和行为的高度自主性决定，对其态度的改变不能采取强制、压制的方式，而只能通过说服和间接诱导，促成消费者自动放弃原有的态度，接受新的意见观念。它包括以下几个方面：

(一)说服者的威望

说服者的威望极大地影响着态度的转变效果。例如，名人、明星、专家、机构等的劝导性语言、行为或某种暗示，都可能导致消费者的信赖、效法和模仿。实践证明，说服者的威望越高，对消费者的影响力越大，从而宣传的效果越好。说服者的威望通常由以下两个因素构成：一是说服者及说服者宣传内容的可信度。说服者的可信度通常与其人格因素、仪表风度、宣传时的态度密切相关。二是说服者的专业性。一般地说，说服者的专业水平越高、社会地位越高、职业资格越老，其宣传效果越好。例如，在媒体上常请有关专家、学者宣传某些信息或消息，其目的就是增强信息的可信度和影响力。

(二)消费者的信息接收能力

当商品信息以恰当的媒介渠道准确、清晰地传送给消费者时,消费者的信息接收能力就成为影响说服效果大小的决定性因素。接收能力是消费者的动机、个性、文化水平、知觉、理解、判断等方面能力的综合反映。消费者在上述方面存在着不同差异,其信息接收能力也有着显著的个体差别。因此,在说服时必须考虑消费者信息接收能力的差异,针对接收对象的能力和特点制定适合的信息内容和传递方式。

(三)说服方式

说服方式的合理选择与正确运用,对消费者态度的变化有关键作用。说服方式主要有以下几种:

(1)双向说服,是指向被说服者提供和说明关于对象的正、反两方面证据的说服方式。对于商品而言,就是要向消费者同时介绍其优点与不足,既有导致肯定态度的证据,也有导致否定态度的证据,以表明说服的公正性。例如,宝洁公司在推出洗发剂"海飞丝"品牌时,就特别强调了它与宝洁公司其他的洗发品牌"飘柔""潘婷"的不同之处,在于它的去头屑功能,有效地提高了消费者对新品牌的态度倾向,吸引了新的消费群体。双向说服适用于被说服者有较强评判能力和认知能力的情形。

(2)单向说服,是指仅向被说服者提供和说明关于对象正面证据的说服方式。单向说服适宜于只对态度产生正强化的情形。霍夫兰等人的研究表明:当听众与说服者的观点一致,或前者对所接触的问题不太熟悉时,单面论证效果较好;如果听众与说服者的观点不一致,而且前者对接触的问题又比较熟悉时,单面论证会被看作是传达者存在偏见,此时,采用双面论证效果将更好。

(3)恐惧唤醒,是指被说服者关于对象的态度比较模糊时,由说服者以恐惧的方式向被说服者提供有关信息,使被说服者得以醒悟,形成明确态度。例如,在美国,15%以上的电视广告采用了恐惧诉求,如头皮屑带来的烦恼、蛀牙所带来的严重后果、脚气患者的不安表情、由于长时间不洗头致使仰慕者扭头而去、保险广告中以车祸为背景的诉求等,无不是采用恐惧或否定诉求来说服消费者。采用"若不……就会……"的挑战性语气,能刺激消费者的抵触情绪而提高注目度。但必须注意的是,激发受众紧张感的结果并不一定导致对广告内容产生更多的注意。如果广告中没有提出满意的解决方案,消费者会由于他们无法解决所提出的问题而不去思考,因此在消费者选择性认知阶段的效果就会降低。

(4)利用相关群体的作用。消费者生活在一定的社会群体或组织中,所属群体在消费方式上的意见、态度、行为准则等对消费者的态度有着深刻而重要的影响。消费者总是力求与本群体保持态度一致,遵从群体规范,以便求得群体的承认、信任和尊重,满足其归属的需要。而当群体的态度及行为方式发生变化时,消费者也会自觉对原有态度做相应调整,使之与群体相统一。因此,利用上述相关关系,推动某一群体改变原有消费方式,就可以有效地促使消费者自觉改变态度。

在实践中,为了诱导消费者态度向预期的方向转化,应当恰当选择改变途径,并酌情配套使用各种方式。

四、消费者态度的测量

确切判断消费者态度绝非易事。了解消费者态度不仅要花较长时间,而且需要一定的方法与技巧。研究态度的学者们一直致力于发展、完善态度测量的方法与技术，以便较好地把握人们态度的指向与强度。下面介绍的几种态度测量方法，虽然仍需改进和完善，但在实际中已得到了较为广泛的运用。了解这些方法，对于进一步改进这些方法和在此基础上创建新的态度测量方法是颇有益处的。

(一)瑟斯顿等距量表

瑟斯顿(L. L. Thurstone)和蔡夫(F. J. Chave)在其1929年出版的《态度的测量》一书中提出了态度测量的等距量表法。下面将这一测定方法的基本思想做简要介绍。

首先，通过对消费者的初步访谈和文献分析，尽可能多地搜集人们对某一态度对象的各种意见。这些意见一般由一个个陈述语句来表述，其中既有善意的意见，也有恶意的意见，既有肯定的意见，也有否定的意见。比如，制定消费者对某种鲜花的态度量表时，可以包括“该种鲜花很美”“香气很浓郁”“这种鲜花使我想起春天”“葬礼上有这种鲜花会使人感到更加肃穆和悲哀”等。这样的陈述意见可多达100条以上。

其次，将上述陈述意见归类，将其分为7组、9组或11组，具体归类可邀请若干评判人员完成。评判人员审视这些意见，看是否体现了对于态度对象的肯定或否定的态度，然后根据自己的判断，把这些意见分为个A、B、C、D、E、F、G7组，以A表示极端肯定，B、C表示中度肯定，D表示中立陈述，E、F表示中度否定，G表示极度否定。分类任务完成以后，可以根据每种意见分类的分布情况计算出该种意见的量表值。表6-1是由彼得森编制的瑟斯顿“战争态度量表”中的部分陈述意见及其量表分值。该量表是采用11组分类得出来的。

表6-1　战争态度量表部分项目及其分值

题序	项目	分值
1	在某些情况下，为了维持正义，战争是必要的	7.5
4	战争是没有道理的	0.2
6	战争通常是维护国家荣誉的唯一手段	8.7
9	战争徒劳无功，甚至导致自我毁灭	1.4
14	国际纠纷不应该以战争方式解决	3.7
18	无战争即无进步	10.1

再次，由评判人员对各陈述意见做进一步筛选，形成20条左右意义明确的陈述，并使之沿着极端否定到极端肯定的连续系统分布开。

最后，要求被试对这20条左右的陈述意见或其中的一部分进行判断，赞成某一陈述意见时在该意见下打“√”，不赞成时在该意见下打“×”。由于每一种陈述意见已被赋予一个量表值，这样，通过计算应答者同意项数的平均量表值或这些项数的中项分值，就可得出他在这一问题上的态度分数。在前述彼得森战争态度量表测试中，被试平均得分越高，表明他越赞成或拥护进行战争。

运用瑟斯顿等距量表测试消费的态度，要求被试给予积极、诚实的回答和合作，否则调查结果会出现偏差。同时，它需要许多评审者对数目众多的陈述意见进行筛选，并分别计算每一陈述意见的量表分值。这是一项极为费时、费力的工作，由此也极大地限制了这一方法在实际中的运用。

(二)李克特量表

李克特量表法又叫总和等级评定法,是由李克特(R. Likert)于 1932 年提出来的。李克特量表在提出和确定陈述句的要求方面与瑟斯顿量表类似,但不像后者那样要求把所有的陈述意见在一个分为 7 组、9 组或 11 组的连续系统上进行均衡分类,而是只采用肯定或否定两种陈述,并要求参加态度测试的被试对各项陈述意见表明赞同或不赞同的程度。实际上,李克特量表是将瑟斯顿量表中的专家或评判人员分类转变为应答者的自我分类,由应答者在一个 1～5 或 1～7 的等级量表上自我报告他对陈述意见的赞同程度。

对于陈述意见"长虹电视机清晰度很高",被试可以在一个 5 点量表或 7 点量表上表明他赞同的程度。图 6-2 就是在态度调查中采用的 5 级和 7 级李克特态度量表。量表上取的分值越低,表明对陈述意见赞同的程度越高;反之,则越低。当然,也可以规定量表值越低,赞同程度越低,这种规定完全是人为的。由于每一态度范畴可以从多个层面来予以度量,即可以由被试对多个陈述意见的赞同或反对程度予以刻画,所以,在实际测量中,应对被试在各陈述意见上的量值加以汇总,以获得该被试在此态度范畴上的综合得分,并以此反映他的总体态度。

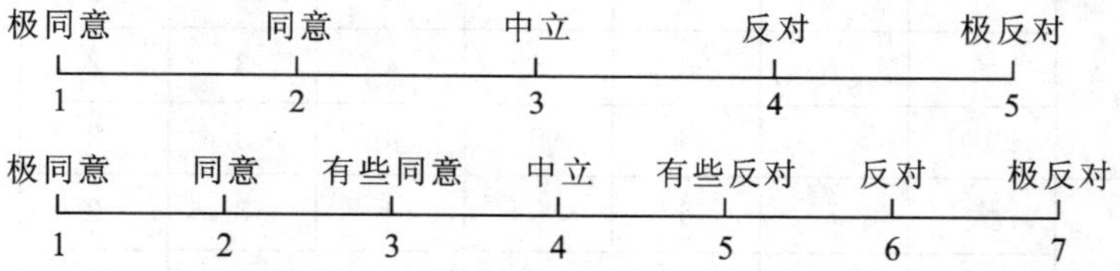

图 6-2　李克特态度量表

在运用李克特量表测量消费者态度时,经常遇到的一个问题是如何确定所使用的陈述语句的合适性,即确定这些语句是否确实具有刻画或反映消费者的某一方面态度的潜力或能力。对于这一问题,迄今没有找到十全十美的解决办法。但在实际中,可以计算在某一项目或陈述意见上得分居前的 25%的被试的平均得分和在该项目上得分居末的 25%的被试的平均得分,并对这两部分被试的平均得分进行比较,以平均得分的差异作为决定该陈述意见是否合适、是否应保留或删掉的判别指标。前述两部分被试在某一项目上平均得分的差异越大,表明该项目越能深刻刻画人们在某一方面的态度,因而适合于作为量表项目;否则,表明对消费者态度的刻画能力较低,不宜选作量表项目。

李克特量表操作简便,是目前应用最广泛的态度测量方法之一。较之瑟斯顿量表,李克特量表的工作量只及前者的几分之一到几十分之一,而用李克特量表所测得的结果与用瑟斯顿量表所得的结果相关度达 0.80,由此不难解释李克特量表受到普遍欢迎的原因。虽然如此,这一量表也不是没有局限性。由于采用态度等级的自我报告法,再加上它自身存在一种将问题简化处理的倾向,运用李克特量表测量较复杂的态度问题时,效果并不十分理想。此外,如同瑟斯顿量表一样,李克特量表依据直接询问被试对态度客体的评价来赋予分值,在一些敏感问题上,被试可能会存在顾虑而加以掩饰,由此可能影响最终的测试效果。

(三)语意差别量表

语意差别量表(Semantic Differential Scaling)又叫语意分析量表,是由奥斯古德(C. E. Osgood)等人于 1957 年提出来的一种态度测量方法。该量表的基本思想是,对态度的测量应从多个角度并采用间接的方法进行,直截了当地询问人们对某一主题或邻近问题的看法与态度,结果不一定可靠;人们对某一主题的态度,可以通过分析主题概念的语意,确定一些相应的关联词,然后再根据被试对这些关联词的反应加以确定。例如,你想了解一个人对他父亲的态度,不必直接询问他对自己父亲的感觉,因为这样询问不一定能了解他的真实态度。你可以提出"父亲"这个词,要求被试按语意差别量表中的各个评定项目画圈,由此即可推断出他对自己父亲的态度。语意差别量表包括三个不同的态度测量维度,即情感或评价维度、力度维度和活动维度。每一维度都由几对反义形容词或两极形容词予以刻画。表6-2是奥斯古德等人提出的语意差别测量项目表。在对不同事物或主题进行态度测量时,用以刻画表中各维度的具体项目可以做相应调整,以使量表能更贴切地反映所测主题的要求。具体测定消费者态度时,先给被试提出一个关于态度对象的关键词,然后要求被试按自己的想法在两极形容词间的7个数字上圈选一个数字,各系列分值的总和即代表他对所测事物的总的态度。得分越高,表示被试对所测事物越具有积极和肯定的态度;否则,表明被试对所测事物持有消极和否定的态度。

表6-2 语意差别测量项目表

评价量表	好	7	6	5	4	3	2	1	坏
	美	7	6	5	4	3	2	1	丑
	聪明	7	6	5	4	3	2	1	愚蠢
力度量表	大	7	6	5	4	3	2	1	小
	强	7	6	5	4	3	2	1	弱
	重	7	6	5	4	3	2	1	轻
活动量表	快	7	6	5	4	3	2	1	慢
	积极	7	6	5	4	3	2	1	消极
	敏锐	7	6	5	4	3	2	1	迟钝

下面以消费者对A、B两个花店的评价来进一步说明语意差别量表的具体运用。图6-3绘出了100位消费者对A、B两家花店评价结果的平均值。从图6-3中可以看出,花店A位置较好,布置较新潮,选择余地较大,但价格较昂贵,服务态度不是太好。而花店B态度较好,价格也较适中,但所处位置不是十分理想,选择余地偏小,并有较为保守的形象。

语意差别量表构造比较简单,适用范围广泛,几乎可以用来测量消费者对任何事物的态度。局限性是,这种态度测量方法并未摆脱被试自我报告程式,而且量表中各评价项目的确定仍带有一定主观性。

(四)行为反应测量

行为反应测量是指观察和测量被试对于有关事物的实际行为反应,以此作为态度测量的客观指标。常用的行为反应测量方法有距离测量法、生理反应测量法、任务完成法。

1.距离测量法

这一方法是通过观察人与人之间交往时的身体接近程度和亲切表现来研究人的态度。如果某人与另一人交往时保持较远的距离,目光较少接触,而且身躯后倾,则表明他对后者持一种否定的态度;相反情况下则表明对后者持肯定态度。

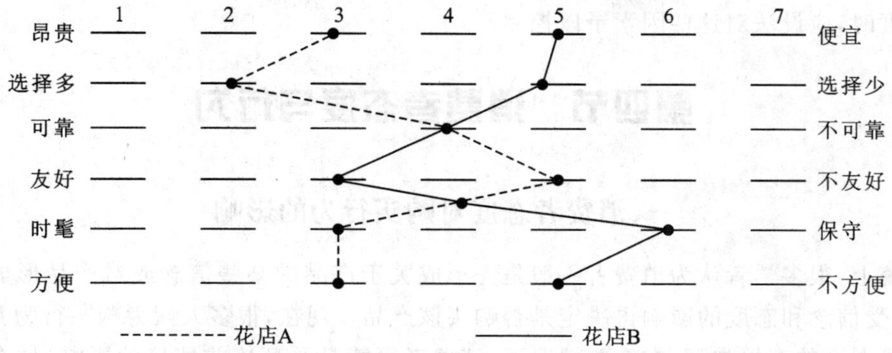

图 6-3　消费者对花店态度的语意差别量度

人对事物尤其是人对人的态度除了可以从前面所说的这种物理距离反映出来以外，也可以通过人与物、人与人之间的心理距离反映出来，博葛达斯(E. S. Bogardus)编制的"社会距离测量表"(表 6-3)就是根据人与人之间的心理距离制定的。它虽然最初是为分析种族之间的隔阂和距离而设计的，但对测定人与人之间的亲疏关系同样是适用的。表 6-3 中的分值表示心理距离的远近。

表 6-3　社会距离测量表

陈述句	分值
可以结亲	1
可以作为朋友	2
可以作为邻居	3
可以在同一行业共事	4
只能作为国民共处	5
只能作为外国移民	6
应被驱逐出境	7

被试在量表上做挑选后，得分值越大，表示社会距离越大，在种族问题上越怀有偏见；反之，则表示社会距离小，没有或较少有种族偏见。

2. 生理反应测量法

通过测定瞳孔的扩张、心律速度、血压变化、皮电反应等确定人的态度。例如，确定消费者对某则广告的态度时，可以在他看了该则广告后立即对其做心律变动或皮电反应测试。当然，心理反应测量法也存在局限：一是它只能探测极端反应；二是它对所测态度的类型不一定能辨别清楚，如恐惧和愤怒的生理反应几乎相同，难以区分。

3. 任务完成法

它是指让被试去完成某项任务，通过观察任务完成质量来确定他对这件事的态度。根据琼斯的研究，态度对学习具有过滤作用，因此，如果让被试阅读几种不同倾向的材料并要求尽可能地予以回忆的话，他一般会对与自己态度相吻合的材料记得更多、更好。所以，若他对带有某一倾向的材料比另外的材料记得更多、更好，则表明他更倾向于这种态度。当然，对材料记忆的好坏还涉及材料的难度、排列次序等其他因素，在运用任务完成法探测消费者态度时，应设法对这些因素予以控制。

第四节　消费者态度与行为

一、消费者态度对购买行为的影响

传统上，很多学者认为消费者一般是先形成关于产品的某些信念或对产品形成某种态度，然后受信念和态度的影响再决定是否购买该产品。现在，很多人认为购买行为并不必然受信念或态度的直接支配，在有些情况下，消费者可能是受环境或情境的影响，如在朋友的压力下、在促销的引诱下，先采取购买行动，然后再形成关于产品或服务的态度。总之，消费者态度与购买行为之间并不必然是一种指示和被指示的关系。

20 世纪 30 年代，美国社会心理学家拉皮尔(R. T. Lapiere)做过一项著名的试验。拉皮尔偕同一对年轻的中国留学生夫妇在美国西海岸旅行，住宿了 66 家旅社，在 184 家餐馆用餐，并受到很好的接待。当时，美国普遍存在对黑人和亚洲人的歧视，拉皮尔的此次旅行使他颇感意外。6 个月后，他将上述光顾过的餐馆、旅店作为试验组，将未光顾过的一些餐馆、旅店作为控制组，分别向它们寄送内容类似的调查问卷，以了解它们是否愿意接待华人顾客。结果，在光顾过的 250 家餐馆、旅馆中收回了 128 份答卷，其中回答不愿接待的有 118 家，占总数的 92.2%，而且这一结果与对照组的结果没有显著差别。由此说明，行为与态度之间的关系并不像人们通常想象的那样简单。

虽然如此，态度与行为之间确实又存在密切的联系。在西方的政府选举中，民意测验往往成为某个政党候选人能否当选的有效预示器，而且民意测验日与选举日越接近，民意测验的预示效果越准确。所以，通过态度测量了解人心向背，在不少情况下对预示行为具有特殊的价值。一般而言，消费者态度对购买行为的影响主要通过以下三个方面体现出来：

首先，消费者态度将影响其对产品、商标的判断与评价。哈斯托夫(A. H. Hastorf)和坎特里尔(H. Cantril)将普林斯顿大学和达特茅斯大学两校校队足球赛录像分别放给两校学生看，结果，普林斯顿大学的学生发现达特茅斯球队犯规次数比裁判实际判处的多两倍，达特茅斯大学的学生则恰好相反，更多地指出普林斯顿球队犯规而未遭处罚的次数。显然，这是两校学生维护各自学校荣誉的立场和期望本校球队获胜的积极态度造成的认识判断上的偏差。这种现象，在消费者选择、购买产品时也会经常出现。比如，现在一些国产手机、家用电器的品质不比外国产品差，但一些消费者长期形成了进口电器产品，尤其是日本的电器产品质量最好的信念和态度，由此在一部分人中形成了宁愿多花钱选择进口产品的崇洋倾向。

其次，态度影响消费者的学习兴趣与学习效果。琼斯(E. E. Jones)等人做过一个试验：他们选择对“白人与黑人分校学习”有不同态度的两组大学生作被试，第一组为反对分校者，第二组为赞成分校者。两组被试被要求分别阅读 11 篇关于“反对黑人与白人分校学习”的文章，然后要求被试将所阅读的文章内容尽量完整地写出来。结果发现，第一组被试所记忆的材料数量远多于第二组，也就是说与读者态度相吻合的材料易被吸收、储存和提取，而与读者态度不一致的材料则更容易被忽视、曲解。显然，态度在学习过程中起着过滤器的作用。同样，消费者在接触各种来源的产品信息时，也会因对企业、产品的不同态度而产生先入为主的见解，从而影响他对这些信息的注意和理解。

最后，态度通过影响消费者的购买意向进而影响购买行为。佩里(M. Perry)曾研究过可否根据消费者对商品的态度来预测购买意图与购买行为的问题。他的研究发现，态度与消费者购买意图存在直接联系：抱有最善意态度的被试怀有明确的购买意图，抱有最恶意态度的被试完全没有购买意图，漠不关心的消费者则对将来是否购买持观望和不确定状态。由此得出的结论是：意图是态度的直接函数，即态度能够在很大程度上预测意图。费希本(M. Fishbein)和阿杰恩(I. Ajzen)认为，消费者是否对某一对象采取特定的行动，不能根据他对这一对象的态度来预测，因为特定的行动是由采取行动的人的意图所决定的。要预测消费者行为，必须了解消费者的意图，而消费者态度只不过是决定其意图的因素之一。在稍后介绍的费希本合理行动模型或行为意向模型里，态度、意图和行为之间的关系将得到进一步说明。

二、客体态度模型(Attitude-toward-the Object Model)

客体态度模型又叫费希本模型(Fishbein Model)，是一个预测消费者态度的多属性模型。这一模型在消费者行为和市场营销研究领域受到广泛关注，我们后面要介绍的费希本行为意向模型也是建立在此模型基础上的，故此，拟对该模型做简要介绍。

$$A_{jk} = \sum B_{ijk} E_{ik}$$

式中 i——属性；

j——品牌；

k——消费者；

B_{ijk}——消费者 k 相信品牌 j 具有属性 i 的程度，即信念强度；

E_{ik}——消费者 k 对于某种产品是否具有属性 i 的重视程度，即信念评价；

A_{jk}——消费者 k 对品牌 j 的总体态度。

该模型涉及三个要素：

(1)显著信念。信念是指消费者所持有的关于客体属性的看法。它是人们对于信念对象与其他事物、价值、概念或属性之间关系的主观判断。它有两层含义：第一，信念是信念对象与属性之间的联结关系。例如，有关大众车的经济性信念，就是大众车(信念对象)与每百公里耗油量(属性)之间的联结关系。第二，信念是一种主观判断。例如，“大众车每百公里耗油量最低”就是一种主观判断，它可能与事实并不相符。

显著信念就是指对消费者态度起决定作用的信念。在不同的条件下，消费者的显著信念是不一样的。比如，刚接受了牙医治疗的消费者在购买牙膏时有关预防牙病的信念就起决定作用。通常，环境的刺激(产品的包装、陈列、标签、广告等)、最近经历的事件、消费者的情绪状态以及在这些条件下消费者突出的价值观和目标等都会影响显著信念的形成。显著信念是与特定的属性联系在一起的。比如，消费者对“七喜”可能有三种显著信念：“七喜不含咖啡因”，“七喜只含纯天然成分”以及“七喜是柠檬口味”。这些信念在内容、强度和评价上会有所不同，这就涉及了模型的另外两个要素，即信念强度和信念评价。

(2)信念强度。信念强度指消费者相信某个对象具有某种重要属性的可能性。例如，某位消费者可能非常相信“七喜不含咖啡因”，这一信念的强度非常高；而不太相信“七喜只含纯天然成分”，其信念强度就相对较低。又如，某位消费者可能相信洁诺牙膏具有最理想的洁白牙齿的使用效果(信念强度很高)；或者某位学生可能坚信北京大学在国内具有不可动摇的学术地位(信念强度很高)。

(3)信念评价。它反映的是消费者怎样看待某种属性,即对于某种产品是否具有某种属性的重视程度。例如,某消费者可能非常重视饮料中不含咖啡因,此时,他有关"七喜不含咖啡因"这一属性的信念评价就会很高,而有关"百事可乐含有咖啡因"的信念评价就会很低;另一位消费者可能抱无所谓的态度,那么不管他的信念强度如何,他的信念评价都是中性的。

三、费希本行为意向模型(The Behavioral Intentions Model)

行为意向模型也称合理行动理论,是由费希本和他的同事们在前述客体态度模型的基础上发展起来的(图 6-4)。这一模型在很多方面对客体态度模型做了扩展和改进。首先,该模型提出行为是某种特定购买意向的结果,态度本身并不能用来直接预测行为,而是用来预测行为意向。其次,行为意向模型增加了主观规范(Subjective Norm)这一决定行为意向的变量。所谓主观规范,是指行动者对别的消费者认为在此情此境下他应采取何种行动的主观评价。比如某家庭主妇得了一笔奖金,是用这笔钱为自己购置一套时装,还是为孩子添置一台电子琴,抑或为丈夫买一套入时的西服,这很大程度上取决于她此时认定她的朋友、同事或其他接触的相关群体期望她采取何种行动。如果她认为在此情形下她的朋友或同事更倾向于把钱用在孩子的智力投资上,那么她很可能形成购买一台电子琴的行动意向。实际上,主观规范的引进将相关群体对行为的巨大影响引入了模型之中,这使得模型更接近于反映现实。最后,该模型不是要求消费者直接对产品或商标表达态度,而是要求他对购买该产品或该商标的行为表达态度和看法。态度评价上的这一差别,使消费者更多地集中考虑购买行为所带来的后果。当更多地考虑购买后果而不是产品具有哪些属性和对这些属性进行评价时,消费者将把与购买有关的更多因素,如是否与其他购买相冲突、财务上是否存在困难、是否有更好的选择品等纳入考虑范围,这样可以大大提高模型预测购买意向的能力。

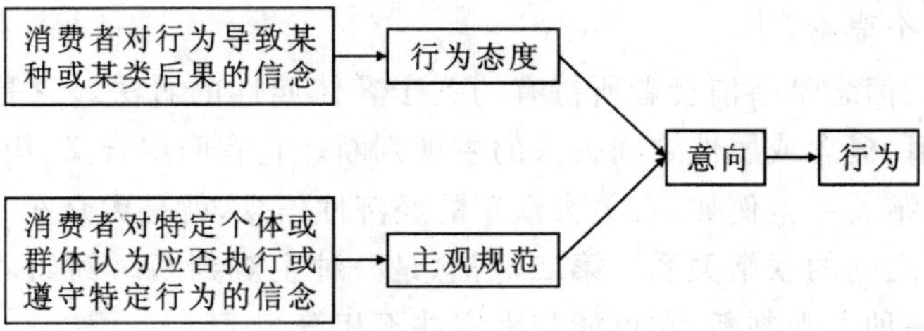

图 6-4 费希本行为意向模型

行为意向模型也可以用代数公式加以表达。如果用 B 表示行为,BI 表示行为意向,AB 表示对行为 B 的态度,SN 表示主观规范,W_1 表示态度对行为意向的影响权重,W_2 表示主观规范对形成行为意向的影响权重,则模型可表示为

$$B \approx BI = W_1 \cdot AB + W_2 \cdot SN$$

式中 $B \approx BI$ 表示行为接近行为意向,但并不一定完全吻合,原因是还存在着意外事件或其他一些影响因素使行为意向与实际行为不相一致。W_1 和 W_2 可以通过经验性的回归分析获得,AB 和 SN 可以经由消费者问卷调查获得。

实际上,AB 可由以下公式估计:

$$AB = \sum_{i=1}^{N} b_i e_i$$

此公式与前面介绍的客体态度模型中的表达式在形式上一致。不同之点是，在本模型中，b_i 表示消费者对履行某种行为将导致结果 i 的信念，e_i 表示消费者对结果 i 的主观评价。换句话说，在行为意向模型中，消费者所评价的不是关于客体具有某种属性的信念，而是关于采取某种行动将导致特定后果的信念。

主观规范可以用以下公式估计：

$$SN = \sum_{j=1}^{n}(NB_j)(MC_j)$$

式中 SN——主观规范；

NB_j——个体 j 或参照群体 j 认为某消费者应当或不应当采取某种行动的信念；

MC_j——消费者接受参照群体 j 的影响或服从于参照群体 j 的行为规范的动机；

n——相关群体或个体的数目。

四、购买行为与态度不一致的影响因素

前面业已指出，消费者态度一般要透过购买意向这一中间变量来影响消费者购买行为，态度与行为之间在很多情况下并不一致。造成不一致的原因，除了前面已经提及的主观规范、意外事件以外，还有很多其他的因素。下面对这些影响因素做一简单讨论。

(一)购买动机

即使消费者对某一企业或某一产品持有积极态度和好感，但如果缺乏购买动机，消费者也不一定会采取购买行动。比如，一些消费者可能对苹果公司生产的计算机怀有好感，认为苹果计算机品质超群，但这些消费者可能并没有意识到需要拥有一台苹果计算机，由此造成态度与行为之间的不一致。

(二)购买能力

消费者可能对某种产品特别推崇，但由于经济能力的限制，只能选择价格低一些的同类其他品牌的产品。很多消费者对“奔驰”汽车评价很高，但真正做购买决定时可能选择的是其他品牌的汽车，原因就在于“奔驰”的高品质也意味着消费者需支付更高的价格。

(三)情境因素

情境因素如节假日、时间的缺乏、生病等，都可能导致购买态度与购买行为的不一致。当时间比较宽裕时，消费者可以按照自己的偏好和态度选择某种品牌的产品；但当时间非常紧张，比如要赶飞机、要很快离开某个城市时，消费者实际选择的产品与他对该产品的态度就不一定有太多的内在联系。

(四)测度上的问题

行为与态度之间的不一致，有时可能是由于对态度的测量存在偏误。比如只测量了消费者对某种产品的态度，而没有测量消费者对同类其他竞争品的态度；只测量了家庭中某一成员的态度，而没有测量家庭中其他成员的态度；或者离开了具体情境进行测度，而没有测量态度所涉及的其他方面；等等。

(五)态度测量与行动之间的延滞

态度测量与行动之间总存在一定的时间间隔。在此时间内，新产品的出现、竞争品的新的促销手段的采用，以及很多其他的因素，都可能引起消费者态度的变化，进而影响其购买意向与行为。时间间隔越长，态度与行动之间的偏差或不一致就会越大。

复习思考题

1. 态度有哪些功能？
2. 态度的组成成分是什么？
3. 消费者态度对购买行为有哪些主要影响？
4. 描述费希本行为意向模型。
5. 影响购买行为与态度不一致的因素有哪些？
6. 学习论和诱因论在关于态度形成的问题上有何异同？

【案例分析】

H&M、GAP 会被 90 后抛弃吗？

全球第二大服装零售商 H&M 宣布 2016 财年一季度净利润同比缩水 29.6%；号称快时尚"一姐"的优衣库也承认受业绩下滑影响，其母公司迅销集团净利润在 2016 财年上半年更是暴跌 55.1%。西班牙快时尚品牌 Mango 则更惨，其母公司 2015 年度仅获得 400 万欧元的净利润，相较上一年暴跌 96%。

2006 年第一家快时尚品牌进入中国就在中国市场上高歌猛进。然而，10 年之后，大部分快时尚品牌都陷入了"业绩下滑"的泥沼中。

自毁品牌：从白富美的试衣间到打折大卖场

传统服装公司的设计师会为每一季设计新的款式，快时尚品牌则不同，设计师们随时都在设计、加工并发布新产品，只要有新的流行趋势出现就抓住，再融入自己的设计元素，之后轻松成衣。这样一个成衣周期有多快？在 H&M 不超过 20 天。

这些快时尚品牌们吸粉的灵丹妙药就是手握"快宝剑"，每隔几天店里就会上新款；跟那些奢侈品大牌的款式非常相似，可价格却便宜很多；而且门店越开越多，遍布主要商区和社区，凭借低价、快速以及多样化品类火极一时，出现爆炸式发展。

然而，在轻松分享了零售市场红利之后，随着自身品牌内涵不足和品质魅力的缺乏，在快速变化的互联网商业时代，它们集体迷失了。

快时尚品牌在用更快的速度去把一些一线大牌的款式模仿后推给消费者，但就速度而言，快时尚并不快，所谓的"快"更像伪命题，毕竟季节性的服装销售格局是不会变化的，随着全球零售业的低迷，快时尚也丧失了免疫力。

更糟糕的是，快时尚祭出打折清库存的险招，让自己立刻从白领试衣间沦为了大卖场，开始步入恶性循环。

目前，快时尚品牌正在为"无底线打折"行为付出代价。由于全年不间断打折，H&M、GAP 在消费者心目中已被打上"随时随地打折"的烙印，品牌的影响力在急速衰退。其中，GAP 在 2014 年竟被福布斯评为"未来 10 年最可能消失的 10 个时装品牌"之一，逼得 GAP 全球总裁 JeffKirwan 不得不站出来发声。

90 后更爱网红和小众化产品

快时尚前几年无限风光的主力军是当初初入职场的 80 后。

2006 年，当号称“时尚、洋气”的 Zara 进入中国市场后，无论是明星还是普通人都立刻喜欢上了它。随之，H&M 在 2007 年发力中国市场，2010 年 GAP 也来了，顿时在百货和超市垄断的零售市场掀起巨浪。彼时的年轻主力军 80 后真的极少看到这样有大牌设计感、价格又亲民的品牌，而且，产品周转速度非常快，满足了 80 后求新求变的心态。

但一晃 10 年，一切都变了。

随着内地新兴中产阶层的兴起，将有更多消费者选择出境购物，或购买品质、设计水平更高的服装。即便对于不愿打“飞的”出境购物的消费者，传统一线品牌在内地的降价策略也为他们提供了购买便利。没了时尚感，价格差变小，快时尚品牌的优势自然变得不堪一击。

90 后消费者们说得更加直接。“快时尚的衣服款式严重雷同，宁肯选择一些网红和年轻设计师品牌，或许你们 80 后都没听说过的自创品牌，那样更能吸粉儿。”她们更想要的是个性，而快时尚并不能满足。

在 Zara 门店做过两年销售的 Selina 说，后台的大数据显示很多老顾客已经 30 多岁，更年轻的 90 后和 00 后显然不再像前辈一样追崇印花、条纹等设计，加上本身面料又不好，就失去了最初争夺市场时的价值。消费者经过这些年的培育，无论眼光还是需求都变了，但品牌依然一成不变。

正如英国《卫报》专栏作家露西·斯格尔所说：“快速满足、丢弃、再次消费的模式，是‘快速时装’业只重利润、投其所好、不计后果的体现，也令消费者毫无节制。但经历过‘过度消费’的顾客自然会慢慢厌倦这种方式，市场会有自己的选择。”

（资料来源：《销售与市场》杂志渠道版，2016 年 07 期）

思考题

1. H&M、GAP 销售量下降的原因在哪里？
2. 消费者对 H&M、GAP 品牌的态度为什么会改变？态度和销售之间是什么关系？
3. 如果 H&M、GAP 想要重新赢得年轻一代的心，应该怎样做？

第七章

学习、记忆与消费者行为

学习目的与要求

- ◉ 了解和掌握学习的概念和作用；
- ◉ 掌握学习的相关理论；
- ◉ 了解学习强度的影响因素；
- ◉ 掌握刺激的泛化和刺激的辨别；
- ◉ 掌握记忆与信息加工过程；
- ◉ 了解遗忘及其影响因素。

导入案例

恶俗广告的产品为什么热卖

头几年网上经常会搞个恶俗广告评选，脑白金、妇炎洁、旺旺、金嗓子等广告都曾经有幸入选，"恶俗"广告对企业和品牌的损害是显而易见的，伤害品牌形象、美誉度下降、消费者对广告的反感导致对产品的喜好度降低甚至排斥，从而影响销售，也会使产品或品牌的价值感降低。

然而令很多人不解的是：广受好评或者业内拿奖的广告，其产品不一定能卖得好，凡是被评为恶俗广告的，其产品必定大卖。这让很多广告人尤其是4A背景的广告人痛心疾首，继而斥责国人的审美水平，甚至怀疑中国人都有受虐倾向。

首先，能够让网友们"赏脸"给个"恶俗"之名的广告，其投放频次一般都非常高，如果广告在诉求上没有太大问题，不出现目标人群错位的大问题，大投放量带来大销量是顺理成章的事情，这并不难理解。

不管是脑白金的"不收礼啊不收礼"，还是妇炎洁的"××更健康"，或者是旺旺看似脑残的广告情节，这些广告最大的共同点就是表现非常极端，让人看了之后挥之不去、驱之不散，印象极为深刻，真是太刺激了！

当某种产品或品牌把你刺激得够狠，不管你处在购买决策过程中的哪个阶段，该产品或者品牌都会时不时进入你的脑海，尤其是在信息收集到做最终选择阶段时，那个让你觉得最刺激的品牌最有可能成为最后的选择。

这就相当于看到脑白金的广告就腻歪，但逢年过节买点东西送老人的时候，“脑白金”三个字只往你脑袋里蹦，到超市一逛，实在想不出送啥好，要不就脑白金吧。这就是恶俗广告的作用。

（资料来源：http://blog.ceconlinebbs.com/）

第一节　学习概述

一、学习的含义

人出生以后，从牙牙学语到掌握高深的科学知识，从蹒跚学步到掌握各种复杂的运行技能，始终贯穿着学习这一主题。所谓学习，是指人在生活过程中因经验而产生的行为或行为潜能的比较持久的变化。

首先，学习是因经验而生的。习惯、知识、技能、观念以及生活活动均属个体的经验。因经验而产生的学习大致有两种类型：一种是经由有计划的练习或训练而产生的学习，如通过接受培训而掌握开车技能，通过参加企业提供的技术指导班而学会操作、保养、维修某种机器均属此种类型；另一种是由偶然的生活经历而产生的学习，如看到电视里介绍的某种化妆方法而予以仿效，看到某人闯红灯造成车毁人亡的场面而意识到遵守交通规则的重要性等。

其次，学习伴有行为或行为潜能的改变。从个体行为的改变，即可推知学习的存在。当某人表现出一种新的技能，如开车、游泳、打高尔夫球时，我们即可推知学习已经发生了。有时个体通过学习获得的是一些一般性知识，如关于中国的历史或文化、关于中国的宗教与艺术，这类学习往往不会立即通过行为的变化外显出来，但可能影响着个体的价值观念和将来对待某些事物的态度，即改变着人的行为潜能。由于行为潜能不一定马上转化为外显行为，它本身又不能直接观察到，因此在很多情况下，学习对行为的影响往往是潜移默化却又十分深远的。

最后，学习所引起的行为或行为潜能的变化是相对持久的。无论是外显行为，还是行为潜能，只有发生较为持久的改变才算是学习。药物、疲劳、疾病等因素均可引起行为或行为潜能的变化，但由于它们所引起的变化都是比较短暂的，故不能视为学习。当然，学习所获得的行为也并非是永久性的，因为遗忘是人所共知或每一个人都会体验到的事实。学习所引起的行为或行为潜能的改变到底能持续到什么地步，要视学习的材料与练习的程度而定。一般而言，以身体活动为基础的技能学习能维持的时间比较长。比如，当我们学会骑车、游泳、滑冰等技能后，几乎可以终生不忘。对于知识观念的学习，学习内容有时会被遗忘或被新的内容所取代，但相对于那些暂时性变化，它们保持的时间也还是比较长久的。

二、学习的分类

对于学习如何分类，学术界迄今尚未达成共识。传统上，学习被划分为记忆学习、思维学习、技能学习和态度学习。从消费者行为分析角度，有两种分类方法是很有意义的：一是根据学习材料和消费者原有知识结构对学习分类，二是根据学习效果分类。

根据学习材料与学习者原有知识结构的关系，可将学习分为机械学习与意义学习。机械学习是指将符号所代表的新知识与消费者认知结构中已有的知识建立人为的联系。学习者并未理解符号所代表的知识，只是依据字面上的联系记住某些符号的词句或组合，是一种生吞活剥式的学习。消费者对一些无意义的外国品牌的学习，很多就属于这种类型。意义学习是将符号所代表的知识与消费者认知结构中已经存在的某些观念建立自然的和合乎逻辑的联系。比如，用"冷酸灵"作牙膏商标，消费者自然会产生帮助舒缓牙齿的过敏现象的联想；用"飞鸽"作自行车商标，则会使消费者将自行车与"轻盈""飘逸"等美好的遐想相联系。消费者对这一类内容的学习，无须借助外在的和人为的力量，属于意义学习的范畴。

根据学习的效果，可将学习分为加强型学习、削弱型学习和重复型学习。消费者使用某种商品，如果觉得满意，可能会对与该商品有关的知识和信息表现出更加深厚的兴趣，对该产品的好感和印象会由此而强化，所以，这一类型的学习被称为加强型学习。削弱型学习则是指通过新的观察和体验，使原有的某些知识和体验在强度上减弱直至被遗忘。消费者使用某种商品后如果不满意，或者通过观察发现别人使用该产品有不好的效果，他对该产品的购买兴趣就会减弱。就学习效果而言，这种类型的学习不是对已有行为的正面强化，而是负面强化。重复型学习则是指通过学习，学习效果既没有加强，也没有减弱，只是在原有水平上重复而已。

三、学习的作用

人的语言、知识、技能、生活习惯、宗教信仰、价值观念，乃至人的情感、态度、个性无不受后天学习的影响。如果说动物主要受本能的驱使，其行为主要是一种本能行为，那么，人的行为主要是一种习得行为。习得行为与本能行为的一个重要不同点是前者可以通过学习而加以改变。正因为如此，习得行为比本能行为更灵活，它能使人类摆脱遗传基因的严格限制，使之能够更好地适应复杂多变的外界环境。因此，学习在人的行为塑造、保持人类行为同外界环境的动态平衡上发挥着巨大的作用。就消费者学习来讲，学习的作用是：

第一，获取信息。人几乎每时每刻都会接触到各种信息，消费者通过学习接收并反馈有用的信息，如一个家庭主妇掌握了一种新的洗涤剂的使用方法；年轻妇女学会了新潮化妆术；学生掌握了计算机使用方法；吸烟者知晓了市场上一种新式打火机等。随着产品更新换代的加快，人们要获取信息的内容也越来越多，越来越广，也越来越杂，这就需要通过有目的的学习获取有用的知识。

第二，促发联想。学习的原理就是由刺激引发个体的反应，由此巩固下来形成固定的行为方式。而每一次新的学习都建立在原有学习的基础上，所以，联想伴随着学习的过程。例如家庭主妇需要购买调料，当看到广告上介绍一种新产品时，她马上会联想与老产品有什么不同。学习过程中的联想主要有两种形式：一是刺激对象之间的联想，如香烟联想到火柴，收录机联想到磁带，面包联想到牛奶；二是行为与结果之间的联想，如饮料解渴，面包充饥。这种联想经常出现，长此以往便形成了人的本能反应。

第三，学习有助于消费者决策。学习过程常常贯穿于消费者的购买决策过程。消费者通过学习获取所需信息，对所要购买的商品有了大致意向后，在确定方案阶段还要进一步掌握新的信息，做出最后决策。所以，学习的过程也是选择方案的过程。需要指出的是，学习的作用会因学习的方式不同而有所区别。学习可分为正式与非正式两种。人们往往把学校的学习、系统的培训作为正式学习。但就消费者购买行为来讲，更多的学习是非正式的。如从商场的橱窗中观察商品的陈列，来自家庭、同事、朋友的意见，亲自使用某产品的体会等，都会不同程度地影响购买行为。

四、学习方法

学习的具体方法多种多样。在学习的过程中，最初没有或很少有自我意识的习惯化学习。在达到一定年龄，有了一定的认识水平后，强化因素则是极为重要的，它可能是某种需求对象的获得，或者是物质、心理上的满足。一般情况下，学习方法主要有以下几种：

(一)模仿法

模仿法就是按照一定的模式进行学习的方法。模仿在行为的学习过程中起着重要的作用。人们儿时的语言、生活习惯和各种动作主要就是在模仿中学习的。模仿行为在消费者的购买活动中大量存在。例如，在穿着方面，时装展示、表演在现代社会中具有越来越大的影响力，名人、明星的衣着打扮常常成为大众效仿的对象。因此，一些厂商、经销商不惜重金聘请明星做广告。

(二)试误法

消费者在积累经验的过程中总要经历一些错误的尝试，以后随着不断的反复，错误逐渐减少，成功逐渐增多。试误不一定需要亲身经历，从间接经验(别人的经验)中同样可以认识错误。消费中的错误是消费者的失败，企业的任务是尽量避免自己的产品、服务成为消费者失败的原因，企业要尽量使消费者在对自己的商品、服务中得到满足。

(三)观察学习法

观察学习法是指消费者通过观察他人的行为获得示范行为的象征性表象，并做出或避免做出与之相似的行为的过程。在消费过程中，消费者会自觉或不自觉地观察他人的消费行为，并以此指导自己的消费实践。比如当某人发现同事家的某种品牌的音响设备效果特别好时，就可能在头脑中留下印象，在自己需购置音响设备时，不自觉地想到同事家的音响，并形成某种选择或购买意向。反之，如果某人经观察发现同事所买的音响设备音质不理想，则在购买音响设备时可能会避免选择该品牌的产品。观察学习使个体突破直接经验的限制，获得很多来自间接经验的知识、观念和技能，它是消费者所采用的十分普遍的学习方法。

第二节 有关消费者学习的理论

一、经典性条件反射理论

经典性条件反射理论是由俄国生理学家伊万·巴甫洛夫(Ivan Pavlov)提出来的。该理论认为，借助于某种刺激与某一反应之间的已有联系，经由练习可以建立起另一种中性刺激与同样反应之间的联系。这一理论是建立在著名的巴甫洛夫狗与铃声的实验基础上的。在该实验中，巴甫洛夫发现，实验助手将食物放入狗的口中，狗的唾液分泌量开始增加。这是一种自然的生理现象，是狗的一种本能反应，本不足为奇。但随后巴甫洛夫进一步发现，在食物进狗的口之前，其唾液分泌量就开始增加。最初，狗是在看到食物的时候，唾液分泌量增加，后来则发展到未见食物、只见到送食物的助手，甚至只听到助手走来的脚步声，狗的唾液分泌量便开始增加。受此一现象的启发，巴甫洛夫开展了著名的条件反射研究。条件反射研究的实验设计是这样的：在给狗以食物之前半分钟响铃，并观察和记录狗的唾液分泌反应；在铃声与食物反复配对并呈现多次以后，仅呈现铃声而不呈现食物，再观察狗的唾液分泌情况。结果发现：铃声这一原来只能引起一般性注意、不能诱发狗的唾液分泌的中性刺激，由于多次与食物匹配，即使后来单独呈现，也会引发狗的唾液分泌。换句话说，经过条件联系的建立，中性刺激铃声具有了诱发原来仅受食物制约的唾液分泌反应的某些力量。图 7-1描述了经典性条件反射过程。食物能够诱发狗的唾液分泌，两者之间存在一种自然的刺激-反应关系。我们将前者即食物称为无条件刺激(UCS)，将后者即唾液分泌称为无条件反应(UCR)。铃声作为一种中性刺激，本来并不能诱发狗的唾液分泌，但当它与食物一起反复呈现多次后，也开始具备类似于食物呈现时那种诱发狗的唾液分泌的力量。我们把铃声与唾液分泌之间的这种关系称为条件反射作用，将处于这种条件反射关系中的铃声称为条件刺激(CS)，将由条件刺激引起的唾液分泌称为条件反应(CR)。

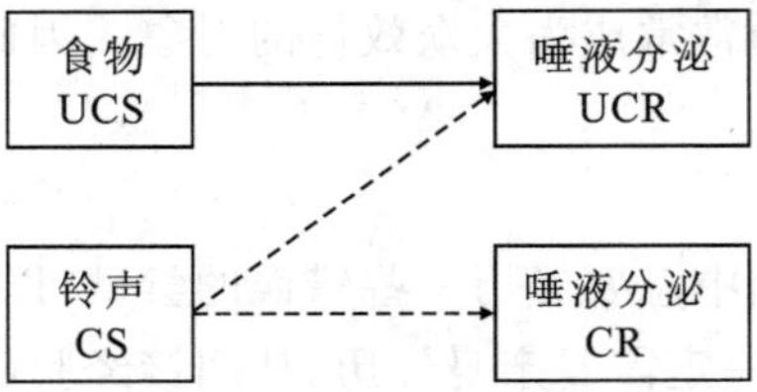

图 7-1 巴甫洛夫的经典条件反射过程

有两点需要特别强调：第一，条件反射过程中，学习者所学到的是关于条件刺激与无条件刺激之间的关系。巴甫洛夫实验中的狗学会了将响铃与随之而来的食物呈现联系起来。用学习理论的术语来说，就是学到了两种刺激物之间的关系。虽然在这种学习中，食物的强化效果非常重要，但学习本身并没有超越将响铃与食物出现相联系这一范围。第二，应当注意条件反应与无条件反应之间的区别。虽然在巴甫洛夫的实验中，条件反应与无条件反应均是分泌唾液，但两者就严格意义上说存在很大的不同。比如，在只出现铃声时，实验中的狗可能较在仅仅呈现食物时分泌的唾液更少，而且分泌时间更短。更进一步，如果在连续多次响铃后并未有食物的出现，狗的唾液分泌可能会减少，直至完全停止。这样一种现象被称为消退(Extinction)。基于这一原因，区分有机体对条件刺激和无条件刺激的反应差异具有十分重要的理论与现实意义。

经典性条件反射理论已经被广泛地运用到市场营销实践中。比如在一则沙发广告中，一只可爱的波斯猫坐在柔软的沙发上悠闲自得地欣赏着美妙的音乐，似乎在诉说着沙发的舒适和生活的美好。很显然，该广告试图通过营造一种美好的氛围以激发受众的遐想，并使之与画面中的产品相联结，从而增加人们对该沙发的兴趣与好感。还有一则香烟杂志广告，画面上除了香烟盒与品牌外，呈现的主要是白雪皑皑的优美雪景。广告的目的无非是在消费者中激起美好的情感，并使之与广告中的香烟品牌相联系，以使人们对该品牌形成好感。

一般来说，在低介入情境下，经典性条件反射比较常见，因为此时消费者对产品或产品广告可能并没有十分注意，也不大关心产品或广告所传达的具体信息。然而，在一系列对刺激物的被动接触之后，各种各样的联想或联系可能会由此建立起来。应特别指出的是，在低介入情境下，消费者所学到的并不是关于刺激物的信息，而是关于刺激物的情感反应。正是这种情感反应，将导致消费者对产品的学习和试用，就像图 7-2 所描述的那样。

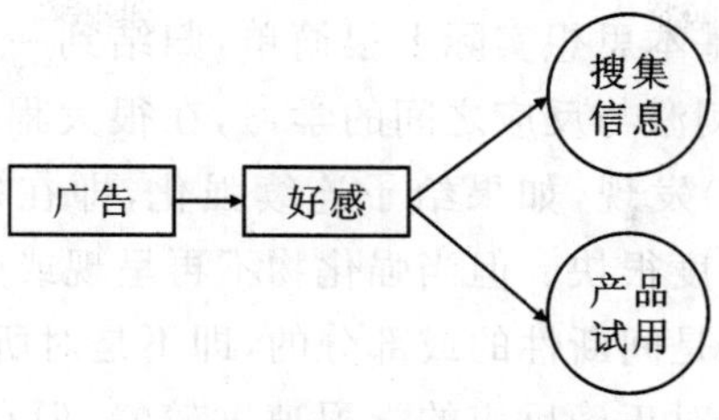

图 7-2　经典条件反射过程中的消费者学习

二、操作性条件反射理论

操作性条件反射理论是由美国著名心理学家斯金纳(Skinner)提出来的。该理论认为，学习是一种反应概率上的变化，而强化是增强反应概率的手段。如果一个操作或自发反应出现之后，有强化物或强化刺激相尾随，则该反应出现的概率就增加；经由条件作用强化了的反应，如果出现后不再有强化刺激尾随，该反应出现的概率就会减弱，直至不再出现。

图 7-3 描述的试验反映了操作性条件反射的基本原理。在试验中，试验对象是老鼠，饥饿是诱发其行为的刺激。比如说，作为试验对象的老鼠已 12 小时没有进食。然后，将这只处于饥饿状态的老鼠置于一个叫斯金纳箱的装置中。箱内有一个伸出的杠杆，如果按压杠杆，就会自动掉下食物。老鼠在箱中可自由活动和做出各种反应，图中 $R_1, R_2, \cdots, R_n$ 表示各种潜在的反应。起初，老鼠在箱内不安地乱跑，活动中偶然触到了杠杆，结果有食物落到箱中的食物盘内。经过反复多次，每次触动杠杆，必有食物落入盘内，最后，老鼠会主动触动杠杆以获取食物。食物作为触压杠杆(R)这一反应的强化物，为刺激(饥饿)与反应(触压杠杆)之间的联结提供了条件。由于触压杠杆是获得奖赏即食物的一种手段或工具，因此，这一类型的学习被称为操作性或工具性条件反射。

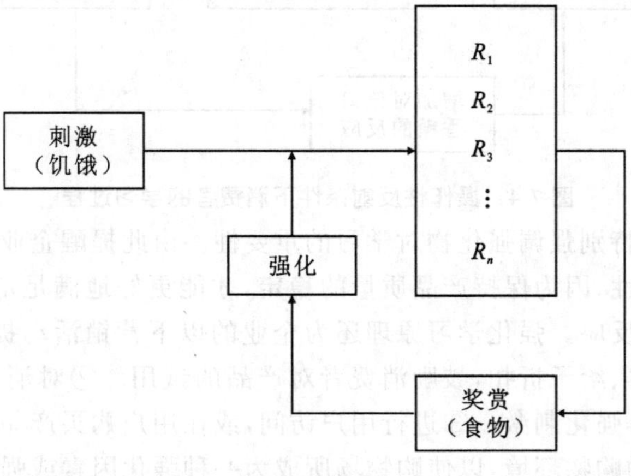

图 7-3　简单的强化学习试验

图 7-3 中的强化物也可以带有惩罚或负面性质。比如，可以将食物置换为电击，即老鼠每触动一次杠杆将遭受一次电击，那么在经过若干次电击后，老鼠将不再触动杠杆。如果老鼠触动杠杆时有时会掉进食物，有时则会遭受电击，那么，其反应又将如何？试验表明，老鼠会通过学习来使用识别线索。例如，当置于箱中的小灯泡发亮时，老鼠触压杠杆就会获得食物，而当小灯泡不亮时，老鼠触压杠杆则遭受电击。在此试验条件下，老鼠将很快学会在灯泡发亮时去触动杠杆。

操作性条件反射理论的基本思想实际上很简单，归结到一点就是强化会加强刺激与反应之间的联结。联结学习或刺激与反应之间的学习，在很大程度上取决于对强化物的安排(Schedule)。金伯尔(Kimble)发现，如果给予连续强化，即在每次正确反应后就给以强化物，个体对正确反应的学习速度很快。但当强化物不再呈现或中止强化时，正确反应的消退速度也很快。相反，如果强化是间断性的或部分的，即不是对所有正确反应而只是对部分正确反应予以强化时，虽然最初对正确反应的学习速度较慢，但在强化物消失后，行为消退的速度也比较慢。此发现对营销的启示是，给予顾客奖券、奖品或其他促销物品，在短期内就可以增加产品的销售量，但当这些手段消失后，销售量可能会马上下降。因此，企业要与顾客保持长期的交换关系，还需采取一些间断性的强化手段。此发现所揭示的原理，对解释产品或品牌形象为什么难以改变的事实也颇有启发意义，因为品牌形象是建立在消费者对品牌的间断性体验的基础上的，是消费者在长期的消费体验中经过点滴的积累逐步形成的，因此，构成品牌形象的各种联想和象征含义也需要经过很长的时间才可能逐步消退。

操作性条件反射与经典性条件反射的区别可以从下面的例子中得到反映：假设某企业推出一种新的清香爽口的口香糖，为了促使消费者购买这一产品，在经典性条件反射理论指导下，企业应通过广告宣传使消费者对该产品产生好感，在此基础上吸引消费者进一步搜集关于该产品的信息或尝试该产品。这一过程可从前面的图 7-2 中获得充分的表达。如果根据操作性条件反射理论，企业则应先采用诸如样品发放、有奖销售等方式促使消费者试用，在试用的基础上，经由产品的独特口味使消费者对产品形成好感。消费者的这一学习过程可用图 7-4 来描述。总之，在经典性反射条件下，消费者形成对产品的喜爱在先，试用在后；而在操作性反射条件下，则是试用在先，对产品形成好感在后。

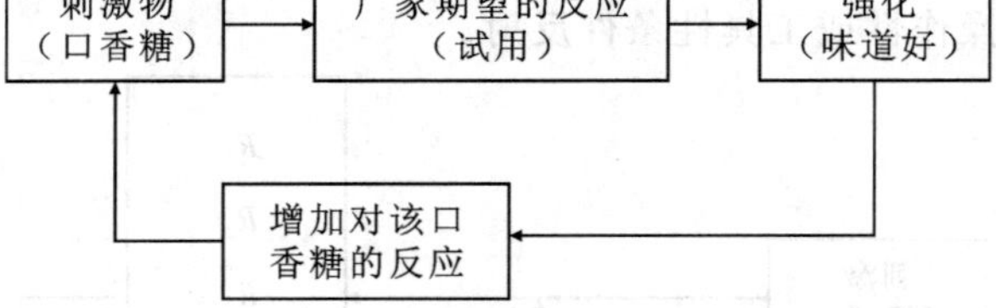

图 7-4　操作性反射条件下消费者的学习过程

操作性反射理论特别强调强化物对学习的重要性。由此提醒企业在营销实践中应格外重视产品质量的一致性，因为保持产品质量的稳定，才能更好地满足消费者的需要，从而强化消费者对该产品的反应。强化学习原理还为企业的以下营销活动提供了理论支持：①通过发送样品、提供奖券、给予折扣，鼓励消费者对产品的试用。②对消费者购买行为给予奖励，如通过发送赠品等强化刺激。③进行用户访问，或在用户购买产品后给予信函或其他方式的祝贺；创造良好的购物环境，以使购物场所成为一种强化因素或强化力量。④在广告宣传中强调用户群的卓尔不凡，强调产品使用场合的独特性，以此对消费者行为予以强化。

美国一家人寿保险公司曾经做过一个关于操作性条件反射作用的试验。参加试验的消费者均是保险公司的新客户，人数达两千多。这些消费者被分成三个组，其中两个组的客户在每月付了保险费后，将收到公司寄来的感谢信或问候电话，而第三个组的客户则没有收到类似的强化物。六个月之后，收到强化物的两个组中有 10% 的人中止了保单购买，而在未收到强化物的一组中，中止保单购买的比例达 23%。很显然，问候或感谢这一强化物有助于维持客户继续支付保险费这一行为。

一般来说，操作性条件反射作用更适合于高介入度的购买情境。因为在高介入情境下，消费者对购买回报将会有意识地予以评价。以购买西服为例，消费者将西服购买回家后很可能会从象征性和功能性两个方面对购买行为作出评价，在此情形下，强化无疑会在消费者心理上产生重要影响。比如，如果有别人对消费者所买的西服予以赞许，或者在某些场合目睹他人穿同样品牌西服时的风采，均会对消费者起到正面的强化作用。在低介入的购买情境下，除非产品功效远远低于预期，否则消费者不会对购买作太多的评价。故此，低介入情境下的满意购买虽然对行为也具有强化作用，但相对而言不如高介入情境下的作用那么大。

三、认知学习理论

德国心理学家通过观察黑猩猩在目的受阻的情景下的行为反应，发现黑猩猩在学习解决问题时，并不需要经过尝试与错误的过程，而是通过观察发现情景中各种条件之间的关系，然后再采取行动。科勒(Kohler)称黑猩猩此种类型的学习为顿悟。在科勒看来，顿悟是主体对目标和达到目标的手段之间关系的理解，顿悟学习不必靠练习和体验，只要个体理解到整个情景中各成分之间的相互关系就会自然发生。

继科勒的顿悟理论学习实验之后，美国心理学家托尔曼(E. C. Tolman)与霍齐克于(C. Honzik)1930 年所做的关于潜伏学习的实验，对行为主义的强化学习原理作了进一步反驳。该项实验发现，在既无强化也无负强化的条件下，学习仍可以采用潜伏的方式发生。关于这一点，现实生活中的很多现象都可以为此提供支持。例如，在接触各种广告的过程中，消费者可能并不是有意识地对广告内容予以学习，其行为也未表现出受某则广告影响的迹象，但并不能由此推断消费者没有获得关于广告的某些知识和信息，此时，潜伏的学习会通过外显行为表现出来。

四、社会学习理论

社会学习理论又称观察学习理论，主要由美国心理学家班图纳(A. Bandura)所倡导。不少著作将班图纳的社会学习理论归于认知学习理论之下，但从严格意义上讲，班图纳的思想既受认知心理学的影响，又受行为主义心理学的影响，他本人并不能称为认知心理学家。基于此，似乎可以将其社会学习理论视为认知学习理论与行为主义学习理论的某种融合。班图纳学习理论的一个最显著的特点是强调学习过程中社会条件的作用。下面对他的这一理论做一简要介绍。

班图纳认为，人的许多行为都是通过观察学习而获得的。所谓观察学习或称替代学习，是“经由对他人的行为及其强化性结果的观察，一个人获得某些新的反应，或使现有的行为反应得到矫正，同时在此过程中观察者并没有外显性的操作示范反应”。观察学习具有以下特点：首先，观察学习并不必然具有外显的行为反应。其次，观察学习并不依赖直接强化，在没有强化作用的情况下，观察学习同样可以发生。最后，观察学习不同于模仿。模仿是指学习者对榜样行为的简单复制，而观察学习则是从他人的行为及其后果中获得信息，它可能包含模仿，也可能不包含模仿。例如，两辆汽车行驶在公路上，前一辆车不小心撞上了路桩，后一辆车急忙转弯，以避免与前面的一辆车碰撞。在这个例子中，后面司机的行为是观察学习的结果，但并不涉及任何模仿的因素。

班图纳指出，观察学习较之于其他类型的学习具有很多优点。首先，通过对榜样行为的观察，可以避免试误学习情况下各种代价昂贵的错误。其次，观察有时是学习很多新行为的最好甚至是唯一手段。比如，通过观察别人如何使用现金取款机，观察者很快就能够自行用现金卡取款。再次，观察可以缩短行为学习的时间。想象一下，如果人们只有通过亲身经历才能学习，那将要花多么漫长的时间才能学会使用各式各样的产品！最后，有些试误行为相当危险，如果通过试误学习，必将对学习者造成伤害。

在观察学习过程中，观察学习的对象被称为榜样或示范者，观察学习的主体被称为观察者。需要特别指出的是，榜样或示范者既可以是活生生的人，也可以是以符号形式存在的人和物。只要能成为观察者观察学习的对象，就可以称为榜样。比如，在学习如何使用计算机时，有关计算机的使用手册或用户指南就是观察学习中所指的榜样。对榜样的学习受到四个相互联系的过程的支配：注意过程、保持过程、再造过程和动机过程。要使学习有效，学习者应对榜样或示范影响予以足够的注意，否则，观察者就不能学到多少东西。影响注意过程的因素很多，如示范活动的特点、示范行为的实用价值、榜样以及观察者的特点等。一般而言，熟悉的事物、具有影响力和吸引力的榜样、预期带有较大奖惩后果的示范更容易引起注意。如果人们只注意观察他人的示范行为，而不能将其以表象或言语编码形式保持下来，日后就不能据此指导行为，因此，保持过程在观察学习中非常关键。

观察学习的第三个阶段或过程是行为的再造，它是指个体把以符号形式编码的示范信息转化为适当行动的过程。虽然学习者可能能够有效地将示范行为以符号形式保存，并能从认知角度正确地演习示范行为，但在再造示范行为时，仍有可能发生偏差。以学习打网球为例，即使掌握了各种要领，并且能够在头脑中模拟出教练或某个网球运动员显示的姿势与方法，但实际上场时，仍可能只是大致接近被观察者的行为，只有经过大量实践以后，才会打得和被观察者一样好甚至超过作为榜样的被观察者。

观察学习的第四个过程是动机过程或促动过程。经由注意、保存和再造过程之后，示范行为基本上为观察者所掌握，但人们不一定表现他们所学到的所有东西。只有产生了积极的诱因之后，如示范行为预期能导致有价值的结果，或经由观察所获得的行为能提高行为满意感，此时，这些行为才会由潜伏状态转化为行动。班图纳在一项以学龄前儿童为对象的实验研究中发现，给儿童呈现不同的示范行为时，儿童选择模仿那些能够获得奖赏的行为，而放弃那些不能获得奖赏或导致惩罚的行为。由此说明，对习得反应的动机状态，在很大程度上影响这些反应或行为的表现倾向。

第三节　学习的基本特性

一、学习强度的影响因素

学习强度是指习得行为或反应不被遗忘、能够持续的程度。企业总希望采用各种方式使消费者了解本企业产品的优势和特点，并使之铭记于心。影响消费者学习强度的因素很多，主要有学习内容或被学习事物的重要性、强化的水平或程度、重复的水平、产品或商标的表象。

(一)被学习事物的重要性

所学行为或事物对消费者越重要，消费者的学习就越有效率和效果，其持续时间也越长。一般而言，高介入情形下，消费者会主动获取信息，因此，此时所获得的信息较低介入情形下更为完整。同时，高介入情境下，消费者学习时对强化、重复等因素的依赖程度减弱。当然，现实生活中，消费者面临的购买情境大多是低介入的，所以，企业仍需采取有效手段引起消费者对学习对象的注意和重视。

(二)强化

虽然在缺乏强化的情况下学习也常常发生，但强化对学习强度的影响是不容忽视的。所谓强化，是指能够增加某种反应在未来重复发生的可能性的任何事物。

在研究人类的学习行为时，在学习环境中出现的任何事件(物、事、人)，只要它有助于刺激与反应之间关系的联结，就可称为增强物，而增强物发生作用的过程就是强化作用。例如，人们在走路时感到口干舌燥，偶尔在路旁售货亭买了杯饮料，喝了之后感到非常满意，以后他遇到同样情况，就会主动寻找卖饮料的售货亭。这里售货亭的饮料就是解除口渴的强化因素。类似的情况在消费者购买活动中经常出现。

许多学习理论认为，只有通过强化(奖励或处罚)，才能最终形成学习。强化的程度越高，消费者执行类似的行为越频繁，强化对学习的目的性、学习的速度及学习效果持续的时间都有直接的影响。同样，在购买行为中，随着强化程度的提高，消费者执行类似的购买行为就越频繁、持久。例如，消费者在某一食品店买到了风味独特的酱菜，再需要酱菜时他还会到那个食品店去买，长此以往，他便成了那个食品店的老主顾，对食品店经营的产品也形成了积极的态度。这就是强化的作用。具体来讲，强化可分为以下形式：①固定间隔的强化，是指强化之间的时间间隔是固定的。表现为人们在强化过去后的时间内反应冷淡，但在下一个强化来临时则反应积极。例如，消费者会在季节性减价的最后一天蜂拥而入打折的商店，但在两次降价的时间内却不再光顾此店。②变动间隔的强化，是指强化之间的时间间隔围绕着某一均值变动。由于消费者不知道强化什么时候发生，他们必须持续不断地做出反应。例如，许多饭店为了保持较高的上座率，经常采取在一个星期内不同菜系打折的方式吸引顾客就餐。③固定比率的强化，是指强化只在一个固定数目的反应之后发生。这种强化促使人持续不断地进行相同的行为。例如，许多商店实行“会员卡”制度、发放“购物券”等，就是通过优惠强化消费者在该店重复购物的行为。④变动比率的强化，是指在刺激物的作用下促使消费者累积更多的消费行为。一些零售企业热衷于搞不定期的有奖销售、赠送活动，借此吸引更多的消费者来店购物。强化理论研究比较著名的是 I. G. 汉尼弗里斯效应，即连续强化(每次反应都受到强化)比部分强化易于形成条件反应，即学得更快，但部分强化比连续强化难以消退，即消退抵抗力更大。例如，在有奖销售中尽管消费者并非每次购买都可以得到奖赏，但一旦中奖，便可能形成品牌忠诚；一些消费者热衷于参加带有赌博性质的活动，如赛马、赛车等，都是部分强化的结果。

(三)重复

重复既可增加学习强度，又可增加学习速度。每个人都有体验：行为实践的次数越多或暴露于某则信息的时间越多，越有可能习得这一行为或掌握该则信息。当然，重复的影响是和信息的重要性以及所给予的强化紧密联系在一起的。如果广告内容对消费者非常重要，或者广告伴随大量相关的强化刺激，即使该广告只有较少重复，其信息也可能很快为消费者所掌握。正由于很多广告不含对消费者十分重要的信息，也不含能引起消费者注意的奖赏，重复就十分必要。

图 7-5 是以对 1.6 万多名消费者的调查研究数据为基础绘制出来的，它表明不同的广告重复水平对品牌学习的影响。图中横坐标表示试验的时间，纵坐标表示相对收获率。时间以周为单位，本试验持续的时间是 48 周。相对收获率则是商标知名度的相对变动百分比，即知名度新增的百分点与原来的知名度之比。如原来某商标的知名度为 10%，现在提高到 15%，则相对收获率为(15%－10%)/10%＝50%。图中的粗实线表示广告每四周刊登一次，虚线表示每两周刊登一次，细实线则表示每周刊登一次。图中上半部分与下半部分的不同之处是商标的最初显露水平或知名程度存在差别：上半部分反映的商标最初的知名率为 65%，下半部分反映的商标最初的知名率为 25%。该研究获得了以下重要结论：第一，商标的最初显露水平对学习的影响最大。第二，每周重复刊播一次较每两周或每四周重复刊播一次的效果更好，而且，随着试验时间的增加，这一点表现得更为明显。第三，对于知名度较低的商标，其相对收获率要高于具有较高知名度的商标。

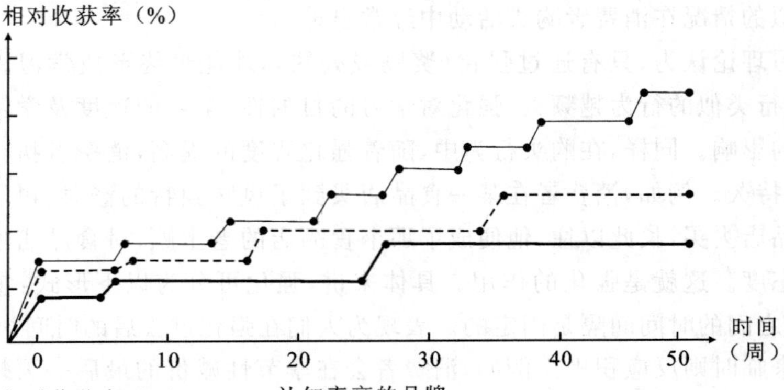

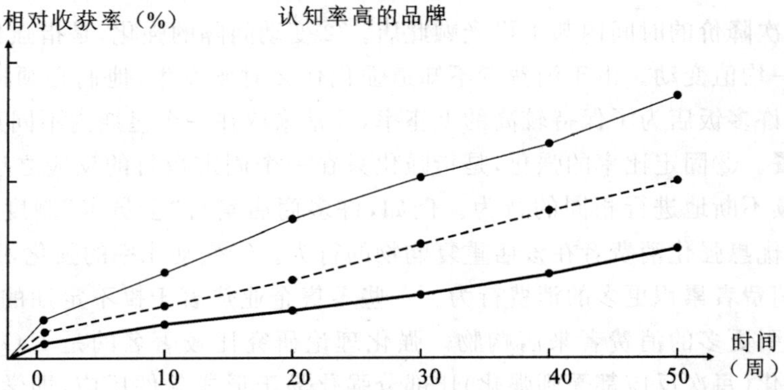

图 7-5　重复对高认知率和低认知率品牌的影响

信息重复的次数和重复的时机均影响消费者的学习强度。图 7-6 反映的是重复的时机与消费者对产品回忆之间的关系。图中横轴表示时间，以周为单位，纵轴表示回忆的百分率。曲线 A 所代表的是试验中第一组消费者对广告信息的回忆率，该组消费者在 13 周的时间里每周有一次机会接触某则广告。曲线 B 代表试验中第二组消费者对同一广告信息的回忆率，该组消费者同样有 13 次机会接触该则广告，不过，消费者是每四周接触一次，而不是每周接触一次。从图中可以看出，第一组消费者回忆率增长很快，到第 13 周达到顶峰，随后，在不再接触试验中的广告信息之后，迅速发生遗忘，以致到年末回忆水平几乎接近于零。与此不同的是，第二组消费者的回忆曲线呈“之”字形状，回忆率就总的方面看全年呈上升趋势，但在前后两次广告接触期间，回忆率下降很多，表明存在大量的遗忘。

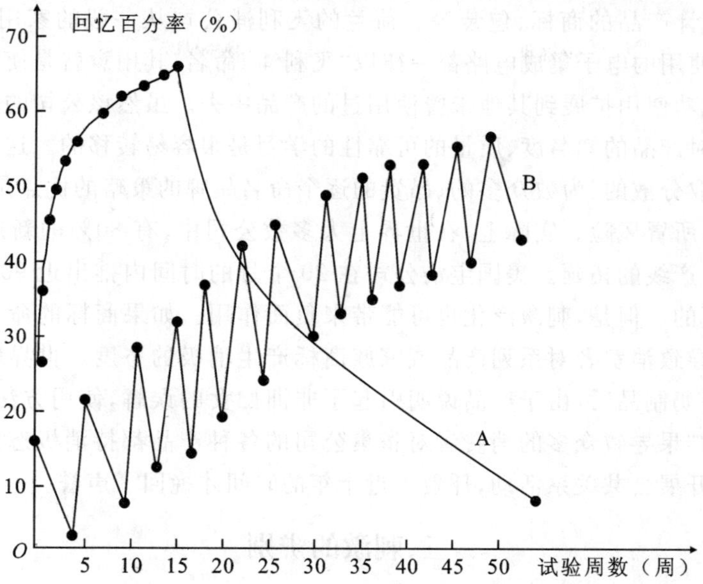

图 7-6　重复时机理性认识广告回忆

很显然，为了使产品迅速在广泛的范围内为消费者所了解，在宣传中采用重复的技术是必不可少的。在西方政坛选举中，候选人通常是在临近选举的一段较短时间里才大量动用竞选资源，运用“舆论轰炸”来保证其“诱人”的方面能够家喻户晓。对于要在长时间里持续发挥作用的习得内容，采用时间间隔稍长的重复技术可能效果更好。比如，为树立企业或产品的形象，应当长时期地进行宣传，而不能只是集中于某一较短时间内做大量重复宣传。当然，过多的重复也可能引起消费者的抱怨和反感。应当做多少次重复，重复的间隔时间应当有多长，对于这类问题，其答案可能会因产品和市场的不同而存在差异，因此，需要视具体情境做具体分析。

(四)表象

表象实际上是指曾经感知过的事物的形象，它是想象的基本材料。商标名、企业名或宣传口号等均可能与某种或某类形象相联系，这些词汇有的可能形象性程度很高，有的可能很低。一般而言，极具形象性的词汇更容易学习和记住。之所以如此，是因为这样的词汇能够在人们头脑中同时以语言和图像形式编码和储存，而形象性差的词汇则只能以语言形式编码。正因为表象能够极大地提高学习的速度和效果，所以商标的表象或形象对企业至关重要。在塑造企业形象过程中，运用图片是一种不容忽视的手段。图片或图像具有较高的表象功能，因此在广告宣传中适当运用图片，较之单纯使用语言更有助于消费者的学习。

二、刺激的泛化

刺激的泛化是指消费者对某种特定的刺激条件作用的反应会扩大到其他相似刺激的反应中。就是说，当消费者在某一刺激处境中学到了某一反应后，其他类似的刺激出现，便能获得对该刺激同一倾向性的反应。例如，喜欢抽云烟的消费者可能会觉得云南卷烟厂生产的主要品牌的香烟都适合他的口味。

现在，刺激的泛化被广泛地运用到企业的经营活动中。当企业把一种产品成功地推向市场，并取得了广泛的市场占有率后，再向市场推出系列产品也采取类似的策略。如利用刺激泛化的原理设计产品的商标、包装等。荷兰的飞利浦公司从一般的家用电器到家具、乐器，以及工业上使用的电子集成电路都一律以"飞利浦"命名，其用意就是使消费者能从该公司某一产品的成功使用扩展到其他未曾使用过的产品中去。虽然该公司的产品之间存在着巨大的差异，但对产品的知名度、质量的可靠性的学习是很容易转移的。这种集中于某一单一刺激，较之采取分散的、为数众多的、昂贵的逐个命名品牌的策略的优点是节省费用开支，减少推销新产品所冒风险。实际上，在世界上大多数公司中，有 80% 的新产品的牌子名称是已有牌子或生产线的拓延。美国宝洁公司在 20 个月的时间内推出近 90 种新产品，没有一个牌子是全新的。但是，刺激泛化也可能带来负面作用。如果商标的命名与不受欢迎的产品相联系，会导致消费者对系列产品或家族商标产生消极的态度。世界驰名的瑞士雀巢公司在非洲销售奶制品时，由于产品说明引起了非洲妇女的误解，使用方法不当，致使许多婴儿患病死亡，结果导致众多的消费者对雀巢公司的各种产品都持消极态度。公司花巨资大做广告，广泛开展公共关系活动，耗费了近十年的时间才挽回了声誉。

三、刺激的辨别

刺激的分化或辨别是指消费者对特定的刺激引起特定的反应，或是从类似的刺激中选择正确的刺激做出反应。刺激的分化在市场营销中起着产品定位的作用。随着市场中产品的日益增多，产品间的竞争加剧，企业所推出的产品如果缺乏特色，很容易淹没在众多的竞争产品中。在美国的一项调查表明，在计算机产品上，消费者无法区别一流产品与其他产品的品牌。要使消费者对企业的产品有特定的印象，就要利用刺激分化的原理，予以产品明确的定位。因为靠刺激泛化，消费者很难建立起对产品的忠诚与信任。只有鲜明的产品形象，突出的产品特色，才能使消费者在辨别的过程中增加对品牌的喜好与忠诚。许多著名的公司或拥有知名品牌的企业十分注重宣传产品独一无二的特征来鼓励刺激的辨别。例如，台湾的一家生产口腔洁具制品的企业在调查中发现消费者基本上都认同每天应该刷牙两次，但是相当一部分人在实际生活中却做不到。为此，不少消费者对此怀有一种负疚感，同时也对自己的口腔卫生状况感到担心，生怕自己口腔有不雅气味从而影响了自己的形象。于是，这家公司开发了一种漱口水，并在其广告宣传中反复暗示使用这种漱口水就可以不必遵守每天刷几次牙的教条，也不必为自己的懒惰行为感到愧疚。结果这种漱口水大受青年消费者的欢迎，成为市场上的领导品牌。

第四节　消费者的记忆与遗忘

一、记忆与信息加工

记忆是过去经验在人脑中的反映。凡是人们感知过的事物、体验过的情感以及练习过的动作，都可以以映像的形式保留在人的头脑中，在必要的时候又可把它们再现出来，这个过程就是记忆。记忆既不同于感觉，又不同于知觉。感觉和知觉反映的是当前作用于感官的事物，离开当前的客观事物，感觉和知觉均不复存在。记忆总是指向过去，它出现在感觉和知觉之后，是人脑对过去经历过的事物的反映。

记忆是一个复杂的心理过程，包括识记、保持、再认或回忆三个基本环节。识记是记忆的开端，是主体识别和记住事物从而积累知识和经验的过程。保持是巩固已获得的知识和经验的过程。再认或回忆是主体从头脑中提取知识和经验的过程。凡经历过的事物再度出现时，能把它认出来称为再认；凡经历过的事物不在面前，能把它重新回想起来，则称回忆或再现。

从信息加工的观点看，记忆就是一种储存、保持和提取的过程。

（一）储存阶段

信息加工的发生都是有阶段的，所以通常认为在记忆中有一些单独、连续的"贮存室"，信息进一步加工之前被临时贮存在这里。根据信息内容被贮存时间的长短，可以把记忆分为瞬时记忆、短时记忆和长时记忆。

瞬时记忆保持的时间极短，通常只能持续1～2秒钟，在瞬时记忆的条件下，人们一般能记住7～8个单位的信息，如果这些信息不被加工就会很快丢失。我们不停地从环境中感觉到刺激，并且下意识地贮存了大量我们不需要或不能用的信息，这就是说尽管信息进入消费者的瞬时记忆比较容易，但留下一个持久的印象却很困难。而且研究表明，大脑能自动、无意识地连接第一微秒的知觉中被保留下来的信息直到做进一步的信息加工为止。这就可以解释为什么第一印象保持的时间长，为什么将商品过早地介绍到市场上是比较冒险的。

短时记忆所保持的时间大约在1分钟范围内，其记忆的内容大部分要遗忘消失，还能记住的信息则进入长时记忆。这一阶段是真正的记忆阶段，在这里信息被加工并只保存较短时间。如果在短时记忆中的信息经历了一个复述的加工过程（即默记重复信息），信息就会转到长时记忆中，转移过程需要2～10秒。如果信息没有被复述和转移，它会在30秒或更短的时间内丢失。

长时记忆对信息内容保持的时间较长，可以保持几个小时、几天、几个月，甚至几年、几十年乃至终生。例如，大多数人能记住一年级老师的姓名。图7-7描述的是通过瞬时记忆接受的信息经过短时记忆到达长时记忆的转移过程。

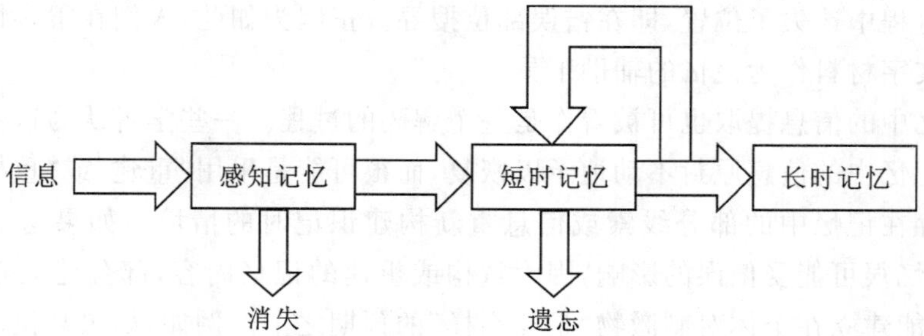

图7-7　记忆系统模式图

从短时记忆转到长时记忆的信息的数量取决于所给予的复述的数量，不管是重复还是与其他信息联系，一旦失败就会导致信息的消退和最终丢失。复述的目的是使信息能在短时贮存中保持足够长的时间，以便编码能够发生。编码是我们选择言语或视觉图像来代表所感觉到的事物的一个过程。例如，商家通常使用品牌符号（商标）来帮助消费者对品牌进行编码。戴尔（Dell）计算机用一个旋转的e作为一个可快速识别的名字，微软使用的是一个世人皆知的符号化窗口。

（二）保持阶段

信息并不单单只是停留在长时记忆中等着被提取，而是不停地被组织和再组织，在信息块之间形成新的联系。消费者对一个商品的记忆可能通过各种图像相联系而被激活，比如对许多人来说，迈克·乔丹就意味着耐克运动鞋，这也是许多商家不惜重金请广告代言人的作用。当一个线索被激活时，被带入大脑的整个信息内容称为图式。研究表明，成年人比少年更依赖于图示基础上的信息加工策略。

信息在长时记忆中是通过两种方式贮存的：情节性（通过获得的顺序）和语义性（根据有意义的概念）。举个例子来说，我们可能记得上周六看过电视剧，因为贮存信息的能力具有情节性。我们也能记得住情节、演员、导演，因为我们有语义性贮存信息的能力。最近的一项研究发现，当消费者对一些品牌了解不多时，有顺序地呈现这些品牌的信息会产生不同程度的学习，学习程度取决于信息接收的顺序。在商品种类中后来加入的商品属性，尽管和最初的商品属性相比是新奇的、容易引起注意的，但对后来进入者这好像是多余的、乏味的。这就解释了为什么在一个新商品种类中第一个品牌容易保持最大的市场份额。

（三）提取阶段

提取是指将信息从长时记忆中抽取出来的过程。对于熟悉的事物，提取几乎是自动的和无意识的。比如，当问及现在市面上有哪些品牌的电视机时，消费者可能会脱口说出诸如“长虹”“TCL”“海尔”等多种品牌。对于有些事物或情境，如去年的元旦你在干什么，恐怕很难立刻回忆出来，往往需要经过复杂的搜寻过程，甚至借助于各种外部线索和辅助工具，才能完成回忆任务。

提取和前面介绍的储存等环节是相互作用、相互影响的。有时记忆中的信息提取不出来，可能与编码有关。比如，在街上遇见一位非常熟悉的朋友，居然一下子叫不出对方的名字。之所以会出现这种现象，按认知心理学的解释是，由于个体在学习中对刺激物进行编码时，是同时将刺激物编成形码、声码和意码，并将三种代码置于长期记忆中的不同部位。如果三个代码联结上出现困难，只能解出形码与意码，就会出现前述叫不出朋友姓名的尴尬局面。提取失败或信息提取不出来，有时也可能与信息在记忆中的放置位置有关，或者是由于在信息搜寻过程中迷失了位置，即在错误部位搜寻。正因为如此，人们在很多情况下需要借助于纸笔或文字材料作为记忆的辅助工具。

长时记忆中的信息提取也可被看作是一个解码的过程。一些学者认为这一过程并不是对以前进入记忆中的信息原封不动地予以恢复，而很可能是采用“重建”或“重构”的方式，即运用先前储存在记忆中的部分线索或信息重新构建识记时的情境。如果这一观点成立的话，意味着记忆很可能受偏误的影响，因为重构或重建的记忆内容，部分建立在事实的基础上，部分则可能建立在个体对刺激物“是什么样”的预期之上。例如，如果某位消费者对所购买的产品并不满意，他可能并不记得当时与销售人员进行交易的实际细节，相反可能会根据对交易情境的部分回忆，认定销售人员采用了高压或欺诈性劝说手段。

二、遗忘及其影响因素

遗忘是对识记过的内容不能再认和回忆，或者表现为错误的再认和回忆。从信息加工的角度看，遗忘就是信息提取不出来，或提取出现错误。

最早对遗忘现象进行实验研究的是德国心理学家艾宾浩斯（H. Ebbinghaus）。艾宾浩斯以自己为被试对象，以无意义音节作为记忆材料，用时间节省法计算识记效果。实验结果见表 7-1。用表内数字制成的曲线被称为艾宾浩斯遗忘曲线（图 7-8）。该曲线表明了遗忘变量与时间变量之间的关系：遗忘进程不是均衡的，在识记的最初一段时间遗忘很快，以后逐渐缓慢，过了一段时间后，几乎不再遗忘。可以说，遗忘的发展历程是先快后慢，呈负加速型。

表 7-1 不同时间间隔的记忆成绩

时间间隔	重学时节省诵读时间的百分率(%)
20 分钟	58.2
1 小时	44.2
8～9 小时	35.8
1 日	33.7
2 日	27.8
6 日	25.4
31 日	21.1

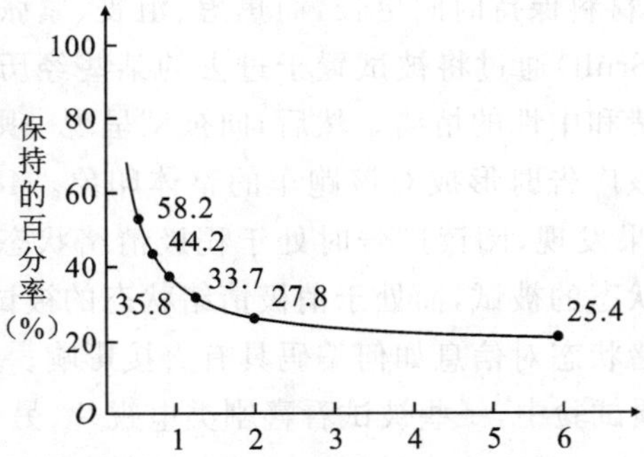

图 7-8 艾宾浩斯遗忘曲线

除了时间以外，识记材料对学习者的意义、识记材料的性质、识记材料的数量、学习程度、学习材料的系列位置等均会对遗忘的进程产生影响。下面将对这些因素分别予以讨论。

(一)识记材料对消费者的意义与作用

凡不能引起消费者兴趣、不符合消费者需要、对消费者购买活动没有太多价值的材料或信息，往往遗忘得快；相反，则遗忘得较慢。同是看有关计算机的宣传材料，对于准备购置计算机的消费者与从未想到要购置计算机的消费者，两者对所记信息的保持时间将存在明显差别。

(二)识记材料的性质

一般来说，熟练的动作遗忘得最慢。贝尔(Bell)发现，一项技能在一年后只遗忘了29%，而且稍加练习即能恢复。同时，有意义的材料较无意义的材料，形象和突出的材料较平淡、缺乏形象性的材料遗忘得慢。莱斯托夫效应(Restoff Effect)实际上从一个侧面反映了学习材料的独特性对记忆和遗忘的影响。所谓莱斯托夫效应，就是指在一系列类似或具有同质性的学习项目中，最具有独特性的项目最易获得保持和被记忆住。对于广告主来说，要使广告内容被消费者记住，并长期保持，广告主题、情境、图像等应当具有独特性或显著性，否则，广告内容可能很快被遗忘。广告中经常运用对比、新异性、新奇性、色彩变化、特殊规模等表现手法，目的就是突出宣传材料的显著性。

(三)识记材料的数量

识记材料数量越大，识记后遗忘得就越多。试验表明，识记 5 个材料的保持率为 100%，识记 10 个材料的保持率为 70%，识记 100 个材料的保持率为 25%。

(四)识记材料的系列位置

一般而言，系列性材料的开始部分最容易记住，其次是末尾部分，中间偏后的内容则容易遗忘。之所以如此，是因为前后学习材料相互在干扰，前面学习的材料受后面学习材料的干扰，后面学习的材料受前面学习材料的干扰，中间学习材料受前、后两部分学习材料的干扰，所以更难记住，也更容易遗忘。

(五)学习的程度

一般来说，学习强度越高，遗忘越少。过度学习达 150%时，记忆效果最佳。低于或超过这个限度，记忆的效果都将下降。所谓过度学习，是指一种学习材料在达到恰好能背诵时仍继续学习的状况。

(六)学习时的情绪

心情愉快之时习得的材料保持时间更长，而焦虑、沮丧、紧张时所学习的内容更易于遗忘。美国学者斯鲁尔(T. Srull)通过将被试置于过去的某些经历中，激起了三种情绪状态，即积极的情绪、消极的情绪和中性的情绪。然后，向被试呈现一则关于"马自达"跑车的印刷广告，并要求被试在阅读该广告时形成对该跑车的整体印象。48 小时后，这些被试被要求对这种跑车做出评价，结果发现，阅读广告时处于积极情绪状态的被试对该跑车的评价最高，其次是处于中性情绪状态的被试，而处于消极情绪状态的被试对该跑车的评价最低。由此说明，信息获取时的情绪状态对信息如何编码具有直接影响。戈德伯格(M. Goldberg)和戈恩(G. Gorn)所做的一项试验中，一些被试看喜剧类电视片，另一些被试看悲剧类电视片，两则电视片中均插播同一内容的广告。结果发现，看喜剧片的被试较看悲剧片的被试能更多地回忆起广告的内容。这一结果的一种可能解释是，积极的情绪状态会使消费者从记忆中提取出更为广泛和更加完整的各类知识，从而有助于对当前输入信息的编码。情绪与记忆之间的上述关系对企业具有重要的启示意义。企业营销人员应努力营造一种气氛，使消费者在接触或接收有关企业产品与服务的信息时，产生一种愉快的或积极的情绪。比如，可以在广告中使用幽默手段，或在向客户推销产品时给客户一些小的礼品，以便尽可能使受众或目标顾客产生积极、愉快的情绪。

复习思考题

1. 试述学习在购买过程中的作用。
2. 经典性条件反射理论与操作性条件反射理论有何不同？
3. 试述操作性反射条件下消费者的学习过程。
4. 什么情况下经典性条件反射原理最适合运用于产品的促销？哪些因素限制了经典性条件反射广告的有效性？
5. 运用认知学习原理分析认知因素对消费者行为的影响。
6. 试述对榜样的观察学习所经历的 4 个过程。

7. 试述影响学习强度的因素。

8. 刺激的泛化原理和辨别原理在营销中有何运用？

9. 记忆在消费者购买过程中有何作用？

10. 试述遗忘及其影响因素。

11. 情绪对消费者的学习有何影响？

【案例分析】

美宝莲 BB 霜

BB 霜(Blemish Balm Cream)起源于德国，是医生为病人做术后肌肤护理时用的护肤霜剂，用来舒缓、镇静肌肤，并淡化疤痕。BB 霜作为化妆品被引入韩国后迅速掀起 BB 霜热潮，在此风潮下，美宝莲根据中国消费者的肤质特点，在配方方面做出特殊改进，推出了两款全新美宝莲 BB 霜。

为了避免“形象＋功能”的传统营销印象，美宝莲 BB 霜另辟蹊径，将年轻消费者喜爱的漫画和插图结合到产品及广告主题风格的设计中，以插图来定义她们的生活方式，用插图来创造共鸣，聚焦于平易近人的生活故事，同时又保持美宝莲纽约时尚和自信的品牌精神。同时，美宝莲在广告中提出了“BB 控”的概念，运用了时下流行的网络用语“控”字，在表达“热爱 BB 霜的人”的意义的同时，体现了美宝莲品牌一贯紧跟潮流的时尚品位。

本次美宝莲 BB 霜的营销策略中，针对消费人群的特点创新地选用了本土四位知晓度高的草根明星担任主角，通过讲述她们在各自领域的故事将产品的信息传递给消费者。如在音乐界较有话题的曾轶可代表着“敢裸 BB 控”们，凭着自身的不懈努力，最终从普通人蜕变为明星，她本人的话题性以及广告内容的创新性吸引了广大关注；旅游达人花子则代表了“拒宅 BB 控”们，发出了在这个宅男腐女当道的网络时代的另一种声音：走出家门，去看世界，拥抱生活的乐活倡议；少年作家蒋方舟与著名模特张子萱则分别代表了青年在校学生与时尚白领人群的生活态度与消费诉求。在 2011 年新一轮的营销策略中，美宝莲沿用成功经验，继续启用新生代代言人——台湾新星 ANNIE CHEN 以及网络时尚红人——呛口小辣椒，全面覆盖生活日渐与网络紧密结合的年轻族群。

在线下方面，美宝莲在大学校园、写字楼、大卖场、专柜等地发放产品试用装，并特别在目标人群集中的大学校园中举办了“全国大学 BB 控巡演”造势活动。在线上方面，美宝莲 BB 霜做了更多创新探索，除了在传统门户、视频网站投放广告以外，还在百度、谷歌等搜索引擎中大量使用搜索营销，并取得了良好效果。除此之外，美宝莲还在学生最集中的 SNS 社交网站——人人网搭建了“天天 BB 控，我的纽约梦”手绘插画风格的界面，为学生们解答她们最关心的穿搭美妆问题，在年轻人中引起较大反响。

自美宝莲 BB 霜上线以来，共收获 34000000 余条搜索引擎搜索结果，5.5M 主题网站浏览量，105000 人次注册主题网站参与互动，体现了高效的营销价值及传播效益，创造了“每三秒钟卖出一支美宝莲 BB 霜”的销售佳绩。

（资料来源：http://www.vmarketing.cn/）

思考题

1. 根据学习相关理论说说美宝莲 BB 霜利用了哪些方法塑造消费者行为？这会对消费者的认知、态度和行为产生什么样的影响？

2. 为美宝莲提出几条销售建议。

第八章

文化与消费者行为

学习目的与要求

- 了解和掌握文化的概念及特点；
- 掌握文化对消费者行为的影响；
- 了解和掌握与消费者行为有关的文化价值观；
- 了解和掌握几种亚文化群的特点；
- 了解和掌握中国文化和消费者行为。

导入案例

中国陶瓷为何出口难

中国陶瓷一直深受广大消费者的喜爱。随着国际市场的竞争越来越激烈，中国陶瓷外销出现困难，主要问题出在对其他国家和地区的风俗习惯不熟悉。比如，中东地区属伊斯兰文化，他们排斥印有动物图案的商品；由于气候炎热，那儿的房屋、器皿，包括衣着都是冷色调的；由于水贵如油，他们不喜欢大杯子。中东人最欢迎的是印有冷色调的花木图案、容量在 40～70 毫升的小杯子。美国人则正好相反，他们人高马大，欢迎外形粗犷、有大把手的大杯子，图案也多为小房子、小娃娃、小马等；美国人鼻子高，用直口杯不方便，最好销的是口沿外翻的器皿。

（资料来源：汪彤彤. 消费者行为分析[M]. 上海：复旦大学出版社，2008）

文化对消费者行为有着广泛而深远的影响。在不同国家、不同地区、不同种族及不同社会成员中，消费者行为会表现出不同的特点。这是因为每个消费者都是在一定的文化环境中成长和生活的，其价值观念、生活方式、消费心理和消费行为必然会受到文化环境的深刻影响。文化对消费者行为的影响是间接而复杂的。

第一节 文化概述

一、文化的概念

关于文化的定义很多，据日本消费心理学学者马场房子统计，从不同角度为文化下的定义有160多种。例如，文化学奠基人泰勒(Taylor)在《原始文化》一书中将文化定义为："包括知识、信仰、艺术、道德、法律、习惯以及其他人类作为社会的成员而获得的种种能力、习性在内的一种复合整体。""解释人类学派"的创始人克利福德·格尔兹(Clifford Geertz)在他的《文化的解释》一书中认为："文化是一种通过符号在历史上代代相传的意义模式，它将传承的观念表现于象征形式之中。通过文化的符号体系，人人得以相互沟通、绵延传续，并发展出对人生的知识及对生命的态度。"

我国学者对文化的理解亦见仁见智。现在一般认为，文化应有广义与狭义之分。广义的"文化"着眼于人类与一般动物、人类社会与自然界的本质区别，着眼于人类卓立于自然的独特生存方式，认为正是文化的出现"将动物的人变为创造的人、组织的人、思想的人、说话的人以及计划的人"，因而将人类社会—历史生活的全部内容统统摄入文化的定义域。所以，广义文化又被称为"大文化"。梁启超在《什么是文化》中称，"文化者，人类心能所开释出来之有价值的共业也"。这"共业"包括的领域极其广泛，诸如认识的(语言、哲学、科学、教育)、规范的(道德、法律、信仰)、艺术的(文学、美术、音乐、舞蹈、戏剧)、器用的(生产工具、日用器皿以及制造它们的技术)、社会的(制度、组织、风俗习惯)等。

狭义的"文化"排除了人类社会—历史生活中关于物质创造活动及其结果的部分，专注于精神创造活动及其结果，所以又被称为"小文化"。在汉语言系统中，"文化"的本义是"以文教化"，就属于这种"小文化"范畴。毛泽东在论及新民主主义文化时说："一定的文化是一定社会的政治和经济在观念形态上的反映。"这里的"文化"也属狭义文化。

总体来说，广义文化是指人类创造的一切物质财富和精神财富的总和；狭义文化是指人类精神活动所创造的成果，如哲学、宗教、科学、艺术、道德等。文化概念的广义与狭义的确定，应由研究者的学科、课题和研究目的而定，不能一概在孰优孰劣上妄下定论。在消费者行为研究中，由于研究者主要关心文化对消费者行为的影响，所以将文化定义为一定社会经过学习获得的、用以指导消费者行为的信念、价值观和习惯的总和。

二、文化的特点

社会文化是人类社会特有的现象，是人类区别于动物的根本标志。没有社会文化便没有人类的社会生活。无论哪一个时代的人，哪一个民族的人，都生活在一定的文化模式之中。人们在与他人交往时的一言一行、一举一动，都是按照某种文化模式进行的。脱离了所属的文化，自己的行为就不能被他人理解和接受，人类就不能交往和互动，共同生活也就无法进行。具体地说，社会文化具有以下几个基本特点：

(一)习得性

一种文化不是存于人体的基因之中遗传下来的，而是通过人们学习而得到的。学习有两种类型：一是所谓的"文化继承"，即学习自己民族(或群体)的文化。正是这种学习，保持了民族(或群体)文化的延续,并且形成了独特的民族(或群体)个性。中华民族由于受几千年传统儒家文化的影响,形成了强烈的民族风格与个性,即使今天在西方文化的不断冲击下,仁义、中庸、忍让、谦恭的文化内涵仍是一种重要的民族文化心态。这种文化心态表现在人们的消费行为中就是随大流,重规范,讲传统,重形式,等等。这同西方人重视个人价值,追求个性消费的生活方式正好形成了鲜明的对比。二是"文化移入",即学习外来文化。在一个民族(或群体)的文化演进过程中,不可避免地要学习、融进其他民族(或群体)的文化内容,甚至使其成为本民族(或群体)文化的典型特征。例如,改革开放以来,西方文化的东渐已逐渐成为目前中国文化现象里最浓厚的一股气流。事实上,西方文化的影响从洋务运动就开始了。当时引进的重点虽然是物质装备与技术,是文化的最表面层次,但它影响了中国文化的组织制度,同时对人们的心理观念也有冲击。从文化的物质层面来看,中国人现在已经习惯了的西装,就是学习借鉴西方服装文化的结果。而这种文化认同是以文化观念的改变为前提和条件的。当外来文化为本民族(或群体)成员普遍接受时,就自然而然地变成了本民族(或群体)世代相传的本质特征。

(二)动态性

文化不是静止不变的,而是不断变化的。尽管文化变化通常十分缓慢,但文化确实会随着环境的变化而改变。当一个社会(或群体)面临新的问题或机会时,人们的价值观念、行为方式、生活习惯、偏好和兴趣等就可能发生适应性改变,形成新的文化内容。在文化的适应性演进过程中,新文化模式的形成或引入会受到人们感兴趣的程度和原有价值观念、行为准则的影响。有关研究表明,那些为社会最感兴趣而又与现有价值观念、行为准则决裂程度最小的新事物最容易被人们接受。在 20 世纪开头的几十年,在西方人的文化意识里,节省时间观念并不重要,追求悠闲、享乐、安逸、舒适是大多数人的基本信念。但近几十年来,随着商品经济的高度发展和工业化程度的不断提高,以及"后工业时代"的逐步到来,人们越来越关心如何节省时间以改善和提高生活质量。在节省时间和提高工作效率的新观念下,更多的人便开始接受方便、省时的产品或服务,如速溶饮料、快餐食品、快速加热设备、邮政快递等,也更愿意到时间效率较高的零售商店去购物。

(三)相对稳定性

文化形成后,虽然具有动态性,但这是一种趋势,并不代表时刻在变化。例如,中国人结婚喜欢用红色代表一种喜庆气氛,白色则被认为是不吉利的;而西方人结婚时则喜欢穿白色婚纱,代表圣洁。这种文化习俗靠几个人在短时间内很难改变。

(四)实用性

文化的存在能够满足社会大多数成员的需要(这种需要或是生理的、心理的,或是个人的、社会的),帮助人们解决所面临的问题,提供规划和方向的指导。例如,健身房、俱乐部作为一种消费文化、消费时尚之所以存在,就是因为它满足了人们对健康与休闲的需要。又如,各种西式、中式快餐不断发展起来,就是因为它符合了现代生活的快节奏,为忙碌的"上班族"解决了生活问题。

(五)规范性

规范就是相关群体共享的行为和思想方面的理想模式。文化本身就包含一些理想的行为标准或模式,从而使社会成员在特定的情况下对适宜的思考和行为方式有一个共同的理解。如果有人的行为与规范不一致,就会受到来自群体其他人的压力,而这种压力会改变他的行为，使之与规范相一致。例如，在改革开放以前的年代，人们的服装都是蓝、绿、灰几种单调的颜色，如果谁穿了色彩鲜艳的衣服就会遭到人们的批评，而这种抑制与约束会促使他改变自己的行为，以解除所承受的压力。

三、文化的分类

文化是非常广泛的概念，它既包括人们创造的精神财富，又包括人们创造的物质财富。如果按此将文化分类，可以将文化分为精神文化和物质文化两种。

物质文化是指凝结着文化特质的各种不以人们意志为转移的物质实体与客观形态，包括各种房屋、器皿、机械及物质生产方式等。精神文化是指人类适应、认识、改造自然环境所形成的，影响人类生活的各种精神现象，包括各种科学技术、知识经验、价值观念、规章制度，以及政治、法律、道德、风俗、习惯、语言、教育、宗教、信仰、文学、艺术等。

对人们消费行为产生影响的主要是精神文化。文化以各种形式向社会成员传授社会规范和价值标准，影响着社会成员的行为模式，使生活在同一文化范围内的各成员的消费行为具有相同的方面。

文化往往还从另外一个角度，即根据不同文化在整体文化中的地位和作用分为主文化和亚文化。顾名思义，主文化就是在一定范围内占主导地位的文化，也称主流文化；而亚文化就是在这一范围里相对处于次要状态的文化，又称“副文化”或“支流文化”。主文化就是被大多数人认同的价值观及采取的行为方式，而亚文化是只有少数成员认同的价值观及所采取的行为方式。

主文化与亚文化一般都发生在局部，住在同一个地区的不同民族拥有不同的文化，其中主体民族的文化是主文化。例如，在我国的大部分地区，汉族文化是主文化，其他少数民族的文化则是亚文化。主文化与亚文化可以随着群体范围发生变化而改变。主文化与亚文化其实没有很特别的区分，因为在许多情况下，不同的文化模式只是处理的方式不同而已。

四、文化对消费者行为的影响

文化是影响消费者行为很重要的因素，人们可以把文化看成是社会的个性，每个社会都有其特有的文化，不能离开文化背景去简单理解消费者的选择。消费文化决定了消费者对不同活动和产品的总体偏好，也决定了具体产品和服务的成败。如果产品所提供的利益与文化成员某个时期的需求一致，那么这样的产品就更可能为市场所接受。例如，20 世纪 70 年代中期，美国文化开始强调健美、苗条的身材作为理想外表的概念。当时对这个目标的鼓励曾为米勒淡啤酒(Miller lite beer)的成功做了巨大贡献。这个目标来源于潜在价值观，如灵活性、财富以及对自我的关注。然而，在 20 世纪 60 年代，盖布林格公司(Gablinger)推出的低热量啤酒却失败了，因为这种饮料太“超前了”，那时美国消费者对减少饮酒中的热量还没有兴趣。文化是一面“透镜”，是一种综合反映历史和现存的经济、政治和精神生活的社会关系，人们通过它而审视产品，特定的文化必然对本社会的每个成员产生直接或间接的影响，从而使社会成员在价值观念、生活方式、风俗习惯等方面带有该文化的深刻印迹。

(一)文化对个人的影响

文化给人们提供了看待事物、解决问题的基本观点、标准和方法，使人们建立起是非标准和行为习惯。通常，社会结构越单一，文化对个人思想与行为的制约作用就越直接。例如，大多数中国人恪守的“精忠爱国”“诚信知报”等信念，绵延数千年未发生多大变化。同时，由于人类绝大多数行为均是经由学习获得而不是与生俱来的，所以，文化广泛影响着人们的行为。文化对消费者行为的影响表现在它决定了消费者的生活方式、培养消费者的习惯、反映了消费者行为。例如，一个看重成功的消费者可能会用奢华和驰名的商品来表明自己的成就；而另一消费者渴望得到显得年轻并充满活力这一社会认同，就会购买广告上表明“显得年轻”的化妆品并参加锻炼身体的活动。可见，消费者的需求和动机、消费者购物的内容和方式都与文化对其的影响息息相关。

(二)文化规范社会成员的行为

现代社会，由于社会结构的高度复杂化，文化对个人的约束趋于松散、间接，成为一种潜移默化的影响，主要是通过为个体设置较为宽松的行为“疆域”，通过影响诸如家庭、大众媒体的功能而发挥作用。文化对行为的这种约束就叫作规范。社会规范以成文或不成文的形式通过各种途径如道德标准、制度规则、组织纪律、群体规范等作用于个人，规定和制约着人们的社会行为。一个人如果遵循了本文化的各种规范，就会受到社会的赞赏和鼓励(虽然不一定是公开的赞赏和鼓励。只有在孩提时代或学习一种新文化的过程中，遵循规范才会获得公开的赞许)；但违背文化规范将受到其他社会成员的惩罚，惩罚方式多种多样，包括温和的社会非难、歧视、谴责和被整个群体所抛弃。例如，美国的商务和社交活动中，准时赴约是通行准则。如果某人准时到达，人们不会夸奖他，但如果某人迟到了，人们则会为此愤怒。诚然，上面所述，也许会使人获得一种印象，似乎人们时刻意识到规范的存在，并对触犯某种规范要受到何种惩处有精确的了解。通常，现实情况并非如此。人们服从某种文化规范时，实际上并未加以任何思考，因为不按此行事反而觉得不自然。例如，在从事商务活动时人们很少意识到与别人谈话时的距离，然而这一距离却已被你所在的文化所界定，太近或太远都会使你不舒服。另一方面，文化并非静态的，它会随时间的变化而缓慢地演变。例如，随着人们收入和消费水平的提高，消费者将越来越注重购买和消费过程中的情感满足，并越来越要求消费的个性化，伴随这种变化的实际上是人们价值观的多元化。对于这些变化，企业必须密切关注并随时做出适应性的反应。

(三)文化对消费活动的影响

文化对消费活动的影响主要表现为在特定文化环境下，消费者之间通过相互认同、模仿、感染、追随、从众等方式，形成共有的生活方式、消费习俗、消费观念、态度倾向、偏好禁忌等。人们总是与同一文化下的其他人员一样行动、思考、感受，这样一种状态似乎是天经地义的。除非其性质突然改变，否则，人们通常将其作为既定事实加以接受。人们许多吃、穿、交流方式等方面的习性，都被认为是理所当然的。设想一下，你和你的朋友正在共享一大块比萨饼。如果你是美国人，比萨饼上面很可能是青椒；在日本，则最有可能是鱿鱼；在英国，可能是金枪鱼和玉米；在危地马拉，可能是黑色的豆酱；在智利，则可能是贻贝和蛤肉；到了巴哈马，可能变成了烤鸡肉；在澳大利亚比萨饼上放的是鸡蛋；在印度则可能是酱姜片。你可能会奇怪为什么会如此五花八门。对于其中的一些添加食物，你甚至会觉得恶心。然而，对于其他文化下的人们，比萨饼加上这样一些食品则是十分自然的。具有讽刺意味的是，文化对消费者行为的影响巨大而又深远，以致人们有时很难领会文化的重要性。正如鱼儿在水中忽视水的存在，人们并没有意识到对比萨饼顶层所添加的食品，以及很多其他事物的偏好强烈地受到人们所在文化的影响。应当指出，消费者行为和文化间的关系是双向的。一方面,在某一时期,和当时文化的优先选择相一致的产品和服务更有可能让消费者接受;另一方面,某一时期由某种文化成功引起的新产品研发和产品设计革新又为人们了解当时主流文化提供了一扇窗口。比如,由天然材料制成、免动物试验的化妆品,反映消费者对污染、浪费和动物权益的忧虑;健美器械、健身俱乐部、营养均衡食品等反映了现代强调年轻和健康的文化。

第二节　消费者的文化价值观

价值观是关于理想的最终状态和行为方式的持久信念。它代表着一个社会或群体对理想的最终状态和行为方式的某种共同看法。因此,文化价值观为社会成员提供了关于什么是重要的、什么是正确的以及人们应追求一个什么最终状态的共同信念。它是人们用于指导其行为、态度和判断的标准,而人们对于特定事物的态度一般也是反映和支持他的价值观的。因此,研究一定社会文化对消费者行为的影响,研究文化价值观的影响将是重要的。

一、文化价值观及其演变

每一社会或群体都有其居于文化核心地位的价值观。同时,文化价值观有核心价值观与次要价值观之分。文化的核心价值观是指特定的社会或群体在一定历史时期内形成并被人们普遍认同和广泛持有的占主导地位的价值观念。所谓文化的次要价值观,则是指特定的社会或群体在一定时期内形成和持有的次要、居于从属地位的价值观念。例如,对于中国人来说,“成家立业”是一种核心价值观,但认为应该早婚或相信“多子多福”就是一种次要的价值观。

核心价值观和次要价值观之间是相辅相成的关系,二者共同构成文化的核心,但二者的地位又是不一样的。核心价值观居于主导的、核心的地位,制约着次要价值观的形成和变化;次要价值观则居于从属的、次要的地位,服从于核心价值观,并体现核心价值观的内涵。

文化价值观的另一种分类方法是由心理学家米尔顿·J. 诺开克(Milton J Rokeach)提出来的。他把价值观区分为终极价值观(Terminal Values)和工具性价值观(Instrumental Values)。终极价值观是人们理想的终极状态,即人们期望最终实现的生活理想。工具性价值观是指人们为达到理想的终极状态所要求的行为和行动。

相对来说,识别一个社会或群体的核心价值观和次要价值观,并且理解这些价值观对人们行为的影响,对于市场营销者来说可能更有意义。某一社会或群体的人们所共同持有的某些基本价值观念,即所谓的核心价值观,具有极强的稳定性,在相当长的历史时期通常不会改变。这些价值观念是该人类群体所共有的,即使这一群体的成员不断更新,它们也会被延续下去,并且具有较强的抵制变革惯性。核心价值观一般来自父母,并通过学校、宗教机构或其他社会组织得以强化。例如,大多数中国人恪守的“仁爱孝悌”“精忠爱国”“见利思义”“诚信知报”等信念绵延数千年,迄今仍未发生多大变化。对于这些核心价值观和信念,任何企业都无法或很难改变,合理的策略应是努力去适应,并在其经营理念中有所折射和反映,保持企业理念与社会核心价值观念的一致;否则,失败就将是难免的。

一个社会或群体的文化中居于从属、次要地位的价值观,则是相对容易改变的。例如,随着人们收入和消费水平的提高,消费者将越来越注重购买和消费过程中的情感满足,并越来越追求消费的个性化。伴随这种变化的实际上是人们价值观的多元化。对于这些变化，企业就必须密切关注并随时做出适应性的反应。

一项关于美国消费者价值观变化的研究表明，美国文化价值观在20世纪80年代曾发生过一系列的重要变化。这些变化对于企业营销战略的选择和实施是重要的。例如，消费者从强调商品数量到强调商品质量的观念变化，意味着消费者在其购买过程中将变得具有更强的价值导向。他们仍然注重价格，但他们更加关心花钱所能获得的价值。消费者从注重复杂性到强调简单化，表明消费者将较少地关心产品特色和选择性，而更加关心的是产品性能的可靠性。从习惯型消费到尝试型消费的变化，则意味着消费者将较少地依赖传统的领导者品牌，而更愿意尝试不同的新品牌。

我们可以用速溶咖啡的例子来说明价值观念变化对消费者行为及市场营销的影响(表8-1)。当速溶咖啡首次引入美国市场时，美国的家庭主妇大多抱怨其味道不像真正的咖啡。但当这些家庭主妇被蒙住眼睛试饮时，她们中的大多数人都辨别不出哪一种是速溶咖啡，哪一种是传统咖啡。这说明她们对速溶咖啡的抵制只是出于心理的原因。进一步的研究证明，主妇们拒绝速溶咖啡的真正原因是她们认为购买速溶咖啡的人都是一些懒惰、浪费、不称职的妻子，并且是安排不好家庭计划的人。然而，20年后的一项研究则表明，美国家庭主妇们的观念已发生了巨大变化，在她们的心目中，速溶咖啡的购买者已不再是20年前的形象了。显然，速溶咖啡现在在美国市场所遭受的抵制要比1950年少得多。

表8-1 美国消费者对速溶咖啡的观念变化

百分比 / 时间 / 对购买者的看法	1950	1968
懒惰	48%	18%
不善计划	48%	27%
节俭	4%	36%

二、与消费者行为有关的文化价值观

下面将介绍另一种有意义的文化价值观分类，即把文化价值观区分为三大类：有关社会成员间关系的价值观、有关环境的价值观以及有关自我的价值观。对消费者行为具有重要影响的文化价值观都可以归入这三种价值观。这里介绍的是一些主要的与消费者行为有关的价值观。这些价值观都是一些极端的情况，在两个极端的价值观之间还存在无数的中间状态，例如，在个人主义与集体主义之间、竞争与合作之间、乐观与悲观之间都存在一些中间状态。

(一)有关社会成员间关系的价值观

有关人们之间关系的价值观反映的是一个社会关于该社会中个体与群体、个体之间以及群体之间适当关系的看法。这些关系对于营销实践有着重要影响。例如，在一个强调集体行动的社会里，消费者在购买决策中常会征求他人意见，而对那些“个性化消费”的促销则难以做出积极反应。

1.在自己与他人关系上的价值观

人们在自己与他人之间的关系上，在相对强调个人利益和自我满足，还是相对强调社会利益和满足他人方面，会表现出不同的价值取向。我国改革开放以前，社会文化的“利他”倾向是比较突出和明显的。改革开放以后，随着市场经济大潮的冲击和西方文化的东渐，人们的文化价值观发生了一定变化，越来越多的人开始关注自我，强调个人价值的实现，从而形成了较强的自我满足倾向。特别是20世纪90年代以来，这种倾向得到了进一步的加强，表现在消费者行为上就是消费的多样化和个性化进一步突出，越来越多的消费者把购买的产品、服务和品牌作为自我表现的一种手段。另一方面，在一些国家，特别是某些发达国家，则出现了一种由所谓的“自我社会”向“集体社会”转变的趋势。越来越多的人开始关心无家可归者，关心环境保护和生态平衡，关心犯罪和其他社会问题。同时，人们渴望与他人进行更多的交往、沟通，并建立真诚持久的关系。这种趋势为那些能支持、帮助人们进行社会交往的产品和服务以及某些社会替代品提供了大量的市场机会。能满足消费者这方面需求的产品或服务包括体育俱乐部、宗教活动、球迷协会、舞会、游戏软件、互联网等。特别是互联网，它不仅为人们提供了以往任何媒体都无法比拟的信息获取渠道，而且为人们提供了能够跨越时空的、互动的交往方式，因此今天的电子商务往往能够以超出人们预期的速度向前发展。

2. 在个人与集体关系上的价值观

不同的社会文化在对待个人与集体关系上会有不同的价值取向。有的社会强调的是团队协作和集体行动，并且往往把成功的荣誉和奖励归于集体而不是个人；相反，有的社会强调的是个人成就和个人价值，荣誉和奖励常常被授予个人而不是集体。例如，日本文化是一种典型的集体主义文化，日本人往往承受着服从并和相关群体保持一致的巨大压力。当日本人的某个团队受到奖励时，其成员很少有愿意上台领奖的。因此，针对日本推销员采用基于个人业绩的报酬计划、激励制度和促销策略，通常是不合适的。同样，采用诸如“成为你自己”“表现你自己”“不要同别人一样”之类的广告主题，在日本可能也很难奏效。当然，今天的日本人，特别是年轻一代的日本人，已越来越多地开始抛弃传统的集体主义价值取向，同时更多地带有了个人主义色彩。

3. 在成人与孩子关系上的价值观

家庭活动在多大程度上是围绕孩子的需要而不是成人的需要，孩子在家庭决策中扮演什么角色，以及孩子在决策中扮演的角色哪些与他自己有关，对这些问题的分析可以发现一个社会在成人与孩子关系上的价值取向。我国计划生育政策推行后的一个重要社会文化效应就是产生了明显的孩子中心倾向。这些独生子女往往被称作中国的“小皇帝”，对他们的要求，做父母的通常是有求必应。在许多家庭，一个儿童的月支出比一个成人要高得多，甚至是一个工薪者收入的全部或者更多。正是在这种文化背景下，一种定位于中国儿童市场的美国麦片虽然售价高达每小袋75美分，却成功地开拓了中国市场。事实上，中国正在成为世界上潜力最大的儿童服装、儿童食品、儿童玩具、儿童智力开发、儿童医疗保健等许多儿童产品和服务的市场之一。

4. 青、老年人关系上的价值观

不同的社会文化，在对待青年人与老年人的价值取向上也可能存在差异。有的社会，荣誉、地位、重要的社会职务都是属于老年人的；另一些社会，则可能是属于青年人的。有的社会，老年人的行为、衣着和生活方式受到其他社会成员的模仿；另一些社会，则是青年人被模仿。朝鲜社会由于受到中国儒家思想的深刻影响，“重老”是其重要的文化特点。这使得在朝鲜做广告时选择年龄较大的演讲者或形象代表，要比选择年龄较轻的人更易于获得成功。在美国，它的社会文化则有着明显的“重幼”的倾向。

5. 在男人与妇女关系上的价值观

在具有不同文化的社会，男人与妇女的社会地位可能存在很大差异。在我国，男女的社会地位是平等的，都有机会担任重要的社会职务，在重要的家庭购买决策中，通常是由夫妻共同做出决定。但在有些国家，今天可能仍然存在严重的性别歧视，妇女在社会和家庭中没有地位。因此，分析男人和妇女在社会和家庭中的地位，特别是在购买决策中所扮演的角色，将是许多营销决策的一个基础。

6. 在竞争与协作关系上的价值观

不同的社会文化对于竞争与协作的态度会有所不同。在有的文化价值观中，人们崇尚竞争，信奉“优胜劣汰”的自然法则；在另一些文化价值观中，人们则倾向于通过协作取得成功。这方面的价值观往往能从不同的文化对待比较广告的反应中表现出来。例如，墨西哥和西班牙都禁止做比较广告，我国也是如此。但在美国，比较广告却是被容许的。又如，包括中国、日本在内的东亚社会都具有较强的特殊主义文化传统。在这种文化条件下，人们一般愿意与“熟人”“圈内人”进行交易，而且这种“圈内人”之间的交易要比与“圈外人”交易的费用高得多。因此，与西方国家相比，进入东亚市场所要遇到的文化阻力是很大的。因此，企业的市场进入方式、营销人员报酬和激励制度以及比较广告的主题等决策，都应考虑社会文化对人们在竞争与协作关系上价值取向的影响。

7. 浪漫主义的价值观

在不同的社会文化背景下，人们可能会具有不同的浪漫主义特质。在许多文化中，浪漫的爱情是文学作品中的普遍主题。首先是男女巧遇，接着产生爱情，然后克服重重困难，最后幸福地生活到一起。然而，在另一些社会文化中，婚姻由父母包办，青年人没有恋爱、择偶的自由。美国有一种品牌叫作“Listerine”的产品，在泰国做广告时，最开始是以相爱的男女青年作为画面背景，结果失败了。公司将广告画面改为两个女孩在一起谈论“Listerine”后，销售业绩则马上获得了改善。同样，以爱情为主题的广告在印度也难以取得成功，因为那里大多数婚姻都是由父母安排的。但是，浪漫主义的广告主题通常能在法国、美国等许多国家获得成功。国内外许多公司在开拓中国市场时运用浪漫主义主题也获得了成功。这样的广告多见于化妆品、服装、珠宝首饰、保健品、家具、食品、饮料等。

（二）有关环境的价值观

有关环境的价值观反映的是一个社会关于该社会与经济、技术以及自然等环境之间关系的看法。这些价值观对于消费者行为也具有重要影响，并最终影响着企业营销策略的选择及其成败得失。

1. 在个人成就与出身关系上的价值观

一个社会在强调个人成就或家庭出身方面的文化差异，将导致这个社会把经济、政治和社会机会平等或不平等地给予不同的个人或集团。在一个个人成就取向的社会里，机会、报酬和具有较高荣誉的社会职位会被更多地提供给那些个人表现和成就突出的人。在这样的社会里，任何社会集团都不具有特权。另一方面，在一个重视家庭出身和家庭背景的社会里，个人的机会往往取决于他的家庭、家庭的社会地位及其所属的社会阶层。一个强调出身的社会文化，表现在消费者行为上，就是人们更加偏爱优质高价、具有良好品牌声誉的产品，而不是功能、物质效用虽然相同但不知名或低价的产品。在中国、日本、新加坡、菲律宾、马来西亚、印度尼西亚、泰国和大多数阿拉伯国家，因消费者普遍具有崇尚名牌的心理，新品牌要赢得市场相对来说就要困难一些。在拉美许多国家，社会等级森严，上层社会与贫民社会的成员在消费类型、消费习惯和行为方式上存在很大差异，这些差异为企业提供了不同的市场机会和限制。

2.在传统与变革关系上的价值观

社会文化不同，人们对待传统和文化变革的态度就会不一样。有的社会非常重视传统，只要是祖宗遗留下来的习惯，任何人便不能冒犯；有的社会则比较容易接受变革，允许人们打破传统，建立新的模式。在重视和维护传统的保守社会里，新产品往往会受到人们的抵制。

3.在风险与安全关系上的价值观

有的社会文化具有很强的冒险精神，勇于冒险的人会受到社会的普遍尊敬；另一些文化则可能具有很强的逃避风险的倾向，把从事冒险事业的人看作是十分愚蠢的。这方面的价值观对企业家的培养和社会经济的发展具有重要的影响。不崇尚冒险的社会是难以发展出足够的企业以推动社会的经济发展的。这样的社会往往也会使企业在技术、产品、营销渠道和广告等方面少有创新。

4.在乐观与悲观关系上的价值观

当人们遇到困难和灾难时是有信心去克服，还是听天由命、采取宿命论的态度，会集中反映一个社会所具有的是乐观还是悲观的价值观。在加勒比海地区，人们常会在遇到困难时说声“没有问题”或“没有关系”以宽慰自己。在他们的观念中，难题既然已经存在，担心也没用。宿命论者则相反。当宿命论者购买到不满意的商品或服务时，一般都不会提出正式的抱怨。

5.有关清洁的价值观

不同的社会文化对于清洁的重视程度可能不同。这方面的价值观在发达工业社会与落后的农业社会之间具有明显的差异。在一个重视清洁卫生和环境保护的社会，人们对清洁卫生产品或服务，如空气清新剂、除臭剂、工业污染处理设备、汽车尾气检测仪器、废物回收和处理设备等，会存在大量的需求。即使同属于发达社会，人们对待清洁问题的价值观也可能存在差异。例如，许多欧洲人认为美国人患有“洁癖”，美国人除臭剂的使用量要高出法国人。

6.关于自然的价值观

不同文化背景下的人们在对待自然以及人与自然的关系上可能会具有不同的观念和态度。一些人觉得他们受到了自然的奴役，另一些人认为他们与自然之间是和谐的，还有一些人认为他们能够征服和左右自然。中西文化的一个重要区别就是在对待人与自然关系的价值观念和态度上。中国文化比较重视人与自然的和谐统一，强调“天人合一”；而西方文化一般强调人要征服自然，改造自然，以求得人类自身的生存和发展。在人类历史上，随着人类认识自然、改造自然能力的增强，在一些文化中便开始形成人类能战胜自然的观念。他们开始毁灭森林，任意杀戮动物，肆意污染环境，结果导致了自然环境和生态平衡的破坏，人类自身也因此受到严厉的惩罚。这又导致人们对自然的观念和态度的改变，越来越多的人开始认识到保护环境和生态平衡的重要性，全球的可持续发展问题最终在20世纪90年代被作为《21世纪议程》提了出来。现在，在越来越多的国家中，环境保护已不仅仅是一种观念形态，它已由观念转变成了行动，其重要的标志就是各国环保组织的成立，环保立法和执法的加强，消费者抵制污染、保护环境的自觉消费行动以及由此产生的“绿色市场”的迅速兴起。

(三)有关自我的价值观

有关自我的价值观反映的是社会各成员的理想生活目标及其实现途径。这些价值观对消费者，进而对企业的市场营销也具有重要的影响。例如，在一个及时行乐的社会里，消费信贷有着巨大的市场；而在一个崇尚节俭的社会里，消费信贷的推行将是艰难和缓慢的。

1.在动与静上的价值观

不同的社会文化会导致人们对待各种活动的不同态度，并且形成不同的“好动”或“好静”倾向。一项关于比较美国妇女和法国妇女社会活动的调查发现，法国妇女一般认为“同朋友一起在炉边闲聊消磨夜晚是我喜欢的方式”，美国妇女则一般认为自己“喜欢有音乐和谈话的聚会”。另一项研究表明，挪威妇女花在运动上的时间是美国妇女的2～4倍。这种活动上的差异会带来不同的产品或服务需求。由于人们的观念不同，广告的诉求主题也应有所不同。

2.物质与非物质主义的价值观

在不同的社会文化中，人们在对物质财富与精神财富的相对重视程度上会存在差异。尽管物质财富是一切社会存在和发展的基础和前提，但人们对待物质财富的态度却不是一样的。有的社会奉行极端的物质主义，认为“金钱万能”，物质财富能比家族关系、知识等带来更多的社会回报。有的社会更加强调非物质的内容，例如在某些国家，宗教地位是至高无上的，当物质利益与宗教信仰发生冲突时，人们会毫不犹豫地选择坚持宗教信仰。在奉行物质主义的社会里，广告诉求一般应多强调产品能给购买者带来的物质利益和效用。在非物质主义的社会里，联系消费者非物质方面的需求如宗教信仰、民族气节与自尊等做广告，则可能更加有效。我国有的企业在广告中提出“以产业报国为己任”之类的口号，就体现了对我国消费者爱国主义精神的适应、支持与激扬。当然，企业产品对消费者物质利益的满足应是基本的。

3.在工作与休闲关系上的价值观

不同的社会文化在对待工作与休闲关系问题上会有不同的观念和态度。一般的，人们为了获取经济报酬而工作。但是，有的文化使人们较倾向于从工作中获得自我满足，有的文化则使人们在基本的经济需求满足后较倾向于更多地选择休闲。在企业营销中，如果忽视这方面的文化差异，可能会付出巨大的代价。坎贝尔汤料公司为了进入巴西市场，在工厂和营销上曾进行了巨额的投资，但在不到10年的时间里，就因销售业绩差而被迫退出了那里的消费者市场。为了弄清原因，该公司聘请了一位心理学家对当地消费者进行了深度访问。结果表明，巴西主妇一般认为，如果不能亲手为自己的家人做汤的话，就不能算是称职的主妇，并且巴西主妇虽然愿意使用脱水汤料，但她们通常还要在汤中添加自己偏好的佐料，因此坎贝尔汤料一般只有在“应急”的时候才被主妇们使用。

4.在现在与未来关系上的价值观

人们是为今天而活还是为明天而活，是更多地为今天着想还是更多地为明天打算，可以集中地体现一个社会在这方面的价值观。这类价值观对于企业的促销和分销策略，鼓励消费者储蓄或使用消费信贷，都具有重要的意义。例如，"居安思危""量入为出""无债一身轻"等迄今都还是许多年纪较大的中国人的基本消费观念。在这种文化背景下，借助消费信贷来扩大现实的市场规模，就必然会遇到较大的文化阻力。一般而言，消费信贷为那些愿意"用明天的钱满足今天需要"的社会创造了消费条件，但消费者是否会使用个人信用花明天的钱，还必须以一定的文化价值观为条件。美国的消费信贷之所以普遍，与美国社会的文化价值观是有密切关系的。美国的社会文化鼓励消费，甚至鼓吹浪费，因此"借钱"消费是正当、合理的，符合道德的，因为消费能促进经济增长，进而改善社会的福利。所以，美国个人信用的使用是普遍的。而中国人尽管目前已有大量使用个人信用的机会和条件，如银行提供的信用卡，但计划使用的人相对于人口和收入规模来说却远远低于美国的水平。另一方面，由于中国目前正处于经济和社会的过渡时期，社会文化的特点之一是新的、主流的商业文化和商业道德尚未确立。加之法制不健全，以及部分经营者的素质低下和短视等原因，导致了商业信用的滥用，甚至商业欺诈。而这些又是企业营销中需要谨慎防备，加以预防和克服的。

5. 在欲望与节制关系上的价值观

这一类价值观体现在人们的生活态度上是倾向于自我放纵、无节制，还是倾向于克制自己、节制欲望等方面。中国文化在性的方面是相对保守的，由于数千年传统文化的影响，虽然今天的人们已不再"谈性色变"，但是大部分中国人，特别是一些年长者，对于赤裸裸的性产品广告仍然持有相当的厌恶和反感，这类广告往往也会招致法律的干预。某避孕套的户外广告在深圳、武汉等城市相继受到取缔，正说明了这一点。

6. 在幽默与严肃关系上的价值观

社会文化的差异也体现在幽默在多大程度上被接受和欣赏，以及什么才算是幽默等方面。在一个社会文化中被看作是幽默的东西，在另一个社会文化中可能被认为无任何幽默感；男人认为是幽默的东西，女人不一定认为幽默。成人与儿童在幽默感上也会存在差异。在美国人看来，幽默与严肃沟通之间几乎没有冲突；但在日本人看来，二者之间是不能相容的。对日本人来说，当一个人严肃的时候，谈话就应是绝对严肃的；当一个人讲笑话和幽默故事的时候，整个气氛就应该是轻松自如的。约翰·康顿在 1974 年的一次演讲中举了一个很好的例子："如果场下全是美国观众，我会用笑话来开头；如果听众全是日本人，我用道歉作为开场白也许更好些。由于我们是一个混合群体，那么就让我为没有开玩笑而致歉吧。"

第三节 亚文化分析

一、亚文化概述

(一)亚文化的含义

由于文化具有这样一个特点，即它总是一部分社会成员所共有的，因而人们常常根据一个国家的人民在崇尚爱好、宗教信仰和风俗习惯等方面具有不同于别国人民的特征，把一个国家的人民在习惯上称作一个文化群。事实上，在这样一个文化群中，我们还可以根据某些标准区别出一些较小的群体，这些群体在某些习惯和行为方式上是同质的，群体内的成员具有在大文化群体中起主导作用的文化信仰、价值观念和行为模式，但同时他们又具有为他们这一群体所特有的信仰、价值观或习惯等。这种存在于一个较大文化群体中的、可以区别出的独特群体，就是亚文化群。这些亚文化群体给机敏的经营者提供了重要的销售机会。

一个特定的亚文化群成员往往拥有与同一个社会中其他成员不同的信仰、价值观和习惯，同时，他们也信守在整个社会中起主导作用的大部分文化信仰、价值观和行为模式。也可以说，一国的人民常常属于同一文化群，但这同属一种文化的人们又可以根据不同的民族、籍贯、地区、种族、宗教、年龄、性别、职业和社会阶层等不同标准，划分为若干个不同的、较小的文化群，即亚文化群。在一个亚文化群中，人们有着某些方面相似的特点，并据此区别于其他人。一般认为，亚文化对其成员的影响比社会文化(主文化)还要强。亚文化对于工商企业研究消费者和制定市场策略更有现实意义。

(二)亚文化的分类

亚文化有许多不同的分类方法，一种比较有代表性的分类方法是由美国学者 T. S. 罗伯逊提出的按人种、年龄、生态学、宗教划分的亚文化。目前，国内、外营销学者普遍接受的是按民族、地区、宗教、种族、性别、年龄等划分亚文化的分类方法。较为典型的亚文化群有以下几种：

1. 民族亚文化

民族是指历史上经过长期的发展而逐步形成的相对稳定的共同体。同一个民族一般具有相同的语言、类似的经济生活等，即具有共同的文化，这就是民族亚文化。不同民族的人分属不同的民族亚文化，因而在消费心理、消费习惯等方面有着天壤之别。例如，在我国这样一个幅员辽阔的多民族国家中，人们在民族背景、宗教信仰、图腾崇拜、风俗习惯、审美意识、价值观念、生活方式等方面存在着许多差异，因此，我国也就存在着许多的亚文化现象。同样是饮茶，北方人特别是北京人喜欢喝花茶，江浙一带的百姓喜欢喝绿茶，云贵高原的人喜欢喝红茶，而西藏的藏胞则喝砖茶，由此而产生了不同民族的茶文化。又如，回族的饮食较严格，只吃牛、羊和某些家禽等肉类；朝鲜族则喜食大米、辣椒、狗肉汤，喜欢穿艳丽的衣服，男子穿坎肩、肥腿裤，妇女穿小袄、长裙，他们群体感强，男子的地位较突出。

2. 种族亚文化

种族和民族是两个相互交织但又互为区别的概念。种族也称作人种，是在他人看来具有共同的生理特征的群体。它以人的体质、形态上的某些共同遗传特征，如肤色、眼色、发色、发型、身长、面型、头型、鼻型、血型等为划分标志，属于体质人类学和生物学范畴。它是在人类历史的早期形成的。不同种族的人由于各自生存环境的巨大差异形成了独特的文化传统、文化风格和态度，进而表现出不同的需求、爱好和消费习惯。比如，犹太民族和阿拉伯民族有着共同的种族起源(他们都属于闪米特人)。不同种族的人们却有着不同的文化传统与生活习惯。以美国社会为例，非洲裔美国人或者黑人占美国人口的 12%，主要集中在南部和南部之外的各大城市，综合购买力较强，对营销者颇具吸引力。非洲裔美国人比较年轻，家庭收入比较低，还有许多单亲家庭。许多美国黑人家庭很难在他们居住的社区内找到满意的房子，他们大多倾向于购买或租借比他们的收入水平所能负担的便宜些的房子来住，这样一来，他们就可以省下多余的钱用于购买服装、个人保健服务或者到高档购物中心和零售商店购物。关于美国黑人市场有一些令人惊奇的调查统计资料。比如，黑人每人每年平均购买两三双鞋子，而白人仅为 1.3 双，比白人多一两双；在美国，黑人每年消费的苏格兰威士忌酒约为总销量的 52%，是白人的三倍。此项调查统计表明，美国黑人在房屋、昂贵的餐馆、娱乐场所、鞋子及酒的消费上是有所区别的。他们相对消费更多的鞋子和威士忌，对汽车、汽油、啤酒、香烟、罐头、牛奶、汽水及电冰箱等产品在大众媒介上所刊登的广告具有相当浓厚的兴趣，付账时也表现得很慷慨。非洲裔美国人非常喜欢以非洲裔美国人作为题材的节目。

3.宗教亚文化

世界上有许多宗教，如基督教、佛教、伊斯兰教等。不同宗教有着不同的文化倾向和戒律，深刻影响着人们认识事物的方式，对待客观世界的态度、行为准则和价值观念，同样也影响着人们的消费需求。

(1)基督教亚文化。基督教主要分为三大派系：天主教(或称罗马公教)、新教(或称耶稣教)和东正教。基督教的节日主要有圣诞节、复活节、圣灵降临节等。圣诞节期间，全体工作人员要放假休息，狂欢过节，以示庆祝。因此，在圣诞节前后，在信奉基督教的西方国家里会掀起一次大规模的购物高潮。人们的许多消费愿望，特别是孩子们的美好愿望会在圣诞节得到实现。在圣诞节期间，人们还会购买大量的圣诞贺卡和圣诞礼品，以便相互赠送，表示美好的祝愿。

基督教教徒一般都忌讳“13”这个数字，认为它不吉利。据传说，“13”这个数字与基督耶稣被出卖有关。基督耶稣被出卖时只有13个人，其中第13个人就是出卖耶稣的人。著名的油画作品《最后的晚餐》表现的就是这件事。因此在信奉基督教的国家里，商品编号一般不使用13这个数字。在宾馆里、在居民住宅楼里也见不到13层、13号这样的标记。如果向这些国家出口商品，应该特别注意不要触犯他们的忌讳，尤其避免使用这个被他们认为不吉利的数字——13，否则，商品的销售就会遇到极大的困难。

基督教徒还有星期五不吃肉的习俗，那是因为耶稣星期五被钉死在十字架上，罗马天主教徒以不吃肉来纪念耶稣的苦难。但在该日教徒可以吃鱼，这使得捕鱼业得到发展。沿海地区往往把捕获的鱼，用盐制成咸鱼以运往内地，于是鱼便成为贸易的重要物资。另外，朝拜圣地是各教派教徒的重要活动，而且很多游客也慕名前往这些圣地去旅游。基督教将耶路撒冷作为圣地，罗马和鲁尔德斯是罗马天主教的圣地。教徒朝拜圣地，一方面可以瞻仰许多圣迹，另一方面可以祈福、赎罪。如鲁尔德斯每年吸引几百万的游客，原因是人们认为圣母玛丽亚在该地一个洞穴中出现过，许多人到这里来是想寻求神奇的疗效。大量人流涌来，使得该镇的旅馆数量在法国仅次于巴黎。

天主教教会是一个结构完备、等级森严的组织，教皇位于权力中心，其他人则很少有权力对圣经上的事件进行解释。天主教教徒的家庭人口一般较多，这与他们禁止使用避孕物品有关。因此，他们的家庭生活水平和社会地位不如新教和犹太教教徒，因为他们要承担更多的家庭哺育的责任。天主教的消费禁忌比较少，所以他们构成了几乎所有细分市场的组成部分。企业的营销活动只要注意尊重他们的信念和习惯，不要在广告中出现神父和修女即可。

(2)伊斯兰教亚文化(穆斯林亚文化)。伊斯兰教亚文化起源于中东地区，以《古兰经》为基础。伊斯兰教教徒注重工作、家庭、教育，注重对成功和幸福的追求。他们在药物、酒精的使用和性生活方面持保守态度。事实上，有些伊斯兰教教徒甚至反对约会。他们非常重视家庭，对长辈尤其尊重。虔诚的教徒不仅不会吃猪肉制品，而且不吃任何没有按照伊斯兰教教规准备的食物。在我国的有些地区，如年轻一代伊斯兰教教徒没有听从长辈的教诲而误食了猪肉制品，回到家中要受到父辈的惩罚，甚至要接受洗肠。伊斯兰教信奉真主。伊斯兰教教徒非常虔诚，不允许其他人对真主有污辱、亵渎的行为。

(3)佛教亚文化。佛教起源于印度，并在东亚、南亚一带广泛流传。该教分为大乘佛教、小乘佛教和藏传佛教。大乘佛教流行于中国、蒙古、朝鲜、日本、越南等国家；小乘佛教流行于斯里兰卡、缅甸、泰国、柬埔寨、老挝等国家；藏传佛教流行于我国西藏、青海和内蒙古地区，也称喇嘛教。佛教的节日有佛诞节(农历四月初八)、佛成道日(农历十二月初八)等。在节日时，教内有相应的纪念方式。佛教在禁食方面有严格规定。其僧人反对杀生，不仅不吃一切肉(如猪、牛、羊肉)和鱼，也不吃禽蛋。他们主张素食，把杀生当作罪恶，“不杀生”是其“十善之一”。佛教和喇嘛教的朝觐地是各地寺庙，教徒为表信仰或还愿而去寺庙进香。朝觐中不仅一路上完全步行，坚持素食，甚至一步一磕头。到达寺庙后，除朝拜外，还供奉大量钱财。因此，各地的寺庙不仅在宗教节日期间有大量香客朝觐，甚至终年不断，这已成为寺庙重要的经济来源。现在世界各地有不少的佛教信徒，尤以中国为多。我国的四大佛教圣地——五台山、九华山、峨眉山、普陀山，年年香火旺盛，朝拜者众多。佛教徒一般在家中供奉释迦牟尼的画像，吃斋念佛。其消费的宗教用品主要有香火、爆竹和专用纸张等。另外，普通消费者因对佛教世界的好奇，也经常购买宗教用品，如佛球、佛鼓、佛像等。目前，这类商品在我国已经成为旅游业的一种重要纪念品。

4.区域亚文化

区域亚文化群是以人口的行政区域分布为特色的亚文化群体。中国有句俗话：“一方水土养一方人。”地理环境中的气候、温度等不仅影响农作物、产业和商业贸易的发展格局，还间接影响了当地人的生活方式和消费习惯。生活在城镇、市郊、农村的消费者在生活方式和消费习惯上存在着较大的差异，人们常说的“都市文化”“乡村文化”等正反映了这种差异。这种差异的产生与社会生产力的发展水平有关。例如，生活在大城市与新兴城镇的消费者，由于经济条件、文化氛围、收入水平、受教育程度、零售业的发达程度等方面的差异，他们在消费结构、消费习惯与消费方式上存在着相当大的差异。比如，节假日的消遣，城里人的选择空间很大，有人去听音乐会，有人去看京剧会演，有人举家去旅游，有人全家去健身房等；而乡村里的人们多是走亲访友。这些差异都与地方亚文化有关。

区域亚文化既不能以行政区域，也不能以政治制度作为划分的标准，而主要是依据不同区域的气候条件、自然资源和自然环境等作为划分的尺度，如我国饮食文化中的南甜北咸、东辣西酸。节日文化(春节)中的北方地区的逛庙会，南方的逛花会，事实上也是区域亚文化的一种表现。美国麦当劳的鸡蛋松饼在我国大部分地区很受欢迎，在东南部却受到冷遇。因为在那里，人们从来没有听说过吃鸡蛋松饼，更不要说英式松饼了。后来，麦当劳东南部分店发动了一场地区性促销活动，以一种幽默的方式介绍新产品，鸡蛋松饼这才畅销起来。麦当劳在中国市场上推出的猪柳汉堡也是区域性营销的最好诠释。它适应了中国传统饮食文化的风格，从而赢得了众多消费者的青睐。

5.性别亚文化

不同性别的消费者的文化价值观、习惯和消费行为等也往往不同。男孩喜欢刀枪棍棒，女孩比较喜欢布娃娃。随着年龄的增长，这种差别更趋明显，并最终形成各自不同的产品偏好。在做决策时，男女也各有特点。一般的，男性比较简单、果断、自主，而女性则比较细心、犹豫、从众。

6.年龄亚文化

除了在民族、宗教、地区、性别、种族等方面存在的消费者行为差异外，市场营销者还认识到了基于年龄差别而产生的不同消费模式。在这里，有两个重要的年龄亚文化群是营销者应当特别关注的部分，即青年人(不包括儿童)亚文化和老年人亚文化。

二、亚文化的特点

就整体而言，各种亚文化具有某些共性，把握这些共性有助于了解不同亚文化对消费者的影响。通常我们可从以下几个方面来分析亚文化的特点：

1.亚文化具有独特性

一种亚文化越是要求一种独特的统一性，它的潜在影响力就越大。例如，拉丁美洲裔的美国人的亚文化独具特色，就是因为他们中的许多成员保留了自己的语言作为文化认同的一种手段。

2.亚文化具有同一性

一个拥有相同价值观的亚文化，更可能对其成员产生影响。例如，拉美人看上去是由墨西哥人、古巴人、波多黎各人组成的一个复杂的亚文化，可以把每个都视为一种亚文化，然而从整体看，强大的家族和宗教上的纽带、守旧、男性统治地位，以及共同的语言使他们更认同一种亚文化。

3.亚文化具有排他性

有些时候，亚文化会寻求从社会中或被社会独立出来，或者被社会所排斥。例如，非洲裔的美国人在一些时候由于被拒绝给予受教育的机会，而被白人占统治地位的社会排斥，因而与社会隔绝。

第四节　中国文化和消费者行为

一、中国文化的主要特点

当代中国文化的总特点，可以概括为政治文化向商业文化和世俗文化转化的过渡性文化，而且是缺乏主流文化的过渡性文化。尽管如此，如果我们以历史的观点来分析，就可以发现，当代中国文化仍然具有浓厚的传统文化特色。

(一)中国文化的强大生命力和凝聚力

英国历史学家汤因比认为，在近6000年的人类历史文明中出现过26个文明形态，但在全世界只有中国的文化体系是长期延续发展而从未中断过的。这种强大的生命力表现在它的同化力、融合力、延续力和凝聚力等方面。以中国文化的同化力为例，佛教并不是中国的本土文化，在公元1世纪传入中国之后，经过魏晋、隋唐几百年，都不能使佛教文化征服中国的士大夫，结果一部分演变成中国式佛教(如禅宗)，一部分反而消融到宋明理学之中。中国文化的凝聚力，则具体体现在文化心理的自我认同感和超越地域、国界的文化群体归属感。今天，数以千计浪迹海外的华侨华裔，有的虽已在异国定居繁衍，但在他们的意识与潜意识中，一刻也不曾忘记自己是中华儿女、炎黄子孙。

(二)中国文化的多样性与异质性

中国幅员辽阔,各地的自然条件和地理环境差异很大,这种差异使中国不同地理区域的人们形成了不同的生活方式、思想观念和风俗习惯。中国文化的多样性和异质性不仅表现在农业区与周围地区之间,也表现在不同农业区之间,以及同一农业区的内部。例如,中原农业民族对土地的依赖发展成为重农轻商、安土乐天的观念。生活在海滨的人们从海洋中谋求生存,不但把渔业、盐业作为主要产业,同时致力于海上交通和海上联系。北方游牧民族由于生存条件比农耕民族更为严酷,而只能以迁徙和战斗来对付异族的压力,因此尽管他们很早就接触到汉族文化,但并没有全盘加以接受。即使只有一水相隔的湖北人和湖南人,虽有不少文化的共同之处(如爱吃辣椒),但也存在着许多差异:湖北人被认为有商业头脑,很精明;湖南人则被认为具有革命精神,有以天下为己任的豪情和务实作风。总之,强烈的地域特点更加突出了中国文化的多样性和异质性。

(三)安土乐天的文化心态

中国黄河、长江的特殊自然地理环境养育了中华民族,并形成和发展了中华民族的农耕经济和农业文明。中国文化作为一种农业文化,正是伴随数千年农耕经济的延续而源远流长。中华民族在长期农业生产活动中培育和发展了独特的中国农业文化,形成了独具一格的重农、尚农的经济思想,重实际而黜玄想的务实精神,安土乐天的生活情趣,以我为中心的自给自足观念,包含循环与恒久的变异观念,等等。作为一个农业民族,中国人采用劳动力与土地相结合的生产方式,从而形成了一种自然经济的封闭状态。人们固守在土地上,日出而作、日落而息,安土重迁也成了他们的固有观念。安土重迁的观念至今仍然影响着大多数中国人,尤其是中国的广大农民。

(四)人本主义

在中国文化中,神道主义始终不占主导地位,而人本主义是中国文化的基本格调,以人为本的人本主义或人文主义向来就被认为是中国文化的一大特色。所谓人本主义,就是以人为考虑一切问题的根本,在天人之间、人神之间、人与自然之间始终坚持以人为中心。中国古代儒家思想就一贯反对以神鬼为本,坚持人本主义的价值取向。从总体上看,由于以儒、道两家思想为主干的中国传统文化是一种伦理本位的文化,因此中国传统文化中的人本主义又被称作道德的人本主义。当代中国不少企业家提出"以人为本"的经营管理思想,正体现了这一人本主义的文化传统。

(五)尊老崇古

中国文化具有明显的尊老崇古的特征。这一倾向的形成既与中国传统的宗法社会有关,又受传统农业社会的影响。在宗法社会,人与人、人与社会组织,以及社会组织之间是以血缘关系为纽带联系起来的,社会组织主要是在父子、君臣、夫妻之间的宗法原则下建立起来的。因此,"孝"被视为"德"之根本,以孝立身、以孝治天下的原则成为一种普遍的、不可动摇的人生准则和社会心理,并由此生发出尊古敬宗、崇古敬老的伦理观念。我国封建社会中的"为尊者讳,为长者讳"的政治道德准则,视尊、长为一,由此便足见长者在社会中的地位和重要性。同时,在一个封闭的农业社会中,农业生产主要依靠经验,而经验是随年岁的增长而增长的,因此老人在农业社会中也就具有特别重要的地位和价值。人们常说的"姜是老的辣""不听老人言,吃亏在眼前"等,都从不同侧面肯定了老人的价值,实则是对经验的推崇。总之,重视老人、敬效古法是中国文化的又一个重要特点。

(六)重整体,倡协同

中国文化具有重视整体、提倡协同,通过协同达到和谐的文化特点。中国文化的整体观念把天、地、人视为统一的整体,以“人与天地万物为一体”“天人合一”为最高境界。在政治领域,整体观念表现为“春秋大一统”的观念;在社会领域,整体表现为个人、家庭、宗族和国家不可分割的情感;在文化领域,整体表现为兼收并蓄,和而不同的宽容精神;在伦理领域,整体表现为顾全大局,必要时不惜牺牲个人或局部利益以维护整体利益的价值取向;等等。这些观念构成了中华民族集体至上的思维趋向和共同心理,对于维护民族团结和国家统一起了重大的促进作用。许多学者认为,中国文化由于宗法集体主义的传统,具有明显的重群体、轻个体,只强调个人的义务和道德人格的独立性,而不重视个人权利和自由的倾向,这是不全面的。总体而言,中国文化在重视整体的同时也强调群体及其成员的协同,协同是社会保持和谐、稳定、统一的手段和外在行为的表现。儒家文化的理想社会,从个人到家庭、宗族,再到国家,本是一级一级地扩大,一级一级地升高,个人并不因为是集体的部分而丧失个体的自我,这正是儒家文化在处理个体与群体关系上的思想精髓所在。中国文化源远流长,具有以上鲜明的特点,同时对我国消费者的影响也是根深蒂固的,因此对消费者行为的研究应该时刻考虑我国特殊的文化因素的影响。

二、中国人的特色消费行为

(一)中国人的面子消费与关系消费

中国消费行为与西方消费行为的一个显著差异是受群体的影响巨大,西方社会个人因素强,中国社会的集体因素强。因此,中国人在消费中更重视别人的看法和意见,更关注个人消费的社会群体效应。中国人无论是在古代还是在今天,不论是富是穷,不论身份贵贱,不论在城市还是农村,都追求要脸要面,将送礼、维系体面和关系等视为基本需要,将争脸、给面子和礼尚往来列入基本行为规范,从而形成中国社会中恒久而普遍的面子消费行为,甚至构成驱动消费的重大原因,其孕育产生的特殊消费商机造就出非常大的特殊消费市场。与中国人面子观相关的另外三种消费行为是攀比消费、炫耀消费和象征消费,无论消费中的“攀比”“炫耀”还是“象征”,都出于面子并因面子而强化。

(二)中国人的根消费

根文化的强烈表现之一是“家”的观念。这种文化深植于中国人的心理底层,影响着人们消费的方方面面,产生中国人独特的根消费。如节庆消费和仪式消费,春节期间为了回家过年,每年交通出现特大高峰,据报道,每年春节期间中国流动的人口高达10亿之多。仅此一项就可想而知,中国人的春节创造了多么大的节日消费市场。以团圆为象征意义的中秋节、与祭祖相联系的清明节等都受到全社会高度关注和重视。婚丧嫁娶、添丁满月、新房搬迁、升学高就都构成中国人仪式消费的内容。除此之外,根消费还包括教育消费(对下一代)、崇拜消费、礼俗消费和房地产消费。有数据表明,教育投资已列于中国城市家庭支出首位,中国人在培育后代方面可以用“舍得花血本”来形容,这些多与根文化有关。

(三)中国人的时尚消费

在现阶段的中国,“时尚”元素已经渗透到消费和生活的各个领域。伴随着社会经济的高速发展,中国已悄悄进入了“时尚消费”的新时代。时尚是驱动消费的重大商业元素,创造出大市场的商业价值。

复习思考题

1. 什么是文化？文化具有哪些特征？消费者行为学研究为何要重视对文化的研究？
2. 列举两个利用文化价值观开展营销活动的例子。
3. 列举两种目前不为某种文化所接受的产品。你如何克服这种文化障碍？
4. 与消费者购买行为有关的文化价值观主要有哪些？举例说明这些文化价值观对消费者购买行为的影响。
5. 什么是亚文化？不同的亚文化是否表现出消费习俗的差异？试举例说明。
6. 试述中国文化的主要特点。

【案例分析】

肯德基的“中国式菜单”

因为深知中国人对于中西文化以及菜单的矛盾心态，肯德基进入中国后就开始有意识地淡化自己的“国籍”，不断强调它在中国落地生根的决心和在中国发展后能够给中国带来的好处。

为了能“脱胎换骨”，近年来，在遍布全国各地的肯德基连锁店里，中国消费者早晨可以吃到本国风格的粥和油条，午饭可以吃寒稻香蘑饭和番茄蛋花汤，晚饭可以选用老北京鸡肉卷和海鲜沙拉。这些符合中国大众口味的特色产品，在美国肯德基是根本找不到的。

记得在肯德基进入北京的 1987 年，当时肯德基只有从美国引进的 8 种传统产品，但肯德基出色地对菜单进行了本土化，21 年后产品达到了 52 种，其中有很多产品都是专门为了中国的消费者开发的。现在，“不断为中国消费者而改变”的肯德基以平均每年推出 20 多款新品的速度服务着中国消费者，在快餐业不折不扣地不断上演着“新品秀”。

很明显，中国肯德基在本土化方面的表现是快于麦当劳发展的重要原因之一，它并没有拘泥于外国品牌的传统，而是秉承为中国人打造一个中国品牌的理念，推陈出新了许多多样化和本土化的产品，让人时刻感觉到中国肯德基是中国人的肯德基。

100 多年前，达尔文在著作《进化论》中阐明的最根本的观点就是“物竞天择、适者生存”，这是自然界优胜劣汰的法则，而在商业竞争的世界里同样适用这样的法则。爱立信手机“以欧洲人的思维做亚洲市场”却在本土化经营中输人一等，最终风光不再只得嫁与他人。

肯德基醒悟到不能仅依靠外国品牌的名字来寻求赢利增长，它们必须适应中国人的口味和生活方式。具有中国特色的美国品牌，这个看似有点矛盾的表述其实背后反映了一个消费品牌市场定位的高招。

美式快餐的“中国式菜单”

2005 年 5 月 22 日，肯德基老家的“父母官”，时任美国肯塔基州的州长厄尼·弗莱彻和夫人一行 15 人抵达北京访问。在位于北京亚运村附近的一家肯德基汽车穿梭餐厅里，弗莱彻先生品尝了中国肯德基店的玉米沙拉、老北京鸡肉卷、葡氏蛋挞，还有另外那些在美国看不到的品种后，他微笑着说：“我现在终于知道，他们(肯德基)为什么能在中国一次又一次地渡过难关，并得到快速的发展。”

肯德基是第一家进入中国内地的洋快餐巨头。它既是外资企业在中国最早的投资之一，也是跨国连锁餐饮企业打开中国餐饮业大门的第一个外国企业。

肯德基初入中国时，包括麦当劳在内，在当时还算是昂贵的消费，却让刚刚经历改革开放的中国消费者们蜂拥而至。这并不是说中美饮食文化没有鸿沟，他们也并不单单是为了“填饱肚子”，而是有意或无意地品味着时尚的滋味。

解读中国市场并不是一件容易的事。但肯德基的管理者很早就意识到中国将是一个很快就要觉醒的市场，“洋快餐”的光环终将逐渐褪去，没有被表象蒙蔽双眼的肯德基选择了最正确的产品策略——入乡随俗。

弗莱彻先生说的没错，肯德基的形象在中国已经有了根本的改变，“菜单的本土化”不仅仅是对异国风味进行的中国式改良，像老北京鸡肉卷、安心油条、枸杞南瓜粥等，从菜品的内容、口味、外观到名字，一切全都是按中国特色设计的。如果仅看这些菜名，人们很难将它们与地道的美式快餐联系在一起。

在产品研发方面，早在 20 世纪 90 年代中期，肯德基公司就第一次在上海建立了自己的“试验厨房”，至今产品研发团队已发展到 100 多人的规模。此后从 2000 年开始，肯德基餐厅在菜单上引入新产品的步伐就从未停下。

肯德基在产品本土化上不遗余力，采取了三管齐下的方式：第一，对异国风味进行中式改良，如墨西哥鸡肉卷、新奥尔良烤翅和葡式蛋挞等在口味上进行中式改造；第二，推出符合中国消费者饮食习惯的中式快餐，如饭(寒稻香蘑饭)、汤(芙蓉蔬菜汤、榨菜肉丝汤)、粥(皮蛋瘦肉粥、枸杞南瓜粥)等；第三，开发具有中国地域特色的新产品，如京味的老北京鸡肉卷、川味的川香辣子鸡、粤味的粤味咕肉等。

据了解，肯德基全球产品比例是新开发的当地产品 20%、传统产品 80%，但是在中国，新产品的比例可能已经达到 40%多，尤其是单独提供的营养早餐，全球都没有先例。事实上，全球再没有比中国产品种类更丰富的肯德基了。新品迭出的中式口味不断地给消费者以惊喜，刺激了消费需求。

百胜全球餐饮集团总裁大卫·诺瓦克认为，这些营养丰富的菜单构成了肯德基在中国成功的理由，“这也证明本土化管理的正确，本土人才更清楚本土需要什么”。因此，对于中国市场的管理，诺瓦克先生坚持“不会从总部派人过去”。

面对肯德基的变化，声称“只做自己擅长的事情”的麦当劳也未敢真的置身事外。多年以前，麦当劳就将一些产品定位在鸡肉上，而且自此以后不断强化，甚至开发了鳕鱼汉堡这样的鱼类产品。然而，在引入新产品的频率、数量和速度上，虽然麦当劳也声称花费了大量的时间和精力，为中国消费者量身订制菜单，但麦当劳的中国特色食品似乎不如肯德基丰富。

身在一个食品最为丰富、口味最为复杂的国家，如何满足中国人的味蕾，必定是洋快餐们不得不考虑的重大问题。肯德基的经营理念就是不断推出新的产品，针对人们尝鲜的心态，从而获得利润。

西方跨国公司要想在中国站稳脚跟，首先要敲开中国老百姓心理上的大门。本土化已经成为越来越多的跨国公司一个绕不开的话题。逐渐步入经济全球化的中国，使得这些跨国公司不得不将其本土化从之前的产品提升到战略层面。或许是因为率先进入中国这个市场，肯德基本土化步伐开始得最早。当然，中国市场给予了肯德基良好的经营回报，才会使肯德基愿意“为中国而改变”。

上校穿上唐装　20年努力淡化“国籍”

在中国辛勤耕耘10多年的肯德基，在如何拓展中国市场、应对中国市场的竞争上已经有了丰富的经验。2003年春节，肯德基的山德士上校一改平日白色西装的经典形象，开始在中国170座城市的800余家分店统一换上大红色唐装，头戴瓜皮小帽迎接顾客。

2003年2月17日，中国新年元宵节后的第一天，百胜全球餐饮集团总裁兼首席执行官大卫·诺瓦克、集团国际部总裁Peter A. Bassi及其他集团高级管理人员一行悄然来到千年古城西安进行市场巡访。

他们都特地换上中式红色唐装，兴致勃勃地来到西安肯德基钟楼餐厅，拿出礼物赠送给正在餐厅就餐的小顾客们，表达对西安市民的新年祝福。肯德基“唐装总裁”和“唐装上校”的红色中式服饰，衬着古老雄伟的西安钟楼，一派喜气洋洋的中国式新年气象感染着更多国人的亲情。

事实上，在跨国公司研究专家看来，本土化并非仅仅局限于生产经营领域，还应该包括更为广泛的内容，其中，关系本土化是跨国公司本土化战略的核心。审视肯德基在中国的20多年，无论是在仅靠“肯德基”招牌就能招财进宝的最好的时代，还是在遭遇“洋垃圾”质疑的最坏的时代，肯德基始终能够清醒地认识并恪守竞争制胜的本源，及时和持续地为客户提供更有价值的产品和服务。

肯德基中国的成功可以看作是本土化策略的成功，肯德基与麦当劳的“分道扬镳”也可以看作是“全球化”和“本土化”选择下的必然结果。身着唐装的“肯德基上校”，不仅和麦当劳拉开“土”与“洋”的形象差距，也有效避开了对手营销传播上的干扰。也许20世纪两者在中国消费者的心目中都是没有多大区别的洋品牌，但两者在品牌形象上已经走上了不同的发展道路。虽然麦当劳依然延续着全球市场龙头老大的霸气，但相对憋屈的肯德基在中国找到了自己的新天地。

“立足中国，融入生活”的广告语表达了肯德基扎根中国的决心。对肯德基来说，尽管在全球市场上无法同麦当劳抗衡，但是在中国市场，洞察消费者心理、从消费者需求出发的肯德基，无论在宏观的企业战略还是具体的经营策略方面，似乎都比对手麦当劳更加灵敏。

（资料来源：卞君君. 肯德基——中国式进化[M]. 北京：中信出版社，2009）

思考题

1. 在中国，消费者从肯德基餐厅那里感受到了什么文化？这些文化内涵是如何发展起来的？

2. 在中国文化背景下，你认为肯德基应该如何进一步推进本土化进程？列举出肯德基餐厅可能实现的营销战略和策略。

第九章

社会阶层与消费者购买行为

学习目的与要求

- 了解和掌握社会阶层的概念及特征；
- 掌握用单一指标法和综合指标法划分社会阶层，定性与定量相结合；
- 了解和掌握不同社会阶层消费者的行为差异；
- 能够针对不同的社会阶层制定不同的市场营销战略。

导入案例

中外社会分层

社会阶层结构的阶层的种类(Categories)应该有几个？虽然研究者之间有不同的看法，但是第二次世界大战以前基本上划分为两种类型，即资产阶级和无产阶级(Bourgeoisie/Proletariat)、白领族和蓝领族(White Collars/Blue Collars)、有产者和无产者(Have/Have-not)等。但是1967年克拉夫特(Kraft)提出中层美国人(Middle American)概念以后，一些学者把社会阶层划分为3种类型，即上层、中层以及下层。把社会阶层概念运用于市场营销的Warner根据社会特征指标把社会阶层划分为6种类型，即上上层(占总人口的1.4%)、上下层(1.6%)、中上层(10.2%)、中下层(28.8%)、下上层(33%)、下下层(25%)。以政治学理论为背景进行社会阶层研究的吉尔布雷特和卡尔把上流阶层分为资本家阶层(1%)和中上阶层(14%)，把中间阶层分为中产阶层(Middle Class,33%)和劳动阶层(32%)，把下流阶层分为贫穷的劳动阶层(Working Poor,11%～12%)和最下层(8%～9%)。从行为主义角度分析社会阶层的科利曼(Coleman)和雷恩沃特(Rainwater)把社会阶层分为7种类型，即上流层的上上层(0.3%)、上下层(1.2%)和中上层(12.5%)，中流层的中间层(32%)和劳动阶层(38%)，下流层的下层(9%)和最下层(7%)。

在我国，随着改革开放的深入和发展，社会阶层结构正在发生很大的变化，目前对阶层有不同的表述和看法。

一些研究机构或研究者从消费者购买行为或生活方式对中国社会阶层进行划分。新生代调查公司把中国的消费者阶层分为8个层次，即现实的温饱型阶层、积极的小康型阶层、富裕层、保守的老百姓阶层、知识分子、专门人员和管理人员、新一代、中年女性，而每个层次的消费者阶层都有独特的消费或购买特点（表 9-1）。

表 9-1　新生代的中国消费者阶层特点

阶层	特点
现实的温饱型	安定、传统的中国式家庭，消费中档品
积极的小康型	努力工作、追求高档消费品的小康型家庭
富裕层	首先购买的富裕人群，人口数少，但购买力很强
保守的老百姓	比起质量，更重视数量的一般家庭，主要是低收入的城市居民和贫民
知识分子	开放性的，重视文化消费的知识分子
专门人员/管理人员	重视金钱，生活节奏快，从事专门或管理职业的白领人群
新一代	缺乏传统观念，关心股票、体育、广告等
中年女性	做家务的普通家庭妇女

（资料来源：新生代调查公司《中国城市居民消费形态调查》）

消费者均处于一定的社会阶层。同一阶层的消费者在行为、态度和价值观念等方面具有同质性，不同阶层的消费者在这些方面存在较大的差异。因此，研究社会阶层对于深入了解消费者行为具有特别重要的意义。本章首先介绍社会阶层的基本含义与特性，然后叙述社会阶层的划分方法，最后讨论社会阶层与消费者行为之间的关系以及如何根据社会阶层制定市场营销战略。

第一节　社会阶层概述

一、社会阶层的含义

社会阶层（Social Class）是由具有相同或类似社会地位的社会成员组成的相对持久的群体。每一个体都会在社会中占据一定的位置，有的人占据非常显赫的位置，有的人则占据一般的或较低的位置。这种社会地位的差别，使社会成员分成高低有序的层次或阶层。社会阶层是一种普遍存在的社会现象，不论是发达国家还是发展中国家，不论是社会主义国家还是资本主义国家，均存在不同的社会阶层。产生社会阶层的最直接的原因是个体获取社会资源的能力和机会的差别。所谓社会资源，是指人们所能占有的经济利益、政治权利、职业声望、生活质量、知识技能以及各种能够发挥能力的机会和可能性，也就是能够帮助人们满足社会需求、获取社会利益的各种社会条件。导致社会阶层的终极原因是社会分工和财产的个人所有。社会分工形成了不同的行业和职业，并且在同一行业和职业内形成领导和被领导、管理和被管理等错综复杂的关系。当这类关系与个人的所得、声望和权利联系起来时，就会在社会水平分化的基础上形成垂直分化，从而造成社会分层。

社会分层表现为人们在社会地位上存在差异。社会地位是人们在社会关系中的位置以及围绕这一位置所形成的权利义务关系。社会成员通过各种途径，如出生、继承、社会化、就业、创造性活动等占据不同的社会地位。在奴隶社会和封建社会，社会地位主要靠世袭、继承和等级制的安排所决定。在现代社会，个体的社会地位更多地取决于社会化、职业、个人对社会的贡献大小等方面，但家庭和社会制度方面的因素对个体的社会地位仍具有重要影响。

社会成员形成高低有序的层次，既有积极作用，也有消极作用。从积极层面看，社会分层和社会差别的存在形成了社会发展所必需的竞争机制，同时它还促使一部分社会精英将全部精力投入到社会创造性活动中去，从而推动社会进步。从消极层面看，它限制了非特权阶层的机遇，阻碍了社会智力大规模的开发和利用，会加剧社会不平等，容易引发不同阶层的冲突。

消费者行为学中讨论社会阶层，一方面是为了了解不同阶层的消费者在购买、消费、沟通、个人偏好等方面具有哪些独特性；另一方面是为了了解哪些行为基本上被排除在某一特定阶层的行为领域之外，哪些行为是各社会阶层成员所共同的。图 9-1 说明了处于同一社会阶层的消费者的独有行为只是全部行为中的一小部分这一事实。

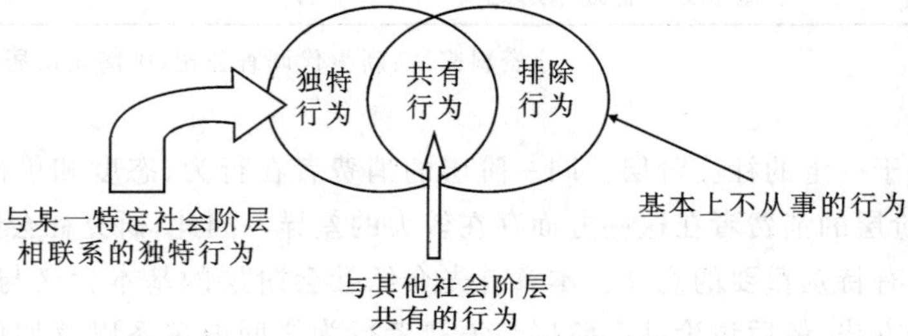

图 9-1　并非同一社会阶层内的所有行为都是独特的

二、社会阶层的特征

(一)社会阶层展示一定的社会地位

如前所述，一个人的社会阶层是和他特定的社会地位相联系的。处于较高社会阶层的人，必定是拥有较多的社会资源、在社会生活中具有较高社会地位的人。他们通常会通过各种方式展现其与社会其他成员相异的方面。社会学家凡勃仑所阐释的炫耀性消费，实际上反映的就是人们显示其较高社会地位的需要与动机。

由于决定社会地位的很多因素如收入、财富不一定是可见的，因此人们需要通过一定的符号将这些不可见的成分有形化。按照凡勃仑的说法，每一社会阶层都会有一些人试图通过炫耀性消费告诉别人他们是谁，处于哪一社会层次。研究发现，即使在今天，物质产品所蕴含、传递的地位意识在很多文化下仍非常普遍。

传统上，人们通过购买珠宝、名牌服装、高档电器等奢侈品或打高尔夫球、滑雪等活动显示自己的财富和地位。今天，这一类显示地位的手段或符号仍然被很多人运用。然而应当注意的是，随着社会的变迁和主流价值观的变化，它们的表现方式、作用都在发生变化。例如，随着收入水平的提高，很多过去只有上层社会才消费得起的产品、服务已经或正在开始进入大众消费领域，这些产品作为“地位符号”的基础开始动摇。另一方面，越来越多上层社会的消费者对通过消费显示其财富和地位感到厌倦。一项研究发现，虽然奢侈品的营销者试图造成一种印象，即似乎只有百万富翁才买这些产品，但实际购买它们的往往是那些“假百万富翁”，即年收入在40000～80000美元之间的家庭。真正的富翁具有“普通人”的消费习惯，他们将大多数奢侈品视为专为那些财务上并不特别成功的人开发的玩具。

(二)社会阶层的多维性

社会阶层并不是单纯由某一个变量如收入或职业所决定的，而是由包括这些变量在内的多个因素共同决定的。正如后面所要看到的，决定社会阶层的因素既有经济层面的，亦有政治和社会层面的。在众多的决定因素中，其中某些因素较另外一些因素起更大的作用。收入常被认为是决定个体处于何社会阶层的重要变量，但很多情况下它可能具有误导性。比如在我国现阶段，出租车司机、城郊菜农的收入比一般的大学教师和工程师的高，但从社会地位和所处的社会层级来看，后者显然高于前者。除了收入，职业和住所亦是决定社会阶层的重要变量。一些人甚至认为职业是表明一个人所处社会阶层的最重要的指标，原因是从事某些职业的人更受社会的尊重。

(三)社会阶层的层级性

从最低的地位到最高的地位，社会形成一个地位连续体。不管愿意与否，社会中的每一成员，实际上都处于这一连续体的某一位置上。那些处于较高位置上的人被归入较高层级，反之则被归入较低层级，由此形成高低有序的社会层级结构。社会阶层的这种层级性在封闭的社会里表现得更为明显。“在古罗马，有贵族、骑士、平民、奴隶。在中世纪，有封建领主、陪臣、行会师傅、帮工、农奴，而且几乎在每一个阶级内部又有各种独特的等第。”在现代较为开放的社会里，人们的身份和地位虽然不像封建社会那样具有清晰的界限，但仍可以从其上的学校、从事的职业、结识的朋友、购买的产品中窥见端倪。

层级性使得消费者在社会交往中要么将他人视为是与自己同一层次的人，要么将他人视为是比自己更高或更低层次的人。这一点对营销者十分重要。如果消费者认为某种产品主要被同层次或更高层次的人消费，他购买该产品的可能性就会增加；反之，如果消费者认为该产品主要被较低层次的人消费，那么他选择该产品的可能性就会减少。

(四)社会阶层对行为的限定性

大多数人在与自己处于类似水平和层次的人交往时会感到很自在，而在与自己处于不同层次的人交往时会感到拘谨甚至不安。这样，社会交往较多地发生在同一社会阶层之内，而不是不同阶层之间。同一阶层内社会成员更多的互动，会强化共有的规范与价值观，从而使阶层内成员间的相互影响增强。另一方面，不同阶层之间较少互动，会限制产品、广告和其他营销信息在不同阶层人员间的流动，使得彼此的行为呈现更多的差异性。

(五)社会阶层的同质性

社会阶层的同质性是指同一阶层的社会成员在价值观和行为模式上具有共同点和类似性。这种同质性在很大程度上是由他们共同的社会经济地位所决定的，同时也和他们彼此之间更频繁的互动有关。对营销者来说，同质性意味着处于同一社会阶层的消费者会订阅相同或类似的报纸、观看类似的电视节目、购买类似的产品、到类似的商店购物，这为企业根据社会阶层进行市场细分提供了依据和基础。

(六)社会阶层的动态性

社会阶层的动态性是指随着时间的推移，同一个体所处的社会阶层会发生变化。这种变化可以朝着两个方向进行：从原来所处的阶层跃升到更高的阶层，或从原来所处的阶层跌入较低的阶层。越是开放的社会,社会阶层的动态性表现得越明显;越是封闭的社会,社会成员从一个阶层进入另一个阶层的机会就越小。社会成员在不同阶层之间的流动主要由两方面促成:一是个人的原因,如个人通过勤奋学习和努力工作赢得社会的认可和尊重,从而获得更多的社会资源并实现从较低到较高社会阶层的迈进。二是社会条件的变化。如在我国,知识分子曾被斥为"臭老九",社会地位很低,但改革开放以来,随着社会对知识的重视,知识分子的地位不断提高,作为一个群体从较低的社会阶层跃升到较高的社会阶层。

三、社会阶层的决定因素

吉尔伯特(Jilbert)和卡尔(Kahl)将决定社会阶层的因素分为三类:经济变量、社会互动变量和政治变量。经济变量包括职业、收入和财富,社会互动变量包括个人声望、社会联系和社会化,政治变量则包括权力、阶层意识和流动性。下面主要介绍其中与消费者行为研究特别相关的几个因素。

(一)职业

在大多数消费者研究中,职业被视为表明一个人所处社会阶层的最重要的单一性指标。当首次与某人谋面时,我们大多会询问他在哪里高就和从事何种工作。一个人的工作会极大地影响他的生活方式,并赋予他相应的声望和荣誉,因此职业提供了个体所处社会阶层的很多线索。不同的职业,消费差异是很大的。比如蓝领工人的食物支出占收入的比重较大,而经理、医生、律师等专业人员则将收入的较大部分用于在外用餐、购置衣服和接受各种服务。在大多数国家,医生、企业家、银行家和科学家是备受尊重的职业,近些年,随着信息产业的迅速发展,与信息技术相关的职业如电脑工程师、电脑程序员、后勤管理经理等职业日益受到社会青睐。

(二)个人业绩

一个人的社会地位与他的个人成就密切相关。同是大学教授,如果你比别人干得更出色,你就会获得更多的荣誉和尊重。平时我们说"某某教授正在做一项非常重要的研究""某某是这个医院里最好的神经科医生",均是对个人业绩所做的评价。虽然收入不是表明社会阶层的一项好的指标,但它在衡量个人业绩方面却是很有用的。一般来说,在同一职业内,收入居前25%的人很可能是该领域内最受尊重和最有能力的人。个人业绩或表现也涉及非工作方面的活动。也许某人的职业地位并不高,但他或其家庭仍可通过热心社区事务、关心他人、诚实善良等行为品性赢得社会的尊重,从而取得较高的社会地位。

(三)社会互动

诚如前面所指出的,大多数人习惯于与具有类似价值观和行为的人交往。在社会学里,强调社会互动的分析思路被称为"谁邀请谁进餐"学派。这一派的学者认为,群体资格和群体成员的相互作用是决定一个人所处社会阶层的基本力量。

社会互动变量包括声望、联系和社会化。声望表明群体其他成员对某人是否尊重,尊重程度如何。联系涉及个体与其他成员的日常交往,即他与哪些人在一起,与哪些人相处得好。社会化则是个体习得技能、态度和习惯的过程。家庭、学校、朋友对个体的社会化具有决定性影响。到青春期,一个人与社会阶层相联系的价值观与行为已清晰可见。虽然社会互动是决定一个人所处社会阶层的非常有效的变量,但在消费者研究中它们用得比较少,因为这类变量测量起来比较困难而且费用昂贵。

(四)拥有的财物

财物是一种社会标记,它向人们传递有关其所有者处于何种社会阶层的信息。拥有财物的多寡、财物的性质决定同时也反映了一个人的社会地位。对财物应做广义的理解,它不仅指汽车、土地、股票、银行存款等我们通常所理解的财物,也包括受过何种教育、在何处受教育、在哪里居住等"软性"的财物。名牌大学文凭、名车、豪宅、时尚服饰,无疑是显示身份和地位的标记。然而,正如前面所指出的,对它们特别有兴趣的恰恰是缺乏这些财物或对其缺乏了解的人。诸如《成功的秘诀》《哈佛学不到》之类的书籍的潜在买主是商学专业的学生或其他希望成为"管理高手"的人,而不是业已成功的人士。

(五)价值取向

个体的价值观或个体关于应如何处事待人的信念是表明他属于哪一社会阶层的又一重要指标。由于同一阶层内的成员互动更频繁,他们会发展起类似或共同的价值观。这些共同的或阶层所属的价值观一经形成,反过来成为衡量某一个体是否属于此阶层的一项标准。不同社会阶层的人对艺术、对抽象事物、对金钱和生活存在的不同看法,实际折射的就是价值取向上的差异。

(六)阶层意识

阶层意识是指某一社会阶层的人意识到自己属于一个具有共同的政治和经济利益的独特群体的程度。人们越具有阶层或群体意识,就越可能组织政治团体、工会来推进和维护其利益。从某种意义上说,一个人所处的社会阶层是由他在多大程度上认为他属于此阶层所决定的。

一般而言,处于较低阶层的个体会意识到社会阶层的现实,但对于具体的阶层差别并不十分敏感。例如,低收入旅游者可能意识到星级宾馆是上层社会成员出入的地方,但如果因五折酬宾而偶然住进这样的宾馆,他或她对出入身边的人在穿着打扮、行为举止等方面与自己存在的差别可能并不特别在意。在他们眼里,星级宾馆不过是设施和服务更好、收费更高的"旅店"而已,地位和阶层的联系在他们的心目中如果有的话也是比较弱的。相反,经常出入高级宾馆的游客,由于其较强的地位与阶层意识,对于星级宾馆这种"来者不拒"的政策可能会颇有微词。

第二节　社会阶层的划分

划分社会阶层的方法很多,大致可分为两种类型,即单一指标法和综合指标法。前者根据某个单项指标如职业、教育、收入将消费者分成不同的阶层;后者则赋予职业、教育、收入、声望等以不同的权重,测定消费者在这些项目上的总分,以此决定他属于何阶层。

一、单一指标法

单一指标法从某个特定方面去评价人们的社会地位。社会地位受多方面因素的影响,只用其中一项因素去衡量一个人的社会地位可能会有失偏颇。但是,这一方法对分析社会地位的特定方面对消费过程的影响仍然是很有帮助的。实践中,常用的单项指标是教育、职业和收入。

(一)教育

教育是提高社会地位的主要途径,自然也是评价社会地位的一项重要指标。在大多数国家,一个人所受的教育程度越高,他的社会地位就越高。传统上,在制造、服务等领域,很多高收入的职位不一定需要高的教育程度,但这种情况正在改变。看看各种招聘广告你就会发现,凡是稍好一点的职位,对能力和素质都有很高的要求。要达到这种要求,通常需要接受良好的教育。不仅如此,教育还影响个人品位、价值观、获取信息和做决策的方式。总之,教育影响到个体消费模式和生活方式的各个方面,它与职业一道构成衡量社会阶层最常用的两项指标。

(二)职业

在市场调研中,职业是应用最广的单项指标。事实上,人们初次见面总是以职业来评价和界定对方。每当遇到新知,人们内心总是在问"他是做什么的?"很显然,职业是我们判断一个初识的人最常用的线索。职业与教育、收入紧密地联系在一起,在很大程度上反映一个人的社会地位。消费者的工作类型、与其共事的同事的类型直接影响着他的价值观、生活方式和消费过程的各个方面。

在工业化社会存在着数百种职业。人们常用不同的方法给职业评分或对职业声誉排序,最常用的职业分层是社会经济指数法(SEL)。它是以不同职业的人的受教育水平和收入为基础的一种评价方法。社会经济指数的每个组成部分都被赋予一定的权重,以使每个职业所得分数与公众对这个职业的地位评价标准相类似。一旦合适的权重被确定,那么任何职业的等级就可被评定出来。表 9-2 显示的是美国部分职业的 SEL 得分。

表 9-2　几种职业的社会经济指数得分

职业	SEL 得分	职业	SEL 得分
会计	65	营销经理	58
航天工程师	84	营销教授	83
运动员	49	邮递员	28
汽车机械师	21	管工	27
酒吧侍者	24	警察	38
化学师	78	注册护士	46
牙医	89	服装销售员	25
小学教师	70	推销工程师	78
管家	18	装卸工	22

(三)收入

传统上,收入是划分社会地位和社会阶层的常用指标。因为,一方面收入高低与个体所处社会阶层有着较密切的联系,另一方面收入是维持一定生活方式的前提条件。收入不仅制约着人们的购买能力,而且影响着人们对工作、休闲和购物等活动的看法。当然收入作为衡量社会阶层的基本指标也存在着问题和局限。首先,被调查者也许不愿意公开自己的收入,或不能确切地按研究人员所界定的收入概念确定自己的收入。其次,收入本身并不能完全有效地解释由于社会阶层所形成的行为差异。一位大学教授的收入或许与一位卡车司机的收入不相上下，然而他们的观念、意识和偏好会有相当大的差别。

二、综合指标法

综合指标法是运用多个社会经济变量从不同层面测量消费者的社会地位。这类方法的基本思想是，先在若干规模较小的社区做详细的调查研究，以决定每个成员适合归入哪一阶层，然后再寻找反映社会地位的客观指标和确定其权重。有关衡量指标及其权重的确定要满足一个基本条件，即它们能够再现小社区研究中的成员分类模式。划分社会阶层的综合方法很多，下面重点介绍科尔曼地位指数法、霍林舍社会地位指数法。

(一)科尔曼地位指数法

这一方法由社会研究公司(Social Research，Inc.)于20世纪60年代创立，并在消费者研究中得到广泛运用。该方法从职业、教育、居住的区域、家庭收入四个方面综合测量消费者所处的社会阶层。表9-3列示了运用该方法时常用的问题和格式。在计算总分时，职业分被双倍计入，这样，一个人的最高得分可达到53分。另外，如果被访者尚未成家，则在计算他的总分时，教育和职业两项得分均双倍计入总分。对于户主在35～64岁之间、以男性为主导的已婚家庭，其综合得分如果在37～53分之间则为上等阶层，得分在24～36分之间为中等阶层，得分在13～23分之间为劳动阶层，得分在4～12分之间为下等阶层。

表9-3 科尔曼地位指数法中的变量及评分标准

教育		
8年(含8年)以下初等教育	(被访者)1	(被访者配偶)1
高中肄业(9～10年)	2	2
高中毕业(12年)	3	3
1年高中后学习	4	4
2年或3年制大专	5	5
4年制本科毕业	6	6
硕士毕业或5年制大学	7	7
博士毕业或6～7年制专业学位	8	8
户主的职业声望(如果被访者已退休，询问退休前的职业)		
长期失业者(以失业救济金维生者，不熟练的零工)		0
半熟练工，保管员，领取最低工资的工厂帮工和服务人员		1
掌握一般技术的装配工、卡车与公共汽车司机，警察与火警，配送工		2
熟练工匠如电工、小承包商、工头，低薪销售职员，办公室工人，邮局职员		3
员工在2～4人之间的小业主，技术员，销售人员，办公室职员，一般薪水的公务员		4
中层管理人员，教师，社会工作者，成就一般的专业人员		5
中小公司的高层管理人员，雇员在10～20人的业主，中度成功的专业人员如牙医		7

续表 9-3

大公司的高层管理人员，获得巨大成功的专业人员如名医、名律师，富有的企业业主		9	
居住区域			
平民区（社会救济者和下层体力劳动者杂居）		1	
清一色劳动阶层居住，虽非平民区但房子较破败		2	
主要是蓝领，但也住有一些办公室职员		3	
大部分是白领，也居住着一些收入较高的蓝领		4	
较好的白领区（没有很多经理人员，但几乎没有蓝领居住）		5	
专业人员和经理人员居住区		7	
富豪区		9	
年家庭收入			
5000 美元以下	1	20000～24999 美元	5
5000～9999 美元	2	25000～34999 美元	6
10000～14999 美元	3	35000～49999 美元	7
15000～19999 美元	4	50000 美元	8
总分：		估计的社会地位：	

资料来源：Coleman R P. The Continuing Significance of Social Class to Marketing. Journal of Consumer Research，1983 December(10)：265～280。

根据科尔曼地位指数法，科尔曼（Coleman）和雷茵沃特（Rainwater）将美国消费者分为上层（14%）、中层（70%）和下层（16%）。每一阶层又被进一步细分，总共形成若干个生活方式上存在差别的群体。表 9-4 显示的便是这个群体及相应的社会经济状况。

表 9-4　科尔曼-雷茵沃特社会等级结构

上层美国人	
上上层（0.3%）	靠世袭而获取财富、贵族头衔的名副其实的社会名流
中上层（1.2%）	靠业务成就、社团领导地位起家的社会新贵
下上层（12.5%）	除新贵以外的拥有大学文凭的经理和专业人员，专注于事业、私人俱乐部和公益事业
中层美国人	
中产阶级（32%）	收入一般的白领工人和他们的蓝领朋友，居住在“较好的居民区”，力图干“合适的事”
劳动阶级（38%）	收入一般的蓝领工人，各种有不同收入、学历和工作性质背景但过着典型的工人阶级生活方式的人
下层美国人	
下上层（9%）	地位较低，但不是最底层的社会成员。他们有工作，不需要福利救济
下下层（7%）	生活水平只是维持在贫困线之上，接受福利救济，在贫困中挣扎，通常失业或做“最脏”的工作

续表 9-4

各社会阶层及特征				
社会阶层	百分比(%)	收入($)	学历	职业
上层美国人				
上上层	0.3	600000	硕士	董事长
中上层	1.2	450000	硕士	总裁
下上层	12.5	150000	医学学位	开业医生
中层美国人				
中产阶级	32	28000	本科	高中教师
劳动阶级	38	15000	高中	装配工人
下层美国人				
下上层	9	9000	高中肄业	门卫
下下层	7	5000	小学	无业

资料来源:Coleman R P. The Continuing Significance of Social Class to Marketing. Journal of Consumer Research,1983 December(10):267。

(二)霍林舍社会地位指数法

霍林舍社会地位指数法是从职业和教育两个层面综合测量社会阶层的一种方法,该方法在消费者行为研究中亦得到了广泛的运用。表 9-5 列示了编制霍林舍社会地位指数的量表、项目权重、汇总计算公式及地位等级体系。从表 9-5 中可以看出,职业和教育均被分为 7 个类别,但它们被赋予不同的权重。必须指出,霍林舍地位指数是用来衡量、反映个人或家庭在某一社区或社会集团内部所处的社会地位的。正因为如此,某个变量上的高分有可能补偿另一个变量上的低分。例如,以下三种人均被划分为中层:①受过 8 年教育的成功的中型企业业主;②4 年本科毕业的推销员;③专科毕业的政府行政部门文职人员。在同一社会,这三种类型的人的社会地位可能相差无几,然而他们的消费过程,至少对部分商品的消费过程仍可能有较大的差异。由此说明,总体社会地位可能掩盖某些地位因素与特定产品消费之间的有用联系。

表 9-5 霍林舍社会地位指数

职业量表(权重为 7) 职业名称	得分
大企业的高级主管、大企业业主、重要专业人员	1
业务经理、中型企业业主、次要专业人员	2
行政人员、小型企业业主、一般专业人员	3
职员、销售员、技术员、小业主	4
技术性手工工人	5
操作工人、半技术性工人	6
无技能工人	7
教育量表(权重为 4) 学历	得分

续表 9-5

专业人员(文、理、工等方面硕士、博士)		1
四年制大学本科(文、理、医等方面学士)		2
一到三年专科		3
高中毕业		4
上学 10～11 年(高中没毕业)		5
上学 7～9 年		6
上学少于 7 年		7
社会地位分＝职业分×7＋教育分×4 社会地位等级体系 社会地位	分数区间	在人口中的比重
上层	11～17	3%
中上层	18～31	8%
中层	32～47	22%
中下层	48～63	46%
下层	64～100	21%

资料来源：Hollingshed A B and Redlich F C. Social Class and Mental Illness. New York: John Wilky&Sons,1958。

第三节　不同社会阶层消费者的行为差异

一、支出模式上的差异

不同社会阶层的消费者所选择和使用的产品是存在差异的。有的产品如股票、到国外度假更多地被上层消费者购买，而另外一些产品如廉价服装与葡萄酒则更多地被下层消费者购买。科曼发现，特别富裕的中层美国人将其大部分支出用于购买摩托艇、野营器具、大马力割草机、雪橇、后院游泳池、临湖住宅、豪华汽车或跑车等产品；而收入水平与之差不多的上层美国人则花更多的时间和金钱于私人俱乐部、孩子的独特教育、古董、字画和各种文化事件与活动。

在住宅、服装和家具等能显示地位与身份的产品的购买上，不同阶层的消费者的差别比较明显。例如，在美国，上层消费者的住宅区环境优雅，室内装修豪华，购买的家具和服装档次和品位都很高。中层消费者一般有很多存款，住宅也相当好，但他们中的很大一部分人对内部装修不是特别讲究，服装、家具不少但高档的不多。下层消费者住宅周围环境较差，在衣服与家具上投资较少。与人们的预料相反，下层消费者中的一些人员对生产食品、日常用品和某些耐用品的企业仍是颇有吸引力的。研究发现，这一阶层的很多家庭是大屏幕彩电、新款汽车、高档炊具的购买者。虽然这一阶层的收入比中等偏下阶层(劳动阶层)平均要低三分之一左右，但他们所拥有的汽车、彩电和基本家庭器具的价值比后者平均高 20%。下层消费者的支出行为从某种意义上带有“补偿”性质。一方面，由于缺乏自信和对未来并不乐观，他们十分看重眼前的消费；另一方面，低的教育水平使他们容易产生冲动性购买。

消费者在服务上的支出随社会地位的升高而增加。上层消费者在服务上的支出要数倍于中、下层消费者。例如，同是属于中层社会的中产阶级和劳动阶级在有形商品的消费上相差无几，但在服务的消费上后者明显滞后于前者。造成这种状况的原因是劳动阶级更倾向于自己动手，较之于中产阶级，他们用在孩子教育上的支出明显要小，他们更可能在自己家里或亲戚家里度假，他们上高级餐馆的次数相对要少，但更倾向于与亲戚用餐或到快餐店用餐。

二、休闲活动上的差异

社会阶层从很多方面影响个体的休闲活动。一个人所偏爱的休闲活动通常是同一阶层或临近阶层的其他个体所从事的某类活动，他采用的新休闲活动往往也是受到同一阶层或较高阶层成员的影响。虽然在不同阶层之间用于休闲的支出占家庭总支出的比例相差无几，但休闲活动的类型却差别颇大。马球、壁球和欣赏歌剧是上层社会的活动，桥牌、网球、羽毛球在中层到上层社会的成员中均颇为流行，玩老虎机、拳击、职业摔跤是下层社会的活动。

上层社会成员所从事的职业一般很少有身体活动，作为补偿，他们多会从事要求臂、腿快速移动的运动，如慢跑、游泳、打网球等。同时，这类活动较下层社会成员所喜欢的活动如钓鱼、打猎、划船等较少耗费时间，因此受到上层社会的欢迎。下层社会成员倾向从事团体或团队性体育活动，而上层社会成员多喜欢个人性或双人性活动。中层消费者是商业性休闲和诸如公共游泳池、公园、博物馆等公共设施的主要使用者，因为上层消费者一般自己拥有这一类设施，而低层消费者又没有兴趣或无经济能力来从事这类消费。

对于公司经理和高层主管一类的人来说，由于工作时间很长，休闲时间比较少，他们可能每天做一点休闲性活动，如参加放松性体育运动、绘画、弹奏乐器、摄影等。读书和听音乐也是很多高级职业经理人所喜爱的。调查发现，中层家庭背景的经理人员较高层家庭背景的经理人员更喜欢听古典音乐。

三、信息接收和处理上的差异

信息搜集的类型和数量也随社会阶层的不同而存在差异。处于最底层的消费者通常信息来源有限，对误导和欺骗性信息缺乏甄别力。出于补偿的目的，他们在购买决策过程中可能更多地依赖亲戚、朋友提供的信息。中层消费者比较多地从媒体上获得各种信息，而且会更主动地从事外部信息搜集。随着社会阶层的上升，消费者获得信息的渠道会日益增多。不仅如此，特定媒体和信息对不同阶层消费者的吸引力和影响力也有很大的不同。比如，越是高层的消费者，看电视的时间越少，因此电视媒体对他们的影响相对要小。相反，高层消费者订阅的报纸、杂志远较低层消费者多，所以，印刷媒体信息更容易到达高层消费者。

另一方面，不同阶层的消费者所喜欢的节目、所订阅的报纸和杂志存在相当大的差别。通常，社会地位高的消费者更具有发展观、全球观和长远的时间观，更关心国家大事，对新闻和时事更加关注（表 9-6）。高阶层消费者会更多地收看新闻节目，订阅品位较高或与自己职业相关的报纸、杂志。较低阶层的消费者则更多地收看体育节目，阅读反映情爱故事和各种小道消息的报纸、杂志。

表 9-6 美国中等阶层和下等阶层的心理差异

中等阶层	下等阶层
着眼于将来	着眼于过去和现在
具有长远时间观	时间观不如中等阶层那么长远
理智的和井然有序的生活感	情绪化和模糊的生活感
视野较开阔,有自由选择感	视野较狭窄,感到选择余地小
充满自信,愿意冒险	不如中等阶层那么自信
对世界和国家大事较关心	不太关心国家大事
工作导向而非快乐导向	更强烈的工作导向
具体和现实的思维方式	更具体和更现实的思维方式
宗教不很重要	宗教不重要
认同城市生活方式	更强烈地认同城市生活方式

资料来源:Hendon D,Williams Eand Huffman D. Social Class System Revisited. Journal of Business Research,1988 November:268。

不同社会阶层的消费者所使用的语言也各具特色。艾里斯(Ellis)做的一系列实验表明,实际上可以在很大程度上根据一个人的语言判断他所处的社会阶层。即使是在角色扮演中要求被试模仿上层社会的说话方式,人们也仍能大致判断他实际所属的社会阶层。一般而言,越是上层消费者,使用的语言越抽象;越是下层消费者,使用的语言越具体,而且更多地伴有俚语和街头用语。西方的很多高档车广告,因为主要面向上层社会,所以使用的语句稍长,语言较抽象,画面或材料充满想象力。相反,那些面向中、下层社会的汽车广告,则更多的是宣传其功能属性,强调图画而不是文字的运用,语言上更加通俗和大众化。

四、购物方式上的差异

人们的购物行为会因社会阶层而异。一项对城市女性的研究发现,社会阶层对购物方式确实有重要影响:“不管处于何种社会阶层,女性大都喜欢购物,但理由却各不相同。几乎所有女性都体会到购物的娱乐性、社会性,以及接触新信息、比较不同商品和进行讨价还价所带来的乐趣;然而,低阶层的消费者认为获得新的服装或用品会更令人兴奋,而中、高阶层的消费者则更多地提及优雅的购物环境、新颖的商品陈列给她们带来的喜悦。中、高层女性较低阶层女性购物更频繁,而后者更喜欢到闹市区和折扣店购物。社会层次越高,越能体会到购物快捷的重要性,中层和劳动层女性较其他层次的女性有更高的只看不买的倾向。”

一般而言,人们会形成哪些商店适合哪些阶层消费者的看法,并倾向于到与自己社会地位相一致的商店购物。研究表明,消费者所处社会阶层与他想象的某商店典型惠顾者的社会阶层相去越远,他光顾该商店的可能性就越小。同时,较高阶层的消费者较少光顾主要是较低阶层去的商店,相对而言,较低阶层的消费者则较多地去主要是较高阶层消费者惠顾的商店。另一项研究发现“客观”与“感知”的社会阶层也会导致消费者在店铺选择上的差异。客观上属中层而自认为属上层的消费者,较实际为上层但自认为属中层的消费者更多地去专卖店和百货店购物。与一直是劳动阶层的消费者相比,从较高层次跌落到劳动阶层的消费者会更多地去百货店购物。同时,中层消费者较上层消费者去折扣店购物的次数频繁得多。

上层消费者购物时比较自信，喜欢单独购物，他们虽然对服务有很高的要求，但对于销售人员过于热情的讲解、介绍反而感到不自在。通常，他们特别青睐那些购物环境优雅、品质和服务上乘的商店，而且乐于接受新的购物方式。中层消费者比较谨慎，对购物环境有较高的要求，但他们也经常在折扣店购物。对这一阶层的很多消费者，购物本身就是一种消遣。下层消费者由于受资源限制，对价格特别敏感，多在中、低档商店购物，而且喜欢成群结队逛商店。

第四节　社会阶层与市场营销战略

对于某些产品，社会阶层提供了一种合适的细分依据或细分基础。图 9-2 说明了依据社会阶层制定市场营销战略的具体步骤。第一步是决定企业的产品及其消费过程在哪些方面受社会地位的影响，然后将相关的地位变量与产品消费联系起来。为此，除了运用相关变量对社会进行分层以外，还要搜集消费者在产品使用、购买动机、产品的社会含义等方面的数据。第二步是确定应以哪一社会阶层的消费者为目标市场。这既要考虑不同社会阶层作为市场的吸引力，也要考虑企业自身的优势和特点。第三步是根据目标消费者的需要与特点为产品定位。第四步是制定市场营销组合策略，以达到定位目的。

第一步
将地位变量与产品消费相联系
1.产品或品牌使用
2.购买动机
3.符号意义

第二步
确定目标市场
收集如下数据：
实际的生活方式
欲求的生活方式
媒体使用购物模式

第三步
发展产品定位
根据目标消费者的生活方式选择欲求的形象

第四步
营销组合决策
产品
价格
分销
促销

图 9-2　运用社会分层发展营销战略

不同社会阶层的消费者由于在职业、收入、教育等方面存在明显差异，因此即使购买同一产品，其趣味、偏好和动机也会不同。如同是买牛仔裤，劳动阶层的消费者可能看中的是它的耐用性和经济性，而上层社会的消费者可能注重的是它的入时性和自我表现力。所以，根据社会阶层细分市场和在此基础上对产品进行定位是有依据的，也是非常有用的。事实上，对于市场上的现有产品和品牌，消费者会自觉或不自觉地将它们归入适合或不适合哪一阶层的人消费。例如，在美国啤酒市场，消费者认为海尼肯和迈克罗布更适合上层或中上层社会消费，而百威则更适合中层和中下层社会消费（表 9-7）。

表 9-7　各种品牌啤酒对不同社会阶层的吸引

品牌	上层/中上层	中层	中下层	上下层/下层	各个阶层
库尔斯(Coors)	20%	54%	16%	2%	3%
百威(Budweiser)	4%	46%	37%	7%	4%
米勒(Miller)	14%	50%	22%	6%	6%
迈克罗布(Michelob)	67%	23%	4%	1%	2%
老风格(Oldstyle)	3%	33%	36%	22%	1%
萌芽(Budlight)	22%	53%	14%	3%	5%
海尼肯(Heineken)	88%	9%	1%	—	1%

资料来源：Cronhaug K and Trapp P S. Perceived Class Appeals of Branded Goods. Journal of Consumer Marketing，1989 Winter：27。

应当强调的是，处于某一社会阶层的消费者会试图模仿或追求更高层次的生活方式。因此，以中层消费者为目标市场的品牌，根据中上层生活方式定位可能更为合适。美国安休泽-布希(Anheuser-Busch)啤酒公司根据社会阶层推出三种品牌的啤酒，每种品牌针对特定的消费阶层，采用不同的定位和营销组合策略，结果产品覆盖了80%的美国市场，获得极大成功(图9-3)。

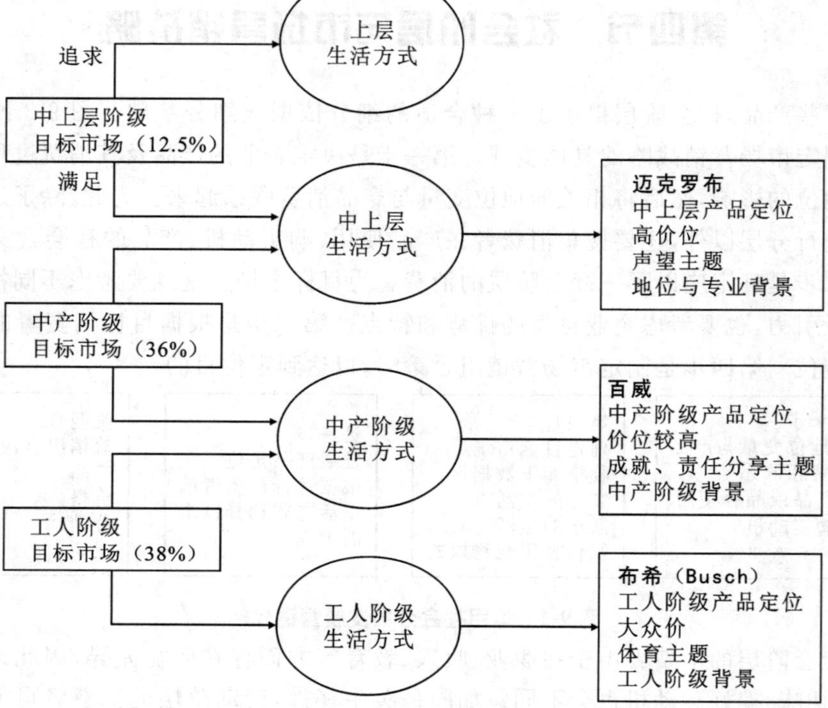

图9-3 安休泽-布希公司的产品定位

复习思考题

1.“任何社会都不存在纯而又纯的社会阶层，只存在一系列社会阶层连续体。”你如何理解这句话？

2.决定社会阶层的因素有哪些？这些因素的相对重要性如何？

3.为什么教育有时被用作评价社会地位的单项指数？

4.以职业作为评价社会地位标准的优点是什么？

5.以收入作为评价社会地位的标准会产生什么问题？

【案例分析】

假日促销

孔子曰：“凡战者，以正合，以奇胜。”在商家节日促销的大战中同样适合这样的道理。在激烈的节日促销中，商家不但要整合各种有效的促销工具，更要知己知彼、未雨绸缪，做好通盘打算，进行促销策划和创意，以奇招出其不意制胜。

在我国，假日经济正逐步走向成熟，一年中不到三分之一的假日时间创造了二分之一的营业额。据统计，商家在双休日的营业额一般是平时的1～3倍，而在春节、五一、中秋、十一、元旦等重大节日，生意更是红火，可以说节日期间是商家的蜜月期间。而在这热热闹闹的节日销售中，商家的促销无疑起到了巨大的作用。在促销中消费者得到实惠，商家得到大笔利润。节日里，走进商场和超市你就会感觉到温馨优雅的购物环境、独具匠心的商品摆放、商品的打折销售、精美礼品的赠送、琳琅满目的物品供你选择、新产品的节日上市与推广、各商家层出不穷的促销活动，这一个个惊喜让消费者打心底里高兴。节日购物真是物超所值：同样的商品低于平时的价格，同样的价格可以买比平时更好的商品。在购物的同时又是休闲放松的时刻：在满足物质的基础上，消费者在商家所营造的喜气欢快的节日气氛中精神上也得到了满足。消费者此时此刻更能体会到"顾客是上帝"的感觉，他们由衷地感到"过节的感觉就是好"。

熙熙攘攘的购物人群，大包小包的购买物品，销售量的急增，销售收入的直线上升，商家是看在眼里喜在心里。相对平时购物人群的稀少，产品销售的冷淡，过不过节真是两重天。节日中，平时疲软的市场得到强力的反弹，甚至某些商品出现脱销的局面。虽然各商家在节日促销中投入了大量的人力、物力、财力，但看到如此热闹火爆的购物场面，商家虽累但也快乐着，他们感叹道"过节的感觉真是爽"。

在消费者的慷慨购物和各商家积极促销的背后，我们来冷静思考一下，企业为什么在节日大搞促销呢？

原因之一：注意力经济的客观要求和反映。举一个简单的例子：我们平时看电视、听广播，而电视台和广播台并不向我们收费。电视和广播向我们提供了精彩的节目，难道这些节目都是免费的午餐吗？其实，我们已经向电视和广播交了费用，那就是我们把"注意力"集中到电视和广播上。电视台和广播台收集到了丰富的注意力资源，然后再把这些资源以广告的形式卖给需要注意力资源的各商家。再有，名人出书、明星做广告都是利用名人的注意力资源，消费者很少关注书和广告的质量，只知道他们是名人。

所谓注意力是指一个主题、一个事件、一段重要时间、一种行为、一些重大信息所引起的人们的关注程度、吸引力和兴趣力。我们正进入注意力经济的时代，注意力经济将成为21世纪主流的商业模式。我们处在一个信息急速扩张、信息爆炸的时代，商品的信息已不再是稀缺资源，缺少的是我们的注意力。企业为了吸引消费者的注意力，关注和喜欢他们的产品，绞尽脑汁各显其能，各种促销手段一个都不能少。而节日就是一个很好的注意力，节日是一种文化传统，是多年积累形成的一种注意力，在每个人的心目中都是深刻存在的。节日期间作促销正是注意力营销的体现，节日促销是商家借用节日的耳朵和眼睛来宣传和推广自家产品。打"节日牌"搞促销不失为一条促销捷径。

原因之二：从组织行为学的从众心理来分析商家促销的原因。从众心理是指在一个组织或团队里多数人的意见往往会改变和左右少数持不同意见和观点的人，少数人屈于一种无形的从众压力而改变自己的观点和行为，使总体趋向一致。在消费上也存在类似情况，我们叫作消费从众心理。节日里商家大张旗鼓地促销会大大提高消费者对产品的兴趣，刺激消费者的购买欲望。一方面节日本身所具有的气氛再加上商家各种促销所营造的浓厚的消费环境，使消费者在客观上进入一种消费购物的外部从众环境。同时，在节日中消费者往往几个人一起购物，别人购买会诱导起你的购买欲，人们形成一种心理——过节了，该花钱了。于是在促销的环境中，消费者往往会该买的多买，可买可不买的买下了，不买的东西也想买、甚至买下了。口碑营销也是基于这样一个原理。

原因之三：从消费者行为学和心理学来看。消费者的购物受外部环境因素和情绪的影响，愉快、优雅的环境和欢快的心情将大大提高人们的消费期望和购买指数。节日期间是一个放松休闲娱乐的时间，人们愿意从平时繁忙的工作和生活中解脱出来，购买一些产品和享受一些服务，即所谓的"花钱图痛快"。于是，在节日促销就更具有针对性和实效性。商家抓住了消费者的心理，愿意在节日里搞促销与消费者同乐。

原因之四：从消费者的消费周期规律来分析。一个人的购买欲望和购买值在一段时间内不是平均分开的，而是有高峰和低潮的。而节日期间正是消费的高峰和消费阈值的最高点。节日促销无疑是在火爆的消费场面上再加一把火。商家选择节日促销是锦上添花，高明之举。

原因之五：从我国的消费文化来看。我国的消费者有一个消费思维定式：平时攒钱，关键或者重要时刻集中花费，也就是消费中的预期消费。而节日正是这样一个关键和重要时刻。在消费者的消费文化中，节日期间各商家一定要大搞促销，价格会降低、产品会丰富，平时该买的商品等到节日再买。而商家也摸透了消费者的心理和消费文化，也在节日里极力做促销迎合消费者的心理。

节日时间是一个企业开展促销攻势、宣传企业形象的黄金时间。按照信息经济学原理：买卖双方的信息一般是不对称的，一般都是卖方比买方拥有更多的产品信息。而解决这一问题的主要方法就是信息披露，即商家通过产品展示、赠品发放、营业推广、广告宣传等促销方式发送信号。节日期间，恰好是商家进行产品宣传、信息披露的绝好时间，它会收到事半功倍的效果。因此，节日促销受到越来越多的商家的重视，并展开了激烈的促销战。

下面简单介绍一些有效的促销策略和技巧：

1. 注意力促销

"整个世界将会展开争夺眼球的战役，谁能吸引更多的注意力，谁就成为世界的主宰。"为此企业在节日期间做促销时必须吸引消费者的注意力，在节日这个注意力点上再创造和利用别的机会进行注意力促销。例如，可口可乐在北京奥运会会标揭幕后马上改变产品的包装，印上"中国印"。脑白金更是直接抓住春节的注意力推出了"今年过节不收礼，收礼只收脑白金"的促销活动，通过概念营销直接引诱消费者的注意力。

2. 文化促销

许多节日都有丰富的文化内涵，例如母亲节、情人节、中秋节、端午节。为此，企业在节日做促销时一定要把握住节日的文化内涵。情人节要突出感情的真挚和甜蜜，春节要突出喜庆和团圆。例如，有的商家在情人节做促销时规定凡购买多少元以上的物品，就免费为你的朋友送上一束鲜花；有的饭店也在情人节里推出情侣宴，并送鲜花。可口可乐在 2007 年春节改变包装，在广告宣传中突出中华民族的龙马精神，引起国人的共鸣。金六福酒在春节期间推出"好日子，喝金六福酒"的广告宣传，它迎合了我国春节期间人们对未来所寄托的美好希望。

3. 亲情促销

感情是内在的、长久的，企业利用节日这个特殊时刻用感情打动消费者，将会加深消费者对企业的美好印象，树立企业良好的品牌形象。海尔在春节等重大节日会给一些客户寄去问候信和小礼品表示节日的祝福。另外，在母亲节、教师节等节日，一些保健品、食品厂家也利用亲情促销引起消费者的注意。

［资料来源：倪培英．关于百货零售业节日促销策略的思考［J］．商业时代，2012(6)］

思考题

1．不同的社会阶层在节日时的消费行为有何差异？

2．不同的社会阶层在实体商场购物与网络购物方面有何差异？

第十章

家庭与消费者行为

学习目的与要求

◉ 了解和掌握家庭消费周期；
◉ 了解和掌握家庭的消费决策及影响家庭消费的因素；
◉ 了解家庭的消费价值观；
◉ 了解和掌握家庭消费决策角色、家庭消费决策类型；
◉ 了解和掌握消费者社会化的过程。

导入案例

上海商务中心居家消费大本营“三城一市”

在大商场效益普遍下滑的情况下，上海商务中心脱颖而出，引起了同行的普遍关注。

上海商务中心有限公司总经理王枫认为，围绕家庭消费做文章，在中心内实施“三城一市”间的错位经营、战略结盟，是取得成功的基础。

“三城一市”，指的是先后进驻商务中心的家电城、家具城、装潢城和一个大型超市。它们都围绕“家庭消费”做文章，契合了当前购房、住宅装修、添置家具和家电等消费新需求，以鲜明的特色吸引了人流。据统计，这里的日均客流量有 10 万人次，日均销售额为 650 万元，最高日销售额达到 1460 多万元。

“三城一市”之间既有关联又有区别的组合优势，给消费者带来了家居消费“走一家全搞定”的方便，四家企业获得了联动效应。据调查，到装潢城消费的顾客约有 81%同时又会在家电城消费，36%会在家具城消费，更有 90%的人会流动到大型超市去购物；另一方面，到超市购物的消费者会有 80%以上的去逛家电城，2%上楼去看家具。

（资料来源：新闻晚报，2012 年 9 月 28 日）

家庭是一个重要的消费单位。统计局以 2015 年 11 月 1 日零时为标准时点进行了全国 1%人口抽样调查，数据显示，大陆 31 个省、自治区、直辖市共有家庭户 40947 万户，家庭户人口为 126935 万人，平均每个家庭户的人口为 3.10 人。这为家庭用品提供了广大的市场。

另外，个人的消费行为往往与家庭其他成员的消费行为密切相关。如果家长答应为孩子购买一台电脑，那么父母可能就得放弃外出度假的机会，或者是削减其他家庭成员的某项开支。家庭在孩子社会化的过程中也担当着重要的角色。家庭通过家庭文化，将特定的消费观念和消费模式传达给下一代。所以，研究家庭对消费行为的影响有着重要的意义。

第一节 家庭及其特点

家庭是以婚姻、血缘和有继承关系的成员为基础组成的一种社会生活组织形式或社会单位。几乎每一个人的消费行为都与家庭有关。

一、家庭的消费意义

作为一个基本的消费单位，家庭是我们进行消费者行为学研究时分析营销策略各个方面的切入点。家庭数量的增长，对于冰箱、电视机、家具、住房和其他主要以家庭为单位进行消费的产品来说，其意义远大于人口的增长。

(一)家庭是最紧密的群体

家庭成员之间的关系是人与人之间最密切的关系。现代医学已经证明，婴儿还在母体中的时候就开始受到母亲的影响。家庭是孩子的第一课堂。人们的消费方式、消费行为、消费习惯首先是从家庭中学来的。

家庭成员对家庭应尽的义务以及家庭成员相互间的关系，也常常会影响或改变消费者的生活态度和购买行为。

家庭成员之间的关系是否融洽，也影响着消费者的行为。和谐的家庭购买行为比较有规律，计划性较强。此外，家庭的社会地位和经济条件不仅决定了家庭的购买能力，也决定了家庭成员的需求层次和消费水平、消费结构。

(二)家庭本身就是消费单位

一般来讲，彩电、冰箱、家具等耐用消费品以及锅碗瓢盆等日常用品，它们的消费量是以家庭为单位来计算的。家庭作为一个消费单位，有它自己的需求和购买行为。家庭成员需要有自己的个人消费品，如牙刷、毛巾等，但由于家庭是一个经济共同体，家庭成员之间有着共同的物质利益，因此家庭成员购买个人消费品也就很自然地被纳入家庭的开支计划中，成为家庭消费的一部分。

大部分人在一生中属于两个家庭：一个是与父母生活的家庭，另一个是结婚后成立的新家庭。在我国，当子女与父母生活在一起时，一般的家庭用品是由父母负责购置的。这种情况一直延续到子女成婚之后。在这期间，即使子女已经工作有了收入，大部分家庭用品的购置仍然是由父母负责的。当子女自己成家后，他们开始为新家庭购置家庭用品。新家庭的需求与老家庭不尽相同，因此家庭的变迁会造成家庭购买行为的变化。

(三)家庭成员

家庭成员互相充当购买代理人。商品的购买者并不一定是商品的使用者。这一点在家庭购买中特别明显。家庭中的某个成员经常会为其他成员购买商品，如妻子为丈夫购买领带，父母为子女购买书籍等。这种行为使得营销人员在研究消费者的购买行为时，不仅要考虑自我购买者的消费心理，还要考虑代理购买者的消费心理。例如销售孩子的玩具，就不仅要考虑儿童本人的喜好，还要想到家长对孩子的希望，对玩具的要求。

二、家庭的类型

家庭的购买行为与家庭的类型也有着密切的关系。家庭的类型在不同的文化中有些差异，但总的说来，现代家庭主要有下列几种类型：

(一)核心家庭

核心家庭即平常所说的小家庭，是与中国传统的大家庭相对的。这类家庭通常只包括两个成年人以及他们的孩子。我国的家庭往往被认为是庞大的。《红楼梦》中的贾府更是封建大家庭的代表。新中国成立后，我国的家庭规模发生了很大的变化。新中国成立前我国平均每户人口为 5.35 人，1982 年为 4.43 人；1996 年上海市的平均家庭人数为 3.11 人，2000 年则为 2.8 人。这些数据表明中国的家庭户规模正在缩小，两口之家或三口之家这样的核心家庭越来越多。

(二)扩展家庭

扩展家庭是一种包括核心家庭和其他亲属在内的家庭，最为常见的一种是包括一方或双方祖父母在内的大家庭。此外，它还可能包括伯母、婶母、舅母、叔伯、表兄弟姐妹、亲家和其他亲属。这种家庭就是古时候常见的大家庭了。现在在中国城市中“三代同堂”的家庭还可以看到，在农村这种扩展家庭就更为常见了。

(三)混合家庭

混合家庭是指由一对夫妇(一方或双方都有过婚史)和他们的孩子以及他们以前的孩子所组成的家庭。近年来，随着离婚率的上升，这种家庭的数量也呈上升趋势。大部分离婚的人会再婚，他们以前的孩子就会在两个家庭中生活，一个是他们的母亲的家庭，另一个是他们的父亲的家庭。孩子可能还会与后父(母)以前的孩子一起生活。

(四)其他

人们除了以上述三种家庭的形式生活在一起外，还有另外的形式，如一个人居住，或者与没有亲属关系的人一起居住。据统计，1995 年美国有 30%的这类特殊家庭。在中国，主张独身的年轻人也越来越多，他们形成了一个特殊的消费市场。

第二节 家庭周期与消费行为

按照国外最普遍的划分方式，考虑家庭中成员的年龄、子女教育和工作情况、家长与子女的关系等因素，现代家庭可以分为以下几个阶段。

一、青年单身

这个群体的年龄一般在 35 岁以下，他们大多数同父母住在一起。这一群体的成员有一定的经济收入，又没有家庭的负担，可供自由支配的钱较多；消费行为较不稳定，往往取决于个人的兴趣爱好。他们的生活也非常丰富多彩，社交广泛，喜欢上酒吧、看电影、听音乐会，也喜欢购买运动器械、服装和个人保健用品。

这一阶段的人如果不和父母住在一起，就会有较多经济上的限制，常常有较多的必需开支，如房租、食物等。他们所使用的产品与在家居住的单身者相同。如果他们的收入较高的话，他们还是方便型家用产品、高级公寓、赛车、俱乐部度假等活动的主要消费者。

二、年轻夫妻(没有孩子)

结婚(或同居)意味着家庭生命周期一个新阶段的开始。为了形成一种共同的生活方式，两个年轻单身者各自的生活方式必须做出极大的调整。一方面，共同决策和分担家庭责任对他们来说是一种全新的经验；另一方面，许多新的问题如储蓄、购买住房和家具等，都需要新夫妇加以认真考虑并做出决策。

大部分这样的家庭中两人都有收入，由于没有孩子又省下了许多开支，因此相对其他群体较为富裕。他们注重耐用消费品的消费，如冰箱、彩电、家具、室内装饰品等。同"满巢"家庭相比，这个群体在娱乐、服装、度假、餐馆饮食等方面的支出较大。他们也是高级公寓和高档家具等产品的主要消费对象。

三、满巢Ⅰ(结婚并有年幼的孩子)

孩子的到来常常会给家庭的生活方式和消费方式带来许多变化。一方面，婴儿服装、家具、食物和保健用品等新的消费品很自然地出现在这个阶段中；另一方面，生活方式也大大改变，家庭的随意支出减少了，度假、餐饮、汽车的选择也必须适合孩子。

四、单亲家庭Ⅰ(年轻、单身有孩子)

造成这种现象的主要原因之一是离婚。尽管大多数离婚的人会再婚，大多数婚外生育的母亲最终也都结了婚，但是单亲家庭在家庭数量中还是占有相当的比重。

单亲家庭的父(母)既要工作，又要养育孩子，许多人还要租房子住，所以并不是家用设施和高档产品的主要消费对象。他们对省时省力的方便产品和服务有着特殊的需求，质量只要过得去就可以了，但价格不能太高。

五、中年单身者

中年单身者这一群体由那些从未结过婚或者离婚后不必养育孩子的人组成，他们大都在35～60岁之间。虽然他们比年轻单身者的收入要高，但是所有单独生活的人都不能获得规模经济。例如，对于一对夫妇或一个家庭来说，只需要一个洗碗机和一个干衣机，但是对于单身家庭来说，尽管只有一个人使用，却需要一样多的家庭设施。

中年单身者的需要在很多方面都与年轻的单身者相似，但是他们的生活方式却使他们花掉更多的钱。他们可能住在高级的公寓里，常常去昂贵的餐馆用餐，购买高档用品，或者经常旅游。

六、空巢Ⅰ(中年夫妇无孩子)

现代人的生活方式发生了很大的变化，很多年轻夫妇不要孩子，组成了所谓的"丁克"家庭，他们是这一群体的组成者之一。另外的一些空巢家庭，则是由于孩子结婚后不与父母同住造成的。此外，这个群体还包括孩子已经离开的婚姻家庭。

这个群体中通常两个人都有工作，因此十分繁忙，但是由于没有孩子的负担，他们又拥有较多的空闲时间。他们的开支主要用于外出用餐、休闲度假、购买住宅和汽车以及购买节省时间的服务(如清洁、干洗和购物)。此外,他们还是接受金融服务的主要对象。

七、满巢Ⅱ(孩子住家中的中年夫妇家庭)

这个群体的孩子一般超过 6 岁,比起年轻夫妇,长大的孩子又会有另外一些特殊的消费需求。一般说来,有 6 岁或更大些孩子的家庭,是各种类型的课程(钢琴、舞蹈、体操等等)、牙医(矫正牙、补牙)、软饮料、低糖麦片和各种快餐的主要消费者。这一时期的家庭,如果使用贷款购买房子和汽车,再加上他们对服装、食品和幼教的大量需求,以及为孩子上大学攒钱的需要,都使家庭背负上沉重的经济负担。

八、单亲家庭Ⅱ(孩子住家中的中年单亲家庭)

这个群体的年龄在 35～50 岁之间,他们常常面临严重的经济压力。婚姻家庭所能获得的经济上、感情上和时间上的互助,单亲家庭却很少能够得到。这种家庭喜欢选择一些节省时间的产品,如即食食品等,他们还喜欢到快餐店用餐。同时,这种家庭中的孩子负有大量的家务责任。

九、空巢Ⅱ(老年夫妇)

这是户主年龄超过 60 岁的夫妇家庭。年龄在 60 岁以上的夫妇,大部分已经退休。他们对于医疗、保健、住房、食品和娱乐有了特殊的需求。他们常常有大量的时间,却没有很多的金钱。

第三节　家庭的消费决策

家庭的消费决策是指由两个或两个以上家庭成员直接或间接做出购买决策的过程。家庭消费决策具有感情色彩,从而会影响家庭成员之间的关系。为一个孩子购买一个新玩具或新校服,并不是一项简单的购买行为,而是对孩子爱与奉献的象征。决定全家去餐馆用餐,或者购买一台新的电视机,对家庭其他成员来说也都具有感情上的意义。在家庭消费上意见不一致,常常是导致婚姻不和谐的主要原因之一。家庭消费决策的程序和结果,对于家庭中的成员以及家庭本身的健康发展都具有重要的作用。

一、家庭消费决策的影响因素

家庭中的消费决策一般受三个因素的影响:家庭的消费价值观、家庭的生活目标,以及家庭的类型。

(一)家庭的消费价值观

如同每一个人都有自己的价值观一样,家庭在进行消费决策时也有相应遵循的原则,也就是家庭的消费价值观。家庭的价值观主要反映在家庭的消费方式上。家庭消费如何处理社会、家庭和个人的关系,如何处理家庭各成员的关系;在家庭中,如何对待老人、孩子和自己;购物时是注重质量,还是注重外形或品牌等,都是家庭价值观的反映。

(二)家庭的生活目标

家庭的生活目标是指家庭需要努力达到的消费水平。每一个家庭都会有自己的生活目标:或者是在三年内购买三室二厅的新居;或者是使家中的老人有一个幸福的晚年;或者是要帮助上学的孩子考上大学。种种家庭目标都会影响到家庭的消费内容以及家庭的消费行为。一般来说,家庭的生活目标可以分为以下三类:

1.社会目标

家庭的社会目标即家庭受社会影响而产生的目标。家庭是社会的一个基本单位,受到社会道德、法律、社会文化传统、习俗等因素的影响,其目标不可避免地带有明显的社会特征。在同一个社会文化体系中,各个家庭的社会目标是大同小异的。不同的文化体系,家庭的社会目标也各有不同。如在华人社会中,赡养老人是社会目标之一。但在欧美社会中,赡养老人的社会性就没有如此明显,反倒是拥有一套单独使用的住宅更具社会性。

2.个人目标

家庭是由个人组成的。家庭的个人目标是家庭受成员的影响而产生的目标,通常来自家庭中某个成员的愿望。如孩子想要成为钢琴家,家庭就会有购买钢琴、创造条件让孩子上音乐学校等愿望。

3.团体目标

团体目标是指家庭作为一个整体而产生的目标,相关的支出是为家庭中的所有成员服务的,如购买大件的家具、住宅、汽车等。

(三)家庭的类型

根据家庭生活目标的关系和内容,家庭可分为以下三类:

(1)以家庭为中心的家庭。这类家庭非常重视家庭生活,注重天伦之乐的享受,家庭和睦,敬重老人,重视对子女的教育。其消费的较大部分用于这一方面。

(2)以事业为中心的家庭。这类家庭的主要成员有很强的事业心,他(她)的大部分精力都用在事业中,对家庭生活看得不是很重。这类家庭的家庭消费中,作为家庭地位象征的支出(如社交支出等)较大。

(3)以消费为中心的家庭。这类家庭热衷于追求物质享受,目标是不断提高消费水平,容易与其他家庭攀比。家庭中成员的个人目标之间,以及家庭的团体目标和个人目标之间常因经济原因产生冲突。

二、家庭消费决策角色以及决策类型

(一)家庭消费决策角色分配

家庭消费决策中有以下五种常见的角色:

(1)信息收集者。指对某项购买具有专长和兴趣的人。不同的信息收集者收集信息的时间和角度都不同。

(2)影响者。指对评价选择、制定购买标准和做出最终选择有影响力的人。

(3)决策制定者。指做出最后决定的人。当然,也可能出现联合决策的情况。

(4)购买者。指实际购买产品的家庭成员。一般是成年人或青少年。

(5)使用者。指产品的使用者。许多产品都有多个使用者。

在许多家庭购买决策中,产品的主要使用者既不是决策者又不是购买者。例如,男士使用的香水,有的是由女性(妻子或女友)购买的。因此,营销者必须了解在家庭中谁担任什么角色,进而才能影响家庭购买决策。

(二)家庭消费决策类型

根据家庭决策制定者的不同,家庭消费决策可以分为丈夫主导型、妻子主导型、各自做主型(或自主型)和联合(或配合)型。

1. 丈夫主导型

丈夫主导型决策是比较传统的决策类型,家庭中的主要消费决策由丈夫做出,一般出现在汽车、酒类产品和人寿保险等产品的购买中。这类家庭比较传统。在妻子文化水平相对较低、家庭主要经济收入由丈夫提供时,家庭消费决策通常会属于这一类型。

这样的家庭消费决策带有明显的男性消费者的心理特征,表现在购买时注意商品性能、质量及实用价值,而对外观、造型、式样、颜色、价格等不过分挑剔。

2. 妻子主导型

妻子主导型决策则普遍存在于家具、食品和日常用品的购买中。如果家庭中的丈夫平时比较繁忙或不善理财,或者是妻子较能干、购买经验丰富,家庭中的其他主要消费决策也会由妻子做出。

妻子主导型决策带有女性消费者的心理特征,通常会对商品要求严格,注重外观、造型、颜色,同时讲究实惠。

3. 各自做主型

这类家庭中的每一个成员都有权相对独立地做出有关商品的购买决策。家庭风气比较开放、文化层次较高、家庭收入较宽裕,同时家人对商品没有特殊的偏好时,家庭消费决策往往会采用各自做主型。

4. 联合型

联合决策最常见于购买高档耐用消费品的情况。这时丈夫和妻子在决策中所起的作用往往是不同的。一般由妻子决定式样、颜色、价格等;丈夫决定商品的性能、规格等。

现代人受教育水平较高、思想开放进步、家庭中夫妻具有同等的地位,联合决策将成为现代家庭中最普遍的形式。

三、决定家庭购买角色的因素

家庭成员如何在购买决策中相互作用,这主要依赖于以下因素:

(一)文化和亚文化特点

中国相对于许多其他文化来说,男性导向要强得多。当男性的主导地位增强时,女性在决策中的角色功能就会减弱。因此,传统的中国妻子相对而言较少参与产品购买决策。而美国文化则更多的具有女性主导倾向,因此认同美国文化的人更倾向于妻子主导型决策或联合决策。

(二)成员角色的专门化

随着时间的推移,夫妻双方在决策中会各自承担起专门化的角色,这种角色也逐渐会成为家庭生活方式以及家庭责任的一部分。一般说来,丈夫专门化的领域是机械和技术等,因此,他们在汽车、电器和保险等方面应当负责设立标准和进行评价。妻子则经常在喂养孩子方面扮演着专门的角色,因此,她们负责购买孩子的服装和食品。

(三)成员对产品的介入程度

对产品领域的介入程度是影响家庭购买决策的一个主要因素。不言而喻,夫妻中的某一方对某种产品介入越深，在这个产品领域里进行购买时，他或她就越有可能影响其他家庭成员。例如，在购买家用计算机或者选择服务器时，精通计算机的青少年就会占据主导地位。

(四)成员的个性特征

个性特征会影响个人在购买决策中的作用。在家庭中人们具有相对的权力，我们一般用经济能力来定义这种权力，也就是说，夫妇中的一方比另一方拥有越多的经济来源，这一方的权力就越大。

教育是另一个重要的个性特征。妻子所受教育的程度越高，她所参与的重要决策也就越多。性格也影响着家庭决策的制定。另外，家庭成员(包括孩子)的年龄、能力等都是重要的个性特征。

第四节　消费者社会化

孩子在家庭的消费行为中扮演着越来越重要的角色。不仅因为现在的孩子是家庭的中心，是家庭的主要消费者，更重要的是他们在孩提时代形成的消费观念、消费习惯会影响他们的一生。消费者社会化是指孩子获得消费技巧、知识和态度的过程。而家庭正是提供这一学习过程的地方。

一、消费者社会化的过程

(一)训练

训练是指家长直接通过推理和强调来引导孩子的某种反应。家长在购物时通常会带上孩子，从而影响了孩子的消费观念，这时家长就是在对未来的消费者进行购物训练。例如，家长带上孩子购买麦片，就会教育孩子在购买相似商品时应该注意商品的营养成分。

(二)模仿

模仿是指一个孩子通过观察别人而学会了适当或不适当的消费行为。模仿常常没有直接的榜样作指导，甚至孩子本身也可能是无意识的。模仿是孩子们学习相关技巧、知识和态度的一种极为重要的方法。孩子们通过模仿，学会积极的或消极的消费方式。比如，父母吸烟的孩子比父母不吸烟的孩子更容易学会吸烟。

(三)调整

调整是指家长试图改变孩子的不适当的消费行为，例如引导孩子懂得把钱花在文具上要比花在打游戏上有意义；告诉孩子并非所有的商品都像广告上说得那么好。调整的结果是，孩子的消费价值观与家庭的消费价值观趋于一致。

二、在超级市场中的学习行为

超级市场(超市)在中国日益普及，孩子了解和进入超市的机会明显增多，他们的许多消费行为都是在超市中学到的，并且在超市中得到应用。美国的詹姆斯麦可尼(Jaenes Mc Neal)教授的五阶段模型，显示了孩子们通过同家长到超市和其他零售地点来学习购物的过程。

(一)观察阶段

父母一般在孩子很小(从1个月到33个月不等)时开始带孩子去商场。在这一阶段中，孩子们开始从感官上接触商场，对商品和商场的特征形成一些印象。一开始，他们只感觉到景象和声音，但到了 12～15 个月大时，大部分孩子就能回忆起其中一些细节了。当孩子们去商场除了环境带来的兴奋外，还感到有其他的好处时，这一阶段便结束了。

（二）要求阶段

在这一阶段，孩子们开始在商场里向父母提出要求。他们或者打手势，或者干脆说出他们想要的东西。这一阶段的大部分时候，孩子们只有在商品出现在面前时才会要求，因为他们还不能在脑海中保留对一个产品的印象。到了这一阶段后期，他们就开始在家中提出要求，特别是看到产品广告的时候。有的孩子早在 6 个月大的时候就进入了这个阶段，但是一般进入的年龄是 2 岁。到了 3 岁，2/3 的孩子会在商场和家里提出请求。

（三）选择阶段

不用人帮助而从货架上把东西拿下来，实际上是一个独立消费者的第一个行动。因此，在这个最简单的水平上，当货物伸手可及的时候，孩子们的欲望被引发，他们就会选择这件商品。

（四）协助购买阶段

大部分孩子通过观察学习到(模仿)必须付钱才能从商店购买东西。于是，他们开始把父母和其他人给自己的钱当作一种能获取东西的有价物来看。很快，他们就学会使用自己的钱选择和购买产品，从而成为初级的消费者。孩子进入这一阶段的平均年龄是 3～4 岁。

（五）独立购买阶段

不用家长照看去购物，需要对价值有相当的了解和能够安全进入商场某个部分的能力。大多数孩子在第 4 阶段停留了很长时间之后，他们的父母才允许他们进入第 5 阶段。因此，进入第 5 阶段的平均年龄是 8 岁。

复习思考题

1. 影响家庭消费决策的因素有哪些？家庭的消费是如何决策的？
2. 简述家庭的消费价值观。家庭消费如何处理社会、家庭和个人的关系？
3. 家庭消费决策角色有哪些？
4. 家庭消费决策的类型有哪些？
5. 家庭消费周期分为哪几个阶段？各有什么特点？

【案例分析】

旅店和度假村：迎合家庭消费者

多年以来，旅店业的服务不能使儿童感到满意，他们对许多高档的旅店和度假村感到失望。但是，最近一些大型旅游产业，包括美国一些著名的大旅店和度假胜地，开始将儿童市场作为一个重要市场来看待了。美国家庭人口组成的重要变化是这些旅店和度假村改变营销战略的根本原因。从 20 世纪 80 年代开始，生育高峰一代陆续生儿育女。一位旅游产业专家说："这些生育高峰一代是最喜欢旅游的一代人。现在他们有了孩子，仍希望能带孩子一起去度假，希望能有时间参加属于成年人的娱乐活动。"因为生育高峰一代人生育孩子的时间较晚，并且大多数是双收入家庭，因此，许多家庭在旅游和度假上的支出相当高。1993年，这些家庭有20%的夜晚是在旅店里度过的，而1989年的比例为15.6%。1994年，有5000万人和自己的孩子在外面度假，为旅店业带来了127亿美元的营业额，而旅店业的总营业额为690亿美元。为了迎合这个市场的消费者，许多旅店和度假村想办法来满足小朋友的需求。即使是豪华酒店也增加了白天照顾孩子的项目，其中包括每晚房价200美元的旧金山Four Seasons Clift Hotel。管理者已经意识到他们必须要让和父母一起来的这些小朋友们感到满意。"许多人喜欢住在高档豪华酒店，并且要把孩子带在身边"，酒店的一位管理人员说。为了适应这种趋势，保住自己的生意，这家大酒店推出了Clift居民项目。现在，酒店成了一家人的安乐窝，酒店要询问孩子的姓名和年龄。当一家人出现在酒店的时候，服务台的人也会向孩子表示欢迎，并赠送一份适合他们年龄的玩具或者图书。在住店的第一天，婴儿会得到免费的尿布和婴儿食品。孩子们会和父母在一起，有属于自己的房间，并且这种房间可以享受打折优惠。Clift大酒店会派人照顾孩子，带他们参观博物馆或者动物园，收费标准是每小时5美元。酒店提供夜宵，全天24小时都可提供食品。酒店还欢迎小朋友到豪华的餐厅就餐，那里身穿燕尾服的侍者早已接受过如何接待这些小朋友的培训了。其他的酒店和度假村也为迎合这些孩子而推出了自己的项目。夏威夷所有的Sheraton酒店增加了为4～12周岁儿童服务的项目。只要每天交纳10美元的费用，酒店就可以给儿童安排一系列活动，包括学打网球和学变魔术等。华盛顿的Hyatt度假村为周末晚会提供方便，孩子们可以钻进睡袋里在起居室过夜，而他们的父母可以住在旁边的卧室里。曾经被冠以"美国商业圣地"的希尔顿大酒店也为商务旅行的家庭推出了周末促销活动。芝加哥的希尔顿大酒店将婴儿床位增加了3倍，在小房间里放了玩具熊，并且想出办法让父母们可以通过收费电视系统观看成人电影。旅行社和度假村的组织者们对市场的变化也做出了反应。以家庭为目标市场的旅行社生意非常火爆。后来甚至有了一份家庭月刊《和您的孩子一起旅游》，介绍家庭旅游市场的最新发展动态，并介绍为孩子增加的服务项目。20世纪80年代初期，只有1/12的旅店提供适合孩子的服务项目(迪士尼这样适合家庭的主题公园除外)。现在夏威夷一个地方就有50家为整个家庭提供服务的旅店。那些曾经忽略过儿童的公司也开始学习如何来迎合小朋友了。Club Med曾经是独身者旅店的缩影，这家旅店价格固定，顾客可以在旅店自己设在世界各地的度假地观光。但是由于生育高峰一代的年纪逐渐变大，开始结婚生子，旅店正面临顾客减少的危险。因此，20世纪80年代中期以来，Club Med一改从前单身者乐园的形象，开始将注意力集中到家庭旅游市场。1987年，Club Med接待了约80000名儿童(当然，还有他们的父母)，这个数字比上一年增长了10%。1988年公司在佛罗里达开设了第一家"婴儿俱乐部"，在开业的头一年就接待了1500名两周岁以下的孩子。现在该旅店一半以上的顾客是已婚者，许多人是和孩子一起住店的。到了20世纪90年代中期，Club Med已经开设了6个家庭村。旅店将继续增加适合家庭的新项目，包括一家为离异家庭建的旅店，在这家旅店里，孩子和父亲住一个星期，再和母亲住一个星期。《家庭旅游指南》的作者相信，市场营销战略的这些新趋势仅仅是一个开始。美国有许多人在等待着自己的孩子来到这个世界上，他们有钱，并且已经习惯了某种旅游方式。如果旅店不想办法留住他们，他们就会住到其他旅店里去。20世纪90年代中后期，休闲旅游市场高速发展起来，而商业旅游的发展速度将要慢一些。因此，我们希望有更多针对家庭旅游市场的营销战略出现。

（资料来源：J. 保罗·彼德，等. 消费者行为与营销战略. 4版. 韩德昌，译. 大连：东北财经大学出版社，2000）

思考题

1. 休闲旅游为什么发展迅速？
2. 中国发展休闲旅游有哪些形式？

第十一章

社会群体与消费者行为

学习目的与要求

- ◉ 了解和掌握社会群体的概念和特征；
- ◉ 了解和掌握与消费者密切相关的六种基本社会群体；
- ◉ 了解和掌握参照群体的概念及其类型、参照群体对购买行为的影响；
- ◉ 了解和掌握参照群体概念在营销中的运用；
- ◉ 了解和掌握角色与消费者购买行为的关系、阿希现象。

导入案例

家庭消费女性当家做主

有人把女性称为“消费的动物”。一项全国性的网上调查结果给这种说法提供了一定的根据。调查结果显示，不管女性的社会地位如何，在家庭消费上，女性可谓绝对地当家做主。

一家名为“网易”的互联网公司组织的这项网上调查显示：在家庭消费中，女性完全掌握支配权的占 51.6%，与家人协商做一半“主”的占 44.5%，二者合计达 96.1%，女性不做主的仅为 3.9%。

调查还显示，53.8%的女性的个人消费占家庭总支出的 1/2；33.4%的女性的个人消费占家庭总支出的 1/3。女性个人的消费支出主要集中在化妆品、服装、生活日用品等方面。

根据这项调查，女性除了自身的消费外，父母、子女、丈夫等家人生活需求也大多由她们来安排，她们为家人购买的商品主要是保健用品、玩具、书籍和衣物。女性在购物时首先考虑的是实用，其次为价格、品位和品牌。

在 2000 多名参与调查的女性中，年龄在 18～40 岁的占多数，其中崇尚“能挣会花”观念的占 36%，讲求“花钱要有计划”的占 39.5%，表示随时接受流行生活方式的比例也达到 21%以上。

受该项调查的影响，《中国妇女报》专门开辟了每周四版的《女性消费》专版，并邀集北京各大媒体、知名企业、政府部门的相关人士进行研讨。在研讨会上，与会者一致认为女性确实为消费人群中最活跃的部分，与女性有关的商品是市场的亮点，政策制定者和市场开拓者深入研究和探讨女性的消费心理、消费习惯和消费需求，才能更好地在市场上占据主动地位。

（资料来源：http://finance.sina.com.cn/management/vision/1999-12-23/15925.html）

消费者的很多行为受到群体及其规范的影响。本章首先介绍社会群体的含义、类型与作用，讨论参照群体与购买行为的关系，然后分析受群体制约和界定的角色及其对消费者行为的影响，最后审视群体压力与从众。

第一节　社会群体概述

一、社会群体的概念

群体或社会群体是指通过一定的社会关系结合起来进行共同活动而产生相互作用的集体。群体规模可以比较大，如由几十人组成的班集体；也可以比较小，如经常一起上街购物的两位邻居。群体成员之间一般有较经常的接触和互动，从而能够相互影响。

社会成员构成一个群体应具备以下基本特征：①群体成员需以一定的纽带联系起来。如以血缘为纽带组成了氏族和家庭，以地缘为纽带组成了邻里群体，以业缘为纽带组成了职业群体。②成员之间有共同目标和持续的相互交往。公共汽车里的乘客、电影院里的观众不能称为群体，因为他们是偶然和临时性地聚集在一起，缺乏持续的相互交往。③群体成员有共同的群体意识和规范。

大多数人都属于或希望加入趣旨各异的各种群体。群体既为人的社会化提供了场所和手段，又为个体的各种社会需要的满足提供了条件和保障。离开了家庭、邻里、朋友和其他各种类型的群体，人的很多需要无法得到满足，人的社会化也无从谈起。

从消费者行为分析角度研究群体的影响至关重要。首先，群体成员在接触和互动过程中，通过心理和行为的相互影响与学习会产生一些共同的信念、态度和规范，它们对消费者的行为将产生潜移默化的影响。其次，群体规范和压力会促使消费者自觉或不自觉地与群体的期待保持一致，即使是那些个人主义色彩很重、独立性很强的人也无法摆脱群体的影响。最后，很多产品的购买和消费是与群体的存在和发展密不可分的。比如，加入某一球迷俱乐部，不仅要参加该俱乐部的活动，而且要购买与该俱乐部的形象相一致的产品，如印有某种标志或某个球星头像的球衣、球帽、旗帜等。

二、社会群体的类型

（一）正式群体与非正式群体

正式群体是指有明确的组织目标、正式的组织结构，成员有着具体的角色规定的群体。一个单位的基层党组织、大学里的教研室、工厂里的新产品开发小组均属于正式群体。非正式群体是指人们在交往过程中，由于共同的兴趣、爱好和看法而自发形成的群体。非正式群体可以是在正式群体之内，也可以是在正式群体之外，或是跨几个群体，其成员的联系和交往比较松散、自由。几位经常一起上街购物的邻居，或经常在一起的棋友或牌友就构成了非正式群体。由于非正式群体没有严格的组织与制度约束，容易形成宽松、自由的信息交流环境，因此，它对消费者行为的影响往往较正式群体更大。

(二)主要群体与次要群体

主要群体或初级群体是指成员之间具有经常性面对面接触和交往，形成亲密人际关系的群体。这类群体主要包括家庭、邻里、儿童游戏群体等。次要群体或次级群体指的是人类有目的、有组织地按照一定社会契约建立起来的社会群体。次要群体的规模一般比较大，人数比较多，群体成员不能完全接触或接触比较少。各种宗教组织、工会和专业协会均属于次要群体。主要群体与次要群体最重要的区别是成员之间的接触程度和群体对成员的重要性。在主要群体中，成员之间不仅有频繁的接触，而且有强烈的情感联系，正因为如此，像家庭、朋友等关系密切的主要群体，对个体来说是不可或缺的。

(三)隶属群体与参照群体

隶属群体或成员群体是消费者实际参加或隶属的群体，如家庭、学校等。参照群体的看法和价值观被个体作为他或她当前行为的基础。因此，参照群体是个体在某种特定情境下作为行为指南而使用的群体。美国社会学家 H.海曼于 1942 年最先使用参照群体这一概念，用以表示在确定自己的地位时与之进行对比的人类群体。当消费者积极参加某一群体的活动时，该群体通常会作为他的参照群体。也有一些消费者虽然参加了某一群体，但这一群体可能并不符合其理想标准，此时，他可能会以其他群体作为参照群体。虽然消费者可能从属多个不同的群体，但在某种具体情境下，他一般只会使用一个群体作为参照群体。

三、与消费者密切相关的社会群体

为了更全面、深入地理解具体的社会群体对消费者产生的影响，下面对与消费者密切相关的六种基本社会群体做一简要介绍。

(一)家庭

人一生的大部分时间是在家里度过的，家庭成员之间的频繁互动使其对个体行为的影响广泛而深远。个体的价值观、信念、态度和言谈举止无不打上家庭影响的烙印。不仅如此，家庭还是一个购买决策单位，家庭购买决策既制约和影响家庭成员的购买行为，反过来家庭成员又对家庭购买决策施加影响。

(二)朋友

朋友构成的群体是一种非正式群体，它对消费者的影响仅次于家庭。追求和维持与朋友的友谊对大多数人来说是非常重要的。个体可以从朋友那里获得友谊、安全，还可以与朋友互诉衷肠，与朋友讨论那些不愿对家人倾诉的问题，总之，它可以满足人的很多需要。不仅如此，结交朋友还是一种独立、成熟的标志，因为与朋友交往意味着个体与外部世界建立联系，同时也标志着个体开始摆脱家庭的单一影响。

朋友的意见和建议对消费者选择何种产品和品牌、怎样评价所购买的产品均有重要影响。这种影响随个体与朋友的相似程度的增加而增强。某人越是觉得其朋友在某些方面与自己相似，他在做购买决策时受朋友的影响越大。

(三)正式的社会群体

中国高校市场学研究会、学校校友会、业余摄影爱好者协会等组织均属于正式的社会群体。人们加入这类群体可能基于各种各样的目的。有的是为了结识新的朋友、新的重要人物，有的是为了获取知识、开阔视野，还有的是为了追求个人的兴趣与爱好。虽然正式群体内各成员不像家庭成员和朋友那么亲密，但彼此之间也有讨论和交流的机会。群体内那些受尊敬和仰慕的成员的消费行为可能会被其他成员谈论或模仿。

正式群体的成员还会消费一些共同的产品，或一起消费某些产品。比如滑雪俱乐部的成员要购买滑雪服、滑雪鞋和很多其他滑雪用品。在购买这些产品时，成员之间彼此会相互影响。对于生产、销售滑雪用品和提供相关服务的企业，自然应密切注意这类俱乐部的活动动态，并研究如何通过俱乐部或俱乐部内的某些重要人物的消费行为来影响其他成员。

(四)购物群体

为了消磨时间或为了购买某一具体的产品而一起上街的几位消费者就构成了一个购物群体。购物群体内的成员通常是有空余时间的家庭成员或朋友。人们一般喜欢邀请乐于参谋且对特定购买问题有知识和经验的人一起上街购物。与他人一起采购不仅会降低购买决策的风险感，而且会增加购物过程的乐趣。在大家对所购产品均不熟悉的情况下，购物群体很容易形成，因为此时消费者可以依赖群体智慧，从而对购买决策更具信心。

一种颇为特别的购物群体是在家购物群体，其成员聚集在某位朋友家里，一起观看和评价某一种或某一类产品。在家购物群体为营销者同时为多位潜在顾客展示产品特性提供了机会。一些群体成员最初可能对是否购买展示中的产品拿不定主意，但当有人购买时，会产生一种跟潮效应(Bandwagon Effects)，即犹豫不决者也随大家一起购买该产品。

(五)消费者行动群体

在西方消费者保护运动中涌现出一种特别的社会群体，即消费者行动群体(Consumer-action Groups)。它可大致分为两种类型：一种是为纠正某个具体的有损消费者利益的行为或事件而成立的临时性团体，另一种是针对某些广泛的消费者问题而成立的相对持久的消费者组织。学生家长临时组织起来，对学校的办学方针和政策提出质询，要求学校领导纠正某些损害学生利益的做法的群体，就属于前一种类型的消费者行动群体。针对青少年吸烟、吸毒而成立的反吸烟或反吸毒组织就属于后一种类型的消费者行动群体。大多数消费者行动群体的目标是唤醒社会对有关消费者问题的关注，对有关企业施加压力和促使它们采取措施矫正那些损害消费者利益的行为。

(六)工作群体

工作群体也可以分为两种类型：一种是正式的工作群体，即由一个工作小组里的成员组成的群体，如同一个办公室里的同事、同一条生产线上的装配工人等。另一种是非正式工作群体，即由在同一个单位但不一定在同一个工作小组里工作，且形成了较密切关系的一些朋友组成。由于在休息时间或下班时间成员之间有较多的接触，因此非正式工作群体如同正式工作群体，会对所属成员的消费行为产生重要影响。

第二节 参照群体对购买行为的影响

一、参照群体及其类型

参照群体实际上是个体在形成其购买或消费决策时，用以作为参照、比较的个人或群体。如同从行为科学里借用的其他概念一样，参照群体的含义也在随着时代的变化而变化。参照群体最初是指家庭、朋友等个体与之具有直接互动的群体，但现在它不仅包括了这些具有互动基础的群体，而且涵盖了与个体没有直接面对面接触但对个体行为产生影响的个人和群体。电影明星、体育明星、政治领袖和其他公众人物的言行举止均可作为消费者决策时的参考和指南。

参照群体具有规范和比较两大功能。前一功能在于建立一定的行为标准并使个体遵从这一标准，比如受父母的影响，子女在食品的营养标准、如何穿着打扮、到哪些地方购物等方面形成了某些观念和态度。个体在这些方面所受的影响对行为具有规范作用。后一功能是指个体把参照群体作为评价自己或别人的比较标准和出发点。如个体在布置、装修自己的住宅时，可能以邻居或仰慕的某位熟人的家居布置作为参照和仿效对象。

参照群体可以根据个体的成员资格和群体对个体行为、态度的正面或负面影响分类。表 11-1 描述了根据这一思路所划分的四种参照群体：接触群体、渴望群体、否认或背离群体、避免群体。接触群体(Contactual Group)是消费者具有成员资格，群体的态度、价值观和行为标准被该消费者认同、接受的群体。渴望群体(Aspirational Group)是消费者不具有成员资格，但为他所仰慕和希望加入的群体。否认或背离群体(Disclaimant Group)是消费者具有成员资格，但对成员行为标准、态度和价值观持否定或反对态度的群体。避免群体(Avoidance Group)是消费者力图避免加入或对该群体持否定态度的群体。对于接触和渴望的群体，消费者会模仿该群体成员的行为举止；对于背离和避免群体，消费者对该群体行为方式和价值观会持厌恶和否定态度。

表 11-1　参照群体的类型

	成员群体	非成员群体
正面影响	接触群体	渴望群体
负面影响	否认或背离群体	避免群体

二、参照群体的影响方式

人们总希望自己富有个性和与众不同，然而群体的影响又无处不在。不管是否愿意承认，每个人都有与各种群体保持一致的倾向。“看一看班上的同学，你会惊奇地发现，除了男女性别及其在穿着上的差异外，同一性别的大部分人衣着十分相似。事实上，如果一个同学穿着正规的衣服来上课，大家通常会问他是不是要去应聘工作，因为人们认为这是他穿着正式的原因。请注意，作为个体，我们并未将这种行为视为从众。尽管我们时常要有意识地决定是否遵从群体，通常情况下，我们是无意识地和群体保持一致的。”参照群体对消费者的影响通常表现为三种形式，即规范性影响、信息性影响和价值表现上的影响。

(一)规范性影响

规范性影响是指由于群体规范的作用而对消费者的行为产生影响。规范是指在一定社会背景下，群体对其所属成员行为合适性的期待，它是群体为其成员确定的行为标准。无论何时，只要有群体存在，无须经过任何语言沟通和直接思考，规范就会迅即发挥作用。规范性影响之所以发生和起作用，是由于奖励和惩罚的存在。为了获得赞赏和避免惩罚，个体会按群体的期待行事。广告商声称，如果使用某种商品就能得到社会的接受和赞许，利用的就是群体对个体的规范性影响。同样，宣称不使用某种产品就得不到群体的认可，也是运用规范性影响。

(二)信息性影响

信息性影响是指参照群体成员的行为、观念、意见被个体作为有用的信息予以参考,由此在其行为上产生影响。当消费者对所购产品缺乏了解,凭眼看手摸又难以对产品品质做出判断时,别人的使用和推荐将被视为非常有用的证据。群体在这一方面对个体的影响,取决于被影响者与群体成员的相似性,以及施加影响的群体成员的专长性。例如,某人发现好几位朋友都在使用某种品牌的护肤品,于是她决定试用一下,因为这么多朋友使用它,意味着该品牌一定有其优点和特色。又如,某人决定买一台联想牌笔记本电脑,因为他一位精通计算机的朋友买的就是这种牌子,或曾经向他推荐过这种电脑。在这些例子中,群体对个体的影响都是通过信息的提供和共享而实现的。

(三)价值表现上的影响

价值表现上的影响指个体自觉遵循或内化参照群体所具有的信念和价值观,从而在行为上与之保持一致。例如,某位消费者感到那些有艺术气质和素养的人通常是留长发、蓄络腮胡、不修边幅,于是他也留起了长发,穿着打扮也不拘一格,以反映他所理解的那种艺术家的形象。此时,该消费者就是在价值表现上受到参照群体的影响。个体之所以在无须外在奖惩的情况下自觉依群体的规范和信念行事,主要是基于两方面力量的驱动:一方面,个体可能利用参照群体来表现自我,来提升自我形象。另一方面,个体可能特别喜欢该参照群体,或对该群体非常忠诚,并希望与之建立和保持长期的关系,从而视群体价值观为自身的价值观。

图 11-1 列示了一系列消费情境和在这些情境下参照群体对个体的影响及其类型。应当指出,参照群体对个体的影响在有些情况下是很大的,而在另外一些情况下则比较间接和有限。

比如,在是否应购买一块手表和购买何种牌子的食盐等问题上,群体的影响就比较小。

三、决定参照群体影响公众的因素

参照群体对其成员的影响程度取决于多方面的因素,下面对它们做一简要分析。

(一)产品使用时的可见性

一般而言,产品或品牌的使用可见性越高,群体影响力越大,反之则越小。最初的研究发现,商品的"炫耀性"(Conspicuousness)是决定群体影响强度的一个重要因素。后来的一些研究探索了不同产品领域参照群体对产品与品牌选择所产生的影响。其中,拜尔顿(Bearden)和埃内尔(Etzel)的研究从产品可见性和产品的必需程度两个层面将消费情形进行分类,然后分析在这些具体情形下对参照群体所产生的影响。表 11-2 列示了该研究的一些主要结论。从表中可以看出,对于可见性高的必需品,参照群体对是否要买这类产品的影响较小,但在品牌选择上的影响比较大;对于可见性较低的必需品,则无论是在产品类别的决定上还是在品牌的选择上,影响都比较小。

(二)产品的必需程度

对于食品、日常用品等生活必需品,消费者比较熟悉,而且在很多情况下已形成习惯性购买,此时参照群体的影响相对较小。相反,对于奢侈品或非必需品,如高档汽车、时装、游艇等产品,购买时受参照群体的影响较大。

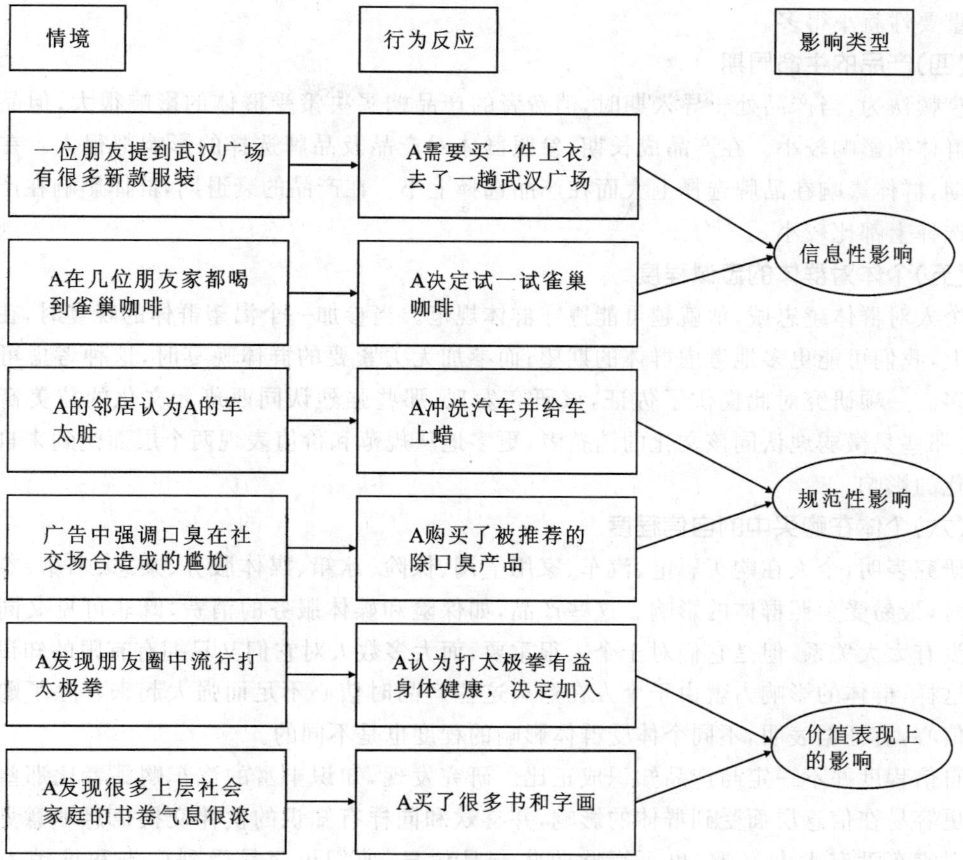

图 11-1　不同消费情境下相关群体的影响

表 11-2　产品特征与参照群体的影响

	需要的程度	
	必需品 参照群体对产品选择影响力弱	非必需品 参照群体对产品选择影响力强
可见性高 参照群体对品牌选择有强的影响力	公共必需品 影响力：对产品弱，对品牌强 例子：手表、汽车	公共奢侈品 影响力：对产品、品牌均强 例子：滑雪、健康俱乐部
可见性低 参照群体对品牌选择有弱的影响力	私人必需品 影响力：对产品、品牌均弱 例子：床垫、冰箱	私人奢侈品 影响力：对产品强，对品牌弱 例子：热水澡家庭娱乐中心

资料来源：Bearden WO and Etzel MJ. Reference Group Influence on Product and Brand Purchase Decisions. Journal of Consumer Research，1982 September(9)：185。

(三)产品与群体的相关性

某种活动与群体功能的实现关系越密切，个体在该活动中遵守群体规范的压力就越大。例如，对于经常出入豪华餐厅和星级宾馆等高级场所的群体成员来说，着装是非常重要的；而对于只是在一般酒吧喝喝啤酒或在一个星期中的某一天打一场篮球的群体成员来说，着装的重要性就小得多。

(四)产品的生命周期

亨顿认为,当产品处于导入期时,消费者的产品购买决策受群体的影响很大,但品牌决策受群体的影响较小。在产品成长期,参照群体对产品及品牌选择的影响都很大。在产品成熟期,群体影响在品牌选择上大而在产品选择上小。在产品的衰退期,群体影响在产品和品牌选择上都比较小。

(五)个体对群体的忠诚程度

个人对群体越忠诚,他就越可能遵守群体规范。当参加一个渴望群体的晚宴时,在衣服选择上,我们可能更多地考虑群体的期望;而参加无关紧要的群体晚宴时,这种考虑可能就少得多。一项研究对此提供了佐证,该研究发现,那些强烈认同西班牙文化的拉美裔美国人,比那些只微弱地认同该文化的消费者,更多地从规范和价值表现两个层面受到来自西班牙文化的影响。

(六)个体在购买中的自信程度

研究表明,个人在购买彩电、汽车、家用空调、保险、冰箱、媒体服务、杂志、书籍、衣服和家具时,最易受参照群体的影响。这些产品,如保险和媒体服务的消费,既非可见又同群体功能没有太大关系,但是它们对于个人很重要,而大多数人对它们又只拥有有限的知识与信息。这样,群体的影响力就由于个人在购买这些产品时信心不足而强大起来。除了购买中的自信心,有证据表明,不同个体受群体影响的程度也是不同的。

自信程度并不一定与产品知识成正比。研究发现,知识丰富的汽车购买者比那些购买新手更容易在信息层面受到群体的影响,并喜欢和同样有知识的伙伴交换信息和意见。新手则对汽车没有太大兴趣,也不喜欢收集产品信息,他们更容易受到广告和推销人员的影响。

四、参照群体概念在营销中的运用

(一)名人效应

名人或公众人物如影视明星、歌星、体育明星作为参照群体,对公众尤其是对崇拜他们的受众具有巨大的影响力和感召力。对很多人来说,名人代表了一种理想化的生活模式。正因为如此,企业花巨额资金聘请名人来促销其产品。研究发现,用名人做支持的广告较不用名人的广告评价更正面和积极,这一点在青少年群体上体现得更为明显。

运用名人效应的方式多种多样。如可以用名人作为产品或公司代言人,即将名人与产品或公司联系起来,使其在媒体上频频亮相;也可以用名人做证词广告,即在广告中引述广告产品或服务的优点和长处,或介绍其使用该产品或服务的体验;还可以采用将名人的名字使用于产品或包装上等做法。

对企业来说,用名人做广告,首先应考虑产品或服务形象与名人形象的一致性,并不是任何名人都适合为企业产品做宣传。其次,要考虑名人在受众中的公信力。公信力主要由两方面的因素所决定:一是名人的专长性,二是名人的可信度。前者是指名人对所宣传的产品是否熟悉,是否有使用体检。由著名运动员来宣传某种运动饮料或与运动有关的产品如运动鞋、运动服,无疑是比较合适的。如果由他来介绍食品的营养,或室内应怎样布置就不一定适宜,因为运动员可能并不是这些方面的专家。可信度则是指名人所做的宣传、推荐是否诚实、是否值得信赖。如果一位名人同时为多家企业做广告，那么在受众眼里，他的可信度肯定要打折扣，因为他这样做明显是受金钱所驱动。最后，企业和名人都应采取必要措施以确保广告内容的忠实性。近些年，国内一些名人就因为不谨慎或不负责任地为企业做广告而受到舆论的指责，甚至引起法律诉讼，这类事件值得名人和做名人广告的企业引以为戒。

(二)专家效应

专家是指在某一专业领域受过专门训练，具有专门知识、经验和特长的人。医生、律师、营养学家等均是各自领域的专家。专家所具有的丰富知识和经验，使其在介绍、推荐产品与服务时较一般人更具权威性，从而产生专家所特有的公信力和影响力。当然，在运用专家效应时，一方面应注意法律的限制，如有的国家不允许医生为药品做证词广告；另一方面应避免公众对专家的公正性、客观性产生怀疑。例如，引用专家在独立状态下获得的实验数据与结果，就比聘请专家在广告中直接赞誉企业的产品更加具有公信力。

(三)"普通人"效应

运用满意顾客的证词、证言来宣传企业的产品是广告中常用的方法之一。出现在荧屏上或画面上的证人或代言人是和潜在顾客一样的普通消费者，会使受众感到亲近，从而使广告诉求更容易引起共鸣。像宝洁公司、北京大宝化妆品公司都曾运用过"普通人"证词广告，应当说效果还是不错的。还有一些公司在电视广告中展示普通消费者或普通家庭如何用广告中的产品解决其遇到的问题，如何从产品的消费中获得乐趣等。由于这类广告贴近消费者，反映了消费者的现实生活，因此它们可能更容易获得认可。

(四)经理型代言人

自20世纪70年代以来，越来越多的企业在广告中用公司总裁或总经理作代言人。例如克莱斯勒汽车公司的总裁李·艾柯卡(Lee Iacocca)在广告中对消费者极尽劝说，获得很大成功。同样，雷明顿(Remington)公司的总裁维克多·凯恩(Victor Kiam)、马休特(Marriott)连锁旅店的总裁比尔·马休特均在广告中促销其产品。我国广西三金药业集团公司在其生产的桂林西瓜霜上使用公司总经理和产品发明人邹节明的名字和图像，也是这种经理型代言人的运用。

大公司的总裁或主管像其他明星人物一样具有很多光环，他们的成就和不平凡经历颇受一般民众仰慕。他们出现在广告中，一方面能吸引更多的人对广告的兴趣，另一方面也表明公司高层对消费者利益的关注，从而可能激起消费者对公司及其产品的信心。

第三节　角色与购买行为

每一个人都在社会或群体中占据一定的位置，围绕这一位置，社会对个体会有一定的要求或期待。当个体依照社会的期待去履行义务、行使权利时，就是在扮演一定的角色。在现实生活中，人们需要扮演各种各样的角色。

一、角色概述

角色是个体在特定社会或群体中占有的位置和被社会或群体所规定的行为模式。虽然角色直接与社会的人相联系，而且必须由处于一定社会地位的人来承担，但它是建立在位置或地位的基础上的。对于特定的角色,不论是由谁来承担,人们对其行为都有相同或类似的期待。比如对于老师,我们会期待他认真备课,按时到堂,不断改进教学内容、方法以提高教学质量。社会的这些要求和期待不是适用于个别的老师,而是适用于担当老师这一角色的所有人。角色在处于一定地位的同时又被赋予一定的权利和义务。同样以老师这一角色为例,他有权叫学生回答问题,有权给学生布置作业,同时他也有义务批改作业和为同学释疑解惑。对于老师的这些权利、义务,大多数人都会不假思索地予以接受。

角色有先赋角色与自致角色之分。先赋角色是指那些不必经过角色扮演者的努力而由先天因素决定或由社会所规定的角色,如由遗传所决定的性别角色,封建时代通过世袭继承所形成的皇帝、公爵、伯爵等角色。自致角色或称获得性角色,是指个体通过自己的主观努力而获得的社会角色,如通过自己的奋斗当上总经理、大学教授等。

在现实生活中,一个人要扮演各种不同的角色,比如在学校要扮演学生、校篮球队队员或校歌咏队队员的角色,在家里要扮演儿子或女儿的角色,当走上工作岗位时还要扮演很多其他新的角色。在一定时间内,一个人扮演的各种角色的集合叫角色集。社会对每一种角色都有与之相对应的一系列要求与期待,问问周围同学对中学教师、医生、律师等职业角色的期待,你会发现他们的期待在很多方面与你对这些角色的期待具有相似性。

虽然扮演某一具体角色的所有人都被期待展现某些行为,但每个人实现这些期待的方式各不相同。有的学生早早地来上课,记笔记,提问题;有的学生虽然坚持上课,却从不提问;还有的学生偶尔才来上课。期待角色与实践角色之间的差别,也许是个体对角色的领悟出现偏差所致,也可能是角色冲突或角色紧张所引起。同样是扮演老师这一角色,有的在备课、授课、释疑、批改作业等每一个环节均一丝不苟,认真负责;有的虽然在授课环节比较认真,但在其他环节则相对忽视或草草应付。这固然与教师的敬业精神有紧密联系,但与个体对教师这一角色的领悟,与他是否扮演太多的角色密切相关。

期望角色与实践角色之间的差距被称为角色差距。适度的角色差距是允许的,但这种差距不能太大。太大的角色差距意味着角色扮演得不称职,社会或群体的惩罚也就不可避免。正因为如此,大多数人都力求使自己的行为与群体对特定角色的期待相一致。

诚如下面的讨论中所反映的那样,角色在很多方面影响消费者的行为。社会或群体对我们在扮演特定角色的过程中应穿什么衣服、开什么汽车、从事什么样的活动均有要求和期待。当不按这些要求和期待去做时,不仅有可能遭到群体的异样对待,我们自己也会感到不自在。为了更好地扮演各种角色,消费者会遇到各种问题,这些问题的解决需要企业提供产品和服务。从这一意义上讲,研究角色及其影响对营销者是很有价值的。

二、角色与消费者购买行为

(一)角色关联产品集

角色关联产品集是扮演某一角色所需要的一系列产品。这些产品或者有助于角色扮演,或者具有重要的象征意义。例如,与牛仔这一角色相关的靴子最初具有实用功能:尖型靴头可以使脚快捷而方便地踏进马镫里,高高的后跟使脚不至于从马镫中脱离,高靴沿保护骑手的踝部免受荆棘之苦等。今天,虽然城市牛仔已经很少骑马了,但牛仔角色仍然离不开靴子。实际上,靴子是在象征意义上与牛仔角色相联系。

角色关联产品集规定了哪些产品适合某一角色,哪些产品不适合某一角色。营销者的主要任务就是确保其产品能满足目标角色的实用或象征性需要，从而使人们认为其产品适用于该角色。计算机制造商强调笔记本电脑为商人所必需，保险公司则强调人寿保险对于扮演父母角色的重要性，这些公司实际上都是力图使自己的产品进入某类角色关联产品集。

(二)角色超载和角色冲突

角色超载是指个体超越了时间、金钱和精力所允许的限度而扮演太多的角色或扮演对个体具有太多要求的角色。比如一位教师既面临教学、科研、家务的多重压力，同时又担任很多的社会职务或在外兼职，此时，由于其角色集过于庞大，他会感到顾此失彼和出现角色超载。角色超载的直接后果是个体的紧张、压力和角色扮演的不称职。因此，每一个人都应学会取舍，舍弃那些不太重要或不具有重要价值的角色，否则长期处于角色超载状态会造成精神和身体上的损害。

角色冲突是指角色集中不同的角色由于在某些方面不相容，或人们对同一角色的期待和理解的不同而导致的矛盾和抵触。角色冲突有两种基本类型：一种是角色间的冲突，另一种是角色内的冲突。很多现代女性所体验到的那种既要成为事业上的强者又要当贤妻良母的冲突，就是角色间的冲突。而老师在教学中既要照顾成绩特别优秀的学生，又要顾及成绩一般和后进学生，则属于后一种冲突的例子。

角色超载、角色冲突所引起的紧张和不安是每一个人都会遇到的现象。这种紧张感和不安感的消除为营销者提供了机会。校园内各种外语速成班、强化班的风行，鲜花、贺卡等情感表达与交流型产品的受青睐，从一个侧面反映了消除角色冲突和角色紧张所蕴含的商机。

(三)角色演化

角色演化是指人们对某种角色行为的期待随着时代和社会的发展而发生变化。随着越来越多的女性参加工作和女性在家庭中地位的上升，传统的男、女角色行为已经或正在发生改变。在我国的很多家庭尤其是城市家庭，洗衣做饭、照看小孩、家庭清洁、上街购物等各种家务活动越来越多地由夫妻共同分担，在有些家庭甚至更多地由丈夫分担。在此情况下，企业如果仍然固守传统的男、女角色观念，至少在某些市场上其营销活动将会遇到困难和障碍。

角色演化既给营销者带来机会，又提出挑战。例如，妇女角色的转变使她们同男性一样可以从事剧烈运动，许多公司因此向妇女提供各种运动用品和运动器材；职业女性人数的日益增多使得方便女性携带和存放衣物的衣袋应运而生；妇女在职业领域的广泛参与改变了她们的购物方式，许多零售商也因此调整其地理位置和营业时间，以适应这种变化。研究发现，全职家庭主妇视购物为主妇角色的重要组成部分，而承担大部分家庭购物活动的职业女性对此并不认同。显然，在宣传产品和对产品定位的过程中，零售商需要认识到基于角色认同而产生的购物动机上的差别。

(四)角色获取与转化

在人的一生中，个人所扮演的角色并不是固定不变的。随着生活的变迁和环境的变化，个体会放弃原有的一些角色，获得新的角色和学会从一种角色转换成另外的角色。在此过程中，个体的角色集相应地发生了改变，由此也会引起他对与角色相关的行为和产品需求的变化。当你大学毕业走上工作岗位时，会发现很多原来非常适合你的产品如服装、手表、提包等很可能需要重新购置。新的角色会在穿着打扮、行为举止等多个方面对你提出新的要求，从而使你感到适合学生角色的那些产品已不适应于新的角色。这无疑为企业提供了很好的营销机会。

第四节　群体压力与从众

个人接受社会影响的方式多种多样，其中之一是从众。由于从众较多地涉及群体的压力，涉及群体对个人的影响，因此在此对它予以专门讨论。

一、从众及其原因

从众(Conformity)指个人的观念与行为由于受群体的引导或压力而趋向于与大多数人相一致的现象。骚乱时不明真相的人跟着起哄，表决时跟着大多数人举手，都属于从众。实际的群体压力可以导致从众，想象的群体优势也会对人的行为造成压力。比如，我们在家里可以试穿新买的奇异服装，但在决定是否把它穿出去时，则要考虑大多数人的反应。

从众既有助于社会主流文化的延续，也有利于个人更好地适应社会。一方面，社会需要共同的语言、共同的价值观和行为方式，只有这样，人与人之间才能顺利地进行交往，社会才能正常运转。另一方面，一个人只有在更多方面与社会主流取得一致，才能适应其赖以生存的社会，否则会困难重重。任何一个人，不论多么聪明，多么富有知识，都不可能熟悉和了解每一种生活情境，因此需要采用从众方式最大限度地使自己适应未知世界。

1935 年，社会心理学家谢里夫(M. Sheirf)做了一项关于群体规范形成的实验。在该实验里，被试被置于一间完全黑暗的房子里，实验者在距被试数米远的地方显示一个小光点，随着光点的明灭，完全不动的光点看起来像在移动，这就是著名的自运动现象。被试的任务是估计光点移动的距离。在单独估计时，不同被试报告的距离差异很大，从几英寸到几十米不等。当被试被分成小组，几个人一起在同一房间观察，但各自报告观测结果时，他们会很快发生相互影响，最终趋向于同一判断数值。由此说明从众现象的存在和群体规范对评价与认识活动的影响。

另一个社会心理学家阿希(S. Asch)于 20 世纪 50 年代做了一项关于群体压力的研究。在这一实验里，7 名被试被分在一个实验组，他们中只有一人是真被试，其余 6 人是实验者的助手。实验者向被试出示如图 11-2 所示的卡片，要求后者指出右边编号为①、②、③的 3 条线段中哪一条与左边卡片中的标准线一样长。首先几组卡片的辩别比较平静，真、假被试都准确无误地做出了判断，此时，真被试开始觉得这种判断太容易。随后的比较中，假被试有意报告错误的结果。由于真被试被安排在第 6 位报告自己的观察结果，在听了前面几位的错误报告后，他面临一个是相信自己的判断，还是跟随大家做出错误判断的两难问题。结果发现，在 3 所大学的一百多名被试中，32％的人屈服于群体的压力，随大家一起做出了错误的判断。其中有些被试相信自己的正确判断，但在应答时却顺从了其他人的意见。

消费者在很多购买决策上会表现出从众倾向，比如购物时喜欢到人多的商店，在品牌选择时偏向那些市场占有率高的品牌，在选择旅游点时偏向热点城市和热点线路。

那么，人们为什么会从众呢？一般认为有三个方面的原因：①行为参照。在情境不确定时，其他人的行为最具有参照价值。从众所指向的是多数人的行为，自然成了最可靠的参照系统。②对偏离的恐惧。研究发现，任何群体都有维持群体一致性的倾向和机制。对于同

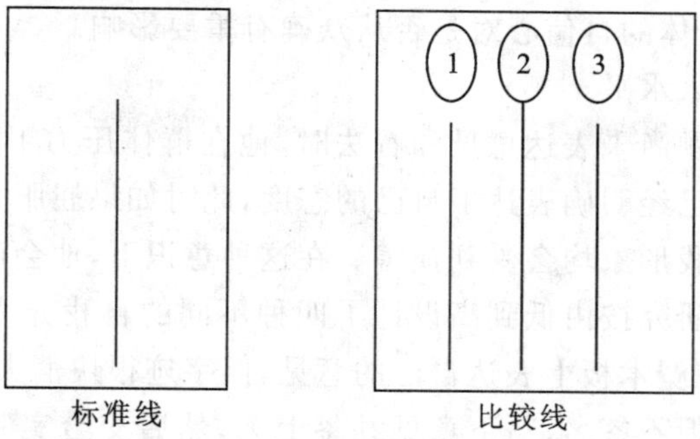

图 11-2 阿希从众实验中的卡片

群体保持一致的成员，群体会接纳和优待；对于偏离者则会疏远、排斥和制裁。弗里德曼等人于1968年做了一项实验：让临时组成且互不相识的6人相信他们中的5人具有相似的特征，而其中一人则与众不同。当要选一人去做电击实验、承受痛苦时，具有相似特征的5人一致选择与众不同者；而当选择一人参加有报酬的轻松实验时，与众不同者则被排除在外。③群体的凝聚力。群体凝聚力越强，群体成员就越愿意采取与群体相一致的行为。兰博特(Lambert)的研究表明，当教徒们听到不利于自己所信奉的宗教的言论时，甘愿忍受更大的疼痛，以显示自己宗教群体的不容怀疑。

二、影响从众的因素

(一)群体特性

1.群体的一致性

如果其他群体成员的意见完全一致，此时持不同意见者会感到巨大的压力，从众的可能性大大增加。相反，如果群体中有不同的意见，不管这种意见来自何方，也不管其合理和可信的成分有多大，个体从众的可能性都将降低。在阿希的实验中，当出现一人与群体意见不一致时，真被试的从众率下降到原来水平的1/4。

2.群体的规模

在一定范围内，个人的从众性随群体规模的扩大而增加。在有些情况下，三四个人的群体能产生很大的从众压力，群体规模的继续扩大并不产生从众性的相应增加。在另外一些情况下，三四个人的群体只产生相对小的从众率，从众性随群体人数的增加而增加。

3.群体的专长性

群体及其成员在某一方面越有专长，个体遵从群体意见和受群体影响的可能性增大，反之则减弱。

(二)消费者特性

1.消费者的自信心

自信心既和个性有关，也和消费者对决策问题所拥有的知识和信息有关。研究发现，被试的自我评价越高，做事越果断，其从众性越低。知识和信息的缺乏，会降低消费者对决策问题的自信心，从而提高其从众倾向。20世纪五六十年代的研究假定女性的从众性较男性高，但后续的类似研究并没有发现两性之间在从众方面的明显差别。例如，西斯川克(F. Sistrunk)、麦克大卫(J. W. Mc-David)的研究发现，在男性擅长的项目上，男性比女性较少从众；在女性擅长的项目上，女性比男性较少从众；而在中性项目上，两者在从众性上不存在明显差别。由此说明，个体的自信心对是否从众确有重要影响。

2.消费者的自我介入水平

当消费者对某一问题尚未表达意见和看法时，他在群体压力下有可能做出和大家一致的意识表示。但如果他已经明确表达了自己的态度，此时如果屈服于群体压力而从众，他在公众面前的独立性和自我形象均会受到损害。在这种意识下，他会产生抗拒反应，从而不轻易从众。多依奇等人的研究按由低到高设计了四种不同的自我介入水平：在群体表达意见前不表达自己的意见；在魔术板上表达自己的意见，但字迹很快消失，别人无法得知；把自己的意见写下交给实验者但不签名；写下意见并签上名，然后交给实验者。结果发现，随着自我介入水平的增加，人们不从众的倾向即保持原先观点的倾向也日益增强。

3.消费者对群体的忠诚程度

个体对群体的忠诚程度是由群体的吸引力与个体的需要两方面因素所决定的。当消费者强烈地认同某一群体，希望成为它的一部分时，与群体保持一致的压力会较大。相反，如果他不再喜欢这个群体，或认为该群体限制了他的社会生活，从众的压力就会降低。

三、阿希现象与人员推销

阿希实验曾以各种方式被重复，但总是获得基本相同的结果。例如，在一项关于减肥食品营养价值评价的研究中，互不相识的一组同学所做的判断强烈地受到小组中其他成员的影响。不难想见，在朋友中间，个人要求与群体保持一致的压力会更大，从众的可能性也会越高。

霍金斯等人在其所著《消费者行为学》一书中，对人员推销中运用阿希现象的一种具体方式做了生动描述：

"一群潜在顾客——一些小企业的老板和销售人员——被一同邀请参加销售展示。出示每种设计之后，做演示的推销人员迅速浏览群体中每个人的表情，以找出对设计持赞许态度的人(如他不断点头)。然后，要求该赞许者发表意见，当然，他的意见一定是正面的。推销人员请他详尽地发表看法，同时观察其他人的神情，以发现更多的支持者，并要求已显示赞同神色的下一位成员表达看法。如此下去，直到那位起先似乎并不赞成该设计的人被问到。这样，以第一个人为榜样，运用群体对最后一个人产生的压力，推销人员使群体中的全部或大部分人公开对该设计作出了正面的评价。"

西方一些以"聚会"方式成功销售产品的企业依靠的就是类似阿希现象中的群体影响。以销售瓷器或玻璃器皿的企业为例，它们所销售的产品，通常情况下受参照群体的影响较小，产品使用隐蔽，与群体关系不大，而且属于生活必需品。然而，当这类产品成为朋友家庭聚会的一部分时情况就大为不同了。此时，产品购买成为众人注目的焦点，产品与聚会群体具有相关性，而且聚会参加者有与其他成员建立联系的愿望，由此使群体发挥影响作用的条件一应俱全。

复习思考题

1.企业如何运用关于参照群体的知识制定广告策略？

2.群体有何特征？群体和参照群体有何区别？

3.为什么非正式群体较正式群体对消费者的影响更大？

4. 参照群体对消费者的影响方式有哪几种类型？

5. 决定参照群体影响强度的因素有哪些？

【案例分析】

凯洛格公司的社会群体营销

按照美国的标准，巴西在早餐谷物类食品和其他早餐食品方面蕴藏着巨大商机。巴西约有1.5亿人口，年龄分布状况也显示出早餐麦片有巨大的消费潜力，因为20岁以下的人口占总人口的48%。另外，巴西的人均收入也足够使人们在吃早餐时享用方便的谷物食品。在评估这个市场时，凯洛格公司(Kellogg)还注意到一个引人注目的有利因素：几乎没有任何直接的竞争对手。

令人遗憾的是，缺乏竞争是由于巴西人不习惯美国式的早餐。因此，凯洛格公司及其广告代理商智威汤逊公司面临的最主要的营销任务是如何改变巴西人的早餐习惯。

凯洛格公司决定在巴西十分流行的电视连续剧中插播广告。广告画面是一个小男孩津津有味地吃着从包装袋里倒出来的麦片。在显示产品味道极佳的同时，该广告将产品定位于一种小吃而不是早餐的一部分。由于市场反应冷淡，这一广告片很快被撤了下来。

对巴西文化的分析显示，巴西人家庭观念极强，而且大男子主义观念根深蒂固。所以，在随后设计的广告节目中，集中表现父亲将麦片倒入碗中并加上牛奶的家庭早餐场面。较之第一个广告片，这一广告节目比较成功，麦片销售量增加了，凯洛格公司占有了99.5%的市场份额。然而，就销售总量而言仍不尽如人意，人均早餐麦片的使用量还不到一盎司。

凯洛格公司已习惯于这些挑战。它曾经花了20年时间在墨西哥培育了一个规模可观的早餐市场，在日本和法国则用了6年时间。凯洛格公司又瞄准了潜力巨大的印度市场。虽然在印度的年销售额不过区区200万美元，但公司对其前景十分乐观。除了传统的早餐玉米片之外，它还根据印度人喜欢吃大米的特点开发出了一种新的米片。

（资料来源：http://3y.uu456.com/bp_5tpsj665go2xzhv2l5cc_1.html，凯洛格公司的跨文化营销）

思考题

1. 凯洛格公司是怎么成功的？它的做法有什么借鉴之处？

2. 凯洛格公司在中国市场的销售情况如何？应如何做营销？

第十二章

新产品与消费者行为

学习目的与要求

- ◉ 了解和掌握消费者接受新产品的心理过程；
- ◉ 了解和掌握新产品的分类；
- ◉ 了解和掌握新产品购买者的类型及心理分析；
- ◉ 了解和掌握根据消费者心理进行新产品设计的方法；
- ◉ 了解和掌握新产品推广的心理策略。

导入案例

"大妈妈"型的裤袜

美国雪菲德裤袜公司根据市场调查的资料发现，有40%的美国妇女都因为太胖而有个"特大号"的臀部。对于天性爱美的女人来说，过大的臀部实在是身材窈窕匀称的头号敌人。很多妇女都为此困扰甚至自卑。更令雪菲德公司惊奇的是，这40%的妇女都不穿裤袜，因为她们认为裤袜对她们臃肿的身材并没有多少遮丑的功效。

对于这种情况的认识，雪菲德公司企划部的人员分成两派：一派认为既然这些胖女人不穿裤袜，不买裤袜，这个市场就没有什么机会，不如干脆放弃；另一派则主张，正因为她们目前不穿裤袜，所以这是一片处女地，值得用心去开拓。两派人为此反复争论、相持不下。

雪菲德公司经过长时间的研究论证，觉得放弃这40%的市场实在可惜，因此就设计出一种名为"大妈妈"型的裤袜。推广"大妈妈"型裤袜的广告内容为：由几位胖墩墩的女娃娃穿上裤袜排成一线，标题是"大妈妈，你真漂亮"。这则广告上的几位胖女孩脸上充满笑容，仰头挺胸，从侧面看上去不但没有肥胖的感觉，而且让人觉得她们很快乐且充满了信心。

广告刊出后，该公司不但在一个月内收到7000封赞扬信，其销售量更是势如破竹，直线上升，从而奠定了该公司在裤袜市场的新地位。

雪菲德公司为胖女人着想，反过来当然就赢得了这片大市场。

（资料来源：http://finance.sina.com.cn/leadership/jylgl/20050907/1034300833.shtml）

不断推出新产品是企业充满活力的标志。但是，并非所有的新产品都能在市场上取得成功，其中的关键在于能否使消费者从心理上认可、接受新产品。本章拟从心理学的角度研究如何使新产品的设计满足消费者的心理要求，在新产品推向市场的过程中怎样制定正确的心理策略，以便为企业设计和推广新产品提供依据。

第一节　消费者接受新产品的心理过程

当今时代，科学技术的迅猛发展和市场竞争的加剧使得产品生命周期不断缩短，新产品层出不穷。而新产品能否站稳市场，不仅取决于性能、质量、款式、价格、包装等内在因素，更主要的受到消费者的需求、态度、偏好、个性特征及购买等因素的影响。一定意义上，新产品的推广过程即消费者对新产品的心理接受过程。

一、新产品的概念及分类

新产品的概念是从“产品整体”的角度来理解的。在“产品整体”中，只要任何一个层次的创新和变革使产品有了新的结构、新的功能、新的品种，或增加了新的服务，从而给消费者带来新的效用和利益，与原产品产生了差异，即可视为新产品。新产品可以根据不同的标准分为若干类。

(一)按照产品的改进程度分类

按照产品的改进程度，新产品可以分为以下几种：

1. 全新产品

全新产品一般指运用新技术或为满足消费者某种新的需要而发明的、在功能相近的同类产品中产生了实质性变化的新产品。全新产品在设计原理、工艺结构、性能特征及外观造型上都与原有产品完全不同，因而属于整体更新产品，如电视机、电子计算机、微波炉等均属于新产品。这类新产品的问世一般都以某行业技术或若干行业综合技术的进步为先导。

全新产品的使用一般会引起消费者消费方式和心理需求的变化，需要消费者改变过去的使用习惯和消费方式，创立全新的消费行为。以冰箱为例，由于冰箱具有长期保鲜的功能，消费者使用冰箱后，对食品的购买方式和购买需求发生变化，购买次数减少，每次购买的数量增多，同时对小包装食品、分割食品、半成品、熟食品的需要大大增加。开发这类新产品的企业不仅需要雄厚的技术力量，而且需要较庞大的资金。

在新产品上市期间，企业要提供广泛的消费指导和伴随服务。例如，公司不仅向市场投入了 IBM-PC 型微机，产品质量上乘，而且同时提供了各种应用软件，安装调试、咨询和操作训练等指导性服务。

2. 革新产品

革新产品指在原有产品的基础上，采用新技术或新材料，使产品性能有了重大突破，或将原单一性能发展成为多种性能及用途的产品。例如，由于电脑技术的应用，洗衣机从半自动过渡到全自动电脑控制，性能有了重大突破。又如，有些收录机增加了钟控装置，不仅可以自动开启和关闭，还可以提示时间，既提高了产品性能，又增加了产品用途。这类新产品要求消费者在使用过程中部分地改变已经形成的消费行为和习惯。革新产品的问世，往往给消费者带来新的利益和心理上的满足感，因而对消费者的心理影响较大。开发这类新产品的企业，要认真研究新产品的性能究竟给消费者增加什么消费利益，应在新产品促销活动中增加指导消费的服务内容，使顾客和用户更快适应部分改变消费行为的要求，努力缩短顾客从试用到最后接受一项新产品的过程，加速该新产品在市场上的扩散速度。

3.改进产品

改进产品指在原有产品基础上进行某些改进，仅产生次要的变化，对于以已经形成的消费形态为特征的消费行为影响很小的新产品。这类产品的特点是，在原产品基本用途不变的情况下，使产品结构更加合理，或增加某些性能，或扩大花色品种，或改进外观造型。例如，在北美市场上，小汽车的色调、式样每年都在变化，但它们对用车者的消费行为并未产生明显影响。又如，材料改进后的机械设备、品牌和成分部分改变了的美容化妆用品等均属于这类新产品。

消费者在接受这类新产品时，基本上是沿用类似老产品时的消费行为，需要新学习的消费方式只占很少一部分。由于改进产品的基本用途没有变化，且性能更加完善，消费者的心理接受程度较高，因此，开发这类新产品的企业无须进行大量的消费指导服务。对这类新产品促销的重点在于使顾客和潜在顾客了解所开发的新产品，明确给他们带来哪些新的消费利益。

从数量统计上看，大量的新产品属于第二、三类，真正的全新产品只占少数。因此，企业必须十分重视对现有产品的改进；在管理新产品开发过程中，注重对消费行为的研究，以便恰当地拟定新产品的营销组合。

(二)按空间范围大小分类

按空间范围大小，新产品可以分为以下几种：

1.世界范围内的新产品

这种新产品指在全世界第一次试制成功的新产品。例如，毛发再生精、神功元气袋在运用中医药理治疗脱发、去病强身方面尚属世界首创，在国际上赢得了很高声誉。发展这种新产品可以争取广泛的消费者，获得巨大的市场发展潜力。

2.国家范围内的新产品

这种新产品指国际市场已经存在，但在本国是首次试制成功并投入市场的产品，如全部国产化的家庭轿车。发展这种新产品对于开拓本国市场，引导和创造新的消费要求，减少产品进口，促进国内市场和国际市场接轨具有重要作用。

3.地区范围内的新产品

这种新产品指某个局部地区范围内首次出现的新产品。它可以由本地区首次试制成功并投放市场，也可以是第一次进入本地市场的进口商品或外埠商品。后者由于给本地消费者带来新的利益，因而也属于新产品之列。

值得指出的是，无论何种类型的新产品，其新的特点都要得到消费者的认可，即消费者认为能够给自身带来新的利益或新的心理满足，否则就不能称之为新产品。目前世界上许多国家都非常重视新产品的开发，一些发达国家用于研究新技术、开发新产品的费用占到国民生产总值的2%左右。但据统计，国外新产品的成功率仅达到20%，也就是说有80%左右的新产品没有为消费者所接受和承认。而未能被承认和接受的主要原因是新产品没能使消费者在心理上得到满足。所以，深入研究消费者对新产品的心理要求和消费特点，是提高新产品成功率的重要保证。

二、新产品购买者的类型及心理分析

当某种新产品出现在市场上时，有的消费者马上就购买；有的在别人购买后购买；有的在商品处于普及状态时购买；有的在商品趋于成熟或饱和时才购买；有的则根本不买。出现这种状况的原因在于消费者的心理需要、个人性格、文化背景、受教育程度、社会地位和所处环境的差异等因素的影响，不同的消费者对新产品接受的快慢程度不同，造成了消费者对新产品的感知反应速度和实施购买速度不同，表现在购买时间上，即有先有后。消费者根据其购买新产品的行为表现大致可分为最早购买者、早期购买者、较早购买者、晚期购买者和守旧者五类。

（一）最早购买者

最早购买者也称创新采用者，是新产品刚上市，最先实施购买的消费者，又被称为新产品消费带头人，占全部潜在购买者的2.5%左右。这部分消费者求新、求奇、求美的心理需求强烈，富于创新和冒险精神；收入水平、社会地位和受教育程度较高，对风险有较强的承受能力；大多为年轻人，交际广泛且信息灵通。最早购买者人数很少，但可以起到示范、表率、带动其他消费者的作用，因而是新产品推广的首要力量。企业营销人员在向市场推出新产品时，应把促销手段和传播对象集中于最早购买者身上，如果他们采用的效果较好，就会大肆宣传，影响到后面的使用者。不过，找出最早购买者并非易事，因为很多最早购买者在某些方面倾向于创新，而在别的方面可能是守旧者。

（二）早期购买者

早期购买者也称早期采用者，指新产品上市初期，继最早购买者购买之后，马上投入购买的消费者，约占全部潜在购买者的13.5%。这部分消费者大多是某个群体中具有很高威信的人，受到周围朋友的拥护和爱戴，并且对新生事物感兴趣，对新产品有比较强烈的消费欲望，是新产品购买的积极分子。正因如此，他们常常去搜集有关新产品的各种信息资料，成为某些领域里的舆论领袖。早期购买者与最早购买者一样，人数也较少，但是这类购买者绝大部分是在产品的介绍期和成长期购买新产品，并对后面的购买者影响较大。所以，他们对于带动其他消费者购买新产品有重要作用。

（三）较早购买者

较早购买者也称早期大众。这是经过“最早购买者”和“早期购买者”对新产品的特点、性能、用途等证实之后，实施购买行为的消费者。这类购买者采用新产品的时间较平均采用时间要早，构成34%的市场份额。他们的购买行为基本上发生在产品成长阶段。这部分消费者在消费行为中具有明显的同步仿效心理，他们乐于接受新生事物，但是一般比较慎重，一旦证实新产品的特点后，会马上实施购买行为，成为形成某一消费热潮的重要力量。其特征是：深思熟虑，态度谨慎，决策时间较长，受过一定教育，有较好的工作环境和固定收入，对舆论领袖的消费行为有较强的模仿心理。他们虽然也希望在一般人之前接受新产品，却是在经过早期购买者认可后才购买，从而成为赶时髦者。由于该类采用者数量较多，是促成新产品在市场上趋向成熟的主要力量，因而研究其消费心理和消费习惯对于加速创新产品扩散有着重要意义。

（四）晚期购买者

晚期购买者也称晚期大众，指当大部分消费者接受并使用新产品后才开始购买新产品的消费者。这类购买者的购买时间较平均购买时间稍晚，约构成34%的市场份额。这部分消费者的思想谨慎，对新生事物反应迟钝，总是被动地顺应消费者趋势。他们的信息多来自周围的同事或朋友，很少借助宣传媒体，其受教育程度和收入状况相对较差。所以，他们从不主动采用或接受新产品，当看到购买新产品的人越来越多，并已证实新产品的特点及由此带来的消费趋势后，他们才开始购买。这部分消费者的人数大体同“较早购买者”一样，他们对于新产品在市场上达到成熟饱和状态的作用重大。

(五)守旧者

守旧者也称落后采用者，指最后购买和最终拒绝购买新产品的消费者。这类购买者是采用创新的落伍者，构成16%的市场份额。有些消费者受保守心理、传统观念、文化水平及所处环境的束缚，拘泥于传统的消费行为模式，其社会地位和收入水平最低，当新产品处于饱和状态或趋于衰退状态时才实施购买。严格地讲，他们此时购买的已不是新产品。随着经济的发展和人们文化水平的提高，这部分消费者的人数将越来越少。

上述五种购买者的数量统计见表12-1。

表12-1　新产品购买者类型表

新产品购买者类型	所占比例(%)
最早购买者	2.5
早期购买者	13.5
较早购买者	34.0
晚期购买者	34.0
守旧者	16.0

在上述分类的基础上，有关学者还就各种类型新产品购买者的社会及心理特征和行为差异进行了深入分析和比较。在表12-2中，创新采用者被分成早期采用者和晚期采用者两类，研究人员就他们在社会经济地位、个人因素和沟通行为等三个方面的差异进行了比较。这种比较为新产品扩散提供了重要依据，对企业营销沟通具有指导意义。

三、影响新产品购买行为的心理因素

导致消费者对新产品的购买行为差异的原因是多方面的，其中既有收入水平、职业特点、性别、年龄等社会及生理因素的影响，更受到需要、认知、态度、个性特征等心理因素的制约。而且，在社会环境大体相同的情况下，后者的影响作用更为突出。

(一)消费者对新产品的需要

需要是消费者一切行为活动的基础和最初原动力。同样，能否满足需要也是消费者购买新产品与否的决定性因素。换言之，只有符合并能够满足其特定需要的新产品，才能吸引消费者积极购买。由于不同消费者的需要内容、需要程度千差万别，因而其对新产品的购买行为也各不相同。当然，消费者对新产品的需要可以是现实的，也可以是潜在的；可以因消费者的自觉意识引发，也可以因新产品的出现引发。

表 12-2　早期采用者和晚期采用者的比较

特征		早期采用者	晚期采用者
社会经济地位	年龄	没有差别	
	教育水平	较高	较低
	识字能力	较高	较低
	社会地位	较高	较低
	向上流动可能性	较大	较小
	对信贷的态度	偏爱	不偏爱
个人因素	移情作用	较大	较小
	教条主义	较少	较多
	处理抽象问题的能力	较强	较弱
	理性化	较多	较少
	智力	较高	较低
	对待变化的态度	乐意	不乐意
	处理风险的能力	较强	较弱
	对教育的态度	喜爱	厌恶
	对科学的态度	喜爱	厌恶
	宿命论	较少	较多
	成功的动力	较强	较弱
	欲望水平	较高	较低
沟通行为	社会参与	较多	较少
	与社会制度的一体化	较高	较低
	接受宣传媒体	较多	较少
	接受个人沟通渠道	较多	较少
	信息收集	较多	较少
	对创新的认识	较多	较少
	舆论领导能力	较强	较弱

(二)消费者对新产品的感知程度

感知和了解新产品是消费者购买新产品过程的起点。消费者只有对某一新产品的性能、用途、特点有了基本了解之后,才能进行分析判断。当消费者确信购买新产品能够为自己带来新的利益时,就会由此激发购买欲望,进而实施购买行为。因此,正确和全面感知有关信息,对推动消费者购买新产品行为具有重要意义。而感知能力的强弱直接影响消费者接受新产品信息的准确度和敏锐度,从而导致消费者在实施新产品购买行为中的时间差异。

(三)消费者的个性特征

消费者的兴趣、爱好、价值观、气质、性格等个性倾向性和个性心理特征千差万别，这些差别直接影响消费者对新产品的需求选择和接受新产品的程度与速度。个性灵活、乐于接受变化、富于冒险和创新精神的消费者，往往较性格保守、偏于固执、守旧的消费者更容易接受新产品，且接受速度更快。

(四)消费者对新产品的态度

消费者对新产品所持的态度，是影响新产品购买行为的决定因素。消费者在对新产品感知的基础上，通过对新产品与旧产品的各项指标进行比较、分析，从而形成对新产品的不同态度。如果消费者经比较后，确信新产品具有独创、新奇、趋时的特点，能为消费者带来新的利益及心理上的满足，消费者就会对新产品持肯定的态度，实施购买行为。

第二节　新产品设计的心理研究

随着消费者生活水平和文化素质的提高，其心理欲求在购买行为中所占的地位越来越重要。消费者是否购买某一新产品，常常为新产品能否满足其心理欲求所左右。所以，新产品的设计必须要适应消费者不断发展着的心理欲求。

一、根据消费者的个性心理特征进行产品个性的设计

消费者的个性心理特征对其购买动机有重要影响。消费者之间个性心理特征的差异表现为对产品的不同需要。因此，在设计新产品时，一方面要考虑产品的性能、结构等共性要求；另一方面还要考虑产品的独特个性，使新产品与同类众多产品有显著的区别，即有明显的特点。产品的特点具体体现在以下几个方面：

(一)体现威望的个性

具有这种个性的产品在某种程度上能够提高消费者的社会威望和表现其个人成就，如高档手表、名牌服装、高级轿车等。为此，在设计这类产品时，要考虑选用上乘或贵重的材料，款式要豪华精美，要保证一流的工艺和质量；同时，这类产品的产量要严格控制，价格要昂贵。

(二)显示年龄的个性

在人的生命周期中要依次经过儿童、青年、中年、老年等阶段。在不同的年龄阶段，人们的生理与心理成熟程度不同。设计新产品时，要注意适应不同阶段消费者的成熟程度，以满足其心理要求为目标进行设计。比如，成年人大多比较成熟，供他们使用的产品要具有成熟、智慧、实用、大方而又不失风度的产品个性。

(三)标志社会地位的个性

某些产品是专供社会某一阶层使用的，是某一阶层成员的共同标志，使用者可以借此表明自己属于该社会阶层或集团的身份。实际生活中，不同的社会阶层，其消费习惯及心理特征是不同的。比如，工人、艺术家、官员、知识分子、企业家、高收入者等对生活用品都有特殊的消费习惯及心理要求。所以，在设计这类产品时，要根据特定阶层的工作环境、社会地位、经济收入以及消费习惯和消费心理来确定产品策略。

(四)满足自尊和自我实现的个性

人类的需求层次发展规律表明,当人们的基本物质需要得到满足后,精神上的需求会逐渐强烈。人作为社会群体中的一员,一方面渴望得到别人的承认及尊重,希望在社会交往中给人留下良好、深刻的印象;另一方面还要求不断提高自身的知识水平能力,充分发挥其内在潜力,求得事业上的成功与个人价值的全面实现。为了满足这种需要,人们购买自我清洁用品、装饰品、美容用品、学习用品以及有助于提高某方面技能的专门用品等。在设计这类产品时,应以美观高雅、配套协调、使用方便、功能齐全为原则。

(五)满足情感要求的个性

现代社会,随着生活节奏的加快,消费者在强调产品实用性的同时,越来越注重感情消费,即希望通过消费活动获得某种情绪感受,满足特定的精神需要,如表达友情、亲情;寄托希望、向往;追求自然、回归;展示情趣、格调等。某些产品如工艺品、装饰品、玩具等,因其设计新颖、造型别致而蕴含丰富的感情色彩,能够满足消费者的情感需要,受到消费者的特别青睐。这类产品的设计应强调新、奇、美、趣、雅等特点。

总之,在进行新产品设计时,要努力创造产品的个性特点,力求满足消费者的个性心理需求。这是新产品设计和推广成功的关键。

二、按照人体工程学的需求进行产品结构的设计

新产品设计必须要适应人体结构的要求。如果产品与人体结构相适应,在消费过程中便给人以安全感、方便感,可以减轻人体疲劳,加速人体机能的恢复。那么,如何实现产品结构与人体结构相适应呢?现代人体工程学为产品设计提供了科学依据。在新产品设计中,要根据人体各部位的结构特征,各部位的量度、力度、速度、长度等基本限度,以及使用的环境等进行综合设计。比如,椅子的设计应根据人们腿部的长度决定高矮,根据人们腰部的姿势决定靠背的角度,根据手臂长短、关节的部位安置扶手,这样才能使体重负荷、血液循环、姿态安稳、筋肉放松等方面功能符合人体的需要。床的设计也是如此,要根据人体结构特征,使人的脊椎处于最佳松弛状态。总之,要根据人体结构特征,参照人体上下肢的长短及其活动范围、人体坐立的角度与尺寸等静态和动态的科学数据进行新产品设计,以便更好地满足消费者生理和心理上的需求。

三、参照时代现象进行新产品设计

产品的时代性是一种社会现象。它表现为在某一时期内,社会中某一群体或某一阶层的众多消费者承认、接受或使用同一商品样式,即流行式样。

时尚商品的流行一方面反映了科学技术的进步;另一方面也反映了消费者渴望变化,求新、求美、求奇的心理倾向。时尚作为一种社会消费现象,有其自身的运动规律,但也和其他事物一样,同样要经历从出现到消亡的变化过程。

时尚的起源,主要是有些消费者对具有特色的新产品极具热情,带头使用新产品,由此形成了商品流行的源头。这部分消费者被称为“消费带头人”,他们对于首先购买和使用新产品引以为荣,他们通过自己的消费行为起到了媒介作用和示范作用。这样,经过不断向上、向下以及横向的蔓延、传播,引起其他消费者的模仿购买行为,并逐步形成风气,达到高潮。这时,如果产品不能及时再创新,或没有新的时尚出现,这个高潮会逐步减退,直至消

失。对于不同的商品，时尚周期的长短也不同，就一般情况而言，高档耐用品的时尚周期比中低档商品(如服装、化妆品等)的时尚周期要长。

某些新产品一旦被接受，极易形成时尚现象，企业若善于发现和运用时尚现象，必然会大大提高创新产品的成功率。为此，企业在进行新产品设计时，应善于吸收和发展市场上最新流行产品的长处；同时要善于研究和迎合消费者追求时尚的心理，创造出新颖、独特、顺应时尚潮流的新产品。

第三节　新产品推广的心理策略

新产品问世后，企业面临的重要问题是如何推广新产品，使消费者尽快认识、承认并接受新产品。消费者接受新产品要经过引起注意、产生兴趣、进行联想、产生欲望、实施购买五个阶段。这五个阶段能否顺利发展，一方面与产品的质量、价格、造型、性能等密切相关；另一方面又与消费者接受新产品过程中的各种心理因素紧密相连。消费者是否购买新产品是上述诸因素综合作用的结果。为此，企业在推广新产品时，必须根据消费者的心理特点制定相应的心理策略。

一、影响新产品推广的心理因素

从心理因素看，新产品推广速度的快慢主要取决于消费者对新产品的感知程度和欲求程度。如何使消费者感知新产品，并促使其产生强烈的消费欲望，则必须深入研究影响消费者购买新产品的各种因素。这些因素主要包括以下几方面：

(一)产品的相对优点

产品的相对优点指新产品优于老产品的程度。对于消费者来讲，这是最具吸引力的一点，也是消费者购买新产品的重要心理动机。新产品的创新程度越高，在市场上的扩散率及占有率也就越高。比如，洗衣机的市场普及率很高，原因之一就是消费者很容易看到并感受到它比手工洗衣的方便之处。

(二)产品使用上的一致性

新产品的使用能否与消费者在长期消费过程中逐步形成的消费方式、消费习惯及价值观念保持一致，对新产品能否为消费者承认并接受影响重大。能够与现有消费方式保持一致或基本一致的新产品，可以减少消费者调整原有价值观念，适应新的消费方式和习惯的环节，消除消费者的心理障碍，从而使新产品在市场上迅速推广。

(三)产品结构上的复杂性

产品结构上的复杂性指消费者理解和使用新产品的难易程度。对于新产品的属性、性能、用途、使用方法等指标，消费者越容易理解，就越容易引起兴趣，新产品在市场上的发散速度就越快，发散面积也会越大。如果消费者要用很多精力和很大的耐心去了解和掌握新产品的用途和使用方法，加之消费者的知识水平不等，理解力不同，无形中就会给消费者造成心理障碍，影响新产品的推广。因此，在着重于新产品结构的性能、用途、工艺等方面创新的同时，要尽量追求产品结构的简单明了，最大限度地减少消费者在理解和掌握新产品上的精力和时间花费。

(四)产品的可试性

消费者试用新产品的可能性大小对于新产品推广速度有直接影响。因为对于消费者来讲,如果能亲自试用某一新产品,亲身体验到产品的特点,比采用其他方式进行宣传影响程度大得多。耳闻目睹不如亲身一试。某一新产品为消费者提供的试用机会越多,新产品推广就越快。比如,美国沃尔弗林环球股份公司在推广新产品——"安静的小狗"牌猪皮便鞋时,首先拿出100双无偿送给100名顾客试穿8周,8周后送还公司。消费者经过自己穿用,体会到这种便鞋柔软舒适、轻便耐磨的优点,以致8周后宁愿付5美元买下各自的猪皮便鞋。这个公司由此很快打开市场。

(五)产品的可传达性

新产品一般在性能、用途、工艺以及效用上优于老产品。这些优点若能准确明了地为消费者感知、想象和形容,则表明新产品可传达性强。消费者购买新产品,不仅要满足试用上的需求,同时还希望自己购买的新产品的优点也能传达给其他消费者,并得到他们的承认和理解,由此得到心理上的满足。因此,可传达性强的新产品,在市场上的发散速度比可传达性弱的新产品更快,例如新型的家用电器、新式的服装、家庭陈设品等。

上述五点是直接影响新产品推广的主要心理因素。其中,产品的相对优点、产品使用上的一致性、产品的可试性及产品的可传达性与新产品的推广速度呈正相关关系;而产品结构的复杂性与新产品的推广速度呈负相关关系。

二、新产品推广的心理策略

新产品一旦进入市场,即面临两种命运:成功或失败。为了保证新产品在市场上获得成功,除了使它的设计满足消费者生理和心理需求外,还要运用正确的策略去推广新产品。常常有这种情况:尽管新产品有许多优点,但消费者并未完全感知商品。这就需要进行各种方式的宣传,促使消费者意识到新产品能够更好地满足他们生理或心理上的需要。这样才能使消费者在短时间内认识、承认并接受新产品。

新产品最初出现在市场上时,消费者对它还很陌生,因而在心理上缺少安全感。这种心理障碍会导致许多消费者采取等待观望态度。特别是有些新产品的问世,是对消费者原有的消费习惯、消费方式及价值观念的否定,很多消费者在心理上没有接受及顺应这一变化的准备,这会导致他们对新产品采取消极甚至抵制态度。

针对这些问题,企业在新产品进入市场的初期,要采取各种方式、手段大力宣传和介绍新产品的性能、效用、使用方法以及为消费者所提供的服务,以消除消费者心理上的障碍。这一阶段的宣传对于具有强烈消费欲望和求新、求美、求奇心理需要的消费者影响很大,他们会首先购买和试用新产品,起到消费带头人作用,同时也起到了替其他消费者使用、验证新产品的作用。

新产品进入成长阶段后,在市场上已有了立足之地。这时的新产品购买者不仅仅限于最早购买者及消费带头人。一些热衷于紧跟消费潮流的消费者也加入到购买新产品的行列中。与进入期相比,成长期的新产品质量趋于稳定,性能提高,成本下降,价格也可降低,这些特点对于消费者具有诱惑力。但是,由于新产品进入市场的时间还不长,大多数消费者还未完全消除心理上的障碍,有些消费者对新产品仍持抵制态度。这时,企业除了继续运用各种方式和手段宣传新产品的优点外,还要充分利用新产品的消费带头人进行证词性的宣传,创造消费者间接试用和尝试新产品的效果，打消消费者的顾虑，消除或减轻心理上的“不安全感”。

这一时期，企业宣传的重点是运用消费者乐于接受的方式向他们宣传和介绍使用新产品能为消费者带来哪些好处，着重宣传使用新产品后形成的新的消费习惯、消费方式与使用老产品时形成的消费习惯、消费方式相比有何优越性、科学性等。通过宣传使消费者清楚地了解到使用新产品后能为自己带来何种新的利益，从而逐步消除抵触情绪，促使消费者对原有消费习惯、消费方式及价值观念产生动摇，直至放弃。

这一时期，企业还要注意收集新产品的反馈信息。由于消费者的需求及个性心理特征不同，因而对新产品往往表现出不同的态度反应。比如，有的消费者对新产品的某些性能指标特别关心，并以此作为是否购买新产品的关键因素；有的消费者则格外注重新产品的外观造型，并根据是否符合其审美需要来决定购买与否。企业应根据消费者的态度反应，有针对性地进行宣传，消除消费者的各种心理障碍，使新产品在市场上的发散面不断扩大直至普及，进而使新产品顺利进入成熟状态。

复习思考题

1. 消费者接受新产品的心理过程是怎样的？
2. 新产品购买者的类型有哪些？如何进行心理分析？
3. 如何根据消费者心理进行新产品设计？
4. 新产品推广的心理策略有哪些？
5. 影响新产品推广的心理因素有哪些？

【案例分析】

新 可 乐

1985年4月23日，可口可乐公司董事长罗伯特·戈伊朱埃塔宣布了一项惊人的决定。在美国乃至世界商业史上，还从来没有哪一个商业决策能像可口可乐公司那样引起如此巨大的震惊、骚动和争论。

戈伊朱埃塔说：“即使是最好的也可以做得更好。”他宣布：经过99年的发展，可口可乐公司决定放弃一成不变的传统配方，因为现在消费者更偏好口味更甜的软饮料。为了迎合这一市场需求的变化，可口可乐公司决定更改配方、调整口味，推出新一代可口可乐。

决策的背景和过程如下：

直到20世纪70年代中期，可口可乐公司一直是美国饮料市场上无可争议的领导者。然而，在1976—1979年期间，可口可乐在市场占有率上的增长速度从每年递增13%跌至2%。与此形成鲜明对比的是百事可乐来势汹汹，异常红火。它先是推出了“百事新一代”的系列广告，以浓厚的理想主义和澎湃的青春感召力为色彩，将促销锋芒直指饮料市场最大的消费者群体——年轻人。

在第一轮广告攻势大获成功之后，百事可乐公司仍紧紧盯住年轻人不放，继续拼命强化百事可乐的“青春形象”，又展开了号称“百事挑战”的第二轮广告攻势。在这轮广告中，百事可乐公司大胆地对顾客口感试验进行了现场直播，即：在告知参与者是在广告的情况下，请他们品尝各种没有品牌标志的饮料，然后说出哪种口感最好，试验全过程现场直播。百事可乐公司的这次冒险成功了，几乎每一次试验后，品尝者都认为百事可乐更好喝。“百事挑战”系列广告使百事可乐在美国饮料市场所占的份额狂升至14%。

可口可乐公司不相信这一切会是真的，该公司也立即组织了口感测试，结果与“百事挑战”中的一样：人们更喜爱百事可乐的口味。表12-3反映出可口可乐与百事可乐的市场占有率情况。

表12-3　可口可乐与百事可乐在饮料市场所占的份额(20世纪50年代至1984年)

	20世纪50年代	1975年		1979年		1984年	
		市场占有率	领先值	市场占有率	领先值	市场占有率	领先值
可口可乐	是百事可乐的两倍	24.2%	6.8%	23.9%	6.0%	21.7%	2.9%
百事可乐	—	17.4%	—	17.9%	—	18.8%	—

从表12-3可以看出，可口可乐公司在市场占有率的领先值从20世纪50年代的100%一直下滑至1984年的2.9%，这充分说明百事可乐受欢迎的程度。

可口可乐公司市场调查部的研究表明，可口可乐独霸饮料市场的格局正在转变为可口可乐与百事可乐分庭抗礼的新格局。根据可口可乐公司市场调查部门公布的数据，在1972年，有18%的软饮料消费者只认可口可乐这一种品牌，只有4%的消费者非百事可乐不饮。10年后则形势迥异，只有12%的消费者忠诚可口可乐，而坚持只喝百事可乐、不喝其他饮料的消费者比例竟几乎与可口可乐持平，达到11%。

最令可口可乐公司气恼的是：可口可乐的广告费超出百事可乐1亿美元，可口可乐的自动售货机数量是百事可乐的两倍，可口可乐的销售网点比百事可乐多，可口可乐的价格比百事可乐有竞争力……可为什么可口可乐的市场占有率就一直下滑呢？

种种迹象表明，口味是造成可口可乐市场份额下降的一条最主要的原因，这个99年从不示人的配方似乎已经不合今天消费者的口感了。于是，可口可乐公司在1982年实施了“堪萨斯工程”。

“堪萨斯工程”是可口可乐公司秘密进行的市场调查行动的代号。在这次市场调查中，可口可乐公司出动了2000名调查员，在10个主要城市调查顾客是否愿意接受一种全新的可口可乐。调查员向顾客出示包含一系列问题的调查问卷，请顾客现场作答。例如有一个问题是：可口可乐配方中将增加一种新成分，使它喝起来更柔和，你愿意吗？另一个问题为：可口可乐将与百事可乐口味相仿，你会感到不安吗？你想试一试新饮料吗？

根据调查结果，可口可乐公司市场调查部门得出了如下数据：只有10%～12%的顾客对新口味可口可乐表示不安，而且其中一半的人认为以后会适应新可口可乐。这表明顾客们愿意尝试新口味的可乐。

可口可乐公司技术部门决定开发出一种全新口感的、更惬意的可口可乐。1984年9月，他们终于拿出了样品。这种新饮料比可口可乐更甜、气泡更少，它的口感柔和且略带胶黏感，这是因为它采用了糖浆含量比蔗糖更多的谷物糖浆。可口可乐公司组织了品尝测试，在不告知品尝者饮料品牌的情况下请他们说出哪一种饮料更令人满意。测试结果令可口可乐公司兴奋不已，顾客对新可口可乐的满意程度超过了百事可乐，而在以前的历次品尝测试中，总是百事可乐打败可口可乐。可口可乐公司的市场调查员认为，这种新配方的可口可乐至少可以将公司在饮料市场占的份额向上推动一个百分点，这意味着多增加2亿美元的销售额。

为了万无一失，可口可乐公司又倾资400万美元进行了一次规模更大的口味测试。各大城市的19.1万名顾客参加了这次测试。在众多未标明品牌的可乐饮料中，品尝者们仍对新可口可乐青睐有加，55%的品尝者认为新可口可乐的口味胜过传统的可口可乐，而且在这次测试中新可口可乐又一次击败了百事可乐。

新可口可乐马上就要投产了，但此时可口可乐公司又面临着一个新问题：是为“新可乐”增加一条生产线呢，还是用“新可乐”彻底取代传统的可口可乐呢？

可口可乐公司决策层认为，新增加生产线肯定会遭到遍布世界各地的瓶装商们的反对(可口可乐公司在美国生产可口可乐原浆，然后运到世界各地在当地灌瓶出售。从事这种灌装可口可乐业务的企业就是瓶装商)，因为会加大瓶装商的成本。经过反复权衡后，可口可乐公司决定用“新可乐”取代传统可乐的生产和销售。

1985年4月23日，可口可乐公司董事长戈伊朱埃塔在纽约市的林肯中心举行了盛大的新闻发布会，正式宣布“新可乐”取代传统的可口可乐上市。可口可乐公司向美国所有新闻媒介发出了邀请，共有200余位报纸、杂志和电视记者出席了新闻发布会。消息闪电般传遍美国。在24小时内，81%的美国人都知道了可口可乐改变配方的消息，这个比例比1969年7月阿波罗登月时的24小时内公众获悉比例还要高。

“新可乐”上市初期，市场反应非常良好。1.5亿人在“新可乐”问世当天品尝了它，历史上没有任何一种新产品会在面世当天拥有这么多买主。发给各地瓶装商的可乐原浆数量也达到5年来的最高点。

但没想到风云突变，虽然可口可乐公司事先预计有一些人对用“新可乐”取代传统可乐有意见，却没有想到反对的声势如此浩大。

在“新可乐”上市4小时之内，可口可乐公司接到650个抗议电话。到5月中旬，公司每天接到的批评电话多达5000个，而且更有雪片般飞来的抗议信件。可口可乐公司不得不开辟83条热线，雇用了更多的公关人员处理这些抱怨与批评。

有的顾客称可口可乐是美国的象征，是美国人的老朋友，可如今却突然被抛弃了。还有的顾客威胁说将改喝茶水，永不再买可口可乐公司的产品。在西雅图，一群忠诚于传统可口可乐的人们组成了“美国老可乐饮者”组织，准备在全国范围内发动抵制“新可乐”的运动。许多人开始寻找已停产的传统可口可乐，这些“老可乐”的价格一涨再涨。到6月中旬，“新可乐”的销售量远低于可口可乐公司的预期值，不少瓶装商强烈要求改回销售传统可口可乐。

可口可乐公司的市场调查人员再次出动，对市场进行了紧急调查，结果他们发现，在5月30日前还有53%的顾客声称喜欢“新可乐”；可到了6月，一半以上的人说他们不喜欢“新可乐”；到了7月，只剩下30%的人说“新可乐”的好话了。

愤怒的情绪继续在美国蔓延，传媒还在煽风点火。对99年历史的传统配方的热爱被传媒形容为爱国的象征。堪萨斯大学的社会学教授罗伯特安东尼奥说：“许多人认为可口可乐公司把一个神圣的象征给玷污了。”就连戈伊朱埃塔的父亲也站出来批评“新可乐”，甚至他还威胁说不认这个儿子。

可口可乐公司的决策者们不得不认真考虑问题的严重性了。在一次董事会上，戈伊朱埃塔决定恢复传统配方的生产，其商标定名为“可口可乐古典”，同时继续保留和生产“新可乐”，其商标为“新可乐”。7月11日，戈伊朱埃塔率领可口可乐公司的高层管理者站在可口可乐标志下向公众道歉，并宣布立即恢复传统配方的可口可乐的生产。

消息传来，美国上下一片沸腾。ABC电视网中断了周三下午正在播出的节目，马上插播了可口可乐公司的新闻。所有的媒体都以头条新闻报道了“老可乐”归来的喜讯。民主党参议员大卫·普赖尔还在参议院发表演讲，称：“这是美国历史上一个非常有意义的时刻，它表明有些民族精神是不可更改的。”华尔街也为可口可乐公司的决定欢欣鼓舞，“老可乐”的归来使可口可乐公司的估价攀升到12年来的最高点。

百事可乐公司美国业务部总裁罗杰·恩里克说：“可口可乐公司推出‘新可乐’是个灾难性的错误，是年代的‘爱迪塞尔’。”

在“新可乐”上市前，可口可乐公司不能不说是格外慎重地进行了准备工作，它费时两年，耗资400万美元，调查了近20万名消费者，而且调查结果“既合理又有利”，做出上市“新可乐”的决策似乎合情合理，无懈可击。但结局为什么会与推断截然相反呢？

可口可乐公司进行的市场调查工作似乎十分合乎逻辑：公司决定上市一种新的可乐，当然应该先在消费者中进行口味测试。这种“新可乐”在同“老可乐”和百事可乐的对比中取得胜利，说明它是符合顾客口味、迎合市场需求的富有竞争力的拳头产品，投产后理所当然地应该大获成功。

但是，可口可乐公司的调查部门在设计调查问卷和品尝测试时忽略了一个重要环节，即没有告诉被调查者：如果你选择了一种可乐，那么你将失去别的可乐。而被调查者却无一例外地以为“新可乐”只不过是现有“老可乐”的补充，绝不是对“老可乐”的替代。调查者和被调查者没有在基本前提上达成一致。

另外，可口可乐公司市场调查人员看到百事可乐近几年来发展势头逼人，因而主观上先入为主地认为顾客喜欢更甜口味的可乐。于是，他们把“新可乐”与“老可乐”的区别定位在“更甜”上。在进行口味测试时，他们选择的被测试者多是青年人。这似乎又是合情合理的，因为青年人是软饮料市场的最大顾客群体。在这种情况下进行的口味测试，从两方面进一步引诱可口可乐公司将“新可乐”推向“更甜”的误区：一方面，青年人比老年人更喜爱甜口味，他们当然会投“新可乐”的票；另一方面，人们在不被告知品牌而进行品尝的时候，心情是比较紧张的，他们生怕测试者嘲笑自己味觉不敏感，尝不出新产品的特别之处，于是，当品尝到甜度明显超过现有可乐的“新可乐”时，被测试者马上做出反应，说自己喜欢这种口味，以显示他的味觉是敏感的。

可口可乐公司先入为主的概念此时又得到了“确凿无疑”的市场调查结果的验证，于是口味更甜的“新可乐”出台了。

实际上，百事可乐是在20世纪70年代末80年代初异军突起的。那时美国社会上生育高峰期出生的孩子已经长大，形成了一个强大的甜口味饮料消费群体。但从20世纪80年代中期开始，美国社会老龄化，喜爱传统口味的中老年顾客群体在不断扩大。与此同时，健康饮食观念日益深入人心，人们开始忌讳多油、多糖的食品。因此，口味更甜的“新可乐”就显得有点儿不识时务了。

一个拥有99年历史且广为传播的产品已经不再是一种简单的商品了,它应该形成了某种文化,成为象征。但这种文化内涵和象征价值是深眠于顾客内心深处的,必须有意识地精心设计问卷才能调查出它们在顾客内心的地位或分量。如果只是简单地问顾客:如果可乐配方变了,你是愿意喝更多、更少,还是与以前数量相同的可乐?那就根本无法测出新产品内在价值的影响力,此时轻率做决策,当然会产生误会。

顾客的心理感觉是一种很微妙的东西,很难定量分析。

这个案例反映出人们的一种本能——随大流。人们常常为与周围的人求同而不知不觉地去追随某一种思潮、某一句口号或某一种观念。

"新可乐"刚上市时,顾客对它的接纳程度还算是令人满意的。但随着新闻界的煽动,可口可乐成了代表美国传统的象征,背叛"老可乐"就是在背叛美国精神。这一产品换代的普通商业行为被上纲到爱国主义高度,公众的心态发生了逆转。许多普通消费者也许做梦也没想到喝"新可乐"与背叛美国精神有什么瓜葛,但他们看到新闻界的评论、听到身边人的议论后,往往不假思索地站到大多数人一边。就这样,越滚越大的雪球压垮了"新可乐"。

[资料来源:牟焕森.创新失败的案例及其意义研究——新可乐创新失败的分析视角[J].自然辩证法研究,2007(10)]

思考题

1.为什么老可乐停产后,全美国的反响很大?

2.为什么百事可乐的市场份额增长很快?

第十三章

价格与消费者行为

学习目的与要求

- 了解价格的心理作用机制；
- 掌握价格制定的方法；
- 掌握价格制定与调整的心理策略；
- 熟悉消费者的价格心理特征与价格判断途径；
- 掌握商品定价、调价的心理策略。

导入案例

一个珠宝定价的故事

深圳的某珠宝店位于游客众多、风景秀丽的华侨城，专门经营由少数民族手工制成的珠宝首饰。几个月前，珠宝店店主进了一批由珍珠质宝石和银制成的手镯、耳环和项链的精选品。与典型的绿松石造型中的青绿色调不同的是，珍珠质宝石是粉红色略带大理石花纹的颜色。就大小和样式而言，这一系列珠宝中包括了很多种类。有的珠宝小而圆，式样很简单，有的珠宝则要大一些，式样别致。不仅如此，该系列还包括了各种传统的由珠宝点缀的丝质领带。

与以前进的货相比，店主认为这批珍珠质宝石制成的首饰的进价还是比较合理的。他对这批货十分满意，因为它比较独特，可能会比较好销。在进价的基础上，加上其他相关的费用和平均水平的利润，他定了一个价格，觉得这个价格应该十分合理，肯定能让顾客觉得物超所值。

这些珠宝在店中摆了一个月之后，销售统计报表显示其销售状况很不好，店主十分失望，不过他认为问题的原因并不在首饰本身，而是在营销的某个环节没有做好。于是他决定试试在中国营销传播网上学到的几种销售策略，比如令店中某种商品的位置有形化往往可使顾客产生更浓厚的兴趣。因此，他把这些珍珠质宝石装入玻璃展示箱，并将其摆放在该店入口的右手侧。可是，他发现位置改变之后这些珠宝的销售情况仍然没有什么起色。

他认为应该在一周一次的见面会上与员工好好谈谈了。他建议销售员花更多的精力来推销这一独特的产品系列，并安排了一个销售员专门促销这批首饰。他不仅给员工们详尽描述了珍珠质宝石，还给她们发了一篇简短的介绍性文章，以便她们能记住并讲给顾客听。不幸的是，这个方法也失败了。

就在此时，店主正准备外出选购产品。因对珍珠质宝石首饰销售量下降感到十分失望，他急于减少库存以便给更新的首饰腾出地方来存放，他决心采取一项重大行动：将这一系列珠宝半价出售。临走时，他给副经理匆忙地留下了一张字条，告诉她："调整一下那些珍珠质宝石首饰的价格，所有都×1/2"。

当店主回来的时候，他惊喜地发现该系列所有的珠宝已销售一空。"我真不明白，这是为什么？"他对副经理说，"看来这批首饰并不合顾客的胃口。下次我在新添宝石品种的时候一定要慎之又慎。"而副经理对店主说，她虽然不懂为什么要对滞销商品进行提价，但她惊诧于提价后商品的出售速度惊人。店主不解地问："什么提价？我留的字条上是说价格减半啊。""减半？"副经理吃惊地问，"我认为你的字条上写的是这一系列的所有商品的价格一律按双倍计。"结果，副经理将价格增加了一倍而不是减半。

（资料来源：http://www.cs86.cn/article16525.aspx，一个珠宝定价的有趣故事）

在现代市场经济条件下，价格是影响消费者购买的最具刺激性和敏感性的因素之一。深入研究价格对消费者心理和行为的影响，把握其价格心理特性，是企业制定价格策略的基础和前提。为此，有必要深入探讨消费者的价格心理机制，研究消费者的价格心理表现以及消费者判断价格的途径，由此发现价格制定的心理依据，使企业在营销实践中能够正确应用价格策略与技巧。

第一节　价格的心理作用机制

价格是消费者为获得拥有或使用产品的权利而必须支付的金钱数量。消费者要想拥有一件产品或拥有产品的使用权，就必须支付一定量的货币。在市场经济条件下，价格是商品价值的货币表现，也是市场机制的主要作用形式之一。价格的制定、调整和价格水平的涨落，影响和制约着消费者的消费活动。

一、价格对消费者的影响

当今社会，消费品市场上商品琳琅满目，种类繁多。各种商品的质量、用途、款式不同，价格也不相同。就同一种商品而言，价格也不是一成不变的，如服装价格就因季节变化而经常上涨或下跌。商品价格的差异和变动会直接引起消费者需求和购买行为的变化。例如，按照市场经济运行的一般规律，同一种商品的价格与消费需求之间存在着此消彼长的反向相关关系：价格上涨，消费需求减少；价格下降，消费需求增加。

但在现实生活中，价格并不总是遵从这一规律，反而出现相反的情形，即商品降价后，消费者的购买非但没有增加，反而有所减少；商品涨价后，消费者的购买非但没有减少，反而会增加。这种市场上时有发生的"买涨不买落"的现象，究其原因，在于降价使消费者对商品品质产生了怀疑，或等待进一步降价的心理预期增强，从而抑制了即期的购买数量。这就是消费者的价格心理作用的结果。

二、价格的心理作用机制

消费者在选购商品时通常把价格与商品的各种要素，如质量、性能、品牌、包装等综合起来加以评价比较，在此基础上决定自己是否购买。然而就对消费者的影响而言，价格又有着与其他商品要素不同的心理作用机制，具体表现在以下方面。

(一)衡量商品品质和内在价值

根据经济学原理，商品价格是价值的货币表现，商品价值是价格的内在尺度，价格围绕价值上下波动，并最终趋向于价值。商品价值凝聚了生产过程和流通过程中活劳动和物化劳动的时间耗费，从理论意义上讲，消费者在选购商品时应以商品的价值为尺度来判断是否购买。然而，人们常常可以看到，有些内在质量相似的商品，由于包装、装潢不同，价格相差较多时，消费者却宁愿购买价格高的商品；而对于一些处理品、清仓品，降价幅度越大，消费者的心理疑虑越重，越加不愿问津。

类似现象的产生是价格的心理机制在起作用。由于商品信息的非对称性，以及消费者购买行为的非专业性，消费者在选购商品时总是自觉或不自觉地把价格同商品品质及内在价值联系起来，把价格作为衡量商品品质优劣和价值大小的最重要的尺度。他们往往会认为商品价格高，则意味着商品的质量好，价值大；商品价格低，则说明商品的质量差，价值小。所谓"一分钱，一分货"，"好货不便宜，便宜没好货"，便是消费者在现实生活中通常奉行的价格心理准则。

长期以来，我国出口到北美、西欧等发达国家的商品总是陷于"质优，价廉，缺乏竞争力"的怪圈。其中一个很重要的原因就是，我国企业的定价策略忽视了"价格是衡量商品品质和内在价值的尺度"这一价格心理机制。优质商品却不敢定高价，一味追求价格上的低廉，是企业对自己的优质商品缺乏自信的表现，这又怎能让外国消费者相信中国商品是高品质的呢？

现代社会，随着科学技术、生产工艺的迅速发展，新产品层出不穷，商品种类急剧增加，商品品质日益提高，消费者很难依靠传统经验从使用价值来判断商品品质的优劣，也很难根据价格的理论构成来判断商品价值的大小。因此，在心理上把商品价格作为衡量商品价值高低和品质优劣的标准的情形会越来越多。

(二)自我意识比拟

商品的价格不仅表现着商品的价值，而且在某些消费者的自我意识中还具有反映自身社会及经济地位高低的社会象征意义。这就是说，消费者在购买商品的过程中可能通过联想与想象等心理活动，把商品价格的高低同个人的品位、偏好、社会阶层、生活方式等联系起来，有意或无意地进行价格比拟，让价格的高低来反映自身的社会经济地位和个性特征，以满足个人的某种社会心理需要。

例如，男西服的价格越高，表示其着装者的社会地位越高。不同的消费者往往会根据自己的身份对号入座。在目前国内市场上，工薪阶层消费者购买的大都为800元以下的中低档西服；高档西服市场上工艺精良、创意前卫、定位超前的新生品牌，如杉杉旗下的法涵诗品牌，雅戈尔旗下的马克西姆品牌等，定价都在3000元以上，则为白领阶层的消费者青睐，因为高价格可以满足他们炫耀和肯定自我等社会性心理需要；而范思哲、圣罗兰等世界顶级名牌西服，则以数千甚至数万元的高价位而成为公司总裁等成功人士的象征。

价格的自我意识比拟主要有以下几种形式：

(1)社会经济地位比拟。有些消费者只到高档、大型百货店或专卖店购买“名、特、优、新”商品，以显示自己的社会地位和经济地位。有些消费者则是大众商店、低档摊位的常客，专门购买折价、过季降价、清仓处理的廉价商品。假使这两类人的行为发生了错位，则第一种消费者会为去低档次的场所消费而感不安，认为有损自己的社会形象；而第二种消费者去高档次消费场所消费则会产生局促不安、自卑压抑的感觉。

(2)文化修养比拟。有的消费者尽管对书法字画缺乏鉴赏能力，却要花费大笔支出购买名人字画挂在家中，希望通过昂贵的名人字画来显示自己具有很高的文化修养，从而得到心理上的慰藉。还有一些消费者本身并不怎么喜欢看书，却要购置大量精装豪华的书籍以显示自己的博学及高品位。

(3)生活情趣比拟。有些消费者既缺乏音乐素养，又没有特殊兴趣，却购置钢琴或高档音响设备，或者亲身实地去欣赏、体验自己听不懂的高雅音乐会，以期得到别人给予“生活情趣高雅”的评价，获得心理上的平衡。

(4)观念更新比拟。一些消费者怕别人说自己落伍，跟不上潮流，即使不会使用电脑，也要花一大笔钱购置一台最先进的电脑作为摆设，希望能够以此获得“与时代发展同步”的心理安慰。另有一些消费者受广告影响而萌发追赶科技潮流的冲动。例如，“商务通”掌上电脑的电视广告“呼机、手机、商务通，一样都不能少”，曾经引发了一批中高收入阶层消费者的购买热情。很多人购买掌上电脑并无多大实际用处，其潜在心理是树立自己观念前卫的形象。

(三)调节消费需求

价格对消费需求量的影响甚大。一般认为，在其他条件既定的情况下，消费需求量的变化与价格的变动呈相反的趋势。即价格上涨时，消费需求量减少；价格下降时，消费需求量增加。

1.需求价格弹性

需求价格弹性依据需求价格弹性系数的大小来测定。价格对需求的影响和调节能力的大小受商品需求价格弹性的制约。不同种类的商品，需求弹性也不同。需求价格弹性系数 E_P 用需求量变动百分比与价格变动百分比之比表示，它表明当价格变动百分之一时，需求量发生变动的百分比。其计算公式为：

$$E_P=\frac{\Delta Q/Q}{\Delta P/P}$$

式中 Q——原需求量；

ΔQ——需求变动量；

P——原价格；

ΔP——价格变动量。

由于需求量与价格两者成反比例关系，因此需求价格的弹性系数为负值。考察需求价格弹性，以其绝对值来衡量需求价格弹性的大小。

价格需求弹性反映了需求变动对价格变动的敏感程度。不同产品具有不同的需求弹性，根据弹性的大小决定企业的价格决策可考虑如下五种情况：

(1)标准需求弹性($E_P=1$)。反映需求量与价格等比例变化，即商品价格的上升或下降会引起需求量等比例的减少或增加，因此，价格变化对销售额影响不大。企业进行价格决策时，可选择预期收益率为目标，采用随行就市定价策略，同时辅之以其他促销措施。

(2)需求弹性大($E_P>1$)。反映需求量的变化幅度大于价格的变化幅度，即商品价格稍微上升或下降会引起需求量大幅度的下降或上升。对于这类商品，企业可采用降价策略来扩大销售量，但必须注意要以不减少利润为度。而涨价时则需慎重考虑，以免引起需求量锐减，影响企业收入。服装、装饰品等的需求弹性较大，企业对这类商品应采取降价的方法。

(3)需求弹性小($E_P<1$)。反映需求量变化的幅度小于价格的变化幅度，即商品价格的较大幅度的上升或下降仅会引起需求量较小幅度的下降或上升。对于这类商品，低价对需求量的刺激不大，薄利也未必多销。如大米、食盐、食油等生活必需品的需求弹性较小。企业对这类商品可采用适当的提价手段以扩大销售总额。但必须注意的是，企业对该类商品提价的幅度不宜过大，应以消费者在心理上和经济上能够承受为前提。

(4)完全弹性($E_P=\infty$)。此时需求量变动的幅度远远大于价格变动的幅度，即相对于无穷小的价格变化率，需求量的变化率是无穷大的。这种需求被称为完全弹性需求。这类商品在现实生活中很少，只有当它处于完全竞争市场上时才会出现。在完全竞争的市场上，企业若是以略低于市场价格的价格来出售其商品，商品会立即销售一空。若企图以高出市场价格的价格来出售其商品，那么就会销售不出去。竞争激烈的产业部门(如农业)的企业往往面临着完全弹性需求。

(5)完全无弹性($E_P=0$)。此时需求量不随价格的变动而变动，即不论价格如何变动，商品的需求量总是相对稳定，需求对价格变动无反应。这种需求称为完全无弹性需求。这类商品是人们的生活必需品，如糖、食盐等。企业对这类商品的价格调整应当谨慎，可在国家政策允许的范围内，或按照国家规定适度提高价格，以增加效益。

2.非规则调节

在商品价格和商品需求量之间还存在着“非常规性函数关系”，即“吉芬效应”。19世纪，英国经济学家吉芬对爱尔兰土豆的销售情况进行观察统计时发现：当土豆的价格上升时，消费者对土豆的需求量就上升；当土豆的价格下降时，消费者对土豆的需求量也随之下降，两者成同向变化关系。“吉芬效应”对应的商品即为“吉芬商品”。这种商品在我国普遍存在，如钻石、珠宝、项链等装饰品，价格越昂贵，佩戴者越可以显示其社会地位和身份，需求量也就越大；若价格十分低廉，就失去了商品的炫耀作用，需求量反而会缩小。古玩、字画、文物、邮票等价格越高，越珍贵，表明其收藏价值越高，人们对它们的需求量就越大。“吉芬商品”的显著特征就是出现“追涨杀跌”现象。

可见，利用价格调节消费需求的结果是多种多样的。通过上述分析可以看出，商品价格对市场消费需求的影响大致可归为两个方面：①消费者对某种商品的需求越强烈，越迫切，对价格的变动就越敏感；反之亦然。②价格变动的结果可能使需求曲线向不同方向发展。例如，当某种商品价格上涨时，本来应起抑制购买、降低需求的作用，但消费者出于购买的紧张心理，认为价格还有继续上涨的可能，于是会更加狂热地加入抢购的浪潮，就使得价格上涨反而刺激了购买，促进了消费。

总之，研究消费者价格心理的目的在于掌握消费者对价格及其变动的心理反应与行为规律，从而为企业决策者制定既符合消费者心理要求，又能增加企业效益的合理价格提供充分的科学依据。现代市场经济条件下，价格是影响消费者心理与行为的诸因素中最具刺激性和敏感性的因素。深入研究价格对消费者的心理影响，把握其价格心理特性，是企业正确制定价格策略的基础和前提。

但是，应当指出，产品价格并不等于消费者为拥有产品所付出的成本。后者是指消费者为拥有和使用产品所带来的全部利益而发生的所有支出。例如，拥有一辆小汽车，除了购买时支付的购置费外，还有很多其他的费用，如保险费、燃料费、保养费、牌照费、停车费，以及购车所付出的时间、精力等。要在企业收益不变的条件下使产品对消费者具有更大价值，途径之一是降低产品的"非价格"成本。

第二节　消费者的价格心理表现与价格判断

价格心理是指消费者在购买过程中对价格刺激的各种心理反应及其表现，它是由消费者自身的个性心理和对价格的知觉判断共同构成的。消费者的价格判断既受其心理因素的制约，也受销售场地、环境、商品等客观因素的影响。

一、消费者的价格心理表现

(一)倾向心理

倾向心理是指消费者在购买的过程中对商品价格选择所表现出的倾向。商品价格有高、中、低档的区别。一般来说，价格高的商品品质好、价值高；价格低的商品品质差、价值低。由于所处社会地位、经济收入、文化水平、个性特点的差异，不同类型的消费者在购买商品时会表现出不同的价格倾向。

现阶段，我国消费者的消费心理明显地呈现出多元化特征，既有要求商品款式新颖、功能先进、高档名贵的求"新"、求"名"心理，又有追求经济实惠、价格低廉的求"实"、求"廉"心理，还有居于两者之间的要求商品价格适中、功能实用的求"中"心理，此外还有满足情感、文化需要的求"情"、求"乐"、求"知"心理等。

把上述消费心理按高、中、低分成三个需求档次，消费者的价格倾向会很明显地表现出来。就不同档次的商品而言，消费者对于耐用商品的购买倾向一般表现为：追求档次高，质量优，不计价格高低，甚至以高价为好；对于大多数日用小商品、普通食品等的购买倾向一般表现为：重实用、求低价，不过多追求高档次，对质量要求适中；对奢侈品的消费一般也是趋于高档、优质，追求时尚。在不同组织形式的消费者购买行为中，集团购买者一般倾向于高档、高质、高价，以显示该群体集团的经济实力。而个人或家庭消费者多表现出求实、较为关注价格高低的节俭心态。

(二)习惯心理

消费者重复购买某些商品及对价格的反复感知，形成了消费者对某些商品价格的习惯心理。在现代市场条件下，消费者往往不直接了解产品生产技术的发展状况，也不一定全面掌握影响商品价值变化的各种因素，因而很难对商品价格的合理性、准确性等做出严格判断，而只能以在多次购买活动中逐步体验形成的价格习惯作为判断所购商品价格合理与否的标准。消费者往往从习惯价格中去联想和对比消费品价格的高低和涨跌。

在消费者心目中，对多数商品的价格有一个心理上限和心理下限。如果某一商品的价格在消费者认定合理的范围内，他们就会乐于接受；超出了这一范围，则难以接受。由此可见，消费者的价格习惯心理一旦形成，往往要稳定并维持一段时间，在短期内难以轻易改变。而当商品价格必须变动时，消费者的心理会经历一个打破原有习惯，由不适应到适应的心理接受过程。为此，企业必须清楚地认识到价格的习惯心理对消费者购买行为的影响。对那些超出习惯价格的商品价格的调整，要三思而后行，慎而又慎。当必须调整价格时，企业要把调整幅度限定在消费者可接受的范围内，同时做好宣传解释工作，以使消费者尽快接受并习惯新的价格。

（三）感受心理

价格感受心理是指消费者对商品价格及其变动的感知强弱程度。消费者对商品价格的高与低、昂贵与便宜的认识，不完全基于某种商品价格是否超过或低于他们认定的价格尺度，他们还根据与同类商品的价格进行比较，以及购货现场的不同种类商品的价格比较来认识。这种受到背景刺激因素的影响而导致价格在感受上的差异，就形成了消费者对价格高低的不同感受性。这种感受性会直接影响消费者的价格判断。

在实际销售工作中，如果把同一类商品中的高价商品与低价商品放在一起出售，有时能产生比较好的经营效果。因为求廉者通过对比可以感到自己所买的商品确实便宜，而求高、求名者则认为买高价货有利于显示自己的身份和地位。

（四）敏感心理

由于商品价格直接关系消费者的生活水平，因此消费者对价格变动具有极强的敏感性。消费者对价格变动的敏感心理，既有一定的客观标准，又有经过多年购买实践形成的一种心理价格尺度，因而具有一定的主观随意性。这两方面的影响有时一致，有时不一致，甚至相互对立。

对那些与消费者日常生活密切相关的商品，特别是需求弹性系数较小的商品，消费者的敏感性较高，如食品、蔬菜、肉蛋等，这类商品的价格略有提高，消费者马上会做出强烈反应；而一些高档消费品，如彩电、钢琴、家具等，即使价格比原有水平高出几十元、上百元，人们也不大计较，即消费者对这类商品的价格敏感性较低。

不过，消费者对价格变动敏感心理的反应强度，会随着价格变动的习惯性适应而降低。因此，企业在进行商品价格调整时，对于敏感性较高的商品，一次调价的幅度不宜过大，同时应选择好调价时机，以避免引起消费者心理上的过度反应。

二、消费者的价格判断

（一）消费者判断价格的途径

（1）通过商品的外观、品牌、产地、包装、使用特点、使用说明进行比较。价格判断也来自对商品特性的比较。例如，商品外观是否新潮，品牌知名度如何，产自何地，商品包装是否精良，商品是否易于使用，各种附件说明是否完备，这些都会使消费者产生不同的价格判断。

（2）与市场上同类商品的价格进行比较。这是最简单、最明了，并且被普遍使用的一种判断商品价格高低的方法。消费者眼见为实，直接权衡价格高低，立即就能决定购买或者放弃购买。

（3）与同一售货场中的不同商品价格进行比较。

（4）通过消费者自身的感受体验来判断。消费者在服务产品上多采用这种判断方法。服务是无形的，所以消费者无法通过观察服务本身来判断它的价格，而只能通过接受服务过程中自身的心理体验来衡量它的价格。当然这些体验还来自服务设施、服务设备、服务人员、场所布局等一切可传达服务特色及优点的有形展示。

(二)影响价格判断的因素

(1)消费者的价格心理。习惯心理、敏感心理、倾向心理、感受心理都会影响消费者在购买商品时的价格判断。例如,电价由原来的0.35元/度上升到0.38元/度,虽然只是上涨了3分钱,但是消费者会认为太贵了,因为它高于消费者的习惯价格,并在短期内会使消费者产生抵触心理。

(2)生产和出售地点。同类商品的生产工艺可能完全相同,但由于产地不同,消费者对价格的判断也不尽相同。这其中存在"原产地效应"。消费者一般认为原产地生产的优质商品所定的高价是合理的,而其他产地的商品若也定高价,消费者则觉得难以接受。

另外,同样的商品以同样的价格分别在精品店和超市出售,消费者往往感到后者的价格过高。因为消费者通常对超市商品价格的判断标准较低,而对精品店的判断标准较高。

(3)消费者的经济收入。这是影响消费者判断价格的主要因素。比如,同样一条价值300元的"鳄鱼"牌皮带,月薪3000元的消费者和月薪600元的消费者对价格的感受和判断可能完全不同。就消费者谨慎消费的心理而言,前者会认为价格并不高,而后者恰恰相反。

(4)商品的类别。同一种商品因不同的用途可划入不同的商品类别。消费者对不同类别商品的评价标准不同,因而对商品价格的感受也不一样。例如,一块石英手表既可用来看时间,也可用作装饰品。拥有前一种用途的石英手表属于日用品,后一种属于时尚装饰用品。那么,100元钱一块的石英手表对前者来说太贵,对后者来说则可接受。

(5)消费者对商品需求的紧迫程度。当消费者急需某种商品而又无替代品时,价格即使高些,消费者的感受和判断也会趋于可接受。例如,消费者若要在半小时内取到冲印的照片,需要收加急费,价格上一般比平常冲印贵出20%以上。但即使如此,对于那些急等照片的消费者来说仍然可以接受。

(6)购买的时间。在一些特定时间内购买某些商品,价格可能高,也可能低。对于季节性的商品,消费者往往会认为打折是应该的,如秋天购买夏天的服装,只有低价才可接受。而另一种情况是,对于具有节日意义的情感性、象征性商品,消费者即使要承受比平时高许多的价格也可接受。例如,情人节购买鲜花的年轻人大多并不在乎红玫瑰的价格,售价15元1枝的红玫瑰有时比6元1枝的红玫瑰卖得还快。而在平日里,人们只需花两三元钱就能买到一束鲜花。所以情人节又称"男士荷包甜蜜重创日",浪漫情怀中的消费者是不问价的。

第三节 价格制定的心理依据

价格对消费者的心理和行为有着显著的影响。因此,依据消费者心理制定恰当的商品价格,是商品取悦消费者并走向成功的重要前提。一种商品价格的推出,只要经消费者认可并加以接受,才能称其为成功的定价。

一、新产品定价的心理依据

(一)撇脂定价的心理依据

撇脂定价也称为高价策略,是指企业以较高的成本利润率为商品定价,以求通过"厚利稳销"来实现利润最大化。这种策略是一种较特殊的促销手段,利用消费者的求名、求美心理,一般运用于价格弹性小的产品,或消费者对价格反应迟钝的产品。

采用撇脂定价策略必须具备以下几个基本条件:

(1)产品新颖,具有较明显的质量、性能优势,能使消费者"一见倾心",并且有较大的市场需求量。

(2)在产品新上市阶段,商品的需求价格弹性较小或者早期购买者对价格不敏感。

(3)产品必须具有特色,在短期内竞争者无法仿制或推出类似产品。

(4)高价能给产品树立高级品的形象,这是对产品质量、档次方面的要求。在消费者心目中,高价产品应该是质量好、档次高的产品,如果新产品达不到档次和质量标准,高价不但难以给产品树立高级品的形象,反而会使人们认为企业唯利是图。

撇脂定价的心理依据是:新产品上市之初,顾客对其尚无理性的认识,此时的购买动机多属于求新、求奇。利用这一心理,企业通过制定较高价格,以提高产品身份,创造高价、优质的品牌形象;上市初的高价,使企业在产品进入成熟期时可以拥有较大的调价余地,以保持企业的竞争力,而且可以吸引对价格敏感的顾客。利用高价限制需求的过快增长,获取利润进行投资,扩大生产。

(二)渗透定价的心理依据

渗透定价也可称为低价策略,是指企业以较低的成本利润率为产品定价,以吸引大量购买者,获得较高的销售量和市场占有率,以求通过"薄利多销"来实现利润指标的定价策略。

采用渗透定价策略的条件是:

(1)商品的市场规模较大,存在着强大的竞争潜力。

(2)商品的需求价格弹性较大,稍微降低价格,需求量便会大大增加,通过大批量生产能降低生产成本。这种策略同撇脂定价策略相反,是以较低的价格进入市场,具有鲜明的渗透性和排他性,利用了消费者的求实、求廉的心理。

(三)满意定价的心理依据

满意定价是一种介于撇脂定价和渗透定价之间的折中定价策略,其新产品的价格水平适中,同时兼顾生产企业、购买者和中间商的利益,能较好地得到各方面的接受。正是由于这种定价策略既能保证企业获得合理的利润,又能兼顾中间商的利益,还能为消费者所接受,基本上能使供求双方都比较满意,因此称为满意定价。

满意定价策略使新产品价格介于高价与低价之间,考虑到了消费者的购买能力、购买心理,比较容易建立稳定的商业信誉,能较大程度地适应广大消费者的需要,增强消费者的购买信心,使消费者比较满意此种价格标准。

二、一般商品定价的心理依据

企业对于那些已经进入市场的处于成长期、成熟期和衰退期的商品,也要考虑它们的价格在消费者心理上的变化情况,针对消费者的不同消费心理制定相应的商品价格,以满足不同类型消费者的需求。一般而言，处于成长期和成熟期的商品多数是市场上的旺销商品，此时的商品生产技术已经成熟，生产具备了一定的规模，拥有较高的市场占有率，消费者对商品的认识程度提高，从而降低了产品的成本。这时，企业应重视运用适当的定价心理策略来组织这些商品的销售活动。

（一）习惯定价的心理依据

习惯定价是根据消费者的价格习惯心理而制定的符合消费者习惯的商品价格。由于某些商品如日用品、生活便利品及一些服务类产品的价格，在长期的销售实践中已形成了消费者习惯的价格，企业在确定这些商品价格时要尽量去适应这些消费习惯，一般不应轻易改变，以免消费者拒绝购买。采取这种定价策略的特点是商品的质量和零售价格具有稳定性。比如，消费者经常购买的日用小商品，因消费者经常使用，对商品的性能、质量、替代品等方面的情况有详细的了解，形成了自己的购买经验、消费习惯和主观评价，从而在心理上对商品的价格有一个不易改变的标准。即使商品的生产成本略有升降，也不应过快地变动销售价格，否则容易引起消费者的逆反心理。提价容易促使消费者去寻找代用品或替代品，导致市场占有率的下降；降价往往容易造成消费者对产品质量的怀疑，反而使销售量下降。由此可见，此类商品的价格一旦偏离了习惯价格，消费者的心理倾向会促使消费者缩减商品的购买量。

（二）声望定价的心理依据

声望定价是针对消费者"便宜无好货、价高质必优"的心理，对在消费者心目中享有一定声望、具有较高信誉的产品制定高价。通过制定较高的价格，在消费者心目中树立起声望，进而来满足消费者的求名或炫耀心理。消费者的求名心理通常表现为对名牌产品的追求，对去名牌商店消费的追求，对消费地点的追求，对某种特定服务的追求等。所以，这种定价策略只适用于高档名牌商品、奢侈品及确有特色的服务、商店或特定地点等。当消费者在得到某种特定服务或购买到某名牌商品时，心理上会感到自己的声望、地位也随之提高，这样，求名心理和炫耀心理同时得到了满足，往往认为支付高价也值得。很多名牌和稀缺产品往往在消费者心目中享有极高的声望价值。

企业采取这种定价策略时必须注意以下几点：

(1)购买这些产品的人往往不在乎产品价格，而最关心的是产品能否显示其身份和地位，价格越高，心理满足的程度也就越大。

(2)重视消费者对商品和服务的反应，不断改善商品的质量及功能，加强售后服务，提高服务质量，以增强消费者对商品、服务和企业的安全感、信赖感。

(3)经营的商品和服务必须保证高质量，以维持和巩固消费者对商品、服务和企业的信任，维护商品、服务和企业的声誉。

(4)切忌将这种定价策略滥用到一般的商品和服务上，否则会造成消费者的反感，给企业经营招致不必要的损失。

(5)价格并不是越高越好，应将其定在顾客愿意接受的适当水平上，否则，会抑制消费。

（三）尾数定价的心理依据

尾数定价又称零头定价，是指企业针对消费者的求廉心理，在给商品定价时有意定一个与整数有一定差额的价格，利用消费者对商品价格的感觉、知觉的差异所造成的错觉来刺激他们的购买行为。大多数消费者在购买产品时，尤其是购买一般的日用消费品时，乐于接受尾数价格。例如，本应定价300元的商品，现定价298元，虽只低2元，但在感觉上便宜了许多，从而激起消费者的购买欲望，使产品销售量增加。同时尾数定价还给人定价精确的感觉，符合消费者求廉的心理愿望。

目前，尾数定价策略是国际市场上广为流行的一种零售商品的定价策略。但是由于世界各地的消费者有着不同的风俗习惯和消费习惯，因此不同国家和地区运用这种定价策略时存在着一些差别，其关键在于零头部分的设计。因受不同风俗习惯的影响，有些数字是人们乐于接受的，而有些数字却是人们忌讳的，为此，零头部分定得好，有利于促进销售，否则就会阻碍销售。一些消费心理学家的调查表明，美国市场上零售商品的价格尾数以奇数居多，以奇数为尾数的价格中又以9为最多，一般是9美分、49美分、99美分等。调查还发现，49美分的商品的销售数量远远超过50美分和48美分的商品的销售数量。对5美元以下的商品，零头为9最受欢迎；而5美元以上的商品，价格的零头部分为95的，销售效果最佳。在日本和我国的港澳台地区，人们喜欢偶数，认为偶数给人以稳定、安全的感觉，在商品价格尾数中尤以偶数8更受欢迎。因为8在日本被认为是吉祥如意的象征，而在港澳台地区则将8与“发”(发财致富)联系在一起。西方人认为13是不吉利的数字，商品定价尽量避免使用13。在我国，4、7这样的数字因它们的谐音为“死”和“气”，有人认为不吉利而受到冷落。

(四)整数定价的心理依据

整数定价与尾数定价正好相反，其特点是舍零取整，企业有意将产品价格定为整数，以显示产品具有一定质量。它主要适用于对名、优、特或高档耐用消费品或礼品以及消费者不太了解的产品的定价。对于高档品，顾客对质量较为重视，常常把价格看作商品质量的象征，把价格高低看作衡量产品质量的标准之一；价低则质次，不愿意购买。相反，如果把价格定得稍高一些，而且是一个整数，可以在消费者心目中树立价高质优的产品形象，给人以可靠性强的心理感受。对一些高档耐用消费品，价格若为一个数目较大的整数，还可以显示出购买者的高贵和富有，满足其炫耀心理，从而达到刺激购买的目的。例如，对于一套进口组合音响，将价格定为9800元比定为9795元更符合消费者的心理。这种定价策略实质上是利用了消费者“一分价钱一分货”的心理，从而更有利于销售。

同时，从经营的角度看，价格定为整数既便于记忆，又方便购买，免去了价款找零的麻烦。因此，价值较低的方便商品也适合选择这种定价策略。如一些儿童食品定价为1元、2元钱，就有利于吸引儿童的购买，起到了促进销售的作用。

(五)分档定价的心理依据

分档定价又称分级定价，是指企业根据市场细分理论对不同档次的商品采取差别定价的策略。即企业在出售商品时，将不同厂家生产的同一类产品，按品牌、规格、花色、型号和质量等标准划分为若干个档次，对每一个档次的商品制定一个价格，以适应不同消费者的不同心理需要。如冬季商场里出售的羽绒服经常按品牌分为几个档次，每个档次之间都存在着差价，使消费者很容易相信这是由质量差别而引起的，给消费者以“一分钱一分货”的感受。又如，我国一些国产名酒纷纷推出二线品牌，以扩大市场面，适应不同层次的消费需求，如五粮液集团的“五粮春”“金六福”“浏阳河”等。这种定价策略既便于消费者购买合适的商品，也便于简化交易手续，通过制定不同档次的商品价格来反映不同商品的品质水平，从而满足不同消费者的消费心理、消费习惯和消费水平。选择分档定价策略时必须充分考虑不同消费者的心理需要，商品档次的划分应根据不同的商品而定，既不能过多，也不能过少，要便于消费者挑选;价差要符合消费者的购买心理,既不能过大,也不能过小,应以消费者能够接受,且有利于企业促销为原则。

(六)折扣定价的心理依据

折扣定价是指利用各种折扣和让价吸引经销商和消费者,促使他们积极推销或购买本企业产品,从而达到扩大销售、提高市场占有率的目的。这一策略能增加销售上的灵活性,给经销商和消费者带来利益和好处,因而在现实中经常被企业所采用。如人们经常见到的"全场商品六折起","六一"儿童节儿童用品打折,寒暑假期间学生购买飞机票打五折、教师打七五折等,均为企业在促销中利用消费者的折扣心理而常用的手法。消费者的折扣价格心理是一种求"实惠"、抓"机会"的心理,企业利用这种心理,采取低于原有价格的优惠价格来吸引消费者,使消费者感到有"利"可图,以激发购买欲望,促使消费者大量购买、重复购买,甚至超储购买。在实际运用时,折扣定价有不同的形式。常见的价格折扣主要有数量折扣、现金折扣、交易折扣和季节折扣等。

(七)招徕定价的心理依据

招徕定价是指企业为了招徕更多的顾客,利用部分顾客从众、求廉、投机的心理,特意将几种商品的价格定得较低,甚至远远低于成本,以吸引顾客到商店来,借机带动其他商品的销售,以提高销售业绩。采用此策略的关键是"特价品"必须是消费者熟悉的、质量得到公认的、容易鉴别的日常生活必需、购买频率较高的商品,"特价品"的数量也要适宜,既不可太多,也不可太少。

对于习惯性消费的日用品,消费者普遍存在着求廉心理,一旦某种商品价格低于市价,消费者就会蜂拥而至,这种冲动性从众心理使很多消费者根本不考虑该商品对自己是否有用或用途有多大而盲目购买,许多滞销品正是通过这种定价策略而打开销路的。有些企业在采用这种定价策略时,利用了消费者的投机心理。它们经常在报纸、电视、广播等新闻媒体上做广告,决定以比平常或其他企业低得多的价格(有时会低于成本)出售某种或某几种商品,消费者往往怀有侥幸心理,光顾这些企业购买"特价"商品,企业正是以此招徕顾客的。因为这些企业经营的品种很多,顾客既然光临,除购买特价商品外,也许还会购买一些其他的商品,这样,企业虽然在某种或某几种商品经营上受到损失,但总的营业额却会因此而增加。例如,美国纽约有一家招牌为"99"的商店,店中经营的绝大部分商品的售价都是 99 美分,甚至连一些耐用消费品,如彩电也是如此,当然,每天出售的数量不过是几台、十几台,但消费者总是怀有侥幸心理,时常光顾。我国一些家电专卖店也常常推出"100 元彩电""10 元微波炉"招徕顾客。

第四节 价格调整的心理策略

一般来讲,当企业要将其新产品投入市场时,或者将某些产品通过新的途径投入市场时,都必须给其产品制定适当的价格。为了有效地开展市场营销活动,促进销售收入的增加和利润的提高,企业还需对已经制定的价格进行修改。

在企业的经营实践中,商品价格的变动与调整是经常发生的。调价的原因是多方面的,除了企业自身条件变化以外,还包括受市场供求状况、商品价值变动、商品属性、商品的需求弹性、竞争对手的价格政策、市场货币价格与货币流通量变动、国际市场价格波动和消费趋向变化等多方面因素的影响。企业在调整商品价格时，既要考虑这些因素的影响，又要考虑消费者对商品调价的心理要求，科学地应用商品调价的心理策略，使调整后的价格既有利于企业，又能使消费者接受。

一、消费者对价格调整的心理及行为反应

价格调整可分为两种情况：一种是降价；另一种是提价。但不论怎样变动，调整价格总会使消费者的利益受到影响。当然，对于不同的商品，消费者对其价格变动的反应可能是敏感的，也可能是不敏感的，这种反应主要通过需求的价格弹性表现出来。需求弹性系数可以表明消费者对价格变动的反应程度。有关价格需求弹性的问题在前面已做探讨，这里不再赘述。

另外，由于市场信息的非对称性，消费者对企业调整价格的动机、目的的理解程度不同，也会做出不同的心理和行为反应。通常情况下，消费者无法直接了解企业调整价格的真实原因，因此对价格调整的理解不易深入、准确，在心理和行为反应上难免出现偏差。

(一)降价

所谓降价策略，是指企业通过将产品价格在原来的基础上下调的形式来达到其营销目的的一种价格策略。一般来说，企业之所以进行降价调整，不外乎生产成本降低、生产能力过剩、需求弹性增大、市场竞争加剧，以及为了适应经济形势，照顾客户关系等几个方面的原因。

就积极意义而言，降价可以达到“价降量增”的结果，通过销量提高引起产量扩大，求得边际效益和规模利润。同时，也提高了企业的知名度和市场占有率。在国外，降价曾经是产品普及的推动力。例如，美国汽车的普及要归功于福特的“T”型车，日本汽车的普及要归功于丰田在第二次世界大战后的不断降价。另外，降价也可以是一种主动进攻的战术。从降价的内容上说，企业应该把握住降价的时机、幅度、主动权。

但从消极意义方面分析，降价会造成两败俱伤甚至全行业亏损的局面，同时会引发消费者的“价格期待”心理。之所以如此，顾客对于某种产品的降价可能会这样理解：

(1)产品的式样老了，将被新型产品所代替。

(2)这种产品有某些缺点，销售不畅。

(3)市场竞争激烈，若不降价，产品销售就困难。

(4)价格还会进一步下跌，不如耐心等待，“持币待购”。

(5)这种产品的质量下降了，“便宜没好货，好货不便宜”等一系列联想而引起心理不安，往往会“越降越少买”。

(6)消费者自认为不同于一般低收入阶层，不可以购买低档货，因为“便宜货有失身份，有损自尊心和满足感”。

(二)提价

所谓提价策略，是指企业通过将产品价格在原来的基础上上调的形式来达到其营销目的的一种价格策略。提价通常对消费者来说是不利的，理论上会抑制消费者的购买欲望，挫伤其购买积极性，减少实际购买需求。但在现实生活中，消费者同样会做出与之相反的各种反应：

(1)商品涨价，可能是具有某些特殊的使用价值，或具有更优越的性能，好东西应该赶快

购买。

(2)商品已经涨价,可能还会继续上涨,应尽快抢购,以防将来购买会更吃亏。

(3)商品涨价,说明它是热门货,有流行的趋势,应尽早购买。

(4)商品还在涨价,可能是限量发行,说明它有升值的潜力,不如购买积起来,待价而沽。

(5)商品在涨价,可能出现断货,为保证急用而预先购买。

当然,消费者也会理解为卖主想尽量取得更多利润,这将不利于销售。一般地说,消费者对于那些价值高、经常购买的产品的价格变动比较敏感;而对于那些价值低、不经常购买的小商品,即使单位价值较高,消费者也不大注意。此外,消费者虽然关心产品价格变动,但是他们更关心取得、使用和维修的总费用。在消费者中,往往存在“买涨不买跌”的心理,特别是在通货膨胀时,人们竞相抢购保值商品和生活必需品,越涨越买。这是消费者在货币贬值情况下的一种自卫行为。

商品价格调整引起的心理反应非常复杂,既可能激发消费者的购买欲望,促使商品需求量增加;也可能抑制其购买欲望,导致商品需求量减少。因此,企业在调整价格的时候一定要仔细分析各种因素的影响,准确把握消费者的价格心理,事先做好市场预测工作,采取行之有效的调价策略,以便达到扩大销售总额、增加利润的目的。成功的提价会使企业的利润大大增加。

二、价格调整的心理策略及技巧

当市场营销环境发生变化,如产量过多、库存积压严重、其他营销策略无效,或者在激烈的价格竞争中市场占有率下降等,企业为了扩大销售量或稳住市场占有率只有降低销售价格。根据消费者对商品降价的心理与行为反应,企业可以采取相应的心理策略及技巧。

(一)降价的心理策略及技巧

商品降价能否促进销售,关键在于商品是否具备降价条件,企业是否能够及时、准确地把握降价时机和幅度,以及能否正确应用相关技巧。

1.商品降价应具备的条件

要达到预期的降价目的,商品应具备与消费者心理要求相适应的特性。以下消费特性是商品降价应具备的条件:

(1)消费者是价格敏感者。消费者不太关注商品的品牌,主要是根据商品的价格来决定自己的购买行为。

(2)消费者对商品的质量和性能非常熟悉,如某些日用品和食品降价后消费者仍能对商品保持足够的信任度。

(3)消费者注重商品的实际性能与质量,且很少将所购商品与商品的社会形象联系起来。

(4)制造厂家能够向消费者充分说明价格降低的理由,并使他们理解和接受。

(5)制造厂家和商标品牌美誉度高。因为消费者只有在以较低的价格买到“好东西”时才会感到满意。

2.降价时机

降价时机选择得好,会大大刺激消费者的购买欲望;选择不当,则会因无人问津而达不到目的。关于降价时机,要视具体商品和企业的具体情况而定。根据经验应为:

(1)对于时尚和新潮商品,进入流行阶段后期就应降价。

(2)对于季节性商品,应在换季时降价。

(3)对于一般商品,进入成熟期的后期就应降价。

(4)市场领导品牌率先降价,作为竞争对手,应采取跟进策略。

(5)重大节日降价酬宾,如"五一""十一"等节假日。

(6)商家庆典活动降价,如新店开张、开业周年、店庆等。

(7)其他特殊原因降价,如商店搬迁、商店改变经营方向、柜台租赁期满等。

还应注意的是,商品降价一定要师出有名,不能过于频繁,否则造成消费者对降价不切实际的心理预期,或者对商品的正常价格产生不信任感。

降价对于顾客来说可能是好事,通常有利于消费者,理应激发消费者的购买欲望,促使其大量购买。但在现实生活中,消费者也会做出与之相反的各种心理和行为反应。

3.降价幅度

降价幅度要适宜,幅度过小,不能激发消费者的购买欲望;幅度过大,企业可能会亏本经营,或造成消费者对商品品质产生怀疑。经验表明,降价幅度在10%以下时几乎收不到什么促销效果;降价幅度至少要在10%～30%才会产生明显的促销效果;降价幅度超过50%时,必须说明大幅度降价的充分理由,否则消费者的疑虑会显著加强,消费者会怀疑这是假冒伪劣商品,反而不敢购买。

4.降价原则

通过降价促进销售是一种不错的方法,但并不是所有的降价促销都是成功的,在这里,关键要把握好以下四个原则:

(1)做好服务。任何产品的降价促销都需要良好的服务来支撑,如果没有良好的服务来支持,只是纯粹的降价促销,作用是有限的。因此,企业在降价促销时必须做好产品服务,让自己的促销尽可能完美,最大限度地取得促销效果。

(2)要有的放矢。在降价促销之前应该确定好降价促销的方向、目的、服务的人群、达到的效果等。因为每一次降价都不可能让所有顾客满意,降价的品种也是有限的,因此一定要把握好每次降价促销的重点人群,比如暑假的降价促销就应该以参加完中考、高考的学生需要的滋补保健品为主,服务好这个人群;在中秋节、春节,应该以高档礼品类为重点。每一次服务都必须明确重点,真正做到促销有目的,有效果。

(3)控制好品种。在降价促销时必须做到心中有数,有的放矢。有的营销人员一搞降价促销,就全部降价,这是不科学的,应该把自己所销售的品种进行分类,确定哪些是可以降价的,哪些是不适合降价的,再确定是否降价。弄清楚某一个品种应该降价多少,才能吸引客户,使自己获得最大利益。"零售大王"沃尔玛的"用海鲜聚集人气"的策略就值得业界学习。

(4)"一步到位",千万不要出现价格不断下降的情况,以防消费者产生"买涨不买跌"的心态。多次降价会导致消费者不由自主地产生等待再跌价的期待。

企业在运用降价促销时一定要运用好、把握好,充分发挥降价促销的作用,让降价促销最大限度地取得成功。降价促销是市场营销中具有杀伤力的营销方法,但不一定每次都会成功。因此作为组织者,必须把握好降价促销的上述原则,在市场降价促销时充分考虑各种因素,找到降价促销的最佳策略,实施到位,服务到位,取得较佳的效果。

5.降价技巧

降价也是技术活，需要讲时机和技巧。降得好，商家不仅可以减少损失，还能增加销量；反之，降得不对消费者口味，即使价格再低，也不会有人买账。企业在降价的操作方式与技巧上要注意以下问题：

(1)少数几种商品大幅度降价，比起很多种商品小幅度降价的促销效果来得好，因为这样更具有轰动效应。以奥克斯大3匹冷暖柜机为例，该机以每台5188元的特价销售，降价410元，同时只需再加一分钱，就能配套买一台1匹分体挂机，而这台挂机原价为1550元。在这种诱惑下，顾客的光顾自然会比别的品牌多，"'一分钱空调'成功地打开了市场"，使奥克斯空调的销售量直线飙升。

(2)把前后两种价格标签同时挂在商品上，以证明降价的真实性。商家向消费者传递降价信息的一般做法是把降价标签直接挂在商品上，这样能最大限度地吸引消费者立刻购买。因为顾客不但一眼能看到降价前后的两种价格，同时还能看到降价商品，眼见为实，从而立即做出购买决策。

(二)提价的心理策略及技巧

商品价格的提高一般会对消费者利益造成损害。因此，消费者通常会对商品提价持消极的心理反应，从而影响商品在市场上的销售。但在营销实践中，企业经常由于各种原因而不得不提价，如市场商品供不应求、资源稀缺或劳动力成本上升而造成产品成本提高、开发新市场、经营环节增多等。所以，提价策略的掌握对企业来说既具有现实意义，又有较大的困难和阻力。

1. 提价应具备的条件

正如商品降价一样，要达到预期的提价目的，商品应具备与消费者心理要求相适应的特性。

(1)消费者有求新、猎奇、追求名望和好胜攀比的心理，愿意为自己所喜欢的商品付出更高的价格。

(2)消费者能够理解价格上涨的缘由，能接受价格上涨带来的家庭生活消费支出的增加。比如，由于通货膨胀、物价上涨、企业的成本费用提高，迫使企业不得不提价以确保目标利润。有时售价的上涨要超过成本的上升。

(3)消费者的品牌忠诚度很高，是品牌偏好者。品牌偏好者通常忠诚于某一特定品牌，不因价格上涨而轻易改变购买习惯。

(4)消费者相信商品具有特殊的使用价值，或具有更优越的性能，是其他商品所不可替代的。

2. 准确地把握提价时机

为了保证提价策略的效果，提价时机可选择在以下几种情况下：

(1)商品在市场上处于优势地位。

(2)商品进入成长期。

(3)季节性商品达到销售旺季。

(4)一般商品在销售旺季，企业不能满足其所有顾客的需要时，就必须提价。

(5)竞争对手的产品提价。

(6)通货膨胀造成的成本费用上升，尤其当成本费用上涨率高于生产率的增长时，需要通过提价来减轻成本的压力。

总之，提价要掌握好时机，看准火候。提价后，可能有大批消费者将转向其他品牌，分销商也会因此而放弃商品的经营，这就给竞争对手抢占市场提供了可乘之机。如果企业提价失败了再想恢复原价，后果将更加严重，单单是企业品牌信誉的损失就足以使企业元气大伤。

3.提价幅度

提价的幅度不应过大，应通过正常性小幅度上升达到目标。幅度过大，会损失一大批消费者。但是提价幅度并没有统一的标准，一般视消费者的价格心理而定。国外一般以5%为提价幅度界限，认为这样符合消费者的心理承受能力。而我国某些商品以30%、50%甚于更高的提价幅度出现，也能引起消费者的购买行动，但是企业应尽可能避免大幅度提价情况的出现，提价幅度应当保持合理的水平。

4.提价原则

提价的原则在于：有利于提高企业及产品形象；有利于调节市场资源，按照优质优价的原则，可以按照新产品质量和成本重新定价。

企业提价要信守谨慎行动的"走钢丝"原则。应尽量控制提价的幅度和速度，即提价的幅度宜小不宜大，提价的速度宜慢不宜快。要循序渐进，不能急于求成；要走小步，走一步看一步，而不能走大步，追求一步到位。

5.提价技巧

在提价技巧与方式的选择上，企业有直接提价和间接提价两种。直接提价就是以一定幅度提高原有商品的标价。间接提价就是商品的市面标价不变，通过产品本身的变动，变相提高价格。市场营销中应采用不同的提价策略来平抑因提价而引起的不满。提高价格的主要技巧有：

(1)限时提价。所报价格限定在指定时间内，过时另议。

(2)在供货合同中载明随时调价的条款。

(3)将原来与产品一起定价的附加服务项目分出来，另行定价收费或取消附加服务。

(4)减少或取消折扣和津贴。

(5)明确提升产品价格。明确向客户通告：产品的价格将在某一确定的日期统一提升。

(6)改动产品的型号或增加某种功能。

(7)降低产品质量，减少产品功能和附加服务(这种方法一般不提倡采用)。

为使消费者接受上涨的价格，企业应针对不同的提价原因采取相应的心理策略。这些心理策略包括通过各种渠道向顾客说明提价的原因，做好宣传解释工作，减少抵触、不满情绪的发生；帮助顾客寻找节约途径，组织替代品的销售；提供热情周到的增值服务，尽量减少消费者的损失等，以求得消费者的谅解和支持，增强消费者信心，刺激消费需求和购买行为。

此外，在成本或需求上升时也可以不提价，而使用其他方法。主要的方法有：①价格不变，减少有效成分的含量；②使用便宜的原料或配件来代替；③减少或改变产品的特点、功能；④减少服务项目；⑤减少产品的尺寸、规格；⑥使用低廉的包装材料或促销更大包装的产品来降低包装成本。

总之，商家提价要充分考虑消费者的心理要求，提价幅度应与消费者对商品的觉察价值基本相符。只有这样，商品提价才会被消费者接受。

复习思考题

1. 什么是价格心理？消费者的价格心理表现有哪些？价格心理对企业的定价及价格调整策略有何指导意义？

2. 简述撇脂定价法与渗透定价法的心理依据。

3. 举例说明什么样的商品的需求弹性大，什么样的商品的需求弹性小。为什么？

4. 举例说明价格对自我意识的比拟功能。

5. 结合实例谈谈消费者的价格判断。

6. 调价的心理策略有哪些？

【案例分析】

奔驰汽车的最后定价

到1986年，奔驰汽车公司成立了100周年，100多年来，奔驰汽车一直以"创造第一流的产品"为经营宗旨，对产品质量作精益求精的探索。为保证产品质量，真正做到不合格的零部件坚持不用，不合格的成品坚决不出厂，奔驰汽车公司从上到下形成了一个质量控制监督系统。

对汽车的要求主要表现在行驶安全、坚固耐用、乘坐舒适、操作方便、外形美观等方面。在这一目标下，20世纪50年代奔驰汽车公司研制出第一个安全车身；60年代研制出了ABC刹车系统，紧急刹车时不致因路面复杂而翻车；70年代末又研制出转变灵活，既快又稳，而且在高速急转和较大倾斜角度时不会翻车的"190"型小轿车，深受顾客欢迎。

确实，奔驰汽车的高质量是顾客所公认的，但唯独价格比别的汽车贵得多。

曾经有位记者访问奔驰汽车公司的销售经理："奔驰汽车售价上会不会对竞争带来不利？"这位经理胸有成竹地回答："奔驰的售价确实比别的汽车要贵些，但在市场竞争中，我们有最后价格做保证！这是我们的优势。"记者对他的最后价格感到费解，这位经理便继续解释说："所谓最后价格，是对最初价格而言。说奔驰汽车的售价贵，这是指它的最初价格。从最初价格看，别的汽车的价格确实要比奔驰低廉，但最初价格不是顾客选买汽车时唯一考虑的标准。一般想买汽车的顾客都会想：新买的汽车在使用一段时间后再转卖出去，那时还能卖多少钱？这就是我们所说最后价格的含义。"

接着，这位经理列举了各种数据，把各种品牌的汽车与奔驰汽车的使用寿命对比。他的结论是："一般汽车的使用寿命以行驶10万公里为限期，而奔驰汽车跑满了30万公里以后，它的内部件还是基本完好的。这时，如果车主想转让给别人，一般还可回收原价的60%。"最后，这位经理信心十足地宣称："我们奔驰公司就凭这个最后价格的王牌来与同业竞争，至少到目前为止，我们还未遇到挑战。"

［资料来源：彭飞. 奔驰轿车在中国市场的营销策略研究[J]. 吉林大学学报，2012(4)］

思考题

1. 这个案例中用的是什么价格策略？从中可以受到什么启发？

2. 什么样的商品适合采用撇脂定价法？

第十四章

整合传播与消费者行为

学习目的与要求

◉ 了解广告的心理功能、销售信息沟通的特征；
◉ 重点掌握各种广告媒体的心理特征；
◉ 了解并掌握广告传播的心理策略、消费者接受销售信息的心理要求；
◉ 了解并掌握消费者逆反心理的含义及成因；
◉ 掌握销售信息沟通的策略。

导入案例

“佳佳”和“乖乖”的不同命运

“佳佳”和“乖乖”是香脆小点心的商标，曾经相继风靡于20世纪70年代的台湾市场，并掀起过一阵流行热潮，致使同类食品蜂拥而上。然而时至今日，率先上市的“佳佳”在轰动一时之后销声匿迹了，其竞争对手“乖乖”却经久不衰。为什么会出现两种截然不同的命运呢？经考查，“佳佳”上市前做过周密的准备，并以广告宣传申明：销售对象是青少年，尤其是恋爱男女，还包括失恋者，广告中有一句话是“失恋的人爱吃佳佳”。显然，“佳佳”把希望寄托在“情人的嘴巴上”，并采用了大盒包装。“乖乖”则是以儿童为目标，用廉价的小包装上市，去吸引孩子们的小嘴，这就促使疼爱孩子的家长重复购买。为了刺激消费者，“乖乖”的广告直截了当地说“吃”，“吃得个笑逐颜开！”消费心理研究指出，在购买活动中，不同消费者的不同心理现象，无论是简单的还是复杂的，都需要消费者历经对商品的认识过程、情绪过程和意志过程这三种既相互区别又相互联系、相互促进的心理活动过程。以“佳佳”和“乖乖”为例，商品包装规格大小、消费对象的设计、宣传语言的选择均对消费者产生不同的刺激。“佳佳”采用大盒包装，消费者对新产品的基本心理定式是“试试看”，偌大一包不知底细的食品，消费者踌躇不决，往往不予问津，而消费对象限于恋爱情人，又赶走了一批消费者；再加上广告语中的“失恋者爱吃佳佳”一语，又使一部分消费者在“与我无关”的心理驱动下对“佳佳”视而不见。“乖乖”的设计就颇有吸引力：一是廉价小包装，消费者在“好坏不论，试试再说”的心理指导下愿意一试，因为量少，若品尝不佳，损失也不大；再者，广告突出了“吃”字，吃得开心，开心地吃，正刺激了消费者食欲的兴奋点。两相对比，“乖乖”以适度、恰当的刺激引起了消费认知，在市场竞争中最终击败了“佳佳”。

（资料来源：http://wenku.baidu.com/view/8c419dc7oc22590102029d40.html）

现代企业的生产经营活动必须与消费者进行多方面的沟通，其中营销信息沟通尤为重要，它是促进消费者产生购买行为的诱因。因此，在研究消费者行为心理之时有必要研究营销信息传播与消费者的关系，它包括单向的广告信息沟通、双向的销售人员信息沟通。

第一节　广告与消费者行为心理

广告作为现代社会中的一种经济现象无处不有，无时不在。广告可以分为广义与狭义两个范畴。广义上的广告是指唤起和引导人们注意某一特定事物的一种手段。狭义上的广告则专指商业广告，是通过各种媒介向用户或消费者宣传商品或劳务，以促进消费的一种手段。消费心理学研究的主要是商业广告。

一、广告的心理功能

广告是对消费者诉求的艺术。其目的是借助一定的传播媒介，使消费者接受它的观念和所宣传的商品。消费者努力寻找、观察，给某一广告以特殊关注时，我们称之为处于意识状态之中，这时所反映的行为活动即意识行为。但是在现实生活中，相当一部分广告很难使消费者形成意识反映，也就是说不能立即成为消费者关注的中心。只有通过反复的广告信息刺激，使消费者在潜移默化中形成心理意识储藏，形成无意识与潜意识行为。

就现代商业广告的发展趋势看，广告业正向讲究信誉，宣传诱导，内容艺术化、专业化等方面发展。现代广告具有如下心理功能：

1.认识功能

广告具有帮助消费者了解新产品；重新认识或加深对原有产品的认识以及对劳务消费的了解与认识的功能。这主要表现在广告对商品品牌、商标、性能、用途、使用、保养、规格、售后服务等以及对劳务的具体内容、地点、方式等方面的介绍，并由此给消费者以深刻的印象。认识功能是广告的基本功能。

2.诱导功能

广告可以促使和引发消费者对新产品或不熟悉产品的购买兴趣，改变对某些产品或厂商的原有态度，并激发其购买欲望。一则介绍新设计、新构思、新观念的商品广告推出，通常会引起消费者产生新的消费兴趣，通过广告树立商品和厂商在消费者心中的良好形象。广告的连续发布还可以改变消费者在日常生活中形成的某些偏见或消极态度，促使新的购买欲望及生活方式的形成。

3.教育功能

广告的表现形式和信息内容可以对受众起到正、反两个方面的教育与影响。一般地讲，文明道德、健康向上的表现形式和内容对于扩大消费者的知识领域，丰富其精神生活，指导生活消费等有着潜移默化的影响。因此，广告不仅要传递商品信息，还要传播社会主义精神文明，必须严禁颓废、色情广告的出现。

4.艺术功能

广告媒体通过艺术与美的形式来传递商品信息,用美来吸引消费者达到促销目的。爱美之心人皆有之,形式美与内涵美和谐统一的广告作品会令人赏心悦目,情绪激扬。一则优秀的广告作品往往就是现代设计艺术的精品。美国可口可乐广告是公认的成功广告之一,它构图单纯优美,色彩鲜明和谐,线条流畅,修辞生动准确,深受消费者欢迎。

5.便利功能

广告通过各种媒体及时、反复、个性化地传递商品信息,使消费者在商品信息的"海洋"中用较少的时间收集或选择到适合自己需要的商品或信息成为可能。在市场需求千变万化,新产品层出不穷的今天,如果没有广告的指引,消费者要从繁多的商品和星罗棋布的商业网点中寻找自己所需的商品或劳务,了解那些不曾相识的产品是非常困难的,而广告所具有的便利功能成为解决这一难题的重要手段。

6.促销功能

广告通过媒体的传播,把商品信息和企业形象渗透到各个目标市场,使消费者通过比较和选择引起注意和兴趣,增强购买信念,从而促进销售。促销是企业对广告的最直接要求,也是广告最基本的功能之一。

二、广告媒体的心理特征

商品信息的传递需要广告,广告的宣传必须借助于某种媒体,不同媒体形式对消费者心理的影响是有一定差异的。

广告媒体多达上百种,从广告投资额和投资效果来看,最常见的广告媒体有并称"现代五大媒体"的报纸、杂志、广播、电视、互联网,以及路牌广告、POP广告(售点广告)等。

1.报纸广告的心理特征

报纸广告以文字和图案的形式通过视觉刺激作用于消费者。报纸媒体传播具有范围广、即时性强、信赖度高的心理特征,但一般印制不够精美、形象效果较差,因此,报纸广告读者的注意度较低。

刊登报纸广告要善于使用"版面语言"的特殊表现力,要注意发挥"版面编排强势效应"与"版面区间优势效应"的作用。

(1)版面编排强势效应是指利用字形、字体、花边、线条、套色和其他制版要素,使版面空间呈现不同的刺激强度,使读者产生不同的感觉,使广告出现不同的宣传效果。

(2)版面区间优势效应是指一块完整的版面经过布局后被分割成几个相对独立的区间,这些区间在读者视线运动中的反映是不对称的。以我国报纸横排版为例,读者最先注意的大都是左上角区间,其次是右上角区间和左下角区间,最差的是右下角区间。处于视觉优势之中的是优势区间,反之为劣势区间。

编排强势效应与区间优势效应的交叉运用,就为"版面语言"提供了丰富多彩、复杂细腻的表现力,可以对读者或消费者产生特殊的心理感染力。

2.杂志广告的心理特征

杂志广告与报纸广告同属印刷广告,有许多共同点,不同的是杂志媒体印制精美,图文并茂,因此,杂志广告的艺术表现力较强,专业针对性强,精读率高,但即时性一般较差。

刊登杂志广告要特别注意版面价值:

(1)杂志的页数越多,每一页被注意的概率就越小。

(2)版面注意程度不同。封面、封底的注意率最高,封二、封三次之,正中夹页再次,文中插页的注意率最低。

(3)大版面杂志的广告效果较好,反之则差。不同的版面位置对读者的注意与兴趣将产生不同的心理影响。

3.广播广告的心理特征

广播广告与大多数诉诸视觉的广告媒体不同,它通过人的听觉进而在心理过程中起作用。它利用人们对语言、声调的不同反应来吸引听众,激发其心理欲望。其心理特征表现为:传播迅速、及时、面广,渗透力强,权威性高,形式灵活。但声音瞬息即逝,印象不深,记忆不牢。

采用广播广告媒体要注意:

(1)用音响创造意境,通过语言、乐曲的结合给听众以真实、亲切的感受。

(2)广播热线等交互式广告节目可使消费者有机会与播音员直接对话,产生口头广告的贴切感。

4.电视广告的心理特征

电视广告的表现手段是综合性的,它通过视觉形象与听觉形象的结合,集声音、图像、色彩、文字、运动等于一身,直观地传播广告信息,诉求力强,作用力、感染力强。但其影响过程具有强制性,广告受众属于被动收视,选择性较差。因此,电视广告应特别注重在极短的时间内利用声、像兼备的独特表现力,以感人的形象、优美的音乐和语言、独特的创意技巧,使消费者在美的享受中了解商品,激发欲望,营造出强烈的沟通效果,使消费者产生认同感,或引起兴趣,留下深刻印象。

5.路牌广告的心理特征

路牌广告以及其他户外广告的显著特征是广告形象突出,主题鲜明,容易给人留下深刻的印象。其广告宣传的心理效应主要表现为:

(1)长期固定在某一地点,反复诉求效果好,但心理辐射面较小;

(2)信息容量不大,但有利于特色信息的发布;

(3)受众的注意力不易集中,对信息刺激的强度要求高。

6. POP广告的心理特征

POP广告是指购物现场内所做的广告,如商店招牌、门面装潢、橱窗、商品陈列、现场表演、现场广播、现场录像及专柜展销等。POP广告以诱发消费者购买动机为目的,主要是配合现场购物,制造购买气氛促成即时购买,对消费者已有的购买意向能够产生强烈的诱导功效或激发消费者的冲动性购买,具有提醒性、刺激性、亲切感和认同感等心理特征。

7.互联网广告的心理特征

凭借国际互联网具有的不同于传统媒体的交互、多媒体和高效率的独有特性,网络广告在下列方面呈现出不同于传统媒体广告的特点:

(1)传播范围广泛。网络广告的传播范围极其广泛,不受时间和空间的限制。Internet已覆盖了全世界175个国家和地区,通过Internet可以把网络广告传播到它所涉及的所有地域。网络广告突破了传统广告只能局限于一个地区、一个时间段的不足,它把广告信息24小时不间断地传播到世界各地;而且网络广告可以随时发布在任何地点的Internet网站上，受众可于任何时间在他们任一连接 Internet 的地点随时浏览广告。

(2)交互性强。在网络上，广告的受众对某一广告发生兴趣时，可以通过点击进入该广告的主页进一步详细了解有关信息，甚至可以直接与商家进行咨询和交易洽谈，它是一对一的直接沟通，而厂商也可以随时得到宝贵的用户反馈信息。网络广告应个人需求而提供信息，而且根据个人不同的兴趣来展现详略不同的信息，在广告面前，受众具备了更大的自主性。网络广告改变了传统广告传播中信息单向流通、相互隔离及有时差的缺点，形成了广告发布者和接受者的即时互动关系。

(3)具有灵活、快捷的特性。在传统广告媒体上，从策划、制作到发布广告需要经过很多环节的配合，广告一旦发布后信息内容很难改变，而且改动费用昂贵，因而难以实现广告信息的及时调整。而在 Internet 上做广告，能按照需要及时变更广告信息，改正广告中的错误就更容易了。这使企业经营决策的变化可以灵活地实施和推广。同时，网络广告的信息反馈也非常快捷，消费者可以直接与厂商交流，厂家也可以从网络广告的统计情况中了解网络广告的效果。

(4)拉动与推动相结合。网络的交互性使得网络广告改变了传统广告单纯的推动方式，由受众主动向企业索要特定的信息、广告主的强势推广转变为顺势拉进，形成了推动与拉动相结合的模式。典型的情况是，用户可以用关键字来查看广告，不用“搭配”阅读自己不感兴趣的内容。从网络广告的各种形式来看，网址、企业网站、旗帜广告、活动页面、赞助内容及下载按钮都需要引发消费者兴趣才能吸引他们进入，这属于拉动式的情况；而插入式广告、电子邮件广告等则属于推动模式了。消费者的主动性并不意味着广告主从此处于被动寻找的地位，一方面，他们似乎被动地等待消费者自己找上门来；另一方面，他们也积极搜集顾客资料，建立数据库，伺机而动，把信息推到消费者面前。

(5)广告成本低。作为新兴的媒体，网络媒体的收费低于传统媒体。网络广告的费用目前大约是报纸的 1/5、电视的 1/8。这是由于网络广告有自动化的软件工具进行创作和管理，能以低廉费用按照需要及时变更广告内容。如果能直接利用网络广告进行产品的销售，则可节省更多的销售费用。

(6)受众针对性明确。网络广告可以锁定目标消费者，针对具体受众提供有针对性的内容环境；可以在适当的时间把适当的信息发送给适当的人。由于点阅信息者即为有兴趣的用户，因此网络广告可以直接命中潜在购买者。尤其是电子商务站点，浏览用户大都是企业界人士，网络广告在受众方面就更具有针对性了。

(7)传播效果易于控制。采用传统媒体做广告，很难准确地知道有多少人接受了广告信息，广告的评价与控制比较困难。而网络广告可通过有关的访问流量统计系统很容易地、及时精确地统计出每个广告被多少个用户看过，以及这些用户查阅的时间分布、地域分布和反馈情况等。广告主和广告经营者可以对广告效果做出评价，进而审定他们广告策略的合理性并进行相应调整，这就避免了传统广告的失控性和无效性。虽然互联网广告具有以上很多好处，但这并不意味着传统媒体应该放弃。传统媒体仍然具有其自身的优点，比如发行量大等。正确的态度应是将传统媒体与网络媒体整合运用，以达到最佳广告效果。

三、广告设计的心理要求

现代广告设计要求以更精细的构思、刻意的雕琢、独特的表现、深沉的内涵以及新颖的风格和美感，使受众在赏心悦目中产生购买欲望并留下深刻记忆。要达到此效果，广告设计要注意消费者对广告的心理要求。

1.广告要很好地引起人们的注意

注意是心理活动对一定事物的指向和集中，通常是由两种因素引起的：一是刺激的深刻性，二是主体的意向性，由此形成了两种既有联系又有区别的注意方式，即无意注意和有意注意。从心理学角度考虑，广告作品要引起人们的足够注意，在设计中必须尽量做到：

(1)增大刺激物的强度。如采用鲜明的色彩、强烈的光线、醒目的字体、突出的图案、特别的音响等。

(2)增大刺激元素之间的对比。如采用色彩的明暗对比、光线的强弱对比、图案的大小对比、布局的动静对比、音响的高低对比、节奏的缓急对比等。

(3)增强刺激物的感染力。如选择紧扣消费者需求的广告题材。以别具匠心的标题、出人意料的形式、亲切生动的广告词、新颖奇异的图像等表现出来的广告作品都具有强烈的感染力。

2.广告要有效地激发人们的兴趣

任何一则广告要想使人们感兴趣，应做到：

(1)要符合广告引人注意的要求。

(2)要投消费者之所好，避消费者之所恶。

(3)要应时应景，触及消费者的心境。

3.广告要能够积极地启发人们的联想

依事物间的联系不同，联想可以分为接近联想、类比联想、对比联想和关系联想等。在广告设计中，利用联想可以创造出一个耐人寻味的意境，拓展消费者的思路。如利用事物间的联系，以巧妙的象征、含蓄的语言、暗示或比拟的手法等营造一种情调、氛围或思维的线索，启发人们丰富的联想。

4.广告要强烈地刺激人们的欲望

欲望是驱使消费者产生相应购买行为的动力。广告设计者要想办法在自己的作品中做到：

(1)极力打破消费者的心理平衡，促使其不断产生新的欲望。

(2)围绕目标消费者的核心需求和人格特征，有重点、有选择地进行诉求。

(3)在适当的时机、适当的地点，以适当的方式向人们提供适当的刺激物。

5.广告要深刻地强化人们的记忆

广告宣传必须强化消费者对广告信息的记忆，因为人们在接受广告信息后往往不一定立即购买，过一段时间购买时可能已忘记广告的内容，从而使广告帮助消费者做出购买决策的作用大打折扣。要想发挥广告的记忆效果，必须注意：

(1)尽量采用直观、形象的信息。如利用商品实物、模型或照片、电脑特技等。

(2)采用简短精练、熟悉易懂的语言文字。

(3)利用适度重复和变化重复。

四、广告传播的心理策略

广告作用的心理渗透力直接影响着广告传播活动的效果。因此，在广告策划中，除了要适应公众的心理特征外，还要讲究对心理策略的运用。

1.强调产品特性及购买利益

在存在竞争对手的情况下，广告必须强调产品的差异性。如乐百氏纯净水的“二十七层净化”的广告，使消费者认定二十七层净化是其他纯净水所不具备的，因此对消费者具有特别的吸引力。消费者之所以购买某种商品是因为该商品能给他带来某种切实的利益，帮助他解决某些问题。如“傻瓜”相机之所以受到广大消费者的普遍欢迎，就是因为它解决了以往相机操作烦琐的问题。所以，广告能将产品特征与消费者关心的购买利益巧妙结合就能达到良好的效果。

2.营造虚幻氛围

广告既可以是具体实用的告白和说服，也可以是虚幻感觉的诱惑。如麦氏咖啡的“滴滴香浓，意犹未尽”、椰风椰子汁的“挡不住的感觉”，在一片虚幻之中，却引起了消费者强烈的心理共鸣，使人在温煦、愉悦和感动中接受广告信息并留下深刻印象，产生极强的心理冲击力和渗透力。

3.先入为主

消费者普遍具有“先入为主”的心理特征，即对于那些首先进入市场或者首先具备某种特征的产品以及企业的印象最为深刻，并把这一产品或企业视为市场领袖。因此，广告诉求的首要问题就是“创造不同”，并抢先占有某一与竞争者明显不同的产品概念，即所谓的“定位于消费者的心中”。

4.标新立异

人们对于习以为常的东西一般不会产生探究的愿望，而对于那些从未接触过的东西则怀有强烈的兴趣。在广告创意中追求“标新立异”，包括在主题内容、人物形象、语言文字、声响音乐、色彩组合、总体布局、媒体创新等方面的创造性工作都会产生明显的广告宣传效果。

5.情感渲染

古语云：“感人心者，莫先乎情。”以情感人、以情动人是现代广告传播中的一种主要倾向。许多商品都具有感情的象征意义，通过情感诉求手段的使用，赋予商品以人性、人情，使本来没有生命力的商品充满人情味。如“威力洗衣机——献给母亲的爱”这一广告，从儿女体恤母亲溪边洗衣的辛苦，想到威力洗衣机可以将母亲从辛苦劳作中解脱出来，创造出一个孝顺感恩、亲情流露的情感意境，十分令人动情。

另外，利用消费者的逆反心理、好奇心理等制造“揭短”广告、“警示”广告、“悬念”广告等也是广告传播中颇具魅力的心理策略。

五、广告心理效果的测定

广告通过一定媒体将信息传递给消费者后，消费者心理和行为产生一系列反映，它对消费者认识过程、情感过程和意志过程的影响程度反映出广告的心理效果。这种心理效果主要表现在对广告内容的感知反应、记忆程度、思维活动、情感体验和态度倾向等方面，它们是相互联系、相互促进的。

广告心理效果的测定是广告效果测定的重要部分。一般来说，广告宣传都会带给广告主一定的利益，有具体的、明显的经济效果，如销售额增加、利润的增长等；也有抽象的、潜在的影响效果，如消费者对生产者或商品品名、商标的累计印象等。广告的心理效果是广告抽象的、潜在的效果。它虽然不能直接具体的表现出来，但是对于分析广告效应，提高广告的经济效益起着重要作用。因此，广告传播者应注重广告心理效果的测定。测定的内容及方法主要有：

1.感知程度的测定

消费者对广告内容感知程度的深浅，是衡量广告能否引起注意的标准之一。感知程度的测定，一般应在广告刊播过程中或刊播后不久进行。

测定的方法主要有机械调查法、日记式调查法、访问法等。调查的主要指标包括电视广告的视听率，广播广告的收听率和报纸、杂志广告的阅读率等。同时，还要调查消费者接触广告后，企业、商品或业务的知名度增幅。

视听率的高低、知名度扩大的程度都能有力说明广告效果的大小。如果广告的色彩、音响、动作等效果理想，就能立刻抓住潜在消费者的视觉、听觉，引起并保持住他们的注意力，使之对广告内容感知清晰，印象良好。

2.记忆效果的测定

广告的累积性刺激对消费行为的影响很大。它是形成广告迟效性效果的重要因素之一。累积性刺激的作用取决于消费者对广告内容的记忆效果。

消费者对广告的记忆效果一般是指对广告重点内容的记忆保持或回忆的能力。广告媒体、广告内容、广告技巧、广告时间的不同，以及消费者的年龄、个性心理特征的差异，都会影响对广告的记忆保持或回忆。

记忆效果的测定一般应按需要定期进行。测定的方法有回忆法、再认识和学习法等，大多以询问的方式进行调查。记忆对刺激潜在消费者购买行为有较大意义。当他们产生消费需求时，往往有意或无意地回忆起值得信赖的商店或有好感的商品。这会直接影响消费者的购买决策。所以，消费者对广告内容记忆的强弱，对广告具体的经济效果有着深远的影响。广告要获得较好的效果，就必须设法提高人们对广告信息的记忆。

3.思维联想的测定

消费者在对广告内容感性认识的基础上进入对广告内容的思维阶段。消费者对广告的思维主要表现为对广告观念的理解，即对广告反映的事物的本质的掌握。因此，思维联想的测定就是调查消费者对广告观念的理解程度。任何一则广告，都是向视听对象提供一种观念，并通过一定的广告内容和创作技巧来表达。由于广告媒体、表现手法，以及消费者思维能力不同，消费者对广告观念的理解程度是有差异的。

思维联想的测定，一般是调查消费者对广告的重点内容或心理目标，以及广告创作的有关组成部分的理解程度。

理解程度的测定可以通过由简单到复杂的询问方法进行。即在调查某一个问题时，按“是什么意思?”—“为什么这样?”—“结果怎样?”逐层地询问，以掌握视听者对广告的理解程度。

有的广告内容比较容易理解，有的则要通过复杂的分析综合，有的还要经过一定的时间、阶段和过程才能逐步领会。因此，对理解程度的测定还应考虑到广告诉求的目的、表达的技巧和广告媒体的特点等具体情况。

4.情感激发的测定

暗示商品能够满足消费者某种心理性需要的广告，对消费者的情感激发尤其显著。广告只有激发起消费者的积极情感，才能有效地促进购买欲望。同时，情感激发的测定，是判断广告效果的依据之一。

情感激发的测定一般可通过对比性试验或询问性检查等方法进行。如同时创作同一内容的两则广告：一则是具有启发性和联想作用的或能激发人们关心的；另一则是缺乏启发性和不引人关心的。通过销售检查或询问检查，测定广告对情感激发的程度。能否激发消费者的情感，是广告能否达到心理目标的重要标志。在广告创作中，必须赋予组成广告的各个部分以健康的情调，引起消费者对美好事物的向往与追求，使之产生各种有益的情感体验。

5. 态度转变的测定

广告可以影响消费者对某个企业、某个品牌或某种商品的态度，亦是增强消费者购买信心，促进购买行为发生的一种重要手段。

态度转变的测定，就是对消费者购买动机的调查。通过调查，测定广告对消费者态度转变的影响力有多大。消费者的购买动机往往不是单一的；有的消费者的购买动机是不稳定的和不明确的，有的则不愿吐露真实的购买动机。因此，购买动机的调查就比其他测定更为复杂和困难。一般采用观察法、询问法进行调查。

由于消费者具有不同的心理活动和个性特征，加上各种客观因素的影响，因此广告的心理效果是极为复杂的，只有采用科学的心理测定技术，才能比较符合实际地反映广告的真实效果。同时，通过对心理效应的调查分析，使广告创作能更好地遵循人们的心理活动规律，强化消费者对广告的心理印象，从而获得理想的广告效果。

第二节　销售信息沟通与消费者心理

在不同的销售方式中，销售人员与消费者沟通的方式差异很大。传统的销售方式主要是通过固定的营业场所，如百货商店、专卖店、便民店等向消费者出售商品，在购物现场，销售者与消费者是面对面的双向信息沟通或借助 POP 广告等实现对消费者购买心理的影响；而新发展起来的一些“无店铺”销售方式则主要通过现代信息传播技术实现间接“一对多”或“一对一”的销售信息沟通，如自动售货机、邮寄销售、电视销售、互联网销售等。我们重点研究销售人员与消费者进行的双向沟通。

一、销售信息沟通的特征

销售人员在与消费者的接触过程中，基于买卖双方的角色、情绪等因素，表现出不同的态度和行为反应。按照销售人员与消费者在“双向”信息沟通过程中各自情绪和积极性相结合的状态不同，销售信息沟通会呈现出如下四类特征。

1. 情绪好与积极性高的结合状态

在此状态下，买卖双方通常都心情愉快，乐于与人交往，反应积极，容易达成一致。此时，销售人员主动、热情、周到的服务将强化消费者的购买兴趣，极易促成交易成功。

2. 情绪好与积极性低的结合状态

在此状态下，买卖双方往往表现得温和沉静，富于理智，很少冲动，反应较慢。消费者在寻求或接受信息时会表现得从容不迫，小心谨慎，不容易被销售现场的气氛所打动；销售人员则可能表现得不卑不亢，不轻易主动与消费者进行接触。

3.情绪坏与积极性高的结合状态

在此状态下，买卖双方情绪不稳，动辄发怒，过于苛求。消费者多表现为过分挑剔，不尊重、不相信销售人员；销售人员也不情愿搭理顾客。双方难于沟通，存在着潜在的冲突。

4.情绪坏与积极性低的结合状态

在此状态下，买卖双方都消沉、冷漠、漫不经心。此时，消费者没有明确的购买动机，对外界的信息刺激反应迟钝，且不喜欢销售人员打扰自己；销售人员也无精打采，厌烦询问。

买卖双方的心理状态是可以相互感染的。销售人员应不断有意识地调整自己的情绪，以积极主动、热情大方的行为举止感染消费者，以准确明了、耐心细致的介绍唤醒消费者，以真切平实、情理交融的说辞打动消费者。但对于第三类消费者则要谨慎处之，避免使用过激言辞而引发冲突。

二、消费者接受销售信息的心理要求

消费者所处的信息环境和他们的信息处理方式，是营销者确定信息传播基本策略的前提条件。在现代社会环境下，消费者接受销售信息的心理要求主要有以下几点：

1.销售信息要清楚简明

在信息爆炸的社会环境中，消费者通常把信息收集局限在必须知道的最小范围内，即在信息消费上遵循“最小努力法则”。他们要求信息传播者向他们传递明确并尽量简化了的信息。对消费者而言，一个内含在简洁明了的符号象征（如品牌、包装）中的商品信息更容易让他们接受。

2.销售信息要熟悉易懂

人们在心理上只接受与其以前的知识和经验相吻合的信息，这就是所谓的“匹配法则”。消费者要求商业信息传播者尽可能地去扩大传授双方彼此共享的“经验域”——使用既能恰当反映商品内在特性，又是消费者非常熟悉的语言形态来传达信息。熟悉，意味着更易“打交道”；易懂，表明信息更能深入人心。

3.销售信息要与众不同

在商品信息过于丰富的今天，人们大脑处理和储存信息的能力却相当有限，想法容易失去焦点。因此，要让你的销售信息变得格外引人注目，要让消费者对你印象深刻，就必须让信息与众不同，在众多的信息中凸显你的信息。“与众不同”往往是消费者对销售信息做出选择的依据。

4.销售信息要亲切有趣

在信息超载的环境下，消费者会按个人的经验、喜好、兴趣，甚至情绪来选择接受哪些信息，记得哪些信息。人们偏爱接受那些期望中的或与自己期望相一致的信息。因此，销售信息要以一种亲切、有趣、难忘的创意演绎出来，以一种消费者乐于认同的特质作沟通，信息表达的方式要具有强大的视觉冲击力，要能够将产品特性描述得戏剧性十足和采取风趣幽默的表现手段等。

5.销售信息要持久一致

消费者对购买决策信息的搜寻几乎都是“适可而止”，决策的依据往往是他们自以为重要、真实、正确无误的认知，而不是具体的、理性的思考或斤斤计较后的结果。对于前后不一致，来自不同渠道的彼此相互矛盾、冲突的信息，他们一般不会花费精力去分析、思考，而采取搁置或放弃的态度。因此，要求营销者在不同时间、不同媒体传达的产品（或服务）信息必须“口径”一致，持久连续，只有这样才易于消费者对信息的处理、储存，从而获得“累积”的传播效果。

三、销售信息沟通的心理策略

根据消费者接受销售信息的心理要求，市场营销者在进行销售信息沟通的过程中应注意采取以下心理策略：

1. 诉求专一，重点突出

在如何发布销售信息这个策略问题上，著名跨国广告公司——盛世广告公司一贯推行它的“单一概念主张”，而电扬广告公司的广告创意策略则是强调“富有灵感的简明”。因为越多、越复杂的信息并不见得能更有效地解答疑问，反而会使人们不堪负荷而缺乏兴趣。所以，集中力量采取直截了当的方式将一个重点清楚地打入消费者心中，而不是玩弄辞藻或多点开花，这是取得销售信息沟通成功的心理策略之一。

2. 经验共享，感同身受

要用目标消费者熟悉的语言，站在消费者的立场上与之沟通。销售信息沟通非常重要的一点就是要让新信息与消费者原有的观念相契合。因此，传播者首先要以消费者的知识、经验作为组织销售信息的依据，在沟通过程中更要不断地收集有关消费者利益需求、情感体验、态度转变等方面的信息，以寻找到消费者非常熟悉的“沟通介质”，即以消费者能够接受，也乐于接受的信息传递方式与之实现有效的沟通。

3. 凸显利益，塑造个性

消费者不是在买属性，他们买的是利益。无论是运用比较的方法，还是叙事达理的方法等，以强有力的声音向消费者传达“买这样的商品，您将得到特殊的利益”。营销者必须提出并强烈地传达自己所拥有，而竞争者无法也不可能提出的某个独特的销售主张。当然，这个独特的销售主张必须基于产品的事实或品牌的精髓，例如潘婷洗发水的消费利益是“让头发健康”（含维生素 B_5），奥妮首乌洗发露的消费利益是“黑头发”（含中药首乌成分）。

4. 充满情感，风趣幽默

销售人员或品牌“代言人”，作为销售信息的发送者，要符合消费者心目中所谓的“好人”“受欢迎的人”“值得信赖或自己喜欢的人”的形象要求，要善于通过自己的积极情感来促进与消费者之间良好人际关系的形成，避免强行推销，努力营造一个轻松、愉快的沟通氛围，让商品信息以及劝购意见潜移默化、如同春雨般地进入消费者的大脑。

5. 反复诉求，口径一致

消费者在大多数购买活动中，对销售信息的接受与利用表现出明显的学习行为，反映出对来自销售人员以及各种媒介商品信息的高度依赖。因此，营销者在信息发布的时间发展上要坚持定位，坚持风格，坚持信息要素的稳定不变；在媒体空间上要做到销售语言“口径”的一致，“意义”的一致，从而帮助消费者减低接受销售信息时的心理成本，在消费者心中形成“累积”的学习效果。

四、消费者接受营销信息的逆反心理

作为市场营销管理者，在与消费者的信息沟通过程中一般处于主导的地位。他们花费大量的钱财和精力发起一轮又一轮的营销信息攻势，千方百计使有关自己产品的信息以及自己对消费者的购买建议能够深入人心。因此，从市场营销功利的角度来讲，营销信息传播的过程实质上就是诱导的过程，诱导消费者去做营销者希望他们做的事情——服从劝告、顺从引导、从我这里买东西。由此产生了众多所谓控制（支配、操纵）消费者购买心理与行为的技术，例如某些商人经常使用的“托儿”战术、“价格陷阱”、“清仓处理”、“优惠展销”、“广告轰炸”、“新闻炒作”等，用久了不仅精明人不买账，就是一般人也渐渐闻出味儿来，产生了一些与营销者愿望恰恰相反的结果。

五、消费者接受营销信息产生逆反心理的原因

逆反心理是人们彼此之间为了维护自尊，而对对方的要求采取相反的态度和言行，或者对某类事物产生了厌恶、反感的情绪，做出与该事物发展背道而驰的行动的一种心理状态。当消费者感受到他人企图操纵他的购买行为，自己正在逐渐失去消费选择的自由时，就形成一种对抗心理状态。

美国学者在20世纪40年代就开始研究传播领域中受众的这种心理状态。他们认为逆反心理有五种内在心理倾向：拒绝接受威胁到自己固有信念的信息；驳斥自己不接受的观点；歪曲或从相反的方面理解信息内容；有意贬损信息来源；寻求社会支持自己的论点和态度。

人们逆反心理的形成由主、客观两方面因素及其相互作用关系决定。

1.主观原因主要是个体独立意识和自我意识的作用

凡逆反心理比较重的人往往都是敏感、真诚，自我意识比较强的人；或者是心灵曾受过伤害，常常反思，时时警觉的人；一般都是自有主张，不肯盲从，执拗任性的人或冒险进取、独辟蹊径的人。

逆反就是怀疑、抵制、不信任、不满足，也就是一种信任危机意识的表现。逆反是自信心的强化与他信心的弱化所形成的强烈反差；对某些消费者而言，是知识不足、判断不明、难以适应外界刺激时的一种自我防护手段。然而逆反到失去理性的盲目程度，就可能出现互不买账，并以极端的对抗情绪发生相互冲突的状态。

2.客观原因主要是信息发出者的可信任度，信息传递的方式、方法是否恰当等

一般情况下，信息发出者的可信任度愈高，接受者产生逆反心理的可能性就愈小，反之亦然。另外，信息传递的方式、方法不恰当也会导致逆反心理的产生，诸如宣传内容与受众的实际感受差距过大；传递的“事实”虚假；各传媒对同一事实的表述有矛盾或同一媒介对同一事实前后表述得不一致；过多地重弹陈词滥调，超出受众心理的满足限度；宣传内容与受众的固有成见形成尖锐矛盾，超出受众的心理承受力；一时一地的社会思想、舆论环境对信息内容的干扰等。例如，如果一个推销员生硬地要求别人买一件商品，这会使消费者去买另一件商品。如果一家商店每天对着大街上的行人喊本店商品物美价廉，或者本店商品一律半价销售，那么就会发现光顾者越来越少。

总之，逆反心理的形成是主、客观因素综合作用的结果。从信息传播的角度看，逆反心理产生于传、受双方缺乏沟通，缺乏交流，各自按自己的想法行事。

六、消费者接受营销信息传播逆反心理表现

营销信息传播活动中，消费者接受营销信息的逆反心理主要有：一是评价逆反，即消费者对传播的事实判断或价值判断，与传播者所持的判断呈相反趋向。二是情感逆反，即传播者在传播中所表现的情感或情绪不仅不能为受众所接受，而且还产生一定程度的反感。三是行为逆反，即传播者所希望的受众行为结果或行为表现并没有出现，甚至刚好相反。具体表现为：

1. 反抗性

消费者的逆反心理不仅仅是一般地对传播者或传播内容表示不喜欢、不同意，而是对传播者或传播内容心存抗拒，往往表现为对传播者或传播内容抵触，甚至“对着干”。比如某年国庆节期间，有的旅行社、媒体和专业网站预测国庆黄金周外出旅游会“很火爆”，于是旅行社节前大肆渲染，“吆喝过了头”，越是吹嘘“火爆”，催促消费者赶快报名，响应者越是寥寥无几，黄金周并没有出现想象中的火爆现象。

2. 情绪性

消费者的逆反心理带有较浓厚的情绪色彩。不同于自觉的不同意见的争论，消费者在接受营销信息时所产生的逆反心理，在认识层面上常常是模糊的，即在此种逆反心理中虽然会有认知成分，但情绪、情感成分是其核心，不满、抵触、对立是其主要表现。如刊载于《汽车之友》和美国《商业周刊》中文版 2003 年第 12 期的两则丰田新车广告刚一露面，就在读者中引起了轩然大波。“这是明显的辱华广告！”在舆论的强大压力下，丰田公司和负责制作此广告的盛世长城广告公司先后在 2003 年 12 月 4 日公开向中国读者致歉。第一则广告的创意是崎岖的山路上，一辆丰田“陆地巡洋舰”迎坡而上，后面的铁链上拉着一辆看起来笨重的“东风”大卡车；第二则广告的创意是一辆行驶在路上的丰田“霸道”引来路旁一只石狮的垂首侧目，另一只石狮还抬起右爪敬礼，该广告的文案为“霸道，你不得不尊敬”。人们对“霸道”的人和事大多厌恶、反感。丰田公司将“Prado”（本意为平原）译为“霸道”，并用广告去阐述，实际上在引导一种不良的价值取向，在暗示购买这种产品人的霸道身份。联系四川媒体的一则报道“四川许多政府部门准备购买‘霸道’”，更是叫人联想多多，产生针对丰田霸道的逆反心理。

3. 顽固性

逆反心理会强化成一种认知定式，甚至是一种偏见，从而对消费者的后续接受行为产生影响。这种模式化的逆反心理一旦形成，消费者在接触类似的传播者、传播内容、传播方式时，在不能具体、确定地了解的情况下，会启动这一定式，从而可能产生扭曲或削弱传播者意图、传播具体内容或传播方式的作用。如“买涨不买跌”这种逆反心理在小股民中颇有炒股定律的味道，很多人据此而盲目跟风，最后被套牢了。

4. 持续性

持逆反心理的消费者不只是对传播、宣传的某一事或在某一时间内唱反调，有抵触情绪，而且这种逆反心理具有普遍性与持续性。也就是说，他在相当长的时间内，在接触营销信息或相关传媒时，总是“正面文章反着看”，偏激、执拗、难以调和。

七、减少逆反心理的策略

消费者的逆反心理状态对营销者来讲往往是消极的，但善加利用，也会产生意想不到的诱导效果，例如《圣经》记载，上帝不允许亚当和夏娃吃“善恶树”上的果实，然而，容易被诱惑的夏娃禁受不住蛇的引诱，偷吃了“禁果”。禁果逆反由此得名。理由不充分而禁止的事情，会激发人们更强烈的探究欲望，心理天平由此会朝违反禁止的方面倾斜，使人倾向于做出偷食禁果的行为。现实生活中，这种心理比比皆是。一个利用人们禁果逆反心理的典型事例是法国引种土豆的故事。土豆在法国曾经被称为“鬼苹果”，没有人愿意种植它。一位法国著名的农学家百般劝说，但是无论怎么引导，农民们就是不愿意引种土豆。最后，他想了一个绝妙的主意：他受国王的特准在一块贫瘠的土地上种植土豆，并由一支着军礼服、全副武装的国王卫队看守。一到夜晚，看守卫队故意撤走。结果，人们受到“禁果”的引诱，每到晚上就来挖土豆，引种到自己的田地里。企业进行营销信息传播时要注意尊重消费者的接受程度，减少逆反心理的产生。一旦出现逆反心理，要善于因势利导。

1.要贴近事实，符合情理

营销信息的传播虽然有“王婆卖瓜，自卖自夸”的道理，但也不能盲目夸大事实或虚构事实，不能只报喜不报忧，也不能仅报忧不报喜。如前些年对三峡截流可能引发旅游资源损失的宣传就有些过头。当时许多传媒一起报道三峡截流后，著名的三峡风景区将不复存在，各旅游公司纷纷推出“告别三峡游”项目，一时间“三峡游”异常火爆，而另有一些原本想去三峡旅游的人也因为传媒的过分宣传而对三峡游减低了热情，生怕看到了“今非昔比”的三峡风景。而实际上，三峡截流后，坝前水位仅提高 175 米，不仅对现有景观基本无影响，而且还将形成“高峡出平湖”的景象。

2.要适度传播

过度传播是一种很容易被营销者采取的传播方法，因为他们总是希望自己的传播、推介能引起人们的最大关注，能很快地打动人心，因而往往自觉或不自觉地采取一种具有高刺激强度的过度传播手段，在信息传播的热度、密度、力度、深度、广度、角度等方面无节制，欠考量。但“过犹不及”或“物极必反”的道理应该谨记，传播量一旦超过受众的心理承受量，受众就会产生逆反心理。传播者的初衷当然也就不可能达到了。正如人们所说的那样，“饺子好吃，但天天让你吃饺子，也会腻烦！”

3.要给予受众必要的选择空间

受众有自由选择的要求，如果这一要求受阻，就会诱发逆反心理。因此，给予受众必要的选择空间，无疑是必要的。给受众必要的选择空间，不仅指受众可能接触的信息具有相当的量，而且指信息来源，信息内容，信息传播的方式、时间、地点等都具有多样性。没有足够的信息量，受众选择的可能性就必然会少，同样即使信息量大，但多样性不够，来源、内容单一，受众不可能对信息做出参照比较，实际的选择空间依然比较小，受众的选择自由也不能得到充分满足。

4.要采用喜闻乐见的形式传播信息

由于现代生活节奏加快，加上生存竞争日益激烈，现代人很容易产生一种焦虑不安的心理，他们常常感到身心疲惫，心力交瘁，因而都希望得到一种精神抚慰和感官上的愉悦。因此，那些和老百姓生活息息相关的、有趣的、轻松的信息内容和传播形式就很容易得到受众的肯定和接受。如百事可乐以球星奥尼尔为主角的一则电视广告片中，奥尼尔身披大红天鹅绒斗篷在一片雷鸣般的欢呼声中隆重登场。只见他施展单手灌篮绝技，在频频闪光灯笼罩中显示出他的超级威猛。最后轮到奥尼尔罚球，他投出的篮球却力不从心地趴在篮筐上，死活下不去了！全场顿时静寂无声。关键时刻，看台上有人开了一罐百事可乐，伴随"啪"的一声，篮球应声入网，场内一片欢呼。"傻头傻脑"的奥尼尔走到看台边，缠着那位喝着百事可乐的小伙子说"给我喝一口吧"。该广告营造了一个轻松而愉快的气氛，赢得了年轻球迷的认同。

复习思考题

1. 简述广告的心理功能及广告传播的心理策略。
2. 简述重要广告媒体的心理特征。
3. 简述广告心理效果测定的内容及方法
4. 简述消费者接受销售信息的心理要求。
5. 简述销售信息沟通过程中的心理策略。

【案例分析】

耐克的传播秘诀

耐克的广告以其时尚、反叛、进取和机智，以及软性销售技巧而重写了游戏规则。

秘诀之一：沟通导向转变。

耐克公司的核心员工都是运动员出身，他们深知一双鞋的技术优势对运动员成绩的贡献。因此，耐克公司的早期广告主要侧重于宣传产品的技术优势，当时品牌定位在正式竞技运动员市场上。当然一些休闲跑步者及体育锻炼的人包括女士也购买耐克鞋。20 世纪 80 年代，耐克公司的产品开始从田径场和体育馆进入寻常百姓家(特别是十几岁的少年)。所以，耐克公司必须在不失去正规体育传统市场的情况下，尽量扩大耐克广告的诉求。

耐克在两个完全不同的市场上作战，它面临的难题是如何在流行意识和体育成绩上获得沟通的平衡。真正的突破是 1986 年的一则广告，它宣传耐克充气鞋垫——一种使用空气作为垫子支撑脚底的产品。在广告片中，耐克公司不是采用一味宣传产品技术性能和优势的惯常手法，而是采用一个崭新的创意：由代表和象征嬉皮士的著名甲壳虫乐队演奏的著名歌曲《革命》，在反叛图新的节奏、旋律中，一群穿戴耐克产品的美国人正如醉如痴地进行健身锻炼。从此以后，电视成为促进形成耐克品牌个性的重要媒体。原先一直采用的杂志媒体仍被用于向竞技选手们传递产品信息。耐克广告的这一转变相当成功，耐克公司一举超过锐步公司成为美国运动鞋市场的新霸主。耐克广告利用娱乐的力量产生与消费者(年轻人是其核心目标市场)的联系，被看作是一种漂亮时髦的沟通，而不仅仅是一种促销手段。

秘诀之二：广告只是广告而已。

青少年市场是耐克公司拓展市场的首要突破口。耐克公司祭起"明星攻势"的法宝，相继与一些大名鼎鼎、受人喜爱的体育明星签约，如乔丹、巴克利、阿加西等，他们成为耐克广告片中光彩照人的沟通"主角"。在广告片"谁杀了兔子乔丹"中，篮球明星飞人乔丹与卡通角色兔子乔丹(本尼)演绎了一场游戏或者说是一段故事。画面中几乎没有耐克产品的影子,没有像其他广告那样大肆张扬产品"卖点"。广告开始的镜头是本尼正在地洞中呼呼大睡,突然地面上传来强烈的震动,把本尼弄醒了,它爬出洞一看,原来是四个家伙在玩篮球,本尼抱怨了几句,却受到那些人的攻击,他们把本尼像球一样在空中抛来抛去,本尼大叫:"这是与我为敌!"这时飞人乔丹出现了,前来帮助他的卡通朋友本尼。一场篮球大战随即开始了!

耐克的广告只是广告而已,因为消费者感觉到这种广告的目的仅仅是沟通,看不出强行推销的企图。然而,实际上这种营销信息传播的方式更具销售力。

秘诀之三:建立消费者信任。

耐克运动鞋的"想做就做(just do it)"传播活动,就是建立其消费者信任的极好例子。在这个活动里,耐克显示了对女性消费者的了解,对一双运动鞋如何能使生活变得更轻松自在的了解。最终,耐克在传播的活动中建立了自己的忠实消费者群体,建立了消费者信任的信息网。

[资料来源:胡洁雅.耐克品牌文化传播模式探析[J].上海体育学院学报,2010.(6)]

思考题

1.耐克公司的三则广告分别体现了广告的哪些心理功能?

2.耐克公司采取了怎样的销售信息沟通心理策略?

3.耐克的广告策略满足了消费者接受销售信息的哪些心理要求?

第十五章

购物环境与消费者行为

学习目的与要求

- 了解消费者的商店选择与影响因素；
- 熟悉商店内部环境对消费者行为的影响；
- 掌握设计标志时应遵循的原则；
- 掌握对品牌的各种特性进行评价的方法、影响消费者品牌选择的因素。

导入案例

深圳欢乐海岸位于深圳湾商圈核心，占地面积约125万平方米，其中购物中心面积19.3万平方米，SOHO办公及公寓占地3.2万平方米，华·会所占地1万平方米，OCT创意展示中心占地4000平方米，曲水湾占地6.5万平方米，曲水街占地5.7万平方米，创意设计型酒店占地7000平方米，中影影城占地1.1万平方米，心湖占地90万平方米，是集文化、生态、旅游、娱乐、购物、餐饮、酒店、会所等多元业态于一体的都市娱乐目的地。

主题展现：

购物中心拥有世界最大水母主题展示区和国内最大活体珊瑚主题展示区的海洋奇梦馆，形成最具娱乐体验的商业空间。

会所集高端会务、生态景观、餐饮、健身、SPA、娱乐于一体，并配备标准直升机停机坪、观光游艇、网球场、雪茄吧、无边际双泳池、豪华SPA及环岛跑道等，为精英圈层建立私密专属圈域。

曲水湾以“找回深圳消失的渔村”为故事主线，形成小桥流水、庭院步道、绿树簇拥、碧水环抱的现代岭南文化渔村建筑风格。

（资料来源：http://www.wtoutiao.com/p/u53Rel.html）

企业在市场营销活动中，运用新产品设计、商品命名、商标、包装、广告、价格等多种心理策略的最终目的，是促成消费者的购买行为。而消费者的购买行为通常是在一定的购物场所或环境，在与销售人员的交往互动中实现的。购物环境的好坏及销售服务的优劣，会对消费者在购买过程中的心理感受、购买决策的制定以及购买行动的实施产生极其深刻的影响，甚至导致消费者截然相反的行为结果。因此，在一定意义上说，购物环境和销售服务是企业整体营销链条中最后的，也是极为重要的关键环节。适应消费者的心理特点，创造和提供优美的购物环境与完善、周到的销售服务，是企业扩大商品销售必不可少的条件，也是消费心理学研究的重要内容之一。

第一节　商店选择与影响因素

一、商店选择

商店是消费者购买商品及劳务的主要场所。即使在销售方式趋向多元化，直销、邮购、电话订货、电视购物等无店铺销售方式迅速兴起的今天，商店因其品种繁多、现场选择、综合服务、功能齐全、能满足消费者多方面需要等优势，仍在各种销售方式中占据重要地位，成为消费者选购商品的首要渠道。相应的，购物环境对消费者行为的影响也主要体现为商店环境的影响作用。

那么人们为什么要逛商店呢？同样的商品，人们为什么要在这家商店买而不去另一家商店买呢？这些问题既涉及消费者购买行为的动机，也涉及商店能满足人们的哪些需要，给人们带来哪些利益。

人们逛商店、买东西除了必要地补充“缺货”以外，还可能是由以下原因中的一种或几种决定的：

(1)将其视为一种娱乐活动，以改变日常单调的生活方式；

(2)将其视为一种角色体现，比如家庭主妇们的采购；

(3)将其视为一种了解时尚、跟上潮流的方式；

(4)将其视为一种社交方式，以此与人建立良好的关系；

(5)将其视为一种展示自我的方式，比如展示自己的经济地位或表现自己的鉴赏能力、讨价还价的能力等。

此外，消费者之所以选择了某家商店，还要看该商店能给他们带来什么。这就涉及消费者对可供选择的商店有怎样的评价标准，或者说影响消费者商店选择的因素。

根据作用方式的不同，商店环境可分为外部环境和内部环境。前者包括商店的类型、地理位置、店门设计、招牌、橱窗、霓虹灯、标志等，后者主要指店堂内部的建筑设施、柜台布置、商品陈列、装饰风格、照明、音响等。上述各项因素的综合作用，即构成商店的整体购物环境。应当指出的是，这里的购物环境是狭义的，仅指商店内、外环境等硬件系统。广义的购物环境还应包括销售方式、售货人员素质、服务态度、服务质量等软件系统。

商店的外部环境，如类型、地理位置、店门设计、招牌、橱窗、霓虹灯、标志等，构成一个商店的外观或外部容貌。它们是消费者在实际购买活动中首先加以感知的对象，往往给消费者留下极为深刻的“第一印象”，并形成映像和经验保存于记忆之中，因而对消费者的心理及购买行为具有重要影响。良好的外观或外部环境可以吸引或诱使消费者产生进入商店内部的欲望，从而为实际从事购买行为创立先决条件；可以使消费者获得有关商店及商品的必要信息，从而顺利做出购买指向的初步选择。为此，应当根据消费者的心理特点对商店外观进行精心设计。

二、商店选择的影响因素

(一)商店形象

所谓商店形象，是指消费者对商店所有特点的整体印象。这些特点包括商店所能提供的商品(如质量、价格、品种等)、服务(包括营业员的态度、付款方式以及售后服务等)、主顾、硬件设施(如自动扶梯、卫生间等)、商店气氛(温馨、兴趣、舒适等)以及商店声誉等。

当然，由于商店的类型不同，上述这些特点的重要性对于不同的商店也不一样。而且，随着目标市场细分的程度越来越高，传统的百货商店试图“向所有人提供所有东西”的做法越来越受到挑战，因此许多商店正在改变过于散乱以致无法吸引消费者的形象，代之以具有针对目标市场的独特、鲜明的形象。

(二)商店的类型和规模

现代商店类型众多，按经营规模可以分为大型商店、中型商店、小型商店；按经营商品的种类可以分为综合商店、专业商店；按经营方式可以分为百货商店、超级市场、连锁商店、货仓式商场、便利商店；按经营商品及购物环境的档次可以分为高档精品店、中低档大众商店等。

消费者的需要复杂多样，对商店类型的要求和选择也不一样。相应的，不同类型的商店因其经营特色的差异对消费者的心理需要也有不同的适应性。大型百货商店具有经营门类广泛、品种齐全、设施优良、服务完善、地处繁华商业中心、拥有良好信誉等多种优势，具有较强的综合功能，可以满足消费者的求全心理、选择心理、信赖心理及享受心理等多方面的心理需要；它同时适应不同职业、收入和社会阶层消费者的大众化心理特性，因而对大多数消费者具有较大吸引力，是消费者集中选购多种商品、了解市场信息，乃至享受购物乐趣的主要场所。一些知名度较高的大型百货商店如北京王府井百货大楼、上海第一百货商店、哈尔滨秋林公司、东京西武百货公司、巴黎春天商店等，往往代表着所在城市的经济发展水平，成为消费者观察、判断该城市商业繁荣程度的窗口。

专业商店因其专业化程度高而见长。由于它所经营的单一门类商品的规格、款式、档次齐全，技术服务深入细致，能够更好地满足消费者对某种特定商品的深层需要，因而在选购单一商品如电器、汽车、眼镜、钟表时，专业商店经常成为消费者首先选择的商店类型。

超级市场采取敞开货架、顾客自选的售货方式，使消费者能够亲手选择、比较商品，亲身体验使用效果。与其他商店类型相比，超级市场可以为消费者提供较多的参与和体现自身能力的机会，从而最大限度地满足消费者在购买过程中的参与感和发挥主动、创造性的心理需要，同时减少与售货人员可能产生的人际摩擦。因此超级市场一出现，便受到消费者的偏爱。

连锁商店因具有统一经营方式、统一品种、统一价格、统一服务、统一标志、分布广泛、接近消费者等特点，而在众多商店类型中独具特色，受到消费者青睐。在连锁商店购物，可以使消费者消除风险防御心理，减少比较、选择时间，缩短购买过程。尤其是一些连锁快餐店、便利店，如麦当劳、肯德基、“7-11”店等，更以其方便、快捷、便于识别的特点而适应现代消费者求快、求便的心理需要。

近年来，货仓式商场在各种类型商店中异军突起。这种商店一反传统销售方式，将零售、批发和仓储各个环节合而为一，并采用小批量如成盒、成打的形式出售商品，因而可以最大限度地节约仓储、包装、运输等流通费用，进而大幅度降低商品的零售价格。因此，尽管这类商场的环境设计简单，服务设施缺乏，但因其价格低廉的突出优势，迎合了多数消费者求廉、求实的心理需要，故而对消费者有强大的吸引力。

高档精品店以其经营商品品牌著名、质量精良、价格昂贵、环境设施豪华和高水准服务而见长。这类商店主要以高收入阶层、社会名流等为服务对象，适应其显示财富、身份、社会地位的心理要求。高档精品店多与世界知名品牌生产企业相结合，以专卖店的形式出现，如皮尔·卡丹、鳄鱼、苹果、金利来等，从而满足部分消费者求名、炫耀的购买动机，并以此赢得稳定的消费者群。

总之，商店类型不同，对消费者购买心理的影响和适应角度也有所不同。消费者往往在购买活动开始之前，根据自身的消费需要和购买习惯对商店类型进行选择，以适应和满足需要程度最高的商店作为实施购买的场所。为此，零售企业营销活动的首要任务就是根据自身能力、经营商品种类和目标市场的消费者需要特点，选择理想的商店类型。

（三）商店品牌

从某种意义上说，商店本身就是一个品牌。从传统意义上说，零售商只使用制造商品牌，近一二十年以来，许多商店开始发展高质量的商店品牌，如沃尔玛、西尔斯等。它们或者使用商店的名字，或者使用独立名称。这种自有品牌不仅为商店带来了可观的利润，而且如果发展得当的话，它们还可以成为商店的重要特色，成为吸引消费者到该店购物的原因之一。

商店品牌获得成功的关键因素是产品的高质量。只有让消费者体验到在这个商店购买的商品物有所值，消费者才会对该商店产生积极的、肯定的态度。

（四）商店地理位置

各种类型的商店在空间上处于特定的地理位置，并与相邻位置的商店相互影响和作用，共同构成一定类型的商业网络。商店所处地理位置及商业网的状况如何，对消费者的购买心理有着多方面的影响。

一般来说，全市性商业网点群通常处于城市中心和繁华地区。该地区交通便利，人口密度高，客流量大，各种商店数量多而集中，类型齐全，功能配套，商品种类繁多，并以中高档为主，同时附有各种娱乐餐饮场所，因而对消费者有较强的吸引力，可以同时满足人们购物、观光、娱乐、就餐等多方面的需要。选择繁华商业中心作为商店的设置地点，可以借助其显著的地理位置、浓厚的购物气氛、完备的综合功能，提高商店自身的形象、地位和知名度，吸引更多的消费者光顾，并激发消费者求名、求全的购买动机，促成对商品的连带式购买。区域性商业网点群和居民小区的商业网点群，空间分布广泛，地理位置与所在区域消费者十分接近，经营类型以小型、大众店为主，经营商品多为与消费者关系密切的日常生活用品。将商店设置在这类网点群中，可以借助于深入居民、便利生活、综合服务、物美价廉的优势，激发消费者求廉、求便的心理需要和惠顾性购买动机，促成习惯性购买行为，以便保持稳定的顾客群和销售量。

（五）商店招牌与标志

1. 商店招牌

招牌是商店的名字，是用以识别商店，招揽生意的牌号。设计精美，具有高度概括力和强烈吸引力的商店招牌，不仅便于消费者识别，而且可以形成鲜明的视听刺激，进而对消费者的心理产生重要影响，因此必须重视招牌设计。

(1)招牌的命名。招牌的首要问题是命名，好的招牌命名要便于消费者识别、注目、上口、记忆；要适应和满足消费者方便、信赖、好奇、慕名、吉利等心理需要，以便吸引众多的顾客。具体做法有：

①以商店主营商品命名，使消费者产生直观方便感。这种命名方式通常能从招牌上直接反映出商店经营商品的类别，如“大明眼镜店”“亨得利钟表店”“瑞蚨祥绸布店”“步流斋鞋帽店”等，从而使顾客一目了然，可以直接根据招牌命名做出购买地点的选择。这样的招牌客观上起着引导顾客购买的作用，能满足其“求速”“求便”的心理。

②以商店经营特点命名，唤起消费者的信赖感。消费者总是希望购买的商品质量上乘，货真价实。以经营特点命名，通常能反映出商店的良好信誉和优质服务，例如“六必居酱菜园”突出了该店商品用料必精、加工必细等六大特点；“保真商城”显示出所售商品一律为真品，无假冒伪劣产品；“精时钟表店”使人联想到商店经营的商品精确、准时。这种以经营特点命名的商店使消费者产生高度的信赖感。

③以名人、名牌商标或象征高贵事物的词语命名，满足消费者的求名、求奢心理。追求名气、高级、华贵是消费者本能的心理倾向。随着收入水平的提高，现代消费者不仅追求“名牌商品”，同时也追求“名牌商店”。同一种商品，在东京银座的西武公司，香港先施公司，皮尔·卡丹、杰尼亚、苹果等专卖店以及赛特、燕莎等高档店的价格，尽管比普通商店高出许多，但仍然令众多消费者趋之若鹜。而贵宾楼、王府饭店等高档饭店更成为用餐者显示身份地位和财富的标志。因此，能引起消费者上述感觉的商店招牌，会激发消费者享受和自我表现的购买动机，对求名、求奢心理强烈的消费者具有极大的吸引力。

④以新颖、奇特的表现方式命名，引起消费者的好奇心理。感情动机是一种重要的购买动机，好奇能引起快乐、满足、兴趣、渴望等感情，最易诱发购买商品的感情动机。日本一家专售妇女内衣的商店，招牌上写着“芳迪挑选顾客”。这在推行“顾客就是上帝”的日本商界自然耸人听闻，因而引起人们的好奇心。尽管店内有各种苛刻规定，如顾客挑选商品时不准乱翻、试穿后的衣物必须叠好放回原处，但人们仍然受好奇心驱使而纷纷光顾。麦当劳快餐店门口滑稽可笑的丑角、守卫在肯德基快餐店门前的和蔼可亲的山德士大叔，更是引起过往行人特别是儿童的极大兴趣和好感，以至成为引客入店的重要手段。

⑤以寓意美好的词语和事物命名，迎合消费者的喜庆吉祥心理。受民族文化传统影响，我国消费者历来把吉祥喜庆作为一种重要的消费心理需求。以寓意美好的词语、数字或事物命名，可以给消费者以吉祥如意的心理感受，平添一份对商店的好感。例如，“咸亨酒店”的“咸亨”二字含义是大家都时运通达；“康宁药房”给患者一种服药即病除的祥兆；“全聚德”“盛锡福”“祥泰义”“稻香村”等老字号则因其美好命名给几代消费者留下深刻印象而历久不衰。

(2)招牌的艺术表现形式。确定了招牌命名之后，还须配以良好的艺术表现形式。表现形式较之命名给消费者的视觉冲击更为强烈，因而是招牌设计中不可忽视的重要内容。招牌倘若在构图、用料、造型、色彩、格调等方面设计精巧，表现完美，可以给消费者以赏心悦目、品位高雅、别具一格、亲切自然等心理感受，从而与良好的命名相得益彰，取得最佳心理效果。招牌形式的表现手法有多种，例如请名人或书法家题写店名；字体与背景的色彩对比鲜明醒目；采用立体化的艺术造型；使用霓虹灯、灯箱、电子显示牌等新型材料；招牌与人流方向相切、侧向悬挂等。

2.商店标志

所谓标志,是以独特造型的物体或特殊设计的色彩附设于商店的建筑物上而形成的一种识别载体。例如,麦当劳快餐店上方的金黄色“M”、美国加州牛肉面大王店面红白蓝相间的对比色彩等,都是其外观不可分割的组成部分。

在现代商店的外观设计中,标志具有十分重要的作用,发挥着多方面的心理功能。

首先,标志是一家商店与其他商店的区别所在。由于标志通常设计独特,个性鲜明,为一家商店或企业所独有,因而成为主要的识别物。消费者仅从标志上即可将各种商店加以识别和区分。尤其在由多家商店组成的连锁经营方式中,标志更成为连锁组织的统一代表物,无论地点、时间、环境如何变化,消费者都能根据统一的标志迅速辨认出来。

其次,标志是商店或企业形象的物化象征。现代标志往往有丰富的内涵,是企业或商店经营宗旨、信念、企业精神、经营特色、代表色等理念与形象的高度浓缩和象征。通过标志的视觉刺激,可以向消费者传递有关企业理念的多方面信息,使消费者获得对该商店或企业形象的初步了解与深刻印象。

最后,标志如同招牌、橱窗等其他外观要素一样,还具有重要的广告宣传功能。设计新颖、独具特色、鲜明醒目的标志,本身就是良好的形体广告。它通过不间断地强化消费者的视觉感受,引起过往及一定地区范围内的众多消费者的注意和记忆,从而成为招揽顾客的有效宣传手段。

为充分发挥标志的心理功能,在设计标志时,应遵循以下原则以达到充分适应消费者的心理特点的目的:

(1)独特。避免雷同或相似是标志的最基本要求。对于消费者来说,一家商店或企业的标志应当是唯一的、独一无二的。为此,在设计标志时,应力求做到构思巧妙,设计独特。例如麦当劳的金色拱门标志、肯德基的山德士上校塑像,都因其独特性给人以深刻印象。

(2)统一。不言而喻,连锁店或企业集团内各个分店的标志必须统一。不仅如此,标志的造型、字体、色彩等还应与企业的形象识别系统(CIS)相统一。不仅与其中的视觉识别系统如标准色、标准字等保持一致,而且应尽可能体现理念及行为识别系统的内涵与要求,以便使消费者从标志中感知企业或商店的整体形象。

(3)鲜明。标志的色彩应力求鲜明,以便形成强烈的视觉冲击效果,给消费者留下深刻印象。色彩的设计可以采用同一色调,如大红、绿色、淡蓝等;也可以采用反差强烈的对比色,如麦当劳的红黄对比、肯德基的红白对比、加州牛肉面大王的红白蓝对比、希福连锁店的蓝白对比、“7-11”连锁店的白绿对比等,都以色彩对比鲜明而产生良好的色彩效果。

(4)醒目。除造型独特、色彩鲜明外,标志在形体大小和设置位置上还应做到突出醒目,能够为消费者迅速觉察。为此,标志的形体在与商店外观保持协调的前提下,应以大型为宜;设置位置则通常为矗立在建筑物顶端或商店门前。例如日本大型百货店的建筑顶端常竖有葵花、和平鸽等巨型标志,数公里之外清晰可见。反之,若标志的形体过小,位置偏僻,难于从周围环境中突出显现出来,则无法发挥其应有的心理效用。

第二节　商店内部环境与消费者行为

步入店堂大门之后，消费者便置身于商店的内部环境之中。内部环境是商店内部建筑、设施、柜台摆放、商品陈列、装饰风格、色彩、照明、音响、空气等要素的综合体现。如果说良好的商店外观可以产生将消费者吸引进店的心理效用的话，那么能否激发店内顾客的购买欲望，并促成其转化为现场购买行为，则在很大程度上取决于商店的内部环境状况。就消费者心理而言，内部环境在整体购物环境中起着主导的支配性作用。

一、商品品牌

(一)品牌选择

消费者的购买选择除了体现在商店选择上以外，还大量地体现在品牌选择上。

1.品牌的含义

品牌是指用于识别产品或服务的名称、术语、符号象征或设计，或是它们的组合。其目的是把不同产品区别开来。它包括品牌名称、品牌标志和商标。

品牌名称是指能用语言称呼的部分，例如可口可乐、奔驰、海尔等。品牌标志是指品牌中能被识别，但不能用语言直接称呼的部分，包括专门设计的符号、图案、色彩等，如海尔电器的两个卡通形象、麦当劳的带“M”的金色拱门图案等。商标是指按法定程序向商标注册机构提出申请，经商标注册机构审查，予以核准，并授予商标专用权的品牌或品牌中的一部分。商标与品牌既有密切联系又有区别。一般地说，商标是一个法律名词，而品牌是一种商业称谓，两者从不同角度指称同一事物，因此常常被混淆。

2.品牌选择与产品选择

品牌选择不同于产品选择。对于产品选择来说，由于不同种类的产品之间在功能和属性上有较大的差异，因而能最大限度地满足人们需要的产品更容易引起人们的注意。在买与不买的较量中，人们的动机冲突比较明显。比如，当一个刚毕业参加工作的人有了一笔钱的时候，他是买电脑还是买电视？对于品牌选择来说，同类产品中不同品牌之间的基本功能或主要效用相差不大，当消费者已经决定购买某一种类的产品时，他们之所以选择某种品牌，是为了获得最大的品牌利益，这时的购买选择实际上是一种利益比较。当然，由于品牌之间的差异比较细微，因而消费者的品牌选择模式就更为精细。

3.品牌选择模式

消费者的品牌选择过程，是在某种品牌评价标准的影响下，对商品的品牌特性进行评价。消费者根据商品本身的属性以及他认为的那些属性的重要性进行权衡后对品牌进行选择。

品牌特性主要指某品牌的客观特性，一般包括品牌的功能数量、性能指标、质量、款式、价格、使用成本以及售后服务等。利益比较实际就是对这些特性的具体比较。当然，不同产品的品牌特性是不同的。比如，对照相机来说，其主要属性包括价格、清晰度、款式、携带方便与否等；而对于电冰箱来说，其主要属性包括容量、制冷效果、款式、价格、噪声、耗电量等。随着科学技术的进步以及消费者需求的不断变化，品牌特性以及内容也会随之发生变化。

当品牌特性确定后，消费者就要对各种特性进行评价。评价的主要内容之一就是权重。

所谓权重，就是指消费者对品牌特性的重要性进行评价的数量表现，它反映了消费者的价值观和偏好。比如，假设服装有质量、款式、价格三个特性，权重和为1，有的消费者可能赋予款式30%的权重，赋予质量40%的权重，赋予价格30%的权重；而有的消费者可能赋予款式50%的权重，赋予质量30%的权重，赋予价格20%的权重。当然，消费者在进行品牌选择时，一般很难精确地计算商品的品牌权重，而只是根据当时的具体情况，对各个特性的重要性大概地进行排序，然后根据排序的结果进行选择。

4.影响消费者品牌选择的因素

影响消费者品牌选择的因素主要有以下几个方面：

(1)商品本身的因素。商品本身的因素主要涉及商品的重要性以及商品的使用场合等方面。一般来说，由于消费者在购买高档商品时有较高的期望值，也由于价格比较高，存在较大的购买风险，因而消费者在选择时更加小心谨慎。一般高档商品的显露性比较高，人们会偏重于购买名牌。另外，商品的使用场合也能影响消费者的品牌选择。一般在私下场合使用的消费品，由于显露性比较低，人们更看重的是商品是否实惠的心理价值。

(2)消费者的因素。消费者的经济状况、个性、文化层次、职业、性别和年龄等也会影响消费者的品牌选择。一般来说，高收入消费者的品牌心理较强，而低收入者多半会拒绝名牌。消费者的个性会在很大程度上影响他们对商品品牌的选择和偏爱，尤其在化妆品、服装和烟酒等商品的购买上。

(3)参考群体的影响。不同群体的消费者常常对某种商品品牌产生认同心理，把它看成该群体的象征，积极评价并重复购买所属群体认同的品牌。

(二)改变消费者品牌选择的店内影响因素

以上讨论的是影响消费者品牌选择的因素，这种选择是消费者在进入商店前就已经决定了的。在实际购买中，消费者常常会出现这样的情形：本来打算到一家零售店购买某一品牌的商品，结果却购买了另一品牌或者附带购买了其他东西。这是因为店内某一因素或某些因素的综合作用改变了消费者的品牌选择。

商品陈列是指柜台及货架上商品摆放的位置、搭配及整体表现形式。消费者进入商店的主要目的是购买商品，而购买过程中能否清晰、准确地感知商品形象，广泛接收商品信息，同时获得良好的情绪体验，激发潜在的购买欲望，在很大程度上取决于商品的陈列状况。为此，应根据消费者的心理特性讲求商品陈列艺术，使商品陈列做到醒目、便利、美观、实用。

一般来讲，经常使用的商品陈列方法有如下几种：

(1)醒目陈列法。商品摆放应力求醒目突出，以便迅速引起消费者的注意。为此应做到：

①合理调整摆放高度。消费者走进商店，经常会无意识地环视陈列商品，而商品摆放的位置高低会直接影响到消费者的视觉注意和感受范围及程度。心理学研究表明，人的眼睛的视场与距离成正比，而视觉清晰度与距离成反比。通常，消费者在店内无意识的展望高度是0.7～1.7米。同视线轴大约呈300°视角以上的商品最容易为人们清晰感知。在1米的距离内，视场的平均宽度为1.64米；在2米的距离内，视场达3.3米；在5米的距离内，视场达8.2米；到8米的距离，视场就扩大到16.4米。因此商品摆放高度要根据商品的大小和消费者的视线、视角来综合考虑。一般来说，摆放高度应以1～1.7米为宜，与消费者的距离为2～5米，视场宽度应保持在3.3～8.2米。在这个范围内摆放商品，可以提高商品的能视

度，使消费者能清晰地感知商品形象。

②保持商品量感。所谓量感，是指陈列商品的数量要充足，给消费者丰满、丰富的印象。量感可以使消费者产生具有充分挑选余地的心理感受，进而激发购买欲望。

③突出商品特点。商品的功能和特点是消费者关注并产生兴趣的集中点。将商品独有的优良性能、质量、款式、造型、包装等特性在陈列中突显出来，可以有效地刺激消费者的购买欲望。例如，把气味芳香的商品摆放在最能引起消费者嗅觉感受的位置；把款式新颖的商品摆放在最能吸引消费者视线的位置；把多功能商品摆放在易于消费者触摸、观看的位置；把名牌和流行性商品摆放在显眼位置，都可以起到促进消费者购买的心理效应。

(2)裸露陈列法。好的商品摆放应为消费者观察、触摸以及选购商品提供最大便利。为此，通常情况下商品应采取裸露陈列的方式，应允许消费者自由接触、选择、试穿、试用、亲口品尝商品，以降低消费者的风险心理，坚定其购买信心。

(3)季节陈列法。对于季节性强的商品，应随着季节的变化不断调整商品的陈列方式和色调，尽量减少店内环境与自然环境变化的差别。这样不仅可以促进应季商品的销售，而且使消费者产生与自然环境和谐一致、清新愉悦的心理感受。

(4)艺术陈列法。这是通过商品组合的艺术造型进行摆放的方法。各种商品都有其独特的审美特征，例如有的款式新颖，有的造型独特，有的格调高雅，有的色泽鲜艳，有的包装精美，有的气味芬芳。应在保持商品独立美感的前提下，通过艺术造型使各种商品巧妙布局，相映生辉，达到整体美的艺术效果。为此，可以采用直线式、曲线式、斜线式、塔形式、梯形式、交叉式、立体式、图案式、折叠式、对称式、均衡式、形象式、艺术字式、单双层式、多层式、斜坡式等多种方式进行组合摆放，赋予商品陈列以高雅的艺术品位和浓烈的艺术魅力，从而对消费者产生强大的吸引力。

店内陈列还包括现场 POP 广告。在购买场所、零售店内以及有商品的地方设置的广告形式都属于 POP 广告。消费者在逛商场时，一边选购商品，一边受到 POP 广告的冲击，因此 POP 广告对消费者的品牌选择有着很大的影响。可以说 POP 广告是现今影响消费者品牌选择的最主要的因素。

二、降价与促销

降价和促销(赠券、折扣、赠品等)对消费者的品牌选择有着很大的影响。根据美国、英国、德国、日本的调查，销售量在价格刚刚降低时会有大幅度上升，随着时间的推移或者降价结束，销售量又会落回到正常水平。

三、商店内部装饰

内部装饰是指商店内部的建筑形式、装修、色彩、照明、音响、空气等。这些要素与商品摆放一样，是内部环境不可分割的组成部分，对消费者的心理有着重要影响。

1.商店店门

店门是商店内部与外部的分界线，也是消费者进入商店的必由之路。对店门形式与大小的正确选择，不仅应从有利于消费者进入的角度考虑，也要从商店内部装饰的角度参考其对消费者心理的影响。店门通常有三种类型：

(1)封闭型。这种形式可将店内与外部环境完全隔离开来，形成安静、高雅的购物气氛。

(2)开放型。这种形式将商店门全部开放，消费者可从外部直接观看店内全貌并方便出入。

(3)半开放型。即将以上两种形式结合起来，配设橱窗并根据季节和客流量变化调节大门的开放度。

2. 商店建筑的使用功能和辅助设施

(1)室内高度和空间设计。商店的室内高度要与面积相适应，要保证通风和采光。多层商店中，底层高度不宜过低，以免使消费者产生压抑感。空间结构可采用丰富多变的设计手法，如各层中央留有垂直空间，可以使消费者从每一层都看到商店全貌，给人以宏大感。

(2)楼梯。合理的楼梯设计应以方便消费者上下行走为原则，要尽可能扩大客流量。现代大型多层商店中，自动滚梯已成为必不可少的内部设施。据调查，许多消费者将有无滚梯作为选择购买地点的重要条件，装有滚梯的商店可以将高层货场的客流量提高1～3倍。

(3)辅助设施。辅助设施是指商店内对消费者提供非商品销售的服务性设施，如临时幼儿寄托室、休息室、问讯室等。这些设施可为消费者提供寄托幼儿、休息、咨询指导等多方面的服务，使消费者在购买过程中获得极大的便利，并对商店的内部环境产生舒适、亲切的良好印象。

3. 色彩

色彩指商店内部四壁、天花板和地面的颜色。心理学研究表明，不同的色彩能引起人们不同的联想和情绪反应，产生不同的心理感受。例如黑色给人以严肃、庄重感；红色给人以热情、喜庆、燥热感；白色给人以纯真、圣洁感；蓝色给人以宁静、淡漠感；绿色给人以青春、生命、新鲜感；紫色给人以高贵、神秘感；橘红色可以刺激人的情绪高涨；淡蓝色可以抑制人的情绪发展；各种浅淡色会造成扩大的感觉；各种深色会产生缩小的感觉等。

一般而言，商店内部装饰的色彩以淡雅为宜。如象牙白、乳黄、浅粉、浅蓝、浅绿等会给人以宁静、清新、轻松宜人的感受，同时也易突出所陈列的商品，达到浓淡相宜、色调协调的整体效果。反之，配色不适或色调过于浓重，会喧宾夺主，使人产生杂乱、沉重的感觉。

4. 照明

照明直接作用于消费者的视觉。营业厅明亮、柔和的照明可以充分展示店面，宣传商品，吸引消费者的注意力；可以渲染气氛，调节情绪，为消费者创造良好的心境；还可以突出商品的个性特点，增强刺激强度，激发消费者的购买欲望。因此，讲求灯光照明的科学性、艺术性，是商店内部装饰的重要环节。

照明分为总照明和附加照明。总照明以天花板上布置荧光灯为主，其光度强弱要视商店的经营范围和主要销售对象而定。附加照明包括特别照明和装饰照明。前者是为增加柜台亮度配置的，多采用聚光灯、探照灯等照明设备定向照射；后者的配置一般要视主营商品的特性而定，大多采用彩灯、壁灯、吊灯、落地灯、霓虹灯等照明设备。

为吸引消费者的注意力，在光线运用上可采用定向光束、增强明暗对比度的灯光、闪动的彩色灯光等。对于消费者挑选性强的商品，如妇女用品、结婚用品、各式服装等，照明度要强一些；对于消费者挑选不细的商品，如日用杂货、化学用品等，照明度可以弱些。珠宝首饰、工艺美术品、钟表、眼镜等贵重、精密商品，可用定向光束直射，以显示出商品之秀美、高雅、华贵，使消费者产生稀有、贵重的心理感受。

5. 音响

用音乐来促进销售可以说是古老的经商艺术。早在传统商业时代，叫唱或敲击竹梆、金属器具等就成为小商小贩招揽生意的独特形式。

心理学研究表明，人的感觉器官一旦接受某种适宜音响，传入大脑中枢神经，便会极大地调动听者的情绪，造成一种必要的意境。在此基础上人们会萌发某种欲望，并受到欲望的驱使而采取行动。这是因为人体本身就是由大量振动系统构成的。优美、轻快的音响能够使人体产生有益的共振，促使人体分泌一种有益健康的生理活性物质，可以调节血液的流量和神经的传导，使人保持朝气蓬勃的精神状态。但是，并不是任何音响都能唤起消费者的购买欲望。相反，一些不合时宜、不合地点的音响，会使人顿生不适感。因此，使用音乐应当注意以下原则：

(1)音响度高低要适宜。人对音响高低的反应受到绝对听觉阈限的限制。音量过低，难以引起消费者的听觉感受；音量过高，会因刺激强度过大而形成噪声污染，给消费者带来身心不适，产生相反效果。

(2)要能体现商品性能、特色和经营特色。音乐或广告音响应与所推销的商品和企业经营特色结合起来，促使消费者产生与商品有关的联想，激起对商品及商店的良好情感，从而诱发购买欲望。

(3)音响的播放要适时有度。人们对任何外界刺激的接受均有一定的限度，超过限度便会产生疲劳感觉，进而产生抵触情绪。因此，音乐或音响的播放要适时有度，切忌无休止、无变化地延续。

上述内容也可归纳为商店气氛。商店设施、商店布置不仅能影响商店的客流量，还会影响商店的气氛或环境。这同时又影响消费者停留于商店时的情绪和意愿，以及消费者对商店质量和形象的评价。也许更重要的是，在商店中引发的情绪会增加人们的满意度，而这又导致了重复购买和对店铺的忠诚度。

商店气氛受诸多因素的影响，如灯光，布局，商品陈列，室内设施，地板，色彩，声音，气味，销售人员的着装与行为，其他顾客的数量、特征和行为。在医院、银行或餐馆等服务业中，气氛被称为“服务景观”。“气氛化”指一种过程，即营销经理利用零售店的物质环境来引导购物者产生特定的情感反应。

音乐对商店环境有着很大的影响。研究表明，音乐对消费者在商店中逗留的时间、消费者的情绪以及对商店的整体印象都有一定的影响。

这类研究表明，如果有着不同音乐偏好的人在不同的时段进商店购物，那么商店就可以在一天、一周或一个月当中的不同时间播放不同的音乐。

6.气味

营销者开始研究气味对购买行为的影响。早期的研究表明，气味对购买行为有着积极的影响。然而如同对音乐一样，顾客对气味也各有所爱，所以应确保使用的气味不致令目标产生反感。此外，许多顾客不喜欢空气中有油漆的味道。一家有着“刺鼻”香味的商场通过改善商场气氛，使服装销售额提高了30%。

图15-1描绘了商店气氛影响购物者行为的方式。图中的几个方面颇值得注意。首先，物质环境与个人特征相互作用，共同决定了反应方式，因此受青少年喜爱的气氛也许会对年纪大的消费者产生负面影响。其次，商店气氛同时影响着销售人员和顾客，然后他们之间又互相影响。

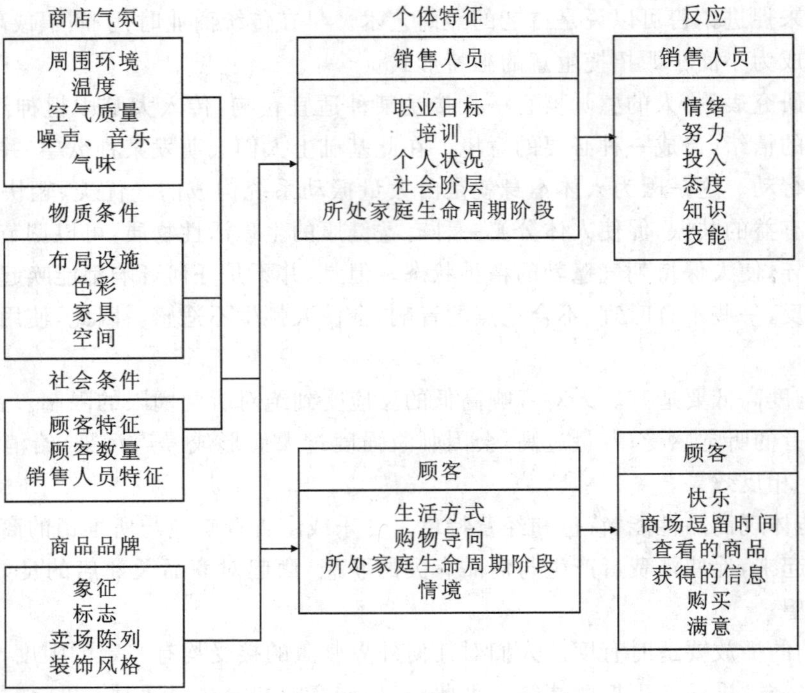

图 15-1　商店气氛和购买者行为

复习思考题

1. 简述影响商店选择的外部因素。
2. 简述影响商店选择的内部因素。
3. 在设计标志时应遵循哪些原则？
4. 影响消费者品牌选择的因素有哪些？

【案例分析】

王先生选择哪个度假地

王先生打算利用一周的时间外出旅游。现在他已经有了四个可选择的度假地：A、B、C、D。他说他选择度假地时主要对四种属性感兴趣：购物、历史景点、饮食与价格。表 15-1 所示为他根据这四种属性对每个度假地所得出的评价。他对度假地 A 的评价如下：按 10 分制的话，购物为 10，历史景点为 8，饮食为 6，价格为 4（较贵）。同理，他根据这些属性对其他三个度假地进行评价。那么，我们如何来预测他的选择呢？

表 15-1　度假地属性评价表

度假地	属性			
	购物	历史景点	饮食	价格
A	10	8	6	4
B	8	9	8	3
C	6	8	10	5
D	4	3	7	8

注：每个属性的取值是 0～10，10 代表属性的最大值。但对价格来说正好相反，10 代表最低的价格，因为消费者喜欢的是低价格。

（资料来源：菲利普·科特勒，等．时常营销管理（亚洲版）（上）．北京：中国人民大学出版社，1997）

沃尔玛商场

许多年以来，美国人在 Sears 和 Rebuck 百货商店购买的商品，比从其他任何零售商处购买的都要多。但是，在 1998 年的财政报告中，沃尔玛跃居第一，Sears 下滑成为第二位，K-Mart 下滑至第三位。虽然 1998 年经历了美国经济近些年来最严重的一次衰退，沃尔玛的销售额却上升了 26％，达到 326 亿美元。

沃尔玛销售从洗衣剂到体育用品的各种标准消费品。是什么因素保证了该店的成功呢？首先，消费者宁愿跑更远的路也要到沃尔玛而不去附近的其他商场购物。例如，Priscilla Patterson 太太驱车 25 分钟从她所住的 Illinois 的 Mount Prosect 到 Lake Zurich 的沃尔玛经销店，为她的儿子购买便携收音机。她说："我想我能得到最好的价格。上次就是这样。"

在 Lake Zurich 的沃尔玛商场中，沿货道而下，我们可以一览该店的营销战略特点。除每月一次色彩缤纷的广告黄页外，商场内部的招牌也几乎全部是沃尔玛做的广告。顶棚悬挂着的色彩亮丽的招牌，引导着顾客流向价格诱人的夏季凉鞋、除草机、棉织物和牙膏等货区。

洗发护理用品区的招牌打出 97 美分一瓶 16 盎司洗发水的低价告示。附近一家保健和美容用品廉价商场出售同样的洗发水，价格为每瓶 1.46 美元，有时还要更贵一些。一种流行的户外野餐烧烤架，在沃尔玛只卖 54.94 美元，而在附近的商业街卖 64.97 美元，高出 10.03 美元。

如果消费者拿来一张与之竞争的商场以更低价格销售某一产品的广告，沃尔玛会马上降价，予以竞争。部门经理和其他价格检查员常规性地在其他商场浏览，以便进行价格比较，将与之形成竞争的价格录入计算机。

沃尔玛的扩张战略是在仅能维持一个而不是两个大型廉价商场的商业区建立商场。通过这种方式，它避免了同其他廉价商场诸如 Kmart 和 Target 的直接竞争。由于沃尔玛不断扩张，并且变得越来越赚钱，它最终得以向更大的商业区扩张。然而沃尔玛从不在主要的购物街道选择定位，而更愿意定位于城市边缘地区，以谋取更低的地皮价格。

沃尔玛是降低成本的专家。它拥有管理先进的仓库和信息系统，确保能把经营成本降低至令人羡慕的 16％，达到该行业最低水平。沃尔玛可以把有关宝洁公司产品如针织品的销售情况，从结算线上直接传给宝洁公司，从而使宝洁公司获得自己产品在沃尔玛的即时销售信息，进而相应调整生产和送货计划，以确保对沃尔玛存货的有效补充。沃尔玛的巨额销售业绩，也使它可以从制造商如宝洁公司那里得到更优惠的价格。

该公司也培训了大量的售货员，以便对消费者促销、服务。每一个销售人员都要选择一种商品，对其负责一年，包括陈列布置该商品，保持存货的清洁、充足等。在一个有200名雇员的商场，就意味着顾客可以看到200种商品。

对个人负责某一商品的奖惩不是奖金，而是成就感。自己的努力工作使所负责商品的销售业绩出色，可以得到老板和其他职员的承认，自己从中得到满足。在沃尔玛，有关产品销售得好的建议和想法可能被快速地反馈到管理机构，从而使一些尽管只能产生很小效果的想法也可以被广泛地采纳。

沃尔玛尝试过的唯一失败的冒险是发展巨型超级市场。沃尔玛所建立的球场一样大的巨型超市在欧洲获得了成功，但在美国，人们却并不喜欢在如此巨大的商场内选购日常用品。

巨型商场不可能像专卖店那样型号齐全、款式繁多地经营某种商品。例如，在 Arlington、Texas 的巨型超市，仅仅经营三种牌子的盒式收放机，而该地区的电器商场却经营了七个品牌的这类商品。沃尔玛已宣布今后不再扩建任何巨型超市，将经营重点放在面积不超过150000平方英尺的商场上。

［资料来源：黄忠杰. 沃尔玛(中国)公司形象与商业发展关系研究[J]. 复旦大学学报，2010(4)］

思考题

1. 比较沃尔玛和 K-Mart 在商场形象和商场气氛上的异同。对于这两个商场，你更偏爱哪个？为什么？

2. 对消费者来讲，沃尔玛商场定位的优点和缺点是什么？

3. 沃尔玛成功地满足了消费者，培养了他们对商场的忠诚度，列出你能想到的所有导致这一成功的原因。

第十六章

销售服务与消费者行为

学习目的与要求

- ◉ 了解消费者进行购买活动时的心理行为特征；
- ◉ 明确如何针对不同消费者以及消费者心理活动的不同阶段采取不同的服务方法和技巧；
- ◉ 掌握协调消费者和销售人员之间关系的方式方法；
- ◉ 掌握销售服务策略的拟定方法；
- ◉ 掌握销售服务的主要内容及策略。

导入案例

麦当劳：我们卖的不是汉堡包，而是服务

1955 年，52 岁的克劳克以 270 万美元买下了理查兄弟经营的 7 家麦当劳快餐连锁店及其店名，开始了他的麦当劳汉堡包的经营生涯。经过多年的努力，麦当劳快餐店取得了惊人的成就。目前，它已成为世界上最大的食品公司，麦当劳快餐店已遍布世界大多数国家和地区。总之，麦当劳现已成为一种全球商品，几乎无所不在。麦当劳金色的拱形“M”标志，在世界市场上已成为不用翻译即懂的大众文化，其企业形象在消费者心目中扎根到如此地步，正如美国密执安大学的一位教授说的：“有人哪一天看不到麦当劳餐厅的金色拱顶，会感到这一天真难以打发，因为它还象征着安全。”

麦当劳公司是怎样取得如此瞩目的成就的呢？这归功于麦当劳公司的市场营销观念。公司知道一个好的企业国际形象将给企业市场营销带来巨大作用。其中它所实施的向顾客提供优质的服务就是其实现树立企业良好形象的重要途径之一。麦当劳快餐的服务品质是一流的，在这里没有公用电话和投币式自动电唱机，因此没有喧闹和闲逛，最适于全家聚餐。它的座位舒适、宽敞，有早点，也有新品种项目，随顾客挑选。麦当劳的服务效率非常高，很快捷，女服务员们笑脸盈盈，动作准确、快速。为了不让前来就餐的顾客久等，店里同时采用了 8 个奶昔机，每个机器有 5 个出口，可以同时供应 40 杯奶昔，因此尽管人流如潮，仍能应付自如。碰到人多时，顾客要的所有食品都事先放在纸盒或纸杯中，排队一次就能满足顾客

所有的要求。麦当劳快餐店总是在人们需要就餐的地方出现，特别是在高速公路两旁，上面写着："10米远就有麦当劳快餐服务"，并标明醒目的食品名称和价格；有的地方还装有通话器，顾客只要在通话器里报上食品的名称和数量，待车开到分店时，就能一手交货，一手付钱，马上驱车赶路。由顾客带走在车上吃的食品，不但事先包装妥当，不至于在车上溢出，而且还备有塑料刀、叉、匙、吸管和餐巾纸等，饮料杯盖则预先代为划十字口，以便顾客插入吸管。如此周详的服务，更为公司光彩的形象加了多彩的一笔。

麦当劳在全球121个国家和地区已拥有3万多家分店，全球营业额约406.3亿美元，每年仍以500家的速度在不断增加。在中国，麦当劳也开设了780多家分店，餐厅遍布在中国25个省、自治区和直辖市的108个次级行政区域。麦当劳已成为我们这个星球上最令人敬畏的服务机构。

（资料来源：任天飞.市场营销案例评析[M].长沙：国防科技大学出版社，2004）

销售是企业收入的源泉，是商品在市场运行过程中经历的最后环节，也是最关键的环节之一。企业市场营销战略与策略是否有效及效用大小，最终也体现于销售过程。销售服务活动过程是企业人员与顾客沟通、直接接触、建立互信关系的过程。那么，研究营销过程中购销双方的心理活动，找出商品及市场对消费者心理影响的规律，并采取相应的心理策略，有着极为重要的意义，也始终是消费者行为学研究的重点内容。

第一节　销售服务与消费者购买心理

伴随着经济、技术发展水平的日益提高，人们对服务的需求日趋增强，服务市场显示出巨大的商机，销售服务水平正在成为企业之间争夺市场份额的有力武器。销售的最终目的是将产品推销给消费者，客观上要求销售人员必须了解和掌握消费者的购买心理。

一、销售服务概述

(一)销售服务的概念及分类

1.销售服务的概念

销售服务是指产品在流通过程中，工商企业为保证产品能够被安全、正确、妥善地使用而进行的各种服务性工作。这里的销售服务侧重指推销服务，即企业营销人员在产品（包括服务产品）推销活动中对顾客所提供的各种服务工作。

销售服务是商品经济的产物。在商品经济的初期，生产者为了实现产品交换，在市场上向使用者进行产品功能宣传，是销售服务的原始形态。随着商品经济的发展，销售工作日益完善化。20世纪50年代，大、中型企业发展到具有专门为市场服务的销售服务部门。20世纪70年代以来，产品质量和服务形式的竞争加剧，不少企业建成了一支强大的销售服务队伍和服务网点；随之，中间商也争设服务网点，开展销售服务工作。例如，上海大众汽车有限公司在浙江设立的上海大众汽车浙江销售服务有限公司，不仅为顾客提供整车销售、维修、配件供应、旧车置换服务，还为顾客提供银行按揭、车辆保险、上牌、事故理赔，以及二手车的交易、评估、过户等服务。满足现代消费者要求周到服务的心理，是做好销售服务工作的出发点和归宿。

销售服务通常要与顾客直接接触、沟通，因此顾客在销售服务中得到的不仅是购买的商品本身，而且还会感受到企业的服务态度、作风、情感等一系列体验。销售服务是一项复杂性、综合性很强，涉及面很广的工作，通常有以下主要特点：

(1)服务工作具有技术性、综合性和经营性，要求营销人员具有多方面的知识。

(2)销售前服务、销售中服务和销售后服务相互结合，成为系统性服务。

(3)技术服务工作与销售结合，销售是服务的前提，服务是销售的保证。

(4)服务工作要适应市场快速、多变、及时、可靠等要求。

2.销售服务的分类

销售服务按照不同的标准可以有不同的分类：按照服务的时间进行分类，可分为售前服务、售中服务和售后服务三种类型；按照服务的性质进行分类，可分为技术性服务和非技术性服务两种类型；按照服务的形式进行分类，可分为定点服务、巡回服务、收费服务和免费服务四种类型；按照服务对象分类，可分为对批发企业提供的服务，对零售企业提供的服务和对用户、顾客直接提供的服务三种类型。

(二)销售服务策略的拟定

从整体产品的概念出发，企业应该提供什么样的产品才能最大限度地满足目标市场的需要(即消费者的需要)？必须从四个方面出发制定策略，即产品开发策略、包装策略、品牌策略和销售服务策略。这四个方面策略的有机配合，就构成了完整的产品策略。而销售服务策略的拟定，总体来讲，就是要合理解决以下三个问题：应该向消费者提供哪些服务项目？所提供的服务应达到何种水平？应以什么形式来提供服务？

1.合理确定服务项目

销售服务的内容极其繁多，各种服务项目对消费者的重要程度各有不同。例如，对于家具和计算机的购买者来说，免费送货上门和维护服务的重要性就有显著差别。一般的，对家具的购买者来说，免费送货上门比较重要；对计算机的购买者来说，维护服务则比较重要。又如，对于大型企业或公司和小企业或消费者个人来说，其对商品房分期付款和商住楼租赁这两个服务项目的要求也很不一样。因此，企业应当通过细致的调查分析，对消费者要求的服务项目按其重要性的大小加以排序，然后分别确定出本企业服务项目的重点。例如，加拿大的工业仪器制造厂把用户所要求的服务项目按重要性程度做了如下安排：①运送的可靠性；②迅速报价；③技术上的指导；④折扣；⑤售后服务；⑥容易与企业接触；⑦更换的保证。企业至少要在用户认为很重要的五个以上项目方面赶上或超过主要竞争对手；否则，就不能使用户满意，企业的失败就在所难免。

2.合理确定服务水平

在正常情况下，较高的服务水平能使消费者得到较大的满足，因而就有较大可能实现重复购买，从而促使企业产品的销售量增加。但是，服务水平与销售量之间并不是完全呈线性关系，这与各类商品的特点和服务项目的性质有关(图 16-1)。

由图 16-1 可知，曲线 A 表示某服务项目的水平与销售量无关。丧葬用的花圈等殡仪商品和某些专用性很强的军工产品的销售量和服务水平的关系即是如此。

曲线 B 表示服务水平与销售量呈线性关系。例如，文明礼貌、周到方便的服务，就会相应地吸引更多的消费者。这一点对于日常生活必需的小商品，如厨具、服装等，表现得特别明显。

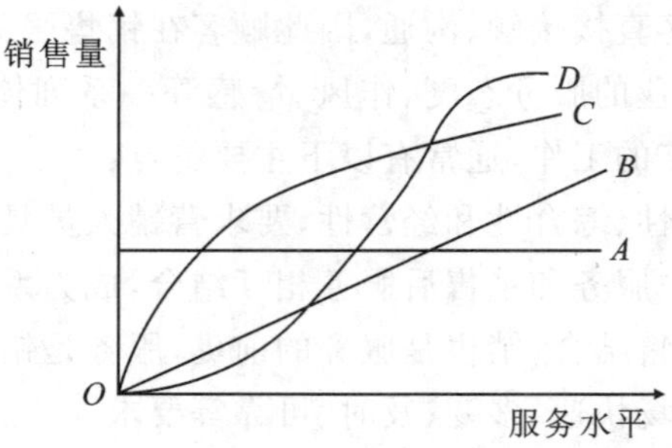

图 16-1　销售量和服务水平关系示意图

曲线 C 表示服务水平的改变对销售量的影响非常迅速，但当服务水平已经很高时，销售量增加的速度放慢。例如，商场某营业柜组增加一个营业员，将会使销售量的增加幅度变大；增加第二个营业员时，这种增加幅度将会减小；再继续增加，幅度就更小。

曲线 D 表示在一定范围内，这项服务对销售量的影响不会很大；超过一定水平和范围，其影响就很大；但是，如果这种水平再超过一定范围，则其影响将越来越小。例如，为电视机或空调机等耐用消费品提供 1 个月的保修期，它不可能对刺激这些产品的购买带来多大影响；如果提供 6 个月或 1 年的保修期，则其影响就大了；但保修期无限期加长，则其影响就会越来越小，因为消费者要考虑产品的更新问题了。

3. 合理确定服务形式

合理确定服务形式包括以下两个方面的内容：

(1)服务项目的定价。企业应采取一个服务项目多种定价的定价方式。以空调器的维修服务为例，其定价方式可有以下几种：在规定期限内提供免费修理服务；对本企业产品的用户实行优惠服务价格；由用户自行决定是否需要购买企业提供的服务(如修理、安装调试、运输等，如果消费者不享受企业提供的服务，可在空调机售价中扣除)；修理服务由独立的修理店负责，修理收费根据市场价格而定等。

(2)服务方式的提供。提供服务的方式是多种多样的，这要视服务项目的特点而定。例如，就修理这一服务项目来说，其提供的方式主要有：企业培训一批修理服务人员，派到分布在各地的修理服务站；企业的修理服务人员听候用户的传呼，上门进行服务；修理服务工作委托经销商提供；委托专业修理店为特约修理点；企业不提供修理服务，而将此项工作让给独立的修理企业去进行等。

对于以上两个方面的问题，都有不同的选择方式，每种方式都各有其优、缺点和适用范围。企业要根据用户的要求、该服务项目的特点以及市场竞争情况做出合理的选择。

二、消费者购买心理与销售服务

(一)消费者购买动机与销售服务

消费者购买动机是引发购买行为的直接原因和驱动力，它决定着消费者购买行为的发生、指向和最终结果，在消费者购买行为发生的过程中占有重要地位。消费者的购买动机主要包括冲动性购买动机、理性购买动机、生理性购买动机、心理性购买动机和惠顾性购买动机等。不同的购买动机会导致不同的购买行为，企业销售人员在提供销售服务时，应根据消费者购买动机的差异，运用不同的服务方法和手段。例如，对于持理性购买动机的消费者，销售人员在进行销售服务时应该着重从理性角度向消费者介绍产品的特点；对于有冲动性购买动机的消费者,销售人员就应该把重点放在满足消费者的感性需求上。比如,当销售人员向一位理性消费者介绍某款式书包时,应该重点强调书包结实耐用、价格便宜、背着舒服等要素;相反,如果是向一位冲动性消费者做介绍,则应突出产品的款式新颖、色彩新潮等特点。实际中,消费者在购买一种商品时往往同时兼有几种动机,这就需要销售人员善于观察、识别消费者的动机结构和不同动机之间的相互关系,针对主导动机和潜在动机,酌情提供销售服务。

随着经济的发展和社会时尚的变化,人们的购买动机也在不断发展变化。销售人员应对影响购买动机的各种主、客观因素做出准确分析,把握其中的内在联系,从而适时采取销售措施,针对消费者购买动机的变化向他们提供满意的商品和销售服务。

(二)消费者购买心理过程

消费者购买心理过程是销售人员提供销售服务时需要理解的另一重要方面,其中包括顾客从进入商店后如何被商店吸引,产生购买兴趣,到决定购买某种商品并交款取货的完整过程。有关购买心理过程的研究,可以帮助企业和销售人员理解顾客购买心理的发展阶段和环节步骤,从而有助于他们制定恰当的促销策略以吸引顾客,并顺利地销售商品。

消费者在购买活动中,通常经过注意和认知、兴趣和情感、联想和想象、欲望和动机、思索评价、信心和决定、采取行动、体验满足等心理过程或阶段。销售人员针对消费者心理过程的各个阶段的不同特征,应相应采取择机接触、提示介绍、诱导说服、促成交易等不同的销售服务方法和技巧(图 16-2)。

消费者	售货员
注意和认知 兴趣和情感	择机接触
联想和想象 欲望和动机	提示介绍
思索评价 信心和决定	诱导说服
采取行动 体验满足	促成交易

图 16-2　购买心理过程与销售服务艺术

1. 择机接触

从消费者注意、认知商品,到对商品发生兴趣、产生好感阶段,销售人员接待服务的正确方法是观察、判断消费者的意图,寻找恰当的接触时机。消费者对商品形成感知和产生情绪体验,需要经过一个自主的、内在的时间过程。销售人员接触过早,会使消费者因未完成这一过程而受到情绪干扰,产生为难或戒备心理;反之,接触过迟,又可能因消费者感觉受到轻视、冷淡而降低以至丧失兴趣和热情。

此外,进入商店的消费者,其购买意图存在着多种差异,有的抱有明确的购买目标,并已预先拟定购买决策,进店的目的是直接实现购买行为;有的并无确定的购买目标,进店的目的在于观察比较,若对某件商品产生兴趣、好感,则有可能诱发购买欲望;还有的消费者不存在购买意图,他们进店的目的在于随意浏览参观,或仅仅是为了寻求某种感觉、体验。因此,对不同购买意图的消费者,接触时机的早晚以及是否发生接触也应有明显区分。这就需要选择最佳接触时机。根据经验,一般认为以下六种情景可以作为接触时机的最佳选择:

(1)当消费者长时间凝视某商品时。

(2)当消费者从注意的商品上抬起头来时。

(3)当消费者突然止步盯看某一商品时。

(4)当消费者用手触摸商品时。

(5)当消费者在货架上寻找商品时。

(6)当消费者与销售人员的目光相碰时。

2.提示介绍

在消费者进行联想、想象,以至产生购买欲望和动机阶段,销售人员应提供有关商品提示介绍的服务。即把商品的性能、质量、价格、使用效果等全面、清晰地介绍给消费者,并力求诉诸多种感官的刺激,强化消费者的心理感受,促进产生丰富的联想和想象,进而诱发购买欲望。针对这一阶段消费者要求大量掌握商品信息,力求全面满足需要的心理特点,提示介绍的内容应包括以下几个方面:

(1)尽可能将商品全貌充分展示出来。

(2)如实介绍商品的性能、质量、使用效果等情况,满足消费者的求实心理。

(3)尽可能提供试穿、试用、品尝机会,以便消费者对商品进行亲身体验和全面感知。

(4)从商标、命名、包装、造型等方面展示商品的独特性和魅力,丰富消费者的联想和想象,增强其获得精神享受的欲望。

3.诱导说服

消费者产生购买欲望后,还会对已掌握的商品信息进行分析思索和评价比较,通过评价、选择坚定购买信心,作出购买决策。此时,销售人员的任务是充当消费者的参谋和顾问,为消费者提供建设性的、富有成效的意见、建议,帮助和促成消费者做出购买决定。例如,当消费者选择商品犹豫不决时,及时向消费者提供适当的参谋意见,使消费者能购买到最符合其使用要求与使用条件的商品。为此,销售人员应当向消费者适当提供若干同类商品,如实指明各种商品的优、缺点,以便消费者进行比较选择;同时详细介绍商品使用保养和维修知识,减少消费者在使用年限、维修条件方面的风险顾虑。

同时,还应该根据不同消费者的需求特性和主导欲望,有针对性地进行重点说服和诱导。例如,对注重商品审美价值的消费者,可以突出显示商品外观的美观别致;对求廉务实的消费者,可以着重说明商品价格低廉、结实耐用;对追求社会象征意义的消费者,可以特别强调商品的名望、高档和拥有者的特殊身份;对崇尚时尚潮流的消费者,则可以强调商品款式的入时、流行和新潮。

当然,劝说诱导应当从消费者角度出发,围绕消费者利益进行。唯此才能使消费者切实感到劝说者是在为自己的利益着想,从而增加心理开放程度,增强对销售人员的信赖感,主动接受说服。

4.促成交易

在前期介绍商品的同时,应向消费者讲清商品的质量和商店经营的理念,及商店对商品质量的保证与对服务的承诺(如"华联无假货,件件都放心"),从而坚定消费者购买的信心与决心。

消费者做出购买决定后,便进入实施购买行动和进行购后体验的最后阶段。此时,消费者虽然已有明确的购买意向,但仍需要销售人员巧妙把握成交时机,促进交易达成。这种时机通常在以下情况出现:

(1)当消费者多次反复咨询同一商品的时候。

(2)当消费者开始询问售后服务问题的时候。

(3)当消费者提完问题而沉默不语的时候。

(4)当消费者开始讨价还价的时候。

(5)当消费者最后向他人征求意见的时候。

(6)当消费者直接表明购买意愿的时候。

如果能够及时、巧妙地抓住上述时机,辅以恰当的语言和递拿动作,即可迅速成交。当交易达成,货款结算后,应妥善包扎商品,并尽量采用适应消费携带习惯、使用习惯和特定心理需要的包装方法。如果商品数量多、体积大、质量重时,应尽可能帮助消费者拿到商店门口并帮助顾客寻找适当的运输车辆。同时在完成交易、消费者离柜时,应礼貌送别,主动向消费者表示感谢,并说"请走好""慢走""欢迎下次再来"等温馨的语言,使消费者体验到买到满意商品和享受良好服务的双重满足感。

第二节　销售服务的主要内容及策略

从商品销售的过程来看,销售服务通常分为售前服务、售中服务和售后服务三个阶段。除了在销售商品的过程中为消费者提供优质的服务外,在销售之前和销售之后为消费者提供良好的服务也至关重要。作为市场营销人员,全面分析消费者的购买动机和心理行为特征,为他们提供恰当、满意的售前服务和售后服务,从而为消费者提供更优质的服务,提高消费者的满意度和忠诚度,对达到企业的市场营销目标具有重要意义。

一、售前服务及策略

(一)售前服务的含义

所谓售前服务,就是通过精心研究消费者的心理,在消费者未接触商品之前,提供一系列服务,激发其购买欲望。如进行勘察、设计、示范、造型、咨询、培训等服务工作,帮助消费者尽快形成对商品的正确认知,使消费者能够快捷、全面地了解商品及企业各个方面的信息,从而减少消费者的时间成本,有利于提高顾客让渡价值,提高企业的竞争力。开展这些服务项目,可以使许多潜在的消费者变成真正的消费者。例如,在2016年"3·15"国际消费者权益日到来之际,中国质量检验协会再次在质检总局产品质量申诉处理中心的支持下,携手中粮、华为、海尔、格力、美的、阿里、京东、苏宁、小米、魅族、麦乐购等2000家全国产品和服务质量诚信示范企业组织开展"产品和服务质量诚信承诺"主题活动,引导企业主动发布产品和服务质量标准的自我声明,督促企业践行产品和服务质量诚信承诺,让广大消费者有更多的质量获得感,让全社会分享更多的质量红利,积极推动质量社会共治,为质量强国建设贡献社团组织不可或缺的力量。

(二)售前服务的策略

菲利普·科特勒把消费者在购买消费之前的心理活动称之为"神秘的暗箱"。一般而言,售前影响消费者心理的因素主要有文化、流行与时尚、相关群体与家庭、商品设计、商品广告。那么,与之相对应的售前服务策略有文化策略、流行策略、家庭策略、设计策略和广告策略。

1.文化策略

文化是历史的社会现象，每一社会都有与其相适应的文化，并随着社会物质生产的发展而不断发展。正确的文化策略就是要针对不同地区、不同类型、不同层次的文化对消费者进行有针对性的文化营销。

一家日本彩电制造商在美国推销其新产品时用了一个穿三点式的美女形象，获得了成功。随后，其在中东地区开辟新市场时仍沿用了美国的做法，结果一败涂地。究其原因，是缺乏对当地文化的足够了解。阿拉伯地区的妇女非常保守，身着比基尼的美女形象很容易引起当地人的反感，因此，根本不适合在当地使用。由此可见，不同地区、不同类型的文化对消费者心理的影响是大不一样的，绝不可一概而论。

2.流行策略

流行是社会生活中的重要现象，也是影响消费者购买行为的重要因素。消费流行是社会流行的一个重要内容，是指人们在消费活动中，对商品和劳务所形成的风行一时的消费模式。

由于流行具有一种特别的性质——从众性，因此特别适合用作促销策略。风靡一时的跳舞毯就是一个很好的例子。商家利用青少年喜欢跳舞这一卖点开发了跳舞毯这一新产品，投入市场后立即受到青少年的青睐，并迅速蔓延开来，一时之间非常流行。

3.家庭策略

在市场销售活动中，消费者购买活动一般是以家庭为单位进行的。但是，购买决策通常不是由家庭这个集体，而是由家庭中的某一个或某几个成员制定的。虽然有时一件商品从需求到购买、使用往往会受到全部家庭成员的影响，但每个成员在其中所起的作用是不同的。

美国通用汽车公司、惠普公司、威斯汀豪斯公司及西尔斯公司等在开始推销自动洗碗机时并没有得到顾客的青睐——人们不相信洗碗机能把碗洗干净。不管这些公司怎样宣传，都不能消除人们的偏见，销售情况很不妙，甚至已经威胁到洗碗机的生存。在这种情况下，通用公司经研究后果断地改变了推销策略，由全面出击改为重点突破，将目标群转向建筑公司和建筑承包商，把洗碗机打折卖给他们，并让他们将之装在楼房里供那些家庭主妇免费使用。这一招果然奏效，洗碗机慢慢地被家庭主妇们接受，并在她们的大力支持下迅速进入千家万户，遂成为家庭不可缺少的生活用品，打开了销路。由此可见，家庭策略最重要的是要找准“主攻方向”，对家庭中最具决定力的成员进行有针对性的营销并得到其认可，从而获得整个家庭的认可，达到事半功倍的效果。

4.设计策略

从消费者心理学的角度来讲，新产品的设计与生产应注意以下几个方面：符合社会流行，满足消费者的求新心理；具有艺术魅力，满足消费者的审美需求；具有多种功能，满足消费者的享受心理；具有象征意义，满足消费者的个性心理；赋予威望特征，满足消费者的自尊心理。比如，千禧年农历春节时期的上海迎春家电市场就成了一场新产品设计的展示会。彩电市场已被“纯屏”“镜面”“高清晰度”“超大屏幕背投式”等创新品种所主宰，而在上海彩电市场突然亮相的“南京夏普双滤波”“杭州西湖DPTV”更是由于其大幅度提高了清晰度而迅速打开了上海消费者的钱包。寒冬季节原本是冰箱销售的淡季，来自欧罗巴的“伊莱克斯”却抓住上海市民春节期间冰箱开启使用频繁的特点，在沪推出“双重节能”的“省电奇冰”

冰箱，用科学数据证明它比传统冰箱省电33%以上，自然赢得了精明的上海人的青睐。

5.广告策略

目前，广告已经渗透到人类社会生活的各个角落。随着广告业的不断发展，广告的形式越来越多，应用越来越广泛，作用也越来越大。比如，某公司引进日本夏普生产线，年产近40万台"琴岛-夏普"洗衣机，在1986年由于市场竞争激烈，库存积压近万台，企业欠款达960万元。该公司总经理与有关部门共同研究，决定打一场广告推销战。他们瞄准产品销售竞争最激烈的上海，开始在各销售单位穿梭般的走访、座谈、设橱窗，并在报纸、电台、电视上大做广告，以迅雷不及掩耳之势展开了一场"琴岛-夏普"推销大战，终于在不到半个月的时间里使"琴岛-夏普"成为上海的抢手货，"琴岛-夏普"洗衣机由此而闻名全国。实践证明，广告已经成为当代社会中传播经济信息、促进产品销售最迅速、最节省、最有效的手段之一。但必须指出的是，广告虽然非常有效，其前提是广告内容必须百分百的真实、可靠，这样才能起到正面的宣传作用。

二、售中服务及策略

（一）售中服务的含义

所谓售中服务，就是把商品送达给消费者的各种服务工作，例如热情接待消费者，在业务洽谈中主动、积极、热情地为消费者提供产品情况；提供食宿方便；办理各种购买手续，如代为包装、托运，选择合理的售货地点、时间、方式和付款方式等。这些内容都将极大地影响消费者的购买感情。方便而周到的售中服务，不仅可以吸引更多的消费者，而且能促进成交，密切产需关系，增加消费者的信赖感，提高企业的竞争能力。就售中服务的诸多内容来看，其核心是为消费者提供方便条件和实在的物质服务，让消费者体会到占有商品的愉悦。售中服务是工商企业销售活动中不容忽视的首要任务和策略之一。

（二）售中服务的策略

影响消费者售中心理的主要因素有商品价格、柜台服务、商品包装、商品名称与商标、店容与店貌等。与之相对应的售中服务策略是价格策略、包装策略、服务策略、形象策略等。

1.价格策略

价格策略在家电销售中称得上是使用最为频繁的策略，"降价销售""限时特价""限量低价销售""买一送一"等都是商家惯用的招数。

价格策略并非一味强调低价，高价促销也是方法之一，并已逐渐成为近年来国际、国内市场上较为流行的定价策略。随着产品日益向高附加值方向发展，国际贸易日益扩大，低价产品虽然容易打开市场，但也容易受到各国反倾销的投诉，同时也影响企业的利润。而消费者的收入水平提高后，其购买心理也发生了较大的变化，"不怕价格高，但求产品好"已成为一种主要的购买取向。尤其是家电商品，价格已不再是消费者考虑的第一要素了。

2.包装策略

包装作为商品的附属物，其作用已不仅仅是保护商品，更重要的是美化商品、诱导消费。一些经济发达国家对消费者购买行为的研究表明，有60%的人在选购商品时是受包装的吸引而来的。

家电商品由于受其自身特点所限制，其外包装必须以保护产品为主要功能，但在保证此项功能的前提下，适当地做些改进，往往会有意想不到的收获。例如，某空调的外包装以一幅清新明快的自然风景为背景，给人一种凉爽自在的感觉，自然就容易引起消费者的注意和好感。因此，家电商品的包装应该结合自身特点，努力迎合绝大多数消费者的感受，并充分展示自己的优势。

3.服务策略

服务的内容非常广泛，包括营业员的仪表、言语、举止以及态度等很多方面。而在销售过程中，服务的好坏往往直接影响到消费者最终的决定，因此，服务也是各大商家非常重视的一个环节。

虽然人们经常能听到“微笑服务”“顾客就是上帝”之类的话，但并非每个商家都能真正做到。20世纪80年代末，内地某电子商厦为了吸引消费者而开展有奖投诉活动，鼓励消费者对不满意的服务进行投诉，希望以此提高服务质量、促进销售。然而令人尴尬的是，该商厦第一天就接到顾客投诉达20余次，使得商家在消费者心目中的形象大打折扣，销售额不升反降。可见，要真正做到让顾客满意并不是那么容易的。

4.形象策略

这里的形象既包括企业形象，又包括商品形象。企业形象的好坏直接影响消费者的选择。例如，一提到手机，人们马上就会想到苹果等知名企业，原因很简单，即这些企业平时给消费者留下了良好的印象，其产品也都是家喻户晓，市场占有率颇高。因此，如果消费者想买手机，首先考虑到的就是这些品牌，这些都是成功塑造了企业形象所带来的结果。可见，良好的企业形象从某种意义上来说就是企业的一种“资产”，出于“爱屋及乌”的心理，这种“资产”还能直接或间接地给企业带来经济效益。

另外，商品形象也是非常重要的。无论是商品的名称、质量还是外观，都有可能影响到该商品在消费者心目中的地位。例如，国产的“蝙蝠”牌电子石英钟最初出口英国时，就以蝙蝠的英文单词“Bat”作为商品名称，但无论怎样宣传，始终无法打开销路。后来商家才知道“Bat”在英语中除了“蝙蝠”之意外，还有“三等妓女”的意思，以“Bat”命名的商品形象也就可想而知了，打不开销路自然也在情理之中。因此，形象策略的关键应当是一方面注意培养企业形象，另一方面应当树立良好的商品形象。

三、售后服务及策略

(一)售后服务的含义

所谓售后服务，就是在商品到达消费者手里、进入消费领域后继续提供的各项服务工作，例如对商品进行安装、调试、维修及培训操作人员等。这些是使商品真正发挥效用的必不可少的服务工作，是企业生产功能的延伸。另外，售后服务还是消除消费者心理障碍的最后措施，对商品使用价值的实现起着保证作用。良好的售后服务不仅使消费者得到完整的商品使用价值，而且使消费者在心理上获得某种满足感，从而增加消费者对商品及自身购买行为的肯定和强化，对以后的重复购买有较强的促进作用。同时，满意的售后服务还会促使消费者主动为企业产品及服务进行口头传播，进而影响、说服和带动他人购买。因此，一些企业家经常说：“满意的顾客是最好的广告，满足的顾客是最好的推销员。”例如，家电行业的龙头企业海尔集团就是在这方面成功的典范，海尔集团于2004年12月对原有的售后服务模式进行重组，在原先的全国5000家特约维修服务网点中选出1000家企业，成立了“海尔星级服务中心”，在消费者心目中树立了良好形象，提高了企业的声誉，带动了海尔产品的销售。由此，搞好售后服务工作，充分发挥售后服务的心理作用，可以赢得消费者的信赖，提高企业的声誉，扩大产品的销售面，有利于企业市场营销目标的达成。

（二）售后服务的策略

商品售出之后，并不意味着厂商已经完成了任务，因为仍有不少因素会影响消费者的心理，以至于对产品将来的销售和厂商在消费者心目中的形象产生直接的影响。其中，售后服务是最重要的因素。建立一整套完善而又齐全的售后服务体系继续为消费者提供服务，已经成为绝大多数厂商的共识。比如，对于家电商品来讲，有三个方面特别受消费者的重视，即运输与安装、维修与保养、承诺与兑现。除此之外，售后服务的连续性也非常重要。

售后服务策略可以从以下几个方面进行：第一，网络服务策略。企业应及早意识到售后服务的重要性，建立自己的售后服务网络，并以此作为稳固市场的重要工作。第二，特殊服务策略。随着因特网的飞速发展，不少企业已将售后服务搬上了因特网，有的企业更是直接开办专门的售后服务网站，为消费者提供了更多方便，从而赢得不少消费者的好评。例如海信集团第一个在家电业推出自己的服务品牌——“天天服务系统”。其超越了传统的维修服务，把服务当作贯穿企业经营全过程的理念。第三，巨额赔偿策略。“缺一罚十”“假一罚十”等广告语想必大家都不陌生，这正是商家做出的保证消费者售后利益的承诺，也是典型的巨额赔偿策略。随着市场的不断发展，消费者的日益成熟，单纯的承诺已无法打动更多消费者的心。于是一些厂商便另辟蹊径，比如与全国大部分地区的保险公司签订连保合同等。目前，较多的售后服务表现为以下几点：送货服务，“三包”服务（即包修、包换和包退），安装服务，包装服务，提供知识性指导及产品咨询服务等。总之，企业搞好售后服务工作，如同给消费者吃了一颗定心丸，使消费者买时放心、看着称心、用时舒心，从而可以增强企业信誉，扩大销售，提高经济效益。

第三节　消费者拒绝购买态度的分析与转变

态度是一个人对某些事物或观念所持有的评价和行为倾向。态度导致人们对某一事物产生好感或恶感、亲近或疏远的心情。分析消费者拒绝购买态度，掌握转化拒绝态度的方法和艺术，对促进商品销售具有重要意义。

一、消费者拒绝购买态度的分析

在商品销售过程中，部分消费者可能会因为许多原因产生拒绝购买的念头，使交易过程难以进行或中断，但是，拒绝购买的态度不是绝对不变的。如果销售人员能够正确分析消费者拒绝购买的原因和心理状态，采取恰当的处理方式和技巧，就有可能促进消费者态度的转化，变拒绝购买为积极购买。即使不能立即转化消费者态度，也能使其改变态度倾向，为以后实现购买打下良好的基础。

态度能使人们对相似的事物产生相当一致的行为。一个人的态度呈现为稳定一致的模式，要改变一种态度就需要在其他态度方面作重大调整。因此，消费者的拒绝态度一旦形成，便会持续一段时间，很难加以改变，特别是将消极态度转化为积极态度，难度很大，但这种改变并非绝对不可能，只要采取适当的方法手段，就有可能促成拒绝态度的转化。针对不同类型的拒绝购买态度，应采取不同的转化方法和技巧。通过各种转化方法和技巧可以实现两个方面的改变：一是改变态度的性质，变拒绝购买为实现购买，即以信任感取代疑虑心理，以满足感取代排斥感，以赞同行为取代反对行为，有效促成拒绝购买态度的方向性改变；二是弱化拒绝购买态度的强度，即由强烈拒绝变为一般拒绝，由极不满意变为不十分满意，从而促成拒绝购买态度的程度性改变。

顺利地达到上述两个目的并非容易，只有销售人员和消费者双方共同努力才有可能实现。现实中，有些销售人员遇到拒绝购买的消费者，不是积极转化其态度，而是感到失望和愤怒，不悦之情溢于言表，其结果不仅不能改变消费者的拒绝态度，还会给对方不好的印象，以至于产生抵触情绪，使企业失去潜在顾客。

二、消费者拒绝购买态度的转变

拒绝购买态度，根据其表现的强弱程度不同，可以分为一般性拒绝购买、彻底性拒绝购买和隐蔽性拒绝购买。针对不同拒绝购买类型的消费者，销售人员可以根据消费者拒绝态度的表现分别采取相应的转变措施。

(一)一般性拒绝购买态度的转变

一般性拒绝是消费者在做出拒绝购买的决定时，未经深思熟虑，带有很大随意性的拒绝。在此种情况中，消费者已具有一定的购买欲望，但由于注意力未能集中于所指向的特定商品，从而对商品缺乏稳定的见解，造成购买信心不足；或者消费者经认识活动后，发现商品的品质、性能、价格等不能完全满足其需要，因而在决策时做出不购买的决定。

由于持一般性拒绝购买态度的消费者，其态度表现得不坚决，因此应着重向这类消费者尽快输送新的知识经验，如多提供商品的新特点等，帮助消费者排除心理障碍，从而改变其对商品的心理印象。一般性拒绝购买往往是因为缺乏对商品的全面认识而做出的初步决定，因而拒绝的态度并不十分坚决，况且这类消费者已有一定的购买欲望，因此应着重向他们输送更多的商品知识，增强对商品的认识能力，改变原有印象，增强购买信心，使拒绝购买的消极态度得到转化。

(二)彻底性拒绝购买态度的转变

彻底性拒绝是消费者经过理性思考后做出的拒绝购买决定，这种拒绝表现得十分坚决。彻底性拒绝的原因比较明显，有的根本没有需求欲望；有的是由于商品的某些特性与消费者心理要求相差太远；有的则是持有偏见和误解，对商品的品质性能等极不信任。

对有彻底性拒绝购买态度的消费者，应着重弱化其拒绝购买的强度，转移注意目标，引导新的需求。彻底性拒绝往往是经过深思熟虑后作出的最后决定，要转化该态度比较困难。因此，对于这类消费者，如果认为还有可能改变其态度性质，应尽力而为；如果认为改变的可能性极小，则应及时引导消费者转移注意目标，根据其需要和兴趣介绍其他商品，诱发新的需求，同时弱化拒绝购买态度的强度，为以后的购买奠定基础。

(三)隐蔽性拒绝购买态度的转变

隐蔽性拒绝是消费者出于某种原因，不愿说出拒绝购买的真实动机，而用别的理由加以掩饰。隐蔽性拒绝的原因较为复杂，有时是出于自尊心理，不愿意承认商品价格昂贵、无力支付，而用款式不合适等其他非真实理由加以拒绝；有时是缺乏应有的商品知识，难以做出准确的判断抉择，而借其他托词作为掩饰；有时是对商品或服务的印象欠佳，但又怕引起争执，转而说成其他原因；有时是出于购买欲望不强烈，而又不愿意表露出来，只好用其他理由加以掩饰等。由此，隐蔽性拒绝绝大多数是由自尊心理、习惯心理和社会性心理需要的影响所致。

对有隐蔽性拒绝态度的消费者，应尊重其心理需要，不揭露隐蔽的真实原因，同时设法增强其购买信心。隐蔽性拒绝的原因因人而异，十分复杂，且具有内隐性，难以直接了解和观察。但抱有这种态度的消费者具有一定的购买需求，只要恰当引导，仍有希望改变其拒绝态度。为此，在转化时不宜争执消费者拒绝购买的理由，但也不能盲目附和，而应该耐心、细致地解释，同时要信心十足地提示商品的优良品质和心理功能，增强消费者的购买信心。

消费者拒绝购买是商业活动中的一种常见现象。能否正确认识和处理这种现象，会直接影响到企业的声誉和形象，进而会影响企业市场营销目标的达成。因此，每个销售人员都应该掌握转化拒绝购买态度的艺术和技巧，并能得心应手地加以运用，对促进企业销售过程的顺利实现及对企业达到自己的目标具有重要作用。

第四节 销售人员和消费者关系的协调

在商品的销售过程中，销售人员与消费者作为商品的卖方和卖方，相互之间必然会发生人际交往。若交往顺利，会有助于促进商品交易；反之，若交往出现障碍，则有可能阻碍交易的进行，甚至可能导致人际冲突。因此，分析销售过程中消费者的心理活动规律，掌握其中的交往策略和技巧，从而进一步协调销售人员与消费者之间的相互关系，对促进销售环节的顺利进行具有重要意义。

一、销售活动中人际关系的基本类型

(一)人际关系的基本倾向

对于人际交往的状态和模式，许多心理学家做了很多有益的探索，这里仅沿用精神分析学派的心理学家舒兹于20世纪50年代提出的人际需要理论，认为每个人都需要别人，因此都具有人际交往的需求。但在交往中，每个人对他人的需求内容和方式都不相同，按人的性格倾向性可把人的交往方式分为主动型和被动型两种。销售人员和消费者在商业交往中往往表现出如下不同的人际关系倾向：主动结交、被动接受、支配控制、服从追随等。人际关系基本倾向的差异来自不同的人际需求，而需求大致可以分为三类。

1.包容的需求

这种需求希望与别人交往，并建立和维持和谐的关系。在人际关系倾向上表现为交往、沟通、参与、包容、随同等；但也可能表现为与此相反的行为，即疏远、退缩、排斥、对立、希望别人主动接纳自己等。

2.控制的需求

这种需求希望通过权力或权威积极与别人建立并维持良好的关系。其人际关系倾向表现为运用权力、权威与威信，以期影响、支配、控制和领导他人；同时也有相反的表现，如反抗权威、服从秩序、受人支配或追随他人等。

3.情感的需求

这种需求在感情上希望与他人建立并维持良好的关系。其人际关系倾向表现为热情、亲密、同情、热爱等；相反的表现则为憎恨、疏远、冷淡、厌恶或者希望得到别人的喜爱和同

情，要求别人主动和自己亲近等。人际关系倾向的主动和被动两种类型与三种不同的人际需求内容相结合，可以形成六种基本的人际关系倾向（表16-1）。

表16-1 人际关系的基本倾向

倾向性 需求	主动型	被动型
包容	主动与他人来往	期待别人接纳自己
控制	支配他人	愿受他人支配
感情	对他人表示亲善	期待他人对自己表示亲善

（二）销售活动中人际关系的类型

在商品销售过程中，销售人员与消费者分别表现出上述某种人际关系倾向。不同倾向的买卖双方进行交往，又组合成多种不同的人际关系类型。

1. 包容型人际关系

包容型人际关系也称成人型人际关系。这种类型人际关系的最大特点是交往双方至少有一方的人际关系倾向来自包容的需要，这是一种理智和协调的人际关系。在销售活动中，无论是销售人员还是消费者，只要有一方表现出主动与他人交往的愿望，都有可能避免在交往过程中发生冲突。这是因为具有积极包容倾向的人，其行为表现为：待人接物冷静，慎思明断，尊重他人，很少感情用事。具有这种人格倾向的销售人员很少与顾客发生正面冲突。

2. 支配型人际关系

支配型人际关系也称父母型人际关系。这种类型人际关系的最大特点是交往双方至少有一方的人际关系倾向具有支配他人的需求，这是一种不易协调的人际关系。在销售活动中，无论是销售人员还是消费者，只要有一方表现出权威性支配愿望，都有可能使交往过程中的关系紧张。如果销售人员和消费者都具有支配他人的倾向，即双方都希望自己支配对方，而同时又要求对方服从于自己，那么这种失调的紧张关系就可能升格为冲突。

3. 感情型人际关系

感情型人际关系也称儿童型人际关系。这种类型人际关系的最大特点是交往双方至少有一方的人际关系倾向表现为亲热友好，这是一种协调的人际关系。在销售过程中，无论是销售人员还是消费者，只要有一方对他人表现出亲热友好的愿望，都有助于在交往过程中建立协调的关系和避免冲突的发生。这是因为具有积极热情倾向的人，其行为特点是待人接物热情友好，能够体谅和关心别人。所以，具有这种人格倾向的销售人员，即使遇到具有支配倾向的消费者，也可以通过调整自己的人际关系倾向，避免与这类消费者发生矛盾冲突。

4. 期待型人际关系

期待型人际关系也称被动型人际关系。这种类型人际关系的最大特点是交往双方至少有一方的人际关系倾向表现出较大的惰性，这是一种被动的人际关系。在销售活动中，无论是销售人员还是消费者，只要有一方表现得过分期待别人的帮助，都会使交往过程处于一种不稳定的状态。特别是作为从事服务工作的销售人员，在人际关系中表现为期待倾向，虽然未必一定造成交往关系上的紧张和感情上的冲突，但往往使人在心理上有一种不舒畅的感觉。因为具有期待倾向的销售人员，在工作行为中往往表现出被动、消极的态度，顾客问一答一、不问则不答，很少主动向顾客打招呼或积极向顾客推荐、介绍商品，给人一种态度冷漠的感觉。这样的人际关系交往倾向虽然互不协调，但不一定会导致冲突发生，只要任何一方表现出积极主动的交往态度，都会使双方心理上的不安得以减轻，所以是一种可协调类型的人际关系倾向。

二、销售人员与消费者的相互作用

从人际关系的基本类型来看，其主要是以销售人员与消费者所具有的最稳定的人际需求倾向和行为特征来划分的。但在实际活动中，销售人员与消费者之间在交往过程中还会受到各自情绪状态的影响。而情绪或情感因素带有很大的不稳定性和偶然性，从而使人们在交往中的心理状态和行为表现呈现出某种不确定性和复杂性。例如，具有包容倾向的销售人员，会因情绪不佳而表现出冷淡、急躁；而通常呈被动消极倾向的消费者，可能因情绪良好而主动做出交往姿态。如果把人们在交往中的心理状态或态度看作是情绪与积极性、主动性的结合，则表现为以下四种心理和行为状态：

(1)情绪好与积极性低相结合的状态。在这种状态下，个体往往温和沉静，精力不足，动作迟缓。对于消费者来说，表现为从容不迫，小心谨慎，有条不紊；销售人员则表现为热情适度，缺乏主动性。

(2)情绪好与积极性高相结合的状态。在这种状态下，人们通常心情愉快，主动热情，主动与人交往。对于消费者来说，这意味着很高的购买兴致；而对于销售人员来说，这意味着很高的服务热情。

(3)情绪差与积极性低相结合的状态。在这种状态下，个体表现得消沉、孤僻、冷漠、漫不经心。消费者对购买缺乏兴趣，表情冷淡而言语少；销售人员则目光呆滞，行动迟缓，反应冷漠。

(4)情绪差与积极性高相结合的状态。在这种状态下，个体表现为易激动，好挑衅，过于苛求。消费者多表现为过分挑衅，不尊重销售人员；销售人员多表现为职业道德水准较低，缺乏公德。

为了便于理解，以上四种状态可以用一个直角坐标系来表示(图 16-3)。其中，x 轴代表情绪；y 轴代表积极性；O 代表情绪和积极性的平均状态。显然，任何一种心理状态都可以由图上的情绪与积极性的交点来表示，这个交点称为“心理状态点”。从坐标原点 O 向“心理状态点”引出一条直线，则可以得到一个向量，称为“心理状态向量”。这个向量越大，心理状态越明显、越显著。

那么，销售人员与消费者的心理状态对它们之间的相互关系有什么影响呢？可以通过研究双方的心理状态向量来回答这个问题。首先，取决于双方心理状态向量所在象限。如果双方的心理状态向量都在同一个象限，它们的合并向量也在同一个象限，且大于两个分向量；如果双方的心理状态向量不在同一个象限，合并向量的方向与大小首先取决于双方心理状态的方向，其次取决于双方心理状态向量的大小之比。一般而言，合并向量处于第Ⅰ象限，成交的可能性比较大，据此可以划出一个“成交区”；如果合并向量处于第Ⅲ象限，发生冲突的可能性就比较大，据此可以划出一个“冲突区”。总之，积极性的向量处于 x 轴上方，则成交的希望较大；积极性向量位于 x 轴下方，则说明销售人员未曾与消费者进行有效的接触，成交的前景十分黯淡。当然，这种“成交区”和“冲突区”的划分不是绝对的。由于多种因

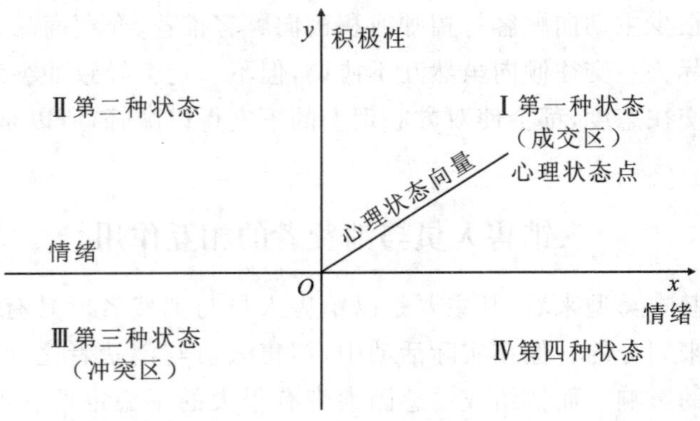

图 16-3　销售人员与消费者的心理状态对相互关系的影响

素的影响，有时在发生冲突的情况下，买卖也能成交；而有时即使双方的心理状态向量处于“成交区”内，也有可能发生冲突。

三、销售过程中的交往策略

从上述分析可以看出，销售人员与消费者之间的买卖交往并不是一个固定的静态过程，而是一个相互影响、相互作用的动态过程。双方在交往中所持的态度因人、因时、因物的不同而经常发生变化。为促进商品顺利成交，销售人员应当善于了解和掌握这种变化，针对不同消费者的心理状态采取适宜的交往策略。

（一）注意仪表

仪表是一个人的外表，一般包括容貌、服饰和言谈举止等内容。销售人员的仪表犹如企业的“门脸”，其整洁美观的仪容和明朗良好的风度不仅表现了个人的精神面貌，而且反映了文明经商的企业风貌。它给消费者的视觉印象直接影响消费者在购买活动中的心理变化和对企业的综合印象。主要表现在以下几个方面：

（1）健康的体态、精神饱满的容貌能够给消费者以安全、卫生、愉快的感觉。销售人员的体态是心理活动的外在载体，人们的各种内心世界活动状态往往通过人体的外观仪表与人体动作表现出来。一般来说，精神健康、整齐清洁的销售人员，往往给消费者以安全、卫生和愉快的感觉，使消费者愿意与之交换意见，并放心地购买其商品；反之，如果销售人员萎靡不振、蓬头垢面，则难以给消费者留下良好的印象，而只能给予不快之感。

（2）整洁合体、美观大方的服饰能够给消费者以清新明快、朴素稳重的视觉印象和舒展端庄的感觉。销售人员与消费者接触，首先映入消费者眼帘的是其着装。如果销售人员的服装过于花哨，容易给消费者造成轻浮、不可靠的印象；相反，如果过于呆板、落伍，又会让消费者怀疑销售人员的鉴赏力，当销售人员为消费者推荐、介绍商品时，消费者对其提供的意见会大打折扣。

（3）良好的言谈举止能够给消费者以亲切、文雅的感觉。销售人员的言谈举止最能体现人的性格与心灵，反映人的文明程度和心理状态。一般来说，销售人员言谈清新文雅、举止落落大方、态度热情持重、动作干脆利落，会给消费者以亲切、愉快、轻松、舒适的感觉；相反，举止轻浮、言谈粗鲁，或者动作拖拉、漫不经心，则会使消费者产生厌烦心理。

（二）坚持热情的服务态度和良好的情感倾向性

消费者的情感过程是消费者对客观现实是否符合自己需求而产生的态度体验的过程，

是消费者心理活动的一种特殊反映形式，贯穿于购买心理活动中的评定阶段和信任阶段，对购买活动的进行具有重要的影响。在影响消费者情感过程的诸多因素中，销售人员的服务是一个极为重要的因素。

(1)要有良好的情感倾向性。情感倾向性是指一个人的情感指向什么和由什么引起。销售人员良好的情感倾向指为消费者着想，向消费者提供必要的售前服务，能够使消费者对企业产生好感。企业在经营活动中，应当处处体现以消费者为中心的现代市场经营观念。只有这样，企业才能拥有一个良好的购物环境，使消费者对企业有较为充分的了解，从而对企业产生好感。

(2)要有深厚、稳定而持久的情感。深厚的情感是指与真正理想、信念、人生观紧密相连的情感。有浓厚情感的销售人员的情感倾向性高。他们的热情服务是能够通过营销活动表现出来的。要求销售人员把积极的情绪稳定而持久地控制在对工作的热情上，控制在为顾客服务上；对工作的热情应持之以恒，对顾客要始终如一。

(3)耐心介绍，做好消费者的参谋，为消费者提供周到的售中服务，使消费者产生购买激情。销售人员应当掌握消费者心理，学会判断消费者的需要，在经营过程中向消费者提供最佳服务，根据消费者的不同个性特点及需要，适时地向消费者展示商品、介绍商品、演示商品等，诱发消费者的积极联想，帮助消费者进行决策，使消费者产生购买激情。

(三)保持沉着冷静和较高的自我控制力

销售人员难免会遇到情绪不稳定、易激动、好争斗的消费者，在这种情形下，如果有较高的自制力，可以使销售人员在任何条件下都能够保持冷静的头脑，也能迫使对方平静下来，避免冲突的发生。必要的情况下销售人员能够克服自己的情绪，有较高的自制力，对于销售人员来说是十分重要的。自制力是指一个人控制和支配自己行动的能力，一方面表现为善于迫使自己克服困难，采取行动去执行已经做出的决定；另一方面表现为善于抑制自己的感情冲动，控制自己的行动。所以，在必要的情况之下，销售人员要善于保持沉着冷静，表现出较高的自我控制力，充分克服自己的情绪，从而可以尽可能地避免对方情绪的爆发，减少冲突的出现。

(四)善于调节积极性

销售人员应当以善于调节积极性作为交往的基本策略，因为积极性具有可调性和易控性的特点。销售人员的积极能动性能够推动销售人员朝着经营目标前进，能够在企业经营活动中自觉地以实际行动为之奋斗，有利于企业经营活动目标的达成。当消费者情绪处于良好状态时，如果销售人员高度发挥积极性，可以尽快促成交易行为的发生；当消费者情绪处于低落状态时，其态度往往表现得消极冷淡，如果这时销售人员能够发挥极大的积极性和保持行动的坚持性，就能够保持符合企业经营目标的行动方式及其情感状态，长时间内克服来自内部与外部的因素干扰，努力创造条件，则有利于完成各项帮助企业达到经营目标的具体任务，进而有可能促成交易行为的发生。

(五)减弱或消除冲突

在冲突已经发生的情况下，可以采取换人的策略，即让其他销售人员介入其中，而发生冲突的当事销售人员避开，以此来缓和消费者的激动情绪，从而减弱或消除消费者与当事销售人员之间的冲突。但是这其中有一个前提条件，即其他销售人员的介入应以淡化矛盾、化解冲突为主要任务，而不应该试图争辩是非，分清曲直，否则反而会使冲突升级。

四、购买冲突的心理分析及策略

在购买活动中，销售人员与消费者之间，或者消费者与消费者之间有时会产生矛盾甚至冲突，一旦冲突发生，不仅影响双方的情绪与心态，而且会对销售现场的购物环境产生不利的影响，因此，分析购买冲突产生的原因及研究消除冲突的措施和途径也是应该重视的问题。

(一)购买冲突产生的原因分析

1.消费者要求退换商品时双方争执引发冲突

在日常购买活动中，消费者要求退换商品是常发生的事情，其原因有多方面，如商品存在明显的质量问题，并在商店向消费者承诺的质量保证规定期内，此时商店若能兑现承诺，则不会引发冲突，反之则会引起冲突。现在有一些商家对商品的退换也采取了比较宽松的态度，只要有在商店购物的凭证，商品完好无损，一般都予以退换。但是，还有一些因素制约着商品的退换货制度，例如退换商品的时间限制问题；对于商品质地保证完好的标准；顾客购买时的商品价格和退换时商品价格不一致等。双方认定的标准不同或缺乏统一的认定标准，都是导致矛盾冲突的导火线，特别是当消费者要求商家对自身遭受的人身伤害给予精神赔偿时更是如此。

2.消费者与销售人员任何一方情绪不佳时引发冲突

消费者或销售人员在购货现场的不良情绪是引起冲突的一个重要因素。情绪是人在认识客观事物时产生的态度体验，它具有起伏波动的特点，并经常会形成对抗性的变化，如愉快、失望、喜欢、厌恶等。人的情绪变化自然会影响人的言谈举止。比如，有些消费者进入商店之前遇到过某些不愉快的事情，带着某些不良情绪来购物，此时态度生硬，甚至语言行为不文明、不礼貌，讲一些不利于商店或不尊重销售人员的话，会引发冲突；反之，如果销售人员遇到了不愉快的事情，心情不好，工作时未能克制，在接触消费者时有所流露而伤害了消费者，此时也会引发冲突；另外，如果销售人员与消费者都心情不好，更容易引起冲突。所以，不论是销售人员，还是消费者，或双方的情绪都处于不佳状态时，都很容易形成矛盾和冲突。消费者因情绪不佳而态度偏激，语气粗暴时，如果销售人员不能正确对待，双方就可能发生矛盾和冲突；反之，销售人员态度不好，接待顾客不耐烦或故意怠慢，也会引起矛盾和冲突。

3.销售人员不能平等待客引发冲突

销售人员不能平等待客的情况时有发生，主要有：消费者购买商品数量少、金额太小；消费者衣冠较差，显得贫寒、不入时；消费者虽然在商店中选货多次，但最终未能实施购买；外地消费者讲方言；老人、小孩购买商品；男士受人之托去购买女性专用商品。上述种种情况的发生常常会引发不必要的冲突。

4.销售人员未能正确对待消费者的意见引发冲突

在购买活动中，消费者有时会对商场的经营状况评头论足，提出各种意见，亦可能对商场的经营业务提出个人的意见或者某些不同的看法。消费者提出的意见形式多样，如有善意的批评意见、自我表现式的反对意见、带有强烈感情色彩的偏见，甚至有恶意的中伤等。对于这些意见，不论其正确与否，如果销售人员不能正确对待，妥善处理，只是消极拖延或针锋相对反驳，很有可能造成矛盾冲突，甚至形成难以收拾的局面。例如，某商场中某类化妆品货架上的标价为32元，打8折，消费者购买时拿出25.6元，销售人员告诉消费者应付32元。消费者问道："不是32元打8折吗？你们牌子上写着呢！"销售人员立即说："你搞错了，商品原价是40元，现在打八折后卖32元。"消费者马上提出意见："你价格牌上没有写清楚。"若销售人员不接受消费者的意见，极有可能引起争吵。

(二)购买冲突的类型

购买冲突表现的类型因引起冲突的原因和发展形式不同而有所区别。

1.按冲突发展的形式划分

(1)渐进式购买冲突，是指消费者与销售人员双方原本无意要引发冲突，但缺乏注意，偶尔失言，或固执己见，各不相让，导致情绪逐渐升温而发展成冲突。这类冲突的发展过程呈渐进式，由低潮到高潮，相对较缓慢、曲折。如果双方都能有所克制，则容易平息；若处理不及时，也会发展成激烈冲突。

(2)爆发式购买冲突，是指突然发生并迅速走向激化，而且冲突程度相当猛烈。这类冲突的诱因在消费者或销售人员内心已潜伏一定时间，起初可能双方还处在克制状态，然而可能其中某一方刺激性极强的语言或行为引起对方的愤怒，导致激烈冲突，造成极严重后果。

2.按冲突形成的原因划分

(1)误会性购买冲突，是指消费者或销售人员在交易活动中误解了对方的意图或行为而引发的冲突。可能是某一方语言表达欠妥或错误，也可能言者无意、听者有心，曲解对方意图，造成误会，引发冲突。这类冲突极易走向激化。然而，一旦误会消除，由冲突引起的不愉快也会消失，双方还可能产生比较融洽的关系。正是体现了中国的一句俗语"不打不相识"。

(2)过失性购买冲突，是指消费者或销售人员中任何一方在交易活动中确实存在语言、行为过失，或者严重伤害对方，从而引发冲突。这类冲突的程度视受伤害、损失一方的严重程度不同而可能有所差异。若过失一方能及时采取补救措施，并在对方情绪激化后主动克制自己，不使矛盾进一步激化，则有利于冲突平息。

(三)避免或消除冲突的方法

冲突是商品销售活动中十分消极的影响因素。它不仅会影响购买行为的完成，而且对冲突双方当事人的心理、情绪产生长久不良影响，同时也会影响企业的服务信誉。销售人员与消费者之间产生冲突的原因是双方的，但从现代经营观念出发，只能从销售人员角度来采取措施，尽量避免或消除购买行为中的矛盾和冲突，使交易过程在融洽的气氛中顺利完成。

1.树立"顾客至上"的营销理念

"顾客至上"的理念早已得到企业界的广泛认同。但真正把这一理念根植于企业的服务实践中却并非易事。企业应当教育员工树立"顾客第一"的思想，真正站在顾客立场上，急顾客之所急，想顾客之所想，始终如一地坚持奉顾客为"上帝"。沃尔玛公司的创始人沃尔顿曾说过："我们重视每一分钱的价值，因为我们服务的宗旨之一就是帮每一名进店的顾客省钱。每当我们为顾客省下一块钱，就赢得了顾客的一分信任。"为此，他告诫沃尔玛的员工说："你们不是在为商店讨价还价，而是在为顾客讨价还价。"

2.提高销售人员的职业道德水准，不断增强自控能力

商场既是商品交易的场所，又是精神文明建设、商业道德风范的窗口。销售人员必须有严格的业务行为规范要求和应有的职业道德水准。修养是个人思想道德水准的体现，自控能力是个人控制和支配自己行为的能力。对于销售人员来说，这两者都是不可缺少的。良

好的思想道德修养可以使销售人员热爱本职工作，树立正确的服务态度，并在服务过程中保持高度热情。而自控能力的提高使销售人员在面对各类顾客时都能够从容应对，处变不惊，并善于缓和紧张的局势，有良好的心理承受能力，以冷静、清醒、理智的态度去处理问题，调节顾客的不良情绪，掌握销售服务的主动权，防止或避免矛盾进一步激化。

3. 销售人员要正确对待与处理消费者的不同或反对意见

销售人员正确对待与处理消费者不同或反对意见，也是避免或消除购买冲突的重要途径。消费者的个性、情绪、观念存在许多差异，在商场购物时也常常对商品的质量、性能、款式，商店的店容、店貌、经营方式等发表不同的意见。销售人员在处理消费者不同意见时应注意以下几个方面：

(1)应听清楚消费者所提意见的内容与意图，分辨出意见的合理性、可行性与现实性。对于消费者合理、切实可行的意见，应表示欢迎、接受或向领导汇报等。对于不切实际，无法实行的意见，应耐心做解释工作，或者表示将向上级汇报，请领导研究等。切莫误解或曲解对方意见的内容与意图。

(2)对于消费者由于不了解情况，或者缺乏专业知识等客观因素而引发的反对意见，销售人员应争取主动，向消费者耐心宣传，解释有关的信息与知识。解释时应从容不迫，条理清晰，通俗易懂，有较强的说服力，使消费者从不了解到了解，从缺少商品知识到懂得商品的原理知识，建立起对销售人员的信任感。若消费者心悦诚服，反对意见自然消退。

(3)对消费者所提的意见与要求，销售人员应实事求是地回答。对于超过销售人员业务知识范围，或者不便解释的问题，不要勉强回答，更不应该故意提供不真实的信息，否则会弄巧成拙，引起消费者对商店的不信任，失去交易机会。销售人员无法回答的技术专业性问题，应向消费者坦诚这不属于业务知识范围，要请专业人士解答。

(4)反驳消费者的不同意见时应掌握好时机与采取妥善的方法。某些消费者的反对意见明显存在错误或者缺乏合理性、可行性，销售人员需要反驳这些意见时，应态度和蔼，语气温和，摆事实、讲道理，真诚耐心，以理服人，切莫采用过激的态度与言词。通常应具体情况具体对待：①当消费者有反对意见但尚未说出口时，销售人员已有观察，可先行解释，主动说明，当消费者了解情况后，反对意见便不会提出来；②消费者提出反对意见时，明显能马上回答的，可以马上回答；③考虑一会儿，想清楚怎样回答更好以后再回答；④告诉消费者无法回答或说明其合理的原因；⑤明确表示消费者的要求无法实现并说明理由。不论消费者的反对意见是否正确，都应给予答复。如果对消费者的意见不回答、不理睬，消费者会感到你不尊重他，产生心理压力，引发矛盾。对于消费者挑衅性、恶意的语言或行为，则应克制、忍耐，坚决不与消费者争吵。美国著名学者戴尔·卡耐基对营销人员提出的忠告是："永远避免和人家正面冲突。"他说："天下只有一种能在争论中获胜的方式，就是避免争论。十之八九，争论的结果会使双方比以前更相信自己是绝对正确的。"

复习思考题

1. 为适应消费者的购买心理活动过程，销售人员应该采取何种服务方法和技巧？

2. 影响消费者售前、售中及售后服务的因素分别有哪些？

3. 作为一名销售人员，您应该如何转化消费者的拒绝购买态度？

4. 如果您是某商场的销售主管，当您的员工与消费者发生冲突时，您应该采取何种措施？如果您是该员工，您又该怎么办？

5. 搜集海尔公司“五星级服务”的有关资料，并与其他家电厂商、电脑厂商的售后服务进行比较，为其他厂商提出改进策略。

6. 购买冲突产生的原因是什么？如何避免购买冲突？

【案例分析】

奔驰服务培养忠诚

德国奔驰公司是享誉世界的汽车制造商，它之所以能屹立于汽车业界长盛不衰，除了引进领导潮流的创新技术，推出新卖点（大打“安全牌”“环保至上”等）之外，是与其无处不在的服务促销分不开的。

1. 奔驰公司的服务促销从生产车间开始

一般的服务促销都是售后的，而奔驰公司的服务促销从生产车间就已经开始了。公司在未成型的汽车上挂上一块块的牌子，写着顾客的姓名、车辆型号、式样、色彩、规格和特殊要求等。不同色彩、不同规格，乃至在汽车里安装什么样的收录机等千差万别的要求，奔驰公司都能一一给予满足。据统计，奔驰车共有 3700 种型号，极大地满足了顾客的需要。奔驰公司十分重视争取潜在的客户。它瞄准未来，心理争夺战竟从娃娃开始做起。每个来取货的顾客驱车离去时，“奔驰”赠送一辆可作孩子玩具的小小奔驰车，使车主的下一代也能对奔驰车产生兴趣，争取一代代都成为奔驰车的客户。这样，顾客买奔驰车便首先买到了满意的质量和服务。

2. 奔驰公司的售后服务无处不在

周到的售后服务使奔驰车主没有半点烦恼。在德国本土，奔驰公司设有 1700 多个维修站，雇有 5.6 万人做保养和修理工作，在公路上平均不到 25 千米就可以找到一家奔驰车维修站。国外的维修点也很多。据统计，它的轿车与商业用车在世界范围内共有 5800 个服务网点，提供保修、租赁和信用卡等服务。国内外搞服务工作的人数竟然与生产车间的职工人数大体相等！

奔驰车一般每行驶 7500 千米需要换机油一次，行驶 1.5 万千米需检修一次，这些服务都可以在当天完成。从急送零件到以电子计算机开展的咨询服务，奔驰公司的服务效率令顾客满意、放心，并因此培养出大批品牌忠诚的消费者。

（资料来源：卢泰宏，等. 实效促销[M]. 广州：广东旅游出版社，2000）

思考题

1. 奔驰公司的服务促销为什么从生产车间开始？有何意义？
2. 奔驰公司为什么投入大量的人力、物力开展售后服务？

第十七章

低碳与消费者行为

学习目的与要求

- 了解和掌握低碳消费的概念；
- 掌握低碳消费行为的概念及特征；
- 了解低碳消费行为的影响因素；
- 了解低碳产品认证制度的发展情况；
- 了解促进低碳消费的心理策略和政策干预。

导入案例

“低碳消费是一种理性的生活态度”

宋辰是一个“80后”，年轻时尚的他已经坚持多年过着“低碳生活”。他家在更换洗衣机时，考虑到滚筒式干衣机将会增加2.3千克的二氧化碳排放量，就购买了低耗能的普通洗衣机；他与家人从不使用一次性塑料袋，因为听说全国减少10%的塑料袋可节省的生产能耗约为1.2万吨标煤；他和家人坚持户外运动，不选择空调健身房、电动跑步机等进行健身消费，以避免耗费电力和增排温室气体。

“低碳消费是一种理性的生活态度，我周围有一批像我一样的‘80后’，坚持只买对的不选贵的。”宋辰说。

在目前资源日益紧张、环境质量下降的情况下，人们需要从生活理念到消费方式进行一种革新，更为理性地选择消费品，从而为后人留下发展的空间和资源。

（资料来源：新华网，吴雨，2010年6月17日）

第一节　低碳消费的概念及兴起

一、低碳消费的概念

低碳消费是一种不追求奢侈、不贪图数量、理性而收敛的消费方式，利于资源的可持续利用。在环境资源日益稀缺的今天,提倡广大消费者选择低碳消费方式,从而转变以高耗能为代价的消费取向,倡导放弃使用一次性用品,戒除炫耀消费、奢侈消费等消费陋习。学者关于低碳消费的定义,主要有广义、中义和狭义之分。

(一)低碳消费的广义定义

广义的定义认为低碳消费是可持续发展在消费领域最本质的表现,要求人们基于资源和环境约束把有限资源用来满足人的基本需求,限制奢侈浪费,节约能源,从而使人们的消费心理和消费行为向热爱自然、追求健康、降低消耗、杜绝浪费的方式转变。广义的低碳消费方式包括五个层次:一是"恒温消费",即消费过程中温室气体排放量最低;二是"经济消费",即对资源和能源的消耗量最小、最经济;三是"安全消费",即消费结果对消费主体和人类生存环境的健康危害最小;四是"可持续消费",即对人类的可持续发展危害最小;五是"新领域消费",即转向消费新能源,鼓励开发低碳技术、研发低碳产品,拓展新的消费领域。

(二)低碳消费的中义定义

中义的定义认为低碳消费的实质是以"低碳"为导向的一种共生型消费方式,符合可持续发展的要求,即低碳消费将当代人的需求与后代人的需求有机统一起来,其目的是促进人与人之间及人与自然之间的和谐发展,实现代内公平、代际公平及人与自然的公平,均衡物质消费、精神消费和生态消费,使人类消费行为与消费结构更具可持续性。从内涵上看,低碳消费应以"碳排放量"这一全新的考量方式为指导,使低碳消费可操作性更强;从外延上看,低碳消费能满足人的多方面需求,如物质需求、精神需求和生态需求等。有学者认为,"低碳消费"的概念有三层含义:一是倡导消费者选择未被污染或有助于公众健康的绿色产品;二是在消费过程中注重对垃圾的处置方式,避免造成环境污染;三是引导消费者转变消费观念,崇尚自然、追求健康,在追求生活舒适的同时,注重环保、节约资源和能源,实现可持续消费。

(三)低碳消费的狭义定义

狭义的定义认为低碳消费是指在生活消费领域中,人们购买和消费符合低碳标准的产品或服务,以最大限度地降低能耗、降低污染、减少浪费的一种节约型消费方式,应以低能耗、低污染、低浪费、低排放为特征,以降低碳排放、推行绿色消费为手段,以满足消费的经济需求、社会需求、生态需求与文化需求为目的。从操作上说,应主要测量低碳消费品在消费结构中的比例,比例越高,低碳消费数量与质量越高。狭义的低碳消费仅锁定在对低碳产品的消费上,缩小了低碳消费所涵盖的范围。

二、低碳消费在各国的兴起

地球变暖这一事实早在1992年联合国环境与发展会议上便得到了人们的认可,2009年哥本哈根世界气候大会的召开,让"低碳"一词进入人类的视线,而"低碳消费"一词源于21世纪初低碳经济的兴起。从世界工业化进程来看,英、美等发达资本主义国家在20世纪就完成了工业化和城市化,迈过了以使用高碳能源为主要动力的发展阶段,现在他们可以不依赖高碳能源的生产和消费,也能保持国民较高的福利水平。因此,针对城市发展过程中人口、资源与环境的突出问题,英、美等国首先提出了"城市低碳消费"的口号。其基本内容是:城市居民在生产和生活过程中,自觉选择那些二氧化碳排放量较低的物质资料和生活方式,以减少城市"温室气体"的排放,降低大气中二氧化碳的浓度,从而达到降低大气"温室效应"

和城市“热岛效应”的目的。

英国是最早倡导“城市低碳消费”的国家之一。2003年，英国政府的能源白皮书《我们能源的未来：创建低碳经济》中首次提出了“低碳能源消费”概念，并实施了更快走向“低碳社会”的全民总动员。现在，英国有多个城市正在试行“自行车城市计划”，鼓励市民出行少开车、多乘公交或骑车。有一家自行车俱乐部推出一项“绿色旅行”计划，号召人们骑自行车度暑假，“健身、省钱、减少碳足迹”三不误。在英国的许多大城市，鼓励节约、爱护环境也是蔚然成风。倾倒家庭垃圾时，人们自觉地将纸张、塑料、易拉罐等分类送进垃圾箱，伦敦许多社区将其定为“法定回收系列”，违者如被发现要处罚款。城市公务员在处理邮件时也友好提示：“如无必要，为了节约资源，不要打印。”

美国在20世纪70年代发生能源危机时，就出台了设定汽车油耗标准等多项节能环保措施。到21世纪初，以低能耗、低污染、低排放为特征的“低碳”理念已经渗透到经济运行、城市发展和居民生活的各个方面。美国城市低碳消费模式的特征是：建设绿色、低碳建筑项目，实现节能技术创新，建立低碳排放建筑体系，有效控制和降低建筑物的碳排放量，并形成可循环持续发展的模式，最终使建筑物达到节能减排的相应标准。例如，位于波士顿、芝加哥、纽约等城市的绿色建筑、都市再生项目、低碳项目改造、生态可持续性住宅区等，就是城市低碳消费模式的典型代表。奥巴马政府更是将低碳技术列入经济刺激方案中，作为美国经济振兴计划的重要战略选择，由此必将促使低碳消费成为美国城市居民消费的主流。

在发展城市低碳经济，提倡城市低碳消费方面，日本也有独特之处。2008年6月，日本前首相福田康夫提出了著名的“福田蓝图”，标志着日本低碳战略的正式形成，拉开了日本实现低碳社会行动计划，开展低碳革命的帷幕。随后，日本政府选定了6个不同规模的城市作为“环境模范城市”，以表彰和鼓励它们积极采取切实有效的措施防止温室效应。此外，日本的一些大中城市，如东京、大阪、京都、名古屋、神户等采取补贴政策，鼓励企业和居民建造“太阳能屋顶”“花园屋顶”“绿草墙壁”；倡导居民出行乘坐公交车或骑自行车；饮食方面也提倡以低碳绿色食品消费为主。

我国是世界上最大的发展中国家，虽然实施“低碳战略”对我国当前的经济运行会造成较大冲击，但是，我国在发展低碳经济、提倡低碳消费方面也采取了相应的积极举措。2007年12月26日，国务院新闻办发表《中国的能源状况与政策》白皮书，着重提出能源多元化发展，并将可再生能源发展正式列为国家能源发展战略的重要组成部分，不再提以煤炭为主。2008年“两会”期间，全国政协委员吴晓青明确将“低碳经济”提到议题上来。他建议尽快发展低碳经济，并着手开展技术攻关和试点研究。2009年11月6日，中国社会科学院发布的《城市蓝皮书：中国城市发展报告》指出，在全球气候变化的大背景下，发展低碳经济正在成为各级部门决策者的共识。节能减排，促进低碳经济发展，既是救治全球气候变暖的关键性方案，也是践行科学发展观的重要手段。在这样一个大背景下，中国的城市低碳消费也进行得如火如荼。例如，2008年1月，上海市、保定市被国家发展改革委员会和世界自然基金会确定为低碳城市发展项目试点，就此拉开了我国低碳城市发展的序幕；随后，济南市也提出“十二五”期间推进低碳城市建设的方案。特别值得一提的是，该方案明确指出：要采用经济和行政手段相结合，限制和减少小汽车的使用率；保护自行车道和自行车的发展，将自行车道和人行道赋予人性化设计，在主要公交站点都应有自行车免费停放站点，其站点设计和功能应该比汽车停放站点更适宜人们的寄存。湖南在建设长株潭城市群的过程中，将低碳消费与“两型社会”建设紧密结合，制订了相应的产业政策和低碳经济战略。

总之，无论是发达国家还是发展中国家，低碳消费已在各国日渐兴起，发展低碳经济，提倡低碳消费已成为21世纪的共识。

第二节 低碳消费行为的特征及影响因素

一、低碳消费行为的概念及特征

与低碳消费概念相比，从行为层面上界定低碳消费行为能更好地借鉴众多社会心理学、环境心理学、消费者行为学等理论的最新研究成果，而且可以为开展具体的实证研究工作提供理论参考。低碳消费行为是消费者为应对全球气候变暖危机，在日常消费过程中以自我低碳意识为导向，以减少温室气体排放为目的的一种特殊消费行为。该行为的特殊之处在于弱化了传统消费者行为理论认为的消费者是为了获取具体产品、服务、体验的某种功能或价值而实施消费行为的观点，高度强化了低碳消费行为的目的是满足个人应对全球气候变暖的危机意识诉求。

根据该定义，低碳消费行为有三大特征：

第一，范畴涉及日常消费的所有过程，包括选择和获取（如购买低碳标志的产品）、消费和使用（如减少开车出行）、处置与废弃（回收再利用产品），因此在实证研究中有必要对三种行为加以区分。

第二，突出消费者在低碳消费过程中的主体作用，即如果消费者认为所采取的消费行为能减少碳排放，则该行为就属于低碳消费行为；强调了消费者对自身消费行为的低碳感知，而非局限于具体的行为细则。

第三，动机来源不仅立足于眼前的经济需求（如节约用水能节省开支），而且关注长远的非经济需求（希望通过减少个人碳排放来减缓气候危机造成的长期负面影响）。

二、低碳消费行为的影响因素

低碳消费行为既受到人们心理因素的影响作用，也被外部环境、条件所促进或阻碍。

（一）心理因素分析

1. 价值观

价值观是根植于文化传统的社会产物，不同文化背景下人们秉持的价值观相差较大。近年来，随着全球经济一体化发展，西方价值观在中国消费者尤其是青年消费群体中日趋流行，而西方消费者在追求个人利益的同时亦注重社会利益和集体利益，强调环境保护。资料显示，70％的美国消费者以环境保护者自居。许多学者发现集体主义价值观影响消费者的绿色消费意图。因为集体主义价值观的特征是强调社会身份、共同承担义务和满足社会期望。当个人价值观倾向主要体现为集体主义价值观，或者体现为关注社会福利、强调个人对环境保护的责任时，个人就更有可能采取低碳消费行为。价值观对个体行为选择发挥着基础性作用，即其对消费行为的直接影响弱，需要通过一些中间变量譬如态度、意愿等发挥作用。

2. 环境态度

环境态度是指环境行为主体对某种具体的、特定的环境行为所存在的一般而稳定的倾向、立场或看法。在环境态度对消费行为的影响研究中，大多数学者都将环境态度视为环境友好行为的重要预测因素，积极的环境态度对环境友好行为具有显著的预测作用。环境态度分为“一般的环境态度”及“特定的环境态度”。一般来说，“特定的环境态度”比“一般的环境态度”对消费者行为具有更强烈的影响。不同于环境态度，环境感受并不会对消费行为产生直接影响，即便人们对环境问题有很强烈的感受(譬如认同温室效应，内心焦虑)，倘若缺乏正面的环境态度，仍然很难改变他们的能源消耗水平及其他高碳排放的消费习惯。这是因为消费者认为个体消费对于减少“温室气体”排放承担的责任非常有限，而把降低碳排放、环境保护的责任寄予政府机构和非营利组织。这说明，仅激发消费者的环境感受是不够的，还需要设法促使消费者产生积极的环境态度。

3.环境知识

环境知识是对资源环境以及问题解决方案的系统认知，具体包括自然环境知识、环境问题知识和环境行动知识。环境知识丰富的消费者对资源和环境问题的前因、后果以及解决方案均有一定程度的了解，更容易表现出低碳消费行为倾向。环境知识对消费者绿色消费行为具有决定性作用。虽然大多数消费者对低碳消费概念并不陌生，有模糊的印象和观念，但并不具备低碳问题知识和低碳行动知识，既不真正了解碳排放带来的问题，又缺乏低碳消费方式、技巧的知识。环境知识的匮乏，使得许多消费者不了解如何有效开展低碳消费，仅仅出于责任感或者因社会规范压力而尝试的低碳消费行为往往可能引致高成本，尝试者更不清楚低碳生活方式带来的现实及潜在利益，对低碳消费行为的持续性、稳定性形成障碍。

4.感知障碍

消费者感知障碍是指人们对从事某项消费活动的不利因素的预期，主要包括感知时间、感知财力和感知效果三方面。低碳消费感知障碍，就是指对低碳消费行为所花费时间、金钱以及所产生效果的预期，反映个体过去的经验和对可能面临阻碍的判断。当个体认为自己拥有的资源与机会越多，对低碳消费行为的感知障碍越少时，就越有可能采取低碳消费行为；反之，则更倾向于回避、拒绝低碳消费行为。

(二)情境因素分析

情境因素是指对个体实施低碳消费行为有影响的外界因素，包括经济刺激、配套设施以及社会规范等。许多学者的研究表明情境变量对于促进或阻碍消费者进行环境友好消费行为具有显著作用。设置回收箱等设施、回收行为方便、耗时短等外部条件的便利性、易于操作性对于促进低碳消费行为具有积极意义，其本质就是通过以低于或大致符合消费者心理预期的成本开展低碳消费行为，也就是能够有效地降低低碳消费感知障碍，从而促进行为的发生。不同类型的低碳消费行为面临不同的实施成本(包括货币、时间、体力、精力)，当这种成本差异较大时，行为的主要影响变量亦将发生变化。当能源节约行为比较容易实施时，态度变量对行为的影响比较大；但当能源节约行为较难实施时，情境因素的影响作用就变得更为重要，比如是否具有经济刺激及强制性法规约束等。

社会规范作为情境因素的一个重要构成，主要包括社会消费观念、社会风气氛围、消费形象标杆等方面，通过对消费者提供榜样参考或施加压力而产生低碳消费行为。前者表现为消费者个体对社会规范的自觉接受；后者则表现为被动的从众行为，即放弃个体的观念、意欲和行为选择，接受参照群体(包括直接参照群体和间接参照群体)对消费方式评价、消费意愿倾向以及消费行为的信息，以此与他人行为保持一致，维护自我形象。在传统的集体主义价值观影响下，我国消费者面临着比西方消费者更大的群体压力，采取从众行为的可能性更大。此外，根据心理控制源不同，个体可以分为内控型和外控型两类，内控型个体对社会规范的影响感知弱，漠视群体压力，主要根据自己的价值观、态度、知识以及意愿行事；外控型个体对社会规范、群体压力敏感，更易采取“从众”行为。由此可以看出，针对不同心理控制源的消费者，需要采取差异化的干预措施以促进低碳消费行为，而内控型个体更可能成为低碳消费的先行者以及引领者。

(三)人口统计特征影响分析

消费者人口统计特征与环境友好行为的关系目前尚未有统一的结论。关于性别与绿色消费的相关性，一些研究指出女性消费者比男性消费者更易进行绿色消费，然而有学者以城市消费者为研究对象，发现男性群体的低碳责任意识明显强于女性群体，更倾向于进行低碳消费。除了性别之外，收入水平、年龄阶段、教育程度等因素均与环境友好行为有关，年轻、教育程度高、收入高及有较高职位的人更倾向于进行绿色消费行为。消费者人口统计特征能够在一定程度上表明其在社会结构中所处的地位和境况，从而为判断其所受心理因素和情境因素的影响作用提供信息，可以通过聚类分析刻画出更倾向于进行低碳消费的消费者群体特征。

第三节 低碳产品的认证制度

一、低碳产品及低碳产品认证的定义

随着全球低碳经济的发展，低碳产品应运而生。低碳产品是人们在日常生活中和工业生产过程中排放的二氧化碳量较少的产品，与环境标志产品相比较，更注重产品的碳排放量的特性，具备减少二氧化碳排放量，从而降低能耗、保护环境等作用，如黑金活炭、电子签章、太阳能产品等。

为了判断产品是否节能减排，各个国家相继推出了低碳产品的认证标准。低碳产品认证，是指全社会为了应对气候变暖，以低碳产品为主体，认证耗能产品是否符合碳排放相关标准，其中包括产品的开发过程、生产过程与消费过程，如果符合标准，最终向用能产品发放低碳标志，从而向社会推进一个新型的、健康的低碳产品采购和消费模式，以公众消费理念的改变来带领和激励企业转变生产模式，开发低碳产品，最终达到减少二氧化碳排放、减缓全球变暖趋势的目的。目前全世界很多国家都在不断开展低碳产品认证项目，均取得了很大的进展与成效。日本、韩国、英国等国家在这方面的发展较快。

二、我国低碳产品认证制度的发展

我国开展低碳产品认证的起步时间较晚。我国在1999年2月开始实施节能产品认证，已发放节能产品认证证书近6万张，获得我国专业节能产品认证机构认证的节能产品企业已超过2500家。国家深深意识到了低碳经济对我国出口贸易以及对我国乃至全球经济发展的重要性，故低碳产品认证势在必行。2010年9月，国家发展改革委员会、国家认证认可监督管理委员会组织召开了“应对气候变化专项课题——我国低碳认证制度建立研究”的启

动会暨第一次工作会议。这次会议标志着我国开始全面开展低碳认证制度的研究。经过了两年多的实践与发展，为了规范我国低碳产品认证工作制度，2013 年 2 月 18 日，国家发布了《低碳产品认证管理暂行办法》，临时作为我国低碳产品认证的执行标准和管理依据。但是随着我国法律法规的不断健全，关于节能产品认证的上位法也发生了一定变化与改进，以往的规定存在一定的缺陷与漏洞，已不再适合，也不能更好地规范和管理我国目前的低碳产品认证工作。2015 年 9 月新的《节能低碳产品认证管理办法》颁布，它既是目前进一步完善与规范节能低碳产品认证制度的重要指导与依据，也是为社会创造公正、公平的认证服务市场环境的有效保障。我国希望通过向产品授予低碳标志，从而向社会推进一个以顾客为导向的低碳产品采购和消费模式，引导公众的消费选择和鼓励企业开发低碳产品技术，向低碳生产模式转变，最终达到减少全球温室气体排放的效果。

三、低碳产品认证制度的国际比较

(一)有关国家政府高度重视低碳产品认证制度的建立和发展

英国的环境、食品和农村事务部，日本的经济贸易产业省，德国的联邦环境部及韩国、法国的授权部门等都属于专门负责环境及可持续发展的职能管理部门。这些都显示了各国政府对低碳产品认证制度发展的重视程度。特别是日本，内阁府于 2005 年 2 月重组“全球气候变暖对策推进本部”，本部长由内阁总理大臣担任，全面负责本部事务及指挥监督工作。该机构的层次之高，说明应对气候变暖已经被纳入日本国家最高决策机制中。同时，日本还采取了其他相应举措：①增设或强化应对气候变暖的组织机构。②推出若干指导低碳经济发展的行动纲领和政策，标志着日本已经初步形成构建低碳社会相关问题的政策框架。③推出了“碳积分制度”，使低碳建设深入人心，调动全民参与碳减排。然而，这些国家目前都缺乏关于低碳产品认证制度的直接法律和直接政策措施，由此可以看出，全球低碳产品认证制度的发展还处于边探索边实践阶段。

(二)有关国家的认证机构具有较强的行业优势

英国的碳信托是私有企业，具有较强的独立性和行业优势，自成立以来，已经为超过 5000 种产品、200 家企业进行了碳足迹认证，并为政策决策者提供了建议。英国除了环境、食品和农村事务部以外，有 214 家地方政府碳管理委员会，有 49 家医疗机构、65 所大学进行碳管理，每年为英国减少 117.5 万吨的二氧化碳排放量，每年节约成本 1.06 亿英镑。在日本，早在 2008 年，由来自企业、大学、科研机构的 12 名专家组成的内阁低碳社会咨询小组成立，专门讨论创建低碳社会的相关论题，为政府决策提供咨询。

(三)有关国家采用了国际上主要的碳足迹评估标准，但各国标准仍难统一

目前国际上采用比较多的低碳产品认证标准是 PAS2050、日本的标准仕样书(TS Q0010 标准)和国际化标准组织的 ISO 14067 标准。但各个国家低碳产品的认证标准不统一，英国、日本采用本国的低碳标准，德国、韩国则同时借鉴两种标准；法国的“Grenelle 2”法案是多指标的标签体系；我国的低碳认证标准实际上借鉴的是国际标准化组织的 ISO 14001—14063 的部分标准。

(四)LCA(生命周期评价)数据库

有关国家采用了全生命周期的 LCA(生命周期评价)数据库，但普遍缺乏具体产品的碳足迹信息。

LCA数据库的统一是实现其普及和可信化的前提。LCA数据库需要定期更新和提高精确度，以实现国际范围内的单一化和统一化。经济发达国家虽大多采用LCA数据库，但由于产品种类繁多，生产过程和工序多样，再加上受现有技术水平的限制，很难获取具体产品的碳足迹信息。一些国家内部的LCA数据库就不统一，存在多种产品LCA数据库的情况。LCA方法作为一种专门的评价方法，对象复杂多变、范围广、工艺多样，因而难以统一。

（五）大部分国家的企业自愿申请低碳产品认证，也有少部分国家颁布了相关法律

除法国针对环境立法以外，大部分国家都是按照自愿原则鼓励企业、组织和消费者参与环境保护。与其他国家政府主导的低碳产品认证方式不同，法国的碳标志计划分别由法国超市连锁Casino公司和E. Leclerc公司首批自愿引入。但法国政府也有规范，并于2010年得到国民议会采纳，于2011年实施了强制性的环保内容。美国针对环境有立法，但是各州之间并不统一。英国、日本、德国、韩国等国家的企业积极配合国家低碳产品认证的相关政策，自愿采用碳标签注明该产品在生产、运输和配送过程中所产生的碳排放量。

（六）有关国家的企业社会责任意识较强，消费产品的认证品种范围广

英国获取低碳产品认证的主要是消费产品。在日本，农产品、蔬菜作为日常所需，已经部分获得低碳认证。德国、韩国、法国获取低碳认证的消费产品品种范围较广。以韩国为例，2009年2月发布低碳认证指南，3年内获取低碳产品认证的企业已突破100家。同时，韩国在全球率先推出低碳农畜产品认证，环境部于2012—2013年以大米、苏子叶、生菜、苹果、梨等5种农产品的种植户为对象进行试点，并于2014年起进行全面推广。与这些国家相比，我国的低碳产品认证与经济发达国家的尚存在较大的差距。

四、我国低碳产品认证制度存在的问题

（一）我国低碳产品认证形式过于超前

从国外低碳产品认证的实施情况可发现，目前，国际上根据技术发展以及民众对低碳的认知程度，一般把低碳产品认证分为三个阶段。

一是自我声明阶段。这一阶段要求企业就自己产品在全生命周期中的排放情况进行自我声明，使供应链下游及消费者了解单位产品的温室气体排放情况。如英国Carbon Trust公司于2006年推出碳标签制度和日本经产省于2008年发布的自愿性碳足迹标签，都是基于企业自我声明的低碳认证形式。

二是相对减排阶段。在这一阶段，企业就自己产品的温室气体排放进行承诺，在一定时间内实现相对减排目标，使生产企业朝着低碳生产的方向发展。如韩国环境部于2008年开始试行的低碳认证标识和泰国温室气体管理办公室于2008年推动的低碳认证标识计划，都是要求企业提供产品未来基于基准年的相对减排量。

三是绝对减排阶段。在全行业的碳排放情况都清楚的前提下，制定针对典型产品的单位产品温室气体排放限制，满足要求的进行鼓励和支持；不合要求的通过一定方式（如碳交易或碳中和等）强制减排，甚至退出市场。

国外目前也仅处于第一阶段和第二阶段之间。从第一批纳入低碳产品认证目录的硅酸盐水泥、平板玻璃、铝合金建筑型材和中小型三相异步电动机等4类产品低碳认证技术规范和相关实施规则来看，我国的认证形式直接进入第三阶段，即直接设立行业先进水平线，达到行业先进水平线的企业产品通过认可被认定为低碳产品。但是对于绝大多数产品而言，

都缺乏行业基础排放数据，更别说行业先进线定在哪个水平合适。因此，采取这种认证方式，认证工作难以全面铺开。

鉴于我国的低碳产品认证处于起步阶段，建议以后在增加产品低碳认证模式时考虑先从第一阶段开始，使企业和消费者逐渐认识和接受低碳的理念，然后再分步实施，逐渐达到绝对减排的目标。

(二)我国低碳产品认证采取的评价方式与国际不接轨

国外正在开展的低碳产品认证采取的是全生命周期评价的方式，而我国的低碳产品认证只考虑生产加工阶段和使用阶段的碳排放。虽然第一批的4类产品在生产加工阶段和使用阶段的碳排放占其全生命周期碳排放的比例较大，但此种认证评价方式与国际不接轨，必然导致评价结果难以互认的问题。

当然造成这个问题的主要因素是单位材料的基础温室气体排放数据欠缺。产品低碳认证的量化核算是衡量一家公司温室气体管理水平的重要指标之一，同时，自身温室气体核算过程也是检验和提升自身管理水平的重要手段。对中国公司而言，量化核算方面的提升空间很大。然而缺乏数据，量化管理便无从谈起。因此，许多公司在相关战略与管理上可以侃侃而谈，但真正能够提出明确的减排计划并设定减排目标的公司却寥寥可数。

由此可见，关于碳排放的数据搜集管理将会成为中国产品低碳认证之路的主要障碍之一。切实关注气候变化的公司必须尽快跨越这一障碍——数据问题。企业应将低碳战略结合到日常的生产经营中，切实管理好生产经营中的气候变化问题，仅有理论是不行的，必须要有数据的支撑。因此，碳排放的数据收集体系就显得尤为迫切。缺乏数据支持就必然增加产品最终低碳认证的不确定度。

产品低碳认证可以帮助确认产品整个生命周期的减排空间，并能促进环境友好的消费方式，但目前由于标准的不统一和缺乏可用基础数据，还不能达到所有的目标，尤其是针对不同客户端要求可能不能达到必要程度的精确度。同类产品的认证比较必须在同样的竞争标准下才有价值，所以低碳产品认证迟迟未能全面推行。

第四节　促进低碳消费的心理策略及政策干预

一、促进低碳消费的心理策略

与低碳消费有关的心理变量有以下几种：

1.从众心理

心理学家Myers认为从众(conformity)是个体在真实的或想象的团体压力下改变行为与信念的倾向。人们的实际消费行为往往受到从众效应的影响，也就是说人们的消费行为有时并非全由个人意愿决定，社会因素也起着一些作用。从众心理影响着高碳消费低碳化行为以及对低碳产品的购买与使用行为。如果“低碳消费”作为大家都愿意进行的消费行为，那么群体中就会有越来越多的人倾向于接受“低碳消费”这个概念，并可能更有意识地进行低碳消费这一行为。当一批人理解并且接受“低碳消费”这一消费观，或者成为“低碳”人群的时候，就会产生从众心理，影响另一批人。特别是与社会主流文化相一致的行为，在宣传倡导过程中需要有意地将“低碳消费”塑造成与社会主流文化相一致的，并且是可被模仿的行为。

居民之所以会存在从众行为或从众心理，是因为居民无形之中进行了成本收益的分析。从众隐含的一个前提条件是人都是理性的“经济人”。理性的“经济人”是自我利益的最佳判断者和追求者，所以其最终的消费行为一定符合其个人的效用最大化法则。既然其消费行为符合效用最大化法则，那其他居民出于减少搜集信息成本的需要可以去模仿他的行为。此外，从众行为或心理在一定程度上满足了居民心理不确定性的需求。在不确定的情况下，从众可以增加一定程度的心理满足效用。从众的结果有三种：第一种是跟随参照标准一起失利，但是其相对地位没有发生改变；第二种是跟随参照标准一起获利，这种获利不会使跟随者的相对地位发生大变化，但是其绝对位置可以得到提升；第三种是跟随参照标准一起获取零利润，从而既不改变其相对位置，也不改变其绝对位置。综合这三种情况可以看出，从众的结果至少不会降低个人的相对社会地位，这无形之中又是一种效用。在收益大于成本的情况下，居民自然采取从众行为。在现今社会中多数居民进行低碳消费，所以其他人也会因从众而进行低碳消费。

2.炫耀性消费

炫耀性心理对居民低碳消费的影响比较显著。心态较平和的居民往往更加注重低碳消费，喜欢攀比的居民则倾向于消费高碳产品并且不大注意节约。炫耀性消费有其深层次的社会原因：由于人们长期生活在物质资源匮乏的环境中，因此他们格外重视物质消费，甚至相互之间炫耀消费的物质资源。通过消费大量的物质资源进行炫耀的行为属于高碳消费。当高碳消费群体逐渐膨胀时，出于身份、地位等需要，人们逐渐接受、购买高碳产品或高碳资源并养成习惯，最终导致高碳消费群体的规模越来越庞大。但是，在中国规模庞大的高碳消费群体中有相当一部分消费者是尚不完全具备消费实力的“参照群体”。在这部分居民看来，是否拥有某些奢侈的高碳产品已成为能否进入高层次社交圈的标志，进行高碳消费，可以提高他们的社会地位。

对于高碳消费居民来说，他们进行高碳消费所付出的只是一定量的货币成本，而得到的收益却不只是高碳产品的使用价值所带来的消费者效用，更多的是由这些高碳产品所代表的社会价值所带来的效用：第一，它提高了居民的社会地位，满足了居民的虚荣心；第二，它可以使居民进入一个更富有的交际圈，而这个交际圈在未来可以给居民带来很多便利。在收益大于成本的驱动下，理性的消费者选择高碳消费。但是，高碳消费具有外部不经济性，高碳消费的个人成本小于社会成本。心态平和的居民认为炫耀性消费是不必要的，他们更在意自己真正的幸福感。这类人认为攀比是无止境的，攀比可能使他们身心疲惫，毕竟人外有人。与其这样累着，不如好好地享受自己现在的恬然生活。这类人比较务实，懂得活在当下，享受在当下。

3.利他主义与生态价值观

利己价值观和利他价值观基于不同的机制影响着人们对于环境的关注，而生态价值观则使人们关注整个自然环境的内在价值，强调人类是自然的有机组成部分，价值观、认知能力、对环境保护的知识、个人规范等因素影响人们的环保行为。还有一种叫作“生态价值理论”，其将消费者分为亲环境型消费者和自利型消费者，前者往往较后者更有意愿实施亲环境行为。可能社会中并非每个人都能够接受“低碳消费”这一观念，在宣传和倡导中，发挥人性中的善，倡导利他主义和生态价值观，更有针对性和更具意识的方式将可能会有更大的效用。

4.需要层次理论

根据马斯洛的需要层次理论，人的需要被分为五个层次，由低到高依次为：生理的需要、安全的需要、归属和爱的需要、尊重的需要和自我实现的需要。前四种合称为基本需要或缺失需要，自我实现的需要称为高级需要或成长需要，低层的基本需要得到满足之后，较高级的需要就会出现。值得详述的是：在这个概念中，并不是说一定要完全满足了较低一级的需要后人才会追求较高一层的需要，大多数情况下，部分满足较低一级需要就会促使人追求对高一层需要的满足。可以说，随着社会经济的发展以及人的心理发展，在出于对尊重需要的追求时，人在消费行为上就会开始追求更高层次的消费，取得别人的注视与尊重，这也能解释为何"低碳消费"这一概念是由发达国家所提起，并且在国内也呈现出高学历、高收入阶层更倾向于低碳消费。不过民众进行高碳或者低碳消费并不仅仅是根据不同的需要，社会资源的缺乏等多种客观因素也会导致处于追求尊重需求的个体进行高碳消费。

二、促进低碳消费的政策干预

低碳消费受外部的社会规范、法律及制度等要素的影响。因此，在推进低碳消费行为的过程中，应积极引导消费者转变消费观念，在追求生活舒适的同时注重环境保护，节约资源和能源；同时加快资源使用、环境资源保护相关政策的制定与执行，对低碳消费行为实施有效激励。为此，制度政策应做好以下几个方面的工作。

1.传播低碳消费信息，树立低碳消费观念

目前很多消费者都能够意识到节能减排、保护环境的重要性，却不知道如何来实施低碳消费。因此，有必要向消费者提供与他们特定生活条件相适应的有关气候变化、环境污染的信息来改变人们的消费态度，促使亲环境或亲社会行为的形成。当消费者逐渐意识到资源枯竭和环境污染问题的严重性并亲身感受到这些危害时，他们的消费态度和消费行为倾向也会随之改变。例如，"碳足迹"的计算就是一种具体、有效的方式，消费者可以清楚地了解到使用100度电等于排放大约78.5千克二氧化碳；驾车消耗100升汽油大约排放了270千克二氧化碳；乘飞机旅行2000公里大约排放了278千克二氧化碳等，通过确定自己的"碳足迹"来了解"碳排量"，进而约束个人行为以达到减少碳排量的目的。作为市场经济的主体，企业在推进低碳消费行为中有责任寻求更加有效的方式，为消费者提供关于其产品"碳足迹"的更多信息，并帮助产品的购买者接受可持续性更强的消费行为方式。简明易懂的信息能够帮助消费者在购买决策时做出正确的选择。现如今已经有厂商将"碳足迹"数字标注在其产品包装上，"碳足迹"标志会注明该商品在生产、包装、运输和使用过程中产生的大致排放量，以此来引导、教育消费者通过购买此类商品减少碳排放量。例如，"联想"正在搜集自己的电脑在制造过程中的相关信息和资料，对"碳足迹"进行计算，进而为"联想"产品贴上一个"碳标签"。

2.对低碳消费行为进行奖励

如果消费者获得的信息表明他是一名低碳消费者，他将会以一种更加积极的态度来继续他的行为方式。也就是说践行低碳消费行为，不仅有利于消费者获得来自社会、他人和自我的奖励，同时避免来自社会、他人和自我的惩罚；而且，低碳消费行为能够激励消费者形成积极的社会价值观，有利于个人的身心健康发展，最终导致消费者对低碳产品和服务的强烈需求。激励可以是经济的方式，也可以是非经济的方式。消费者对能源节约行为带来的不同收益，如环境收益与经济上的节约赋予不同的权重。研究发现，通常消费者的能源价格意识要比环境或社会责任态度对能源节约行为有更大的影响。所以激励应该让消费者明白，能源节约在可以获得生活舒适性的同时，也能够实现经济上的节省。例如，阶梯水价制度对定额以内的用水实行低价，对超过基本用水量的部分实行超量累进加价。与传统的单一计量水价制度相比，这种计价方式既能保障低收入家庭的水消费需求，又能体现公平负担成本、合理保障收益、提高用水效率的目的。再如，日本在全国实施"环保积分制度"，对购买符合节能标准的空调、冰箱和数字电视机的消费者返还"环保积分"，所获积分则可以兑换消费券。

3. 发挥社会团体的影响力

社会团体通常具有分布广、与社会各阶层接触多、社会公益性强等方面的优势，因此可以借助社会团体的力量加强对消费者进行低碳消费行为的宣传。例如，环保组织的宣传加强了消费者的环保意识，而且这些环保组织每年还可以吸引不少人士主动加入到环保宣传工作中来。参加环境保护组织的消费者可以相互观察组织中其他成员的行为，也更可能表现出亲环境的行为，并且容易实现长期的行为改变。环境保护组织不仅为消费者提供了直接参与保护环境的机会，而且更为重要的是可以反馈他们的行为。同时，社会团体因为能够承担政府难以深入的领域和社会层面的宣传工作，进而能帮助政府完成引导并推进低碳消费中的一部分职能，有时还能进行更为专业和客观的评价工作。例如，总部设在荷兰阿姆斯特丹的国际绿色和平组织由分布在30个国家的43个分会组成，在世界环境保护方面做出了较大的贡献，包括：禁止输出有毒物质到发展中国家；阻止商业性捕鲸；50年内禁止在南极洲开采矿物；禁止向海洋倾倒放射性物质、工业废物和废弃的采油设备；停止使用大型拖网捕鱼；全面禁止核武器试验等。

复习思考题

1. 什么是低碳消费行为？低碳消费行为具有哪些特征？
2. 列举生活中低碳消费行为的例子。
3. 思考如何优化低碳产品的认证。
4. 思考影响你进行低碳消费行为的因素。
5. 试述哪些政策的出台会促进你进行低碳消费。

【案例分析】

中国拉动低碳消费引导绿色生产

"看世博会，用世博家电才最爽。"虽然这只是借世博"东风"营销的广告词，却传递着绿色低碳的消费理念。

在上海世博会举行期间，各类世博家电，即符合世博会低碳、绿色、节能标准的"上海世博会的家电类特许产品"在中国上市后，获得消费者的青睐。中国知名零售电器销售集团之一国美电器的"世博家电"自3月份上市至6月初，销售额迅速占到家电整体销售额的

30%,成为增长最快的家电品类。

"消费需求决定生产模式,通过培养低碳消费习惯、拉动低碳消费需求来引导绿色生产,是中国大力发展低碳经济路径的必然选择。"中国社会科学院城市发展与环境研究所所长潘家华3日在南京举行的上海世博会"环境变化与城市责任"上说。

与会专家在论坛上表示,中国作为一个负责任的大国,如何重视低碳消费习惯的培养,力促低碳经济发展,已成为不可回避的话题。尤其是在后哥本哈根时代,中国的节能减排所面临的国内、国际压力持续上升。

虽然低碳消费目前在中国越来越受到重视,却仍存在一些发展中的困难。一方面,大多数企业对低碳消费仍存有保留心态;另一方面,消费者对于低碳产品的认知程度不足。

一些企业表示,低碳产品本身存在开发难度大、成本高等不利因素。如果不从根本上确立低碳消费市场的稳定性和持久性,企业很难不倾向于生产工艺成熟、开发周期短、投入相对较小、获利快的传统型产品。

参加论坛的嘉宾认为,低碳经济涉及生产与消费两端,但从根本上来说,观念是行动的前提和先导,在中国推行低碳消费方式必须从培养市民观念入手。

"作为消费的主体,每一个城市居民都应该积极行动起来,倡导绿色的出行方式,采用低碳的居住方式,使用高能效的家用电器,积极树立节能是最清洁能源的意识。"国家能源局局长张国宝说。

目前,在北京、上海、河北、江苏、广东等省、市,越来越多的地方政府积极开展"低碳消费"的宣传,在民间普及低碳知识和低碳消费的益处。

除了从消费习惯入手提高社会对低碳产品的认知度外,中国政府还通过财政补贴的方式大力推广低碳产品,培育低碳消费市场。

2008年至2009年,政府通过财政补贴方式已推广节能灯2.1亿只。从2009年6月1日起,以财政补贴方式推广高效节能空调,使得高效节能空调的市场占有率从2008年的5%上升到2009年底的50%,仅这一项就节电15亿度。2010年起,中国政府还将继续对节能汽车、节能电机采用财政补贴的办法进行推广。

"消费需求决定生产方式。对于中国的产业界而言,政府对消费市场的培育,以及消费者的低碳消费需求的养成,势必会大大加强产业界选择绿色生产的动力。"远大空调有限公司董事长兼总裁、联合国环境署可持续建筑促进会副主席张跃说。

中国环境保护部环境发展中心主任唐丁丁在论坛上表示,除了进一步限制高碳企业生产,实施严格的碳排放标准审批措施外,中国政府还着力推进中国环境标志低碳产品认证工作。通过政府有力的有形之手和市场的无形之手联动,更好地帮助消费者在消费过程中进行判断和识别低碳产品,同时倒逼生产企业选择绿色生产之路。

(资料来源:新华网,2010年7月3日)

思考题

1. 分析国美电器的"世博家电"取得销售成功的原因。
2. 你认为中国应怎样开展低碳消费习惯的培养?

第十八章

居民网络消费行为

学习目的与要求

- 了解电子商务与网络消费的概念；
- 掌握网络消费者行为模式与传统消费者行为模式的区别；
- 熟知网络消费者及其行为特征；
- 掌握网络消费安全与网络消费者行为。

导入案例

解读：马云口中的“新零售”到底为何物？

2016年10月，马云在杭州云栖大会上提出未来五大新趋势：新零售、新制造、新金融、新技术与新能源，并称未来这五个新的发展将会深刻地影响到中国、世界，及未来的所有人。其中就第一个新——新零售，他认为：纯电商时代已经过去，未来十年、二十年没有电子商务这一说，只有新零售这一说，也就是说线上、线下和物流必须结合在一起，才能诞生真正的新零售。

“新零售”概念抛出后迅速引起了大众热议，马云口中的新零售为何物？今天让我们一起来深入了解这个牵动着零售业未来发展的新概念。

何为“新零售”？

其实，在此之前新零售一词就已经在业界出现过，而马云这次的提出，使其作为一个正式的名词流传开来。对于新零售的定义，目前尚无统一的说法，我们收集了业界精英们对新零售、零售业趋势的定义，或许能从多个方面为大家解读新零售更深层次的意义。

阿里巴巴集团董事局主席马云：互联网时代，传统零售行业受到了电商互联网的冲击。未来，线下与线上零售将深度结合，再加现代物流，服务商利用大数据、云计算等创新技术，构成未来新零售的概念。纯电商的时代很快将结束，纯零售的形式也将被打破，新零售将引领未来全新的商业模式。

阿里巴巴集团CEO张勇：利用互联网的思想和技术去全面改革和升级现有的约30万亿社会零售商品总量，使得中国消费者日益升级的消费需求可以得到有效的满足，使得整个商品生产、流通、服务的过程因为互联网、大数据的广泛运用变得更加高效。

小米科技创始人雷军：我觉得不管是电商，还是线下的连锁店、零售店，本质上要改善效率，只有改善效率，中国的产品才会越来越好，中国老百姓的购买需求才会极大地释放出来。

乐语通讯总裁朱伟：新零售实际上有三个关键词——更智能、更新奇、更好玩。所有老百姓已经从传统的物质消费进入了精神消费，很多的商品不再是必须需求，但是玩乐一定会成为大家共同的追求所在。

海尔集团电商 CMO 曾庆俐：我们希望企业和用户能够真正融为一体，来创造最佳的用户体验。对于用户来讲，大规模定制化的解决方案，真正实现用户和企业零距离。对企业来讲，达到互联工厂新模式，要颠覆现有（家电）行业制造的体系。

亿欧公司创始人黄渊普：零售是一种方式。我理解的新零售是更加全面地通过整个线上、线下融合，利用先进的技术，收集 C 端消费者的需求，去反推整个生产，以达到 C2B 完全无库存销售。

总结起来，新零售的最大趋势是线上、线下相结合，而以往电子商务冲击传统产业的说法也将被否定，电商与线下实体商业，应该由原先的独立、冲突，走向混合、融合，通过精准化、体验为主的模式，去了解消费者，满足并引导消费需求，已达到消费升级。对零售商而言，也能通过预测消费数据，把控生产，达到零售升级。

在新零售概念的影响下，零售业的发展趋势已逐渐清晰。在讨论新零售的未来方向和市场机遇之前，我们先来回顾中国零售业这些年的变迁，再来看新零售之后的可能。

新零售往前

回顾中国零售业的发展，从传统零售业态到今天的互联网化，经历了不断分化重组的过程：

最初的商店，基本都是专业店形式。之后传统专业店重组，百货公司流行，20 世纪 90 年代以前，以国有大型百货业态为主。到 1992 年尤其是 1996 年以来，连锁超市成为市场主体，且有现代专业店、专业超市、便利店等多种业态并存。

但是同国外连锁超市相比，中国连锁超市的规模明显偏小，从 2000 年的销售额看，中国连锁超市的龙头企业联华超市仅及沃尔玛的 1/80。且国内各大连锁超市间竞争激烈，市场由此进入了整合期。2000 年左右，结合百货与超市的大型综合超市、折扣店等纷纷出现。这时国外一些大的零售企业也已陆续进入中国，如家乐福。

再往后，大型综合超市数量迅速增长，同时结合多种零售业态及服务业态的购物中心开始遍布消费区，并向着去百货化，以娱乐、餐饮、服务、休闲购物为一体的综合性购物中心发展。国内零售业呈现多样化的繁荣格局。

但此时，对传统零售业来说，一个高速增长的生存威胁正在悄然形成——互联网的强势来袭，极大地冲击着传统零售业的发展。在电商冲击下，图书、服装、家电等领域的实体店受伤最大，部分百货店经营困难甚至关闭，传统百货商场经营景气度持续下降。在 2013 年左右，零售业又迎来了移动化浪潮。移动互联网在影响零售业发展的同时，也改变着消费者的消费观念和习惯，随着互联网的深入，零售业线上与线下销售状态呈现天壤之别。同时电商的重心也从 PC 端向移动端转移。

到了 2015 年，电商发展已经走入了平稳增长期，此时互联网＋、O2O 火热，不少零售企业开始探索与互联网相结合的商业模式。

2016 年以来，中国零售业出现了很大的动荡，纯电商流量红利消失，大型零售超市关店潮来袭，连19年来“零关店”的大润发也首次关店。整个传统零售业呈现增速放缓、利润下降的趋势。覆盖实体店、电商、移动端和社交媒体的新零售体系的出现，似乎成了解决零售业发展难题的最优解。

新零售往后

新零售往后，即新商业时代。当前，中国零售线上、线下同时面临增速压力，线上、线下全渠道的融合自然而然成了创造新增长的动力。这样的趋势在2016年以来就已出现：很多互联网企业开始向线下布局，科技领域如小米，不久前雷军表示2017年会开两三百家线下小米之家零售店，未来争取开1000家线下店；电商领域如当当网、亚马逊开设实体书店，及亚马逊推出便利店。与此同时，一些线下传统零售企业也在往线上延伸，如永辉超市联合京东布局O2O、电商；宜家家居在上海试水电商。

可以看出，线上和线下的边界越来越模糊。就整个零售业来说，竞争不再来源于线上和线下的模式，而开始回归零售的本质：谁能更高效地服务消费者。其实商业的规律很简单，于零售而言，虽然消费在升级，但其本质和基本法则并没有变，升级的只是各种形式和手段。

目前，从我国的零售环境与业态现状来分析，主要有以下四个趋势：

1. 线上、线下趋于统一化、专业化。其实，消费者最开始选择电商消费的主要原因，不外乎零售店的体验不好，且价格昂贵。随着线上、线下及物流的融合，未来零售体或将统一价格、质量、体验等方面，打破卖家秀与买家秀的落差，提供专业的服务、产品给消费者。

2. 大型零售体或将面临整合重组。过去，品类丰富的大型综合超市拦截了大部分小超市的生意，如今，它们反过来要被社区型小型零售体所影响。随着社区消费趋势铺展开来，社区化将成为零售行业未来发展的重要方向。像沃尔玛、塔吉特，已经在国外开始做小型实体零售门店服务了，人口密集处的邻里社区型门店是它们瞄准的方向，相信这样精细化运营的门店也很快会在国内出现。

3. 体验式消费、个性化服务融入消费者生活。随着用户消费需求的差异明显，一些个性化、创新性的消费模式将更受欢迎，如小众品牌的买手店模式。随着消费体验的优化，消费者的购买力会提升，企业也会从中受益。

4. 企业生产更智能、科技化。随着线上、线下的结合，需求及生产供给信息相互融合，从生产到消费可以通过大数据等科学技术预测，以控制产能，全面消灭企业库存，提高效益。

结语

尽管移动互联网给零售领域带来了很大挑战，但总体来讲还是机遇更多，现在零售业正处于新的升级阶段。而且在全球范围内，中国零售业整体发展呈良好态势，据仲量联行发布的《全球零售目的地》(*Destination Retail*)研究报告显示，中国成为亚太地区发展最为迅猛的零售业市场，其中北京成为全球增长第三快的零售市场。而新零售的到来或将为中国零售发展带来新的转机。

（资料来源：联商网，2016-10-18）

第一节　电子商务与网络消费

电子商务是基于先进的计算机网络技术和通信技术平台，在电子空间进行电子交易的新商务模式。它的出现使得传统的市场概念在量的范围内发生了很大的变化，既有时间维度上的扩张，又有空间维度上的拓展。电子商务企业通过电子渠道，以无店面的经营方式降低成本，突破了地域限制，不仅能在最广泛的范围内销售商品，而且能提供更多样化的商品以满足客户，突破了交易时间和空间场所的限制，从而大大提高了交易效率。因此，面对巨大的商机，各类购物网站纷纷建立和发展起来。在线交易网站 eBay 和著名电子商务网站亚马逊的迅速发展，向人们展示了电子商务的巨大应用前景。世界上第一笔网上交易在1994年完成，而中国在1998年才迎来了第一笔网上交易，迄今电子商务在中国已经走过了近20年的风雨历程。

在电子商务初期，网上购物几乎就是电子商务的全部，但随着网络的快速发展，电子商务的日渐完善，网上购物变成只是电子商务的一部分。网上购物的迅速发展，在网上商品和网上购物人群等方面都有着明显的体现。网上商品越来越丰富，从最初的家庭日用品、图书、音像制品，到现在的通信产品、电子产品。消费者对网上购物这种新的购物渠道也越来越表现出关注和兴趣，网上购物大军不断膨胀。巨大的网民规模为网上购物提供了广阔的发展空间。

中国网购实践说明，网上购物在国内走过了一条从被怀疑、观望到被肯定的道路，网上购物数量每年都在增长，“11.11”“6.18”“8.18”等电商促销节越来越多，网购如今正在被越来越多的用户了解和肯定，将会更深入到普通消费者之中。尽管目前中国网购还存在着种种问题和困难，但网上购物仍然会是商家和消费者都喜欢的方式，网上购物的发展和增长速度会越来越快。任何事物发展的道路都是曲折的，网购产业也是如此。相信随着我国网络环境的不断改善和网民的不断增加，会有越来越多的企业和个人加入到网购潮流中来，我国的网络购物市场必定会越来越繁荣。那么对于电子商务环境中网购的探讨意义深远，只有在深入了解网购的基础上才能更好地利用这一资源，从而使网购环境更加安全，商家操作更加规范，用户权益得到更好的保障。未来网购市场将会更加完善、合理。

据阿里巴巴实时数据显示，2016年11月11日15时19分13秒，交易额超过912亿元(2015年双十一全天成绩)，又一次刷新了中国乃至世界电商史上的奇迹；2016年11月12日零点，2016天猫双十一全球狂欢节正式落下帷幕，最终交易额为1207亿元，其中无线交易额超912亿元。同时京东交易额同比增长59%；苏宁易购全渠道增长达193%，线上增长达210%；国美在线交易额增长268%，移动端交易额占比达72%。2016年的双十一见证着传统零售和电商企业逐步融合与共赢，这也反映了中国消费的变迁与升级，中国开始进入了线上、线下、物流、技术和数据完美结合的新零售时代。

2016年电子商务与网络消费新特点为：

1.线上、线下融合，新零售的颠覆式创新

2016年的双十一最大的变化就是真正开启了新零售的颠覆式创新，天猫双十一期间线上、线下打通的店铺超过100万家，实现全渠道的无缝打通：试衣间线下体验店整合了天猫100个热销潮牌，通过线下的体验感弥补现代网络购物带来的试装空虚感；40个淘品牌入驻银泰百货，包括茵曼、七格格、鹿与飞鸟、日着、迷阵等，全面实现货品、价格、仓储、物流、结算的线上、线下融合。

2016年双十一的优衣库更是强势来袭，玩转新零售，精选商品官网和全国门店同步优惠5折起，推出网上下单，24小时内全国400多家门店速提服务，不到10个小时天猫旗舰店就售罄，线下门店排起长队。

从双十一火热的场景背后可以发现，很多品类里国产品牌占据了越来越大的优势，在消费升级的大趋势下，供给侧改革的成效已经显现，国产品牌销量增速高于国际品牌，凭借互联网技术创新、善用多元化的营销手段和服务优势，中国品牌正在崛起。但就在电商狂欢的“双十一”这一天，国务院办公厅发布《关于推动实体零售创新转型的意见》，提出要推动实体零售实现三个转变：由销售商品向引导生产和创新生活方式转变，由粗放式发展向注重质量效益转变，由分散独立的竞争主体向融合协同新生态转变。通过加快结构调整、创新发展方式、实现跨界融合、优化发展环境等一揽子政策措施，增强实体零售的创新力，提升商品和服务的供给能力及效率。

近年来实体零售一直被唱衰。一方面，互联网经济的高速发展给实体店带来不小冲击；另一方面，实体店铺租金每年20%的增长速度、过高的土地成本和房地产价格也使实体零售业的生存环境进一步恶化。而随着线上纯电商的流量红利热潮减退，很多互联网企业也都开始探索线下模式。2016年的“双十一”，各企业的全渠道布局，线上、线下供应链、物流、用户数据的打通，也就意味着实体零售与电子商务的商业形态不再对立，融合发展成为必然趋势，进入线上、线下融合的新零售时代。

未来电商和实体店的竞争更多的不是商业模式的比拼，而是服务体验的较量。给消费者提供更优质的产品、更愉快的购物体验，满足更多差异化的用户需求才是赢得消费者的王道。

2.直播、VR点燃双十一

2016年双十一前夕，阿里巴巴推出“Buy+VR会场”，用户通过复制”Buy+”口令进入VR购物场景，实现在美国、澳洲、日本等七大国际数字超市自主浏览。阿里巴巴方面公布的数据显示：11月1日上线当天的第一个小时就吸引了近3万人进入体验，截至10号，已有近800万人次使用了该产品，其中76%以上是“80后”，真实的场景搭建极大地吸引了消费者。

2016年双十一期间，阿里巴巴和京东这两大巨头都在直播推广上不遗余力，阿里巴巴几乎邀请娱乐界的半壁江山来参与双十一购物直播；而京东开启连续12个小时的超长明星表演和京东送货直播秀，用户可以边看直播边参与秒杀，期间更有刘强东直播秀厨艺。除京东外，苏宁也通过直播平台向用户投放了大量的红包、推送了特别直播节目。名人直播打造出的沉浸式营销既引爆眼球，也形成了品牌背书，增强了用户的购买信心。

3.人工智能、无人机新奇技术齐上阵

阿里巴巴“双十一”晚会最惊喜的应该是阿里云ET的亮相，不仅当场秀出强悍的语音识别功能和交互能力，与主持人华少全程无缝交流，还表演“魔术”震惊全场。阿里云ET体现的就是阿里强大的系统计算能力。据了解，ET目前已经开始在淘宝天猫担任客服等角色，未来将有更多商家借助人工智能技术实现运营。

京东、亚马逊纷纷将无人机、无人车投入物流配送环节。京东从整个物流线的仓储调配到最终端的配送，已经全面启用智能化设备，从无人仓、无人机到无人车，共同进发，一同为用户提供更高效、流畅的购物体验。无人仓解决仓储环节的繁杂程序和大量人力占用等问题，而无人机和无人车则在配送上解决乡村和城市最后一公里的终端配送问题。

第二节 网络消费者行为模式与传统消费者行为模式的区别

AIDMA是典型传统消费者行为模式，企业主通过大量的电视、广播、报纸、杂志来宣传其产品，通过反复不断地播放广告，试图引起消费者的注意，进而激发起兴趣和购买欲望，让消费者记住其产品，最终产生购买行为。在这个卖方主导的时代，广告商掌握着大量的产品信息，而消费者没有。由于信息的严重不对称，广告商利用强大的媒体力量，广泛地散布产品信息，消费者缺乏方便、快捷的反馈渠道，只能被动地接受。

当互联网作为一种全新的媒体到来，电视、广播、报纸、杂志被冠上"传统"媒体的标签。交互式的新媒体正在改变消费者的行为习惯，一种全新的消费者行为模式——AISAS(网络消费者行为模式)应运而生。相对于传统的AIDMA，AISAS加入了互联网的典型特点——Search(搜索)和Share(分享)，消费者不再是被动地接受产品信息，而是主动去搜寻。这是Web2.0时代带来的主要变化：搜索引擎赋予消费者搜寻信息的权利，人们可以通过网络搜寻自己想要的精准的信息。在购买行动发生前，消费者往往会上网去搜寻产品信息，并且与相类似的产品进行比较，再做出购买决策。而且随着社区、论坛、BBS、QQ、微博、SNS等社交媒体的出现，消费者不单单只是信息的接受者，而且还可以作为信息的发布者，将购物经历与体验发布到网上与其他消费者进行交流，为其他消费者的购买行为提供依据。然而，在AISAS下，一方面，虽然消费者的地位得到提升，但是以广告为核心的营销模式并没有改变，搜索引擎广告、品牌图形、视频弹窗、横幅广告仍然是网络广告的主要形式，其本质上还是广而告之。和传统市场环境下一样，互联网环境下仍是以媒体为核心，以吸引消费者为首要目的，只是消费者的主动性比传统市场环境下略为提高。另一方面，在互联网时代，由于有了反馈渠道，消费者能与企业进行互动，这使得消费者的个性和需求能够显现出来，让信息的推送能够实现相对的精准。但是这种环境下的互动只是初级的互动，是非实时、基于"链接"的简单反馈，而非即时的、相互"连接"的互动。

生活是不可能一成不变的，随着时代的发展，消费者的行为习惯也必将发生改变，从AIDMA到AISAS，人们可以明显地感受到这个社会的变化，从曾经被动地接受信息转变为现在积极、主动地搜寻和反馈信息。但是这个转变是有限的，更像是两个时代的过渡。互联网充其量只是人们的一种生活工具，并没有明显改变人们的生活方式。然而，随着通信技术的发展，智能终端的出现，曾经在电脑桌面上的应用基本上都移植到手机屏幕上，人们在上班路上、旅游途中、被窝里甚至是在厕所里都能够上网冲浪。移动互联网开始全面介入人们的生活，虚拟和现实、线上和线下之间的界限变得不再那么明显，人们的生活方式发生了翻天覆地的变化。传统互联网时代的AISAS已经失效了，为此，用移动互联网时代的改进模型ISMES来重新定义消费者的行为模式。

移动互联网的到来把我们从媒体的桎梏中解脱出来，媒体变得无微不至却又微不足道，我们从此进入一个去媒体的时代，消费者成为这个时代的中心。在去媒体的环境中，消费者的行为模式发生改变，消费者不再是先被吸引注意力，而是会根据自己的兴趣去主动使用媒体，构建属于自己的个性化的信息平台。

而且随着移动社交媒体的出现，各大企业纷纷推出本企业的微信公众号、官方微博等，消费者会主动关注自己感兴趣的企业账号并与之进行互动。正如南方都市报记者栾春辉所说的，以往很多营销都是主动向客户推送，希望用户接受我们的产品、理念和服务。现在整个发展趋势却是用户主动去接受广告，找广告，找我们的营销。

传统互联网环境下的搜索(Search)主要是指当消费者产生兴趣和购买欲望之后，会上网去寻找产品的相关信息，并与其他类似产品进行比较，最后做出购买决定。而移动互联网环境下的 Search 主要是指基于位置的搜索(LBS)。由于智能移动终端可定位的特性，一些企业相继开发出关于 LBS 的应用 APP——美团、百度地图、滴滴打车、街旁等。这些 APP 中会给消费者推荐与其当前位置相关的消费信息，如附近的美食、酒店、休闲娱乐、生活服务等。消费者可以根据需求搜索附近的各类消费信息，然后通过移动支付完成交易，最后凭借消费序列号或手机二维码去实体店进行消费体验。

Mo-payment(移动支付)是指交易双方为了某种货物或者服务，以移动终端设备为载体，通过移动通信网络实现的商业交易。移动智能终端可以是手机、平板电脑等。随着移动互联网的发展，移动支付技术的不断完善，消费者在进行消费的时候不必再使用现金或刷银联卡进行交易，只需将移动终端对准商家提供的二维码，轻轻一刷就能完成交易。

移动互联网时代的体验(Experience)具有两层含义：一层含义是指线上支付，线下体验。移动支付功能的完善，使得线上与线下实现无缝连接。更多的消费者选择线上支付，然后凭借消费序列号去线下体验的方式进行消费。另一层含义是线下体验，线上支付。基于智能手机的便利性，摄像头、语音输入等新技术的普及应用正带来一场新的应用革命。比如之前许多基于条码扫描的搜索比价类应用就给客户提供了一种非常便捷的线上、线下价格信息比对的可能。这就出现了另一种消费行为：消费者在实体店中挑选自己感兴趣的东西，然后打开比价软件，通过扫描、语言等方式了解该款商品在各大网站上的价格，如发现在网上商城购买更具优势，便可以立即在手机上下单。

"炫食症""自拍症"等各种网络病在移动互联网时代层出不穷，人们更加追求个性化：每人顶着一个头像，吃饭时用微博发张照片，旅途中用微信抒发感想，而且消息即时性强，往往不会花太多时间字斟句酌和对图片进行 PS 美化。移动智能终端的便携性及其拍照功能，以及社交媒体的兴起，使得消费者乐于 Show 自己的体验，而不单单只是分享。据微博官方统计，有 67%的消费者在享受美食前会先拍照发微博分享。而消费者 Show 出的产品信息又会引起其他消费者的兴趣，成为消费的源头。由此可以看出，ISMES 的传播方式和当前移动互联网的信息传播方式一样——没有"终点"，在首次交易完成之后由于强弱关系的整合作用又会产生新一轮的消费。

总之，移动互联网时代的消费者行为就是根据自己的兴趣(Interest)关注品牌的官方账号并与之进行互动(Interact)，通过智能手机的定位功能搜索(Search)附近产品的信息，进行移动支付(Mo-payment)，接着去实体店体验消费(Experience)，最后通过拍照发微博、微信的方式秀出(Show)自己的消费体验。

通过对不同市场环境下的消费者行为进行比较分析，可以看出移动互联网时代消费者的行为发生了较大的变化，消费者的碎片化时间得到充分的利用，而且更加追求个性化。在街上、交通工具上、餐桌前，到处都可以看到低头玩手机、到处找 WIFI 的人群，人们的生活已经离不开移动互联网，人们的生活方式已经发生翻天覆地的变化。当前的企业要想屹立不倒，必须以消费者的兴趣为中心，创建针对消费者个人喜好的个性化信息，营造良好的支付环境，时刻保持与消费者进行互动，这样才能缩短品牌与消费者之间的距离。

第三节 网络消费者及其行为特征

一、网络消费者的类型

网络消费者是指通过互联网在电子商务市场中进行消费和购物等活动的消费者人群。

网络消费者可以分为以下类型:简单型、冲浪型、接入型、议价型、定期型和运动型。

(1)简单型的顾客需要的是方便、直接的网上购物。他们每月只花7小时上网,但他们进行的网上交易却占了一半。零售商们必须为这一类型的人提供真正的便利,让他们觉得在你的网站上购买商品将会节约更多的时间。要满足这类人的需求,首先要保证订货、付款系统的安全、方便,最好设有购买建议的界面。另外,提供一个易于搜索的产品数据库是保持顾客忠诚的一个重要手段。

(2)冲浪型的顾客占常用网民的8%,而他们在网上花费的时间却占了32%,并且他们访问的网页是其他网民的4倍。冲浪型网民对常更新、具有创新设计特征的网站很感兴趣。

(3)接入型的网民是刚触网的新手,占36%的比例,他们很少购物,而喜欢网上聊天和发送免费问候卡。那些有着著名传统品牌的公司应对这群人保持足够的重视,因为网络新手们更愿意相信生活中他们所熟悉的品牌。另外,这些消费者的上网经验不是很丰富,一般对于网页中的简介、常见问题的解答、名词解释、站点结构之类的链接会更加感兴趣。

(4)另外8%是议价者,他们有一种趋向购买便宜商品的本能,eBay网站一半以上的顾客属于这一类型,他们喜欢讨价还价,并有强烈的在交易中获胜的愿望。在自己的网站上打出“大减价”“清仓处理”“限时抢购”之类的字眼能够很容易地吸引到这类消费者。

(5)定期型和运动型的网络使用者通常都是为网站的内容吸引。定期型网民常常访问新闻和商务网站,而运动型网民喜欢运动和娱乐网站。目前,网络商面临的挑战是如何吸引更多的网民,并努力将网站访问者变为消费者。对于这种类型的消费者,网站必须保证自己的站点包含他们所需要的和感兴趣的信息,否则他们会很快跳过这个网站进而转入下一个网站。

二、网络消费者的行为特征

1.中青年消费者市场

中青年消费者,特别是青年消费者在使用网络的人员中占有绝对的比例,中国当前30岁以下的网民占60%,依职业分类,学生占30%。所以,网络营销必须瞄准中青年消费者。青年人喜欢的摇滚歌星唱片、游戏软件、体育用品等都是网络上的畅销产品。这类市场目前是网络市场最拥挤的地方,也是商家最看好的一个市场。

2.具有较高文化水准的职业层市场

最新调查显示,我国上网用户中的70%接受过高等教育(大专以上)。这有其必然原因:一方面,为减少上网费用,需要上网者具有快速阅读的能力,并熟悉计算机操作;另一方面,在国外站点浏览需要一定的英文能力。所以,教师、学生、科技人员和政府官员上网的比例较高。也正因为如此,在网络营销当中计算机软件、硬件、书籍等产品的销售情况较好。

3.中低收入阶层市场

调查表明用户的人均收入在1500元以下的占总用户数的57%，收入水平属于中等以下。72.53%的上网用户能够接受的上网费用为每月不超过200元。随着家庭电脑的普及，越来越多的用户选择在家中上网，这占用户总数的60.27%。由于上网费用比较昂贵，一般用户对上网费用都比较敏感。

4.不愿意面对销售员的顾客市场

一些顾客不喜欢面对面地从销售员那里买东西，他们厌恶销售员过分热情而造成的压力。互联网对于这些喜欢浏览、参观的顾客是一个绝好的去处，他们可以在网上反复比较，选择合适的商品，在毫无干预的情况下最后做出购买的决定。也有一些人，出于隐私的考虑，不愿意到商场购买易于引起敏感问题的商品。网上商店如果能较好地满足这些顾客隐私权的要求，便可以获得丰厚的回报。

5.女性将占主导地位的市场

调查结果显示，上网用户中女性占30.44%。但是专家认为今后女性网上购物者的人数将后来居上，逐渐超过男性，开始全面主导网上购物市场。调查表明，在被调查女性中，9%控制着家庭中1/3的消费资金，15%控制家庭中50%的消费资金，47%控制家庭中2/3的消费资金，29%控制家庭中3/4的消费资金，而且近六成被调查家庭的消费计划也都是由女性说了算。网络营销中应该始终保持对女性顾客的关注，一般女性较感兴趣的网上内容有服装、情感以及女性话题等。

网络消费者的消费行为受以下因素的影响：

(1)感情动机。互联网上提供的网上购买、异地送货服务，网上购物所体验到的一种快乐感与个人满足感，会让消费者选择网上购物。

(2)理智动机。网络消费者一般都对电脑比较了解，受教育的程度较高，网上购物时会多轮反复比较各个在线商场的商品，详细了解所要购买商品的性能、功效、价格等多种因素，最后综合比较才决定是否购买。

(3)信任动机。网络消费者一般会选择公众影响力较好，信任度和声誉较好的网站和商家的商品。网络消费者根据理智经验和感情，对认定好的网站和网上商场产生特殊的信任与偏好后，会经常光顾，忠诚消费，还会在网上对自己的交际圈进行宣传和影响，扩大网站的宣传力度，对网站的推广有很大的作用。

(4)网站界面个性化、漂亮的设计。网站优秀的声誉、较高的网站知名度、简单便利的交易方式，将更能吸引消费者的目光，从而刺激消费者产生某种需求并产生相应的购买动机。

(5)商品特性及质量。有关资料显示，消费者认为网上交易的最大问题是：产品质量、售后服务及厂商信用得不到保障(占42.1%)，安全性得不到保障(占28.1%)，价格不够诱人(占7.5%)，付款不方便(占7.4%)，网上信息不可靠(占6.7%)等。由这些资料可知，网上商品的特性和网络消费的安全性与服务对消费者进行购买决策有重大的影响。

(6)商品价格。互联网上信息的丰富性和开放性使消费者更容易比较商品的价格。对于同一种商品，消费者更倾向于价格便宜的。由于网上销售没有传统营销的成本高，因此具有一定的价格优势。亚马逊的大额折扣和免费送货、低廉的商品价格是吸引广大消费者的重要因素，这也证明了低价对消费者具有很强的吸引力。例如针对消费者的这种心理的“特价热卖”栏目，消费者只要进入专栏，就可以轻松获得各个热销产品的信息以及价格，进而通过链接快速进入消费者认为适合的网站，完成购物活动。这种网上购物满足了消费者追求物美价廉的心理。

第四节　网络消费安全与网络消费者行为

很多消费者在网购过程中最担心的就是网络消费的安全问题。进入2016年以来，网络购物侵害消费者的事件时有发生，令人防不胜防。网络支付是否安全影响着消费者网购的积极性。虽然经过这么多年的发展，各大购物网站在支付安全方面做了很多努力，用各种信用制度保证消费者的权益，但是2016年12月中旬网监部门发布的网上安全提示，仅一周就截获37584个钓鱼网站，共有940万网民遭遇钓鱼网站攻击，且钓鱼网站以支付交易类为主。一些虚假购物网站以各类低价速购、瞬间秒杀等购物网址骗取用户输入支付宝账户、密码乃至网银账号、口令卡等，这些钓鱼网站的出现大大挫伤了消费者网购的积极性。另外，网购在支付环节容易出现的问题为购买前的支付程序烦琐及购买后对货品不满意时退款流程烦琐、时间长，只退款到网站账号而不退款到银行账号等。从网络进入人们的生活开始，网络安全问题就一直存在。在网上购物，网民对网络安全也有很大担忧，诸如用户的个人信息、交易过程中银行账户密码、转账过程中资金的安全等问题。这些顾虑无疑给网上购物蒙上了一层阴影。

所以，消费者在网络购物中一定要擦亮眼睛，以下注意事项要牢记：

(1)注意识别网站是否有合法备案的红盾标志，这样才能识别网上经营者的真实身份，不要依靠网页上经营者的名称判断其真实性。

(2)不与未提供足以辨识和辨认身份资料(登记名称、负责人姓名、地址、电话)的网站进行交易。

(3)进行网络交易后妥善保存交易相关记录，以备受到侵害时有据可查。

(4)对于网络上或通过电子邮件以朋友身份招揽投资赚钱计划或快速致富方案等信息要格外小心，不要轻信免费赠品或抽中大奖的通知而支付任何费用。

(5)父母应关心并陪同孩童进行网络交易购物活动，防止儿童受骗或做出超出其能力以外的交易，并避免儿童接触到影响身心健康发展的商品。

(6)网站或网络广告的商品价格如果与市场差距悬殊或明显不合理，应先了解网站退货与换货原则和所支付费用总额后，再决定是否购买。

复习思考题

1. 网络消费者行为模式与传统消费者行为模式有何联系和区别？
2. 网络消费者的行为特征有哪些？
3. 确保网络消费安全的措施有哪些？
4. 移动支付的广泛使用对企业有何启示？

【案例分析】

NIKE 网络营销

一、NIKE 网站建设与网站营销

1. NIKE 网站的特点

一个好的网络营销离不开一个制作优秀的网站，耐克公司的网站则是商务网站中的佼佼者。耐克官方网站并不像传统网站一样直接出售和推销自己的商品，它是通过设立各种聊天室和论坛以及赛事介绍和运动装备介绍等方式建立出一种商业气氛较低的体育爱好者同盟会或者俱乐部。网站吸引了来自全球各地的球迷，给众多的爱好者一个聚集和发表看法的空间场所；在讨论比赛的同时注意到耐克在运动中的一点一滴，深入人心，借此还能了解球迷所想要的产品，突出了体育的精神；让浏览者在看琳琅满目的商品时感受到刚刚结束的比赛中耐克产品给他们带来的激情。

2. 网站内容与构架

耐克的官方网站是由几个大的分类站点组成的，为产品更好地选择了受众群体，使得网站的内容更加紧凑。网站拥有良好的组织和设计信息环境，较大的版面使内容的更新得以迅速完成。

随着实时体育大赛的举办，耐克公司网站的背景不断变化，快速反映全球各大赛事，吸引球迷。比如在足球分类上，背景采用了正在举行的欧洲冠军杯赛赛场截图作为背景；篮球的分类上则使用 NBA 的球星作为背景。

3. 顾客人群的定位

耐克的主要消费群体是 14～30 岁的青少年，这部分年轻人的大部分时间消耗在互联网上，耐克选择的网络营销渠道恰恰适应了年轻人关注的焦点。公司针对主要的消费群体的曝光率大大增加，低廉的宣传成本带来高效的宣传效率。

二、耐克公司的网络营销竞争策略

1. 发现消费者的需要

耐克公司采取消费者个性化产品生产营销模式，把企业的生产和消费者的需求结合起来，在企业和市场中建立良好的交流纽带。耐克为其客户建立数据库和个人信息的专用档案，把客户所需要的信息储存下来，为其生产所需要的产品，也更好地追踪客户的动态，做好产品的售后服务，而这一切都来源于耐克的网站和数据库服务。耐克的官方网站提供了 NIKE ID 的个性化定制服务，顾客可以根据自己的喜好和款式定制只属于自己的鞋子或者衣服，加上独一无二的自定义 LOGO，给年轻人留下充分的想象空间。

2. 明星效应

在各种杂志以及社交场合看见穿着耐克品牌衣服的各种明星早已不是什么新鲜的事情，耐克公司包装的体育明星早已为他们带来无比巨大的利润。从 1984 年开始，耐克公司开始包装乔丹，这个动作无疑是非常成功的。耐克把乔丹夺得总冠军的最后一个扣篮做成广告，成为市场的领先者，战胜了阿迪达斯、彪马等三大巨头体育用品企业，夺得了销售榜的

首位。

3. 非奥运赞助商的耐克

作为世界级的体育用品商，奥运会是一个向世界展示自己的绝佳机会，没有花重金争夺奥运会赞助商的耐克并没有销声匿迹，而是将自己的王牌放在互联网上，巧妙地避开了阿迪达斯奥运会赞助商的争夺，借助拥有两亿网民的腾讯刮起了网络奥运的暴风。与其在门户网站上弹出令人厌烦的弹窗广告，不如利用腾讯网以及 QQ 和旗下各种产品为奥运冠名，利用腾讯网络直播的优势将耐克融入消费者心中。耐克运用病毒式的网络营销手段，以腾讯作为媒介，将自己的理念和品牌形象通过即时、互动的网络信息传输方式覆盖到了每一个网民，耐克的网络营销成本以及效果绝不亚于作为奥运赞助商的阿迪达斯。

4. NIKE 的网络广告战略

根据有关数据，截至 2016 年第三季度，中国网络广告市场规模突破 672.5 亿元的大关，网络时代的网络广告成为众多商家的新宠，但是好的网络广告却是不可多得的。耐克网络广告的特点是简洁、精练，在短短几秒时间内将耐克标志重复呈现在用户眼中，使用户难以忘记这个文化标志。而在广告中加入明星形象，更能吸引上网者的关注，使其留下深刻的印象，而不是去屏蔽广告。

门户网站的广告点击率低下、日益泛滥的网络广告杂乱无章、虚假垃圾信息充斥网络广告，使得互联网用户屏蔽广告的心理愈发坚决。如何使得网络广告点击率上升，是耐克公司发布网络广告首先需要解决的问题，于是视频广告应运而生。

三、结语

通过以上分析发现，耐克公司选择了合适的营销组合，反映产品或服务的种类和本质以及消费者的独特个性。其营销方面采取了如下手段：发现消费者的需要、明星效应、病毒式网络营销、简洁的广告等。耐克公司能切合中国的实际国情，参考中国人的生活和购物习惯，注重抓住时事热点，紧贴时尚趋势。

（资料来源：www.wn23.com/wiki/113512.htm）

思考题

1. NIKE 是如何开展网络营销的？
2. NIKE 的成功给我们怎样的启示？

第十九章

组织消费者行为

学习目的与要求

- 了解组织市场的组成；
- 掌握组织市场购买决策的具体内容；
- 掌握组织市场与消费者市场的区别；
- 理解政府市场及政府采购的特征。

导入案例

李宾是销售一种安装在发电设备上的仪表的推销员，工作非常努力，不辞劳苦地四处奔波，但是收效甚微。你能从他的推销过程找出原因吗？

1.李宾得悉某发电厂需要仪表，就找到该厂的采购部人员详细介绍产品，经常请他们共同进餐和娱乐，双方关系相当融洽，采购人员也答应购买，却总是一拖再拖，始终不见付诸行动。李宾很灰心，却不知原因何在。

2.在一次推销中，李宾向发电厂的技术人员介绍说，这是一种新发明的先进仪表。技术人员请他提供详细技术资料并与现有同类产品作对比。可是他所带资料不全，只是根据记忆大致做了介绍，对现有同类产品和竞争者的情况也不太清楚。

3.李宾向发电厂的采购部经理介绍现有的各种仪表，采购部经理认为都不太适合本厂使用，说如果能在性能方面做些小的改进就有可能购买。但是李宾反复强调仪表性能优异，认为对方提出的问题无关紧要，劝说对方立刻购买。

4.某发电厂是李宾所在公司的长期客户，需购仪表时就直接发传真通知送货。该电厂原先由别的推销员负责销售业务，后来转由李宾负责。李宾接手后采用许多办法与该公司的采购人员和技术人员建立了密切关系。一次，发电厂的技术人员反映有一台新购的仪表有质量问题，要求给予调换。李宾当时正在忙于同另一个重要的客户洽谈业务，拖了几天才处理这件事情，认为凭着双方的密切关系，发电厂的技术人员不会介意。可是那家发电厂以后购买仪表时又转向了其他供应商。

5.李宾去一家小型发电厂推销一种受到较多用户欢迎的优质高价仪表，可是说破了嘴皮，对方依然不为所动。

6. 某发电厂同时购买了李宾公司的仪表和另一品牌的仪表，技术人员、采购人员和使用人员在使用两年以后对两种品牌进行绩效评价，列举事实说明李宾公司的仪表耐用性不如那个竞争性品牌。李宾听后认为事实如此，无话可说，听凭该电厂终止了同本公司的生意关系而转向竞争者购买。

（资料来源：http://scyx.jpk.jlbtc.edu.cn/anli/mokuai2/anli22.html）

第一节　组织市场和组织购买行为概述

同消费者市场相对应的是生产者市场。生产者市场亦称产业市场或工业市场，原指除商业以外的一切生产性行业。以菲力普·科特勒为代表的市场营销学者认为一切商业转售者市场及其购买行为和生产者市场及其购买行为具有相同的特点，所以在分析时，应该把它们视为同一种类型。另外还包括一些非营利性组织和政府市场。我们把这些市场的集合总称为组织市场。由于组织市场主体的性质和购买的目的与消费者市场有很大的不同，因此有必要对其购买行为进行特定的分析和研究。

组织市场和消费者市场的主要区别在于：购买者主要是企业或社会团体而不是个人或家庭消费者；目的是用于生产或转卖以获取利润，以及其他非生活性消费，而不是满足个人或家庭的生活需要。根据组织市场的这种特点，我们可将组织市场定义为：购买商品和服务以用于生产性消费，以及转卖、出租，或用于其他非生活性消费的企业或社会团体。组织市场的规模很大，往往是消费者市场规模的几倍，所以组织市场一直是企业十分关注的市场。

一、组织市场的分类

正因为我们把众多的不同购买者集合在一起统称为“组织市场”，所以有必要对其进行分类（图 19-1），以做进一步的分析与比较。

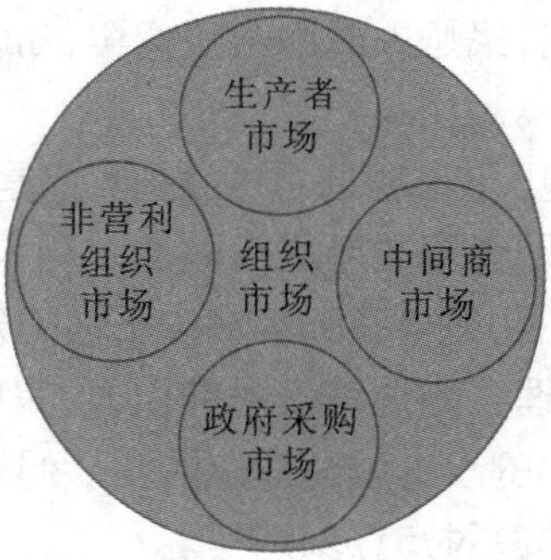

图 19-1　组织市场的主要构成

1. 生产者市场

在某些场合，它亦可称作产业市场或工业市场。生产者市场的个体和组织采购商品和劳务的目的是加工生产出其他产品以供出售、出租，以从中谋利，而不是为了个人消费。这部分市场是本书中所称的组织市场的主要组成部分。它主要由以下产业构成：①农、林、牧、渔业；②采矿业；③制造业；④建筑业；⑤运输业；⑥通信业；⑦公用事业；⑧银行、金融、保险业；⑨服务业。以生产者市场为服务目标的企业必须深入研究这个市场的特点，并分析其购买行为，才能取得营销成功。

2.中间商市场

中间商市场亦称转卖者市场，由所有以营利为目的而从事转卖或租赁业务的个体和组织构成，包括批发和零售两大部分。在许多场合中，批发和零售往往作为营销渠道的组成部分被提出来，而不作为组织市场的一部分被讲述。其实，中间商市场和生产者市场有着许多相似之处，包括双方的购买行为也有许多雷同的地方。因此，我们认为有必要把它作为组织市场的第二主要组织部分提出来，而在具体分析的时候，并不涉及其作为渠道组成部门的特点。

3.非营利组织市场

非营利组织市场也称机构市场，主要是指一些由学校、医院、疗养院、监狱和其他为公众提供商品和服务的部门所组成的市场，它们往往是以低预算和受到一定的控制为特征的，而且一般都是非营利性的。这部分市场也有其特点，但为了全面起见，我们仍把它们放入组织市场这个大概念中去，一起来讨论它们的共性问题。

4.政府采购市场

在大多数国家里，政府也是产品和劳务的主要购买者。由于政府的采购决策要受到公众的监督，因此它们经常会要求供应商准备大量的书面材料。此外，政府市场还有一些如以竞价投标为主、喜欢向国内供应商采购等特点。但这些特点都不会影响到把它也纳入组织市场这个大概念里来分析，事实上，把它纳入之后将会使我们的分析研究更有意义。

以上就是我们在平常可能会接触到的一些构成组织市场的不同类型的成员，在大多数场合里，它们被分开阐述，各自说明特点或进行购买行为分析。但实际上我们不难看出，在各自不同类型的市场特征背后却有着很多的共性特征。

二、组织市场的特征

组织市场与消费者市场相比，具有一些鲜明的特征。

1.购买者少，购买规模大

组织市场上的购买者比消费者市场上的购买者要少得多。例如美国固特异轮胎公司的订单主要来自通用、福特、克莱斯勒三大汽车制造商，但当固特异轮胎公司出售更新的轮胎给消费者时，它就要面对全美1.71亿汽车用户组成的巨大市场了。组织市场不仅买主人数少，而且其购买次数也少。一家生产企业的主要设备要若干年才购买一次，原材料与零配件也大都只签订长期合同，而文具、纸张等日用品也常常是八个月集中购买一次。购买次数少就决定了每次采购量将十分巨大。在生产比较集中的行业里更为明显，通常少数几家大企业的采购量就占该产品总销售量的大部分。

2.购买者在地域上相对集中

由于资源和区位条件等原因，各种产业在地理位置的分布上都具有相对的集聚性，所以组织市场的购买者往往在地域上也是相对集中的。例如中国的重工产业大多集中在东北地区，石油化工企业云集在东北、华北以及西北的一些油田附近，金融保险业在上海相对集中，而广东、江苏、浙江等沿海地区集聚着大量轻纺和电子产品的加工业。这种地理区域集中有助于降低产品的销售成本，也使得组织市场在地域上相对的集中。

3.着重人员销售

由于仅存在少数大批量的购买客户，因此企业营销部门往往倾向于通过人员销售宣传其优惠政策，而不是通过广告。一个好的销售代理可以演示并说明不同产品的特性、用途以吸引买方的注意力，并根据及时得到的反馈立即调整原有的政策。这种快速反馈是不可能通过广告获得的。

4.进行直接销售

消费品的销售通常都经过中间商，但组织材料的购买者大多直接向生产者购买。这是因为购买者数量有限，而且大多属于大规模购买，直接购买的成本显然低得多。其次组织市场的购买活动在售前、售后都需要由生产者提供技术服务。因此，直接销售是组织市场常见的销售方式。

5.实行专业购买

相应的，组织机构通常比个人消费者更加系统地购买所需要的商品，其采购过程往往是由具有专门知识的专业人员负责，例如采购代理商。这些代理商将其一生的工作时间都花在学习如何更好地采购方面。他们的专业方法和对技术信息的评估能力导致他们的购买建立在对商品价格质量比、售后服务及交货期的逻辑分析基础之上。这意味着组织营销者必须具有完备的技术知识，并能提供大量的有关自身及竞争者的数据。

6.衍生需求，需求波动大

对组织市场上的购买需求最终来源于对消费品的需求，企业之所以需要购买生产资料，归根到底是为了作为劳动对象和劳动资料以生产出消费资料。例如，消费者购买皮包、皮鞋，才导致生产企业需要购买皮革、钉子、切割刀具、缝纫机等生产资料。因此，消费者市场需求的变化将直接影响组织市场的需求。有时消费品需求仅上升10%，就可导致生产这些消费品的企业对有关生产资料的需求增长200%。而若需求下降10%，则可导致有关生产资料需求的全面暴跌。这种现象在经济学上被称为“加速原理”，这导致许多企业营销人员促使其产品线和市场多样化，以便在商业波动周期中实现某种平衡。

7.需求缺乏弹性

组织市场的需求受价格变化的影响不大。皮鞋制造商在皮革价格下降时，不会打算采购大量皮革，同样，皮革价格上升时，他们也不会因此而大量减少对皮革的采购，除非他们发现了某些稳定的皮革替代品。因为厂商不能对其生产方式做许多变动，所以需求在短期内特别无弹性。对占项目总成本比例很小的业务用品来说，其需求也是无弹性的。例如，皮鞋上的金属鞋孔价格上涨，几乎不会影响其需求水平。

8.互惠购买原则

另外一种在消费营销过程中不会发生但在组织营销过程中常见的现象是互惠现象，也就是“你买我的产品，那么我也就买你的产品”，更通俗地讲，叫互相帮忙。由于生产资料的购买者本身总是某种产品的出售者，因此，企业在采购时就会考虑为其自身产品的销售创造条件。但这种互惠购买的适用范围是比较狭窄的，一旦出现甲企业需要乙企业的产品，而乙企业并不想购买甲企业的产品的情况，就无法实现互惠购买了。这样，互惠购买会演进为三角互惠或多角互惠。例如，甲企业向乙企业提出，如果乙企业购买丙企业的产品，则甲企业就购买乙企业的产品，因为丙企业以甲企业推销其产品作为购买甲企业的产品的条件。这就是三角互惠。虽然这类现象极为常见，但大多数经营者和代理商却反对互惠原则，并视其为不良习俗。

9. 租售现象

一些组织购买者乐于租借大型设备，并不愿意全盘购买。租借对于承租方和出租方有诸多好处。对于出租方，当客户不能支付购买其产品的费用时，他们的优惠出租制度为其产品找到了用武之地。对于承租方，租借为他们省下了大量资金，又获得了最新型的设备，租期满后还可以购买折价的设备。这种方式目前在工业发达国家有日益扩大的趋势，特别适用于电子计算机、包装设备、重型工程机械、运货卡车、机械工具等价格昂贵、磨损迅速或并不经常使用的设备。在美国，租赁方式已扩大到小型次要设备，甚至连办公室家具、设备也都可以租赁。

10. 谈判和投标

组织机构在购买或出售商品时，往往会在价格和技术性能指标上斤斤计较，如果营销人员能预先获知客户正在研究之中的新产品的有关信息，他们就可在谈判开始之前修改某些技术参数；卖方得知买方愿意接受耐用性较差和服务亦一般的商品时，就会提出一个较低的价格。当双方在价格上都有较大的回旋余地，且此次交易对双方都至关重要时，谈判就成为双方交涉中最重要的部分。谈判的风格为对抗或合作，绝大多数买方倾向于后者。

有远见的买方通常在诸多投标卖方间进行精挑细选。美国联邦政府将它所有买卖的40％建立在投标的基础上。在公开投标的基础上，可以参阅其他投标商的标书。然而在保密投标的情况下，标书的条款是不公开的，所以供方会尽量提供好的设备和较低的价格。政府购买设备往往用保密投标的方式。

在研究组织市场购买行为一般特征的基础上，在具体的营销活动中还应当注意对特定时点上特定购买者行为特点的研究和分析。这是由于相对于数量众多的个人消费者而言，数量有限的组织购买者行为特征的个性更为明显。

第二节　组织市场购买决策

正如个人消费者一样，组织消费者在做出购买决策之前也经历几个步骤，心理过程在这之中也充当了一个重要的角色。两者不同的是，组织购买更正规化、专业化、系统化。这一节将主要论述组织购买区别于个人购买的一系列决策行为。

一、购买行为类型

组织购买者行为的复杂程度和采购决策项目的多少取决于采购业务的类型。我们把购买行为分为三种类型：直接再采购、修正再采购和新购。

直接再采购是指采购方按既定方案不做任何修订直接进行的采购业务。这是一种重复性的采购活动，按一定程序办理即可，基本上不用做新的决策。在这种情况下，采购人员的工作只是从以前有过购销关系的供应商中选取那些供货能满足本企业的需要和能使本企业满意的供应商，向他们继续订货。入选的供应商应该尽最大的努力保持产品和服务的质量，以巩固和老客户的关系；落选的供应商则应努力做一些新的工作，消除买方的不满，设法争取新的订单。

修正再购买是指组织购买者对以前已采购过的产品通过修订其规格、价格、交货条件或其他事项之后的购买。这类购买较直接再购买要复杂，购销双方需要重新谈判，因而双方会有更多的人参与决策。在被筛选掉的"名单"中的供应商压力会很大,为了保持交易将加倍努力。而对"名单"之外的供应商来说,这是一次机会,他们将会提供更好的条件以争取新的业务。

新购是指组织购买者第一次购买货品的购买行为。新购的成本费用越高,风险越大,参加决策的人数就越多,所需信息量也越多,制定决策的时间也越长。新购对于一切供货方来说都是好机会。他们应设法接触主要的采购影响者,并向他们提供有用的信息和协助。许多公司设立专门的机构负责对新客户的营销,并称其为"访问使用推销队伍",由最好的推销人员组成。

在直接再采购的情况下,组织购买者所做的决策数量最少。而在新购的条件下,他们所做的决策数量最多。购买者必须决定产品规格、价格限度、交货条件与时间、服务条件、支付条件、订购数量、可接受的供应商以及可供选择的供应商。不同的决策参与者会影响每一项决策,并将改变进行决策的顺序。

二、购买决策者

谁在从事为组织市场所需要的价值达数千亿美元的商品和服务的采购呢?在直接再采购时,采购代理人起的作用较大;而在新购时,其他组织人员所起的作用较大。我们把采购组织的决策单位叫作"采购中心"(Buying Center),并定义为:所有参与购买决策过程的个人和集体。他们具有某种共同目标并一起承担由决策所引发的各种风险。采购中心包括购买组织中的全体成员,他们在购买决策过程中可能会形成五种不同的角色(图 19-2)。

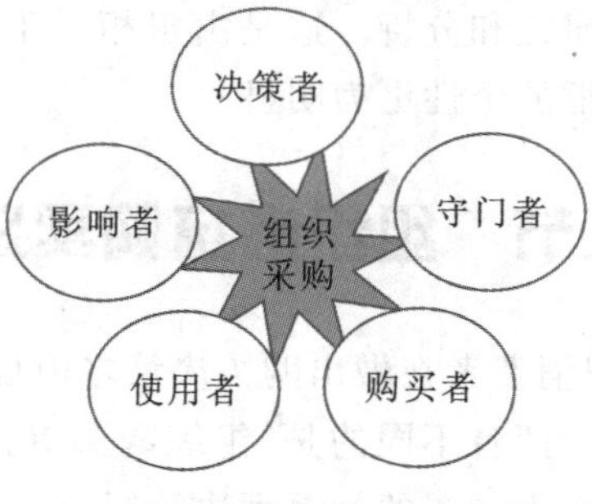

图 19-2　组织购买决策的主要参与者

(1)使用者(Users),指组织中将使用产品或服务的成员。在许多场合中,使用者首先提出购买建议,并协助确定产品规格。

(2)影响者(Influencers),指影响购买决策的人,他们协助确定产品规格,并提供情报信息。技术人员的影响力较大。

(3)决策者(Deciders),指一些有权决定产品需求和供应商的人。在重要的采购活动中,决策有时还涉及主管部门或上级部门的批准,构成多层决策的状况。

(4)购买者(Buyers),指有权选择供应商并安排购买条件的人。购买者可以帮助制订产品规格,但主要任务是选择卖主和交易谈判。在较复杂的购买过程中,购买者中或许也包括高层管理人员,一起参加交易谈判。

(5)守门者(Gatekeepers),是有权阻止销售员或信息员与采购中心成员接触的人,主要是为了避免采购组织的信息外露。例如,采购代理人、接待员和电话接线员都可以阻止推销员与用户或决策者接触。

在任何组织内，采购中心会随产品的类别及构成发生变化。显然，参与购买一台重要机器设备的决策人数肯定会比参与购买办公文具的决策人数要多。作为产品营销人员，需要了解如下内容：谁是主要决策的参与者？其影响决策的程度如何？他们对哪些决策具有影响力？摸清客户的这些情况，才能有针对性地采取促销措施。

三、影响采购决策的主要因素

组织采购人员在做出购买决策时受到许多因素的影响。有些营销人员认为经济因素是最为重要的，而另一些人又认为采购者对偏好、注意力、避免风险等个人因素反应敏感。实际上在组织市场的购买决策中，经济因素同个人因素对采购人员的影响是同样重要的。一般来说，如果所采购的商品效用和价格差异较大，经济因素就会成为采购人员所考虑的主要因素；而如果效用和价格差异很小，个人因素的影响就可能增大，一些采购人员会根据个人所得利益的大小以及个人的偏好来选择供应商。

我们可以把影响组织采购行为的因素归为四类：环境因素、组织因素、人际因素和个人因素（图 19-3）。

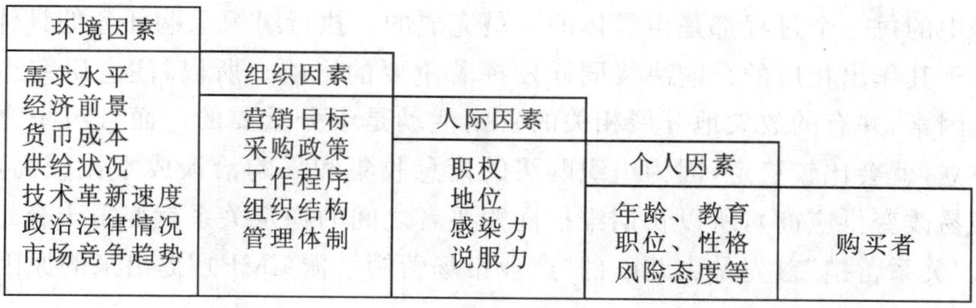

图 19-3　影响组织采购行为的主要因素

(一)环境因素

市场营销环境和经济前景对企业的发展影响甚大，也必然影响到其采购计划。例如在经济衰退时期，组织购买者会减少对厂房设备的投资，并设法减少存货。组织营销人员在这种环境下刺激采购是无能为力的，他们只能在增加或维护其需求份额上做艰苦的努力。

原材料的供给状况是否紧张，也是影响组织用户采购的一个重要环境因素。一般企业都愿购买并储存较多的紧缺物资，因为保证供应不中断是采购部门的主要职责。同样，采购者也受到技术因素、政治因素以及经济环境中各种发展因素的影响。他们必须密切注视所有这些环境作用力，测定这些力量将如何影响采购的有效性和经济性，并设法使问题转化为机会。

(二)组织因素

每一采购组织都有其具体目标、政策、程序、组织结构及系统。营销人员必须尽量了解这些问题。例如，有的地方规定只许采购本地区的原材料；有的国家规定只许买本国货，不许买进口货，或者相反；有的购买金额超过一定限度就需要上级主管部门审批等。

组织内部采购制度的变化也会对采购决策带来很大影响。如对于大型百货商厦来说，是采用集中采购的进货方式还是将进货权下放给各商品部或柜组，采购行为就会有很大差别；一些组织会用长期合同的方式来确定供应渠道，另一些组织则会采用临时招标的方式来选择其供应商。又如，近年来在西方发达国家兴起一种"正点生产系统(Just-in-time Production Systems)”，即适量及时进货，大大地影响了组织采购政策。

(三)人际因素

采购中心通常包括一些具有不同地位、职权、兴趣和说服诱导力的参与者。一些决策行为会在这些参与者中产生不同的反应，意见是否容易取得一致，参与者之间的关系是否融洽，是否会在某些决策中形成对抗，这些人际因素会对组织市场的营销活动产生很大影响。营销人员若能掌握这些情况并有的放矢地施加影响，将有助于消除各种不利因素，获得订单。

(四)个人因素

购买决策过程中每一个参与者都带有个人动机、直觉和偏好，这些因素受决策参与者的年龄、收入、教育、专业文化、个性以及对风险意识的态度的影响，因此，供应商应了解客户采购决策人的个人特点，并处理好个人之间的关系，这将有利于营销业务的开展。

组织营销人员必须了解自己的顾客，使自己的营销策略适合特定的组织购买行为中的环境、组织、人际以及个人因素的影响。

组织市场购买行为看起来应当比消费者购买行为更为理性，但实际上并非如此，因为组织采购过程中的每一个过程都是由具体的人员完成的。执行组织采购任务的具体人员的个性与情感对于其作出相应的采购决策同样发挥着重要的影响。所以，注意研究组织购买行为中的个人因素，并有的放矢地开展相关的营销活动是十分重要的。而且组织之间的交易关系一旦建立，就会比较稳定(因为组织购买的信息收集和采购洽谈成本比较高，采购组织一般不愿轻易改变供应商)，所以长期维护同购买者之间的稳定关系就变得十分重要。这也就是为什么“关系营销”首先是由北欧的“产业市场营销学派(IMP)”提出来的原因。

四、购买决策过程

组织购买者做出采购决策的过程与消费者有相似之处，但又有其特殊性。当然，不是所有的组织都会做出一模一样的选择，正如没有两个消费者做出无差别的选择一样。一般认为，组织购买者的采购决策过程可分为八个购买阶段(图 19-4)。

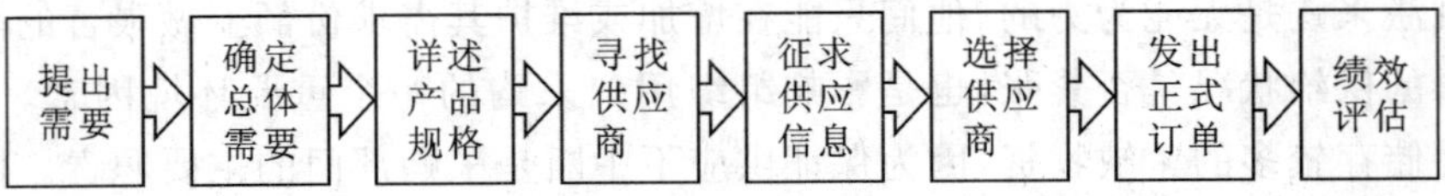

图 19-4　组织购买者的采购决策过程

(1)提出需要。当公司中有人认识到了某个问题或某种需要可以通过得到某一产品或服务得到解决时，便开始了采购过程。提出需要由两种刺激引起：①内部刺激。如企业决定推出一种新产品，于是需要购置新设备或原材料来生产这种新产品；企业原有的设备发生故障，需要更新或需要购买新的零部件；或者已采购的原材料不能令人满意，企业正在物色新的供应商。②外部刺激。主要指采购人员在某个商品展销会引起新的采购主意，或者接受了广告宣传中的推荐，或者接受了某些推销员提出的可以供应质量更好、价格更低的产品的建议。可见，组织市场的供应商应主动推销，经常开展广告宣传，派人访问用户，以发掘潜在需求。

(2)确定总体需要。提出了某种需要之后，采购者便着手确定所需项目的总特征和需要的数量。如果是简单的采购任务，这不是大问题，由采购人员直接决定。而对复杂的任务而言，采购人员要会同其他部门人员，如工程师、使用者等共同来决定所需项目的总特征，并按照产品的可靠性、耐用性、价格及其他属性的重要程度来加以排列。在此阶段，组织营销者可通过向购买者描述产品特征的方式向他们提供某种帮助，协助他们确定其所属公司的需求。

(3)详述产品规格。采购组织按着确定产品的技术规格，可能要专门组建一个产品价值分析技术组来完成这一工作。价值分析的目的在于降低成本。它主要是通过仔细研究一个部件，看是否需要重新设计，是否可以实行标准化，是否存在更廉价的生产方法。此小组将重点检查既定产品中成本较高的零部件——这通常是指数量占了20%而成本占了80%的零部件。该小组还要检查出那些零件寿命比产品本身寿命还长的超标准设计的零部件。最后，该小组要确定最佳产品的特征，并把它写进商品说明书中，它就成为采购人员拒绝那些不合标准的商品的根据。供应商通过尽早地参与产品价值分析，可以影响采购者所确定的产品规格，以获得中选的机会。

(4)寻找供应商。采购者现在要开始寻找最佳供应商。为此，他们会从多处着手，如咨询商业指导机构；查询电脑信息；打电话给其他公司，要求推荐好的供应商；观看商业广告；参加展览会。供应商此时应大做广告，并到各种商业指导或指南宣传机构中登记自己的公司名字，争取在市场上树立起良好的信誉。组织购买者通常会拒绝那些生产能力不足、声誉不好的供应商；而对合格的供应商，则会登门拜访，察看他们的生产设备，了解其人员配置。最后，采购者会归纳出一份合格供应商的名单。

(5)征求供应信息。此时采购者会邀请合格的供应商提交申请书。有些供应商只寄送一份价目表或只派一名销售代表。但是，当所需产品复杂而昂贵时，采购者就会要求待选供应商提交内容详尽的申请书。他们会再进行一轮筛选比较，选中其中最佳者，要求其提交正式的协议书。

因此，组织营销人员必须善于调研、写作，精于申请书的展示。它不仅仅是技术文件，而且是营销文件；在口头表示意见时，要能取信于人。他们必须始终强调公司的生产能力和资源优势，以在竞争中立于不败之地。

(6)选择供应商。采购中心在做出最后选择之前，还可能与选中的供应商就价格或其他条款进行谈判。营销人员可以从几个方面来抵制对方的压价。如当他们所能提供的服务优于竞争对手时，营销人员可以坚持目前的价格；当他们的价格高于竞争对手的价格时，则可以强调使用其产品的生命周期成本比竞争对手的产品生命周期成本低。

此外，采购中心还必须确定供应商的数目。许多采购者喜欢多种渠道进货，这样一方面可以避免自己过分地依赖于一个供应商，另一方面也使自己可以对各供应商的价格和业绩进行比较。当然，在一般情况下，采购者会把大部分订单集中在一家供应商身上，而把少量订单安排给其他供应商。这样，主供应商会全力以赴保证自己的地位，而次要供应商会通过多种途径来争得立足之地，再以图自身的发展。

(7)发出正式订单。采购者选定供应商之后就会发出正式订货单，写明所需产品的规格、数目、预期交货时间、退货政策、保修条件等项目。通常情况下，如果双方都有着良好的信誉，一份长期有效合同将建立一种长期的关系，而避免重复签约的麻烦。在这种合同关系下，供应商答应在特定的时间之内根据需要按协议的价格条件继续供应产品给买方，存货由卖方保存。因此，它也被称作“无存货采购计划”。这种长期有效合同导致买方更多地向一个来源采购,并从该来源购买更多的项目。这就使得供应商和采购者的关系十分紧密。

(8)绩效评估。在此阶段,采购者对各供应商的绩效进行评估。他们可以通过三种途径:直接接触最终用户,征求他们意见;或者应用不同的标准加权计算来评价供应商;或者把绩效不理想的开支加总,以修正包括价格在内的采购成本。通过绩效评价,采购者将决定延续、修正或停止向该供应商采购。供应商则应该密切关注采购者使用的评价变量,以便确信为买主提供了预期的满足。

购买阶段指的是一个组织在购买前所进行的、从组织产生需要到对即将购买的商品进行评估的一系列过程。但并非每次采购都要经过这八个阶段,这要依据采购业务的不同类型而定。表 19-1 说明了各阶段对各类采购业务是否有必要。

表 19-1 不同采购任务的采购决策过程的比较

购买类型 购买阶段	新购	修正再购买	直接再采购
1. 提出需要	是	可能	否
2. 确定总体需要	是	可能	否
3. 详述产品规格	是	是	是
4. 寻找供应商	是	可能	否
5. 征求供应信息	是	可能	否
6. 选择供应商	是	可能	否
7. 发出正式订单	是	可能	否
8. 绩效评估	是	是	是

从表 19-1 中可以看出,新购最为复杂,需要经过所有八个阶段;直接再采购最简单,只需经过两个阶段;而在修正再购买或直接再采购的情况下,其中有些阶段可能被简化、浓缩或省略。例如在直接再采购的情况下,采购者可能会有一个或一批固定的供应商,很少考虑其他供应商。在实际购买情况中,也有可能发现这八个阶段以外的其他情况,这就要求组织营销者对每一情况分别建立模型,而每一情况都包含一个具体的工作流程。这样的购买流程能为营销人员提供很多线索。

总之,组织市场是一个富有挑战性的领域,其中最关键的问题就是要了解采购者的需要、购买参与者、购买标准以及购买步骤。了解以上各点,组织营销人员就能够因势而动,为不同的顾客设计不同的营销计划。

第三节 政府市场与政府采购

政府采购是组织购买中比较特殊的一个市场,也是十分重要的一个市场,在西方已有 200 年左右的历史,其特点就是对政府的采购行为进行法制化的管理。英国政府在 1782 年设立了文具公用局,专门负责政府部门所需办公用品的采购工作,并同时开始对政府采购的管理进行立法。美国在 1861 年颁布了《联邦政府采购法》,并建立了专门的机构和制度。目前在世界各国,政府采购的金额一般要占 GDP 的 10%以上,美国则高达 25%,这无疑是一个十分庞大的组织购买市场，必然会引起相关企业的特别关注。

一、政府采购的含义和特点

对于政府采购的含义曾经有过许多解释。中国政府2002年6月正式颁布的《中华人民共和国政府采购法》对政府采购的含义进行了定义："政府采购是指各级国家机关、事业单位和团体组织，使用财政性资金采购依法制定的集中采购目录以内的或者采购标准以上的货物、工程和服务的行为"。这一定义反映政府采购的一些基本要素：

(1)政府采购的主体是国家机关、事业单位和团体组织，而不是一般的个人或企业。从这些主体本身的性质而言，可认定其采购的目的主要是满足开展日常的政务活动或为社会公众提供公共服务的需要。

(2)政府采购的范围并不包括所有的商品和服务，而是有所限定的，那就是"依法制定的集中采购目录以内"的商品和服务，以及"采购标准以上"的商品和服务。这说明政府采购实际上是一种纳入法制管理范围的组织购买行为。通过必要的法定程序是政府采购的重要特点。

(3)政府采购的资金来源是财政性的资金，即全民的公有财产。这就是对政府采购进行必要的法制管理的主要原因。这里所说的财政性资金，不仅包括预算内资金，也包括预算外资金。但并非所有财政性资金的使用都纳入政府采购的管理范畴，还应根据资金的使用方向，看其是否在政府采购的管理范围之内。

同私人或企业采购相比，政府采购具有行政性、社会性、法制性和广泛性等主要特点。

(1)行政性。政府采购决策是一种行政性的运行过程，要严格遵守行政决策的程序和过程，要代表政府的意志，遵循组织原则，并非将经济利益作为唯一的评价标准。

(2)社会性。政府要承担社会责任和公共责任，其包括采购行为在内的所有行为不能只对政府机构负责，而必须对全社会负责。所以其采购行为必然要综合考虑对诸如环境、就业以及国家安全等各方面的影响。同时，政府采购行为的本身也要接受社会的监督。相比私人采购要接受董事会和股东的监督而言，其接受监督的范围要大得多。

(3)法制性。在法治国家中，政府行为的基本特征是必须在法律的范围内运行，所有行为必须符合法律的规范和原则。所以政府采购的对象、程序和操作都必须用法律的形式加以规定并严格执行。

(4)广泛性。政府是对国家和社会实行管理和服务的机构，其涉及的事务范围极其广泛，政治、经济、军事、教育、医疗卫生、资源开发、环境保护，几乎无所不包。所以其采购的领域必然也十分广泛，涉及的货物、工程和服务会和众多的产业有关，从而也给各行各业创造了市场机会。

政府采购具有十分重要意义：

首先，政府采购可以理解为政府受纳税人的委托，代表纳税人采购公共产品。这种采购行为当然应当符合广大公民(即纳税人)的利益。对其实行法制化的管理，可以使其受到必要的监督与控制，使广大公民的利益能得到有效的保护。

其次，由于政府采购的数额巨大，其对国民经济的影响必然是很大的，因此政府有可能通过调节政府采购的总量和结构来达到调整产业结构、调整国民经济的发展速度的目的；同时还可以对各类产业的发展方向实施有效的调控，如为了加强环境保护，政府可以扩大对低污染的汽车等产品的采购，而对污染严重的汽车的采购进行控制，这样就能通过市场的手段，而不是行政手段来引导汽车产业的发展方向。

再次，政府采购还能在一定程度上起到稳定市场物价的作用。如政府通过对粮食等重要物资的采购与储备，就能在必要的情况下通过储备物资在市场上的吸纳和投放来调节市场的供求，起到稳定市场物价的作用。

最后，政府采购还可在一定程度上起到保护国内企业和扶持民族产业发展的作用。许多国家通过立法的形式，强制要求政府购买本国产品以保护民族产业的发展。如美国1933年就颁布了《购买美国产品法》，以保证在政府采购中对美国自身的产业进行必要的保护。

二、政府采购的方式和程序

根据《中华人民共和国政府采购法》的规定，政府采购基本上采用公开招标、邀请招标、竞争性谈判、单一来源采购、询价采购等方式。其中公开招标是政府采购的主要方式。

1.公开招标就是不限定投标企业，按照一般的招标程序所进行的采购方式。这种采购方式对所有的投标者是一视同仁的，主要看其是否能更加符合招标项目的规定要求。但由于整个招标、评标过程会耗费大量的费用，因此公开招标一般要求采购项目的价值比较大。

2.邀请招标是指将投标企业限定在一定的范围内(一般必须三家以上)，主动邀请其进行投标。邀请招标的原因一方面是所采购货物、工程或报务具有一定的特殊性，只能向有限范围内的供应商进行采购；另一方面是进行公开招标所需要的费用占采购项目总价值的比例过大，即招标成本过高。采购规模较小的政府采购项目一般会采用邀请招标的方式。

3.竞争性谈判是指采购单位采用同多家供应商同时进行谈判，并从中确定最优供应商的采购方式。竞争性谈判一般适用于在需求紧急情况之下，不可能有充裕的时间进行常规性的招标采购；或招标后没有合适的投标者；以及项目技术复杂、性质特殊，无法明确招标规格等情况。

4.单一来源采购，即定向采购。如果所采购的项目金额已达到必须进行政府采购的标准，但出于供应来源的资源专利、合同追加或后续维修扩充等原因，就适于采取单一来源的采购方式。

5.询价采购主要是指采购单位向国内外的供应商(通常不少于三家)发出询价单，让其报价，然后进行比较选择，确定供应商的采购方式。询价采购一般适应于货物规格标准统一、现货货源充足且价格变化幅度较小的政府采购项目。对于某些急需采购项目，或招标谈判成本过高的项目，也可采用询价采购的方式。

以上采购方式主要针对列入政府采购管理范围之内的采购项目。所谓列入管理范围，主要指两方面：一是属于法定的“集中采购目录”之内的采购项目，二是达到所规定的采购金额标准的采购项目。采购金额标准(通常也称作“门槛价”)是由政府有关部门(一般必须有财政部门参与)根据实际情况所规定的。在采购金额标准以下的采购项目，一般不受政府采购有关程序的约束，但也要求采用比价择优的方式。

政府采购的程序因采购方式的不同而不同。

(1)公开招标的采购程序：第一步是进行招标前的准备，如上报采购计划，确定招标机构，制作招标文件等；第二步是发布招标通告，让所有的投标人知道招标信息；第三步是进行资格预审，即对于供应商的资格和能力进行事先的了解和审定；第四步是发售招标文件，接受投标，进行公开统一开标、评标，确定供应商；第五步是同所有确定的供应商签订采购合同。

(2)邀请招标的基本程序：同公开招标差不多，只是其对于投标的供应商有一定的限制，不是采用发布招标通告，而是采取发出招标邀请书的方式进行招标。

(3)竞争性谈判的程序：与一般商务采购程序差不多，通常包括四个基本环节。首先是询盘，即向供应方提出关于采购项目的价格及其他交易条件的询问。然后是发盘，即由接到询盘的供应方发出价格或交易条件的信息，也称“报价”(但有时也可由采购方首先发盘，供应方若无条件接受，交易合同就可成立)。第三步是还盘，即采购方对供应方的发盘(报价)提出一些修改意见，供应方修改后再向采购方还盘。此过程可反复进行，直至达成交易或拒绝交易。最后是接受，即采购方或供应方对于对方提出的价格和交易条件表示同意，从而双方的交易合同即可成立。竞争性谈判的这一程序是同时对各供应商开展的，由供应商进行公平竞争，采购方在同各供应商的发盘和还盘中去选择最合适的供应商。

(4)询价采购的程序：一般也分为四步。第一步是选择供应商，一般应在三家以上供应商中进行选择；第二步是发出询价单，询价单除询问价格之外还应包括其他交易条件；第三步是评价和比较，由采购方对供应商报出的条件进行比较，然后做出选择；第四步是签订合同、履行采购。

单一来源采购，由于没有竞争，所以不需要进行广泛的招标和竞价，但一般也要经过提出采购要求，进行交易谈判，签订、履行交易合同的过程。

实际上各种政府采购方式的基本程序还是类似的，无非为五个基本步骤(图 19-5)，即：确定采购项目，发出采购信息，接受供应信息，评价选择供应者和签订、履行合同，只是在发出信息和接受信息的方式和对象上有所不同。

图 19-5　政府采购的一般程序

三、政府采购的组织形式

国外政府采购一般有三种模式：集中采购模式，即由一个专门的政府采购机构负责本级政府的全部采购任务；分散采购模式，即由各采购单位自行采购；半集中半分散采购模式，即由专门的政府采购机构负责部分项目的采购，而其他的则由各单位自行采购。中国的政府采购中集中采购占了很大的比例，列入集中采购目录和达到一定采购金额的项目必须进行集中采购。

政府采购一般主要涉及五个方面的机构和人员：

(1)采购人，即货物、工程或服务的需要机构，由它们使用财政性资金进行采购并使用；

(2)采购代理机构，即专门设立的政府采购机构，在集中采购的情况下，由它们负责代理采购人履行采购业务；

(3)供应商，即参与政府采购的投标、谈判并在中标后向采购方提供货物、工程或服务的企业；

(4)采购相关人员，即在政府采购过程中进行中介、参与评标或谈判的有关人员，也包括提供有关信息的机构和人员；

(5)政府采购监督管理部门，属于政府的职能部门，负责对政府采购活动依法实施监督和管理。

这五方面机构和人员的关系大体如图 19-6 所示，即由采购人提出采购申请；由专门的政府采购代理机构向有关供应商进行采购；采购相关人员参与采购的有关活动；政府采购监督管理部门对采购全过程实施监督。

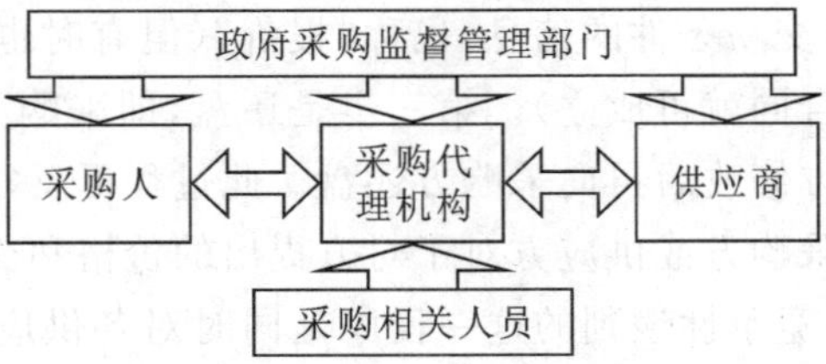

图 19-6　政府采购的参与者及相互关系

复习思考题

1. 组织购买市场同消费者购买市场相比有哪些主要特征？
2. 组织采购决策有哪些主要参与者？对于组织购买行为各产生怎样的作用？
3. 组织市场的购买决策一般会经过哪几个主要阶段？
4. 什么是政府采购？有哪些主要特点？会有哪些角色参与？

【案例分析】

奇瑞与捷顺的“中国式离婚”

2005 年 5 月 12 日，对于奇瑞与捷顺来说都是一个痛心而又无奈的日子。当天在没有任何征兆的情况下，芜湖市中级人民法院查封了四川捷顺公司的 400 多辆库存车，随同行动的还有奇瑞公司的员工。讽刺的是，事发之时捷顺公司总经理叶红还正在芜湖与奇瑞公司商谈进一步合作计划。这一次的查封行动显然完全出乎捷顺公司董事长彭和的意料，他连连表示“太突然了，太突然了”。

一、曾经是“模范夫妻”

四川捷顺成立于 1999 年，是奇瑞在全国的第一家经销商。有人说，捷顺其实就是为奇瑞而生的，理由有二：一是捷顺成立与奇瑞轿车下线的时间几乎重叠，二是捷顺董事长彭和与奇瑞董事长尹同耀曾经是一汽的同事。这种说法的真实性现在已经无从考证，不过四川捷顺和奇瑞的亲密关系却是众所皆知的。捷顺有着超越奇瑞经销商的角色，它一直都是直接或间接地参与到奇瑞的品牌建设和开拓中去，从而成为奇瑞市场开拓的左膀右臂。业界戏称，捷顺与奇瑞就如一对恩爱的“夫妻”，他们共同的努力造就了一个弱势汽车品牌和一个同样处于弱势的经销商的崛起。

然而在最初的一段时间，奇瑞与捷顺的“婚姻”却是饱经患难。2000 年，捷顺卖出了全国市场上第一辆奇瑞车。然而在当时，奇瑞轿车尚未进入国家汽车产品销售目录，捷顺因此也就被指责是在销售“黑车”，这种情况下，捷顺所承担的风险就可想而知了。这也是奇瑞产品上市后所面临的第一次重大危机，在双方的努力下，这一关竟然奇迹般地给挺过去了。

尽管发展的道路仍然充满荆棘，但在随后的岁月里，奇瑞与捷顺的婚姻却真正进入了“蜜月期”。奇瑞一直赋予捷顺在四川的独家经销权，并大力提供相应的营销支持。作为回报，捷顺当然也是下苦功夫经营奇瑞轿车的品牌。捷顺不但专营奇瑞轿车，还策划了“零利息按揭购奇瑞”“零花钱养奇瑞”“旗云成都车王争霸赛”以及在奇瑞支持下推出“无理由退车”等一系列活动。更有甚者，为了共同面对市场的价格战，2004 年 9 月捷顺和另一家经销商发表“联合声明”，宣布将奇瑞 QQ0.8 系列的销售利润全部让给消费者，以出厂价直销，从而用实际行动来证明对奇瑞汽车品牌的支持。这让奇瑞人非常感动，认为捷顺与厂家培育了共同的品牌价值观。

双方的共同努力结出了丰硕的果子。2004 年，奇瑞在全国汽车制造商的座次上升到了第 6 位，市场份额由 2003 年年底的 4.6%升至 5.28%，从一个名不见经传的汽车品牌，在短短数年间成长为国产车系中一股不可忽视的力量。而四川捷顺，则通过独家代理奇瑞汽车，也从一个仅由 5 万元起家的车商，一跃成为车界的一方豪杰。2001—2003 年，捷顺连续 3 年是奇瑞的全国销量冠军，并毫无争议地成为奇瑞在四川地区、甚至是全国市场的功臣。

二、“中国式离婚”

“祸兮福之所倚，福兮祸之所伏。”正如中国先哲老子所预言，这一对“模范夫妻”珠联璧合的合作，在 2003 年其实就已经发生了微妙的变化。据捷顺方面表示，在 2003 年春，奇瑞为了鼓励捷顺按更高的标准扩张销售网点，承诺两年内不在四川地区发展其他经销商。然而在 2004 年，当捷顺完成了网点的扩张、大部分流动资金转成了固定资产之后，奇瑞却在四川新增两家 4S 店。捷顺认为这种做法显然违背了奇瑞当时对于捷顺的承诺，两者亲密的关系出现了裂缝，从而为日后关系的破裂埋下伏笔。

捷顺由于战线拉得太长而导致流动资金的紧张，这就如一颗定时炸弹，随时都有爆炸的可能。终于，2004 年的车市寒流点燃了捷顺的这根导火索。中国轿车业在经过了 2003 年之前的“井喷式”发展之后，2004 开始了痛苦的调整期。受此大环境的影响，捷顺的销售量明显滑坡，销售利润也显著下降。不景气的车市使捷顺在 2004 年年底被拖欠的应收账款累计达 2000 多万元。最终，捷顺欠下了奇瑞大约 2600 万元的货款。

奇瑞也意识到捷顺在经营中的困难。为了帮助捷顺渡过难关，奇瑞曾经寄希望于一个框架性协议。然而，积重难返，捷顺的问题似乎并不是一时半刻就能够解决的。在经过一段时间的努力后，奇瑞认为捷顺并没有按照双方的约定积极全面地履行自己的义务以摆脱其经营困境，从而“给奇瑞带来严重经营风险”，为了保护自己的财产安全，奇瑞不得不通过司法途径以求财产保全。因此，就有了本文开头的查封一幕的上演。

“查封事件”背后的恩恩怨怨，我们作为局外者很难去详细探究。然而有一点是很明确的：经过数年的恩爱后，奇瑞和捷顺这一对曾经患难与共的“模范夫妻”终于闹“离婚”了。

三、为何反戈相向

在当今“渠道为王”的时代里，无论哪个轿车厂家心里都很清楚，经销商的作用都是举足轻重的。奇瑞销售副总秦力将经销商形象地比作是奇瑞这个身体中的"动脉"——动脉对于一个人身体的重要性是可想而知的。然而,为什么奇瑞还会毅然决然地对它的金牌经销商反戈相向呢?表面上分析,奇瑞"挥泪斩马谡"的直接导火线是捷顺与奇瑞之间"理不清,剪还乱"的欠款。然而,这仅仅是一个表象,其中隐藏着的更为复杂的主观和客观因素才真正导致了双方合作关系的破裂。

1.产业环境——黑色的2004年

首先我们要思考这样一个问题:此次查封事件为什么不是在2003年或以前,而恰恰是在2004年车市遭遇寒流之后发生的?宏观的产业环境是否为此次双方冲突的罪魁祸首之一?答案是异常肯定的。

回顾一下经典的渠道管理理论,我们不难发现,产业环境对渠道成员关系的影响是巨大的。这是因为渠道成员并不是在封闭的环境中"闭门造车",而是时时刻刻受到环境的影响。经营环境处于繁荣时期,渠道成员一般都能分享其中的好处,因此趋向于合作。一旦产业进入衰退期或调整期,由于销售额与营业利润的下降,大多数渠道成员都会面临或多或少的财务问题。此时厂商双方都希望减少库存,降低成本,从而导致了双方的目标与行动在一定程度上背道而驰,矛盾与冲突势必随之而产生。

让我们来看看奇瑞与捷顺这对曾经风雨同舟的"模范夫妻"所处的产业环境。显然,2004年——对于如奇瑞和捷顺般的中国轿车厂家和经销商来说都是一个转折点。2004年以前,随着居民收入的普遍提高,越来越多的居民具备了购买轿车的能力,居民购车被认为是一种地位与荣誉的象征。同时,为了发展民族轿车产业,政府也对轿车产业采取了一系列的扶持政策。统计资料显示,1993—2003年的10年间,轿车销售量的年均增长率超过25%。在这段黄金时期,奇瑞抓住机遇一跃成为国产轿车的一支中坚力量,而捷顺也通过销售奇瑞轿车完成了资本的原始积累,并且大规模地扩张其销售网络。如果车市仍然能保持繁荣,更大规模的销售网络显然能为捷顺带来更多的销售量和现金流,从而弥补其流动资金的短板。捷顺与奇瑞似乎都看到双赢的明天。

然而,天不遂人愿!2004年,中国车市风云突变。为抑制经济过热,国家实施了一系列宏观调控政策,再加上个人汽车消费信贷全面紧缩,油价不断上涨,这些外部环境都严重遏制了轿车的需求,导致市场竞争空前加剧。一股前所未有的萧条气氛弥漫着整个轿车市场,奇瑞与捷顺显然也未能独善其身。一时之间,捷顺的销售量锐减,应收账款却不断增加。捷顺在2004年以前所建设的大部分销售网络此时已成为捷顺沉重的负担,捷顺资金流出现严重的困难,对奇瑞的债务也在这个时候产生了。

归根到底,利益是维持厂商之间关系的最终落脚点。当债务触及并损害到利益这一根敏感的神经时,冲突就不可避免地产生了。

2.领域冲突——转型之痛

领域也就是渠道成员的活动范围和独享的决策领域。领域冲突主要表现在目标顾客的归属差异,以及销售地理区域的划分差异等方面。直到2003年年底,捷顺一直都是奇瑞在成都地区的独家代理商。这似乎形成了一种共识:奇瑞对产品与销售提供一揽子的经销商服务支持,而捷顺则通过营销策划、让利于消费者等形式,直接或间接地参与到奇瑞厂家的品牌建设和开拓中去。此时奇瑞与捷顺都有比较明确的分工,即双方之间都拥有并分享各自的领域范围。因此,2004年以前,捷顺与奇瑞的关系中合作是主旋律。

然而,明晰的领域范围在2004年发生了变化。

此时的奇瑞已经由最初的单一车型发展到风云、旗云、东方之子和QQ等多个车型。要完成品牌的扩张大任,在奇瑞看来就必须依靠密集而强大的经销商网络,而非仅仅依靠捷顺。此外,密集的经销商网络也有助于奇瑞在2004年车市寒流中加强对市场的渗透。所以,奇瑞于2004年在四川新发展了另外两家经销商。从奇瑞的发展角度来讲,这当然是无可厚非的。不过捷顺却认为这种做法违背了奇瑞当时对捷顺作为总经销商的承诺。因为据捷顺方面称,捷顺是根据奇瑞的指示才做出扩大经销网络的经营决策的,作为回报,奇瑞承诺两年内不会在四川发展新的经销商。但事实并非如此!奇瑞新发展的两家经销商已经在捷顺的"虎口"中夺食,对捷顺的销售量造成了巨大的打击,从而已形成了对捷顺的现实伤害。

奇瑞为了进一步拓展市场、提高市场占有率,增强对渠道的控制能力和对市场的总体控制能力,并且由单一渠道模式转变成多渠道模式,却是无可厚非,并且是大势所趋。不过,这也必然会触及单一渠道模式下原独家代理商捷顺的领域范围与利益,因此,除非捷顺接受从独家代理商到多渠道模式下代理商之一的角色转换及地位变化,否则悲剧的发生就是迟早的事。

3.理性抉择——商家必然的牺牲

从捷顺诞生之日起就与奇瑞保持着非常紧密的关系,或许是捷顺董事长彭和与奇瑞董事长尹同耀曾是一汽同事的缘故。甚至有人认为,捷顺其实就是为奇瑞而生的。捷顺并不仅仅是奇瑞经销商,它还直接或间接地参与到奇瑞厂家的品牌建设和开拓中去,成为奇瑞市场开拓的左膀右臂。

我们必须承认,在当今不成熟或向成熟市场的转变阶段的市场环境下,关系对中国的商业活动有着巨大的影响,因为中国人做生意向来比较讲究关系。一定程度上,捷顺的诞生就是一个关系的产物。

捷顺不但通过维系与奇瑞的紧密关系来获得发展的动力源(奇瑞轿车的独家代理权),而且也更多地依赖社会人际关系,通过"人脉"来营建自己的销售网络。"关系"使捷顺仅用了5年左右的时间就成长为国内轿车销售的一方霸主。

然而,所有问题并不是关系都能解决的。汽车制造业态演进到今天,已从暴利时代走向了低盈利时期,如此背景下销售链条上的利润生成机制、高值贡献环节等业态要素必然发生不可避免的变化,这种性质的变化正是造成汽车行业生态环境变化的主导力量。当汽车生态环境遭遇2004年的黑市之后,它最近的销售模式必然要发生变化,以这样的视角面对奇瑞与捷顺事件,就不会仅仅停留在"你恩与我怨"之类的层次上了,而应该静心审视行业生态的变化,认清由于全球市场环境、国家政策、消费需求、品牌竞争等多种力量交互作用产生的合力效应以及造成价格下降、利润下滑、营销花样百出的噱头炒作,以及随之而来的厂商利润的重新分配等因素。

奇瑞与捷顺合作的初期,由于利润的吸引,厂家与销售商形成互利关系,捷顺对于奇瑞的价值在于其终端的接触界面和消费者的资源,奇瑞对于捷顺的价值在于其提供的产品和服务具有增值的潜力。形成对价值及价值获取方式的共识后,双方怀着抢占市场、扩大空间的愿望携手上路,形成双赢。

企业运作的目的是获取最大利润,当汽车市场环境发生了变化后,由于利润和市场管理体系构建与巩固等原因，在博弈中为各自利益而战的理性选择，迫使人们在竞争互动的同时，哪怕是从自利的立场出发也必须遵守市场的游戏规则，审视彼此时求同存异，这也是奇瑞为何在 2004 年帮助捷顺渡过难关，签订框架性协议的原因。一旦捷顺的调整没有达到奇瑞预期的目的，奇瑞此时已有足够的主动权，这些矛盾就会显得不可调和，双方制订的各种合作协议也就超出了规则的许可，游戏规则的这条皮筋也终将断裂，合作形式崩盘。奇瑞与捷顺的私人关系在理性的抉择下成了商业利润的牺牲品。

四、前事不忘，后事之师

查封事件发生后，尽管被推到舆论风口浪尖的奇瑞、捷顺双方都对继续合作留了"口头上的余地"，然而业内人士分析，以目前的趋势，除非双方（或某一方）采取一定的妥协，否则，奇瑞、捷顺的破裂将是必然的。

尽管在此事件中，奇瑞作为厂方拥有相对的主动权，但是其中暴露出来的问题也是奇瑞不得不深刻思考的。在市场竞争白热化的今天，营销策略的创新是必要的，然而，如何保证政策的连续性与稳定性也是一大要务。如果在销售过程中采取严格的监控和管理手段的同时，又有灵活刺激经销商的手段，或许就能避免如此极端的查封事件的发生，毕竟失去了这么大的一个经销商，对奇瑞轿车的销售是一个巨大的打击。

相对而言，查封事件对捷顺的打击更大，因为捷顺一直专销奇瑞品牌，查封已经使捷顺的业务全面陷入瘫痪。据捷顺网站称，由于公司业务停顿，公司甚至已经出现了难以发放工资的艰难境况。在与奇瑞的博弈过程中，捷顺显然处于比较不利的位置。经此一役，捷顺或许能够认识到企业的实力并不仅仅是固定资产上的盲目扩张，而更重要的是提高自己的营销能力和对市场的把握能力。同时，加强企业规范管理与建立科学的决策机制，避免情感式的拍板决策，将有助于捷顺走上健康发展的道路。

（资料来源：www.globrand.com/2006/15408.shtml）

思考题

1. 市场环境对企业关系有何影响？

2. 如何形成长期稳定的组织间合作关系？

第二十章

消费者满意与消费者忠诚

学习目的与要求

- 了解顾客价值的内涵；
- 掌握影响消费者满意的主要因素；
- 掌握消费者满意与不满意的测评方法；
- 熟知提高顾客忠诚度的途径。

导入案例

“听他把话讲完”

乔·吉拉德向一位客户销售汽车，交易过程十分顺利。当客户正要掏钱付款时，另一位销售人员与吉拉德谈起昨天的篮球赛，吉拉德一边跟同伴津津有味地说笑，一边伸手去接车款，不料客户突然掉头而走，连车也不买了。

吉拉德苦思冥想了一天，不明白客户为什么对已经挑选好的汽车突然放弃了。夜里 11 点，他终于忍不住给客户打了一个电话，询问客户突然改变主意的理由。客户不高兴地在电话中告诉他：“今天下午付款时，我同您谈到了我的小儿子，他刚考上密西根大学，是我们家的骄傲，可是您一点也没有听见，只顾跟您的同伴谈篮球赛。”吉拉德明白了，这次生意失败的根本原因是自己没有认真倾听客户谈论自己最得意的儿子。

一家公司要想有效扩展自己的客户资源，必须学会倾听和赞美。尽管我们常常以为自己听别人讲话听得很认真，但实际上在许多情况下，我们在谈话之前，在思想上总带有一定的期望、目的和预计结果。我们选择性地听我们听到的话，也就是说，我们只是听那些符合我们自己预先构想的话。

如果从事销售工作的话，我们往往花很多时间想怎么结束这次谈话，同时又做成买卖，而不是去注意别人说什么，只是在对方言辞中搜寻那些肯定自己想法的话语；不是为了听到别人公正的说法，而是太多时候掺进自己的感情偏向；我们听到我们愿意听到的而不是别人真正讲的话。

“听他把话讲完”是倾听的重要含义。它要求听者抛开自己的偏见、观念的束缚，最大化地融入说话人的世界以及他们的观点中去，这样才能最大限度地感动顾客，使消费者满意，从而促进销售。

（资料来源：http://info.ceo.hc360.com/2011/03/090827145743.shtml）

第一节 消费者(顾客)价值

一、什么是顾客价值

目前对于顾客价值的概念还没有统一的定义，主要从如下四个方面进行分析：

(1)价值就是低廉的价格。一些顾客将价值等同于价格，表明在其价值感受中要付出的货币是最重要的。

(2)价值就是顾客在购买产品或服务中所需要的东西。与关注付出的金钱不同，一些顾客把从服务或产品中所获得的利益看作是最重要的价值因素。在这个价值定义中，价格的重要性远远低于能满足顾客需要的产品的质量或特点。

(3)价值就是顾客的付出所能获得的服务。部分顾客将价值看作其付出的金钱和获得的服务间的权衡。在这个定义中价格优于质量。

(4)价值就是顾客付出后所能得到的全部。部分顾客描述价值时考虑的既有其付出的因素，又有其得到的利益。

尽管不同学者在顾客价值的表述上不同，但存在共性：首先，顾客价值与提供物的使用联系是紧密的。这一点使得顾客价值不同于个人或组织价值。后者主要是对与错、好与坏的信念或观念。其次，顾客价值是顾客对提供物的一种感知效用，这种效用产生于顾客的判断，而不是由销售商决定的。最后，顾客的感知价值通常是顾客所获得收益（如价值、效用等）与因获得和享用该产品或服务而付出的代价（如支付的价格或其他的机会成本）之间的比较。

通过上述分析，我们可以这样理解：顾客价值是顾客对产品属性效能以及使用结果的感知和评价。顾客价值的内涵包括几个方面：综合考虑顾客的期望价值和实现价值；强调价值来源与顾客感知、偏好和评价；将产品与使用、顾客是如何感知企业提供的价值联系在一起。

二、顾客价值的构成因素

正如从价值和成本两方面来分析顾客价值的定义和内涵，顾客价值的构成也包括价值和成本两方面。

价值的构成要素包括：①产品价值。产品价值由产品功能、特性、技术含量、品质、品牌与式样等组成。产品价值始终是顾客价值构成的第一要素，产品是顾客给予企业服务的机会和通行证。②服务价值。服务价值是指企业伴随实体产品的出售或单独地向顾客提供的各种服务所体现的价值。服务价值是与产品价值相关但又可以独立评价的附加价值，评价它的标准只有一个："满意"。③人员价值。对于顾客来说，人员价值主要表现为语言、行动、服饰、服务态度、专业知识、服务技能。在服务终端，一线员工的价值就是让顾客满意。④形象价值。以品牌为基础的形象价值是顾客价值日益重要的驱动因素。对顾客来说，品牌可以帮助顾客解释、加工、整理和储存有关产品或服务的识别信息，简化购买决策。良好的品牌形象有助于降低顾客的购买风险，增强购买信心。

成本的构成要素包括：

(1)货币成本。一般情况下，顾客首先要考虑货币成本的大小，因为货币成本是可以精确计算的。在货币成本相同或相差不大的情况下，顾客还要考虑购买时所花的时间、精力等因素。

(2)时间成本。时间成本越低，顾客购买的总成本越小，顾客价值越大。在服务质量相同的情况下，顾客等候购买该项服务的时间越长，所花费的时间越多，顾客购买的总成本就越大。

(3)体力成本和精力成本。精力成本是指顾客在购买产品或服务时，在精神、体力等方面的消耗和支出。顾客购买产品是一个从产生需求、收集信息、判断选择、决策购买、实施购买，以及购买后感受的全部过程。在购买的各个阶段，均需要付出一定的精神和体力。如果企业能通过各种渠道向顾客提供全面、详尽的产品信息，就可以减少顾客为获得信息所耗费的精神与体力。良好的顾客服务就应该最大限度地降低顾客时间成本和精力成本，这是任何企业都不能回避的，企业为顾客考虑得越仔细，顾客的时间成本与精力成本就越低。因此，从企业的角度讲，顾客的时间成本或精力成本是与企业的服务质量成反比的。

对顾客来说，在购买产品或服务的时候，总希望将有关的成本降到最低限度，而同时又希望从中获得最多的利益，以使自己的需要得到最大限度的满足。因此，顾客往往会从价值和成本两方面进行比较分析，选择对自己来说价值最大的产品或服务。

三、为顾客创造价值的途径

如何增加顾客价值，不同的人有不同的见解。波特曾经指出企业创造价值主要有两种途径：减少顾客成本和增加顾客的绩效。因此，从根本上讲，顾客价值创造的途径有两大类：提高顾客的感知收益和降低顾客的感知付出。需要注意的是，增加顾客的感知收益和降低顾客的感知付出之间并不是截然分开的，某些活动不仅能够增加感知收益，同时也可以降低感知付出。

在顾客价值的构成因素中，产品价值的差异越来越小，因此，增加顾客价值的核心方法更多地集中在改善服务上，通过顾客服务来提高顾客价值。

(一)强化顾客的感知

顾客价值只是顾客的一种感受和体验，是不能准确计算的。强化顾客感知的关键是要强化有形证据在顾客服务中的作用。要求的一致性、产品的适宜性、价格的合理性、品牌的优异性、服务的完美性以及关系的密切性是决定顾客感受强弱的主要因素。企业通常可以采用低价格或高品质、优质服务的策略来达到这个目的。

(二)独特的服务

在激烈的竞争中，唯有尽力在不同的方面为顾客提供独特服务才能避免陷入恶性的价格战中。提供特殊服务的关键方法之一是关注细节。只有细节才能显示企业服务到位，才能让顾客感动。而这些服务是最容易被忽视的，或者被认为是微不足道的，但只要是顾客关心的，就是有价值的。

(三)让顾客感到快乐

再好的产品，再好的服务，如果不能让顾客快乐就没有起到效果。有了良好的产品和服务，让顾客感受到快乐，他们才会认为得到了实惠。在产品和服务出现瑕疵时，让顾客尽快快乐起来，是争取主动的契机。

（四）协助顾客成功

企业在提供产品或服务后，要协助顾客达到使用产品或服务的目的，去帮助顾客在市场上取得成功。这种基于“双赢”的伙伴型关系策略很快会使企业在激烈的竞争中脱颖而出，与顾客建立起良好、稳定的客户关系。

（五）价值创新

在企业对目标市场需求和期望的精确把握的基础上，不断地考虑为客户增加价值的新方法。通过在产品利益、服务利益和价格等各个方面的创新对顾客产生足够大的影响。创新的组合不仅给客户创造了新的价值，而且为企业利润的大幅度增长提供了可能。

四、对顾客价值进行管理

在现实中，顾客和不同企业之间的关系是有亲疏之分的。企业通过实施价值管理，与顾客建立真正的顾客关系，从而给企业带来利益上的回报。所谓的顾客价值管理，就是向顾客准确地提供其需要的产品或服务。越来越多的企业采用顾客价值管理的方法来识别自己所能创造的价值，而这种价值不仅体现在产品上，还体现在服务和过程上。

通过实施以顾客为中心的创造价值管理，企业不断地为顾客提供价值，从而吸引、保留了顾客。客户就成了企业重要的资产，这种资产的价值是企业发展的基础，是竞争对手无法比拟和超越的。企业长期不断地为顾客创造价值，同足够多的顾客建立良好的客户关系，就能逐步增加企业的收益。相反，如果企业不能为顾客提供价值，或者提供的价值少于竞争对手，顾客就会转移到竞争对手那里。

顾客价值管理带给企业的回报主要体现在减少了促销活动的成本、开发新顾客的成本，提高了顾客的保留度、忠诚度，进而获得更高的客户创利能力。

在激烈的竞争中，企业必须调整和营造自身的能力，使企业的经营理念、能力、过程及组织结构与顾客感知价值因素相适应，在每一次顾客接触过程中，创造并传递顾客所需要的价值。只有不断地为顾客创造竞争对手无法提供的价值，才能和顾客建立良好的客户关系，企业才能不断地发展壮大。

第二节　影响消费者满意的主要因素

一、预期心理与消费者满意

市场营销大师菲利普·科特勒指出：“满意是指一个人通过对一个产品或服务的可感知的效果与他的期望值相比后所形成的愉悦或失望的状态。”如果可感知效果低于期望值，顾客就不满意或抱怨；可感知效果与期望值相匹配，顾客就满意；可感知效果超过期望值，顾客就会高度满意或欣喜。如果顾客对产品或服务感到满意，他们将会通过口碑传播给其他顾客，从而扩大产品的知名度，提高企业的形象。

二、影响消费者满意的具体因素

结合企业内部员工和消费者两方面，我们将影响消费者满意的因素具体细化为以下内容：

(1)服务环境影响顾客满意度。

(2)服务设施陈旧落后、不齐全、提示不清等原因造成顾客不满。

(3)生意太好以致忽略或轻视了顾客。生意越好，往往顾客满意度越低。

(4)员工安全感太高，导致顾客满意度降低。

(5)员工安全感太低，导致顾客满意度降低。

(6)不合理的绩效考核方式影响员工工作态度与方法，进而影响顾客满意度。

(7)服务承载能力有限，却“超载”接待顾客。

(8)公司所选拔的服务人员根本不适合做服务工作。

(9)服务人员没有掌握专业的接待服务或分流顾客的方法。

(10)没有兼顾所有顾客。

(11)与顾客身份不相符的其他人在同时、同地享受同等待遇。

(12)老顾客因为新顾客与自己享受的待遇一样而不满。

(13)留给顾客的服务前台流程过于繁杂。

(14)不同服务人员之间的口径不统一。

(15)前、后台声音不一致导致顾客不满。

(16)对产品不了解或工作不专业。

(17)图利性太强。

(18)过度热情。

(19)欺骗顾客。

(20)虚伪。

(21)冷漠。

(22)反应速度慢。

(23)当着顾客的面贬低、损毁竞争对手的声誉。

(24)太不积极或太积极促成订单。

(25)没有掌握专业的处理顾客异议的技巧。

(26)思想消极懈怠。

(27)急于多做几笔生意。

(28)专业包装或形象不够。

(29)锱铢必较。

(30)商品品质不良。

(31)故步自封。

(32)把顾客想象成“坏蛋”或敌人。

(33)给顾客的期望值过高。

(34)差劲的训练。

(35)曾经被苛刻顾客“伤害”过，于是用既往的眼光看待眼前有相似特征的顾客。

(36)大客户的优先权需求未得到满足。

(37)前一次服务达到了很高的水准，本次服务水平稍有下降，顾客即不满。

(38)顾客将你与竞争对手做对比，因对手比你做得好，故对你的服务不满意。

(39)对不专业的客户使用术语。

(40)猜想顾客的需求,按照自己的判断提供服务,导致顾客不满。

(41)需要"无打扰"时提供了"一团火"式的服务;需要"一团火"时又"无打扰"。

(42)没有尊重顾客的习惯。

(43)没有尊重顾客的隐私。

(44)忽略了顾客的偏好。

(45)没有赞美顾客。

(46)没有在顾客身边的关键人面前抬高其身价。

(47)缺少员工意见反馈系统。

(48)缺少顾客意见反馈系统——对顾客的反馈不够重视,顾客需求或申诉无人倾听。

(49)本位主义。

(50)官僚主义。

(51)沟通中存在四个障碍——语言障碍、知觉障碍、地域障碍、文化障碍。

(52)服务员工的执行力不足。

(53)反馈速度与结果不能令顾客满意。

(54)后台对前台的配合度低。

(55)"孤岛文化"——不思改进与调整。

(56)没有创新。

(57)产品与顾客的喜好与特征相距甚远。

(58)服务流程或环节出问题。

(59)组织层面的监管不力。

(60)不能满足顾客对时限的要求。

(61)补偿性服务不及时或不到位。

(62)没有给予顾客足够的尊重或满足顾客身边重要角色的需要。

第三节　消费者满意与不满意的测评

一、模型构成与变量定义

泉州沃尔德营销研究咨询公司的顾客满意度测评模型包含七个变量,即往来前的预期、往来后的感觉、差异程度、满意程度、抱怨行为、忠诚程度及抱怨处理,它们之间的结构关系模型如图 20-1 所示。

模型中的七个变量都是难以直接量化的潜在变量,下面先对各潜在变量的定义说明如下:

1. 往来前的预期

事前预期即对产品或服务的期望。消费者在购买某项产品或服务之前,会根据以往的经验、广告或口碑等对厂商所提供的产品或服务有所期望。消费者可能有四种不同的预期模式:理想型、一般预期型、最低容忍度型及欲求满足型。本模型以消费者对产品或服务的一般预期为定义,测量产品或服务在各属性方面是否能达到消费者使用产品或服务的预期。

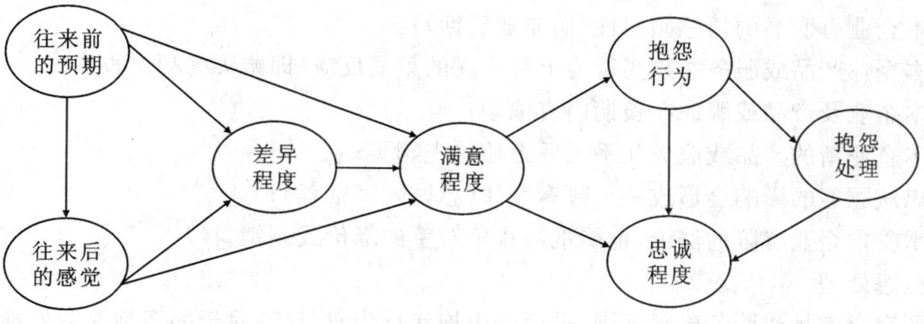

图 20-1　顾客满意度测评模型

2. 往来后的感觉

感觉被视为一种比较的标准。消费者将购买前的所有消费经验作为一种比较标准，在购买后会以实际的感受与上述标准相比较。往来后的实际感觉不仅对事前预期有影响，而且可以影响满意度。

3. 差异程度

差异程度是指产品或服务的事前预期与感受到的实际表现之间的差距，此差距的大小与方向将引起满意度不同的变化。差异程度的处理方法有两种：①以感受表现的测量值减去对产品或服务事前预期的测量值；②单独测量差异程度。Oliver 认为预期与实际表现之间的差异对满意度有独立且显著的影响。本模型采用第二种方法。

4. 满意程度

满意程度是将对产品或服务的事前预期与感受到的实际表现进行评估与比较的结果。当顾客购买及使用了产品或接受了服务之后，如果感受到的实际表现能够符合或超过事前预期，则顾客会感到满意；反之，若未能达到事前预期，则会感到不满意。

5. 抱怨行为

当顾客购买及使用了产品或接受了服务之后，可能对该产品或服务感到不满，进而产生抱怨行为。本模型探讨的抱怨行为是顾客在与厂商往来的过程中有任何不满意时，其所可能采取的行动。图 20-2 表示了不满意的顾客可能采取的几种行动。

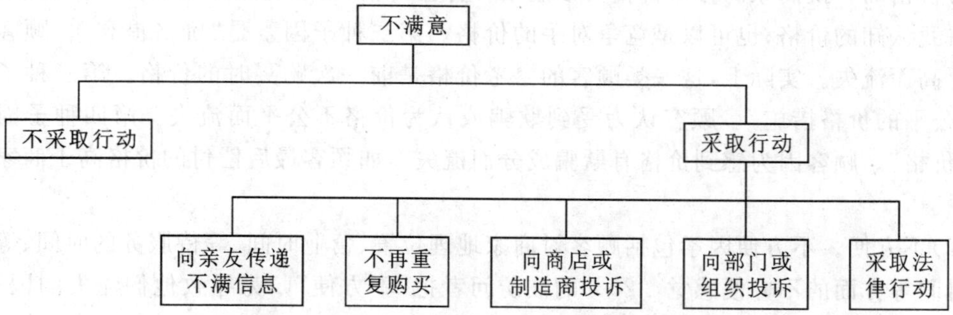

图 20-2　不满意顾客可能采取的行为

6. 忠诚程度

顾客忠诚是指顾客在对某一产品或服务的满意度不断提高的基础上，重复购买（光顾）该产品或服务以及向他人热情推荐该产品或服务的一种表现。培育顾客忠诚度是厂商开展顾客满意度测评活动的长远目标。一般可以从以下情况界定忠诚型顾客：

对本企业有明显的情感倾向性(而非随意性);

对本企业产品或服务在购买行为上有实际的重复反应(即购买的频次很高);

对本企业及产品或服务在长期内有偏爱;

对本企业新的产品或服务几乎无顾虑地首先购买;

受忠诚顾客的影响会形成一个顾客群体(忠诚顾客推荐);

能承受本企业有限的涨价,也能抵制竞争对手的降价或倾销。

7. 抱怨处理

当顾客对产品或服务感到不满,进而产生抱怨行为时,厂商对于顾客抱怨的处理方式将会影响消费者的满意度与抱怨后的行为。要提供便于顾客抱怨申诉的渠道。一般情况下妥善处理和有效化解顾客抱怨的要点有高度重视、热情接待、耐心倾听、诚恳交谈、及时处理及恢复信心等。

二、模型数据分析技术

本模型的数据分析流程与分析技术的运用如图 20-3 所示。

三、顾客流失原因分析

现实的情况是,大多数企业都没有把顾客流失的分析作为一项日常的必需工作,也缺乏富有经验和技能的顾客流失分析人员。因此在危机来临时,企业很难快速、有效地发现导致顾客流失的真正原因并加以改正。

美国科罗拉多大学管理学院的市场学助理教授 Susan M. Keaveney 在 1995 年公布的一项研究成果中总结了八项对顾客流失产生关键影响的因素:

(1)价格。价格因素是第三大导致顾客流失的因素。在对 500 名顾客的调查中,30%的人认为价格因素是导致他们转换商家的因素,9%的顾客把价格因素列为导致他们转换行为的唯一因素。

价格因素还细分成四种子因素:第一种子因素是“高价”。顾客由于实际价格高于自己的参考价格而转换商家。参考价格可以是某种标准价格;可以是相对于接受的产品或服务,顾客自我认知的价格;也可以是竞争对手的价格。第二种子因素是“价格提高”。顾客由于价格提高而流失。实际上,这一类顾客的参考价格是前一次购买时的价格。第三种子因素是“不公平的价格措施”。顾客认为受到欺骗或认为价格不公平而流失。第四种子因素是“欺诈价格”。顾客因为感到价格有欺骗成分而流失。如顾客最后偿付的价格高于商家最初的报价。

(2)不方便。不方便因素包括顾客对商家地理位置、营业时间、等待服务的时间、等待预约的时间等方面的不方便感觉。20%的被访问者把“不方便”归为导致他们流失的因素,其中 21.6%的人认为不方便是导致其转换商家的唯一因素。

(3)核心服务的失误。核心服务的失误是导致顾客流失的最大因素。44%的被调查者认为该因素是导致流失的重要因素,11%的被调查者认为该因素是导致流失的唯一因素。第一类失误包括一系列失误屡次发生(顾客每月的银行对账单屡次出现错误),服务水平降低,在一次产品或服务过程中发生了多项失误,在一次产品或服务过程中发生一个大的失误(如药剂师提供了错误的药量),提供不完整的服务或无法提供服务(如某个汽车修理工由于

图 20-3 模型数据分析技术

经验技术的原因,无法修理顾客的汽车)等。第二类失误包括错误的账单和没有及时更正错误的账单。第三类失误指产品或服务对顾客个人、家庭、宠物或个人物品构成伤害,或导致顾客的损失。

(4)服务人员的失误。服务人员的失误是导致顾客流失的第二大因素。34%的被调查者把该因素归入导致流失的原因,9%的被调查者认为该因素是导致他们转换商家的唯一原因。

“不关心”指产品或服务的提供者没有倾听顾客意见,在提供服务时关注别人,对顾客草率、不友好和表现出冷漠、无兴趣。“不礼貌”的雇员被顾客描述成粗鲁、怨恨和缺乏耐心。“没有反应”指服务人员拒绝满足顾客的特殊需求,与顾客缺少沟通,忽视了顾客的提问。“无知无能”是指服务人员缺乏经验,能力不足,难以使顾客对产品和服务树立信心。

(5)对失误的反应。在一些顾客流失行为的研究中,顾客的流失并不是因为产品或服务的失误,而是因为产品和服务的提供者对事物所做出的不恰当反应。17%的顾客流失行为是商家对失误不恰当的反应造成的。

对失误的不恰当反应包括:①产品和服务供应商对顾客指出的失误虽然做出正面反应

(如改正错误或补偿损失),但这种反应十分勉强和被动,显示出供应商缺乏诚意;②对顾客的抱怨和投诉没有反应;③对顾客指出的失误蓄意做出负面的反应,把错误咎于顾客。

(6)竞争。顾客被竞争者吸引而转向竞争者的产品或服务,在顾客的流失行为中占10%的比例。顾客因为竞争对手提供更为个性化的、更可靠或更高质量的产品或服务而流失,这种商家转换是以损失金钱和便利为代价的。

(7)伦理道德问题。顾客由于产品或服务供应商在其经营行为中存在不合法、不道德、不安全、不健康和违背社会规范的因素,也会发生流失行为。由于该因素发生的流失行为占7%。

不诚实行为是指供应商欺骗顾客,偷窃个人财产,对没有提供的服务收费或建议顾客购买不需要的产品。强迫行为包括过分主动地兜售产品,向顾客高声叫卖或因为顾客不购买产品而恐吓顾客。如修理工因为顾客在一次汽车维修中拒绝接受一项暂不需要的维修,进而威胁顾客:不接受这项维修,开车就有危险。不健康和不安全的服务行为诸如餐厅里肮脏的台布、上菜的服务员用手接货币、安排顾客入住已经有人的房间等。有的商家根本不考虑顾客的利益,例如当一个顾客发现他的旅行社总是为他预定能给旅行社最高回扣的航空公司的机票时,这位顾客会毫不犹豫地换一家旅行社。

(8)非自愿的流失。非自愿的流失是由于一些顾客和商家都无法控制的因素而导致的顾客流失,如顾客迁移或商家经营地点的转移。该因素占6%的比例。

第四节　提高顾客忠诚度的途径

一、顾客忠诚度的含义

顾客忠诚度是指顾客保持对某一品牌产品的持久性购买,而且顾客的这种行为是有目的的,是经过思考而决定的。它是一个量化概念,是由于质量、价格、服务等诸多因素的影响,使顾客对某一企业的产品或服务产生感情,形成偏爱并长期重复购买该企业产品或服务的程度。

二、提高顾客忠诚度的措施

(一)深刻了解顾客的价值取向及需求

识别目标顾客和价值,并深刻了解顾客的价值取向及需求,是有效开展顾客忠诚度活动的重要前提和基础。

要提高顾客忠诚度,首先要知道哪些因素将影响顾客的取向。顾客取向通常取决于三方面:价值、系统和人。当顾客感觉到产品或服务在质量、数量、可靠性或者“适合性”方面有不足的时候,他们通常会侧重于价值取向。期望值受商品或者服务的成本影响,顾客对低成本和较高成本商品的期望值是不同的。但当核心产品的质量低于期望值时,他们便会对照价格来进行考虑。

顾客就是上帝,一切以顾客为中心。有的企业为了提高顾客忠诚度,会不惜重金投资在了解客户需求的变化上,以便为顾客谋取更多的利益。但在科学技术高度发展、生产能力高度发达、竞争日益激烈的今天,除了寻求顾客的物质需求外,更应通过各种方式来寻求顾客的其他需求。

(二)从产品、价格等方面吸引顾客

研究表明,顾客忠诚才是实现顾客不断重复购买的保证,忠诚顾客是公司取得竞争优势的源泉,拥有长期忠诚顾客的企业比拥有低单位成本、高市场份额但顾客流失率高的对手更有竞争优势。顾客忠诚被认为是企业取得长期利润增长的途径。对于企业来讲,没有顾客忠诚就没有企业长久的竞争力。顾客忠诚是由于产品质量、价格、服务水平及其综合因素的影响形成的。

1.产品质量

市场竞争的焦点是赢得顾客,而顾客最关心的、能激发顾客购买动机的敏感点就是以产品为中心的质量问题。索尼公司的缔造者盛田昭夫说:"产品是企业市场的生命,质量是企业产品的生命。"正因为如此,许多企业对质量孜孜以求,精益求精。

产品质量的优劣对顾客忠诚的建立起着至关重要的作用,一个产品质量不可靠的企业是没有发展前途的,也是不被顾客所信任的。因此,产品质量是顾客忠诚的基础。企业产品的质量不好,就会使顾客利益受损。无论如何也不能奢求人们去购买并忠诚于那些质量低劣的产品。世界众多名牌产品的历史告诉我们,顾客的忠诚,在一定意义上也可以说是对产品质量的忠诚。只有过硬的高质量的产品,才能真正在人们心中树立起"金字招牌",受到人们的爱戴。

2.价格

产品的销售总是以一定的价格出现在市场上,价格是否适应消费者的购买力,是否迎合消费心理,是否具有竞争力,都关系到企业的销售和利润,并且会对顾客的购买行为产生最直接的影响,因此,对顾客吸引最大的就是价格。一个合理的价格是顾客接受企业产品的前提。

价格与顾客需求之间存在密切关系。顾客需求是一个不断变化的过程,为了吸引更多的顾客,更好地提高顾客的忠诚度,企业要建立科学、灵活的价格机制,准确把握市场行情,适时调整市场销售价格,减少竞争对手价格诱惑对顾客忠诚的影响。

3.服务水平

从服务的角度来讲,顾客满意心理的形成根源在于顾客感知服务质量,即服务质量决定顾客满意,顾客满意大多决定顾客忠诚。

满意的服务并不是一次优质的服务,而是要把满意的服务落实到每次的服务过程中,从而与顾客建立起长期的互利合作关系。同时,为顾客提供满意的服务,并不意味着一定要为顾客提供额外或附加的一成不变的服务,只是在服务流程中经常做一些令顾客"兴奋"的"小文章",创造一个顾客"喜新厌旧"的空间,开展一些主要经营以外的特色服务,这对于提高顾客忠诚度具有重要意义。另外,提高顾客满意度和忠诚度并不是针对所有顾客,而是对顾客进行细分后,采取有针对性的差异性服务策略,最大限度地让更具有价值的顾客满意。而当企业的某些服务不令顾客满意或存在失误时,一定不要放弃,要及时采取补救服务,尽量减少对顾客满意度的影响。

4.综合因素

在市场经济条件下,人们的需求越来越个性化、多样化,要求顾客长期忠诚于一个产品和一个企业是非常困难的。在经营活动中还存在着一些随机因素,它们对顾客忠诚产生极大的影响。这些随机因素主要包括客观约束、竞争对手的价格或其他诱惑。当竞争对手的价格或其他诱惑对顾客忠诚形成强烈的冲击力时，价格的诱惑比服务质量更能直接影响顾客的忠诚度。当竞争对手推出的价格有较大诱惑力时，顾客就会千方百计地避开客观约束因素的影响，把服务质量放到次要位置，因而很有可能转向，投入到竞争对手的“怀抱”。

因此，不仅要提供好的产品质量、价格和服务，而且要注重这三方面的结合及与其他因素的结合。失去顾客忠诚只在一时，培养顾客忠诚需要一个很长的过程。

(三)最大限度地满足顾客的需求

1.让顾客认同“物有所值”

只有保持稳定的客源，才能为品牌赢得丰厚的利润。但是，当商家把“打折”“促销”作为追求客源的唯一手段时，“降价”只会使企业和品牌失去他们忠诚的顾客群。促销、降价的手段不可能提高顾客的忠诚度，“价格战”只能为品牌带来越来越多的“毫无忠诚可言”的顾客；而当商家、企业要寻求自身发展和高利润增长时，这部分顾客必将流失。培养忠诚的顾客群，不能仅仅做到“物美价廉”，更要让顾客明白这个商品是“物有所值”的。由于“经营同质化”，企业只有细分产品定位、寻求差异化经营、找准目标客户的价值取向和消费能力，才能真正培养出属于自己的“忠诚顾客群”。

2.服务第一，销售第二

企业在销售产品的同时，其实更重要的是销售服务。一个良好的顾客服务是建立顾客忠诚度的最佳方法。顾客的消费过程不仅仅是他们付出金钱、时间和精力，然后从企业得到他们所需商品的过程。顾客在获得物质满足的同时也期望获得一定的心理满足——服务，如良好的心理体验、个人价值的体现等，还包括服务态度、回应客户需求或申诉的速度、退换货服务等，让顾客清楚了解服务的内容以及获得服务的途径。当今的顾客变得越来越挑剔，并且在购买了产品后会非常“敏感”，他们在与公司交易时，希望能够获得尽量少的麻烦。

当这些顾客获得了一个很好的客户服务体验时，他们自然会形成“第二次购买”；不过，如果他们获得了一个不好的体验，他们会向周围更多的人宣传他们的“不幸”。因此，企业要想提升顾客体验，必须要把与产品相关的服务做到家，然后才是真正的产品销售。

(四)维持顾客

衡量忠诚的唯一尺度就是看顾客是否重复地购买企业的产品或服务。顾客忠诚是顾客的一种行为，这种行为是有目的性的，是经过思考而决定的。据估计，获得顾客的成本是维持现有顾客的六倍。因此，如何维持现有顾客成为企业考虑的主要问题。

1.化解顾客抱怨

在企业与顾客的交往活动中，顾客产生抱怨是非常正常的事情，及时与顾客沟通，化解顾客所担心的问题是最重要的。

对于大多数公司而言，只有10%的抱怨可以有机会向公司明确表述出来；而剩下的90%没有机会向公司表述出来，这些抱怨只能反映到一些行为中，如拖欠公司应付账款、对一线的客户服务人员不礼貌等。而且，借助于Internet，这些不开心的顾客很容易让上千人知道他的感受。因此，企业必须要在这件不愉快的事情发生之前快速解决问题，尽量给顾客一个倾诉抱怨的机会，让他们有机会说出心中的不畅，同时尽量解决这些不畅的问题。企业可以根据顾客响应时间、顾客趋势分析来设立公司的准则。另外，服务不周造成的危害是显而易见的。弥补这种危害带来的影响，应被视为是一次机遇而不是痛苦地例行公事。我们解决顾客抱怨时应从两方面入手：一是为顾客投诉提供便利，二是对这些投诉进行迅速而有效的处理。

无论在什么样的市场环境中，都要将顾客的利益视同自己的利益，尽可能地为顾客提供周到的服务，尽量帮助顾客解决困难和难题，让顾客有"一家人"的感受；建立企业与顾客之间的感情纽带，使顾客与企业共进退，以保持企业诚信为本的良好形象，维护"顾客忠诚"。

2. 顾客 80/20 法则

80/20 法则又称帕累托法则，是由英国经济学家和社会学家帕累托提出的，最初只限定于经济学领域，后来这一法则也被推广到社会生活的各个领域，且深为人们所认同。帕累托法则是指在任何大系统中，约 80％的结果是由该系统中约 20％的变量所产生的。

顾客 80/20 法则是指在企业中通常 80％的利润来自于 20％的项目或重要顾客。企业利用这 20％重要顾客，可以大大提高利润率；可以增加关联销售，促进企业有关产品的销售；可以产生强大的推荐力和口碑传播率。一个企业的资源、能力、服务、营销与这 20％的目标顾客的需求相吻合，就能带来足够的市场空间。认识顾客的价值必须要理解顾客的长期乃至终身价值以及周边相关联价值。如一个人一个月购买 2000 元的产品，一年是 2.4 万元，50 年是 120 万元；相关联的亲朋好友几十年购买多少呢？维持这 20％的重要顾客，除了最大限度地满足其需求外，必须要从情感、偏好等方面加以吸引。一旦顾客形成偏好与忠诚，就很难"移情别恋"，可减轻企业的竞争压力，大大降低企业的销售、广告成本。

因此，维持这 20％的顾客，并使之变成忠诚顾客是非常重要的。企业要把这 20％的顾客转变成忠诚顾客，企业才能立于不败之地。

3. 获得和保留顾客反馈

研究表明，顾客反馈与顾客对优质服务的感知是密切相关的。Internet 的到来已经改变了顾客对反馈的感知。逐渐的，顾客开始期待能够获得一个全程的 24 小时服务。而且，现在的顾客也已经习惯了访问网站，并期望能够在网上获得问题的答案。一些最新出现的技术工具，例如基于 Web 的自助式服务、E-mail 管理、Chat/Webcall-back，逐渐成为公司顾客服务部门的关键应用。

权威专家研究表明，企业从 10％忠诚顾客那里获得的利润往往比从 10％一般顾客那里获得的利润多 5～10 倍；忠诚的顾客每增加 5％，企业的利润就可以增加 25％～90％。另外，为吸引到一个新顾客而花费的成本比巩固一个老顾客要多 3～5 倍。企业应致力于积极地理解顾客、吸引顾客，了解顾客的需求和偏好，给顾客提供优异的价值，提高顾客满意度，维持顾客，赢得真正的顾客忠诚，从而提高企业的长期竞争力。

复习思考题

1. 什么是顾客让渡价值？
2. 如何做到让消费者满意？
3. 消费者满意与忠诚度之间的关系是怎么样的？

【案例分析】

海底捞——将服务做到极致

一、企业简介

海底捞餐饮公司(简称海底捞)成立于1994年,是以经营川味火锅为主,融汇各地火锅特色于一体的大型跨省直营餐饮民营企业。海底捞秉承"服务至上"的理念,以创新为核心;改变传统的标准化、单一化的服务,提倡个性化的特色服务,将用心服务作为基本经营理念,致力于为顾客提供"贴心、温心、舒心"的服务;在管理上,倡导双手改变命运的价值观,为员工创建公平、公正的工作环境,实施人性化和亲情化的管理模式,提升员工价值。截至2010年,公司在北京、上海、天津、西安、郑州、南京、沈阳等全国多个城市拥有五十多家直营店、四个大型现代化物流配送基地和一个原料生产基地,2009年营业额近10亿元,拥有员工一万多人。

二、营销模式:情感营销

海底捞源自一线员工所见、所闻,并发自内心的个性化随机服务,才是真正能够留住人心的、非标准化的"顶级服务"。这个叫海底捞的火锅企业,颠覆了人们对"服务"的既有认识。

这是一个理念先行、项目随后的企业。最让人惊讶的是,你在这里消费时会前所未有地体会到你消费的不是餐饮,而是对方热忱的心!感动是必然的、正常的、感慨万千的,而达到这种效果,在其他餐饮企业是何其罕见!

2006年6月23日,"大象挤进了蚂蚁窝",拥有肯德基、必胜客等品牌的著名餐饮集团——美国百胜餐饮的区域经理齐齐涌入海底捞北京牡丹园店。与其他客人不同,他们这顿饭的目的是"参观和学习,提升管理水平"。

在随后的一年多的时间里,北大光华管理学院的两位教授对海底捞进行了深入研究,甚至派人"卧底"当服务员,总结海底捞的管理经验。教授们好奇的是,海底捞服务员对职业的认同感竟远远高于他们所带的MBA班学生。

重庆市火锅协会会长、小天鹅集团总裁何永智也发出号召:我们要学习海底捞的创新措施,提升重庆火锅产业的消费附加值和重庆火锅的整体档次。

一时间,各行各业掀起了一股向海底捞"学管理""学营销""学服务"的热潮。"海底捞"俨然不再是一个火锅店的代名词,转而上升成为一种现象。

按照海底捞董事长张勇的话说,百胜的到访"简直是大象向蚂蚁的学习"。这个比喻不无道理。作为跨国餐饮巨头,每个百胜区域经理手中都有至少36家门店,而当时海底捞全国的门店数加在一起还不到20家。

在张勇的理念中,海底捞虽然是一家火锅店,它的核心业务却不是餐饮,而是服务。在将员工的主观能动性发挥到极致的情况下,"海底捞特色"日益丰富。2004年7月,海底捞进军北京,开始了一场对传统的标准化、单一化服务的颠覆革命。

在海底捞,顾客能真正找到"上帝的感觉",甚至会觉得"不好意思"。甚至有食客点评,"现在都是平等社会了,让人很不习惯。"但他们不得不承认,海底捞的服务已经征服了绝大多数的火锅爱好者,顾客会乐此不疲地将在海底捞的就餐经历和心情发布在网上,越来越多的人被吸引到海底捞，一种类似于“病毒传播”的效应就此显现。

如果是在饭点，几乎每家海底捞都是一样的情形：等位区里人声鼎沸，等待的人数几乎与就餐的相同。这就是传说中的海底捞等位场景。

等待，原本是一个痛苦的过程，海底捞却把这变成了一种愉悦：手持号码等待就餐的顾客一边观望屏幕上打出的座位信息，一边接过免费的水果、饮料、零食；如果是一大帮朋友在等待，服务员还会主动送上扑克牌、跳棋之类的桌面游戏供大家打发时间；或者趁等位的时间到餐厅上网区浏览网页；还可以来个免费的美甲、擦皮鞋。

即使是提供的免费服务，海底捞一样不曾含糊。一名食客曾讲述她的经历：在大家等待美甲的时候，一个女孩不停地更换指甲颜色，反复地折腾了大概 5 次。一旁的其他顾客都看不下去了，为其服务的阿姨依旧耐心十足。

待客人坐定点餐的时候，围裙、热毛巾已经一一奉送到眼前了。服务员还会细心地为长发的女士递上皮筋和发夹，以免头发垂落到食物里；戴眼镜的客人则会得到擦镜布，以免热气模糊镜片；服务员看到你把手机放在台面上，会不声不响地拿来小塑料袋装好，以防油腻……

每隔 15 分钟，就会有服务员主动更换你面前的热毛巾；如果你带了小孩子，服务员还会帮你喂孩子吃饭，陪他们在儿童天地做游戏；他们会给抽烟的人一个烟嘴，并告知烟焦油有害健康；为了消除口味，海底捞在卫生间中准备了牙膏、牙刷，甚至护肤品；过生日的客人还会意外得到一些小礼物……如果你点的菜太多，服务员会善意地提醒你已经够吃；随行的人数较少，他们还会建议你点半份。

餐后，服务员马上送上口香糖，一路上所有服务员都会向你微笑道别。一个流传甚广的故事是，一位顾客结完账，临走时随口问了一句：“怎么没有冰激凌？”5 分钟后，服务员拿着“可爱多”气喘吁吁地跑回来说：“让你们久等了，这是刚从超市买来的。”

“只打了一个喷嚏，服务员就吩咐厨房做了碗姜汤送来，把我们给感动坏了。”很多顾客都曾有过类似的经历。孕妇会得到海底捞的服务员特意赠送的泡菜，分量还不小；如果某位顾客特别喜欢店内的免费食物，服务员也会单独打包一份让其带走……

这就是海底捞的粉丝们所享受的“花便宜的钱买到星级服务”的全过程。毫无疑问，这样贴身又贴心的“超级服务”，经常会让人流连忘返，一次又一次不自觉地走向这家餐厅。

三、管理模式：家庭化、人性化

每一间海底捞办公室的墙上都会贴着一张“金点子排行榜”，这就是海底捞思想火花的来源。每个月，由各大部长、片区经理组成的创新委员会会对员工们提出的创意服务做出评判，一经评上就会推广到各个分店，员工可以获得 200～2000 元不等的奖励。

员工们的自觉与热情来自于张勇的一个最朴素的思想：员工才是企业的核心竞争力，他们的重要性远超于利润，甚至超过了顾客！

在海底捞，白班的员工一直会被安排白班，晚班的员工一直会上晚班。这样员工不需要被迫改变作息时间来适应。这样细心的安排还包括：员工宿舍离工作地点的路程时间不会超过 20 分钟，全部为正式住宅小区，且都会配备空调；有专人负责保洁以及洗衣服；公寓甚至配备了电脑；如果员工是夫妻，则考虑给单独房间……光是员工的住宿费用，一个门店一年就要花掉 50 万元人民币。

为了激励这些大多来自农村的员工的工作积极性，海底捞有一个传统，即将员工奖金中的部分直接寄给他们的父母或亲人，虽然每月只有 400～500 元，但这让员工的家人也分享到了这份荣耀。

海底捞有近 6000 名员工，流动率一直保持在 10%左右，而中国餐饮业的平均流动率为 28.6%。与此同时，海底捞 4 年只开了近 40 家店，这与其单店上千万元的年营业额、每晚 3～5 台的翻台率是极不匹配的。

为了保证服务质量的连续性和一致性，海底捞的每个店都必须保证 30%左右的老员工"压阵"。在这一点上，张勇非常清醒："支撑海底捞发展的根本从来不是钱，而是员工。在没有培养足够的合格员工之前拿钱拼店数，是失去顾客进而让海底捞品牌消失的最快死法。"

四、对于案例的分析及感想

营销的目的就是满足顾客以及潜在顾客的要求，而市场营销管理就是需求管理，需求来自顾客，需求管理的实质就是顾客管理，建立可获利的顾客关系。随着经济的发展，国人的消费水平日渐增高，对于餐饮中服务的潜在需求渐渐浮出水面。海底捞正是抓住了这一顾客需求，满足顾客的各种需求，提高顾客的价值，稳定和顾客间的关系。

海底捞的服务员们对顾客的服务态度是真诚的，这种态度或者观念并不是因为他们的工资有多高，聘请的员工有多高的学历，而在于公司对于员工的管理方面。海底捞认为员工是企业的核心竞争力，这有别于"资产是企业核心"以及"顾客至上论"的说法，是一种新颖的理念，先进的经营思想。对于员工的管理充分地调动了员工的主观能动性，提升了员工对企业的忠诚。

从海底捞样式繁多、各方面都相当齐全的服务项目来看，并没有一个很成熟、很完善的餐饮企业给其提供学习的标本，海底捞的"金点子排行榜"就是最典型的激励员工为企业提供创新方案和建议的方法，这些措施加速了企业的发展，完善了服务体系。

企业给员工在生活上以更多的照顾使其能够全身心地投入到工作当中去，并由公司直接将一部分工资寄给家人，让家人一同感受到在此工作的荣誉。在每个店面中最起码有 30%的老员工，保证了金牌服务的持续性。

（案例来源：五星文库. www.wxphp.com/wxd-87ilgqermmgersa yr17x-1.html）

思考题

1. 海底捞如何做到了顾客满意？
2. 海底捞案例对企业经营有何启示？

第二十一章

微信平台的广泛使用与微信营销

学习目的与要求

- 了解微信平台的特殊性；
- 掌握微信营销的概念和特点；
- 了解微信营销的主要形式及优缺点；
- 预测微信营销的发展前景。

导入案例

罗辑思维、文怡家常菜、年糕妈妈利用互联网特别是微信公众号销售实体商品

内容创业大热，资本涌动。内容创业者正在做的事情可以归结为：为用户提供优质内容和社群互动，以专业能力影响用户的消费决策。

这些内容创业者的商业变现面临着会员增值、广告费收入、开店卖货三种选择。

会员增值是让用户为情怀买单，广告费收入关联粉丝数增长，这两条路都无法实现价值最大化。围绕粉丝、用户的需求，让更多的用户变成客户，让更多的客户持续购买——在这条大道上，"罗辑思维""文怡家常菜""年糕妈妈"等已是先行者。

卖货难在哪？

如果想要像电商那样销售实体产品，供货链、电商运营、仓储物流是通过卖货变现需要逾越的门槛。

结合公众号的用户属性，卖货的第一步是打通选品、货期、品控、入仓、上架、审单、打单、分单、拣选、出库校验、打包、称重、快递交付、物流跟踪、售后维权等诸多环节，这样盈利和用户体验才有保障。

先行者的经验解读

1. 罗辑思维

它的运营节奏把握得非常好。从脱口秀节目到公众号积累粉丝，到推广"得到"，再到开设天猫旗舰店，整个运营节奏随着粉丝体量和业务模式的变化而快速迭代。

它卖得最出名的商品——书籍，是如何销售的？

首先由罗胖做书评，通过解读和提炼书本概要的方式引起粉丝对书籍的兴趣，进而促进销售。每周五是“罗辑思维”销售的高峰。

具体的销售流程是：当天的内容语音—当天的图文—书评—图文内容广告—下单成交。从这个流程可以看出，“罗辑思维”区别于一般销售方式的地方在于，罗胖对于每日语音内容的产出决定了当天回复关键字的粉丝的精准度，再通过其独到的书籍简评角度引起粉丝对书籍的兴趣，进而在粉丝有需求的时候到购买入口进行下单。

在需要对某一款书籍做主要推荐时，“罗辑思维”会在公众号的一级菜单、店铺首页广告、商品关联推荐等处做强势引导，直达主推商品页面，缩短交易联调，全力打造爆品。

“罗辑思维”的产品选择要求也比较高，无论是产品包装、质量还是附加价值，都是同品类中性价比较高的。所以但凡“罗辑思维”主推的产品，总能达到惊人的销售业绩。

2. 文怡家常菜

“文怡家常菜”是美食畅销书作家、美食节目主持人文怡的自媒体账号，除内容之外，也会推荐质优价廉的产品。

“文怡家常菜”的公众号是订阅号，所以可以每天群发一次，分享一些和美食有关的内容。“文怡家常菜”与“罗辑思维”的最大区别就是平时只做分享，固定在周三进行产品销售，使粉丝不会感觉到特别浓重的销售氛围。大部分的销售产品并非自行生产，所以有些时候到了周三也没有找到合适的产品进行销售，就会改为内容分享。

它的销售方式也非常简单，即通过图文直接推送的方式向粉丝告知本期销售的产品是什么。文怡曾说，每款产品都会经过她的长期使用并觉得不错，才会推荐给她的粉丝购买。在图文中，文怡会如实描述这款产品的卖点，比如外观、工艺、特色功能、使用体验等，帮助粉丝了解产品。

如果遇到特别受欢迎的产品，文怡也会开启返场销售模式。比如此前卖的砧板，一经推广便受到了粉丝热捧，所以文怡在后续推送中又对此产品进行了推荐，依然卖得异常火爆。

3. 年糕妈妈

“年糕妈妈”是一个原创育儿心得分享公众号，一站式解决宝宝的睡眠、喂养、早教、健康等问题，有超过100万妈妈的用户关注。

它的特点是多渠道协作。运营方有两个微信公众号：“年糕妈妈”是认证订阅号，平时用于发布育儿知识；“糕妈优选”是认证服务号，交易基本都集中在这个号里。

两个公众号在定位上有所不同，不过“年糕妈妈”在其公众号的自定义菜单上给“糕妈优选”做了强引流。“年糕妈妈”的粉丝在阅读订阅号的内容时，可通过点击菜单中的“糕妈优选”进入服务号的商城进行购买。由于两个号都是认证的公众号，所以可实现无缝对接。

“年糕妈妈”在粉丝购买的时候并不强制粉丝关注其服务号，保持交易流程顺畅，提高了粉丝下单的转化率，但会在粉丝需要查询订单时顺势引导关注服务号，既解决了粉丝的需求，又实现了增粉，一举两得。

（资料来源：https://www.ishuo.cn/doc/khqkgfqf.html）

第一节 微信营销的概念及特点

微信(英文名:WeChat)是一款为智能终端提供即时通信服务的免费应用程序,通过网络快速发送免费语音、短信、视频、图片和文字,同时,也可以使用通过共享流媒体内容的资料和"摇一摇""漂流瓶""朋友圈""公众平台""语音记事本"等服务插件。微信提供公众平台、朋友圈、消息推送等功能,用户可以通过"摇一摇""搜索号码""附近的人""扫二维码"方式添加好友和关注公众平台,同时微信将内容分享给好友以及将用户看到的精彩内容分享到微信朋友圈。2011 年 1 月至 2013 年 11 月仅仅两年,微信的注册用户量突破 6 亿。微信官网显示,截至 2016 年第二季度,微信和 WeChat 合并月活跃用户数达 8.06 亿,同比增长 34%,借此拥有的庞大用户基数是微信营销的巨大优势之一。此外,国内智能手机的迅速发展与国内通信运营商的交互影响,使从前以台式电脑为唯一上网设备的模式一去不复返。现在手机上网的出现,使随时随地上网成为现实。智能手机除了拥有台式电脑的基本功能外,还方便携带,微信的天然社交、位置优势给商家带来了很大的方便。

微信营销是企业互联网营销模式中的一种。它是伴随着微信的火热而兴起的一种网络营销方式,其主要的特点是即时通信和一对一的沟通方式。微信使用者注册微信后,可与周围同样注册的"朋友"形成一种联系,订阅自己所需的信息。而商家也通过微信的企业公共账号细分用户市场,针对每种不同的用户提供用户需要的信息,推广自己的各种产品,从而实现点对点的营销。

第二节 微信营销的主要形式及优缺点

一、微信营销的主要形式

1.二维码

二维码是一个装有大量信息的匣子,这个匣子可以供摄像头识别。在微信中,用户用手机扫描商家专属的二维码,就能获得一张储存于微信中的电子会员卡,从而享受到商家提供的会员折扣。企业可以设定自己的品牌二维码,用折扣和优惠吸引顾客。

2.漂流瓶

漂流瓶是把信息放到瓶子中,然后让用户主动捞起来得到信息并且传播出去。漂流瓶的方式主要用于随机推送,没有较强的针对性,但操作方便、简单,适合于已经具备很强知名度的企业品牌进行推广时使用。

3.公众平台

每个人都可以打造自己的公共账号,并针对特定的群体进行文字、图片、语音等的全方位沟通和互动。通过一对一的关注和推送,公众平台可以向粉丝推送新闻、产品、活动信息。

4.朋友圈

通过微信开放平台,用户可以将公共平台上的资讯、产品信息发送给特定好友或者直接分享到朋友圈,更加利于信息的传播。

5.利用 LBS 查看附近的人

微信中有一项"附近的人"的链接,用户可以通过微信查找自己附近的人。用户可以随时更新自己的签名作为宣传。

二、微信营销的优势

(一)用户多,潜在客户庞大

中国是拥有着13亿人口的大国,手机用户自然庞大,微信仅仅用了14个月的时间就使用户突破了2亿。目前微信已不单单只是一个充满创新功能的手机应用,它已成为中国电子革命的代表,覆盖90%以上的智能手机,并成为人们生活中不可或缺的日常使用工具。根据腾讯公司发布的公告,截止到2016年上半年,全球微信用户数已超过8亿。8亿微信用户的背后是巨大的营销市场,好的市场总是能让商家或者企业分外"眼红",微信一跃成为众多商家和企业潜在客户的聚集地,而微信用户数量还在不断攀升中。可以预见,在不久的将来,微信用户群体会越来越壮大。面对如此庞大数量的潜在客户,哪个企业或营销推广人员会为之不动?

(二)营销成本低廉

微信软件本身是免费的,发微信时产生的上网流量由网络运营商收取比较低廉的流量费,也就是说微信从注册、开通到使用几乎是免费的。对于微信而言,0.1元可以发送上千条文字或十几张图片,在使用各种功能的期间都不会收取费用,与客户沟通基本上不需要昂贵的成本。无论是移动、联通还是电信用户的运营商都有很给力的优惠上网套餐。因而通过微信开展的微信营销活动的成本是非常低的。传统的营销推广成本高,收到的效果也不尽如人意。微信营销可以缩减其成本,这也是它的优势所在。

(三)搜搜附近的人

微信营销可以一对一地对用户进行消息推送,也可以针对某一地域和某一点进行消息的推送。在微信"查看附近的人"的插件中,用户可以查找本人地理方位邻近的微信用户,除了显现邻近用户的名字等基本信息外,还会显现用户签名档的内容。商家也可以运用这个免费的广告位为本人做宣扬、打广告。当你在某餐厅用餐的时候,突然传来微信说附近某商场在促销,或者附近有什么好活动正在进行,是不是感觉很棒呢?

(四)营销方式灵活多样

摇一摇、漂流瓶、附近的人、二维码、朋友圈都能成为各个企业营销的方式,可以拉近和用户的距离,营销活动也变得更生动、更有趣,更利于营销活动的开展。相比较为单一的传统营销方式,微信营销则更加多元化。微信不仅支持文字,更支持语音以及混合文本编辑,普通的公众账号可以群发文字、图片、语音三个类别的内容。而认证的账号有更高的权限,能推送更漂亮的图文信息。尤其是语音和视频,可以拉近和用户的距离,而这种营销方式也得到大家的赞同。

(五)营销信息到达快

在微博营销过程中,除了少数一些技巧性非常强的文案和关注度比较高的事件被大量转发后获得较高曝光率之外,直接发布的广告很快就被淹没在了微博滚动的动态中。但微信就不同了,微信由移动即时通信工具衍生而来,天生具有很强的提醒力度,比如铃声、通知中心消息停驻、角标等,随时提醒用户收到未阅读的信息。每一条信息都是以推送通知的形式发送,到达率可以达到100%。

(六)独特的语音优势

在大街上、餐厅、公园等公众地方看见有人把手机当成对讲机用的时候,你却不知道那是微信,那么你绝对 out 了。微信不仅支持文字、图片、表情符号的传达,还支持语音发送。如果你疲惫于打字发信息,那么就可以直接通过微信发个语音信息。如果把微信当成一种营销方式的话,直接的语音信息的传达既是优势,也有可能成为一大失误的地方。因为语音的发送既要求传达者声音的甜美,也要求有特定知识的积累。

(七)奇特的漂流瓶

漂流瓶用户可以发布语音或者文字然后投入大海中,如果有其他用户"捞"到则可以展开对话。招商银行的"爱心漂流瓶"用户互动活动就是个典型案例。企业可以借鉴成功的案例,结合自己的实际情况做出宣传策划。

(八)给力的扫一扫二维码

用户可以通过扫二维码来添加朋友,关注企业账号;企业则可以设定自己品牌的二维码,开拓 O2O 的营销模式。

三、微信营销的困境与机遇

1.微信营销平台还需完善

国内微信平台开发较早,并且迅速拥有了大量的早期活跃用户,发展前景广阔。现在的用户追求越来越高质量的用户体验和服务,而在微信营销中,企业多数是依靠扫描"二维码"这样简单的营销方式。推广之初客户会感觉新奇好玩,但是与绝大多数的营销方式一样,新奇之后便容易发现这是缺乏用户体验的方式,更是一种相对被动的营销手段。如果用户不扫描二维码,那么企业活动做得再好也无用了。此外,分享商品到朋友圈的功能出现崩溃,移动支付捆绑的方式不能满足用户的不同需求。

2.品牌推广类的营销需求难以实现

微信的营销方式还无法让品牌商和消费者都乐于从中获利。微信的公众账号无分类,也没有排行,需要用户自己主动地去搜索和查找关注。这在一定程度上抑制了公共账号粗暴推广的做法,但是其推广传播效果相对于微博这样扩散性非常强大的媒体就逊色多了。

3.公众账号粗暴推送消息,信息阅读率低

随着微信的火爆,大量企业纷纷注册公共账号,开始了大量的营销,这样的营销模式对微信平台产生了破坏。"过度营销"带来这样的恶果:企业跟风开通公众号—各种手段拉用户—向用户大量发送信息—用户因审美疲劳而取消关注—平台价值减弱—用户企业迁移。基于此,腾讯对微信公众平台又进行过几次规则微调,使普通公众号可每日推送一条群发信息,认证公众号每日可推送两条群发信息。2014 年 8 月 7 日,网信办发布《即时通信工具公众信息服务发展管理暂行规定》,更进一步规范了微信类即时通信平台的交流通信,使得同类平台有良好的发展环境。但是公众账号与粉丝间的互动感知度低,单线的沟通方式使公众账号的活跃度并不高。

4.微信的安全隐患

微信网络社区里的人形形色色,存在一定的安全问题,并且微信没有安全监督中心,很多方面存在安全漏洞。由于微信营销没有一个安全的支付平台和法律保障体系,在微信中产生的交易存在一定的风险和安全隐患。

5.信息的真实性

微信产生信息的真实性没法识别，不能确定信息的有效性，这样就使得用户可能上当受骗，失去用户的信任。微信没有明确的信息监管中心，造成信息的不确定性和虚假性，容易引起用户的怀疑和质疑，无形中就失去了企业的形象。

6.微信转发活动受排斥

商家宣传自己的时候心情过于急切，造成铺天盖地的垃圾信息被过分修饰，一些商家频繁地给用户发送各种无聊、繁杂的信息，不但没有达到博得用户青睐的目的，反而慢慢地让用户反感甚至是排斥，造成负面的影响。在这种条件下，想与客户建立良好关系是不现实的，这需要一个长期的过程。

7.用户体验感不强

越来越多的企业在实施微信营销时过度热情，给用户带来了困扰，如果企业的服务无法满足顾客的需求，用户极有可能立马关闭与企业之间的互动。怎样更好地维护企业与用户的关系，成为企业微信营销的重中之重。

8.隐私安全得不到保障

在微信自身的多媒体功能中，如朋友圈、二维码等都会给用户的隐私带来安全隐患。用户在使用的过程中可能在不知情的时候泄露个人信息，假如用户个人信息的二维码被不法分子非法利用就会对用户造成生活上的不便。微信在隐私维护方面仍然不够完善，用户也无法确定网站信息的正确性，无法对信息做出正确的判断，由此可能导致用户上当受骗。

四、促进微信营销发展的措施

（一）信息内容实事求是

微信应该设置相应的信息安全中心来监督信息的安全性和真实性，让用户放心地使用。

（二）坚持适度原则

商家应该对实施微信营销的力度进行准确的把握，不过分渲染，保持适度的原则，优化推送信息的频率，重视用户的感受。

（三）提高用户参与体验感

企业可以在实施营销策略时为用户提供免费并且安全的无线网络、“无缝链接”式体验，这样有助于用户参与体验。提供全套式体验，不仅对企业的宣传具有很好的作用，而且能提高用户的参与体验感，提升品牌忠诚度，从而获得忠实的顾客。

（四）重视微信营销的开展

如今微信在互联网应用中的地位已无可取代，企业若想在激烈的市场竞争中取得先导地位，更应该注重微信营销。微信营销应该作为企业营销策略重要的一部分，培养和发展更多的社会媒体营销专家，形成一个完整的营销体系。

（五）规范网络安全措施，完善法律法规

微信应该引进第三方支付或与银行合作等，确认交易环境的安全性。企业也应规范各项安全管理措施以保障用户的隐私安全。国家可以通过出台相关的法律法规来规范和引导微信等社会媒体的健康发展。

第三节　微信营销的发展前景

尽管微信营销还不完善，但是作为一种新兴的营销方式，有着众多功能与优势，通过微信开展网络营销已经越来越受到人们的重视。

开展微信模式的网络营销，主要是借助微信的各项功能，以及通过微信搜索到庞大的好友群体；微信让企业足不出户就可以锁定企业的潜在客户群聚集地，利用微信营销系统向潜在客户群即时发送文字、图片、音频甚至是视频等。微信营销由此开辟了一个营销的新时代。

（一）微信的潜力

微信已成为消费者社交工具中重要的途径之一，微信营销虽处于完善中，但潜力无限，很多眼光独到的商家已经着手该功能的使用，相信随着互联网市场的发展，它会给互联网营销领域带来重大的改革和突破。新的信息传播媒介的产生改变了人类的生活方式和生存方式。在媒介融合的背景下，微信因其强大的功能赢得了用户的青睐，成为个人社交网络及信息传播的一个重要工具。

（二）微信新生活

从微信的推出，到零资费、跨平台、拍照发给好友、发手机图片、移动即时通信等功能的研发，再到微信随时更新版本的发布，腾讯在微信业务上的布局越来越广。微信正在从单纯的聊天工具变成移动社交平台，而微信在用户看来是社交平台，在腾讯看来则是贯穿QQ、邮箱、腾讯微博的平台，QQ离线消息、Qmail是引爆其用户增长的关键，而LBS陌生人交友又触发了很多人内心深处对陌生的新鲜感。如果说离线消息、Qmail是微信用户的正餐，那么LBS交友和“捞”漂流瓶则是饭后甜点。于是，微信开始走向开放平台，希望通过服务用户生活来实现产品的真实价值。微信营销一定程度上推动了电子商务的发展，使电子商务更加深入到生活。正如微信创始人张小龙所说，微信最初的口号是“连接人与人”，如今已进化为“连接人与服务”。这也就是微信开创的新的生活方式。

（三）微信银行的普及

基于微信公众账号的自助查询回复命中率超98%的强大能力，以及人力、物力的上涨，未来银行业有朝着微银行发展的趋势，届时消费者就可以足不出户、直接使用手机办理银行业务。

（四）微平台与微时代

现今微商城的推出进一步加强了微信营销，线上、线下均可成交。微信会员卡、智能客服、微活动（刮刮乐、签到、大转盘、一战到底）、微房产、微餐饮、微医疗、微酒店等一系列开发让微信营销更具力量。

复习思考题

1. 微信营销与微博营销有何异同？
2. 微信营销的优缺点有哪些？
3. 微信营销的途径有哪些？

【案例分析】

微信公众号的营销推广方案

微信公众号作为微信一个重要的板块已经得到了很多企业的重视。但一个企业的微信公众账号即便是做得再完美，如果缺乏推广，也不会取得好的效果。所以，公司的微信公众账号要做好切实的推广，有推广才会收获粉丝，有粉丝才能收获订单。

一、微信营销的目的

建立一对多互动营销平台，依托微信及渗透个人现实社交圈打造一个营销通路：传播品牌、产品、项目、公司等信息，吸引更多的消费者用户与加盟商用户等，成为公司移动互联网营销通路的重要组成部分。

二、公司获得价值

通过此方案的执行，逐步完成移动互联网营销通路的布局，为公司实现网络化经营做好当前收益与战略布局。

三、过滤机制，把广众人群分层过滤成为企业的客户

第一层过滤：通过微信公众账号吸引人群关注，建立关系。

第二层过滤：通过微信逐步开展的专业信息培养引导，把潜在客户过滤到交易平台。

四、方案实施办法

1. 利用小号加粉

当官方大号得不到宣传的时候，利用小号来推广大号是一种有效的方式。公司员工可以建立几个小号，在小号的签名上都加入自己的公司广告，并在小号的“朋友圈”“附近的人”等功能中推广给朋友和附近的人。这样一来，公司在很短的时间内就会获得不少粉丝的加入。通过小号来宣传和推广大号的主要方法有以下几点：

第一，小号签名不可忽视。在签名栏里，企业可以将自身的微信号或者公司的名字以及简介放在签名上。这样别人就能看到你的信息，有需要的人就会关注你。

第二，利用查找“附近的人”来向附近的人打招呼，做宣传。小号可以通过“附近的人”功能来向附近的人打招呼，甚至可以群发信息，将企业信息推广出去。

第三，通过“漂流瓶”“摇一摇”等来推广大号。通过“摇一摇”功能还能不断地摇出新朋友，然后将企业信息强加给他们，一定会有人因此而关注(注：招商银行就曾经使用这个方法来推广自己的微信公众平台，获得不少的粉丝)。

第四，群聊发信息，推广大号。小号可以通过搜索自己的朋友和好友来建立微信群进行群聊。在群聊里，我们就完全可以将大号的信息、平台号推广给群成员。这样一传十，十传百，就一定能够扩大自己的声势，宣传自己的平台大号。

2. 双管齐下，线上、线下齐推广

线上：公司要做好互动、定期的消息推送，让更多用户订阅企业的消息，然后点击推送；同时还要借助各大节日等欢庆时节来送出一些奖品，让用户对企业公众号产生极大兴趣。同时还可以在论坛、IM 工具、EDM、官网、网店、博客、微博、社交网站、互推、付费广告、公众账号导航推广企业二维码。

线下：公司要做好二维码的宣传，在任何看得见的公司实物上印上醒目的微信二维码，包括产品包装袋、盒子、名片、宣传画册、展销会宣传幅、传单、T恤/广告衫、菜单、说明书、店内海报、户外广告、传统媒介甚至纸杯上。

3. 微信造势的5种方法

第一，依靠多媒体的宣传。想要为企业公众号造势，其中之一就是要通过一些媒体宣传来帮助和引导用户关注。比如，公司可以借助自己的官方网站、微博、电视台等平台为自己的微信号加大噱头。在能展示公司形象的地方，都要做好二维码和微信号的标签。只有媒体协调配合，才能让你的微信公众号推广出去。

第二，做好微信互动。粉丝在关注企业的公众号之后，一定要重视微信与用户的互动，这样有利于粉丝对公司的黏度关注，也符合公司的长远利益。因此，做好微信互动，也是微信造势的一大方法。

第三，做好图文并茂的宣传。不管是线上还是线下的造势，公司都不能单一地用文字或者数字号码来向用户、消费者造势。因为这样不但没有气势，而且不能吸引粉丝的眼球。公司需要以一些直观的图文并茂的形式来向粉丝推出信息，让粉丝在视觉上有一定的冲击力。

第四，创意不断，话题策划要有新意。一个好的点子不但能吸引人的注意，还会引起一些好玩的互动，粉丝甚至会积极转发和分享你的新意。

第五，产品促销引导人们关注微信。企业平台针对普通版、标准版、钻石版三个不同版本正在进行打折促销。公司可以在促销的同时宣传公司微信公众号，这样一来，公司不但得到了双赢，而且能够为微信公众账号造势，可谓一举两得。

4. 借助微博力量，撒网捞鱼

要做好微信推广，需要的不只是线下活动推广，更需要微博的力量。如今在网络上，新浪微博和腾讯微博这两大微博网站的人气还是十分高涨的，鉴于这一点，企业在微信营销方面完全可以借助微博的力量来撒网捞鱼。

首先，公司利用自己已经拥有一定关注度的微博进行微信推广。公司在发微博时，将自己的微信号、微信二维码发到博文上，这样粉丝就能在第一时间看到更新状态，进而扫描企业二维码，关注微信。

其次，傍大V，借助微博红人来宣传自己的企业公众号。如果公司的条件允许，借助微博红人来宣传自己的微信，吸引粉丝，也不失为一种好方法。

5. 依附腾讯力量，推广企业账号

想要将企业做好，将自己的微信公众号推广出去，除了要借助微博的力量之外，还需要灵活依附一些大的网站，如腾讯网站。

首先，借助腾讯QQ聊天工具的力量来推广微信账号。腾讯QQ的用户量达到10亿，每天的活跃量也已达到6亿多，这样一个庞大的数字说明了腾讯QQ的广泛影响力。公司可以在自己QQ签名中表明自己的公司名称、微信号，这样可以让那些加自己好友的人看到公司的微信号，从而有可能获得关注。公司还可以在与QQ好友聊天时，将自己的微信二维码复制到消息中，连同一些公司的优惠信息一同发出，这样也可以获得大量粉丝的青睐。

其次，通过腾讯QQ空间来推广微信公众号。QQ空间从创立至今一直是众多QQ用户青睐的社交活动，大多数人会将最新动态、最新照片发到QQ空间中。同理，公司也可以将公司的微信号、二维码发送到QQ空间中，而且还可以在好友的空间里留言、评论，当然留言、评论内容包含公司微信号、二维码，如此一来，不但对方能够看到，就连关注该空间的其他朋友也能看到，这样就收到了很好的宣传效果。

再次，利用QQ群来推广微信号。公司可以添加一些QQ群，在维护QQ群运营时，将自己的名片设置成为微信模式。而且在向群成员发送信息时，也可以将企业微信号发上去，或者将二维码贴上去。在QQ群里还可以与群成员互动，传播公司微信号，这也等于做了一种广泛的推广。

最后，还要依附腾讯QQ广告弹窗、腾讯微博、新闻窗口等途径来推广微信号。众所周知，当你打开腾讯QQ时，总是会不定时地在网站右下角弹出一些小对话框，这些对话框里充满了各种各样的新闻、广告、促销活动，公司也可以考虑用这种方式来宣传和推广自己的微信号。

6. 配合大型活动，积累微信粉丝

最立竿见影的吸引粉丝的微信号推广方法就是搞一些大型的促销活动，通过促销来积累大量粉丝。在促销活动中，公司可以将微信号、二维码印在促销宣传单上最醒目的位置，然后让消费者关注，成为粉丝，粉丝可以领取抽奖券，获得抽奖和折扣机会。

7. 完美展示页面布局，吸引更多的关注

公司在微信公众平台上的设置是很关键的，如果设置得好，用户就能看见一个漂亮的页面布局；如果设置得不好，用户很难主动关注，甚至有可能因为单一呆板、没有新意的页面而取消关注。

公司也可以通过第三方载体来选择构建微信的多种模块，让公司微信号变得丰富多彩、绚丽多姿。

8. 口口相传，通过不俗的口碑进行传播

口口相传更容易让人相信、让人放心，没有什么比口口相传的销售来得更快了。通过口碑推介而产生的销售效果要比其他潜在客户开发流程活动产生的销售效果要好很多。如何利用不俗的口碑进行传播，达到口口相传呢？

首先，微信互动以真诚为基础，切勿敷衍了事，推卸责任。微信营销中，公司必须要与粉丝进行真诚的交流和互动；粉丝需要解决问题时，公司也要及时给予解决。

当公司有新产品或者新的推广消息时，在微信上一定要给予用户一些新鲜的体验。公司要充分站在粉丝角度想问题，才能做出更符合粉丝心理需求的推送消息，才会真正产生市场价值。

其次，微信营销需要情感维护。正所谓有情感保证的交流才能长久，所以，在公司的微信营销中，务必要通过情感的维护来让粉丝切身感受到全身的感动，这样，粉丝才会口口相传，也才能提升公司的知名度。

最后，公司要让微信上的资源循环起来，保持跟进。微信公众平台上的粉丝很可能与很多潜在客户有联系，并且能够作为持续的旁观者来帮助你的口碑传播，所以，公司必须要进行持续跟进，比如经常给客户发送一些温馨的微信消息，将最新优惠活动或者会员制度优先告诉给微信粉丝；在节日时优先为粉丝发去问候和提醒，送上对粉丝的祝福和承诺，并且要表示出对粉丝关注的感谢之情，这样，粉丝自然就会对公司产生很强的依赖性，那么，粉丝也会不自觉地向他的朋友进行推荐。

9. 引擎搜索：创建百度百科、百度贴吧、百度知道

合理利用百度百科，不但可以有效地提高公司影响力，而且会给公司网站带来额外的流

量和潜在的客户。公司创建自己的百度百科词条，上传企业二维码，粉丝在搜索公司的时候，有需要的粉丝就会扫描二维码。

再者就是在百度贴吧上发帖、回帖。百度贴吧是一个人流量非常大的地方，发帖、跟帖合理也能让企业公众账号暴涨人气。

百度知道是知识分享的平台，遇到不懂的问题，网民都喜欢直接搜百度知道，人流量也很大。企业在百度知道上回答问题的同时，也可以添加二维码，网民想要了解更多的相关知识，就可扫描二维码关注公众号。

（资料来源：www.zhihu.com/question/38884346）

思考题

1. 微信造势的方法有哪些？
2. 微信公众号推广的优缺点有哪些？

第二十二章

未来消费与营销热点

学习目的与要求

- 了解未来消费与营销热点；
- 掌握大数据营销的相关概念；
- 了解 VR 营销；
- 熟知“五新理论”。

导入案例

塔吉特百货孕妇营销分析

最早关于大数据的故事发生在美国第二大超市塔吉特百货。孕妇对零售商来说是个含金量很高的顾客群体，但是她们一般会去专门的孕妇商店消费。人们一提起塔吉特，往往想到的都是日常生活用品，却忽视了塔吉特有孕妇需要的一切。在美国，出生记录是公开的，等孩子出生了，新生儿母亲就会被铺天盖地的产品优惠广告包围，那时候再行动就晚了，因此必须赶在孕妇怀孕前期就行动起来。

塔吉特的顾客数据分析部门发现，怀孕的妇女一般在怀孕第三个月的时候会购买很多无香乳液。几个月后，她们会购买镁、钙、锌等营养补充剂。根据数据分析部门提供的模型，塔吉特制订了全新的广告营销方案，在孕期的每个阶段给客户寄送相应的优惠券。结果，孕期用品的销售量呈现了爆炸性的增长。2002 年到 2010 年间，塔吉特的销售额从 440 亿美元增长到了 670 亿美元。大数据的巨大威力轰动了全美。

这个案例说明大数据在企业营销上的成功，利用大数据技术分析客户消费习惯，判断其消费需求，从而进行精确营销。这种营销方式的关键在于时机的把握上，要正好在客户有相关需求时进行营销活动，才能保证较高的成功率。

沃尔玛“啤酒加尿布”经典案例

总部位于美国阿肯色州的世界著名商业零售连锁企业沃尔玛拥有世界上最大的数据仓库系统，为了能够准确了解顾客在其门店的购买习惯，沃尔玛对其顾客的购物行为进行购物篮分析。沃尔玛数据仓库里集中了其各门店的详细原始交易数据，在这些原始交易数据的基础上，沃尔玛利用 NCR 数据挖掘工具对这些数据进行分析和挖掘，可以很轻松地知道顾客经常一起购买的商品有哪些。一个意外的发现是："跟尿布一起购买最多的商品竟是啤酒！"

这是数据挖掘技术对历史数据进行分析的结果，反映数据内在的规律。沃尔玛派出市场调查人员和分析师对这一数据挖掘结果进行调查，经过大量实际调查和分析，揭示了隐藏在"尿布与啤酒"背后的美国人的一种行为模式：在美国，一些年轻的父亲下班后经常要到超市去买婴儿尿布，而他们中有 30%～40%的人同时也为自己买一些啤酒。产生这一现象的原因是：美国的太太们常叮嘱她们的丈夫下班后为小孩买尿布，而丈夫们在买尿布后又随手带回了他们喜欢的啤酒。

既然尿布与啤酒一起被购买的机会很多，于是沃尔玛就在其一个个门店中将尿布与啤酒摆放在一起，结果是尿布与啤酒的销售量双双增长。

无论"啤酒加尿布"仅仅是一个传说，还是真实发生过，它都已经成为大数据技术应用的一个经典案例。这个故事的意义在于将看似不相关的商品数据放在一起进行分析，找到它们之间的相关性，从而进行交叉营销，促进商品的销量。这种思维方式才是成功的关键。

（资料来源：https://www.douban.com/note/259943781）

第一节　大数据营销

好玩、有趣、有味、有料、充分展示自我个性，是"90 后"特别是"95 后"新一代年轻消费者们追求的潮流。随着互联网技术的日新月异，科技已经完全改变了年轻一代消费者的行为，并在计算机后台形成了庞大的数据库，对这些数据进行整理、分析，就可以得到价值连城的大数据，使企业的营销活动定位更加准确，营销策略更加有效。

2008 年，理查德·泰勒（Richard H. Thaler）和卡斯·桑斯坦（Cass R. Sunstein）提出了一个观点：个人观点的微小变化都可以演变为所有人的群体行为模式的重大变革。同年，IBM 推出了"智慧地球"的概念，其核心是：这个世界正在被感知化（Instrumented）、互联化（Interconnected）和智能化（Intelligent）。在"智慧地球"的愿景下，个人的行为不仅能够被量化搜集、能被预测，而且个人观点的表达能够改变商业世界和社会的运行。

由此，一个个性化客户主导商业需求的时代到来了，市场营销引领的企业变革初见端倪。这一变化使得由亚瑟·尼尔森（Arthur Charles Nielsen）开启的现代市场研究学发生了颠覆性的变化。

20 世纪 30 年代，市场信息的收集与阐释被正式纳入营销概念，自此，营销界一刻也没停止对消费者的研究。从公司角度而言，其市场营销的切入点和重点经历了三个阶段的变化。这其中最为著名的三个观点是罗瑟·里夫斯（Rosser Reeves）提出的 USP 理论，要求向消费者表达一个"独特的销售主张"（Unique Selling Proposition）；杰罗姆·麦卡锡（Jerome McCarthy）的"4P 组合"以及 20 世纪 80 年代的品牌专家大卫·艾克（David A. Aaker）的"整合营销"（Integrated Marketing）理念。

一、大数据时代产生的背景

进入 2012 年以来，大数据（Big Data）一词越来越多地被提及与使用，人们用它来描述和定义信息爆炸时代产生的海量数据，它已经出现在《纽约时报》《华尔街时报》的专栏封面，进入美国白宫网的新闻，现身在国内一些互联网主题的讲座沙龙中，甚至被嗅觉灵敏的国君证券、国泰君安、银河证券等写进了投资推荐报告，大数据时代来临。

有人说 21 世纪是数据信息时代，移动互联、社交网络、电子商务大大拓展了互联网的疆界和应用领域。消费者在享受便利的同时，也无偿贡献了自己的“行踪”。现在互联网不但知道对面是一只狗，还知道这只狗喜欢什么食物，几点出去遛弯，几点回窝睡觉。消费者不得不接受这个现实：每个人在互联网进入到大数据时代后都是透明存在的。各种数据正在迅速膨胀并变大，它决定着企业的未来发展。虽然现在企业可能并没有意识到数据爆炸性增长带来问题的隐患，但是随着时间的推移，人们将越来越多地意识到数据对企业的重要性。大数据时代对人类的数据驾驭能力提出了新的挑战，也为人们获得更为深刻、全面的洞察能力提供了前所未有的空间与潜力。正如《纽约时报》2012 年 2 月的一篇专栏所称，“大数据”时代已经降临，在商业、经济及其他领域中，决策将日益基于数据和分析而做出，而并非基于经验和直觉。哈佛大学社会学教授加里·金说：“这是一场革命，庞大的数据资源使得各个领域开始了量化进程，无论学术界、商界还是政府，所有领域都将开始这种进程。”

二、大数据的概念和定义

先看一组数据，理解大数据有多“大”：

1Byte＝8Bit

1kB＝1024Bytes

1MB＝1024kB＝1048576Bytes

1GB＝1024MB＝1048576kB＝173741824Bytes

1TB＝1024GB＝1048576MB＝1099511627776Bytes

1PB＝1024TB＝1048576GB＝1125899906842624Bytes

《红楼梦》有 87 万字(不含标点为 853509 字)，每个汉字占两个字节：

1 汉字＝16Bit＝2Bytes

1GB≈671 部《红楼梦》

1TB≈647903 部《红楼梦》

1PB≈647068911 部《红楼梦》

美国国会图书馆藏书 151785778 册(2011 年 4 月收录数据 235TB)，中国国家图书馆藏书 2631 万册，1EB＝4000 倍美国国会图书馆存储的信息量。

大数据或称巨量资料，指的是所涉及的资料量规模巨大到无法通过目前主流软件工具，在合理的时间内达到撷取、管理、处理并整理成为帮助企业经营决策的积极目的的资讯。它对数据规模和转输速度的要求很高，或者其结构不适合原本的数据库系统。为了获取大数据中的价值，我们必须选择另一种方式来处理它。大数据中隐藏着有价值的模式和信息，在以往需要相当的时间和成本才能提取这些信息。如沃尔玛或谷歌这类领先企业都要付高昂的代价才能从大数据中挖掘信息。而当今的各种资源，如硬件、云架构和开源软件使得大数据的处理更为方便和廉价。对于企业组织来讲，大数据的价值体现在两个方面：分析使用和二次开发。对大数据进行分析能揭示隐藏其中的信息。例如零售业中对门店销售、地理和社会信息的分析能提升对客户的理解。对大数据的二次开发则是那些成功的网络公司的长项。例如 Facebook 通过结合大量用户信息，定制出高度个性化的用户体验，并创造出一种新的广告模式。这种通过大数据创造出新产品和服务的商业行为并非巧合，谷歌、雅虎、亚马逊和 Facebook 都是大数据时代的创新者。

三、大数据的产生过程

1. 从物理世界的信息大量数字化产生的

如门户网站（新浪、搜狐、网易等）将各种信息数字化。又比如新浪微博将茶馆聊天的行为（弱关系产生信息数字化）、朋友聊天的行为数字化（强关系产生信息数字化）；视频监控探头将图像数字化等。

2. 从社交网络产生的

在雅虎时代，大量的用户都是读操作，只有雅虎的编辑做一些写操作的工作。进入 Web 2.0 时代，用户数大量增加，用户主动提交了自己的行为，进入了社交时代、移动时代。大量移动终端设备的出现，使用户不仅主动提交自己的行为，还和自己的社交圈进行实时互动，因此产生出大量数据，并且具有了极其强烈的传播性。

3. 从数据都要保存产生的

很多数据会在时间跨度上产生价值，如旧金山大桥保留了百年的历史数据，这部分数据对现代科技等领域的发展有着重要意义。很多网站在早期对数据的重视程度不够，保存数据的代价很大，存储设备的价格昂贵，但是时代变了，存储设备便宜了，用户自己产生的数据得到了重视，数据的价值被重视了，因此越来越多的数据被持续保存。

四、大数据的来源

（1）互联网企业：SNS、微博、视频网站、电子商务网站。

（2）物联网、移动设备、终端的商品、个人位置、传播器采集的数据。

（3）联通、移动、电信等通信和互联网运营商。

（4）天文望远镜拍摄的图像、视频数据、气象学里面的卫星云图数据等。

五、大数据的特点

大数据的特点：4V＋1C。

（1）大量（Volume）：存储量、计算量大。其数据规模极为庞大，远大于目前互联网上的信息流量，PB 级别将是常态。

（2）多样（Variety）：来源多，格式多。大数据种类繁多，在编码方式、数据格式、应用特征等多个方面存在差异，多信息源并发形成大量的异构数据。

（3）快速（Velocity）：增长速度快，处理速度快。涉及感知、传输、决策、控制开放式循环的大数据，对数据实时处理有着极高的要求，通过传统数据库查询方式得到的“当前结果”很可能已经没有价值。

（4）持久（Vitality）：数据持续到达，并且只有在特定时间和空间中才有意义。

（5）复杂性（Complexity）：通过数据库处理持久存储的数据不再适用于大数据处理，需要有新的方法来满足异构数据统一接入和实时数据处理的需求。

六、大数据时代的推动力

1.互联网社会化的帷幕拉开

YouTube、Twitter、FaceBook、微博等社交网站的出现引发海量的视频、图片、文本、短消息以及社会间关系信息数据的出现。网络用户的高速增长和用户平均网络使用时间的不断延长，使得用户网络行为数据大增。网络服务从单一的文字形式走向图片、语音和影像等多媒体形式，互联网与用户之间的互动导致数据量大增。

2.技术的支撑

大数据的相关技术如下：

(1)分析技术

数据处理：自然语言处理技术。

统计和分析：排行榜；地域占比；文本情感分析。

数据挖掘：关联规则分析；分类；聚类。

模型预测：预测模型；机器学习；建设仿真。

(2)数据技术

数据采集：ETL工具。

数据存取：关系数据库；NOSPQL；SQL等。

基础架构支持：云存储；分布式文件系统等。

计算结果展现：云计算；标签云；关系图等。

七、大数据在市场营销领域的五大应用方向

知识就是力量，知识对于那些知识销售者更显重要，营销人员深谙此道。当今世界，技术驱动大数据产生了很多创意营销，也产生了无尽的信息需求。

这是一个对数据迫切需要的时代。需要量化的情况变得越来越多，一个人生活的各个方面都可以被测量、存储、计算和分析，并得出有价值的结论。这样的结论对很多人包括广告商、政治家、社会学家都有帮助。

所有这些数据能帮助营销者精确定位潜在客户。技术人员可以使用大数据找到目标客户。传统教科书的营销方式，如电子邮件、订阅、新闻已经被基于网络浏览习惯挖掘的现代市场营销策略所替代。

在不同的领域如何利用大数据进行市场营销？最常见的应用如下：

应用1：谷歌趋势视角。

这是当今最直观的、最简易的、基于大数据来源的在线分析平台。该平台可以让您查看到每天的搜索热词，并且对比这些热词搜索量的历史趋势。利用大数据分析出新趋势是一个简单的应用，它可以帮助我们将长期的营销资源投入到人们每天关注的话题上。

应用2：定义你的ICP。

ICP即完美客户画像，可以利用大数据进行开发。利用数据信息来定义目标受众的年龄、住址、教育、收入等特征。还可以用更多的细节信息来进行购买用户的分层，也更容易获得用户上网行为习惯、在线搜索数据等细节信息。

一旦定位到了理想的目标客户，营销者将处于有利位置来调整销售信息。例如，针对用

户姓名、生命阶段特征来向客户推送相关的销售信息，让目标客户真实感受到公司的用心良苦。

应用3：确定客户的购买要素。

现在的营销重点大部分放在创建和发布传播内容上。但什么样的要素有助于把潜在客户变成真正购买客户？是什么要素使他们真正有意愿购买？这些问题在几年前一直没有答案，而现在只需要一个点击信息，点评软件便帮助你识别这类内容，以便引导目标客户完成真实销售。这样我们就能真正量化有价值的营销内容。

应用4：更多的预测数据分析。

基于大数据进行预测能产生更有意义的分析结果。很多企业在利用客户关系管理软件更有效地预测用户行为（不只是了解一个潜在客户，同时包括如何引导一个客户，他们将如何反应，他们下一步要干什么）。它涉及利用IT技术，通过历史数据来识别趋势，推断未来可能的结果和关键点。该技能能帮助企业显著提升质量和降低成本。

应用5：即时分析应用。

大数据不能按照每个季度、每周、每天的节奏去利用，我们需要利用大数据做"分钟"-即刻响应，立即调整支点。针对访客的实时访问行为，我们应该即刻地、自动地引导他们到相关网页并提供信息。例如，电子商务商家应该自动跟踪用户浏览行为，分析哪些是用户不买的产品，哪些产品已经放入用户满载的购物车。荷兰皇家航空公司实现实时数据采集与分析，针对没有完成预定订单的用户自动发送提醒邮件，明显提升了网站的点击率和转化率。大数据还帮助其预测流失客户，并通过优化用户体验来降低用户流失的风险。

总而言之，大数据将帮助企业更有效地锁定目标顾客，定位市场需求，掌握市场趋势，并做出准确、有效的决策。大数据绝对会成为每一位营销专家的制胜利器。

利用日益增多的海量数据信息是一个非常艰巨的工作，然而，基于大数据实施营销战略所带来的回报会使你所有的努力都值得。

第二节 VR营销——消费新体验

2016年被称为消费级VR年，新科技热点让各行各业脑洞大开。

VR，全称为Virtual Reality，中文名为虚拟现实，是一种通过计算机仿真提供沉浸式三维动态体验环境的技术。

暴风魔镜、知萌咨询、国家广告研究院联合发布的《中国VR用户行为研究报告》中指出中国VR潜在使用者高达2.86亿，这样一个可观数据预示着VR在中国将会拥有一个庞大的内容市场，在这种趋势下，将广告与VR内容相结合会是一个很有趣的话题。

VR营销的优势：

(1)引领新潮的VR技术无疑会让很多人感到迥异于传统的新鲜感和刺激感，抓住消费者的猎奇心理是市场营销行之有效的手段之一。

(2)VR的交互性和沉浸性能够在短时间内吸引用户的全部注意力。有科学证据表明人们对VR体验的记忆不仅时间长而且更深刻，并且伴随着营销方式的多样化，VR可以以多种形式进入到不同的行业企业中。

(3)在"讲故事"这个营销难题上，VR可以帮助我们找到"感性"和"理性"之间的更好平衡。数字营销不是“奇葩说”，消费者一没有时间、二没有兴趣去听产品的特性分析和优劣辩论。而VR很可能是打通感性、植入理性的最佳媒介。

为什么要关注VR营销？

贝塔斯曼数字媒体基金(Bertelsmann Digital Media Investments)的一份报告显示技术普及的速度越来越快：电脑的普及经历了10年，智能电话的普及经历了5年，而VR设备的普及预计只需要3年。另据eMarketer的报告，2016年中国市场VR用户数将达到140万，在两年内达到730万。

当一项新的技术从小众走向大众，从极客装备成为街机电器，应该着急的不仅是产品经理，还有市场营销人员。“消费者就是上帝”正在从一个虚空的口号变成坚挺的现实。消费者是未来产品设计、生产、使用和交换的决策者，也是未来营销方式和品牌关系的定义者。

VR可以为消费者带来不同于以往的消费体验。VR不仅是一项技术，Facebook的CEO和创始人马克·扎克伯格认为VR将是下一个平台，也是最社交化的平台。虽然现在VR的应用领域主要在游戏和娱乐，但是VR正在快速发展和进化。扎克伯格相信在不久的将来，VR会改变人们生活、工作和沟通方式。

对于一些人来说，VR似乎会掀起一场技术革命，将会深刻改变我们与世界的交互模式，改变现有的游戏规则。对于另一些人来说，VR只不过是一场闹剧，过几年后就会不复存在，给新的技术让路。而大部分的分析师认为，目前日益浓厚的消费兴趣正让VR成为主流。当然，大部分的分析师对于这项科技的普及也是感到非常乐观的。

那么，VR是从哪些方面改变了营销呢？

视觉传输：视觉营销在过去的几年中已经成为网上营销的主要推动力，而VR会进一步地推动视觉营销。直播视频将会变得越来越普遍，尤其是社交巨头Facebook发布了Facebook Live。通过这个应用，用户可以在不同的媒介上体验360度直播，文本内容和其他非视觉内容则会大大地减少。

沉浸感：VR所提供的沉浸感是最大的卖点之一，对营销来说也有很大的影响。VR背后的意义是360度全方位感受，而这也是用户所期待的。内容的形式，如采访、社评和演示都会相应地进行调整。你需要把观众纳入到这个体验中来，而不是以传统的方式向观众播送。这将会大大地提高观众的参与感。

交互：VR为用户与内容交互提供了可能，这包括简单的交互，如探索3D环境，或是更复杂的交互，如物理触摸交互。

用户反馈与数据：更加成熟的VR可以让我们更好地得到用户的反馈和数据。先进设备将可以检测神经活动或者会革新我们的面部反应，这对于收集用户反馈和数据来说开启了一个全新的时代。

VR是否有社交属性？

这是个关键的问题。数字营销与传统营销的区别之一就是好东西能够被分享，好故事能够自发传播。而这依赖于媒体的社交属性。

但是，业内疯传的几大VR营销案例，从万豪酒店的Teleporter到沃尔沃汽车的XC90 VR试驾应用，都是“单机互动”。主流的VR营销应用还处在“自我体验”的阶段，离数字营销所彰显的分享、转发、UGC漫天飞的“社交”阶段还有一段距离。在Facebook F8开发者大会上，麦克·夏洛菲尔向大家展示了低幼版的“虚拟现实社交(Social VR)”。在会场的麦克·夏洛菲尔邀请远在30英里外办公室里的Facebook工程师米克尔·布斯通过Oculus Rift和Facebook跳进虚拟现实世界,畅游伦敦。他们在虚拟现实的空间互送礼物,甚至留下了虚拟现实世界里的首张自拍,然后通过蓝色的Facebook传送门分享到了Facebook主页上。VR设备甚至可以捕捉表情和动作,实现人们在虚拟世界里的实时互动。

VR技术开发公司8i的联合创始人Linc Gasking说Facebook的虚拟现实社交演示只是一个开始,用户才是虚拟现实和增强现实生态圈的关键。用户将为我们创造出虚拟现实世界里的社交方式,而这些是我们现在还无法想象的。

从创业咖啡馆到两会现场,虚拟现实都是最炫酷的装备,也是热门的话题。虽然在售或即将发售的虚拟现实设备依然离"便携"和"时尚"差着几条街,大多品牌也都只是入门级的尝试,真正将VR营销运用到出神入化的案例似乎还没有出现,但这都阻止不了人们对虚拟现实的热情。输入(内容)和输出(设备)两端,手机商、软件商、媒体公司、相机设备厂商以及游戏开发公司都在拼命挤进这个行业。

不管怎样,我们不妨先来看看虚拟现实如何改变着营销的思维与方式。

眼镜体验:VR技术入门。

说到VR,绕不开VR眼镜。Cardboard一直都是虚拟现实入门体验的首选。在2015年已经有众多品牌利用Cardboard进行营销,比如国内手机厂商以及传统媒体《纽约时报》。随着越来越多的人拥有Cardboard头显,虚拟现实营销体验的传播范围将迅速扩大。此外,Oculus Rift、Play StationVR、HTCVive以及三星GearVR四款设备,还有无数创业公司生产的各种头显,都在争夺这个新兴市场。同时,还有许多品牌用VR眼镜做起了文章,让产品包装成为提升用户体验的一部分。

在瑞典,麦当劳把餐盒变成了虚拟现实设备。麦当劳3500个名为快乐眼镜的特制开心乐园餐盒,于2016年3月5日到12日在瑞典的14家麦当劳餐厅发售。此款虚拟现实设备是在普通装汉堡的盒子上印上折线,按照这些折线剪开并拼装,配上附赠的VR镜片,加上你自己的手机,就可以把一个普通的餐盒变成酷酷的VR设备。

在一场克利夫兰骑士队对抗亚特兰大老鹰队的比赛中,百威啤酒的工作人员向观众发放750个VR眼镜。观众能借助这个纸板VR眼镜来看骑士队的App和百威的You Tube频道的4段VR视频。视频包括更衣室场景、球员访谈和比赛片段等。在百威的构想中,这个眼镜盒还可以用来装听装啤酒。百威使用了一个做VR眼镜公司的Dodocase产品,它于2014年6月推出,仅由纸板、双凸透镜、磁石和橡皮筋等手工拼装而成,将智能手机插入到组装好的纸盒后就能使用。

趣味吸引:增加娱乐体验。

"娱乐"和游戏化是数字营销的魅力所在。虚拟现实内容更容易帮助品牌建立与消费者的情感联系。借助虚拟现实,向用户提供"独特"而"深刻"的个性体验——亲临活动现场、和明星面对面交流、畅游热带雨林或者体验太空行走——是虚拟现实第二种重要的玩法。

百事旗下的激浪(Mountain Dew)主要的目标用户群包括各种极限运动爱好者,从2015年开始,激浪就推出了一系列"极限滑雪"VR游戏,让用户体验与专业运动员一同滑雪的乐趣。另一个主打运动体验的品牌North Face和VR内容合作伙伴Jaunt Studios推出了The North Face:Climb等VR体验内容,让户外运动爱好者随时穿越到犹他州Moab沙漠或者尼泊尔雪山之巅。

2016 年 4 月 19 日，由宝洁天猫海外旗舰店携手聚划算打造的聚划算“传送门”活动在北京世贸天阶“开门”。用户可以通过 VR 技术一览樱花大道的浪漫和慕尼黑啤酒节的热烈，与西部牛仔合影，向英国禁卫军学走军步，与澳洲土著跳草裙舞，这一切都只有“一门之隔”。宝洁此次通过创意新玩法，为消费者搭一扇通往世界各地的“传送门”，体验者们只要推开门，就能置身逼真的异国情境中。在体验完异国风情后，消费者还能马上得到一款产自当地的海外产品，有效降低产品实物与预期间的偏差，不仅消费体验大幅提升，还能最大限度地增加漂洋过海来到我们身边的优质商品的满意度，实现了所谓的“所见即所得”。

推荐产品：虚拟使用体验。

不论是初识 VR，还是增加娱乐体验，都还不够触及营销的本质——促成购买产生，而如果能够用 VR 技术虚拟出使用体验，则可以更有效地说服消费者。

在 Google Cardboard 的帮助下，沃尔沃可以让顾客在自己舒适的家里对自己的新 XC90 车进行虚拟试驾。用户只需要将应用下载到自己的手机上，然后戴上 Google Cardboard，就可以得到 360 度的体验。根据 Digiday 的报道，该程序由沃尔沃和奥斯卡奖得主数字内容公司 Framestore 联合研发。用户开车经过开放田野、山区和湖泊，能够坐在车的内部感受驾驶的平顺性。

有人曾预测汽车和房地产将是受 VR 颠覆最大的两个行业，不只沃尔沃，奥迪、雷克萨斯、福特等众多汽车品牌都不同程度地将 VR 技术引入了汽车营销产业链。

了解品牌：虚拟感受品牌周边。

了解品牌也分为正面了解和侧面了解，甚至在很多时候，消费者可能对于品牌的周边更感兴趣。

Dior 在 2015 年的时装秀上就推出了虚拟现实技术的头戴式视听眼罩，可体验 Dior 高级成衣秀场的后台世界。估计你也不会奢望成为坐在现场看秀的嘉宾，那么试一试在家享受看秀的乐趣呢？当然，化妆品牌肯定也不会错过这样的宣传方式，比如美宝莲在新产品发布会上就将最新科技的 VR 魔镜引进活动现场，到场媒体人戴上魔镜虚拟体验置身纽约街头，身临其境般地感受纽约最前线的潮流气息。

你知道蔓越莓是怎样被收割的吗？蔓越莓制造商 Ocean Spray 就制作了一个名为最美的丰收(The Most Beautiful Harvest)的短片：利用一套由 6 台 Go Pro 相机和空中无人机组成的定制摄影套装拍摄。当观众使用 Oculus Rift 头戴设备观看短片的时候，他们被放在收割行动的正中心。

VR 电商：改变购物体验。

VR 和 AR 正在从各个视角给消费者带来新奇体验，同时也为电子商务带来了前所未有的、近乎真实生活中的购物体验。

2016 年 3 月 17 日，阿里巴巴宣布成立 VR 实验室，发布“Buy＋”计划，将全面布局 VR。这一消息也表明以阿里为首的国内巨头正式开始在 VR 领域发力。就在 2016 年 4 月初，一段叫作“BUY＋”的 VR 虚拟视频出现在网上。由阿里巴巴官方信息可知，“Buy＋”通过 VR 技术最大限度搭建出真实的跨国购物场景，实现足不出户买遍世界。

2016 年 5 月 20 日，阿里 VR 实验室放出大招，在淘宝手机客户端推出了最新的 VR 微电影，用户只要配合 VR 头戴设备就能得到“我的 VR 男友”或“我的 VR 女友”的视觉体验。伴随这部微电影上线，阿里 VR 实验室自主研发的 VR 播放器也首次揭开面纱，并同步推出了VR视频导购技术，融入场景的UI系统对接淘宝交易体系，剧情中出现的产品可以支持收藏、购买和店铺一键关注，为消费者带来更多新鲜体验。据介绍，阿里将发挥平台优势，同步推动VR内容培育和硬件孵化。

在2016年5月底的京交会上，苏宁控股集团董事长张近东放话未来3个月内在全国陆续开设300个VR"体验馆"，打造中国最大的VR体验平台。可见VR技术对于电商行业的改变势在必行，很可能在不久的将来，我们的电商购物体验就会被全然颠覆。

柳岩、傅园慧首次尝试VR直播吸引网络上千万人围观，"直播＋电商"早已并不新鲜，各路"网红"早已驾轻就熟。未来，VR技术的广泛应用将会是企业营销的利器。

第三节　马云关于未来消费的"五新理论"

2016年10月13日，马云在杭州云栖大会上讲话指出，纯电商时代很快会结束，未来将有"新零售、新制造、新金融、新技术以及新资源"等"五大新"影响世界。他表示，未来的十年、二十年，没有电子商务这一说，线上、线下和物流必须结合在一起，才能诞生真正的新零售。

马云讲话全文如下：

各位世界各地来的创业者，大家好，欢迎来到杭州参加我们的云栖大会。20年以前，1995年我刚开始互联网创业的时候，全世界互联网的用户可能不到5万人，全世界的互联网从业者不到5万人。

但是今天到云栖大会参加会议的人已经接近5万人，这21年来的变化，令全世界震撼，特别是今天全世界用互联网的人口已经超过了20亿。十几年以前，有一次我跟朋友在西湖边上聊天，我说将来会有一个新的世界诞生，这个世界会被人称之为虚拟的世界，这个世界会有一个新的大陆，这个世界所有的人都会在网络上发生关联。今天我们真正诞生了一个新的世界，一个新的经济体，一个超过了20亿人的强大的世界经济发展的新基础。

我觉得这给每个人带来了巨大的空间。三次技术革命中，第一次技术革命释放了人的体力，第二次技术革命释放了人的距离，这次技术革命将会释放人的大脑。每次技术革命大概都是花了50年时间。前20年基本上是纯技术公司的竞争、发展，而未来的30年基本上是技术的应用，技术会应用到方方面面、社会各行各业。

最近一直有人问我，互联网公司有边界吗？阿里巴巴似乎无处不在，腾讯似乎也无处不在，Facebook也一样，你们这些互联网公司有没有边界？我说，互联网没有边界，就像电没有边界一样，一百多年以前，你不能说这个行业可以用电，那个行业不能用电，电是没有边界的。互联网是一种技术，是一种思想，是一种未来。

有人讲互联网经济或者电子商务是一个虚拟经济，我认为它不是一个虚拟经济，它是一个未来的经济。很多人讲"互联网在冲击各行各业"，"电子商务打击、摧毁或者冲击了传统商业"。我认为，电子商务没有冲击传统的商业，更没有打击传统商业，电子商务只是把握了互联网的技术、互联网的思想，知道未来的经济将完全基于互联网。我们抓住了互联网的技术，在这个上面创造出一个适应未来的商业模式，那就是电子商务。

真正冲击各行各业，冲击就业，冲击传统思想、传统行业的是我们昨天的思想，是对未来的无知，是对未来的不拥抱。所以我并不觉得我们今天在座的每个人要担心什么，真正担心的是我们对昨天的依赖，世界的变化远远超过大家的想象，未来的30年是人类社会天翻地覆的30年。

我想提醒大家，我们国家从政府到企业到各行各业，都没有意识到这场技术革命对人类会带来多大的冲击。很多我们认为很正常的事情，很多我们昨天做得非常好的事情，很多我们认为是最佳的就业机会的事情，都会被颠覆和改变。人类将会失去很多的就业机会，人类也会诞生很多新的就业机会。其实第一次技术革命带来的结果是第一次世界大战，第二次技术革命造成了第二次世界大战，这次的技术革命是人类思想的解放，是人类智慧的开发。如果人类没有共同的目标，那么人类将会自己开始发动战争，这次技术革命要解决的问题应该是贫穷的问题，应该解决的问题是疾病的问题，应该解决的是环境和持续发展的问题。

我想告诉大家，这次技术革命，未来30年，每个人都有机会。前天我在泰国参加了ACD领导人会议，亚洲34个国家和地区的元首在那儿，我呼吁各国要为未来的30年制定独特的政策。其实德国工业4.0，中国制造2025，加上前几天我在泰国听说National plan，现在每个国家都在为自己的年轻人，为自己的未来创新。未来世界的竞争是创新的竞争，是年轻人的竞争，在未来这20亿人口的世界将会越来越大。

刚才车俊省长讲的，我非常同意，我们要为这个世界注入创新的基因，注入创新的DNA，只有为世界注入创新的DNA，我们才有未来。

所以我想提醒大家，未来的30年是每个人的机会，各国政府都必须为未来30年制定自己创新未来发展的政策，为自己国家的年轻人制定政策。所以我呼吁各国为30岁以下的年轻人制定独特的政策，为30个人以下的小企业制定独特的政策。

过去几十年，各国政府的政策都是为大企业制定的，如果我们能够真正为小企业制定政策，那么我相信世界将会更加美好。各国小企业，我相信机会也越来越多。以前创业你可能要钱，你可能要资源，你可能要各种各样的关系。未来只要利用技术、数据和创新，人人将会有机会。以前的大企业，目的是为获得更多的利润，获得更多的资源。未来的大企业，如果你想要做得更好，你必须担当社会的责任，你必须为无数的人创造基础设施，提供资源。很多大企业这几年讲得最多的是生态资源，我听见的生态资源是大家希望利用生态资源，把自己做得越来越强大，而我认为未来的大企业必须是做一个生态环境，是帮助这个生态的人活得越好，只有生态越好，大企业才会活得越好。所以大企业要为自己的生态担当责任，真正去帮助生态里的其他企业活得更好。

不是技术冲击了你，而是传统思想、保守思想、昨天的观念冲击了你，不是电子商务冲击了传统商业，而是你对未来的不把握冲击了你的商业。

另外，大家都知道阿里巴巴是电子商务企业，其实阿里巴巴的业务里，最传统的一块业务被称之为电子商务。“电子商务”这个词可能很快就被淘汰。其实从明年开始，阿里巴巴将不再提“电子商务”这一说，因为电子商务只是一个摆渡的船，它只是把河岸的这一头端到了那一头。未来的五大新，我们认为有五个新的发展将会深刻地影响到中国，影响到世界，影响到我们未来的所有人。

为什么电子商务是一个传统的概念？我讲纯电子商务将会成为一个传统的概念。二十多年以前，我们开始做互联网的时候，其实我们并不是一开始就做淘宝、天猫、支付宝，我们到2003年才意识到未来的商业将会发生天翻地覆的变化，2004年我们才意识到也许我们这么做下去金融会发生巨大的变化，所以2003年、2004年，其实我在全中国做过至少不亚于200场的演讲，跟无数的企业交流未来新的商业模式、新的电子商务将会改变很多商业的形态。我相信那时候绝大部分企业并不把它当一回事。

但是今天电子商务发展起来了，纯电商时代很快会结束，未来的10年、20年，没有电子商务这一说，只有新零售这一说，也就是说线上、线下和物流必须结合在一起，才能诞生真正的新零售，线下的企业必须走到线上去，线上的企业必须走到线下来，线上、线下加上现代物流合在一起，才能真正创造出新的零售。物流公司的本质不仅仅是要比谁做得更快，物流的本质是真正消灭库存，让库存管理得更好，让企业库存降到零，只有这个目的，才能真正达到所有的物流真正的本质。

我相信第一个新称之为新零售。现代都市里面，很多传统零售行业受到了电商或者互联网巨大的冲击，我个人觉得是他们没有把握未来的技术，没有看未来，只看到昨天。如何适应这个新的技术？如何和互联网公司进行合作？如何和现代物流进行合作？如何利用好大数据？必须打造新零售。原来的以房地产模式为主的零售行业一定会受到冲击，今天不冲击，你活的时间也不会太长，新零售的诞生对纯线下也会带来冲击。

我们提出第一个新零售。

第二个新制造。过去二三十年，制造讲究规模化、标准化，未来30年，制造讲究智慧化、个性化和定制化，如果不从个性化和定制化着手，任何制造行业一定会被摧毁。所以从零售以后开始的第二次巨大的技术革命，那就是IOT的革命，就是所谓人工智能、智慧机器，未来的机器吃的不是电，未来的机器用的是数据，所以希望大家高度重视，所有的制造行业，由于零售行业发生变化，原来的B2C的制造模式将会彻底走向C2B的改造，也就是说按需定制，我们今天讲的供给侧的改革，就是改革自己、适应市场，改革自己、适应消费者。

所以希望大家千万注意IOT的变革，未来的新制造的诞生，对我们长江三角洲地区和珠江三角洲地区原来以规模化和标准化制造的一些行业的方方面面的冲击，远远超过大家的想象。

另外我们提出第三个变革，称之为新金融的变革，新金融的诞生也会加快整个社会的变革。过去的金融，两百年来支持了工业经济的发展，过去两百年是二八理论，只要支持20%的大企业就能拉动世界80%的发展。但是未来新金融必须去支持八二理论，如何支持那些80%的中小企业、个性化企业、年轻人、消费者，以前的金融是想解决80%的那些中小企业，那些创新创业者，那些消费者，但是它的IT基础设施，原来的设计思考没办法完成。

诞生互联网金融以后，互联网金融希望解决的是更加公平、更加透明、更加支持那些80%昨天没有被支持到的人，所以今天新金融的诞生势必对昨天的金融机构有一定的冲击和影响，但是这个机会也是大家的。我希望能够看到真正的互联网金融的诞生，能够创造出真正的信用体系，基于数据的信用体系才能够让全世界产生真正的普惠金融，让每一个人，只要你用到钱，你想要钱，都能得到钱，你得到的是足够的钱，而不是很多的钱，也不是永远得不到的钱。

所以新金融的诞生会给各位创业者、年轻人、小企业带来无比的福祉，我相信未来的十年内，一定能看到巨大的发展，这也是蚂蚁金服所担当的责任，我们希望让信用变成财富，我们希望让每一个人能够获得金融的支持，真正出现公平、透明、开放的普惠金融体系。

另外还有一个叫新技术的诞生，出现了移动互联网以后，也许原来以PC为主的芯片将会是移动芯片，操作系统是移动的操作系统，原来的机器制造将会变成人工智能，原来机器吃的是电，未来机器吃的是数据。未来层出不穷基于互联网、基于大数据技术的诞生，这又为人类创造了无数的想象和空间。

还有就是新资源，过去的发展是基于石油和煤，未来的技术发展基于新能源，那就是数据。按照王坚博士讲的数据是人类第一次自己创造了能源、创造了资源。衣服人家穿过，你穿就会不值钱，数据是人家用过，你用会更值钱，你用过以后传出去更值钱，是越用越值钱的东西。

所以我希望大家记住，这五个新将会冲击很多行业，今天我们先提了，不要20年以后说你们又破坏了我们，新零售、新制造、新金融、新技术、新能源，这五个新将会方方面面对各行各业发动巨大的冲击和影响，把握则胜，我不希望把它变成危言耸听的警示，而是当作改变自己的机遇，从现在开始。

政府也是一样的道理，我们希望未来政府招商，以前传统的五通一平将会变成新的五通一平：您是否通新零售，您是否通新制造，您是否通新金融，您是否通新技术，您是否通新能源？一平，就你是否能够提供一个公平创业的环境和竞争的环境。传统的五通一平是靠税收政策、土地政策，我相信这样并不公平。未来的变革远超我们的想象，过去基本上是以知识驱动了科技革命，我想未来的趋势，不仅仅是知识的驱动，未来是智慧驱动、数据驱动。

请大家记住过去一百年，高科技的发展，技术的发展，人类眼睛是向外看的，因此我们到了月亮，我们看到了火星，我们永远在希望知道自己要什么。但是未来的30年，我们是智慧驱动，智慧驱动是内向驱动，向内看，只有人类学会向内看，人类才明白什么是我不要的东西。过去的一百年，人类知道这是我要的，未来的一百年，我们必须学会什么是我不要的东西，所以在座的创业者，只有知道什么是自己不要的，你才懂得什么是你必须要坚持的东西。

我希望大家把握住未来整个世界的趋势，从知识驱动走向智慧驱动，从原来的规模驱动和标准化驱动，走向灵活和定制为驱动，大学教育也会发生天翻地覆的变化。我们知道一点，过去二十年或者三十年来，我们把人变成了机器，未来的二十年和三十年，我们将会把机器变成人，我们人类创造了机器，使机器比人力气大。我们几乎没有挑战，我们人类创造了火车和飞机，大家都知道人比不过火车和飞机，速度谁快，距离谁遥远，今天人类创造了计算机，计算机一定比人更聪明，因为计算机不会累，没有情绪，不会发脾气，对它来讲，只要加了数据以后，它会越来越聪明，但是计算机不可能统治人类。

过去的机器是人类的工具，未来的机器是人类的合作伙伴，我们学会和机器进行工作，我们要明白机器不可能有智慧，机器不可能有使命，机器也做不到价值观，也不可能有很好的这套文化体系。所以希望大家把握住这个未来，世界的变化远远超过大家的想象，这个想象就是我们要求的大学必须改造原来的教育体系，原来的大学只传授，我说“教、育、学、习”是不一样的概念，教是传授知识，育是传授文化，学的是知识，习的是智慧。

我希望未来大学多关注创造力和想象力的培养，如果纯是用知识的话，我相信我们未来的大学生面临的挑战也会越来越大，因为21世纪以后，核心词是创新，是想象力，是变革。

未来的机器比你聪明的时候，不要沮丧，我们比机器更厉害的是我们对文化的把握，对愿景的思考，想象力这一方面是人类巨大的机会所在。

未来并不可怕，只要你去把握，恐惧来自于对未来的无知。前几天有人跟我讲蛮有意思的一个话题，说霍金讲人类千万不要跟外星来的人进行沟通，因为这很可怕，一旦进来以后会怎么样？大家觉得如果互联网电子商务、互联网大数据这么可怕，我们是否要把握它；是否拒绝，不要跟它沟通；因为它的冲击实在太大。我自己觉得，外星文明，首先我并不承认，没有外星人这一说法，如果有外星人，是把人类看得太伟大了，只有外星文明可能存在，它跟人长得并不一样。外星文明，你一无所知，它了解你，你不了解它，这是很可怕的事情，也许存在这样的道理。

但是对于未来，互联网带动的第三次技术革命，人类可以获得，因为互联网文明不是从外星来的，它是人类文明自己诞生的成果，是人类科技发展，只要去把握它、学习它，谁都不可能被淘汰，谁去抵触未来，谁不把握未来，谁不改变自己的今天，谁一定会被历史所淘汰。谢谢各位，祝未来30年，我们大家都有美好的未来，希望我们的年轻人、小企业把握机会创造未来，当然年纪大的人能够享受未来。谢谢大家！

复习思考题

1. 大数据给我们带来了哪些改变？
2. VR营销在企业中有何运用？
3. 请预测未来商业发展的趋势。

【案例分析】

农夫山泉用大数据卖矿泉水

这里是上海城乡接合部九亭镇新华都超市的一个角落，农夫山泉的矿泉水堆头静静地摆放在这里。来自农夫山泉的业务员每天例行公事地来到这个点，拍摄10张照片：水怎么摆放、位置有什么变化、高度如何……这样的点每个业务员一天要跑15个，按照规定，下班之前150张照片就被传回了杭州总部。每个业务员，每天会产生的数据量在10M，这似乎并不是个大数字。

但农夫山泉全国有10000个业务员，这样每天的数据就是100G，每月为3TB。当这些图片如雪片般进入农夫山泉在杭州的机房时，这家公司的CIO胡健就会有这么一种感觉：守着一座金山，却不知道从哪里挖下第一锹。

胡健想知道的问题包括：怎样摆放水堆更能促进销售？什么年龄的消费者在水堆前停留更久，他们一次购买的量多大？气温的变化让购买行为发生了哪些改变？竞争对手的新包装对销售产生了怎样的影响？不少问题目前也可以回答，但它们更多是基于经验，而不是基于数据。

从2008年开始，业务员拍摄的照片就这么被收集起来，如果按照数据的属性来分类，“图片”属于典型的非关系型数据，还包括视频、音频等。要系统地对非关系型数据进行分析是胡健设想的下一步计划，这是农夫山泉在“大数据时代”必须迈出的步骤。如果超市、金融公司与农夫山泉有某种渠道来分享信息，如果类似图像、视频和音频资料可以系统分析，如果人的位置有更多的方式可以被监测到，那么摊开在胡健面前的就是一幅基于人消费行为的画卷，而描绘画卷的是一组组复杂的“0、1、1、0”。

SAP全球执行副总裁、中国研究院院长孙小群接受《中国企业家》采访时表示，企业对于数据的挖掘使用分三个阶段，“一开始是把数据变得透明，让大家看到数据，能够看到的数据越来越多;第二步是可以提问题,可以形成互动,很多支持的工具来帮我们做出实时分析;而3.0时代,信息流来指导物流和资金流,现在数据要告诉我们未来,告诉我们往什么地方走。”

SAP从2003年开始与农夫山泉在企业管理软件ERP方面进行合作。彼时,农夫山泉仅仅是一个软件采购和使用者,而SAP还是服务商的角色。

等到2011年6月,SAP和农夫山泉开始共同开发基于“饮用水”这个的产业形态中运输环境的数据场景。

关于运输的数据场景到底有多重要呢?将自己定位成“大自然搬运工”的农夫山泉在全国有十多个水源地。农夫山泉把水进行灌装、配送、上架,一瓶超市售价2元的550mL饮用水,其中3毛钱花在了运输上。在农夫山泉内部,有着“搬上搬下,银子哗哗”的说法。如何根据不同的变量因素来控制自己的物流成本,成为问题的核心。

基于上述场景,SAP团队和农夫山泉团队开始了场景开发,他们将很多数据纳入进来:高速公路的收费、道路等级、天气、配送中心辐射半径、季节性变化、不同市场的售价、不同渠道的费用、各地的人力成本,甚至突发性的需求(比如某城市召开一次大型运动会)。

在没有数据实时支撑时,农夫山泉在物流领域花了很多冤枉钱。比如某个小品相的产品(350mL饮用水)在某个城市的销量预测不到位时,公司以往通常的做法是通过大区间的调运来弥补终端货源的不足。“华北往华南运,运到半道的时候,发现华东实际有富余,从华东调运更便宜。但很快发现对华南的预测有偏差,华北短缺更为严重,华东开始往华北运。此时如果太湖突发一次污染事件,很可能华东又出现短缺。”

这种没头苍蝇的状况让农夫山泉头疼不已。在采购、仓储、配送这条线上,农夫山泉特别希望大数据解决三个顽症:首先是解决生产和销售的不平衡,准确获知该产多少,送多少;其次,让400家办事处、30个配送中心能够纳入到体系中来,形成一个动态网状结构,而非简单的树状结构;最后,让退货、残次等问题与生产基地能够实时连接起来。

也就是说,销售的最前端成为一个个神经末梢,它的任何一个痛点,在大脑这里都能快速感知到。

“日常运营中,我们会产生销售、市场费用、物流、生产、财务等数据,这些数据都是通过工具定时抽取到SAP BW或Oracle DM,再通过Business Object展现。”胡健表示,这个“展现”的过程长达24小时,也就是说,在24小时后,物流、资金流和信息流才能汇聚到一起,彼此关联形成一份有价值的统计报告。当农夫山泉的每月数据积累达到3TB时,这样的速度导致农夫山泉每个月的财务结算都要推迟一天。更重要的是,胡健等农夫山泉的决策者们只能依靠数据来验证以往的决策是否正确,或者对已出现的问题做出纠正,仍旧无法预测未来。

2011年,SAP推出了创新性的数据库平台SAP Hana,农夫山泉则成为全球第三个、亚洲第一个上线该系统的企业,并在当年9月宣布系统对接成功。

胡健选择SAP Hana的目的只有一个:快些,再快些。采用SAP Hana后,同等数据量的计算时间从过去的24小时缩短到了0.67秒,几乎可以做到实时计算结果,这让很多不可能的事情变为了可能。

这些基于饮用水行业的实际情况反映到孙小群这里时,这位SAP全球研发的主要负责人非常兴奋。基于饮用水的场景,SAP并非没有案例,雀巢就是SAP在全球范围长期的合作伙伴。但是，欧美发达市场的整个数据采集、梳理、报告已经相当成熟，上百年的运营经验让这些企业已经能从容面对任何突发状况，他们对新数据解决方案的渴求甚至还不如中国本土公司强烈。

这对农夫山泉董事长钟睒睒而言，精准的管控物流成本将不再局限于已有的项目，也可以针对未来的项目。这位董事长将手指放在一台平板电脑显示的中国地图上，随着手指的移动，建立一个物流配送中心的成本随之显示出来。数据在不断飞快地变化，好像手指移动产生的数字涟漪。

以往，钟睒睒的执行团队也许要经过长期的考察、论证，再形成一份报告提交给他几个备选方案，物流配送中心到底设在哪座城市还要凭借经验再做判断。但现在，起码从成本方面已经一览无遗。剩下的可能是当地政府与农夫山泉的友好程度等这些无法测量的因素。

有了强大的数据分析能力做支持后，农夫山泉近年以30%～40%的年增长率在饮用水方面快速超越了原先的三甲：娃哈哈、乐百氏和可口可乐。根据国家统计局公布的数据，饮用水领域的市场份额，农夫山泉、康师傅、娃哈哈、可口可乐的冰露分别为34.8%、16.1%、14.3%、4.7%，农夫山泉几乎是另外三家之和。对于胡健来说，下一步他希望那些业务员搜集来的图像、视频资料可以被利用起来。

获益的不仅仅是农夫山泉。SAP迅速将在农夫山泉场景中积累的经验复制到神州租车身上。“我们客户的车辆使用率在达到一定百分比之后出现瓶颈，这意味着还有相当比例的车辆处于空置状态，资源尚有优化空间。通过合作创新，我们用SAP Hana为他们特制了一个算法，优化租用流程，帮助他们打破瓶颈，将车辆使用率再次提高了15%。”

（资料来源：中国企业家）

新零售具体是怎么样的

马云在最新的演讲说道：纯电商时代很快会结束，未来的十年、二十年，将没有“电子商务”这一说，只有“新零售”这一说。

也就是说线上、线下和物流必须结合在一起，才能诞生真正的新零售，线下的企业必须走到线上去，线上的企业也必须深入到线下来，线上、线下加上现代物流结合在一起，才能真正创造出新的零售。

物流公司的本质不仅仅是要比谁做得更快，物流的本质是真正消灭库存，让库存管理得更好。

马云就是马云，短短几句话就把未来零售的整体业态给勾勒出来了。

那马云说的新零售具体是怎么样的呢？

我给大家看一个案例。

我最近投资了一家公司：北京米微环保科技有限公司（简称米微公司）。

这家公司的主打产品是米微新风空气净化一体机。

其实我在2013年年底就认识米微公司的创始人刘颜萍，当时她告诉我他们正在研发一款非常独特的空气净化器。

最后花了近千万人民币，近2年的时间，2015年才真正在市场上推出产品。

米微公司的这款新风空气净化一体机还是有非常多的独特卖点的，它是：

唯一医疗专业级新风全循环空气净化器；

唯一 1 小时达到 99%除甲醛效率的空气净化器；

唯一采用模块化净化技术的空气净化器；

唯一具有滤网精确检测技术的空气净化器；

唯一免费体验的空气净化器；

真正做到只要一台机器就能净化全屋，不用开窗也可以达到通风换气的效果，让用户在房间里就可以尽情享受新鲜空气。

简单来说吧，这个空气净化器是医疗级的水平，可以和国内外市面上任何一家空气净化器的效果 PK。但是，推向市场的一开始，却面临着一个尴尬的局面：米微净化器的质量超过了国内外的其他品牌，但是价格比国内品牌要高，比国外品牌要低。

米微当时是新品牌，如何做市场突破呢？

一开始他们也走了很多弯路。

比如他们在中央电视台砸了几百万元的广告费，但是基本上一点效果都没有。他们也尝试在淘宝、京东上销售，但是因为价格高、品牌新，同时没有电商运营人才，导致他们在淘宝这类电商平台上根本没有任何销量。最后他们想出了免费这招。

怎么个免费法呢？

他们通过微信朋友圈征集用户：

(1)免费为客户检测家庭空气质量；

(2)免费为客户安装，并使其体验 10～20 天。

效果好不好，用数据说话，对客户而言，效果比品牌知名度更重要。

就用这个模式，在 2015 年全面开发市场以来，米微空气净化器就率先进入了众多专业医院和酒店，例如北京中医院、东直门医院、北京口腔医院等；美国金宝贝儿童早教中心、英孚少儿英语等；丽都皇冠假日酒店、万达酒店等。

6 个多月的时间，做了近千万的销售量。

在这个基础上，他们慢慢摸索出自己的销售模型，这个销售模式就非常像马云说的"新零售"了。

米微公司现在其实有线下和线上两种代理商。

线下代理商非常好理解，每个城市有一个独家的线下代理商，代理商有专门的展示店，负责销售、装机、售后服务等，这个和所有传统线下代理商没有区别。

最大的区别是，米微还发展了线上代理商。

线上代理商要做的事情就是通过微信、微博等社交媒体工具，把米微产品推荐给用户。

如果有用户看了产品有兴趣，产生购买行为的话，线上代理商会通过一个系统下单。米微公司会按照客户所在的城市把单下给当地的线下代理商。

当地线下代理商收到订单后，会直接从自己的店铺中送货上门，同时还帮客户安装好，然后负责所有的售后服务。

整个过程非常清晰、快捷。

特别是物流的时间可以做到比京东还快，因为产品本身已经在客户所在地了，只需上门安装。

这就是线上、线下、物流、售后完美结合在一起。

每个角色只要做好自己擅长的部分就可以获得最大的收益。

线上代理商只要拼命地在微信上找到目标用户，然后不断地建立信任关系，最后成交，就不用再去想安装、售后等烦心的事情。这个对很多熟悉微信互联网玩法的人来说不是什么难事。

所以做得好的线上代理商，每个月都有十几万元的收益。而线下代理商要做的事情就是接受来自全国的订单，安装，提供周到的售后服务。这对很多传统代理商来说，简直是手到擒来。而订单都会产生丰厚的产品差价利润，同时空气净化器每隔一段时间都要更新滤网，这个售后利润更可观。

所以哪怕米微公司线下代理商的门槛是省会城市首次进货 50 万元，地级城市一次进货 30 万元，也有很多传统企业老板要做他们的线下代理商，现在整个河北省所有地级市的线下代理商名额都被签约了。

（资料来源：http://www.qinwanghui.com/4267.html）

思考题

1. 农夫山泉是如何做大数据营销的？
2. 如何理解新零售？它的本质是什么？

参考文献

1 德尔 I 霍金斯，戴维 L 马瑟斯博，罗杰 J 贝斯特.消费者行为学[M].10 版.符国群，等，译.北京：机械工业出版社，2007.

2 迈克尔 R.所罗门，卢泰宏.消费者行为学[M].北京：电子工业出版社，2005.

3 符国群.消费者行为学[M].2 版.北京：高等教育出版社，2010.

4 江林.消费者心理与行为[M].北京：中国人民大学出版社，2007.

5 李品媛.消费者行为学[M].大连：东北财经大学出版社，2000.

6 王曼，白玉苓，等.消费者行为学[M].2 版.北京：机械工业出版社，2011.

7 李东进.消费者行为学[M].北京：机械工业出版社，2007.

8 龚振，荣晓华，刘志超.消费者行为学[M].大连：东北财经大学出版社，2002.

9 王官诚.消费心理学[M].北京：电子工业出版社，2004.

10 王志敏.消费者行为学[M].北京：立信会计出版社，2008.

11 冯丽云，孟繁荣，姬秀菊.消费者行为学[M].北京：经济管理出版社，2004.

12 聂志红，崔建华.消费者行为教程[M].北京：经济科学出版社，2004.

13 刘倩.支持低碳消费的可持续发展[M].北京：经济科学出版社，2010.

14 王建明，贺爱忠.消费者低碳消费行为的心理归因和政策干预路径[J].南开管理评论，2011(4)：80-89.

15 刘思华.生态文明与绿色低碳经济发展总论[M].北京：中国财政经济出版社，2011.

16 徐国伟.低碳消费行为研究综述[J].北京师范大学学报：社会科学版，2010(5)：135-140.

17 孟艾红.城市居民低碳消费行为影响因素的实证分析[J].中国城市经济，2011(10)：75-79.

18 李佳轩.我国低碳产品认证制度的发展[J].社科论坛，2016(6)：107.

19 贺爱忠，李韬武，盖延涛.城市居民低碳利益关注和低碳责任意识对低碳消费的影响[J].中国软科学，2011(8)：185-192.

20 陈晓春，谭娟，陈文婕.论低碳消费方式[N].光明日报，2009-4-21.

21 陈晓春.低碳经济学[M].长沙：湖南大学出版社，2011.

22 郭福春.中国发展低碳经济的金融支持研究[M].上海：中国金融出版社，2012.

23 赵蕾.谈以消费者为中心的市场学战略[J].商业经济研究，2015(28).

24 汤小晶，王丹.消费者行为研究综述[J].时代金融，2015(23).